文/白/对/照

資治通鑑

第一册

〔宋〕司马光　编撰

〔清〕康熙 乾隆　御批

〔清〕申涵煜　点评

萧祥剑　主编

中华文化讲堂　译

团结出版社

图书在版编目（CIP）数据

文白对照资治通鉴 / 中华文化讲堂译. — 北京：
团结出版社, 2019.5

ISBN 978-7-5126-6188-2

Ⅰ.①文… Ⅱ.①中… Ⅲ.①中国历史—古代史
—编年体②《资治通鉴》—译文 Ⅳ.①K204.3

中国版本图书馆CIP数据核字(2018)第042014号

出版：团结出版社
　　（北京市东城区东皇城根南街84号 邮编：100006）
电话：(010) 65228880　　65244790　（传真）
网址：www.tjpress.com
Email：zb65244790@vip.163.com
经销：全国新华书店
印刷：河北盛世彩捷印刷有限公司

开本：145×210　1/32
印张：448.25
字数：11000千字
版次：2019年6月　第1版
印次：2020年12月　第2次印刷

书号：978-7-5126-6188-2
定价：1280.00元（全24册）

序　言

从事古籍译注整理工作多年，我一直有一个想法，就是整理翻译一遍《资治通鉴》。但《资治通鉴》294卷，三百多万字，分量很大，做这个工作不是一件容易的事情，而且已经出版有好几种白话语译本，再重新整理，似乎没有太大的必要，因此这个计划搁置了很久。

前几年，我有幸读到清代康熙皇帝的《御批资治通鉴纲目》和乾隆皇帝的《御批历代通鉴辑览》两书，作为清代最为出色的帝王政治家，康熙、乾隆两位英主对于《资治通鉴》中的不少历史人物和事件，都留下了很有见地的议论和评点，这对一般读者阅读《资治通鉴》会颇有启发。因此，我就萌发了一个想法，把康熙、乾隆的御批录入《资治通鉴》原文中，重新整理一个康乾御批本《资治通鉴》，这是一件从来没有人做过的事情，对于《资治通鉴》的传播，想必有一定价值。

在此过程中，我又获得明末清初学者申涵煜的《通鉴评语》五卷，申涵煜为明太仆寺丞申佳胤之子、文学家申涵光之弟，他喜好读史，对于历朝盛衰、治乱、得失都有自己独到的见地，《通鉴评语》一书就是他对《资治通鉴》中的历史人物和事件的评点，他的观点从正统的儒家思想出发，又加入了个人深刻思考，简明而又富有启迪性。因此也将其评语分别置于相关原文之后，汇集成这部"康乾御批评点本"《文白对照资治通鉴》。

历史，是前人经验与教训的总结。阅读历史，可以让我们提醒自己少犯前人犯过的错误，学习前人的经验。黑格尔曾说："人们从历史中得到的唯一教训，就是人们无法从历史中得到任何教训。"我们读中国的历史，几乎每个朝代到了末期，似乎都是在重蹈前朝灭亡的覆辙。但是，这并不等于我们不能从历史中得到智慧与启迪。因为，对任何一个国家、朝代来说，兴盛和衰亡都是必然的规律，谁也逃不过。尽管决定一个国家、民族命运历史走向的，向来都是政治的主导者和决策者。但是，我们也会发现，有时候小人物一样能改写历史，影响未来。从某种角度来说，每一个国家、民族的大历史，可以说是这个国家人民个人小历史的总和。一个普通人可能不能转变历史大趋势，但是却可以通过自身努力改写自己的小历史。如果更多小个体能够改写自己的小历史，或许这种力量就会影响整个国家和民族的大历史。对于如何改写自己的小历史，我们每个人都可以从古人的经验中获得智慧。我想，这大概就是中国古人之所以重视历史的根源所在。

《资治通鉴》一直被人们认为是一部官家的政治教科书，司马光的编撰初衷也是为治政者提供镜鉴。但是，这并不表示这部书对普通读者而言就没有重要的价值。相反，阅读《资治通鉴》，对我们每个人如何修身、立德、做人、处事都会有可贵的启示和借鉴，而对一个群体的领导者和国家政策的制定者来说，这种借鉴的作用尤为明显，因此而产生的社会作用也会更大。

中华民族是一个重视历史的民族，多数读书人都有读史的习惯。读中国的历史，《资治通鉴》是一部绕不开的书。我以为，今天我们读《资治通鉴》的意义，不仅在于了解过去和放眼未来，更在于通过历史的警示让我们把握好每一个当下。只有我们能够把握好每一个当下，才能写好自己的小历史，进而对于自身所处时代的大历史给予回应，并负起我们应有的责任。

这部书历经几年的时间才得以完成，终于可以正式出版。今年恰逢司马温公诞辰一千周年，希望此书的问世，能够给广大读者在阅读《资治通鉴》时带来新的思考和收获，以此作为对司马温公最好的纪念。

萧祥剑

2019 年春月

前 言

　　《资治通鉴》（简称《通鉴》）是我国历史上第一部编年体通史，作者是北宋著名的政治家、文学家、史学家司马光。《通鉴》自周威烈王二十三年（公元前403年）开始，到后周世宗显德六年（公元959年）征淮南停笔，共记载十六朝一千三百六十二年的史事，是我国编年史书中时间跨度最长的一部巨著。全书按朝代分为十六纪，即《周纪》五卷、《秦纪》三卷、《汉纪》六十卷、《魏纪》十卷、《晋纪》四十卷、《宋纪》十六卷、《齐纪》十卷、《梁纪》二十二卷、《陈纪》十卷、《隋纪》八卷、《唐纪》八十一卷、《后梁纪》六卷、《后唐纪》八卷、《后晋纪》六卷、《后汉纪》四卷、《后周纪》五卷。

　　司马光（1019年-1086年）字君实，号迂夫，晚号迂叟，司马池之子。汉族，出生于河南省光山县，原籍陕州夏县（今属山西夏县）涑水乡人，世称涑水先生。历仕仁宗、英宗、神宗、哲宗四朝，卒赠太师、温国公，谥文正。他为人温良谦恭、刚正不阿，其人格堪称典范，历来受人景仰。

　　司马光最初编写了从战国到秦的八卷编年史，进呈给宋英宗。治平三年（公元1066年）四月，英宗让他继续写下去，并为他在秘阁设置了书局，协助修书。这是他撰写《通鉴》的开始，当时尚无书名。两年后神宗即位（公元1068年），神宗为此书作了序文。后来司马光与王安石政见不合，上疏请求外任，熙宁四年（公元1071年）他判西京御史台，自此居住洛阳，专心著书。到元丰七年（公元1084年）即司马光六十六岁时，全书写成。修书时间前后共用了十九年。他在《进〈资治通鉴〉表》中说："臣今骸骨癯瘁，目视昏近，齿牙无几，神识衰耗，目前所为，旋踵而忘。臣之精力，尽于此书。"司马光为此书付出毕生精力，成书不到两年，他便积劳而逝。

司马光编写《通鉴》十分认真负责，勤勤恳恳。他选的助手如刘攽、刘恕、范祖禹、司马康等都是当时一流的史学家，但《通鉴》的主要编撰工作都是他亲自主持，自己动手。全书依时代先后，以年月为经，以史实为纬，顺序记写；对于重大的历史事件的前因后果，与各方面的关联都交代得清清楚楚，使读者对史实的发展能够一目了然。《通鉴》详近略远，隋唐五代379年，占全书40%，史料价值最高。所谓"删削冗长，举撮机要，专取国家兴衰，系生民休戚，善可为法，恶可为戒者，为编年一书，使先后有伦，精粗不杂"。

《通鉴》写成后二年，即元祐元年（公元1086年）十月初四日，在杭州镂板，是书成后的第一次刻板，世称元祐本，或杭州本，这就是《通鉴》的祖本。其后，复刻者不止一家，如果不论其支派，只论其单传，则第一传即为绍兴二年（公元1132年）七月初一日绍兴府余姚县刊板、绍兴三年十二月二十日毕工进呈之本。此本是按元祐本翻刻，世称绍兴重刊本。今祖本已不可得，此绍兴重刊本实为《通鉴》现存最早版本。1919年商务印书馆涵芬楼辑印《四部丛刊》时，《通鉴》被收入其初编，就是用绍兴重刊本影印的。《丛刊》初编共收辑典籍322种，其中用宋本影印者仅有39种，《通鉴》就是39种之一。影印分装订为80册，精美异常，书中有清朝著名藏书家卢文弨和汪士钟印章，让这一版本更显得珍贵。

中国人向来有以史为鉴的历史传统，这也是司马光编《通鉴》的目的。正如其在《进〈资治通鉴〉表》中所言："鉴前世之兴衰，考当今之得失"。宋神宗认为这部书可以"鉴于往事，有资于治道"，故名之为《资治通鉴》。

《资治通鉴》成书以后影响巨大，与司马迁的《史记》并列为中国史学的不朽巨著，所谓"史学两司马"。

南宋史学家王应麟评价此书说："自有书契以来，未有如《通鉴》者。"

宋末元初的史学家胡三省评价说："为人君而不知《通鉴》，则欲治而不知自治之源，恶乱而不知防乱之术，为人臣而不知《通鉴》，则上无以事君，下无以治民，为人子而不知《通鉴》，则谋身必至于辱先，作事不足以垂后。"胡三省还为《资治通鉴》作了音注，为公认自宋元以来《通鉴》各家注本中的最佳者。

清代的顾炎武在《日知录·著书之难》中曾说：（《资治通鉴》和《文献通考》）"皆以一生精力成之，遂为后世不可无之书。"

清代学者王鸣盛更赞叹说："此天地间必不可无之书，亦学者必不可不读之书。"

曾国藩评价此书说："窃以先哲惊世之书，莫善于司马文正公之《资治通鉴》，其论古皆折衷至当，开拓心胸。"

毛泽东自称曾十七次批注过《资治通鉴》，并评价说："一十七遍，每读都获益匪浅，一部难得的好书噢。恐怕现在是最后一遍了，不是不想读而是没那个时间啰……中国有两部大书，一曰《史记》，一曰《资治通鉴》，都是有才气的人，在政治上不得志的境遇中编写的……《通鉴》里写战争，真是写得神采飞扬，传神得很，充满了辩证法。"（郭金荣《读破了的一部〈资治通鉴〉》——毛泽东最后一名护士孟锦云回忆毛泽东）

这次整理出版的"康乾御批评点本"《文白对照资治通鉴》，原文底本为《四部丛刊》所采用的涵芬楼所藏宋代绍兴重刊本，在整理过程中我们又参考了诸家的校勘成果。此外我们从清康熙皇帝《御批资治通鉴纲目》（底本为康熙内府刊本）中辑录了康熙御批六十一则，从乾隆皇帝《御批历代通鉴辑览》（底本为武英殿本）中辑录了乾隆御批一千零三十三则，从申涵煜的《通鉴评语》（底本为定州王氏谦德堂《畿辅丛书》本）中辑录其评论五百一十四则。我们对全文和御批、评论文字作了完整的白话翻译，由于参与的人众多，每个人的白话表达会各有区别，其中也难免有因为理解不当而错译的地方，希望广大读者批评指正。

在整理本书的过程中，每一位参与者都深感获益匪浅，我们也期待这个全新版本的《资治通鉴》能让大家阅读后获益，为中华优秀传统文化的传播尽一份绵薄之力。

目　录

御制《资治通鉴》序

朕惟君子多识前言往行，以畜其德，故能刚健笃实，辉光日新。《书》亦曰："王，人求多闻，时惟建事。"《诗》《书》《春秋》，皆所以明乎得失之迹，存王道之正，垂鉴戒于后世者也。

【译文】我以为君子应该牢记古圣先贤的嘉言善行，来蓄养自己的美德，因此才能行为刚健、做人笃实，日日来光辉自己的美好德行。《尚书》上说："大王，人应该要广求多闻，时时希望能够建立事业。"《诗经》《尚书》《春秋》等经典，都是让人明白事物得失的痕迹，以保存王道的正统，给后世的人留下教训，引以为鉴。

汉司马迁紬石室金匮之书，据左氏《国语》，推《世本》《战国策》《楚汉春秋》，采经摭传，罔罗天下放失旧闻，考之行事，驰骋上下数千载间，首记轩辕，至于麟止，作为纪、表、世家、书、传，后之述者不能易此体也。惟其是非不谬于圣人，褒贬出于至当，则良史之才矣！

【译文】汉朝的司马迁缀集皇家石室和金柜里的典籍，根据左氏《国语》，推及《世本》《战国策》《楚汉春秋》等书，博采经书典籍，拾取传纪的内容，收集天下旧闻轶事，考察验证其中的行事，纵横驰骋于上下数千年间，首篇记录黄帝轩辕氏，截止于西汉武帝发现麒麟。创立了纪、表、世家、书、传的形式，后世的史官都不能改变这种体例。由于他判断是非没有不符合圣人之道的，对人物的褒贬也合理恰当，因此被称为良史之才。

若稽古英考，留神载籍，万机之下，未尝废卷。尝命龙图阁直学士司马光论次历代君臣事迹，俾就秘阁翻阅，给吏史笔札，起周威烈王，讫于五代。光之志以为周积衰，王室微，礼乐征伐自诸侯出，平王东迁，齐、楚、秦、晋始大，桓、文更霸，犹托尊王为辞以服天下；威烈王自陪臣命韩、赵、魏为诸侯，周虽未灭，王制尽矣！此亦古人述作造端立意之所繇也。其所载明君、良臣，切摩治道，议论之精语，德刑之善制，天人相与之际，休咎庶证之原，威福盛衰之本，规模利害之效，良将之方略，循吏之条教，断之以邪正，要之于治忽，辞令渊厚之体，箴谏深切之义，良谓备焉。凡十六代，勒成二百九十六卷，列于户牖之间而尽古今之统，博而得其要，简而周于事，是亦典刑之总会，册牍之渊林矣！

【译文】我的父皇英宗，格外留心于典籍，日理万机的时候，也没有废止阅读经典。曾经授命龙图阁直学士司马光论述罗列《历代君臣事迹》，让他在皇家秘阁翻阅图书资料，供给史官毛笔和宣纸，修撰起自周威烈王、讫于五代的历史。司马光的意见以为：周朝积弱已久，天子衰微，礼乐仪制和军事征讨都出自诸侯；周平王被迫东迁国都后，齐国、楚国、秦国、晋国开始壮大；到了齐桓公、晋文公时开始交替称霸天下时，还要假托尊崇周王室为言辞来让天下人心服；一直到周威烈王任命晋国韩、赵、魏三家大夫为诸侯王时，周朝虽然还没有灭亡，但周朝的王室制度已经完全丧失了！这也是古人撰写著作开端的立意所在。书中所记载的圣君明主、贤良大臣互相切磋讨论治国之道，这些议论中的精辟语句，道德和刑法相辅相成的良善制度，天道和人道相处的细微关系，美好和灾祸不断发生的起始源头，作威作福与兴盛衰弱的根本关系，制度程式与利害关系的不同效验，优秀将领领兵作战的军事方略，守法官员治理一方的施政策略，通过邪恶和正直来判断，抓住至治与怠忽的要旨，直至文辞渊博厚实的文体，箴言劝谏的深刻含义，实在可以说是完备无缺了。全书一共记载了十六个朝代，编辑成二百九十四卷，把这部书放置于书室中，可以完全知晓古今政治的道统所在，内容广博但又抓住了根本要点，文字简洁而对事件的记载又很详细，可以说是历代典制和法规的汇集、档案文牍的全书了。

荀卿有言："欲观圣人之迹，则于其粲然者矣，后王是也。"若夫汉之文、宣，唐之太宗，孔子所谓"吾无间焉"者。自余治世盛王，有惨怛之爱，有忠利之教，或知人善任，恭俭勤畏，亦各得圣贤之一体，孟轲所谓"吾于《武成》取二三策而已"。至于荒坠颠危，可见前车之失；乱贼奸宄，厥有履霜之渐。《诗》云："商鉴不远，在夏后之世。"故赐其书名曰《资治通鉴》，以著朕之志焉耳。

【译文】荀况有说过这样的话："如果想要观察圣人的形迹，就要找出其中出类拔萃的人物，后代的贤王就是这样的人啊。"像汉朝的文帝、宣帝，唐朝的太宗，正是孔子所说的"我实在无可非议"的人。其余太平治世享有盛名的君王，有的充满忧国忧民的仁爱之心，有的施行忠贞利民的道德教化，有的懂得知人善任，有的恭敬节俭勤劳谨慎，也各自得到了圣贤教化的一个方面，正如孟子所说："我对于《武成》，只取其二三事而已"。至于因为荒淫而导致家国灭亡的例子，也可使我们见到前车之鉴；乱臣贼子的例子，则让我们懂得踩着霜露，就要持有寒冰将至的警惕。《诗经》说："商朝的借鉴不远，就在夏朝的灭亡。"所以赐这部书名为《资治通鉴》，以显明我内心的志向。

治平四年十月初开经筵，奉圣旨读《资治通鉴》。其月九日，臣光初进读，面赐御制序，令候书成日写入。

【译文】治平四年十月宫中初次开设御前讲习，奉圣旨讲读《资治通鉴》。这个月九日，臣司马光开始进读，皇帝面赐御制序，命臣等到书完稿之日写入。

进《资治通鉴》表

臣光言：先奉敕编集历代君臣事迹，又奉圣旨赐名《资治通鉴》，今已了毕者。

【译文】臣司马光恭敬进言：臣先前奉圣上旨意编纂会集历代君臣的事迹，又奉皇上圣旨将这部书赐名为《资治通鉴》，现在终于编撰完成了。

伏念臣性识愚鲁，学术荒疏，凡百事为，皆出人下。独于前史，粗尝尽心，自幼至老，嗜之不厌。每患迁、固以来，文字繁多，自布衣之士，读之不遍，况于人主，日有万机，何暇周览！臣常不自揆，欲删削冗长，举撮机要，专取关国家兴衰，系生民休戚，善可为法，恶可为戒者，为编年一书。使先后有伦，精粗不杂，私家力薄，无由可成。

【译文】臣下想到自己天性愚钝笨拙，对圣贤学问荒芜生疏，所做的各种事情，都不如别人。只有对于前代史书，曾经用心粗粗浏览，从小时候就感兴趣，一直到今天年老力衰，依然没有丝毫厌倦之感。臣下常常想到，从司马迁作《史记》、班固作《汉书》以来，历朝的史书，文字分量越来越多，就是普通的读书人，也都无法全部读完，更何况作为一国的君主，每天日理万机，哪里有时间去通读这些史书呢？于是臣下不自量力，就从这些史书中，删掉那些啰唆的废话，择取其中最核心的内容，尤其专门挑选那些关系到国家兴盛和衰败、百姓生活喜乐和忧虑的文字，希望善的可以作为效法，恶的可以作为借鉴。采用编年体的形式编辑成书，使得时间的先后眉目清晰，篇幅和内容粗精不杂。臣下家族本来力薄，没有能力能完成这样一部巨著。

伏遇英宗皇帝，资睿智之性，敷文明之治，思历览古事，用恢张大猷，爰诏下臣，俾之编集。臣凤昔所愿，一朝获伸，踊跃奉承，惟惧不称。先帝仍命自选辟官属，于崇文院置局，许借龙图、天章阁、三馆、秘阁书籍，赐以御府笔墨缯帛及御前钱以供果饵，以内臣为承受，眷遇之荣，近臣莫及。不幸书未进御，先帝违弃群臣。

【译文】幸而遇到英宗皇帝，有着天生的睿智和美好的本性，在天下推行文明的政治和教化，时刻想着要遍览古代历史，从中吸取经验和教训，用来恢宏和扩展治国大道。于是就下诏给臣下，让臣下领衔编撰汇集。这也是臣下一直以来的凤愿，没想到竟然得逢伸展之日，于是欢喜踊跃地接受了这项任务，只是担心自己做得不够称职。先帝还让臣下自己挑选下属官员，在崇文院设立书局，允许借阅龙图阁、天章阁、三馆、秘阁的藏书，还颁赐给臣下皇家的毛笔、墨水和缯帛，还专门拨款，供给各种水果点心，以臣下为承受官。臣下得到眷顾和礼遇之荣幸，一般的近臣都无法企及。非常不幸的是，书还没有编好，先帝竟然抛弃群臣而走了。

陛下绍膺大统，钦承先志，宠以冠序，锡之嘉名，每开经筵，常令进读。臣虽顽愚，荷两朝知待如此其厚，陨身丧元，未足报塞，苟智力所及，岂敢有遗！会差知永兴军，以衰疾不任治剧，乞就冗官。陛下俯从所欲，曲赐容养，差判西京留司御史台及提举嵩山崇福宫，前后六任，仍听以书局自随，给之禄秩，不责职业。臣既无他事，得以研精极虑，穷竭所有，日力不足，继之以夜。遍阅旧史，旁采小说，简牍盈积，浩如烟海，抉摘幽隐，校计毫厘。上起战国，下终五代，凡一千三百六十二年，修成二百九十四卷。又略举事目，年经国纬，以备检寻，为目录三十卷。又参考群书，评其同异，俾归一涂，为《考异》三十卷。合三百五十四卷。自治平开局，迨今始成，岁月淹久，其间抵牾，不敢自保，罪负之重，固无所逃。臣光诚惶诚惧，顿首顿首。

【译文】 陛下您继承天下大统，恭敬地承续祖先的志业，对这部书格外恩宠，先撰写序言，又颁赐书名。每次宫里进行御前讲座，都命令臣下进行讲读。臣下虽然顽固愚钝，然而也知道两朝天子都对臣下如此厚爱，臣下就算是献出生命，也不能够报答君主的恩德。只要是臣下智慧所及的，臣下又怎么敢有所保留呢？那时正值臣下被派遣去管理永兴军，因为臣身体衰弱多病，不能胜任如此繁重的公务，就乞求调派一个闲散的官职。陛下俯从了臣下的愿望，特别宽容地赏赐臣下休养，任命臣下为西京留守司御史台，并负责嵩山崇福宫的事务，前后担任了六次，还允许让书局机构跟随着臣下，给予臣下俸禄，且不在职务上对臣下有什么要求。臣下没有别的事情，得以有时间用尽思虑精心研究，付出所有心血和精力，日以继夜地努力用功。臣下翻阅过去的史书，再旁采小说资料，各种资料堆积，犹如烟海一般，从中选取重要而不容易发现的事迹，仔细校勘，连一个小错误也不放过。时间上从战国开始，一直到五代结束，其间一共一千三百六十二年的历史，总共编辑成二百九十四卷。臣下又大略地列举事情的纲目，以年代为经，以国家为纬，为方便查找，编辑成《目录》三十卷。又参考其他各种书籍，评定一件事情事实的相同和不同之处，以互相印证，编辑成《考异》三十卷。因此这部书总共是三百五十四卷。从治平年间开始编辑，到现在终于完成了。由于前后经历的时间太久了，其中难免会有一些自相矛盾的地方，臣也不敢自信没有差错，对这其中造成的重大过失，是臣下无法逃避的责任。臣司马光内心十分惶恐，谨以再次叩头呈上。

重念臣违离阙庭，十有五年，虽身处于外，区区之心，朝夕寤寐，何尝不在陛下之左右！顾以驽蹇，无施而可，是以专事铅椠，用酬大恩，庶竭涓尘，少裨海岳。臣今赅骨癯瘁，目视昏近，齿牙无几，神识衰耗，目前所为，旋踵遗忘。臣之精力，尽于此书。伏望陛下宽其妄作之诛，察其愿忠之意，以清闲之燕，时赐有览，鉴前世之兴衰，考当今之得失，嘉善矜恶，取得舍非，足以懋稽古之盛德，跻无前之至治。俾四海群生，咸蒙其福，则臣虽委骨九泉，志愿永毕矣！

【译文】臣又反复想到自己远离朝廷，已经有十五年的时间，虽然身处京城之外，但臣下内心，早晚寝息之间，念念又何尝不在陛下左右啊！只是因为臣秉性顽固愚钝，没有什么作为，于是只能够以专心编撰此书，来报答圣上的大恩了。希望能够竭尽臣一沙一尘的心力，对天下之事有所助益。如今臣下已经身体瘦弱，眼睛老花得看不见了，牙齿也都掉得没剩几颗，精神和意识衰退得不行，刚刚做了的事情，一会儿就忘记了。臣的精力，可以说完全投注到这部书上了。臣下希望陛下能够宽恕臣随意胡乱编写的罪过，考察臣下想要尽忠朝廷的本意，在平时清闲的时候，能够时而赐予观览，察看前代政治兴盛和衰落的经验教训，详考当今朝廷政事上的所得和所失，对于好的要嘉奖，不好的要怜悯；取用对的，舍弃错的。这样就能够兴盛起古代圣王的美德，达到史无前例的圣治之世。果能如此，四海之内的万民，就都能够得到陛下的福泽，那么，臣下我就算是捐躯于九泉之下，也都心满意足了！

谨奉表陈进以闻。臣光诚惶诚惧，顿首顿首。

【译文】臣谨献上表章，希望陛下能够察看。臣司马光诚惶诚恐地，叩首再叩首。

端明殿学士兼翰林侍读学士太中大夫提举西京嵩山崇福宫上柱国河内郡开国公食邑二千六百户食实封一千户臣司马光上表元丰七年十一月进呈

资治通鉴卷第一　周纪一

起著雍摄提格,尽玄黓困敦,凡三十五年。

【译文】起戊寅(公元前 403 年),止壬子(公元前 369 年),共三十五年。

【题解】本卷记录了周威烈王二十三年到周烈王七年总计三十五年的战国初期的各国大事。开篇司马光对周威烈王分封晋国赵、魏、韩三家大夫为诸侯的事情发表了长篇评论;对这三十多年中出现的贤君魏文侯表示了由衷的赞叹;对智伯之所以灭亡的历史教训给予了总结。同时,本卷还记载了吴起为将的故事、子思和卫侯的对答等小故事,非常生动,更是给人以深刻的启示。

威烈王

二十三年(戊寅,前四〇三年)

初命晋大夫魏斯、赵籍、韩虔为诸侯。

【译文】二十三年(戊寅,公元前 403 年)周威烈王姬午初次分封晋国大夫魏斯、赵籍、韩虔为诸侯国君。

◆臣光曰:臣闻天子之职莫大于礼,礼莫大于分,分莫大于名。何谓礼?纪纲是也;何谓分?君臣是也;何谓名?公、侯、卿、大夫是也。

夫以四海之广,兆民之众,受制于一人,虽有绝伦之力,高

1

世之智，莫敢不奔走而服役者，岂非以礼为之纲纪哉！是故天子统三公，三公率诸侯，诸侯制卿大夫，卿大夫治士庶人。贵以临贱，贱以承贵。上之使下，犹心腹之运手足，根本之制支叶；下之事上，犹手足之卫心腹，支叶之庇本根。然后能上下相保而国家治安。故曰：天子之职莫大于礼也。◆

【译文】◆臣司马光说：为臣以为，天子的职责没有比守护礼制更重要的了，守护礼制没有比区别身份更重要的，区别身份没有比匡正名分更重要的。什么是礼呢？就是朝廷的纲纪。什么是分？就是君臣上下的身份。什么是名？就是公、侯、卿、大夫的爵位。以四海之内这样广大的疆土，以天下亿兆这样众多的人民，大家情愿受制于天子一人，虽然其中有力量绝伦、智慧超群的人，也没有不在天子脚下为他奔走效劳的，这难道不是以礼作为朝廷纲纪的作用吗？因此，天子统率三公，三公督率诸侯国君，诸侯国君节制卿大夫，卿大夫治理百姓。在上位的贵族指挥在下位的百姓，在下位的百姓顺从在上位的贵族。如此，在上位的指使在下位的，好比心腹指挥手足，又如树木的根干控制枝叶；在下位的事奉在上位的，如同手足保护心腹，枝叶遮护根干。然后上下才能互相保护，从而使国家长治久安。所以说，天子的职责没有比守护礼制更重要的了。◆

◆文王序《易》，以乾坤为首。孔子系之曰："天尊地卑，乾坤定矣，卑高以陈，贵贱位矣。"言君臣之位，犹天地之不可易也。《春秋》抑诸侯，尊周室，王人虽微，序于诸侯之上，以是见圣人于君臣之际，未尝不惓惓也。非有桀、纣之暴，汤、武之仁，人归之，天命之，君臣之分，当守节伏死而已矣。是故以微子而代纣，则成汤配天矣；以季札而君吴，则太伯血食矣。然二子宁亡

国而不为者，诚以礼之大节不可乱也。故曰：礼莫大于分也。◆

【译文】◆文王推演《周易》时，以乾、坤二卦为开头。孔子在《系辞传》中解释说："天以阳刚尊贵在上，地以阴柔卑贱处下，天尊地卑的乾坤之道已经确定，于是贵贱的位次也得到了确定。"（乾和坤在国家来说分别代表君和臣，因此）这里说的就是君臣的名位，如同天地一样不可更动啊！孔子作《春秋》，主旨是贬低诸侯，保持周王室的地位，周王室虽然已经势力衰微，孔子在《春秋》中还是把他们排在各国诸侯之上。由此也可以看出，圣人对君臣名位的区分，心中一直都是念念不忘的。如果不是遇到暴虐昏庸如同夏桀、殷纣一样的君主，又恰逢仁德圣明的商汤、周武，人心归附于汤、武，天意安排他们取代桀、纣，那么，从君臣的名分来说，做臣子的就应该坚守名节，誓死效忠于君主。因此，如果以微子那样的贤德，取殷纣而代之，那么他也会和成汤一样和天命相配；如果以季札这样仁德，来担任吴国的君主，那么太伯也可以永远得到后世的奉祀。但是微子、季札两个人宁可屈辱地做亡国之臣，也不愿取君王代之，实在是因为礼的大节不可破坏。所以说，礼没有比君臣之分更重要的了。◆

◆夫礼，辨贵贱，序亲疏，裁群物，制庶事。非名不著，非器不形。名以命之，器以别之，然后上下粲然有伦，此礼之大经也。名器既亡，则礼安得独在哉？昔仲叔于奚有功于卫，辞邑而请繁缨，孔子以为不如多与之邑。惟器与名，不可以假人，君之所司也。政亡，则国家从之。卫君待孔子而为政，孔子欲先正名，以为名不正则民无所措手足。夫繁缨，小物也，而孔子惜之；正名，细务也，而孔子先之。诚以名器既乱，则上下无以相有故也。夫事未有不生于微而成于著。圣人之虑远，故能谨其微而治之；众人之识近，故必待其著而后救之。治其微，则用力寡而功多；救其著，则竭力而不能及也。《易》曰："履霜，坚冰至"，《书》曰："一日二日万幾"，谓此类也。故曰：分莫大于名也。◆

【译文】◆礼的作用，就在于辨别贵贱，序次亲疏，裁制万物，节制各种事务。没有名分，礼就得不到彰显，没有器物，礼就得不到体现。所以，用名来称呼，用器物来辨别，然后上下尊卑的次序才能够显明，伦理秩序才能够井井有条，这就是礼的常道所在。如果名分、器物都没有了，那么礼又怎么单独存在呢！过去仲叔于奚对卫国有功，接受国君嘉奖的时候，谢绝了实质的封地而请赐给他象征地位名分的繁缨。孔子认为，这样的话，还不如多给他些封地。因为唯独名位与器物，是不可以随便让给他人的。因为这是国君权力的象征。否则，政治权力没有了，整个国家就会随之走向灭亡。卫出公在位时，期待孔子来为他办理政事。孔子首先想的就是正名分。他认为，名分不正，人民举止言谈就不知道怎样才是正确的。繁缨，不过是马头上的小饰物，而孔子却格外重视它的意义；正名，可说是政治上的小事，而孔子却把它列为施政的第一要务。实在是因为名器一旦遭到败坏，那么君臣上下的关系也就无法保持的缘故。一切事情的发展没有不是先由细微末节而后逐渐发展显著的。圣人思虑深远、见微知著，所以能在细微处小心谨慎处理事情；平常人见识短浅，除非弊端严重到不得不收拾的地步，才会设法补救。在问题细微的时候着手预防，用力少而功效多；到严重时才补救，往往竭尽全力还达不到预期的效果。《周易》上说："当地面上出现白霜的时候，意味着水快要凝固成坚硬的冰块了。"《尚书》上也说："每天都有各种隐微的事情发生。"都是提醒人们要时刻防微杜渐。所以说，礼没有比守分正名更重要的了。◆

◆乌呼! 幽、厉失德,周道日衰,纲纪散坏,下陵上替,诸侯专征,大夫擅政。礼之大体,什丧七八矣。然文、武之祀犹绵绵相属者,盖以周之子孙尚能守其名分故也。何以言之?

昔晋文公有大功于王室,请隧于襄王,襄王不许,曰:"王章也。未有代德而有二王,亦叔父之所恶也。不然,叔父有地而隧,又何请焉!"文公于是乎惧而不敢违。是故以周之地则不大于曹、滕,以周之民则不众于邾、莒,然历数百年,宗主天下,虽以晋、楚、齐、秦之强,不敢加者,何哉? 徒以名分尚存故也。至于季氏之于鲁,田常之于齐,白公之于楚,智伯之于晋,其势皆足以逐君而自为,然而卒不敢者,岂其力不足而心不忍哉? 乃畏奸名犯分而天下共诛之也。今晋大夫暴蔑其君,剖分晋国,天子既不能讨,又宠秩之,使列于诸侯,是区区之名分复不能守而并弃之也。先王之礼于斯尽矣。◆

【译文】◆真令人痛心啊! 周幽王、周厉王丧失人君之德,西周的气数日渐衰败,朝廷纲纪败弛倾颓,在下位的犯上作乱,王室的权力旁落。诸侯之间擅自征伐,大夫独揽大权,礼的大体已经丧失十分之七八了。然而对文王、武王建立的功业还能够绵延不绝地延续下来,大概是由于周朝宗室的后代子孙,还能坚定地恪守名分的原因吧。为什么这么说呢? 以前,晋文公对周王室建有大功,请求周襄王允许他能像王者一样用通隧道下棺椁的葬礼,周襄王没有准许,说:"这是国家表明天子和诸侯不同的礼乐制度。古往今来,从来没有国君未更变而僭行一国二王的现象,这也是叔父文公您所厌恶的啊。不然的话,叔父您有封地,尽管在自己的辖地修隧道就好了,又请示我赏赐干什么呢?"文公于是心生畏惧,不敢再违背礼制。所以,从周王的辖地来说,并不比曹国、滕国大多少,周王治理的百姓,也不比邾国、莒国多多少。但是经过数百年之后，周王仍然是天下共同尊奉的君主，纵然以晋、楚、齐、秦等强盛的诸侯国，也不敢轻易地欺凌它，是什么原因呢？就在于名分还存在的缘故啊！再说鲁国的季氏，齐国的田常，楚国的白公，晋国的智伯，他们四家大夫的权势力量，都能够取代国君，自己掌握政权，然而他们终究不敢为所欲为，是力量不够强大，或者是心有不忍吗？只是因为他们害怕触犯名分，招致天下诸侯的辱骂和讨伐呀。现在晋国的大夫无视君上，瓜分晋国，周天子非但不起兵讨伐，反而对他们加以宠爱，还给予他们诸侯的爵位。连这点小小的名分都无法坚守而弃之不顾。先王的礼制，到这里可以说是完全没有了。◆

◆或者以为当是之时，周室微弱，三晋强盛，虽欲勿许，其可得乎？是大不然。夫三晋虽强，苟不顾天下之诛而犯义侵礼，则不请于天子而自立矣。不请于天子而自立，则为悖逆之臣。天下苟有桓、文之君，必奉礼义而征之。今请于天子而天子许之，是受天子之命而为诸侯也，谁得而讨之！故三晋之列于诸侯，非三晋之坏礼，乃天子自坏之也。

呜呼！君臣之礼既坏矣，则天下以智力相雄长，遂使圣贤之后为诸侯者，社稷无不泯绝，生民之害糜灭几尽，岂不哀哉！◆

【译文】◆或许有人认为在那个时候，周王室已经衰微，三晋（韩、赵、魏）势力非常强盛，就算周王室不承认，能够做到吗？这种说法也是大错特错。因为三晋固然强大，假如他们真的不顾天下人的唾弃，而公然违犯道义，妨害礼制的话，完全可以不向周天子请求，直接自立为诸侯就是了。他们不向天子请求而自立，那就是叛臣贼子，假如天下有齐桓公、晋文公一样贤良的国君，必定会举起礼义的大旗，兴兵讨伐他们。现在他们向周天子请命，而周天子又答应了他们，这是接受了周天子的敕命而成为诸侯。那么，还会有谁可以兴兵讨伐他们呢！所以说，三晋能够列于诸侯，不是三晋破坏纲常礼制，而是周天子自己破坏了礼制啊！

痛心啊！君臣间的礼制既然破坏了，那么天下诸侯都会以才智武力互争高下，于是那些圣贤后代原已列为诸侯的，他们的国家没有不泯灭的，他们的人民也都家破人亡，怎么不令人觉得悲叹呢！◆

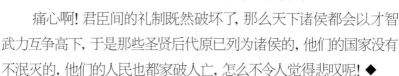

【乾隆御批】司马光以命三家为诸侯归咎于天子之坏礼，持论固正。然其时周室陵夷，徒拥虚号，不许三晋，时势有所不能，守礼之说，又何责焉？

【译文】司马光把任命魏、赵、韩三家大夫为诸侯归咎于周天子破坏礼制，他所持的论点固然正确，可是在当时的情况下，周王室已经如同高山化为平地一样衰败，空有一个天子的虚号。如果不允许三晋成为诸侯，在时势上保守礼制也是不能得了，守护礼制的说法，又有什么可以责备的呢？

初，智宣子将以瑶为后。智果曰："不如宵也。瑶之贤于人者五，其不逮者一也。美（须）〔鬓〕长大则贤，射御足力则贤，伎艺毕给则贤，巧文辩慧则贤，强毅果敢则贤，如是而甚不仁。夫以其五贤陵人，而以不仁行之，其谁能待之？若果立瑶也，智宗必灭。"弗听，智果别族于太史为辅氏。

【译文】起初，晋国智宣子想要让智瑶做继承人。同族的智果说："不如立智宵好。智瑶比别人优秀的地方有五点，而不如别人的地方有一点。他留有美鬓，身材修长高大，这是第一贤；他擅长射箭、驾车，勇武有力，这是第二贤；他技能出众，才艺超群，这是第三贤；他巧言善辩，文辞优美，这是第四贤；他坚强果决，恒毅勇敢，这是第五贤。虽然有这五种贤能，却他心中却没有仁德。如果他运用这五种贤能去驾驭别人，而做出不仁不义的事情，那么，又有谁能够与他和谐相处呢？如果非要立智瑶为继承人，智氏宗族必然会被人消灭。"智宣子没有听从。于是，智果在经过太史的同意后，从智氏中脱离出来，另立为辅氏。

赵简子之子，长曰伯鲁，幼曰无恤。将置后，不知所立。乃书训戒之辞于二简，以授二子曰："谨识之。"三年而问之，伯鲁不能举其辞，求其简，已失之矣。问无恤，诵其辞甚习，求其简，出诸袖中而奏之。于是，简子以无恤为贤，立以为后。简子使尹铎为晋阳。请曰："以为茧丝乎？抑为保障乎？"简子曰："保障哉！"尹铎损其户数。简子谓无恤曰："晋国有难，而无以尹铎为少，无以晋阳为远，必以为归。"

【译文】赵简子的儿子，大的叫伯鲁，小的叫无恤。赵简子准备设立继承人时，不知道该立谁才好，于是把一些训诫的话，分别写在两块竹简上，交给两个儿子，嘱咐他们说："好好牢记这些话！"三年之后，赵简子问他们简书的内容，大儿子伯鲁回答不上来；问他竹简在哪里，说早就丢失了。再问小儿子无恤时，他把竹简上训诫的话背得滚瓜烂熟；问他竹简在哪里，马上从衣袖中抽了出来。于是，赵简子认为无恤具有贤能，就立他为正式的继承人。赵简子派尹铎治理晋阳，临行前尹铎请示说："此行您是让我搜刮民脂民膏呢，还是要把晋阳作为晋国的保障之地？"赵简子回答说："要把晋阳作为保障之地。"尹铎去了后，于是就减少户数（这样可以减免赋税，增进民生。）赵简子告诉儿子赵无恤说："假如晋国发生了灾难，你不要嫌弃尹铎地位低下，更不要嫌晋阳路途远，一定要去晋阳投靠尹铎，作为你的归宿。"

【乾隆御批】茧丝保障，千古不易正论，然以姑息为保障，则养奸废事多矣。

【译文】剥茧抽丝和作为保障，是千古不变的正确论断。然而如果以姑息作为保障的话，养成奸臣耽误政事的事情就会多起来。

及智宣子卒，智襄子为政，与韩康子、魏桓子宴于蓝台。智伯戏康子而侮段规。智国闻之，谏曰："主不备，难必至矣！"智伯曰："难将由我。我不为难，谁敢兴之？"对曰："不然。《夏书》有之曰：'一人三失，怨岂在明，不见是图。'夫君子能勤小物，故无大患。今主一宴而耻人之君相，又弗备，曰不敢兴难，无乃不可乎！蟓、蚁、蜂、虿，皆能害人，况君相乎！"弗听。

【译文】智宣子去世以后，智襄子执掌晋国大权，和韩康子、魏桓子在蓝台设宴饮酒。智襄子戏弄韩康子，又侮辱他的家相段规。智襄子的手下智国听说后，告诫智襄子说："主人，您如果不小心提防灾祸，将来必然会大祸临头。"智襄子说道："生死灾祸都出自我的手，我不制造灾祸，谁敢胆大妄为地制造灾祸呢！"智国回答说："不是这样的，您不知道《夏书》上曾经说：'一个人的过失太多，积累的怨气难道要到显著的时候才去处理吗？一定要在怨恨没有显现的时候就要谋划对策啊！'君子能谨慎地处理每一件小事，才能够不招致大患。现在主公在宴会上羞辱了他们的国君和臣相，事后又不加以提防，还说'他们不敢胆大妄为'，这样恐怕不太合适吧！蚊子、蚂蚁、黄蜂、蝎子都能害人，更何况一国的君相呢！"智伯没有听从谏言。

智伯请地于韩康子，康子欲弗与。段规曰："智伯好利而愎，不与，将伐我；不如与之。彼狃于得地，必请于佗人；佗人不与，必向之以兵。然则我得免于患而待事之变矣。"康子曰："善。"使使者致万家之邑于智伯，智伯悦。又求地于魏桓子，桓子欲弗与。任章曰："何故弗与?"桓子曰："无故索地，故弗与。"任章曰："无故索地，诸大夫必惧;吾与之地，智伯必骄。彼骄而轻敌，此惧而相亲;以相亲之兵待轻敌之人，智氏之命必不长矣。《周书》曰：'将欲败之，必姑辅之;将欲取之，必姑与之。'主不如与之以骄智伯，然后可以择交而图智氏矣。奈何独以吾为智氏质乎!"桓子曰："善。"复与之万家之邑一。

资治通鉴

【译文】智襄子请韩康子割让土地给他，韩康子不想给。段规说："智伯是一个贪图财货、刚愎自用的人，不给的话，他肯定会率兵攻打我国，不如先答应他的请求。他很轻松地就取得土地，一定会更加狂傲，接着肯定又要他人割地;他人不给，他必定会领兵攻打，然后我们就可以免除祸患，静观时势，伺机而动了。"韩康子说："好主意。"于是就派使臣把拥有万家人口的都邑给了智伯。智伯十分高兴。智襄子接着又让魏桓子割让土地，桓子不想给。任章说："为什么不给呢?"桓子说："(智伯)无缘无故地勒索土地，所以不给。"任章说："无理勒索，诸大夫必然会恐惧;我们答应他的要求，他必然骄横。他因骄横而轻敌，我们因畏惧而彼此亲善;用团结亲善一致的队伍来对付狂妄之敌，智氏的性命一定不会长久。《周书》说：'想要击败他，先帮他的忙;想要取代他，先给他点儿甜头。'主公不如先答应他，让智伯骄傲自大，然后我们广交盟友，共同设法对付智伯，又何必让自己单独成为智伯攻击的对象呢!"魏桓子说："好。"就又给智伯一处有万家人口的封邑。

智伯又求蔡、皋狼之地于赵襄子，襄子弗与。智伯怒，帅韩、魏之甲以攻赵氏。襄子将出，曰："吾何走乎?"从者曰："长子近，且城厚完。"襄子曰："民罢力以完之，又毙死以守之，其谁与我！"从者曰："邯郸之仓库实。"襄子曰："浚民之膏泽以实之，又因而杀之，其谁与我！其晋阳乎，先主之所属也，尹铎之所宽也，民必和矣。"乃走晋阳。

【译文】智襄子又向赵襄子索要蔡与皋狼两地，赵襄子不给。智伯大怒，于是统率韩、魏两家的甲兵攻打赵襄子。襄子准备出外避难，说："我逃到哪里才好呢？"随从的官员建议说："长子县较近，城郭也坚固完好。"襄子说："人民精疲力竭地去巩固城郭，又要拼死命防守，有谁能与我同心合力呢？"随从又说："邯郸仓储存粮充裕。"襄子说："搜刮民脂民膏得来的粮食，现在又让他们去作战送死，有谁能与我同心呢？还是到晋阳吧，晋阳是先主的属地，尹铎又仁厚爱民，人民必定团结和睦。"于是前往晋阳。

　　三家以国人围而灌之，城不浸者三版。沈灶产蛙，民无叛意。智伯行水，魏桓子御，韩康子骖乘。智伯曰："吾乃今知水可以亡人国也。"桓子肘康子，康子履桓子之跗，以汾水可以灌安邑，绛水可以灌平阳也。絺疵谓智伯曰："韩、魏必反矣。"智伯曰："子何以知之？"絺疵曰："以人事知之。夫从韩、魏之兵以攻赵，赵亡，难必及韩、魏矣。今约胜赵而三分其地，城不没者三版，人马相食，城降有日，而二子无喜志，有忧色，是非反而何？"明日，智伯以絺疵之言告二子，二子曰："此夫谗臣欲为赵氏游说，使主疑于二家而懈于攻赵氏也。不然，夫二家岂不利朝夕分赵氏之田，而欲为危难不可成之事乎？"二子出，絺疵入曰："主何以臣之言告二子也？"智伯曰："子何以知之？"对曰："臣见其视臣端而趋疾，知臣得其情故也。"智伯不悛。絺疵请使于齐。

【译文】智襄子、韩康子、魏桓子三家的军队包围晋阳,引水灌城。城墙只剩六尺没有被淹没了;锅灶都泡在水里,灶里生出了青蛙,而人民没有丝毫背叛的意思。智伯在水面上巡行,当时魏桓子驾车,韩康子持矛居右。智伯说:"今天我才知道水也可以灭亡他人的国家啊!"魏桓子用肘碰了碰韩康子,韩康子也轻轻踩了踩魏桓子的脚,暗示汾水可以灌魏国国都安邑,绛水也可以灌韩国国都平阳啊!智伯的谋士絺疵对智伯说:"韩、魏两家肯定会叛变。"智伯说:"你怎么知道?"絺疵说:"根据人之常情。我们统率韩、魏的军队攻打赵,赵家灭亡,灾祸必然波及韩、魏两家。现在约定战胜赵国后,三家平分他们的土地,晋阳城墙离被水淹没只剩六尺,城中积粮用尽,宰军马做粮饷,眼看破城指日可待,可是他们两位不仅没有丝毫喜悦的表情,反倒面带忧戚之色,这不是要反叛是什么呢?"第二天,智伯把絺疵的话告诉韩康子、魏桓子两位,他们说:"这个专门讲别人坏话的小人,其实他是想替赵氏游说,使您怀疑我们两家不忠,继而松懈对赵氏的进攻。要不然,我们怎么会放弃马上到手的赵氏田产不要,反而去做有危险,进而没有成功希望的事呢!"两人拜谢退出后,絺疵进来说:"主公为什么把我的话告诉他们两个呢?"智伯说:"你怎么知道?"絺疵回答说:"我刚才见他们对我仔细端详,步履匆匆离开,就知道他们的心里想什么了!"智伯不听劝告。絺疵为了避祸,便请求出使齐国。

【申涵煜评】絺疵可谓知者矣。见韩、魏无喜志,有忧色,知其必反;见其视端疾趋,知得其情。知智伯之必亡也,请使而去。非知者而能如是乎?易曰:"君子见几,不俟终日。"絺疵有焉。惜乎其汶汶于齐,名反出豫让下也。

资治通鉴

【译文】絺疵可以说是非常有智慧的人啊。他发现韩康子、魏桓子没有向智伯表示祝贺，脸上却有忧愁之色，就知道他们必然要造反；发现他们看他很仔细，然后小步快走，就判定他们已经知道了内情。知道智伯必然要败亡了，就请求出使而离开智伯。如果不是非常有智慧的人，哪里能做到这些呢《易经》说："君子看出不明显的征兆就会行动，不会终日等待。"絺疵具有这样的品格啊！可惜他在齐国受到玷辱，名声反而在豫让之下。

赵襄子使张孟谈潜出见二子，曰："臣闻唇亡则齿寒。今智伯帅韩、魏而攻赵，赵亡则韩、魏为之次矣。"二子曰："我心知其然也，恐事未遂而谋泄，则祸立至矣"。张孟谈曰："谋出二主之口，入臣之耳，何伤也?"二子乃阴与张孟谈约，为之期日而遣之。襄子夜使人杀守堤之吏，而决水灌智伯军。智伯军救水而乱，韩、魏翼而击之，襄子将卒犯其前，大败智伯之众。遂杀智伯，尽灭智氏之族。唯辅果在。

【译文】赵襄子派臣子张孟谈偷偷出城拜见韩康子、魏桓子二人，说："臣听说唇亡则齿寒。现在智伯率领韩、魏的军队围攻赵，赵灭亡以后，下一个目标就是韩、魏了。"韩康子、魏桓子说："这种情况我们心里早就知道，只是怕事情还没有成功，就计划败露，那么杀身之祸便立即到来了。"张孟谈说："计谋出于二位主公的口，进入我一个人的耳朵，有什么好害怕的呢?"于是两人秘密地和张孟谈商议，并约定好起事的日期，把张孟谈送回城去。当天夜里，赵襄子派人杀死智军守堤的官吏，开决河堤，使河水倒灌进入智伯的军营。智伯的军队被水淹，大家为了逃命，变成一团乱麻。韩、魏两家军队趁机从两翼夹攻，赵襄子率领士卒从正面迎头痛击，大败智伯的军队，杀掉智伯，将智氏族人全部诛灭，唯有辅果幸免于难。

◆臣光曰：智伯之亡也，才胜德也。夫才与德异，而世俗莫之能辨，通谓之贤，此其所以失人也。夫聪察强毅之谓才，正直中和之谓德。才者，德之资也；德者，才之帅也。云梦之竹，天下之劲也，然而不矫揉，不羽括，则不能以入坚；棠溪之金，天下之利也，然而不熔范，不砥砺，则不能以击强。是故才德全尽谓之圣人，才德兼亡谓之愚人，德胜才谓之君子，才胜德谓之小人。凡取人之术，苟不得圣人、君子而与之，与其得小人，不若得愚人。何则？君子挟才以为善，小人挟才以为恶。挟才以为善者，善无不至矣；挟才以为恶者，恶亦无不至矣。愚者虽欲为不善，智不能周，力不能胜，譬之乳狗搏人，人得而制之。小人智足以遂其奸，勇足以决其暴，是虎而翼者也，其为害岂不多哉！夫德者人之所严，而才者人之所爱。爱者易亲，严者易疏，是以察者多蔽于才而遗于德。自古昔以来，国之乱臣，家之败子，才有馀而德不足，以至于颠覆者多矣，岂特智伯哉！故为国为家者，苟能审于才德之分而知所先后，又何失人之足患哉！◆

【译文】◆臣司马光说：智伯之所以被消灭，原因在于他的才能胜过了德行。才能和德行有所不同，一般人不加以辨别，统统称之为贤士，这就是智伯之所以看错人的原因。才，说的是聪慧、明察、刚强、坚毅；德，说的是公正、耿直、中庸、平和。才能是德行的辅助，德行是才能的统帅。云梦出产的竹箭，是天下最强劲的竹箭，然而如果箭杆不经过揉曲矫直，不安箭翎，不治括端，就不能射穿坚硬的东西；堂溪出产的铜剑，是天下最锋利的宝剑，然而不经熔铸规范，不经过锻打砥砺，就不能击败强大的敌人。所以才德全备的才能够称为"圣人"，既无德又无才的只能叫作"愚人"，德行胜过才能的可以叫作"君子"，才能胜过德行的就只能叫"小人"了。大凡选拔人才的办法，如果找不到圣人、君子来委以重任的话，与其选择小人，还不如选择愚人。为什么呢？因为君子拥有才能能够做善事，小人拥有才能却常常用来作恶。有才能的人行善，可以造福天下黎民；有才能的人为恶，就会贻害无穷。愚人虽有为恶的念头，由于智力不健全，才力不能胜任，就好像还在哺乳期的狗，人还能制服它。然而，小人的智慧足以加剧他的奸诈，又有勇力来施行暴力，就好像虎添双翼，他带来的害处能够不多吗？有德行的人自然受人尊敬，有才能的自然受人喜爱。对喜爱的人容易亲近，对尊敬的人容易疏远，所以考察选用人才的人，往往被人们的才华蒙蔽，却忽视了他的品德。自古以来，国中的乱臣贼子、家族的败家浪子，才华有余而德行不足，造成家国覆亡的实在太多了，难道只有智伯一个人吗？所以，治国理家的人，假如能明辨才、德两者之间的分别，知道两者哪个在前哪个在后，那失去人才的事又哪里值得忧虑呢？◆

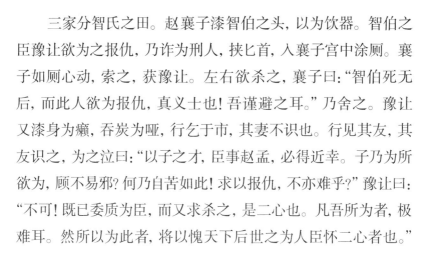

三家分智氏之田。赵襄子漆智伯之头，以为饮器。智伯之臣豫让欲为之报仇，乃诈为刑人，挟匕首，入襄子宫中涂厕。襄子如厕心动，索之，获豫让。左右欲杀之，襄子曰："智伯死无后，而此人欲为报仇，真义士也！吾谨避之耳。"乃舍之。豫让又漆身为癞，吞炭为哑，行乞于市，其妻不识也。行见其友，其友识之，为之泣曰："以子之才，臣事赵孟，必得近幸。子乃为所欲为，顾不易邪？何乃自苦如此！求以报仇，不亦难乎？"豫让曰："不可！既已委质为臣，而又求杀之，是二心也。凡吾所为者，极难耳。然所以为此者，将以愧天下后世之为人臣怀二心者也。"

襄子出，豫让伏于桥下。襄子至桥，马惊，索之，得豫让，遂杀之。

【译文】韩、赵、魏三家瓜分了智氏的土地田产。赵襄子把智伯的颅骨涂上油漆，作为酒器。智伯的旧臣子豫让想替主公报仇，于是乔装打扮成受刑的犯人，暗藏匕首，混进赵襄子的宫中打扫厕所。赵襄子上厕所时，突然心中莫名地忐忑不安，叫人严加搜查，逮捕了豫让。左右侍卫要杀了豫让，赵襄子说："智瑶死了没有后嗣，这个人想替他报仇，真是忠义之士，我以后小心防备他就是了。"于是释放了他。豫让又用漆故意涂污身体，装作癞疮病人，又吞下燃烧着的木炭，把嗓子弄哑，在集市上讨饭度日，他的妻子都认不出他来。他在路上遇到朋友，朋友认出他，掩面流涕说："以你的才华，去投靠赵家，一定会得到宠信，到时候你想做什么就做什么，报仇不是很容易吗？何必这样作践自己呢？这样来寻求报仇的时机，不是很困难吗？"豫让说："我如果委身为赵家之臣，而又设法去杀他，那是怀有二心啊！我现在的所作所为，尽管是常人极不容易办到的，而我之所以还要勉强去做，目的就在于让天下后世为人臣子却怀有二心的人感到惭愧。"赵襄子外出，豫让埋伏在他必经的桥下。赵襄子走到桥边，马突然受到惊吓，派人四下搜索，捕获了豫让，于是杀了他。

襄子为伯鲁之不立也，有子五人，不肯置后。封伯鲁之子于代，曰代成君，早卒，立其子浣为赵氏后。襄子卒，弟桓子逐浣而自立，一年卒。赵氏之人曰："桓子立，非襄主意。"乃共杀其子，复迎浣而立之，是为献子。献子生籍，是为烈侯。魏斯者，桓子之孙也，是为文侯。韩康子生武子，武子生虔，是为景侯。

【译文】赵襄子因为大哥伯鲁没有被立为继承人，虽然自己有五个儿子，仍然不肯立继承人。他把伯鲁的儿子分封到代这个地方，称为代成君，不幸早年过世，于是立他的儿子赵浣为赵氏的继承人。赵襄子死后，弟弟赵桓子驱逐赵浣而自立为王，继位仅仅一年也死了。赵氏的族人说："赵桓子继位原本不是赵襄子的意思。"于是一起杀了赵桓子的儿子，重新把浣迎接回来继承王位，他就是赵献子。献子的儿子叫赵籍，即赵烈侯。魏斯，是魏桓子的孙子，也即魏文侯。韩康子的儿子名韩武子，武子又生韩虔，后来被封为韩景侯。

魏文侯以卜子夏、田子方为师，每过段干木之庐必式。四方贤士多归之。

【译文】魏文侯尊奉卜子夏、田子方为国师。每次路过当时的名士段干木的住所必定在车上俯首行礼，表示尊敬。所以四面八方的贤德之士都来归附于他。

文侯与群臣饮酒，乐，而天雨，命驾将适野。左右曰："今日饮酒乐，天又雨，君将安之？"文侯曰："吾与虞人期猎，虽乐，岂可无一会期哉！"乃往，身自罢之。

【译文】魏文侯和群臣一起饮酒，正当兴起的时候，突然下起了大雨，这时魏文侯命令驾车到野外去。左右侍从说："今天饮酒作乐，天又下雨了，主公您这是要到哪儿去呢？"魏文侯说："我和负责管理山泽的官员约好了要一起去打猎，饮酒虽然快乐，可我怎能不去赴约呢？"于是起身前往，亲自告诉对方，因为下雨不能打猎的事。

韩借师于魏以伐赵。文侯曰："寡人与赵，兄弟也，不敢闻命。"赵借师于魏以伐韩，文侯应之亦然。二国皆怒而去。已而知文侯以讲于己也，皆朝于魏。魏由是始大于三晋，诸侯莫能与之争。

【译文】韩国向魏国借兵用来攻打赵国，魏文侯说："我和赵国是兄弟之邦，不能答应你的请求。"赵国向魏国借兵攻打韩国，魏文侯也用同样的理由回绝了。两国的使者都气冲冲地走了。事后两国知道魏文侯对自己的和善态度，都来朝拜魏国。魏国从这个时候开始成为三晋的首领，各个诸侯都不能和他一决高下。

使乐羊伐中山，克之，以封其子击。文侯问于群臣曰："我何如主？"皆曰："仁君。"任座曰："君得中山，不以封君之弟而以封君之子，何谓仁君？"文侯怒，任座趋出。次问翟璜，对曰："仁君也。"文侯曰："何以知之？"对曰："臣闻君仁则臣直。向者任座之言直，臣是以知之。"文侯悦，使翟璜召任座而反之，亲下堂迎之，以为上客。

【译文】魏文侯派乐羊攻打中山国，取得胜利之后，将中山国分封给儿子魏击。魏文侯问群臣："我是一位怎么样的君主？"大家都说："仁德之君。"任座却说："您攻占中山国，不把它封给你弟弟，却封给你的儿子，怎么能算得上是仁德之君？"魏文侯听了勃然大怒，任座匆忙而出。又问翟璜，翟璜回答道："您是一位仁德的君主。"文侯道："你从哪里看出来的呢？"翟璜答道："臣听说国君仁德，做臣子的就正直敢言。由于刚才任座的言辞正直，所以我知道您是有仁德的。"魏文侯听了大喜，派翟璜把任座召回来，还亲自到堂下迎接他，以上宾之礼待他。

文侯与田子方饮，文侯曰："钟声不比乎？左高。"田子方笑。

文侯曰："何笑？"子方曰："臣闻之，君明乐官，不明乐音。今君审于音，臣恐其聋于官也。"文侯曰："善。"

【译文】魏文侯和田子方一起饮酒，文侯说："钟声是不是有些不太和谐？左边的音调高了。"田子方笑了笑。魏文侯问："你笑什么？"子方说："臣听说，国君应当了解乐官是否有才能，而没有必要了解乐曲音调的和谐与否。现在您精通音调的和谐，臣下担心您恐怕会疏忽乐官的才能啊。"文侯说："你讲得很好。"

子击出，遭田子方于道，下车伏谒。子方不为礼。子击怒，谓子方曰："富贵者骄人乎？贫贱者骄人乎？"子方曰："亦贫贱者骄人耳，富贵者安敢骄人？国君而骄人则失其国，大夫而骄人则失其家。失其国者未闻有以国待之者也，失其家者未闻有以家待之者也。夫士贫贱者，言不用，行不合，则纳履而去耳，安往而不得贫贱哉！"子击乃谢之。

【译文】魏文侯的儿子魏击外出，在路上遇见国师田子方，便下车伏地行礼。田子方并没有答礼。魏击大怒，对田子方说："是富贵的人该骄傲呢，还是贫贱的人该骄傲呢？"田子方说："当然是贫贱的人才有资格对人骄傲，富贵的人怎么敢对别人骄傲呢？国君对人骄傲就会失去他的国家，大夫对人骄傲就会失去他的封地。亡国的君主，没听说还有人以国君来对待他的；失去封地的，没听说还有人以大夫之礼来对待他的。贫贱的士人，假如言论不被采用，行为有所不合，穿上鞋子就走了，到哪里不是过贫贱生活呢？"魏击于是向他谢罪。

【乾隆御批】"贫贱骄人"，实启策士嚚陵之习。是时，诸侯各以得士为重，而士因得以窥其间而把持之。颜斶"烛前"、"王前"

之对，亦同此术。然求者、应者皆不过为富国强兵机械变诈之徒耳，岂可与辟门延俊同日而语哉？

【译文】"贫贱骄人"的论点实际上开启了战国时策士们骄傲、盛气凌人的习气。当时，诸侯们都以得到名士为重，因此，策士们就可以从中观察形势以保持自己的地位。颜斶与齐宣王"斶前"、"王前"的对话，都是和这种论调是一样的伎俩。然而这样的求贤者与应征者，都不过是以"富国强兵"为名的机变诡诈之流，怎么可以和开辟门庭招纳贤士相提并论呢？

【申涵煜评】贫贱骄人，是一时矫激之语。谦受益，满招损。温恭为德之基。无论富贵贫贱，皆不可骄。后来加足帝腹，实自此语开之。要是狂狷者流，圣贤中正之道必不尔。

【译文】因为身处贫贱才傲视他人，只是一时偏激的话。谦虚可使人受益，自满会招致损失。温和恭敬，是具备高尚品德的基础。无论是富贵还是贫贱，都不可以傲视他人。后来严子陵竟然把脚放在光武帝的肚子上，实在是从这句话开始的啊。大概他们只是放纵自己不拘礼法的一类人，圣贤谨守中正之道，必然不会这样。

文侯谓李克曰："先生尝有言曰：'家贫思良妻，国乱思良相。'今所置非成则璜，二子何如？"对曰："卑不谋尊，疏不谋戚。臣在阙门之外，不敢当命。"文侯曰："先生临事勿让。"克曰："君弗察故也。居视其所亲，富视其所与，达视其所举，穷视其所不为，贫视其所不取，五者足以定之矣，何待克哉！"文侯曰："先生就舍，吾之相定矣。"李克出，见翟璜。翟璜曰："今者闻君召先生而卜相，果谁为之？"克曰："魏成。"翟璜忿然作色曰："西河守吴起，臣所进也；君内以邺为忧，臣进西门豹；君欲伐中山，臣进乐羊；中山已拔，无使守之，臣进先生；君之子无傅，臣进屈侯鲋。

以耳目之所睹记，臣何负于魏成？"李克曰："子之言克于子之君者，岂将比周以求大官哉？君问相于克，克之对如是。所以知君之必相魏成者，魏成食禄千钟，什九在外，什一在内，是以东得卜子夏、田子方、段干木。此三人者，君皆师之；子所进五人者，君皆臣之。子恶得与魏成比也！"翟璜逡巡再拜曰："璜，鄙人也，失对，愿卒为弟子。"

【译文】魏文侯问李克说："先生您曾经讲过这样的话：'家贫思良妻，国乱思良相。'我现在挑选宰相的人选，不是魏成就是翟璜，你觉得他们两位谁更贤能？"李克回答说："卑下者不应当替尊贵者做打算，外人不应当替近亲做打算。臣在外朝任职，实在不敢妄加议论。"魏文侯说："先生不要在面临国家大事的时候推让！"李克回答："主君，这是您不详细考察的缘故啊！对于臣下，平日居处要多留意和他亲近的人，富有时注意和他交往的人，显达时注意他所举荐的人，穷困落魄时注意他有所不为的操守，贫贱时注意他不随便谋取的姿态。通过这五个角度观察，足够判断一个人的优劣，就完全没有必要跟我商量了。"魏文侯说："先生回府休息吧，宰相人选我已经决定了。"李克辞谢后退出，遇见翟璜。翟璜问："听说国君召见您商谈委任宰相的事，不知选了谁？"李克说："魏成。"翟璜听了面带愤怒之色，说："镇守西河的吴起，是我推荐的。邺县百姓生活疾苦，君上常常忧虑，我推荐西门豹。国君想攻伐中山国，我举荐了乐羊。中山国攻占后没有人镇守，我推荐了您。国君的儿子没有合适的老师，我推荐了屈侯鲋。从这些耳闻目睹的事情来看，我哪一点不如魏成！"李克说："你把我推荐给君上，难道是想结党营私谋求更大的官职吗？国君问我谁适合担任宰相，我才说了那样一番话。我之所以推断君上会任魏成做宰相，是由于魏成尽管有千钟的俸禄，十分之九都用于社会，只有十分之一用于自己的家庭，所以在东方得到了卜子夏、田子方、段干木。这三个人，君上都以师礼对待他们；你推荐的那五个人，君上只是用他们做臣子。两相比较，你又怎么能和魏成相比呢？"翟璜听完惭愧地后退一步，再拜谢说："我实在是个鄙陋浅薄的人，刚才答话失礼，愿终身成为先生的弟子！"

吴起者，卫人，仕于鲁。齐人伐鲁，鲁人欲以为将，起取齐女为妻，鲁人疑之，起杀妻以求将，大破齐师。或谮之鲁侯曰："起始事曾参，母死不奔丧，曾参绝之。今又杀妻以求为君将。起，残忍薄行人也！且以鲁国区区而有胜敌之名，则诸侯图鲁矣。"起恐得罪。闻魏文侯贤，乃往归之。文侯问诸李克，李克曰："起贪而好色，然用兵，司马穰苴弗能过也。"于是文侯以为将，击秦，拔五城。

【译文】吴起，是卫国人，在鲁国做官。齐人攻伐鲁国，鲁国人想请他做领兵将领，但由于吴起的妻子是齐国女子，鲁国人有疑心。于是，吴起就杀掉妻子，求得担任将领的机会，大败齐国军队。有人暗地里向鲁侯进谗言："吴起以前在曾参身边做事的时候，母亲去世也没有奔丧服孝，曾参因此和他断绝了关系。如今他又杀掉妻子来谋求鲁国大将的职位。吴起，真是个残忍刻薄的人！况且我们弱小的鲁国，竟然有战胜强大的齐国的名声，今后各个诸侯国都要设法来对付鲁国了。"吴起怕鲁国会降罪于自己，听说魏文侯贤德，于是前去归附。魏文侯向李克打听吴起，李克说："吴起为人虽然贪婪而好色，然而论用兵，就是齐国的司马穰苴也不如他。"于是魏文侯任用吴起为大将，进攻秦国，攻占了五座城池。

起之为将，与士卒最下者同衣食，卧不设席，行不骑乘，亲裹嬴粮，与士卒分劳苦。卒有病疽者，起为吮之。卒母闻而哭之。人曰："子，卒也，而将军自吮其疽，何哭为？"母曰："非然也。往年吴公吮其父，其父战不还踵，遂死于敌。吴公今又吮其子，妾不知其死所矣，是以哭之。"

【译文】吴起做将领，和底层士兵穿一样的衣服，吃一样的饭菜，睡觉不铺席子，行军也不驾车马，亲自裹扎和挑粮草，帮士兵们分担劳苦。有一个士兵生疮化脓，吴起亲自替他吸吮脓液。那个士兵的母亲听到了此事，痛哭流涕。有人说："你的儿子是当兵的，吴将军亲自为他吮吸疮脓，你为什么还哭呢？"那个士兵的母亲说："不是这样的。当年吴将军曾经为孩子的父亲吮吸疮脓，事后他父亲作战奋不顾身，最后死在战场上了。现在又给我儿子吮吸疮脓，不知道将来他会死在哪里了，所以我才哭他。"

【申涵煜评】吴起杀妻求将，李克乃谓其贪而好色。盖贪心重，并色亦不暇好矣。他日争相奔楚，不得其死，皆贪心使之也。独西河中流之对，颇有儒将风，是窃取曾子绪余。

【译文】吴起杀掉妻子而希望能做将军，而李克说他贪婪并且好色。大概一个人贪婪之心重，对女色都无暇有所喜好了。后来因为和田文争夺相位，逃奔到楚国，不得好死，都是因为贪婪之心导致的啊。只有在西河中段与魏文侯的对话，很有儒将的风度，是窃取了曾子延续下的余风吧。

燕湣公薨，子僖公立。
【译文】燕国国君燕湣公去世，他的儿子燕僖公继承王位。

二十四年（己卯，公元前四〇二年）

王崩,子安王骄立。

盗杀楚声王,国人立其子悼王。

【译文】二十四年(己卯,公元前 402 年)

周威烈王去世,他的儿子姬骄即位,就是周安王。

强盗刺杀楚声王,楚国人立他的儿子为悼王。

安王

元年(庚辰,公元前四〇一年)

秦伐魏,至阳狐。

【译文】元年(庚辰,公元前 401 年)

秦国讨伐魏国,军队一直到达阳狐。

二年(辛巳,公元前四〇〇年)

魏、韩、赵伐楚,至桑丘。

郑围韩阳翟。

韩景侯薨,子烈侯取立。

赵烈侯薨,国人立其弟武侯。

秦简公薨,子惠公立。

【译文】二年(辛巳,公元前 400 年)

韩、赵、魏三国联军攻打楚国,攻进桑丘。

郑国军队围攻韩国的阳翟城。

韩国国君韩景侯逝世,他的儿子韩取即位,就是韩烈侯。

赵国赵烈侯去世,赵国人拥立其弟即位,是为赵武侯。

秦国国君秦简公逝世,他的儿子即位,就是秦惠公。

三年（壬午，公元前三九九年）

王子定奔晋。

虢山崩，壅河。

【译文】三年（壬午，公元前399年）

周王室王子姬定投奔晋国。

虢山崩坍，沙石堵塞了黄河。

四年（癸未，公元前三九八年）

楚围郑。郑人杀其相驷子阳。

【译文】四年（癸未，公元前398年）

楚国军队围攻郑国，郑国人杀死国相驷子阳。

五年（甲申，公元前三九七年）

日有食之。

【译文】五年（甲申，公元前397年）

发生日食。

三月，盗杀韩相侠累。侠累与濮阳严仲子有恶。仲子闻轵人聂政之勇，以黄金百镒为政母寿，欲因以报仇。政不受，曰："老母在，政身未敢以许人也！"及母卒，仲子乃使政刺侠累。侠累方坐府上，兵卫甚众，聂政直入上阶，刺杀侠累，因自皮面抉眼，自屠出肠。韩人暴其尸于市，购问，莫能识。其姊荌闻而往哭之，曰："是轵深井里聂政也。以妾尚在之故，重自刑以绝从。妾奈何畏殁身之诛，终灭贤弟之名！"遂死于政尸之旁。

【译文】三月，强盗杀死了韩国的宰相侠累。侠累和濮阳严仲子以前就结下了仇怨，严仲子听说轵县人聂政十分勇武，拿一百镒黄金作为寿礼给聂政的母亲，想请聂政代自己报仇。聂政不肯接受，说："老母还在世，我不敢把身家性命许给别人！"等到他的母亲过世后，严仲子便派聂政前去刺杀侠累。当时侠累正端坐在府内，四周的侍卫很多，聂政直接冲上台阶，刺死了侠累，然后用刀子刮破自己的面皮，挖出自己的双眼，剖腹自杀，肠子都流了出来。韩国人把聂政的尸体放到集市里暴尸，公开悬赏，让人认领，但没有人能认出是谁。后来聂政的姐姐聂荌知道了这件事，去到那里，哭着说："这是轵县深井里的聂政啊！因为我还活着，他就自己毁容灭迹，断绝亲属关系。我怎能因为怕惹上杀身之祸，最终埋没弟弟的英名呢？"于是便自杀在聂政尸体的一旁。

【申涵煜评】聂政皮面决眼，本不欲显留姓名，其姐哭向市人说出，未免多事。战国好名心胜，虽妇人女子不免，习俗之移人也甚矣哉。

【译文】聂政用刀子划破自己的脸，挖出眼睛，本来不想显露自己留下姓名，让旁人知道，他的姐姐哭着向集市中人说出她和聂政的关系，未免有些多事。战国时候的人喜欢名声，争强好胜，即使是妇人女子也免不了，习惯风俗对一个人的改变，到了这种地步啊。

六年(乙酉，公元前三九六年)

郑驷子阳之党弑繻公，而立其弟乙，是为康公。

宋悼公麑，子休公田立。

【译文】六年(乙酉，公元前396年)

郑国宰相驷子阳的余党谋杀了国君郑繻公，拥立他弟弟姬乙为国君，即郑康公。

宋国宋悼公逝世，他的儿子宋田即位，即宋休公。

资治通鉴

八年（丁亥，公元前三九四年）

齐伐鲁，取最。韩救鲁。

郑负黍叛，复归韩。

【译文】八年（丁亥，公元前 394 年）

齐国发兵打鲁国，攻占了最地。

郑国负黍这个地方反叛郑国，后来归附韩国。

九年（戊子，公元前三九三年）

魏伐郑。

晋烈公薨，子孝公倾立。

【译文】九年（戊子，公元前 393 年）

魏国进攻郑国。

晋国国君晋烈公逝世，其子姬倾即位，即晋孝公。

十一年（庚寅，公元前三九一年）

秦伐韩宜阳，取六邑。

初，田常生襄子盘，盘生庄子白，白生太公和。是岁，田和迁齐康公于海上，使食一城，以奉其先祀。

【译文】十一年（庚寅，公元前 391 年）

秦国发兵攻打韩国的宜阳郡，攻占了六个城池。

起初，齐国的田常生了襄子田盘，田盘生了庄子田白，田白又生了太公田和。这一年，田和把国君齐康公放逐到海边，给他一座城的赋税作为他的俸禄，以供他奉祀祖先。

十二年（辛卯，公元前三九〇年）

秦、晋战于武城。

齐伐魏，取襄阳。

鲁败齐师于平陆。

【译文】十二年（辛卯，公元前 390 年）

秦、晋两国在武城开战。

齐国进攻魏国，攻占了襄阳。

鲁国军队在平陆击败了齐军。

十三年（壬辰，公元前三八九年）

秦侵晋。

齐田和会魏文侯、楚人、卫人于浊泽，求为诸侯。魏文侯为之请于王及诸侯，王许之。

【译文】十三年（壬辰，公元前 389 年）

秦国出兵入侵晋国。

齐国田和约魏文侯和楚国以及卫国的贵族在浊泽进行会谈，要求列为诸侯，魏文侯替他请示了周安王和其他各国诸侯，周安王允许了这个请求。

十五年（甲午，公元前三八七年）

秦伐蜀，取南郑。

魏文侯薨，太子击立，是为武侯。

【译文】十五年（甲午，公元前 387 年）

秦国攻打蜀国，攻占了南郑。

魏国魏文侯逝世，太子魏击即位，即魏武侯。

武侯浮西河而下，中流顾谓吴起曰："美哉山河之固，此魏国之宝也!"对曰:"在德不在险。昔三苗氏,左洞庭,右彭蠡,德义不修,禹灭之。夏桀之居,左河济,右泰华,伊阙在其南,羊肠在其北,修政不仁,汤放之。商纣之国,左孟门,右太行,常山在其北,大河经其南,修政不德,武王杀之。由此观之,在德不在险。若君不修德,舟中之人皆敌国也!"武侯曰:"善。"

魏置相,相田文。吴起不悦,谓田文曰:"请与子论功可乎?"田文曰:"可。"起曰:"将三军,使士卒乐死,敌国不敢谋,子孰与起?"文曰:"不如子。"起曰:"治百官,亲万民,实府库,子孰与起?"文曰:"不如子。"起曰:"守西河而秦兵不敢东乡,韩、赵宾从,子孰与起?"文曰:"不如子。"起曰:"此三者子皆出吾下,而位加吾上,何也?"文曰:"主少国疑,大臣未附,百姓不信,方是之时,属之子乎,属之我乎?"起默然良久,曰:"属之子矣。"

【译文】魏武侯在西河泛舟,顺流而下,船行到河中心对吴起说:"好美啊! 高山大河如此险要,这是魏国的珍宝啊!"吴起回答说:"国家的大宝在于国君施行德政,而不在于山河地势的险要。过去的三苗氏,左边有洞庭湖,右边有彭蠡湖,但却不注重道德仁义的修养,最终被夏禹消灭。夏桀所统治的疆域,左边有黄河、济水,右边有泰山、华山,伊阙山在南边,羊肠坂在北边,由于不施行仁政,被商汤放逐。商纣王的国都,左有孟门,右有太行,常山在它的北面,黄河经过南面,由于施政不讲仁德,最后武王把他杀了。从这些例子看来,国家的安稳,在于国君是否施行仁政,不在于山河地势的险要。假如国君不注意仁政德行的修养,恐怕今天同舟共济的人,将来也都会成为您的敌人啊!"魏武侯说:"你这话说得很好。"

魏国设置宰相,任命田文为相。吴起很不高兴,对田文说:"我们讨论一下各自对国家的贡献怎么样?"田文说:"可以。"吴起说:"统率三军,使士兵甘愿为国效命,让他国不敢与魏国为敌,你比起我怎么样?"田文说:"我比不上你。"吴起说:"整治百官,亲爱万民,充实府库,你比起我怎么样?"田文说:"我比不上你。"吴起说:"镇守西河,使秦兵不敢东下侵犯,韩、赵依附于魏国,你比我怎么样?"田文说:"我比不上你。"吴起说:"这三件事你都比不上我,而爵位却比我高,这是为什么?"田文说:"现在主上年幼,国人多猜疑,大臣们尚不能齐心协力,百姓也不信服,在这个时候,宰相是给你做好,还是给我做好呢?"吴起沉默不语了很久,然后才说:"还是让你为相好!"

久之,魏相公叔尚魏公主而害吴起。公叔之仆曰:"起易去也。起为人刚劲自喜,子先言于君曰:'吴起,贤人也,而君之国小,臣恐起之无留心也,君盍试延以女?起无留心,则必辞矣。'子因与起归而使公主辱子,起见公主之贱子也,必辞,则子之计中矣。"公叔从之,吴起果辞公主。魏武侯疑之而未信,起惧诛,遂奔楚。楚悼王素闻其贤,至则任之为相。起明法审令,捐不急之官,废公族疏远者,以抚养战斗之士,要在强兵,破游说之言从横者。于是南平百越,北却三晋,西伐秦,诸侯皆患楚之强,而楚之贵戚大臣多怨吴起者。

【译文】过了很长一段时间,魏国的宰相公叔娶了公主做妻子,想方设法要除掉吴起。公叔的仆人说:"吴起很容易除掉,他为人刚直劲毅,但容易沾沾自喜。你可以事先对主公说:'吴起这个人很贤德,而魏国太小,臣怕吴起不会长期留在魏国。国君您不妨试着招他做驸马,他如果没有久留在魏国的意思,肯定不会同意的。'然后你再和吴起一起回来,故意让公主污辱你,吴起看到公主看不起你,必定会谢绝国君的好意,这样一来,你的计划就能够实现了。"于是公叔依计行事，果然，吴起没有同意与公主的婚事。魏武侯开始对吴起猜疑，不再信任重用他，吴起害怕被诛杀，就逃到楚国去了。楚悼王向来听说吴起贤能，吴起到楚国后便立刻任命他做宰相。吴起制定严明的法律，审慎行使政令，裁撤不需要的官吏，废除了公族中疏远的宗亲，用这些职位来奖励英勇战斗的士兵，极力加强军事力量，破除纵横之士的言论。从此开始，楚国向南平定百越，向北击退三晋的扩张，向西进攻秦国，诸侯都畏惧楚国兵力的强大，然而楚国的皇亲贵族和大臣也有许多人埋怨吴起。

秦惠公薨，子出公立。

赵武侯薨，国人复立烈侯之太子章，是为敬侯。

韩烈侯薨，子文侯立。

【译文】秦国秦惠公逝世，他的儿子即位，即秦出公。

赵国赵武侯逝世，赵国人又拥立赵烈侯的太子赵章即位，即赵敬侯。

韩国韩烈侯逝世，他的儿子即位，即韩文侯。

十六年（乙未，公元前三八六年）

初命齐大夫田和为诸侯。

赵公子朝作乱，出奔魏，与魏袭邯郸，不克。

【译文】十六年（乙未，公元前386年）

周王室开始任命齐国大夫田和作为诸侯国君。

赵国公子赵朝起兵作乱，逃亡到魏国，联合魏国军队偷袭邯郸，没有成功。

十七年（丙申，公元前三八五年）

秦庶长改逆献公于河西而立之；杀出子及其母，沉之渊旁。

齐伐鲁。

韩伐郑，取阳城；伐宋，执宋公。

齐太公薨，子桓公午立。

【译文】十七年（丙申，公元前385年）

秦国一个名叫改的庶长，在黄河西岸迎接秦献公，立为国君；又杀掉秦出公和他的母亲，沉尸黄河。

齐国起兵进攻鲁国。

韩国发兵进攻郑国，攻占阳城；又攻打宋国，活捉了宋国国君。

齐国太公田和去世，其子田午即位，是为齐桓公。

十九年（戊戌，公元前三八三年）

魏败赵师于兔台。

【译文】十九年（戊戌，公元前383年）

魏国在兔台击败了赵国军队。

二十年（己亥，公元前三八二年）

日有食之，既。

【译文】二十年（己亥，公元前382年）

发生了日全食。

二十一年（庚子，公元前三八一年）

楚悼王薨，贵戚大臣作乱，攻吴起，起走之王尸而伏之。击起之徒因射刺起，并中王尸。既葬，肃王即位。使令尹尽诛为乱者，坐起夷宗者七十馀家。

【译文】二十一年（庚子，公元前 381 年）

楚悼王去世，贵戚大臣造反，围攻吴起；吴起跑到停放楚悼王尸体的地方，趴在尸体旁边。围攻吴起的暴徒用箭射他，同时射中了楚悼王的尸体。埋葬过楚悼王和吴起后，楚肃王登基，派令尹把谋反作乱的人全都处以极刑。因射杀吴起受到牵连，惨遭灭族的有七十余家。

二十二年（辛丑，公元前三八〇年）

齐伐燕，取桑丘。魏、韩、赵伐齐，至桑丘。

【译文】二十二年（辛丑，公元前 380 年）

齐国进攻燕国，攻占了桑丘。韩、赵、魏三国联合进攻齐国，军队一直到了桑丘。

二十三年（壬寅，公元前三七九年）

赵袭卫，不克。

齐康公薨，无子，田氏遂并齐而有之。

是岁，齐桓公亦薨，子威王因齐立。

【译文】二十三年（壬寅，公元前 379 年）

赵国派兵袭击卫国，并没有取胜。

齐康公去世，因为没有儿子继承，田氏家族便并吞了齐康公的领地，姜氏齐国至此灭亡。

这一年，齐桓公去世，他的儿子田因齐即位，即齐威王。

二十四年（癸卯，公元前三七八年）

狄败魏师于浍。

魏、韩、赵伐齐，至灵丘。

晋孝公薨，子靖公俱酒立。

【译文】二十四年（癸卯，公元前 378 年）

狄族军队在浍击败了魏军。

韩、赵、魏三国联合进攻齐国，军队行到灵丘。

晋孝公逝世，他的儿子姬俱酒即位，即晋靖公。

二十五年（甲辰，公元前三七七年）

蜀伐楚，取兹方。

【译文】二十五年（甲辰，公元前 377 年）

蜀国起兵进攻楚国，占领了兹地。

子思言苟变于卫侯曰："其材可将五百乘。"公曰："吾知其可将。然变也尝为吏，赋于民而食人二鸡子，故弗用也。"子思曰："夫圣人之官人，犹匠之用木也，取其所长，弃其所短。故杞梓连抱而有数尺之朽，良工不弃。今君处战国之世，选爪牙之士，而以二卵弃干城之将，此不可使闻于邻国也。"公再拜曰："谨受教矣！"

卫侯言计非是，而群臣和者如出一口。子思曰："以吾观卫，所谓'君不君，臣不臣'者也。"公丘懿子曰："何乃若是？"子思曰："人主自臧，则众谋不进。事是而臧之，犹却众谋，况和非以长恶乎！夫不察事之是非而悦人赞己，暗莫甚焉；不度理之所在而阿谀求容，谄莫甚焉。君暗臣谄，以居百姓之上，民不与也。若引不已，国无类矣！"

子思言于卫侯曰："君之国事将日非矣！"公曰："何故？"对曰："有由然焉。君出言自以为是，而卿大夫莫敢矫其非；卿大夫出言亦自以为是，而士庶人莫敢矫其非。君臣既自贤矣，而群下同声贤之，贤之则顺而有福，矫之则逆而有祸，如此则善安从生！《诗》曰：'具曰予圣，谁知乌之雌雄？'抑亦似君之君臣乎？"

【译文】子思在卫侯面前赞扬苟变说："他的才华足以统率五百乘兵车。"卫侯说："我知道他是个将才。可是苟变在担任政府官吏的时候，有一次向人民征税，吃了老百姓两个鸡蛋，所以不任用他。"子思说："圣人选择做官的人选，就如同木匠使用木柴，取其所长，弃其所短。所以像杞梓这样好几抱的大树，尽管其中有几尺腐朽的地方，技艺高明的工匠还是不会丢掉它。如今正处于国家战乱纷争的时代，国君选拔任用重要的人士，却因两个鸡蛋舍弃捍卫国家的将才，这件事儿千万不能让邻国听到。"卫侯一再拜谢道："我听从您的教诲。"

每当卫侯说话或策略失误时，大臣们都随声附和，如出一人之口。子思说："在我看来，卫国真的是所谓的'君不像君，臣不像臣'啊！"公丘懿子说："为什么这么说呢？"子思回答："国君自以为是，那么众人的意见便不被采纳。事情本应该听取大家的意见，却仍然拒绝听取大家的意见，更何况如今大家都同声唱和来助长不正之风呢！不考察事情的真相是非，只喜欢听他人赞美自己的话，昏庸愚昧没有比这样更厉害的了；不揣度事情有没有道理，就一通气地胡乱奉承，获取上级的好感，奴颜谄媚没有比这样更厉害的了。国君昏庸而臣子谄媚，这样的人身居天下百姓之上，百姓是不会承认他的。假如这样的情况不进行改变的话，国家就要灭亡了！"

子思对卫侯说："主君，您的国事将要一日不如一日了！"卫侯说："什么原因呢？"子思回答说："凡事都是有原因的。国君您讲起话来自以为是、刚愎自用，卿大夫们都不敢指出您的错误和缺点;卿大夫们讲话也都自以为是,士庶之人也都不敢指出他们的缺点。君臣上下都自以为十分贤能,而下级官吏又同声赞美他们的'贤能',随声称赞贤能的人有福,意见相反的人则要受祸,这样一来,善的政治又从哪里产生呢《诗经》上说:'都说自己是贤圣,可谁能分辨出乌鸦的雌雄呢?'这说的不正是国君和大臣吗?"

【乾隆御批】人主用人端在尚清廉,黜贪墨。然当战国时,则使诈使贪自所不免。况二卵之微乎?若士人谨小慎微、廉隅必饬之志,固不可援苟变以为解也。

【译文】君主用人之道在于崇尚清廉,消除贪污。战国时期,任用欺诈和贪婪之人不可避免,何况两个鸡蛋这样的小事呢?如果换作读书人谨小慎微、一定要做到品行端正的志向来说,固然不可以拿苟变的事例来解释。

【申涵煜评】二卵甚微,便欲坐此废弃,卫法之严如此。后世纪律不明,纵军掳掠者,焉能逭于三尺之诛?然此时卫国已无纲纪,是苛也,而非严也,故子思子以正言驳之。

【译文】吃了两个鸡蛋的事,非常微小,而卫侯就要因为这件事不重用苟变,卫国的法律如此严厉啊。后世军队纪律不明,放纵军人抢劫掠夺,如何能逃过三尺之剑的诛杀呢?可是这时候卫国国家纲纪已经混乱,这样的法律,是苛刻无情,而不是严厉,故而子思先生用合于正道的话来驳斥卫侯。

鲁穆公薨,子共公奋立。
韩文侯薨,子哀侯立。

【译文】鲁穆公去世,他的儿子姬奋即位,即鲁共公。
韩文侯去世,他的儿子即位,即韩哀侯。

二十六年（乙巳，公元前三七六年）

王崩，子烈王喜立。魏、韩、赵共废晋靖公为家人而分其地。

【译文】二十六年（乙巳，公元前376年）

周王驾崩，他的儿子姬喜即位，即周烈王。

魏、韩、赵三国共同将晋靖公废黜为平民，并瓜分了他的领地。

烈王

元年（丙午，公元前三七五年）

日有食之。

韩灭郑，因徒都之。

赵敬侯薨，子成侯种立。

【译文】周烈王元年（丙午，公元前375年）

发生日食。

韩国发兵灭掉郑国，于是迁都到新郑。

赵敬侯逝世，他的儿子赵种即位，即赵成侯。

三年（戊申，公元前三七三年）

燕败齐师于林狐。

鲁伐齐，入阳关。

魏伐齐，至博陵。

燕僖公薨，子辟公立。

宋休公薨，子桓公立。

卫慎公薨，子声公训立。

【译文】三年（戊申，公元前 373 年）

燕国在林狐打败了齐军。

鲁国发兵攻打齐国，军队进入阳关。

魏国发兵攻打齐国，军队到达博陵。

燕僖公逝世，他的儿子即位，即燕桓公。

宋休公逝世，他的儿子即位，即宋辟公。

卫慎公逝世，他的儿子卫训即位，即卫声公。

四年（己酉，公元前三七二年）

赵伐卫，取都鄙七十三。

魏败赵师于北蔺。

【译文】四年（己酉，公元前 372 年）

赵国起兵进攻卫国，攻占大小市镇七十三座。

魏国在北蔺击败了赵国的军队。

五年（庚戌，公元前三七一年）

魏伐楚，取鲁阳。

【译文】五年（庚戌，公元前 371 年）

魏国起兵攻打楚国，攻占了鲁阳。

韩严遂弑哀侯，国人立其子懿侯。初，哀侯以韩廆为相而爱严遂，二人甚相害也。严遂令人刺韩廆于朝，廆走哀侯，哀侯抱之；人刺韩廆，兼及哀侯。

【译文】韩国严遂弑杀了哀侯，国人立他的儿子为君，即韩懿侯。当初，韩哀侯曾任命韩廆为宰相，却又很宠爱严遂，两个人之间互相嫉恨十分严重。严遂派人到朝堂上刺杀韩廆，韩廆跑到哀侯旁边，韩哀侯抱住他；刺客为了杀死韩廆，连韩哀侯也刺死了。

魏武侯薨，不立太子，子䓨与公中缓争立，国内乱。

【译文】魏武侯去世，还没有立太子，他的儿子䓨与公中缓两人争夺君位，国内大乱。

六年（辛亥，公元前三七〇年）

齐威王来朝。是时周室微弱，诸侯莫朝，而齐独朝之，天下以此益贤威王。

赵伐齐，至甄。

魏败赵师于怀。

【译文】六年（辛亥，公元前 370 年）

齐威王来周王室朝拜。当时，周王室已经十分衰微，各个诸侯都不来朝见周天子，唯独齐国来朝拜，天下人士也因此更加推崇齐威王的德行了。

赵国发兵攻打齐国，军队直到甄城。

魏国在怀县打败了赵国军队。

齐威王召即墨大夫，语之曰："自子之居即墨也，毁言日至。然吾使人视即墨，田野辟，人民给，官无事，东方以宁。是子不事吾左右以求助也！"封之万家。召阿大夫，语之曰："自子守阿，誉言日至。吾使人视阿，田野不辟，人民贫馁。昔日赵攻甄，子不救；卫取薛陵，子不知。是子厚币事吾左右以求誉也。"是日，烹阿大夫及左右尝誉者。于是群臣耸惧，莫敢饰诈，务尽其情，齐国大治，强于天下。

【译文】齐威王召见即墨大夫，对他说："自从你担任即墨的官职以来，诋毁你的言论每天都有。然而我派人视察即墨，发现田地得到开辟，人民生活富裕，官府清净无事，地方生活安宁。这是你不亲近我左右的近侍，谋求说情的缘故啊！"于是分封给他万户的采邑。又召见阿地大夫，对他说："自从你任职阿地以来，赞誉的话我每天都能听到，我派人到阿地视察，发现田地没有开辟，人民贫困饥寒。过去赵国进攻鄄城，你没有派兵援救；卫国攻取薛陵，你不知道。这是因为你通过丰厚的礼物向我的左右近侍行贿，所以他们才只说你的好话！"当天，烹杀阿地大夫以及曾经夸赞过阿地大夫的近臣们。这件事以后群臣惊惧，再也没有人敢欺君犯上，凡事都竭力，务必把实情告诉国君。齐国由此大治，成为天下的强国。

【乾隆御批】毁誉已不可凭于左右，即使人注视，若所使者更为欺，又当如何？舜之明目达聪未必若是。然稽实绩而立明赏罚，自非庸君所能及。

【译文】毁谤和赞誉已经不能凭借左右人的进言，即使是派人前往视察，如果所派的人更加欺瞒，又该怎么办呢？就是像大舜那样眼睛明亮内心聪敏也未必能够察觉得到啊。然而根据实际的成绩来立即明确赏罚，自然不是昏庸的君主所能做到的。

楚肃王臧，无子，立其弟良夫，是为宣王。

宋辟公辟兵，子剔成立。

【译文】楚肃王逝世，没有子嗣，他的弟弟良夫即位，即楚宣王。

宋辟公逝世，他的儿子剔成即位。

七年(壬子,公元前三六九年)

日有食之。

王崩,弟扁立,是为显王。

【译文】七年(壬子,公元前369年)

出现日食。

周烈王驾崩,他的弟弟姬扁即位,即周显王。

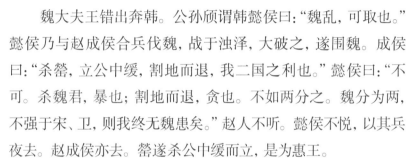

魏大夫王错出奔韩。公孙颀谓韩懿侯曰:"魏乱,可取也。"懿侯乃与赵成侯合兵伐魏,战于浊泽,大破之,遂围魏。成侯曰:"杀罃,立公中缓,割地而退,我二国之利也。"懿侯曰:"不可。杀魏君,暴也;割地而退,贪也。不如两分之。魏分为两,不强于宋、卫,则我终无魏患矣。"赵人不听。懿侯不悦,以其兵夜去。赵成侯亦去。罃遂杀公中缓而立,是为惠王。

【译文】魏国大夫王错出逃到韩国。公孙颀对韩懿侯说:"魏国举国混乱,可以趁机发兵攻打。"于是韩懿侯和赵成侯联合起军攻打魏国,交战地点在浊泽,大胜魏国军队,并包围了魏国国都安邑。赵成侯说:"杀了魏罃,再立公中缓为国君,逼他割让土地,然后退兵,这对我们两国最为有利。"韩懿侯说:"不能这样。杀了魏侯,太残暴;先割地而后退兵,又太贪婪。倒不如我们两国平分魏国。魏国一分为二,魏国势力就不会比宋、卫强,便永久不会以魏国为患了。"赵成侯不答应。韩懿侯很不高兴,率领军队连夜撤退。赵成侯也只好回国去。魏罃于是杀公中缓而自立为国君,就是魏惠王。

◆太史公曰:魏惠王之所以身不死,国不分者,二国之谋不和也。若从一家之谋,魏必分矣。故曰:"君终,无适子,其国可

破也。"◆

【译文】◆太史公司马迁说："魏惠王之所以身没有被杀死、国家没有被瓜分，是因为韩、赵二国的谋略不统一。如果依从一家的谋略，魏国必然被瓜分了。因此说：'国君死去后，没有嫡子做继承人，那个国家是可以攻灭的。'"◆

资治通鉴卷第二　周纪二

起昭阳赤奋若，尽上章困敦，凡四十八年。

【译文】起癸丑（公元前 368 年），止庚子（公元前 321 年），共四十八年。

【题解】本卷记录了周显王元年至其四十八年间各国的大事。首先描写了秦孝公任用商鞅进行变法的经过，秦国从此强大，并给魏国沉重的打击。接着描写了齐威王是如何壮大齐国的，记录了齐国军队在桂陵、马陵击败魏军，让魏国从此衰落的经过。第三是描写了苏秦在东方进行的两次合纵活动，详细记载了苏秦游说六国的情况。这些内容采自《史记》，有学者认为并不符合实情。第四是记载了张仪在秦国的政治活动。此外，还记载了韩昭侯任用申不害改革政治等事情，让韩国政治再次清明，等等。

显王

元年（癸丑，公元前三六八年）齐伐魏，取观津。

赵侵齐，取长城。

【译文】元年（癸丑，公元前 368 年）齐国发兵攻打魏国，占领观津。

赵国侵犯齐国，占领齐长城。

三年（乙卯，公元前三六六年）魏、韩会于宅阳。

秦败魏师、韩师于洛阳。

【译文】三年(乙卯, 公元前366 年)魏、韩两国在宅阳举行会盟。

秦国在洛阳击溃了魏国和韩国的军队。

四年(丙辰, 公元前三六五年)魏伐宋。

【译文】四年(丙辰, 公元前365 年)魏国攻打宋国。

五年(丁巳, 公元前三六四年)秦献公败三晋之师于石门, 斩首六万。王赐以黼黻之服。

【译文】五年(丁巳, 公元前364 年)秦献公在石门大胜韩、赵、魏三晋的联军, 斩首六万人。周显王赏赐绣着黼黻图案的朝服给他, 作为奖励。

七年(己未, 前三六二年)魏败韩师、赵师于浍。

秦、魏战于少梁, 魏师败绩, 获魏公孙痤。

卫声公薨, 子成侯速立。

燕桓公薨, 子文公立。

【译文】七年(己未, 公元前362 年)魏国在浍地战胜了韩、赵两国的军队。

秦、魏两国在少梁交战, 魏国军队失败, 落魄而逃;公孙痤被俘。

卫声公逝世, 他的儿子卫速即位, 即卫成侯。

燕桓公逝世, 他的儿子即位, 即燕文公。

秦献公薨, 子孝公立。孝公生二十一年矣。是时河、山以东强国六，淮、泗之间小国十馀，楚、魏与秦接界。魏筑长城，自郑滨洛以北有上郡；楚自汉中，南有巴、黔中：皆以夷翟遇秦，摈斥之，不得与中国之会盟。于是，孝公发愤，布德修政，欲以强秦。

【译文】秦献公逝世，他的儿子秦孝公即位。孝公那时已经二十一岁。当时，在黄河、崤山以东，兵强马壮的国家有六个，淮河、泗水流域之间，十几个小国并存林立，楚、魏两国和秦国交界。魏国修筑有长城，沿着洛水从郑县一路向北，一直到达上郡。楚国以汉中为基业，向南还占有巴郡和黔中等地。他们都以对待夷狄的鄙夷态度对待秦国，极力排斥秦国，不允许秦国和中原各国集会结盟。于是秦孝公奋发图强，广修仁德，整修政治，想要使秦国强大起来。

八年（庚申，公元前三六一年）孝公令国中曰："昔我穆公，自岐、雍之间修德行武，东平晋乱，以河为界，西霸戎翟，广地千里，天子致伯，诸侯毕贺，为后世开业甚光美。会往者厉、躁、简公、出子之不宁，国家内忧，未遑外事。三晋攻夺我先君河西地，丑莫大焉。献公即位，镇抚边境，徙治栎阳，且欲东伐，复穆公之故地，修穆公之政令。寡人思念先君之意，常痛于心。宾客群臣有能出奇计强秦者，吾且尊官，与之分土。"于是，卫公孙鞅闻是令下，乃西入秦。

【译文】八年（庚申，公元前361年）秦孝公在国中下令说："过去我们的先祖秦穆公，以岐、雍二地为根基，广修明德，扩充武力，向东平息了晋国的内乱，以黄河为界，向西征讨狄戎，称霸西方，开拓疆土数千里，周天子赐他为伯侯，管辖一方，各国诸侯都来庆贺，为后世子孙开创的基业可谓光大美好。后来经过厉公、躁公、简公及出子在位时期的动荡不安，内忧外患丛生，很长一段时间都无暇过问对外的事务。尤其是韩、赵、魏三晋攻占我先君的河西地，更是国家莫大的屈辱。我的父王献公即位后，平定边境安抚军民，迁都栎阳，筹划东征事宜，想要收复穆公时的旧地，重修穆公时的政令。每当我想到先君未完成的志向，内心就悲痛万分。在座的各位宾客群臣中，有人能想出富国强兵的计谋策略，我就赏赐他高官厚禄，给他分封土地。"卫国的公孙鞅听闻秦孝公的政令，就向西来到秦国。

公孙鞅者，卫之庶孙也，好刑名之学。事魏相公叔痤，痤知其贤，未及进。会病，魏惠王往问之曰："公叔病如有不可讳，将奈社稷何？"公叔曰："痤之中庶子卫鞅，年虽少，有奇才，愿君举国而听之！"王嘿然。公叔曰："君即不听用鞅，必杀之，无令出境！"王许诺而去。公叔召鞅谢曰："吾先君而后臣，故先为君谋，后以告子。子必速行矣！"鞅曰："君不能用子之言任臣，又安能用子之言杀臣乎？"卒不去。王出，谓左右曰："公叔病甚，悲乎！欲令寡人以国听卫鞅也，既又劝寡人杀之，岂不悖哉！"卫鞅既至秦，因嬖臣景监以求见孝公，说以富国强兵之术。公大悦，与议国事。

【译文】公孙鞅，是卫国宗族中庶出的后裔，喜好法家刑名的学说。在事奉魏国宰相公叔痤的时候，公叔痤了解他的才能，然而还没来得及向上推荐。公叔痤身患重病卧床不起，魏惠王亲自来看望他，说："你的病情万一有个三长两短，国家大事托付给谁呢？"公叔痤说："我的家臣担任中庶子的公孙鞅，虽年纪轻轻，却是一个奇才，希望国君把国家大事托付他、信任他！"魏惠王听完默不作声。公叔痤又说："国君如果没有按照我的话重用他，一定要把他杀掉，不能让他离开魏国到其他国家去。"魏惠王答应后就离开了。这时公叔痤急忙召见公孙鞅，对他道歉说："我做人一向是先君后臣，所以先为国君考虑建议杀你，现在又把详情告诉你，你赶紧逃走吧!"公孙鞅说："国君既然不相信你的话重用我，又怎会听从你的话来杀害我呢?"所以他一直都没有出逃。魏惠王从公孙痤家里出来以后，对身边的侍从说："公叔痤病情太严重了，实在叫人伤心啊!他先让我把国家大事托付给公孙鞅，又劝我杀掉他，岂不是自相矛盾吗?"公孙鞅到秦国之后，通过宠臣景监的引荐见到了秦孝公，向孝公阐述了自己富国强兵的计策。孝公听后十分高兴，从此便和他共同商讨国是。

【乾隆御批】公叔痤病，乃荐卫鞅，且云不用则杀之，皆策士权宜忍鸷之为，非休休之度也。至告之，使速行，益所谓欲盖弥章者矣。

【译文】公叔痤病了，于是向魏王推荐了卫鞅，还说不用就杀掉他，这都是谋士的方便权宜和躲避凶险的行为，不是一个君子从容自在的态度。而告诉卫鞅，让他尽快离开魏国，就更显得欲盖弥彰了。

【申涵煜评】鞅曰："君不能用子之言任臣，又安能用子之言杀臣?"从来懦主肺肠，被此二语道尽。然非至残忍之君，亦断无杀无罪之理，留鞅不死以兴秦者，天也。

【译文】卫鞅说："君主不能听先生您的话而任用我，又怎么能听先生您的话而杀我呢?"从古至今那些懦弱的君主的本质，被这两句话完全表达出来了。然而，只要不是特别残忍的君主，就绝对没有滥杀无辜的道理，把卫鞅留下来而秦国因此兴盛，这是天意啊。

十年(壬戌，公元前三五九年)卫鞅欲变法，秦人不悦。卫鞅言于秦孝公曰："夫民不可与虑始，而可与乐成。论至德者不和于俗，成大功者不谋于众。是以圣人苟可以强国，不法其故。"
甘龙曰："不然。缘法而治者，吏习而民安之。"卫鞅曰："常人安
于故俗，学者溺于所闻，以此两者，居官守法可也，非所与论于法
之外也。智者作法，愚者制焉；贤者更礼，不肖者拘焉。"公曰：
"善。"以卫鞅为左庶长，卒定变法之令。

【译文】十年(壬戌，公元前359年)公孙鞅(卫鞅)想要进行变
法改制，谋求富强，秦国的贵族们知道后很不高兴。他对秦孝公
说："对一般人，当新的政策刚开始施行的时候，没有必要和他们
商量，只需要和他们共享成功的利益。有着高尚德行的人，言行
不会和世俗的人一样；成就大功业的人，做事情不会和普通人一起
谋划。所以圣明的人治理国家，如果采取的措施能够富国强兵，
那么就是没有必要墨守成规。"大夫甘龙说："事情不一定是这样，
按照原先的法制章程来实施，官吏做起事来熟习，而百姓生活也
安定。"卫鞅说："一般人往往习惯于旧的习俗，读书人也往往陷于
自己的见闻难以自拔，这两类人，可以让他做官，让他守法，但不
能和他讨论法制以外的事。有才智的人制定法律政策，愚笨的人
只能接受统治；贤良的人因时革新礼法，平庸的人则只知道死守
现有的法规。"秦孝公说："说得真好！"于是任命卫鞅为左庶长(相
当于早期的丞相，是非王公大臣的领政)，负责订立变法的政令。

令民为什伍而相收司、连坐，告奸者与斩敌首同赏，不告奸
者与降敌同罚。有军功者，各以率受上爵。为私斗者，各以轻重
被刑大小。僇力本业，耕织致粟帛多者，复其身。事末利及怠而
贫者，举以为收孥。宗室非有军功论，不得为属籍。明尊卑爵秩
等级，各以差次名田宅、臣妾、衣服。有功者显荣，无功者虽富
无所芬华。

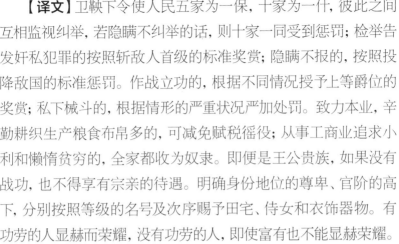

【译文】卫鞅下令使人民五家为一保，十家为一什，彼此之间互相监视纠举，若隐瞒不纠举的话，则十家一同受到惩罚；检举告发奸私犯罪的按照斩敌人首级的标准奖赏；隐瞒不报的，按照投降敌国的标准惩罚。作战立功的，根据不同情况授予上等爵位的奖赏；私下械斗的，根据情形的严重状况严加处罚。致力本业，辛勤耕织生产粮食布帛多的，可减免赋税徭役；从事工商业追求小利和懒惰贫穷的，全家都收为奴隶。即便是王公贵族，如果没有战功，也不得享有宗亲的待遇。明确身份地位的尊卑、官阶的高下，分别按照等级的名号及次序赐予田宅、侍女和衣饰器物。有功劳的人显赫而荣耀，没有功劳的人，即使富有也不能显赫荣耀。

令既具未布，恐民之不信，乃立三丈之木于国都市南门，募民有能徙置北门者予十金。民怪之，莫敢徙。复曰："能徙者予五十金！"有一人徙之，辄予五十金。乃下令。

【译文】法令制定后，并没有立刻公布，卫鞅担心百姓不相信，就在国都南门的集市上立了一根三丈高的木杆，下令如果有人能把木杆搬到北门，赏十金。人们觉得很奇怪，但是没人敢去搬。于是又下令："能搬到北门的，给五十金！"有一个人过去把木杆搬到北门，马上就赏给他五十金。这才公布变法的政令。

令行期年，秦民之国都言新令之不便者以千数。于是，太子犯法。卫鞅曰："法之不行，自上犯之。太子，君嗣也，不可施刑。刑其傅公子虔，黥其师公孙贾。"明日，秦人皆趋令。行之十年，秦国道不拾遗，山无盗贼，民勇于公战，怯于私斗，乡邑大治。秦民初言令不便者，有来言令便。卫鞅曰："此皆乱法之民也！"尽迁之于边。其后民莫敢议令。

【译文】法令颁布实施一年后，成百上千的秦国百姓纷纷前往国都陈述新法给人民带来的不便。这个时候，太子也触犯了法律。卫鞅说："法令之所以不能很好地施行，是因为在上位的都不去带头遵守。而太子是储君，又不能对他施以刑罚，便处罚他的右傅公子虔，在太子的老师公孙贾脸上刺墨字。"第二天，秦国人听说之后，都开始遵奉法令了。新法施行十年后，秦国人不捡路边他人遗失的东西，山林里也没有强盗，人民为国作战积极奋勇，不敢私自发动械斗，城市和乡村都非常安宁。这时，最初控诉新法不便的，又有人来赞颂新法的好处。卫鞅说："这些都是破坏法令的刁民!"把他们都流放到边境。从这以后，再也没有人敢议论法令的好坏了。

◆臣光曰：夫信者，人君之大宝也。国保于民，民保于信。非信无以使民，非民无以守国。是故古之王者不欺四海，霸者不欺四邻，善为国者不欺其民，善为家者不欺其亲。不善者反之：欺其邻国，欺其百姓，甚者欺其兄弟，欺其父子，上不信下，下不信上，上下离心，以至于败。所利不能药其所伤，所获不能补其所亡，岂不哀哉! 昔齐桓公不背曹沫之盟，晋文公不贪伐原之利，魏文侯不弃虞人之期，秦孝公不废徙木之赏。此四君者，道非粹白，而商君尤称刻薄，又处战攻之世，天下趋于诈力，犹且不敢忘信以畜其民，况为四海治平之政者哉! ◆

【译文】◆臣司马光说：诚信是人君最宝贵的器物。国家倚赖人民而得以存在，人民因为国君诚信而归附；不讲诚信，就无法使役人民，没有人民就无法维持国家。因此，古代的国君，从来不欺骗天下民众；成就霸业的国家，也不失信于四周的邻国；善于治理国家的人，不会欺骗百姓；善于治家的人，不会欺骗亲友。愚蠢的人则正好相反：背信于邻国，失信于百姓，甚至食言于自己的兄弟父子，使得上级下级之间互不信任，彼此离心，以至于最后造成一败涂地的结果。取得的好处医治不了他所受的伤痛，获得的利益不能弥补他的损失，岂不让人悲哀？当年齐桓公不违背与曹沫的誓约，晋文公不贪恋攻占原国的利益，魏文侯不背弃和虞人一同打猎的约会，秦孝公不废弃对搬动木杆的人的奖赏。这四位国君的做法尚且算不上纯粹完美，而卫鞅尤其刻薄寡义，再加上他们处在战乱频仍的时代，天下之人大多诡诈暴力，他们尚且不敢违背信义来善待人民，更何况是当今海内安定的执政者呢！◆

韩懿侯薨，子昭侯立。

【译文】韩懿侯逝世，他的儿子即位，即韩昭侯。

十一年（癸亥，公元前三五八年）秦败韩师于西山。

十二年（甲子，公元前三五七年）魏、韩会于鄗。

十三年（乙丑，公元前三五六年）赵、燕会于阿。

赵、齐、宋会于平陆。

【译文】十一年（癸亥，公元前358年）秦国在西山打败了韩国军队。

十二年（甲子，公元前357年）魏国、韩国在鄗地举行会盟。

十三年（乙丑，公元前356年）赵、燕两国在阿地举行会晤。

赵国、齐国、宋国在平陆进行会盟。

十四年（丙寅，公元前三五五年）齐威王、魏惠王会田于郊。惠王曰："齐亦有宝乎？"威王曰："无有。"惠王曰："寡人国虽小，尚有径寸之珠，照车前后各十二乘者十枚。岂以齐大国而无宝乎?"威王曰:"寡人之所以为宝者与王异。吾臣有檀子者,使守南城,则楚人不敢为寇,泗上十二诸侯皆来朝;吾臣有盼子者,使守高唐,则赵人不敢东渔于河;吾吏有黔夫者,使守徐州,则燕人祭北门,赵人祭西门,徙而从者七千馀家;吾臣有种首者,使备盗贼,则道不拾遗。此四臣者,将照千里,岂特十二乘哉!"惠王有惭色。

秦孝公、魏惠王会于杜平。

鲁共公薨,子康公毛立。

【译文】十四年(丙寅,公元前355年)齐威王与魏惠王约定在郊外打猎。魏惠王问:"齐国也有国宝吗?"齐威王说:"没有。"魏惠王说:"我的国家虽然小了点,但还有十颗直径一寸的夜明珠,发出的光可以照亮十二辆车。像齐国这样的大国,难道真的没有国宝吗?"齐威王说:"我所说的国宝和你说的不一样。我有个臣子名叫檀子,我派他镇守南城,楚国不敢进犯,泗水流域的十二个诸侯小国也都来朝拜。我有个臣子名叫盼子,让他镇守高唐,赵国人不敢向东在黄河边打鱼。我有个官吏名叫黔夫,让他镇守徐州,燕国人常常在北门祭拜祈福,赵国人在西门祭拜祈福,追随他迁居而来的有七千多户人家。我有个臣子名叫种首,派他防御盗贼,于是齐国路不拾遗。这四位臣子足以照耀千里,岂是发出的光可以照亮十二辆车的夜明珠能相比的?"魏惠王听后,脸上露出惭愧的表情。

秦孝公、魏惠王在杜平举行会盟。

鲁共公逝世,他的儿子姬毛即位,即鲁康公。

【乾隆御批】梁惠当时有孟子而不能用,即如卫鞅之流,亦使之得志于异邦,以致丧师削地。乃沾沾以珠自喜,宜其见鄙于齐威

资治通鉴

矣。然以千里之国而有径寸照乘之珠十二，亦必无之事。史氏夸辞，固尽可信哉。

【译文】梁惠王（即魏惠王）当时有孟子却不能重用，就像卫鞅那样的人，也都让他在外国才得以伸展志向，以至于后来军队战败，土地被削。从这里见其拥有宝珠而沾沾自喜，因此而遭到齐威王的鄙视实在是很正常不过了。土地以千里计的国家有十二颗直径一寸大小照耀车辆的宝珠，也一定是没有的事。只是史官的夸大之辞，哪里能够完全相信呢？

十五年（丁卯，公元前三五四年）秦败魏师于元里，斩首七千级，取少梁。

魏惠王伐赵，围邯郸。楚王使景舍救赵。

【译文】十五年（丁卯，公元前354年）秦国在元里打败魏国军队，斩首七千多人，夺取少梁。

魏惠王率兵攻打赵国，包围邯郸。楚王派景舍带兵援救赵国。

十六年（戊辰，公元前三五三年）齐威王使田忌救赵。初，孙膑与庞涓俱学兵法。庞涓仕魏为将军，自以能不及孙膑，乃召之。至，则以法断其两足而黥之，欲使终身废弃。齐使者至魏，孙膑以刑徒阴见，说齐使者。齐使者窃载与之齐。田忌善而客待之，进于威王。威王问兵法，遂以为师。于是威王谋救赵，以孙膑为将，辞以刑徐之人不可。乃以田忌为将而孙子为师，居辎车中，坐为计谋。

【译文】十六年（戊辰，公元前353年）齐威王派田忌率领军队营救赵国。当初，孙膑和庞涓一起学习兵法，庞涓在魏国当上了将军，觉得自己的才能比不上孙膑，于是把孙膑请到魏国；孙膑到来后，庞涓就设计加罪于他，剜掉他的膝盖骨，又在他脸上刺字，想让他一生都被嫌弃而得不到重用。齐国的使者来到魏国，孙膑私下里以受刑者的身份与齐国使者约见，说服了齐国使者，齐国使者偷偷地把孙膑带回齐国。田忌待孙膑以贵客之礼，又把他引荐给齐威王。齐威王向孙膑请教兵法，之后就任命他做军师。这个时候，齐威王打算出兵营救赵国，任命孙膑为将军，孙膑因为自己是残疾之人而推辞，于是齐威王改任田忌为将军，孙膑为军师，坐在运送辎重的车里，谋划作战大计。

　　田忌欲引兵之赵。孙子曰："夫解杂乱纷纠者不控拳，救斗者不搏撠。批亢捣虚，形格势禁，则自为解耳。今梁、赵相攻，轻兵锐卒必竭于外，老弱疲于内。子不若引兵疾走魏都，据其街路，冲其方虚，彼必释赵以自救。是我一举解赵之围而收弊于魏也。"田忌从之。十月，邯郸降魏。魏师还，与齐战于桂陵，魏师大败。

　　韩伐东周，取陵观、廪丘。

　　【译文】田忌想率兵到赵国去。孙膑说："要化解纠缠不清的两方之间的纷乱，不可以握拳开打；要劝解斗殴的人更不能参加到搏斗之中。只需要根据形势乘虚而入，使打斗的紧张形势缓和，双方自然就会退兵了。现在魏、赵两国互相攻伐，精锐部队必定全部出战，只剩下老弱残兵在城内。你不如派兵突袭魏国国都，占领要塞路段，攻击魏国空虚的大后方，魏国肯定会放弃攻打赵国回兵自救。这样既解除了赵国的围困之局，又打击了魏国，可谓一举两得。"田忌听从了孙膑的计谋。十月，邯郸城向魏国投降，魏国军队又回师救援都城，在桂陵与齐军激战，魏国军队大败。

韩国攻打东周，占领陵观、廪丘。

楚昭奚恤为相。江乙言于楚王曰："人有爱其狗者，狗尝溺井，其邻人见，欲入言之，狗当门而噬之。今昭奚恤常恶臣之见，亦犹是也。且人有好扬人之善者，王曰：'此君子也。'近之；好扬人之恶者，王曰：'此小人也。'远之。然则且有子弑其父、臣弑其主者，而王终己不知也。何者？以王好闻人之美而恶闻人之恶也。"王曰："善。寡人愿两闻之。"

【译文】楚国的昭奚恤做了宰相。江乙对楚王说："有一个人非常宠爱自己的狗，狗往井里撒尿，他邻居家的人看见了，想去他家告诉他，却被狗堵在门口撕咬。如今昭奚恤经常阻止我来拜见国王，这和恶狗堵门的情形是一样的。况且，有的人喜欢到处说别人的好处，您听了就说：'这是君子。'就亲近宠爱他；有人喜欢指出别人的不足，您听了就说：'这是小人。'就疏远他。然而天下还有儿子杀死自己的父亲，臣子杀死国君的事情，而您一直都不知道。为什么呢？由于您喜欢听人讲优点，不喜欢听人讲缺点的缘故啊！"楚王听了说："说得很好，两方面的话以后我都要听。"

十七年（己巳，公元前三五二年）秦大良造卫鞅伐魏。

诸侯围魏襄陵。

【译文】十七年（己巳，公元前 352 年）秦国派大良造卫鞅攻伐魏国。

诸侯各国发兵围困魏国襄陵城。

十八年（庚午，公元前三五一年）秦卫鞅围魏固阳，降之。

魏人归赵邯郸，与赵盟漳水上。

韩昭侯以申不害为相。申不害者，郑之贱臣也，学黄、老、刑名，以干昭侯。昭侯用为相，内修政教，外应诸侯，十五年，终申子之身，国治兵强。

【译文】十八年（庚午，公元前 351 年）秦国卫鞅带兵围攻魏国的固阳，固阳投降。

魏人把邯郸归还给赵国，并在漳水边和赵国缔结盟约。

韩昭侯任命申不害为宰相。申不害先前是郑国地位低贱的小臣，熟习黄帝、老子以及法家刑名之学，后来来到韩国求见昭侯。韩昭侯便任用他做宰相，对内修整政治教化，对外积极联合其他诸侯国。申不害做了宰相十五年，直到他去世，韩国始终政治清明，国富兵强。

申子尝请仕其从兄，昭侯不许，申子有怨色。昭侯曰："所为学于子者，欲以治国也。今将听子之谒而废子之术乎，已其行子之术而废子之请乎？子尝教寡人修功劳，视次第；今有所私求，我将奚听乎？"申子乃辟舍请罪曰："君真其人也。"

【译文】申不害曾请求给他堂兄一个官做，韩昭侯没有同意，申不害有点不高兴，脸上露出怨怒的表情。韩昭侯说："我向你学习，是想把国家治理好，现在我是答应你的要求而废弃你创制的制度，还是推行你的制度而拒绝你的请求呢？你以前教我赏赐功名，要按照功劳的大小来进行；现在你又有个人的请求，我该听从哪种说法呢？"于是申不害离席谢罪说："您实在是位贤明的君王！"

【申涵煜评】世以申、韩并称，韩术不售而死，申卒得行其志，夫岂可同日语？且为相者，不过欲国富兵强而已，韩坐为十五年之利，其抱负为何如哉？惜乎其书不传。

【译文】世间的人将申不害、韩非并称，韩非的治国之术没有实现便去世了，而申不害最终得以实现他的志向，这怎么能同日而语？而且，作为一个国家的国相，不过是要富国强兵而已，申不害为韩国国相，韩国坐收十五年之利，他的抱负又是什么样的呢？可惜他的著作没有流传下来。

昭侯有弊袴，命藏之。侍者曰："君亦不仁者矣。不赐左右而藏之！"昭侯曰："吾闻明主爱一嚬一笑，嚬有为嚬，笑有为笑。今袴岂特嚬笑哉！吾必待有功者。"

【译文】韩昭侯有一条裤子又破又旧，让身边的人收藏起来。身边的仆人说："您也太不仁义了，不奖赏给我们，反而还收藏起来！"韩昭侯说："我听说圣明的君王不轻易一颦一笑，有值得颦的事才会颦，有值得笑的事才会笑。这条裤子可不是一颦一笑就能比得上的，一定要遇到有功的人才能赏赐给他。"

【康熙御批】韩昭侯此事从来以为美谈，不知国家之待有功，自当郑重其事，如"彤弓诏兮，受言藏之"，可也。敝袴之微，毋乃近于鄙陋乎？径以不僭赏目之，似非确论。

【译文】韩昭侯这件事情从来都被人们当成美谈，这些人不知道国君对待有功之臣，自当非常严肃认真地来对待。就像《诗经》里说的："红漆雕弓弦松弛，赐予功臣庙中藏。"这样是可以的。拿一条破裤子这样微不足道的物品来作为奖赏，不也太鄙陋了吗？直接以不超越本分来进行奖赏，似乎不是恰当之论。

【乾隆御批】一颦一笑固不可慎，然欲藏弊袴以待有功，则视有功者太轻矣。昭侯与申不害同其心术，故忍伪乖张至于此。向于《日知荟说》中已详论之。

【译文】一颦一笑固然不可不慎重，然而想把收藏的破裤子酬赏给有功之人，这未免把有功劳的人看得太轻了。韩昭侯和申不害心术相同，所以才虚伪乖张到这个地步，以往我在《日知荟说》中已经详细论述过了。

十九年(辛未，公元前三五〇年)秦商鞅筑冀阙宫庭于咸阳，徙都之。令民父子、兄弟同室内息者为禁。并诸小乡聚集为一县，县置令、丞，凡三十一县。废井田，开阡陌，平斗、桶、权、衡、丈、尺。

秦、魏遇于彤。

赵成侯薨，公子緤与太子争立。緤败，奔韩。

【译文】十九年(辛未，公元前350年)秦国派商鞅在咸阳负责新宫殿的修建，后来又把国都迁移到咸阳。立下法令，禁止父母、子女与兄弟、姐妹同处一家，到一定年龄要分家居住。把零散分布的几个小村镇合并为县，设置县令、县丞等官职，全国共分为三十一个县。又废除以前的井田制度，重新确立田地边界。全国的度、量、衡等计量单位也统一确定。

秦、魏两国在彤地相遇并发生战争。

赵成侯逝世，公子赵緤和太子争抢王位。赵緤失败，出逃到韩国。

二十一年(癸酉，公元前三四八年)秦商鞅更为赋税法，行之。

二十二年(甲戌，公元前三四七年)赵公子范袭邯郸，不胜而死。

二十三年(乙亥，公元前三四六年)齐杀其大夫牟。

鲁康公薨，子景公偃立。

卫更贬号曰侯,服属三晋。

二十五年(丁丑,公元前三四四年)诸侯会于京师。

二十六年(戊寅,公元前三四三年)王致伯于秦,诸侯皆贺秦。秦孝公使公子少官帅师会诸侯于逢泽以朝王。

【译文】二十一年(癸酉,公元前 348 年)秦国商鞅改革旧的赋税法,公布新法并施行。

二十二年(甲戌,公元前 347 年)赵国公子范领兵偷袭邯郸,兵败后被人杀死。

二十三年(乙亥,公元前 346 年)齐国大夫田牟被杀。

鲁康王逝世,他的儿子姬偃即位,即鲁景公。

卫国被降为侯,成为三晋的臣属国。

二十五年(丁丑,公元前 344 年)诸侯各国在京师举行集会。

二十六年(戊寅,公元前 343 年)周天子封秦国国君为诸侯之中地位最高的,其他各国都来庆贺。秦孝公派公子少官统率军队,在逢泽与诸侯举行集会,来朝见周天子。

二十八年(庚辰,公元前三四一年)魏庞涓伐韩。韩请救于齐。齐威王召大臣而谋曰:"蚤救孰与晚救?"成侯曰:"不如勿救。"田忌曰:"弗救则韩且折而入于魏,不如蚤救之。"孙膑曰:"夫韩、魏之兵未弊而救之,是吾代韩受魏之兵,顾反听命于韩也。且魏有破国之志,韩见亡,必东面而诉于齐矣。吾因深结韩之亲而晚承魏之弊,则可受重利而得尊名也。"王曰:"善。"乃阴许韩使而遣之。韩因恃齐,五战不胜,而东委国于齐。

【译文】二十八年(庚辰,公元前 341 年)魏国庞涓率兵进攻韩国。韩国向齐国寻求救援。齐威王把大臣召集起来商讨说:"是早点去救还是晚点去救?"成侯邹忌说:"倒不如不救。"田忌说:"如果不救，韩国肯定会被魏国吞并，还是早些去救好。"孙膑说："现在韩、魏两国的军队还没有到精疲力竭的时候，这时去救韩国，实际上是我们代替韩国对付魏军。况且魏国有吞并韩国的野心，等到韩国快要灭亡的时候，肯定会东来向我们求助。这样我们可以进一步加深与韩国之间的邦交，还可以攻打疲劳不堪的魏国军队，这样不仅可获得更大的利益，还可赢得尊荣的声誉。"齐威王说："妙计。"于是私下里承诺韩国使者出兵相救，把他送回韩国，却按兵不动。果然，韩国以为有齐国做依靠，经过五次激烈的战役都失败了，只好向东依附齐国。

齐因起兵，使田忌、田婴、田盼将之，孙子为师，以救韩，直走魏都。庞涓闻之，去韩而归。魏人大发兵，以太子申为将，以御齐师。孙子谓田忌曰："彼三晋之兵素悍勇而轻齐，齐号为怯。善战者因其势而利导之。《兵法》：'百里而趣利者蹶上将，五十里而趣利者军半至。'"乃使齐军入魏地为十万灶，明日为五万灶，又明日为二万灶。庞涓行三日，大喜曰："我固知齐军怯，入吾地三日，士卒亡者过半矣！"乃弃其步军，与其轻锐倍日并行逐之。孙子度其行，暮当至马陵。马陵道狭而旁多阻隘，可伏兵。乃斫大树，白而书之曰："庞涓死此树下！"于是令齐师善射者万弩夹道而伏，期日暮见火举而俱发。庞涓果夜到斫木下，见白书，以火烛之。读未毕，万弩俱发，魏师大乱相失。庞涓自知智穷兵败，乃自刭，曰："遂成竖子之名！"齐因乘胜大破魏师，虏太子申。

【译文】齐国因此而出兵，派田忌、田婴、田盼统领军队，孙膑为军师，前去营救韩国，大军长驱直入，到达魏国都城。庞涓听说后急忙从韩国撤军。魏国集合全国的兵力，以太子申作为将军，抗击齐国军队。孙膑对田忌说："三晋地区的军队一向以骁勇剽悍著称，轻视齐国军队，齐军也有胆怯的坏名声。善于领兵作战的将领，应该利用自然情势而诱导敌人。《孙武兵法》上说：'距离一百多里就奔袭想要取胜的，即便是上将也会失败，距离五十里而奔袭求胜，往往只有半数军士可以到达。'"就下令齐国军队刚进入魏国边界，修建十万座炉灶，第二天减为五万座，第三天减为两万座。庞涓带领军队追击齐兵三天，看到这种情况，十分高兴，说："我早知齐军胆小畏惧，才进入魏国三天，就已经有一半以上的士兵逃跑了！"于是舍弃步兵，亲自率领着魏国轻锐军队，日夜兼程，追击齐军。孙膑估算庞涓的行程，当天晚上应该到达马陵。马陵道路狭窄，有许多断壁险隘，可以设兵埋伏，于是派人削去一棵大树的树皮，在树干上写道："庞涓死于此树下！"又挑选齐国射箭精良的士兵一万多人，埋伏在山路两侧，约定当天晚上看见有火光就万弩齐发。夜里，庞涓果然来到削去表皮的树下，看见树干上隐约有字，就拿起火把察看。还没有读完，两边就箭如雨下，魏军乱作一团，四散逃窜。庞涓自知才智已尽，兵败之势无法改变，于是自刎而死，死前说道："就成就孙膑你小子的名声吧！"齐国军队乘胜追击，魏军大败，俘虏了魏国太子申。

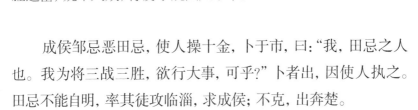

成侯邹忌恶田忌，使人操十金，卜于市，曰："我，田忌之人也。我为将三战三胜，欲行大事，可乎？"卜者出，因使人执之。田忌不能自明，率其徒攻临淄，求成侯；不克，出奔楚。

【译文】成侯邹忌妒恨田忌，于是找人带着黄金十斤，到集市上去算卦说："我是田忌的下属。我为将军统率军队作战，三战三胜，想要成就一番大事业，运气怎么样？"算卦的一出来，就派人捉拿住他。田忌没有办法解释自己的清白，索性率领手下的军队攻打都城临淄，要求交出成侯邹忌，没有获得成功，只好逃去楚国。

二十九年(辛巳, 公元前三四〇年)卫鞅言于秦孝公曰: "秦之与魏, 譬若人之有腹心之疾, 非魏并秦, 秦即并魏。何者? 魏居岭阨之西, 都安邑, 与秦界河, 而独擅山东之利。利则西侵秦, 病则东收地。今以君之贤圣, 国赖以盛; 而魏往年大破于齐, 诸侯畔之, 可因此时伐魏。魏不支秦, 必东徙。然后秦据河山之固, 东乡以制诸侯, 此帝王之业也。"公从之, 使卫鞅将兵伐魏。魏使公子卬将而御之。

【译文】二十九年(辛巳, 公元前340年)商鞅对秦孝公说: "秦、魏两国之间的关系, 就好像人有心腹之患, 不是魏国侵吞秦国, 就是秦国攻占魏国, 原因是什么呢? 魏国处在险恶的山岭西侧, 在安邑城建都, 和秦国以黄河为界线, 独自占有崤山以东的利势, 国力强盛时就向西侵犯秦国, 国势衰微时就向东收缩保土。如今秦国凭着君王的圣明, 国家逐渐强盛起来; 而魏国由于去年被齐国击败, 各个诸侯国都背叛了和它之间的约定, 可以趁这个机会攻取魏国。魏国抵抗不了, 肯定向东迁徙, 这样秦国就以险要的黄河、崤山作为天然屏障, 向东挟制各诸侯国, 从而建立起称帝尊王的宏大功业啊!"秦孝公采纳了他的提议, 派商鞅率军进攻魏国。魏国派公子卬统率军队抵御秦军。

军既相距, 卫鞅遗公子卬书曰: "吾始与公子欢, 今俱为两国将, 不忍相攻, 可与公子面相见盟, 乐饮而罢兵, 以安秦、魏之民。"公子卬以为然, 乃相与会。盟已, 饮。而卫鞅伏甲士, 袭虏公子卬, 因攻魏师, 大破之。

魏惠王恐, 使使献河西之地于秦以和。因去安邑, 徙都大梁。乃叹曰: "吾恨不用公叔之言!"

秦封卫鞅商於十五邑，号曰商君。

齐、赵伐魏。

楚宣王薨，子威王商立。

【译文】两国军队互相对峙，商鞅派人给魏公子卬送信说："昔日我们俩是非常好的朋友，如今各为自己国家的将领，我不忍心看到互相残杀的局面，希望我们可以见一面，订立盟约，然后痛饮一番，罢战休兵，这样也可以使秦、魏两国人民安居乐业。"公子卬相信了他说的话，就来与商鞅相见。定下盟约后，正当二人饮酒时，商鞅提前在室内埋伏的兵士冲出来，俘虏了公子卬，然后猛攻魏军，大胜魏国。

魏惠王惊恐万分，派遣使臣把黄河以西的土地割让给秦国求和，然后离开安邑，迁都到大梁。此时魏惠王叹息说："我真后悔当初没听公叔痤的建议而杀掉商鞅。"

秦王把商於这个地方的十五个乡邑封赏给卫鞅，后来卫鞅号称商君。

齐国和赵国联合发兵攻击魏国。

楚宣王逝世，他的儿子商即位，即楚威王。

三十一年（癸未，公元前三三八年）秦孝公薨，子惠文王立，公子虔之徒告商君欲反，发吏捕之。商君亡之魏。魏人不受，复内之秦。商君乃与其徒之商於，发兵北击郑。秦人攻商君，杀之，车裂以徇，尽灭其家。

【译文】三十一年（癸未，公元前338年）秦孝公驾崩，他的儿子即位，即惠文王。公子虔的门客告发商鞅想要谋反，惠文王就派官吏捉拿他。商鞅匆忙逃到魏国，魏国人不收容他，只好又回到秦国。商鞅和门客们回到商於，起兵向北进攻郑国。秦国追击商鞅，把他杀死，把尸体车裂示众，又杀光他的全家和门客。

初，商君相秦，用法严酷，尝临渭沦囚，渭水尽赤。为相十年，人多怨之。赵良见商君，商君问曰："子观我治秦，孰与五羖大夫贤？"赵良曰："千人之诺诺，不如一士之谔谔。仆请终日正言而无诛，可乎？"商君曰"诺。"赵良曰："五羖大夫，荆之鄙人也，穆公举之牛口之下，而加之百姓之上，秦国莫敢望焉。相秦六七年而东伐郑，三置晋君，一救荆祸。其为相也，劳不坐乘，暑不张盖。行于国中，不从车乘，不操干戈。五羖大夫死，秦国男女流涕，童子不歌谣，舂者不相杵。今君之见也，因嬖人景监以为主；其从政也，凌轹公族，残伤百姓。公子虔杜门不出已八年矣。君又杀祝懽而黥公孙贾。《诗》曰：'得人者兴，失人者崩。'此数者，非所以得人也。君之出也，后车载甲，多力而骈胁者为骖乘，持矛而操闟戟者旁车而趋。此一物不具，君固不出。《书》曰：'恃德者昌，恃力者亡。'此数者，非恃德也。君之危若朝露，而尚贪商於之富，宠秦国之政，畜百姓之怨。秦王一旦捐宾客而不立朝，秦国之所以收君者岂其微哉！"商君弗从。居五月而难作。

【译文】当初，商鞅做秦国宰相的时候，施行的法令非常严厉残酷，他曾经亲自在渭水边惩处罪犯，渭河水都被鲜血染红了。他做宰相十年，百姓都怨恨他。有一次，赵良遇见商君，商君问他："你看我治理秦国和五羖大夫（百里奚）相比，谁更贤明？"赵良说："一千个人唯唯诺诺，也比不上一个人正直敢言。我希望把心里的想法都直接说出来，而不会受到杀身之灾，可以吗？"商君说："可以。"赵良回答："五羖大夫（百里奚）原本是荆楚边地卑贱的小民，秦穆公把他从一个牧牛郎提拔起来，地位在百姓之上，秦国没有人能比得上他。他做秦国宰相的六七年时间里，曾率军向东进攻郑国，先后三次协助晋国扶持新的国君，还有一次把楚国从灾难之中挽救出来。他担任宰相时，即便劳累也不乘车，天气炎热也不让人撑伞遮凉。在国都内巡视，不让车辆跟随，也不用武士护驾。五羖大夫逝世的时候，秦国男女老幼都掩面痛哭流涕，小孩也不再唱童谣，舂米的人们也不再欢唱。如今先生您出任相国，是因宦官景监引荐给孝公的缘故；先生您颁行的政令，欺压凌辱权贵，残酷伤害百姓。公子虔因受刑已经有八年没有出过门了。您又杀了祝懽，以脸上刺字来惩罚公孙贾。《诗经》说：'得人心者兴旺，失人心者败亡。'您做的这几件事，都不能算是赢得民心。所以您外出的时候，在后边跟随大量载满披甲士兵的车辆，有力大无穷的精壮勇士做侍卫，而手持着戈矛、荷戟的守卫在车两旁巡逻前行。这几件有一样没有，您肯定是不会外出的。《尚书》上说：'凭借恩义仁德的人昌盛，依靠暴力的人败亡。'这几件事，没有一件是凭借仁义道德的。您现在的处境如同早上的露水一样危险，却还要贪图商於的财富，独掌秦国的大权，使百姓对您的怨恨日益增加。一旦秦王驾崩，秦国等着收拾您的人，只怕不会少啊！"商鞅没有听从。五个月之后灾祸就发生了。

三十二年（甲申，公元前三三七年）韩申不害卒。

三十三年（乙酉，公元前三三六年）宋太丘社亡。

【译文】三十二年（甲申，公元前337年）韩国的申不害逝世。

三十三年（乙酉，公元前336年）宋国在太丘的神坛宗社坍塌。

邹人孟轲见魏惠王。王曰："叟，不远千里而来，亦有以利吾国乎？"孟子曰："君何必曰利，仁义而已矣！君曰何以利吾国，大夫曰何以利吾家，士庶人曰何以利吾身，上下交征利而国危矣。未有仁而遗其亲者也，未有义而后其君者也。"王曰："善。"

【译文】邹国人孟轲拜见魏惠王，魏惠王说："老先生，你不顾路途遥远，从千里之外赶到这里，会给我们魏国带来什么利益吗？"孟轲回答说："大王干吗要说到利呢？能够施行仁义就够了。假如君王都想着怎样为国谋取利益，大夫都想着怎样为家谋取利益，士人和百姓都想着怎样为自己谋取利益，上下互相争夺利益，那国家就十分危险了。没有听说过仁德的人抛弃他的亲人的，也没有见过讲道义的人无视他的君主的。"魏惠王说："很好。"

初，孟子师子思，尝问牧民之道何先。子思曰："先利之。"孟子曰："君子所以教民，亦仁义而已矣，何必利？"子思曰："仁义固所以利之也。上不仁则下不得其所，上不义则下乐为诈也。此为不利大矣。故《易》曰：'利者，义之和也。'又曰：'利用安身，以崇德也。'此皆利之大者也。"

【译文】起初，孟子师从子思学习时，曾经询问什么是治理百姓首要的事。子思说："先为人民谋取福利。"孟子说："君子教化百姓，不过是仁义而已，又为什么要讲利益呢？"子思说："讲求仁义，就是为了给人民谋取福利。身居上位的人不行仁德，下层的人民就要流离失所，身居上位的人不施道义，下层百姓就会尔虞我诈，这才是最大的不利啊。因此《易经》上说：'利益，就是要从道义上让万物和谐而不相害。'又说：'利益可以让人安稳生息，从而推崇高尚的品格。'这才是最大的利益啊！"

◆臣光曰：子思、孟方之言，一也。夫唯仁者为知仁义之利，不仁者不知也。故孟子对梁王直以仁义而不及利者，所与言

之人异故也。◆

【译文】◆臣司马光说：子思、孟子所说的其实是一个意思。只有施行仁义的人，才明白仁义的作用，没有仁义的人是不会了解的。因此孟子对魏惠王直接宣讲仁义，而不涉及利益，是所谈话的对象不同的缘故啊! ◆

三十四年(丙戌, 公元前三三五年) 秦伐韩, 拔宜阳。

三十五年(丁亥, 公元前三三四年) 齐王、魏王会于徐州以相王。

【译文】三十四年(丙戌, 公元前 335 年) 秦国发兵进攻韩国, 攻占宜阳。

三十五年(丁亥, 公元前 334 年) 齐王、魏王在徐州举行会晤, 以王尊称彼此。

【乾隆御批】齐威尝朝于周, 而何以首先僭号? 盖其初诸侯未附, 借朝王以取誉望。既而战胜兵强, 天下畏之, 遂窃号以自尊大。于是列国效之, 而诸侯皆为王矣。齐威真罪之魁哉。

【译文】齐威王曾经朝见周王, 为何首先僭越王号呢? 大概是当初诸侯不曾依附于齐国, 齐国假借朝见周王以获取声望, 等到军队日益强大, 天下诸侯都害怕齐国。于是齐国就窃取王号, 而自尊为大。于是列国诸侯都加以效仿, 都称起王的名号来, 齐威王真是第一罪人。

韩昭侯作高门, 屈宜曰曰: "君必不出此门。何也? 不时。吾所谓时者, 非时日也。夫人固有利、不利时。往者君尝利矣, 不作高门。前年秦拔宜阳, 今年旱, 君不以此时恤民之急而顾益奢, 此所谓时诎举赢者也。故曰不时。"

【译文】韩昭侯修建高大的宫门，屈宜臼说："主公您一定出不了这个门。为什么呢？因为不合时宜。我所说的时宜，并不光指时间。大部分人都有顺利和不顺利的时候。当年您曾经有十分顺利的时候，没有修建高大的门楼。而去年秦国攻克了宜阳，今年旱灾又发生，这个时候不救助人民于危难之中，反而越发奢靡，这就是常常说的时势拮据而做法还宽裕，所以我说不合时宜。"

越王无疆伐齐。齐王使人说之以伐齐不如伐楚之利。越王遂伐楚。楚人大败之，乘胜尽取吴故地，东至于浙江。越以此散，诸公族争立，或为王，或为君，滨于海上，朝服于楚。

【译文】越王无疆进攻齐国。齐王派出使者游说，指出进攻齐国没有进攻楚国有利。于是越王就攻打楚国。楚国人击败了越王，又乘胜占领了以前吴国的土地，向东一直扩张到浙江。从此越国土崩瓦解，王室贵族都争抢着自立为王，还有的人自封国君，散居在海边，向楚国俯首称臣。

三十六年（戊子，公元前三三三年）楚王伐齐，围徐州。

韩高门成，昭侯薨，子宣惠王立。

初，洛阳人苏秦说秦王以兼天下之术，秦王不用其言。苏秦乃去，说燕文公曰："燕之所以不犯寇被甲兵者，以赵之为蔽其南也。且秦之攻燕也，战于千里之外；赵之攻燕也，战于百里之内。夫不忧百里之患而重千里之外，计无过于此者。愿大王与赵从亲，天下为一，则燕国必无患矣。"

【译文】三十六年（戊子，公元前333年）楚王进攻齐国，包围徐州。

韩国高大的宫门建成，韩昭侯也逝世了，他的儿子即位，就是

韩宣惠王。

起初，洛阳人苏秦向秦王游说，进献兼并天下的策略，秦王没有采纳。苏秦于是离开秦国，向燕文公游说："燕国之所以能免受他国军队的攻击，是因为有赵国在南面作为屏障。况且秦国进攻燕国，必须跨越千里作战；而赵国进攻燕国，只需要百里之内便可。不担忧百里之内的灾患，反而注重千里以外的事，没有比这样做更失败的了。愿大王和赵国合纵，结为友邦，两国互为一体，那么燕国就没有外患之忧了。"

文公从之，资苏秦车马，以说赵肃侯曰："当今之时，山东之建国莫强于赵，秦之所害亦莫如赵。然而秦不敢举兵伐赵者，畏韩、魏之议其后也。秦之攻韩、魏也，无有名山大川之限，稍蚕食之，傅国都而止。韩、魏不能支秦，必入臣于秦。秦无韩、魏之规则祸中于赵矣。臣以天下地图案之，诸侯之地五倍于秦，料度诸侯之卒十倍于秦。六国为一，并力西乡而攻秦，秦必破矣。夫衡人者皆欲割诸侯之地以与秦，秦成则其身富荣，国被秦患而不与其忧，是以衡人日夜务以秦权恐惕诸侯，以求割地。故愿大王熟计之也！窃为大王计，莫如一韩、魏、齐、楚、燕、赵为从亲以畔秦，令天下之将相会于洹水上，通质结盟，约曰：'秦攻一国，五国各出锐师，或桡秦，或救之。有不如约者，五国共伐之！'诸侯从亲以摈秦，秦甲必不敢出于函谷以害山东矣。"肃侯大说，厚待苏秦，尊宠赐赉之，以约于诸侯。会秦使犀首伐魏，大败其师四万馀人，禽将龙贾，取雕阴，且欲东兵。苏秦恐秦兵至赵而败从约，念莫可使用于秦者，乃激怒张仪，入之于秦。

【译文】燕文公听从了苏秦的意见，给苏秦资助车马，去劝说赵肃侯。苏秦对赵肃侯说："现在的时局，崤山以东的国家没有比

赵国强盛的，最让秦国头疼的也是赵国。而秦国之所以一直不敢起兵攻打赵国，就是因为害怕韩国、魏国在背后打秦国的主意。秦国进攻韩国和魏国，没有山河险要的屏障，只要稍加蚕食，便可以直达国都。韩、魏不能抵抗秦国，只能臣服于秦国；秦国缺少了韩、魏两国的牵制，那么战火必然波及赵国。臣拿着天下的地图分析，诸侯各国的疆域五倍于秦国，各国军队的总数大概是秦国的十倍。六国若是结为一体，齐心协力向西进攻秦国，秦国必然被攻破。那些提倡连横的人，都想让各个诸侯国割地给秦国，秦国日渐强大，他们自己也可以富贵荣华，自己的国家被秦国侵略却没有一点忧患之心，因此天天拿着秦国的权势来恐吓诸侯，从而割让土地。希望大王一定要好好考虑啊！我私下为您考虑，联合韩、魏、齐、楚、燕、赵六国合纵而背叛秦国是再好不过了，在洹水边召集各国的将相，互相交换人质，结成盟国，订立盟约说：'秦国进攻任何一国，其他五个诸侯国都要派出精锐军队，有的袭扰秦国，有的实施救援。有不践行约定的，另外五国就一起讨伐它。'各诸侯国实行合纵来共同抵御秦国，秦国军队必定不敢再从函谷关出兵进攻崤山东边的各诸侯国了。"赵肃侯听后特别高兴，赐给苏秦丰厚的赏赐和崇高的爵位，派他去联合各国诸侯。正好秦国派犀首发兵进攻魏国，魏军大败，死伤四万多人，魏将龙贾也被擒获，攻占雕阴，又想带兵继续东下。苏秦害怕秦兵进攻赵国会导致合纵的计划失败，想着无计策可对抗秦国，就激怒张仪，使他入秦。

张仪者，魏人，与苏秦俱事鬼谷先生，学纵横之术，苏秦自以为不及也。仪游诸侯无所遇，困于楚，苏秦故召而辱之。仪怒，念诸侯独秦能苦越，遂入秦。苏秦阴遣其舍人赍金币资仪，仪得见秦王。秦王说之，以为客卿。舍人辞去，曰："苏君忧秦伐赵败从约，以为非君莫能得秦柄，故激怒君，使臣阴奉给君资，尽苏君之计谋也。"张仪曰："嗟乎！此在吾术中而不悟，吾不及苏君明矣。为吾谢苏君，苏君之时，仪何敢言！"

【译文】张仪，魏国人，早年和苏秦一起求学于鬼谷子先生，学习合纵连横的谋略，苏秦自认才能比不上张仪。张仪到各国进行游说，不被君主赏识，落魄困于楚国，苏秦故意召见并羞辱他。张仪十分恼怒，考虑到各诸侯国只有秦国能与赵国抗衡，就前去秦国。苏秦又私下里派门人带着黄金布帛资助张仪，张仪才见到秦王。秦王十分喜欢张仪，让他做客卿。苏秦的门人临行前对张仪说："苏秦害怕秦国进攻赵国会破坏合纵的计划，认为除了您以外没有能执掌秦国大权的人，因此把您惹怒，又让我暗中给您金钱布帛，这些都是苏秦的计策啊！"张仪说："唉！我中了人家的圈套还一点也不知道，很明显我比不上苏秦！请替我谢谢苏秦，只要苏秦还在世，我决不说连横的策略。"

于是苏秦说韩宣惠王曰："韩地方九百馀里，带甲数十万，天下之强弓、劲弩、利剑皆从韩出。韩卒超足而射，百发不暇止。以韩卒之勇，被坚甲，跖劲弩，带利剑，一人当百，不足言也。大王事秦，秦必求宜阳、成皋。今兹效之，明年又复求割地。与则无地以给之，不与则弃前功，受后祸。且大王之地有尽而秦之求无已，以有尽之地逆无已之求，此所谓市怨结祸者也。不战而地已削矣！鄙谚曰：'宁为鸡口，无为牛后。'夫以大王之贤，挟强韩之兵，而有牛后之名，臣窃为大王羞之。"韩王从其言。

【译文】于是苏秦到韩宣惠王那里游说："韩国的疆域方圆有九百多里，数十万甲兵，普天之下的强弓、劲弩、利剑都是韩国铸造的。韩国的士兵双脚踩着弓弩射箭，可以连射百发而不休息。

用这样勇猛的士卒，再加上坚韧的铠甲，配上强弓劲弩，腰悬利剑，以一当百也不成问题。大王假如向秦国臣服，秦国肯定要求割让宜阳、成皋；现在满足它的要求，明年还会要求割让别的土地。答应它的要求则没有土地可割，拒绝的话则之前的土地就白白割让了，过后还会招致灾祸。再说韩国的疆域有限，而秦国的无理要求没有尽头，拿有限的土地，去填补它无休止的欲望，这就是所谓的自买怨恨、自找灾祸啊。还没有作战，土地就一点一点被削割殆尽了。俗话说：'宁为鸡头，无为牛尾。'凭借大王这样的贤德与才能，手握韩国强盛的军队，反倒落个牛尾的名声，私下里我也会替您感到羞耻的！"韩王听从了苏秦的话。

苏秦说魏王曰："大王之地方千里，地名虽小，然而田舍、庐庑之数，曾无所刍牧。人民之众，车马之多，日夜行不绝，輷輷殷殷，若有三军之众。臣窃量大王之国不下楚。今窃闻大王之卒，武士二十万，苍头二十万，奋击二十万，厮徒十万；车六百乘，骑五千匹，乃听于群臣之说，而欲臣事秦。愿大王熟察之。故敝邑赵王使臣效愚计，奉明约，以大王之诏诏之。"魏王听之。苏秦说齐王曰："齐四塞之国，地方二千馀里，带甲数十万，粟如丘山。三军之良，五家之兵，进如锋矢，战如雷霆，解如风雨。即有军役，未尝倍泰山，绝清河，涉渤海也。临菑之中七万户，臣窃度之，不下户三男子，不待发于远县，而临菑之卒固已二十一万矣。临菑甚富而实，其民无不斗鸡、走狗、六博、阛鞠。临菑之涂，车毂击，人肩摩，连衽成帷，挥汗成雨。夫韩、魏之所以重畏秦者，为与秦接境壤也。兵出而相当，不十日而战胜存亡之机决矣。韩、魏战而胜秦，则兵半折，四境不守；战而不胜，则国已危亡随其后。是故韩、魏之所以重与秦战而轻为之臣也。今秦之攻齐则不然。倍韩、魏之地,过卫阳晋之道,经乎亢父之险,车不得方轨,骑不得比行。百人守险,千人不敢过也。秦虽欲深入则狼顾,恐韩、魏之议其后也。是故恫疑、虚喝、骄矜而不敢进,则秦之不能害齐亦明矣。夫不深料秦之无奈齐何,而欲西面而事之,是群臣之计过也。今无臣事秦之名而有强国之宝,臣是故愿大王少留意计之。"齐王许之。

【译文】苏秦又游说魏王:"大王的疆土地广千里,面积虽不算大,但是农田、村舍非常密集,几乎没有用来放牧的草地。人口、车马的数量众多,日夜行走不曾断绝,声音轰轰隆隆,像三军部队一样。我私下里估算大王的实力,不比楚国差。现在又听说大王的兵卒,有二十万武士、二十万苍头军、二十万精兵、十万杂役、六百辆战车、五千匹军马,却因为听信群臣的意见,想要向秦国屈服!所以我们赵王派我为您献上计谋,奉上盟约,希望大王明断。"魏王采纳了苏秦的建议。苏秦又去游说齐王说:"齐国四面险要,疆域方圆两千多里,身披铠甲的兵士有数十万,粮食堆积如山。三军训练精悍,五族兵士强劲,进攻如利箭般迅捷,打仗如万钧雷霆,撤退如风雨般迅速,即使有战争侵扰,也用不着翻过泰山、渡过清河到渤海一带去征集军队。临淄城有七万户人家,臣私下里大致估算了一下,每户男子不少于三个,不必到其他县征兵,仅是临淄城,就有二十一万人的军队了。临淄富足殷实,城中百姓都喜欢斗鸡、遛狗、下棋、踢球。临淄的大街上,车辆太多,车轴都互相碰撞,人口太多,人们走路肩膀都互相摩擦,连起百姓的衣襟可以当作帷幕,挥起汗来就如同下雨一样。韩、魏两国十分害怕秦国,是由于与秦国边界相连的原因。一旦发兵开战,用不了十天,就到了生死存亡的关键时刻了。韩、魏如果打败了秦国,兵力伤亡损失也得过半,四方边境无法防守;如果作战失败,那么国家也就随之而灭亡。所以韩、魏两国在与秦国作战方面一直十分谨慎，常常轻易地就臣服于秦国。如今秦国进攻齐国，状况就不同了，需要背靠韩、魏两国的土地，穿过卫国阳晋的道路，再经过亢父的险隘之地，车辆不能并行，马匹也不能并排骑行，有一百人把守险要之地，即便有一千人也不敢通过。就算秦国想驱兵深入，又要防备韩、魏两国在大后方算计，所以，只好满心疑虑、虚声喝骂，尽管骄蛮却不敢轻易进攻，很显然，秦国侵害不了齐国啊。没有考虑到秦国对齐国束手无策，就想着向西对秦国称臣，这是众位大臣的失策。如今既可以抛掉臣服于秦国的屈辱，又可以赢得强国的利益，我希望大王您好好考虑考虑。"于是齐王也听从采纳了苏秦的策略。

乃西南说楚威王曰："楚，天下之强国也，地方六千馀里，带甲百万，车千乘，骑万匹，粟支十年，此霸王之资也。秦之所害莫如楚，楚强则秦弱，秦强则楚弱，其势不两立。故为大王计，莫如从亲以孤秦。臣请令山东之国奉四时之献，以承大王之明诏。委社稷，奉宗庙，练士厉兵，在大王之所用之。故从亲则诸侯割地以事楚，衡合则楚割地以事秦。此两策者相去远矣，大王何居焉？"楚王亦许之。

于是苏秦为从约长，并相六国，北报赵，车骑辎重拟于王者。

齐威王薨，子宣王辟彊立；知成侯卖田忌，乃召而复之。

燕文公薨，子易王立。

卫成侯薨，子平侯立。

【译文】苏秦于是又向西南去游说楚威王说："楚国是天下的强国，方圆六千多里，身披战甲的士兵有一百万，战车有一千辆，战马有一万匹，粮草足够十年的供应，这是成就霸王之业的资本。秦国最大的忧患莫过于楚国，楚国强盛则秦国就衰弱，秦国强盛则楚国就衰弱，两国一向势不两立。因此我为大王谋划，没有比实行合纵而孤立秦国更好的办法了。我可以号召崤山以东的各个诸侯国，按照四时的节令进献贡品，来遵循大王英明的命令；把他们的江山、宗庙都委托给大王您，厉兵秣马，整顿军队以供大王随时调遣。因此，合纵则诸侯各国都割让土地而侍奉楚国，实行连横的话楚国就要割地向秦国臣服，这两种策略相差千里之远，大王您要怎么选择呢?"楚王也采纳了苏秦的计策。

于是苏秦担任合纵联盟的首长，同时担任六国宰相的职务，往北返回赵国向赵王复命时，随行的车马行李，堪比六国的君王。

齐威王逝世，他的儿子田辟疆即位，即齐宣王。宣王知道成侯邹忌出卖了田忌，就把田忌召回来，给他官复原职。

燕文公逝世，他的儿子即位，即燕易王。

卫成侯逝世，他的儿子即位，即卫平侯。

【乾隆御批】苏秦、张仪机械变诈之徒，恃其口舌，博取一时富贵，乃六国之君用为卿相，委其国，而听命约从，未几驯至割地，割地不已，驯至几亡。唐杜牧有言，灭六国者，六国，非秦也。信然。

【译文】苏秦、张仪都是机巧变诈的人，仗着口舌如簧，博取了一时的富贵，因为六国君主任用他们为卿相，把国事委托给他们，听从他们的建议纵向联合，时间不长，就要割让土地，割让土地不止，又到了灭亡的地步。唐代杜牧说，灭掉六国的，是六国自己，而不是秦。确实如此。

三十七年(己丑，公元前三三二年)秦惠王使犀首欺齐、魏与共伐赵，以败从约。赵肃侯让苏秦，苏秦恐，请使燕，必报齐。苏秦去赵而从约皆解。赵人决河水以灌齐、魏之师，齐、魏之师乃去。

魏以阴晋为和于秦，实华阴。

齐王伐燕，取十城，已而复归之。

【译文】三十七年（己丑，公元前 332 年）秦惠王派犀首强迫齐国和魏国与秦国联合出兵进攻赵国，借此来破坏各国合纵的盟约。赵肃侯呵斥苏秦，苏秦非常恐慌，要求派他出使燕国，要报复齐国。然而苏秦刚刚离开赵国，合纵的盟约就完全崩解。赵国掘开黄河堤防，引河水灌入齐、魏两国军队阵中，齐、魏联军才从赵国撤离。

魏国以阴晋作为礼物向秦国求和，阴晋实际就是华阴。

齐王发兵进攻燕国，攻占十座城池，没过多久又还给了燕国。

三十九年（辛卯，公元前三三〇年）秦伐魏，围焦、曲沃。魏入少梁、河西地于秦。

四十年（壬辰，公元前三二九年）秦伐魏，度河，取汾阴、皮氏，拔焦。

楚威王薨，子怀王槐立。

宋公剔成之弟偃袭攻剔成。剔成奔齐，偃自立为君。

【译文】三十九年（辛卯，公元前 330 年）秦国进攻魏国，包围焦和曲沃两地。魏国把少梁、河西两地割让给秦国。

四十年（壬辰，公元前 329 年）秦国进攻魏国，越过黄河，攻占了汾阴、皮氏，攻克了焦。

楚威王逝世，他的儿子槐即位后称楚怀王。

宋公宋剔成的弟弟宋偃偷袭剔成，剔成逃奔到齐国，宋偃自立为王。

四十一年(癸巳，公元前三二八年)秦公子华、张仪帅师围魏蒲阳，取之。张仪言于秦王，请以蒲阳复与魏，而使公子繇质于魏。仪因说魏王曰："秦之遇魏甚厚，魏不可以无礼于秦。"魏因尽入上郡十五县以谢焉。张仪归而相秦。

【译文】四十一年(癸巳，公元前328年)秦国公子华和张仪带领军队围困魏国蒲阳城，攻占蒲阳。张仪向秦王建议，把蒲阳再归还给魏国，又把公子繇送到魏国做人质。张仪因此向魏王游说道："秦国对待魏国如此优厚，魏国对秦国可不能不讲礼义。"于是魏国把上郡十五县割让给秦国作为答谢。张仪回到秦国担任了秦国的宰相。

四十二年(甲午，公元前三二七年)秦县义渠，以其君为臣。
秦归焦、曲沃于魏。
四十三年(乙未，公元前三二六年)赵肃侯薨，子武灵王立。置博闻师三人，左、右司过三人，先问先君贵臣肥义，加其秩。

【译文】四十二年(甲午，公元前327年)秦国设置义渠县，原来的国君成为秦王的臣子。
秦国把焦、曲沃两地归还给魏国。
四十三年(乙未，公元前326年)赵肃侯逝世，他的儿子即位，称赵武灵王。设置官职"博闻师"三人，左、右司过三人，先拜访了先王的宠臣肥义，又为他涨了俸禄。

四十四年(丙申，公元前三二五年)夏，四月，戊午，秦初称王。

卫平侯薨，子嗣君立。卫有胥靡亡之魏，因为魏王之后治病。嗣君闻之，使人请以五十金买之。五反，魏不与，乃以左氏易之。左右谏曰："夫以一都买一胥靡，可乎？"嗣君曰："非子所知也。夫治无小，乱无大。法不立，诛不必，虽有十左氏，无益也。法立，诛必，失十左氏，无害也。"魏王闻之曰："人主之欲，不听之不祥。"因载而往，徒献之。

【译文】四十四年（丙申，公元前325年）夏季，四月份，戊午日（初四），秦国国君首次称王。

卫平侯逝世，他的儿子嗣君继承王位。卫国有个囚犯跑到魏国，给魏王的王后治病。嗣君听说了这件事，想用五十斤黄金把他买回来，前前后后派了五次使者，魏国都没有答应，于是就打算用左氏城来换。身边的臣子进谏说："拿一座城池来换一个囚犯，合适吗？"嗣君说："这你们就不知道了！治理国家不放过一点一滴的小事，就不容易出大的乱子。法令不能保证实施，该杀的没有杀，就算有十个左氏城也没有什么用处。法制森严，刑罚得以贯彻，即便丢失十个左氏城，也没什么关系！"魏王听说了这件事，说："这是卫国国君的愿望，不听从不太合适。"于是就把那个囚犯送回卫国，没有任何其他要求。

【乾隆御批】卫嗣君所为任小聪明而不知大体者，焉足与语不逆不亿而先觉者哉！

【译文】卫嗣君只懂小聪明而不识大体，怎么能跟他说明白不要预先怀疑别人而能及早发觉的道理呢！

四十五年（丁酉，公元前三二四年）秦张仪帅师伐魏，取陕。

苏秦通于燕文公之夫人，易王知之。苏秦恐，乃说易王曰：

"臣居燕不能使燕重,而在齐则燕重。"易王许之。乃伪得罪于燕而奔齐,齐宣王以为客卿。苏秦说齐王高宫室,大苑囿,以明得意,欲以敝齐而为燕。

【译文】四十五年(丁酉,公元前324年)秦国派张仪带领军队攻打魏国,占领陕地。

苏秦和燕文公的夫人通奸,被燕易王发现了。苏秦很害怕,于是向易王说:"我待在燕国无法提高燕国地位,假如到齐国,便可以提高燕国的地位。"易王答应了他。于是苏秦假装得罪了燕国国君,投奔到齐国。齐宣王让他担任客卿,苏秦劝说齐王大兴土木,扩建宫殿,开辟新的苑囿庭园,来展示齐王的功绩,试图用这个办法来削弱齐国,使燕国强大。

四十六年(戊戌,公元前三二三年)秦张仪及齐、楚之相会齧桑。

韩、燕皆称王,赵武灵王独不肯,曰:"无其实,敢处其名乎?"令国人谓己曰君。

四十七年(己亥,公元前三二二年)秦张仪自齧桑还而免相,相魏。欲令魏先事秦而诸侯效之,魏王不听。秦王伐魏,取曲沃、平周。复阴厚张仪益甚。

【译文】四十六年(戊戌,公元前323年)秦国的张仪和齐、楚两国宰相在齧桑举行会议。

韩国、燕国国君都以王自称,唯独赵武灵王不愿意称王,他说:"我还没有称王的实力,怎么能享有王的名号呢?"命令赵国百姓称自己为君。

四十七年(己亥,公元前322年)秦国张仪从齧桑回来后,被免除了宰相的职位,担任魏国的宰相,想逼迫魏国第一个向秦国俯首称臣，让诸侯各国效法魏国，魏王没有听从。于是秦国发兵进攻魏国，攻取曲沃、平周，暗地里对张仪的待遇更加优厚。

四十八年（庚子，公元前三二一年）王崩，子慎靓王定立。

燕易王薨，子哙立。

齐王封田婴于薛，号曰靖郭君。靖郭君言于齐王曰："五官之计，不可不日听而数览也。"王从之。已而厌之，悉以委靖郭君。靖郭君由是得专齐之权。靖郭君欲城薛，客谓靖郭君曰："君不闻海大鱼乎？网不能止，钩不能牵，荡而失水，则蝼蚁制焉。今夫齐，亦君之水也。君长有齐，奚以薛为！苟为失齐，虽隆薛之城到于天，庸足恃乎？"乃不果城。靖郭君有子四十馀人，其贱妾之子曰文。文通傥饶智略，说靖郭君以散财养士。靖郭君使文主家待宾客，宾客争誉其美，皆请靖郭君以文为嗣。靖郭君卒，文嗣为薛公，号曰孟尝君。孟尝君招致诸侯游士及有罪亡人，皆舍业厚遇之，存救其亲戚。食客常数千人，各自以为孟尝君亲己。由是孟尝君之名重天下。

【译文】四十八年（庚子，公元前321年）周显王驾崩，他的儿子姬定即位，即周慎靓王。

燕易王逝世，他的儿子姬哙即位。

齐王把田婴封到薛地，号称靖郭君。靖郭君向齐王说："大臣提出的建议，每天都应该细心听取，仔细阅览。"齐王按照他的建议实行，没过多久就感觉腻烦了，于是把国家大事全权委托给靖郭君。从此以后，靖郭君独掌齐国的大权。靖郭君想在薛地建造城池，他的一个门客劝他说："君难道没有听过海里的大鱼吗？用网捉不住它，用鱼钩也钓不住它，一旦从水里跳出来，就连小小的蚂蚁也可以把它制服。如今的齐国就是您的海水。您能够长期执

资治通鉴

掌齐国的大权，要薛地干什么呢？如果您在齐国的大权丢失了，就算是把薛地的城墙修得和天一样高，又保障得了什么？"于是靖郭君就放弃了修筑城墙的想法。靖郭君有四十个儿子，其中有一个卑贱的小妾所生的孩子叫作田文。田文风流倜傥，又有智略，他劝说靖郭君广施钱财，蓄养一批读书人。靖郭君就让田文主持家务，负责接待宾客，宾客们都互相称赞田文的优点，都提议立田文为接班人。靖郭君逝世，田文继位为薛公，号称孟尝君。他招揽各诸侯国的游历士人以及触犯法律而逃亡的才人，给他们修建房舍、建立家业，待遇十分优厚，还救助他们的家属亲戚。孟尝君的府内常有食客数千人，他们都认为孟尝君对待自己十分亲和，因此孟尝君的美名天下皆知。

◆臣光曰：君子之养士，以为民也。《易》曰："圣人养贤，以及万民。"夫贤者，其德足以敦化正俗，其才足以顿纲振纪，其明足以烛微虑远，其强足以结仁固义。大则利天下，小则利一国。是以君子丰禄以富之，隆爵以尊之。养一人而及万人者，养贤之道也。今孟尝君之养士也，不恤智愚，不择臧否，盗其君之禄，以立私党，张虚誉，上以侮其君，下以蠹其民，是奸人之雄也，乌足尚哉！《书》曰："受为天下逋逃主、萃渊薮。"此之谓也。◆

【译文】◆臣司马光说：君子蓄养士人，是为了天下万民。《易经》上说："圣人蓄养贤才，造福天下百姓。"一个贤德的人，他的德行能够使教化敦厚，匡正民风民俗；他的才能能够整顿朝廷纲纪；他的聪明才智能够观察到细微的东西，又能做长远的打算；他的能力可以团结笼络仁义之士。大的方面可以造福天下，小的方面可以造福一国百姓。因此对于君子要给他丰厚的俸禄，让他富足；给他高贵的爵位，让他处于尊贵的地位。蓄养一个人使天下万民都受益，这才是蓄养贤士的真谛所在。如今孟尝君养士，不分才智愚笨，不论好坏，盗用国君用作俸禄的钱财，来营结自己的党羽，夸大虚美名誉，对上欺侮君王，对下私侵民财，这真是个大奸贼，有什么值得推崇歌颂的!《尚书》上说："殷纣王是全天下逃犯的窝藏者，他的身边是贼人的藏匿地。"这也是说孟尝君这样的人啊。◆

　　孟尝君聘于楚，楚王遗之象床。登徒直送之，不欲行，谓孟尝君门人公孙戌曰："象床之直千金，苟伤之毫发，则卖妻子不足偿也。足下能使仆无行者，有先人之宝剑，愿献之。"公孙戌许诺，入见孟尝君曰："小国所以皆致相印于君者，以君能振达贫穷，存亡继绝，故莫不悦君之义，慕君之廉也。今始至楚而受象床，则未至之国将何以待君哉!"孟尝君曰："善。"遂不受。公孙戌趋去，未至中闺，孟尝君召而反之，曰："子何足之高，志之扬也?"公孙戌以实对。孟尝君乃书门版曰："有能扬文之名，止文之过，私得宝于外者，疾入谏!"

　　【译文】孟尝君到楚国访问，楚王赠给他象牙床。楚王让登徒直先把象牙床护送回去，登徒直不愿意去，对孟尝君的食客公孙戌说："这象牙床价值千金，万一有丝毫的损伤，即便把妻儿卖了也偿还不起。如果你能让我免去这次护送的任务，我愿意把祖先留下来的宝剑赠送给你。"公孙戌答应了，进宫拜见孟尝君说："那些小国都让您做宰相，是因为您能够救穷助困，使处于生死存亡境地的人得以保全下去，因此大家无不敬仰你的高义，钦慕您清廉的为人。现在你刚到楚国就收下了象牙床，那么其他还没有去的国家，又该怎么来款待先生呢?"孟尝君说："说得好。"于是没有接受象牙床。公孙戌快步退出去，还没有走到中门，就又被孟尝君召回，说："你那么趾高气扬干吗？"公孙戍把实情告诉了孟尝君。于是孟尝君在门板上张贴公告："有谁能够帮我彰显名声，帮助我制止过错，即便私下里收受别人的礼物，也希望及时进谏！"

【申涵煜评】戍受宝剑而谏孟尝，孟尝书门版曰："凡私得宝于外者，疾入谏，"甚得受谏之体。后世专设言官，动疑其挟私，夫果其言是也，何必过为吹求哉？然听言者固宜宽，而进言者守身则不可不正。

【译文】公孙戍接受了别人赠送的宝剑，而利用这件事劝谏孟尝君，孟尝君令人在门上贴出布告说："有谁能宣扬我的名声，劝阻我犯错，即使私自接受外面的宝物，也可疾速进谏。"他深得接受劝谏的实质。后世专门设置言官，动辄怀疑别人心怀私念，确实是体现了这句话的深意，但何必过于吹毛求疵呢？然而听取劝谏的人本来应该宽厚，而提出劝言的人也要保持自身，不能不端正。

◆臣光曰：孟尝君可谓能用谏矣。苟其言之善也，虽怀诈谖之心，犹将用之，况尽忠无私以事其上乎《诗》云："采葑采菲，无以下体。"孟尝君有焉。◆

【译文】◆臣司马光说：孟尝君算得上能够纳谏的人了。只要那些意见是正确的，即使那个人心怀其他用意，仍然会采纳，更别说那些竭忠尽力、毫无私心的人了！《诗经》上说："采摘葑和菲，不能因为根块的好坏而丢掉。"孟尝君就做到了这点。◆

韩宣惠王欲两用公仲、公叔为政，问于缪留。对曰："不可。晋用六卿而国分，齐简公用陈成子及阚止而见杀，魏用犀首、张仪而西河之外亡。今君两用之，其多力者内树党，其寡力者藉外权。群臣有内树党以娇主，有外为交以削地，君之国危矣！"

【译文】韩宣惠王想让公仲、公叔两人同时处理政事，向缪留咨询。缪留说："不可以！晋国同时用六卿执政结果导致国家被瓜分；齐简公任用陈成子和阚止同时执掌政权却被杀害；魏国也同时任用犀首、张仪，而丧失了西河之外的国土。如今您同时起用两人，那么势力强大的，会在国内拉拢党派、结党营私；势力弱小的，会借助外国的势力来提高自己的地位。群臣之中假如有人在内拉拢党派，欺辱君王，交结国外权势来削减您的疆域，那么您的国家就危险了。"

资治通鉴卷第三　周纪三

起重光赤奋若，尽昭阳大渊献，凡二十三年。

【译文】起辛丑（公元前 320 年），止癸亥（公元前 298 年），共二十三年。

【题解】本卷记录了周慎靓王元年至周赧王十七年共计二十三年间各国的大事。首先描写了秦惠文王用司马错的谋略攻取巴、蜀，用张仪的谋略破楚取汉中。接着，秦武王又靠甘茂的力量击破韩国，占据了宜阳。这为秦国日后统一六国奠定下坚实的基础。接着，秦昭王在穰侯和宣太后的帮助下消灭异党，夺取政权。之后，秦国对楚、韩、魏猛烈攻击，韩国投降，楚、魏就此衰落。本卷详细记录了张仪依次游说六国的经过，描写了燕国子之之乱与齐宣王趁机破燕，以及燕国军民最后将齐国驱逐和燕昭王振兴燕国；还描写了赵武灵王胡服骑射的故事。

慎靓王

元年（辛丑，公元前三二〇年）卫更贬号曰君。

二年（壬寅，公元前三一九年）秦伐魏，取鄢。

【译文】元年（辛丑，公元前 320 年）卫国卫成侯再次贬低自己的爵号，不再称"侯"，而称"君"。

二年（壬寅，公元前 319 年）秦国发兵进攻韩国，攻取鄢。

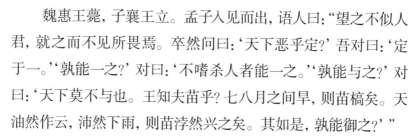

魏惠王薨，子襄王立。孟子入见而出，语人曰："望之不似人君，就之而不见所畏焉。卒然问曰：'天下恶乎定？'吾对曰：'定于一。''孰能一之？'对曰：'不嗜杀人者能一之。''孰能与之？'对曰：'天下莫不与也。王知夫苗乎？七八月之间旱，则苗槁矣。天油然作云，沛然下雨，则苗浡然兴之矣。其如是，孰能御之？'"

【译文】魏惠王逝世，他的儿子即位，即魏襄王。孟子到宫内觐见，出来后对别人说："远看不像个君王的样子，和他接近也没觉得有什么好畏惧的。他突然问我：'怎样才能平定天下？'我答道：'只有天下统一才能平定。'又问：'谁能使天下统一？'我说：'不嗜好杀人的能使天下统一。'又问：'谁愿意归附呢？'我回答说：'天下没有不愿归附的人。大王知道那稻苗吧？七八月遇到天气干旱，稻苗都快要枯死了。只要天上浓云密布，降下大雨，稻苗就又会勃然生长、郁郁葱葱。治理国家如果能像这样，谁能阻止得了？'"

三年（癸卯，公元前三一八年）楚、赵、魏、韩、燕同伐秦，攻函谷关。秦人出兵逆之，五国之师皆败走。

宋初称王。

四年（甲辰，公元前三一七年）秦败韩师于脩鱼，斩首八万级，虏其将鲠、申差于浊泽。诸侯振恐。

齐大夫与苏秦争宠，使人刺秦，杀之。

【译文】三年（癸卯，公元前318年）楚、赵、魏、韩、燕五个国家联合起来讨伐秦国，进攻函谷关。秦国派出军队迎战，五国联军纷纷败退逃窜而回。

宋国国君开始以王自称。

四年（甲辰，公元前317年）秦国在脩鱼击败韩军，斩首八万多，在浊泽俘虏了将鳝和申差两位将军。各诸侯国都十分震惊恐惧。

齐国大夫和苏秦争夺大权，派人把苏秦暗杀了。

张仪说魏襄王曰："梁地方不至千里，卒不过三十万，地四平，无名山大川之限，卒戍楚、韩、齐、赵之境，守亭、障者不下十万，梁之地势固战场也。夫诸侯之约从，盟洹水之上，结为兄弟以相坚也。今亲兄弟同父母，尚有争钱财相杀伤，而欲恃反覆苏秦之馀谋，其不可成亦明矣！大王不事秦，秦下兵攻河外，据卷衍、酸枣，劫卫，取阳晋，则赵不南，赵不南而梁不北，梁不北则从道绝，从道绝则大王之国欲毋危，不可得也。故愿大王审定计议，且赐骸骨。"魏王乃倍从约，而因仪以请成于秦。张仪归，复相秦。

鲁景公蒇，子平公旅立。

【译文】张仪向魏襄王游说道："魏国的疆域方圆不到一千里，军队也不到三十万人，地形四面平坦，也没有高山大河作为屏障，军队在楚、韩、齐、赵四国边境分兵戍守，重点防守亭阁、关隘的不超过十万，魏国自古以来就是战场。各诸侯国相约合纵对抗秦国，在洹水畔签订盟约，结为兄弟之邦来加强彼此之间的联系。然而如今即便是亲生兄弟，还有为争抢钱财而互相残杀的情况，而想要凭借反复无常的苏秦的小伎俩成事，合纵的策略明显不可能成功。大王假如不向秦国臣服，秦国发兵南下进攻河外，攻占卷衍、酸枣，入侵卫国，占领晋阳，这样赵国就不能南下；赵国不能南下，魏国就没办法北上；魏国不能北上，南北之间的道路就断绝了；南北道路断绝，那么您希望国家避免危难的愿望就不可能实现了。因此希望大王能好好考虑再决定对策，给我一次为您效命的机会。"于是魏王抛弃了合纵的盟约，通过张仪向秦国求和。张仪回去之后，又当上了秦国宰相。

鲁景公逝世，他的儿子姬旅即位，即鲁平公。

五年（乙巳，公元前三一六年）巴、蜀相攻击，俱告急于秦。秦惠王欲伐蜀。以为道险狭难至，而韩又来侵，犹豫未能决。司马错请伐蜀。张仪曰："不如伐韩。"王曰："请闻其说。"仪曰："亲魏，善楚，下兵三川，攻新城、宜阳，以临二周之郊，据九鼎，按图籍，挟天子以令于天下，天下莫敢不听，此王业也。臣闻争名者于朝，争利者于市。今三川、周室，天下之朝、市也，而王不争焉，顾争于戎翟，去王业远矣！"司马错曰："不然，臣闻之，欲富国者务广其地，欲强兵者务富其民，欲王者务博其德，三资者备而王随之矣。今王地小民贫，故臣愿先从事于易。夫蜀，西僻之国而戎翟之长也，有桀、纣之乱，以秦攻之，譬如使豺狼逐群羊。得其地足以广国，取其财足以富民，缮兵不伤众而彼已服焉。拔一国而天下不以为暴，利尽西海而天下不以为贪，是我一举而名实附也，而又有禁暴止乱之名。今攻韩，劫天子，恶名也，而未必利也，又有不义之名，而攻天下所不欲，危矣！臣请论其故。周，天下之宗室也；齐，韩之与国也。周自知失九鼎，韩自知亡三川，将二国并力合谋，以因乎齐、赵而求解乎楚、魏。以鼎与楚，以地与魏，王弗能止也。此臣之所谓危也。不如伐蜀完。"王从错计，起兵伐蜀。十月取之。贬蜀王，更号为侯，而使陈庄相蜀。蜀既属秦，秦以益强，富厚，轻诸侯。

【译文】五年（乙巳，公元前 316 年）巴、蜀两国进攻对方，都到秦国请求救援。秦惠王想征讨蜀国，但考虑到道路狭窄险峻，不容易到达，又担心韩国趁机侵扰，犹犹豫豫迟迟没有下决定。司马错建议秦惠王攻打蜀国，张仪说："还不如进攻韩国。"秦惠王说："说说你的看法。"张仪说："与魏国、楚国保持亲善友好的关系，然后出兵三川地区，进攻新城、宜阳，直达东西二周的国都近郊，持有九鼎以及九州版图，挟持周天子以号令天下诸侯，天下没有不顺从的，这是王霸之业啊。臣听说要争夺功名的到朝廷上，要赚取利益的到市场上。如今三川和周王室就好比天下的朝廷和市集，大王不去争夺这些，只顾着和戎狄小国争夺势力，这和霸王之业相差太远了。"司马错说："不对。我听说要想国家富强必须先开拓领土，想要使军力强大必须先使百姓富足，想要成就霸业必须先广行德义，这三个条件满足自然就可以称霸于诸侯。如今大王的疆土狭小，百姓穷困，所以我希望您先从小处做起。蜀，是西南偏远的蕞尔小国，戎狄的酋长，像桀、纣一样昏庸乱政，秦国进攻蜀国，就好像驱赶着豺狼追赶羊群。占领它的土地可以扩张秦国的疆域，夺取它的钱财可以使百姓富足，只需要稍微用兵不损伤一兵一卒就可以使它臣服。攻占一个国家而天下人不以为秦国残暴，得到全天下的利益世人也不认为秦国贪婪，这样我国一举即可得到威名又能收获实际的利益。现在进攻韩国，挟持周天子，只会背负骂名，不一定对秦国有利，还会蒙受一个不仁义的坏名声，进攻天下人都不愿意进攻的地方，实在是危险。让我分析这中间的缘故：周，是天下诸侯的宗室所在。齐国，与韩国是友好的邦国，周王室意识到将要丧失九鼎重器，韩国自知快要失去三川之地，两国必定会全力合作，通过齐、赵两国的渠道向楚国和魏国求援，把九鼎赐给楚国，把三川之地割让给魏国，这是大王您阻止不了的。这才是我所说的危险。所以还是进攻蜀国较为稳妥。"秦惠王采纳司马错的计策，出兵进攻蜀国，十个月就完全占领了。把蜀王的爵位降为侯，又派陈庄担任蜀相。蜀被秦国兼并后，秦国国力更加强盛富裕，对各诸侯国也更加轻视。

【申涵煜评】错请伐蜀舍周，识大势，有远谋，真是秦之功臣。若如张仪所言，不过乱臣贼子举动，此时秦之气候尚浅，鲜有不败乃事者。

【译文】司马错请求讨伐蜀国，而放弃讨伐韩国逼近东周，是看得清大局，很深谋远虑的见识，真是秦国的功臣啊！如果按照张仪说的去做，不过是乱臣贼子的举动，这个时候秦国还没有形成气候，实力不够，做这件事，很少会有不失败的。

苏秦既死，秦弟代、厉亦以游说显于诸侯。燕相子之与苏代婚，欲得燕权。苏代使于齐而还，燕王哙问曰："齐王其霸乎？"对曰："不能。"王曰："何故？"对曰："不信其臣。"于是，燕王专任子之。鹿毛寿谓燕王曰："人之谓尧贤者，以其能让天下也。今王以国让子之，是王与尧同名也。"燕王因属国于子之，子之大重。或曰："禹荐益而以启人为吏，及老而以启为不足任天下，传之于益。启与交党攻益，夺之，天下谓禹名传天下于益而实令启自取之。今王言属国于子之而吏无非太子人者，是名属子之而实太子用事也。"王因收印绶，自三百石吏已上而效之子之。子之南面行王事，而哙老，不听政，顾为臣，国事皆决于子之。

【译文】苏秦死后，他的两个弟弟苏代、苏厉也向诸侯各国游说，声名大振。燕国宰相的公子子之与苏代是姻亲，想篡夺燕国的大权。苏代从齐国出使回来，燕王姬哙问他："齐王能成就霸主之业吗？"苏代说："不能。"燕王说："什么原因？"苏代答："不信任自己的臣子。"燕王于是就完全相信子之。鹿毛寿向燕王说："人们之所以称赞尧是圣贤，是由于他能够把天下禅让给他人的缘故。现在如果您把国家禅让给子之，就可以有和尧一样的美名。"于是燕王把国家大权托付给子之，子之的权力得到极大提高。有人说："大禹推荐伯益继承天下，却让儿子启担任执事的职位，等到自己年老时，又因为启没有继承王位的资历，把王位传给益。启发动自己的党羽攻击益，夺回王位，天下人都说禹名义上要把王位传给益，实质上却安排启夺回王位。如今您把国家大权托付给了子之，但做事的官员还都是太子身边的人，这依然是名义上把大权托付给子之，实际还是太子掌权啊。"于是燕王收回官印，让年禄三百石以上的官吏都听从子之的调遣。子之南面代替君王行事，而燕王姬哙上了年纪，不再过问政事，反而成了臣子，军国大事都听从子之的决定。

【申涵煜评】学尧舜而过者，燕哙；学伊周而过者，新莽，诚伪异也。三代以下，此等事断不易行，唯成器之退让，博陆之废立，庶几近之。

【译文】学习尧、舜禅让而过头的，是燕王哙；学习伊尹、周公礼贤下士而过头的，是新朝的王莽，这便是真诚与虚伪的差异啊。三代以后，这一类事情断然不会很容易地实行，只有唐朝让出太子之位的李成器，汉朝废立皇帝的博陆侯霍光，大概可以接近尧、舜、伊尹、周公的风范。

六年（丙午，公元前三一五年）王崩，子赧王延立。

【译文】六年（丙午，公元前 315 年）周慎靓王驾崩，他的儿子姬延即位，即周赧王。

赧王上

元年(丁未，公元前三一四年)秦人侵义渠，得二十五城。

魏人叛秦。秦人伐魏，取曲沃而归其人。又败韩于岸门。韩太子仓入质于秦以和。

燕子之为王三年，国内大乱。将军市被与太子平谋攻子之。齐王令人谓燕太子曰："寡人闻太子将饬君臣之义，明父子之位，寡人之国虽小，唯太子所以令之。"太子因要党聚众，使市被攻子之，不克。市被反攻太子。构难数月，死者数万人，百姓恫恐。齐王令章子将五都之兵，因北地之众以伐燕。燕士卒不战，城门不闭。齐人取子之，醢之；遂杀燕王哙。

【译文】元年(丁未，公元前 314 年)秦国入侵义渠，攻占二十五座城池。

魏国背叛秦国。秦国起兵攻打魏，攻取曲沃而把魏国百姓送回。又在岸门击败韩军。韩国把太子仓送给秦国做人质，向秦国讲和。

燕国子之执掌国家大权三年，国内大乱。将军市被与太子姬平阴谋进攻子之。齐王派人向燕太子说："我听说您将要整顿君臣之间的道义，彰明父子的名分，我整个齐国都愿意听从您的号令。"于是燕太子纠结党羽，派将军市被攻击子之，没有攻克。市被反过头来进攻太子。造成国内战乱达好几个月之久，数万人都死亡了，百姓都十分恐慌。齐王派遣章子统率五都的军队，又联合齐国北边的民众，进攻燕国。燕国士兵不愿意出门作战，城门也不关闭。齐国军队捉住了子之，将其剁成了肉酱，又把燕王姬哙也杀了。

齐王问孟子曰："或谓寡人勿取燕，或谓寡人取之。以万乘之国伐万乘之国，五旬而举之，人力不至于此；不取，必有天殃。取之何如？"

孟子对曰："取之而燕民悦则取之，古之人有行之者，武王是也；取之而燕民不悦则勿取，古之人有行之者，文王是也。以万乘之国伐万乘之国，箪食壶浆以迎王师，岂有他哉？避水火也。如水益深，如火益热，亦运而已矣！"

【译文】齐王向孟子询问说："有的人劝我不要占领燕国，有的人劝我兼并燕国。以拥有万辆战车的国家，进攻另一个同样拥有万辆战车的大国，五十天就攻克了，单单凭借人力是做不到的；不兼并燕国，一定会遭到天谴。把燕国兼并了如何？"

孟子回答说："兼并燕国而燕国百姓感到高兴，就可以兼并，古时候就有这样做的人，周武王就是这样；兼并燕国而燕国人民不高兴就不要兼并了，古时候也有这样做的人，周文王就是这样。齐国作为一个有万辆战车的大国攻打另一个有万辆战车的国家，百姓都端着食物、提着饮水来迎齐王的军队，难道有其他的原因？只是为了躲避如水似火的暴政。假如新的统治者更加残暴，比之前的还要厉害，人民肯定又要转而投奔其他国家了！"

诸侯将谋救燕。齐王谓孟子曰："诸侯多谋伐寡人者，何以待之？"对曰："臣闻七十里为政于天下者，汤是也；未闻以千里畏人者也。《书》曰：'徯我后，后来其苏。'今燕虐其民，王往而征之，民以为将拯己于水火之中也，箪食壶浆以迎王师。若杀其父兄，系累其子弟，毁其宗庙，迁其重器，如之何其可也！天下固畏齐之强也，今又倍地而不行仁政，是动天下之兵也。王速出令，反其旄倪，止其重器，谋于燕众，置君而后去之，则犹可及止也。"齐王不听。

【译文】各诸侯国想要救助燕国。齐王向孟子征求意见，说："诸侯各国大都打算讨伐我国，该怎么应付呢？"孟子回答道："我曾听说过凭借七十里的土地而获取天下的，说的就是商汤；没有听过拥有数千里的广阔国土反而畏惧他人的。《尚书》上说：'等候我的君主，君主来了就可以把我们拯救出来了。'如今燕王对待百姓十分暴虐，大王去讨伐他，百姓都以为您要把自己从水火之中拯救出来，都准备好粮食和饮用的水迎接大王的军队。如果杀害他们的父兄，逮捕他们的子弟，破坏他们的宗庙，抢夺他们的国宝，这样做怎么行呢？天下人向来就畏惧齐国的强势，现在疆域又扩张了一倍，却不实行仁政，这样必定会招来天下各国的讨伐。希望你赶紧下令，释放燕国的老弱百姓，妥善安置燕国的国宝，与燕国人民商议，推选出新的国君之后退出燕国，这样还可以及时防止诸侯的讨伐！"齐王没有听从。

已而燕人叛。齐王曰："吾甚惭于孟子。"陈贾曰："王无患焉。"乃见孟子，问曰："周公何人也？"曰："古圣人也。"陈贾曰："周公使管叔监商，管叔以商畔也。周公知其将畔而使之与？"曰："不知也。"陈贾曰："然则圣人亦有过与？"曰："周公，弟也；管叔，兄也，周公之过不亦宜乎！且古之君子，过则改之；今之君子，过则顺之。古之君子，其过也如日月之食，民皆见之；及其更也，民皆仰之。今之君子，岂徒顺之，又从为之辞！"

是岁，齐宣王薨，子湣王地立。

【译文】没过多久，燕国人民果然反叛齐国。齐王说："我实在是愧对孟子。"陈贾说："大王不要担忧。"于是去见孟子，说："周公是怎么样的人？"孟子说："是古代的圣人。"陈贾说："周公派管叔监管殷商故地，管叔却依恃殷商的遗民反叛，周公是不是早就知道他会反叛才让他去的呢?"孟子说:"周公不知道。"陈贾说:"那么圣人也有错误了?"孟子说:"周公是弟弟,管叔是兄长,周公犯错不也是正常的吗?况且古代的君子,有过错能够及时改正;现在所谓的君子,犯了错误则继续错下去。古代的君子,他的过失好像日食、月食,百姓都能看见,等他改正了,百姓都会敬仰他;现在所谓的君子,不但将错就错,还为自己的过错编造借口!"

这一年,齐宣王逝世,他的儿子田地即位,即齐湣王。

二年(戊申,公元前三一三年)秦右更疾伐赵。拔蔺,虏其将庄豹。

秦王欲伐齐,患齐、楚之从亲,乃使张仪至楚,说楚王曰:"大王诚能听臣,闭关绝约于齐,臣请献商於之地六百里,使秦女得为大王箕帚之妾,秦、楚娶妇嫁女,长为兄弟之国。"楚王说而许之。群臣皆贺,陈轸独吊。王怒曰:"寡人不兴师而得六百里地,何吊也?"对曰:"不然。以臣观之,商於之地不可得而齐、秦合。齐、秦合则患必至矣!"王曰:"有说乎?"对曰:"夫秦之所以重楚者,以其有齐也。今闭关绝约于齐,则楚孤,秦奚贪夫孤国而与之商於之地六百里?张仪至秦,必负王。是王北绝齐交,西生患于秦也。两国之兵必俱至。为王计者,不若阴合而阳绝于齐,使人随张仪。苟与吾地,绝齐未晚也。"王曰"愿陈子闭口,毋复言,以待寡人得地!"乃以相印授张仪,厚赐之。遂闭关绝约于齐,使一将军随张仪至秦。

【译文】二年(戊申,公元前 313 年)秦国派右更官员疾统率大军攻打赵国,占领蔺地,俘虏了赵国将领庄豹。

秦王想举兵攻打齐国,又害怕齐、楚两国之间合纵的约定,就派张仪为使者到楚国游说楚王,说:"大王假如真的能听从我的建议，断绝和齐国之间的邦交，毁弃盟约，我愿把商於地区六百里的土地献给楚国，并把秦国的女子送给大王做洒扫侍妾，秦、楚两国互相通婚，永远结为兄弟之邦。"楚王很高兴，答应了张仪。群臣纷纷为楚王庆贺，唯独陈轸一个人闷闷不乐。楚王十分恼怒地说："我没有动用一兵一卒就得到六百里的国土，有什么不高兴的?"陈轸道："不见得是这样，在我看来，商於之地不仅得不到，还会致使齐、秦两国联合，齐、秦两国联合肯定就有外患到来。"楚王说："有什么说法吗?"陈轸回答说："秦国不敢轻视楚国的原因，是楚国有齐国作为同盟。现在假如和齐国断绝邦交，毁弃盟约，楚国就要陷入孤立的境地，秦国怎么会对一个孤立的国家友善并且送给它六百里的商於之地呢? 张仪回到秦国，肯定会背弃与您的约定。这样楚国北面与齐国断绝邦交，西面又新产生秦国作为外患，两国的军队肯定纷纷前来进攻楚国。我为大王考虑，不如只是表面上与齐国断交，暗中依旧合作，派人和张仪一起回去，假如真的把土地割让给楚国，再与齐国断交也为时未晚!"楚王说："还是请陈先生闭上尊口，别再啰唆，等着看我怎么得到土地吧!"于是授给张仪楚国宰相的大印，并赏赐他丰厚的财物。随之关闭关口，与齐国断绝邦交关系，毁弃盟约，派遣一名将军和张仪一起回到秦国。

【申涵煜评】楚王贪痴之极，轸旁观者自清。但始教以阴合阳绝，是为首鼠；继教以并力攻齐，是为横逆。俱属说士邪谋，不得交邻正理。

【译文】楚王贪婪而痴傻，到了极端的地步，陈轸是旁观者，应该看得清张仪的伎俩。可他先是教楚王暗中与齐国结交，明面上与齐国绝交，这就是首鼠两端，拿不定主意的表现；接着当秦国负约败盟，又

资治通鉴

教楚王向秦国贿赂,想请秦国和楚国一起攻打齐国,这就是蛮横无理了。这些都是说客们邪恶的策略,不是结交邻国的正确方法。

张仪佯堕车,不朝三月。楚王闻之,曰:"仪以寡人绝齐未甚邪?"乃使勇士宋遗借宋之符,北骂齐王。齐王大怒,折节而事秦,齐、秦之交合。张仪乃朝,见楚使者曰:"子何不受地?从某至某,广袤六里。"使者怒,还报楚王。楚王大怒,欲发兵而攻秦。陈轸曰:"轸可发口言乎?攻之不如因赂以一名都,与之并兵而攻齐,是我亡地于秦,取偿于齐也。今王已绝于齐而责欺于秦,是吾合秦、齐之交而来天下之兵也,国必大伤矣!"楚王不听,使屈匄帅师伐秦。秦亦发兵使庶长章击之。

【译文】张仪佯装从车上跌落,三个月都没有上朝。楚王听说了这件事,说:"难道张仪认为我与齐国断交不够彻底?"于是让武士宋遗借用宋国的兵符,到北边边境上对齐王大骂。齐王非常恼怒,不惜降低自己的身份讨好秦国,齐、秦两国之间的关系变得友好。这个时候张仪才去上朝,见到楚国的使者问道:"你怎么不去接手土地?从某地到某地,有六里之广。"楚国使者大怒,回来向楚王报告。楚王勃然大怒,想要起兵进攻秦国。陈轸说:"我现在可以开口说话吗?攻打秦国还不如给他一座大的城池,与秦国联合去进攻齐国,这样我们在秦国损失的土地,在齐国手中可以得到偿还。现在您和齐国已经断绝邦交关系,再去责问秦国为什么欺骗楚国,这样会使齐、秦两国联和,而招致天下的进攻,国家必然会受到重创。"楚王不肯听从,派屈匄统率军队进攻秦国。秦国也派出魏章任庶长(相当于卿,掌握军政大权。),起兵迎战楚军。

三年(己酉,公元前三一二年)春,秦师及楚战于丹杨,楚师大败，斩甲士八万，虏屈匄及列侯、执珪七十馀人，遂取汉中郡。

楚王悉发国内兵以复袭秦，战于蓝田，楚师大败。韩、魏闻楚之困，南袭楚，至邓。楚人闻之，乃引兵归，割两城以请平于秦。

【译文】三年(己酉，公元前312年)春天，秦国和楚国军队在丹阳作战，楚国大败；八万多楚国甲兵被杀，俘虏屈匄、列侯以及朝官共七十多人，又占领了汉中郡。

楚王发动全国兵力再次攻打秦国，在蓝田展开激战，楚军再次溃败。韩、魏两国听闻楚国局势危急，也向南侵袭楚国，一直打到邓地。楚国接到这个消息，于是率兵返回国内，割让给秦国两座城池来求和。

燕人共立太子平，是为昭王，昭王于破燕之后即位，吊死问孤，与百姓同甘苦，卑身厚币以招贤者。谓郭隗曰："齐因孤之国乱而袭破燕，孤极知燕小力少，不足以报。然诚得贤士与共国，以雪先王之耻，孤之愿也。先生视可者，得身事之！"郭隗曰："古之人君有以千金使涓人求千里马者，马已死，买其首五百金而返。君大怒，涓人曰：'死马且买之，况生者乎？马今至矣。'不期年，千里之马至者三。今王必欲致士，先从隗始。况贤于隗者，岂远千里哉？"于是昭王为隗改筑宫而师事之。于是士争趣燕。乐毅自魏往，剧辛自赵往。昭王以乐毅为亚卿，任以国政。

韩宣惠王薨，子襄王仓立。

【译文】燕国族人共同把太子姬平拥立为燕昭王。昭王即位是在燕国被攻破之后。他亲自哀悼死去的人，慰问孤身的百姓，和百姓同甘共苦，降低自己的身份，以厚禄寻求贤能的人才。对郭隗说："齐国趁我国内乱而攻破燕国。我深知燕国国土狭小、国力贫弱，没有报仇的能力；然而如果真的能求得贤士一起治理政事，一雪先王的屈辱，这是我的心愿。先生如果遇到合适的人，我一定要亲自侍奉他。"郭隗说："古时候有一位君王派涓人带着千斤黄金求购千里马，找到一匹千里马却已经死了，就花了五百斤黄金把马头买回去。国君非常愤怒，涓人说：'连死的千里马都买，更别说是活马了！千里马很快就会得到了。'不到一年的时间里，就得到了三匹千里马。如今大王你要招揽贤士，应该先从厚待我开始，那些比我贤良的人，难道会因路途遥远就不来吗！"于是燕昭王给郭隗重修宫室，以尊奉老师的礼节对他。从这以后，贤德之士都争先到燕国：乐毅由魏国而来，剧辛自赵国而来。燕昭王任命乐毅为亚卿，把国家大权委托给他。

韩宣惠王逝世，他的儿子韩仓即位，即韩襄王。

【乾隆御批】乐毅功业烂然，郭隗市骏之外无他表。殆如司马徽之流，长于知人，短于用世者欤。

【译文】乐毅功业卓著，郭隗除了推荐贤士之外没有特别的表现，大概也是像司马徽一样，懂得知人而不懂治世吧。

四年（庚戌，公元前三一一年）蜀相杀蜀侯。

秦惠王使人告楚怀王，请以武关之外易黔中地。楚王曰："不愿易地，愿得张仪而献黔中地。"张仪闻之，请行。王曰："楚将甘心于子，奈何行？"张仪曰："秦强楚弱，大王在，楚不宜敢取臣。且臣善其嬖臣靳尚，靳尚得事幸姬郑袖，袖之言，王无不听者。"遂往。楚王囚，将杀之。靳尚谓郑袖曰："秦王甚爱张仪，将以上庸六县及美女赎之。王重地尊秦，秦女必贵而夫人斥矣。"于是郑袖日夜泣于楚王曰："臣各为其主耳。今杀张仪，秦必大怒。妾请子母俱迁江南,毋为秦所鱼肉也!"王乃赦张仪而厚礼之。张仪因说楚王曰:"夫为从者无以异于驱群羊而攻猛虎,不格明矣。今王不事秦,秦劫韩驱梁而攻楚,则楚危矣。秦西有巴、蜀,治船积粟,浮岷江而下,一日行五百馀里,不至日日而拒扞关,扞关惊则从境以东尽城守矣,黔中、巫郡非王之有。秦举甲出武关,则北地绝。秦兵之攻楚也,危难在三月之内,而楚待诸侯之救在半岁之外。夫待弱国之救,忘强秦之祸,此臣所为大王患也。大王诚能听臣,请令秦、楚长为兄弟之国,无相攻伐。"楚王已得张仪而重出黔中地,乃许之。

【译文】四年(庚戌,公元前311年)蜀国宰相杀死蜀国国君。

秦惠王派人对楚怀王说,请求用武关之外的土地来交换黔中。楚王说:"我不愿意拿土地交换,只要能得到张仪就愿意献出黔中之地。"张仪听到这件事,请求派他前去。秦惠王说:"楚国只有杀了你才能甘心,怎么还要去呢?"张仪说:"秦国强盛而楚国弱小,大王您在位一天,楚国是不敢把我杀了的,况且我和楚王的宠臣靳尚关系友好,靳尚平时伺候楚王的爱妾郑袖,郑袖说的话楚王没有不听从的。"于是就前往楚国。楚王把张仪囚禁起来,要杀了他。靳尚对郑袖说:"秦王特别宠爱张仪,要用上庸六县和美女把他赎回。大王看重土地又对秦国十分尊重,肯定会宠幸秦国的美女而冷落夫人。"于是郑袖日夜在楚王面前哭诉:"凡是臣子都要为各自的君王考虑。如果现在杀了张仪,秦国肯定大怒。臣妾请求大王把我母子送往江南,免得受秦国宰割!"于是楚王就赦免了张仪,而以丰厚的礼遇对待他。张仪劝楚王说:"让各国合纵对抗秦国,无异于驱赶羊群去攻击猛虎,很明显是打不过的。如今大王您不肯向秦国臣服,秦国迫使韩国、驱使魏国联合攻打楚国,楚国就危险了。秦国西边有巴、蜀两国,修造船只囤积粮食,顺岷江而下,一天之内可行五百多里，用不了十天就可抵达扞关，扞关受到惊扰后从这里以东都要进入戒备状态，最后连黔中、巫郡都不再为大王所有了。如果秦国再发兵由武关出击，楚国北境之地就要全部失守。秦国再进攻楚国，三个月之内楚国便会灭亡，楚国等待其他诸侯国的援助又要半年之久。等待弱国的援兵，却忘记强秦的威胁，这才是我替大王忧虑的事。如果大王真心肯听从我的建议，我可以使秦、楚二国结为兄弟之邦，彼此不再互相攻伐。"楚王尽管已经得到了张仪，但不舍得割让黔中之地，就答应了张仪。

张仪遂之韩，说韩王曰："韩地险恶山居，五谷所生，非菽而麦，国无二岁之食，见卒不过二十万。秦被甲百馀万。山东之士被甲蒙胄而会战，秦人捐甲徒裼以趋敌，左挈人头，右挟生虏。夫战孟贲、乌获之士以攻不服之弱国，无异垂千钧之重于鸟卵之上，必无幸矣。大王不事秦，秦下甲据宜阳，塞成皋，则王之国分矣。鸿台之宫，桑林之宛，非王之有也。为大王计，莫如事秦而攻楚，以转祸而悦秦。计无便于此者！"韩王许之。

【译文】于是张仪又前去韩国，劝说韩王："韩国地势险峻，百姓大多依山居住，生产的粮食，不是大豆就是麦子，国家的存粮不够两年食用，现有的兵卒不超过二十万人。秦国身穿铠甲的军队超过百万。崤山以东的军队要身披铠甲才肯作战，而秦国军队则脱下铠甲赤臂就可驱敌，左手提着人头，右臂挟着战俘。用孟贲、乌获一样的勇士来进攻不肯臣服的弱小国家，无异于把千钧的重量压在鸟蛋上，必定没有侥幸保全的可能。大王不愿向秦国臣服，秦国假如发兵占据宜阳，堵住成皋的道路，那么大王的国家就会一分为二。鸿台的宫室、桑林的园林，将不再属于大王所有。我为大王考虑，不如向秦国称臣而攻打楚国，转移灾祸来取悦秦国，没有比这更完美的办法了。"韩王答应了张仪。

张仪归报，秦王封以六邑，号武信君。复使东说齐王曰："从人说大王者必曰：'齐蔽于三晋，地广民众，兵强士勇，虽有百秦，将无奈齐何。'大王贤其说而不计其实。今秦、楚嫁女娶妇，为昆弟之国；韩献宜阳；梁效河外；赵王入朝，割河间以事秦。大王不事秦，秦驱韩、梁攻齐之南地，悉赵兵，渡清河，指博关，临菑、即墨非王之有也！国一日见攻，虽欲事秦，不可得也！"齐王许张仪。

【译文】张仪回到秦国向秦王汇报，秦王把六座城池封赏给他，赐武信君的称号。又派他去东方游说齐王，说："那些主张合纵的谋士，必定对您说：'齐国西边有三晋之地作为掩护，国土广阔，人口繁盛，士兵精猛勇敢，即便有一百个秦国也奈何不了齐国。'大王以为他说得很对却不曾考虑到现实的情形。如今秦、楚两国互相通婚，成为兄弟之国；韩国把宜阳献给秦国；魏国将河外送给秦国；赵国也向秦国朝见，把河间割让给秦国以表示臣服。如果大王不向秦国臣服，秦国将驱使韩、魏两国军队进攻齐国南部地区，发动赵国全国之兵，横渡清河，大军直指博关，到时候临淄、即墨等地就不再是大王的属地了！齐国被攻击的那天，就算再想向秦国臣服，也不太可能了！"齐王采纳了张仪的意见。

张仪去，西说赵王曰："大王收率天下以摈秦，秦兵不敢出函谷关十五年。大王之威行于山东，敝邑恐惧，缮甲厉兵，力田积粟，愁居慑处，不敢动摇，唯大王有意督过之也。今以大王之力，举巴、蜀，并汉中，包两周，守白马之津。秦虽僻远，然而心忿含怒之日久矣。今秦有敝甲凋兵军于渑池，愿渡河，逾漳，据番吾，会邯郸之下，愿以甲子合战，正殷纣之事。谨使使臣先闻左右。今楚与秦为昆弟之国，而韩、梁称东籓之臣，齐献鱼盐之地，此断赵之右肩也。夫断右肩而与人斗，失其党而孤居，求欲毋危得乎！今秦发三将军，其一军塞午道，告齐使渡清河，军于邯郸之东；一军军成皋，驱韩、梁军于河外；一军军于渑池，约四国为一以攻赵，赵服必四分其地。臣窃为大王计，莫如与秦王面相约而口相结，常为兄弟之国也。"赵王许之。

【译文】张仪从齐国离开，向西游说赵王："大王率领天下诸侯对抗秦国，迫使秦军十五年不敢出兵函谷关。大王您的威名响彻崤山以东，秦国特别恐惧，整修铠甲训练兵卒，努力耕种囤积粮草，平日里也是非常忧虑不敢有一丝懈怠，唯恐大王您有意督责秦国过失。如今秦国依托大王的力量，攻下巴、蜀，兼并汉中，围困二周，驻守白马渡。秦国虽然地理位置偏远，然而内心愤怒又不敢表现出来已经太久了。现在秦国在渑池驻扎有一批残兵败卒，想要横渡黄河，跨越漳水，据守番吾，到邯郸城下会合，希望在甲子之日与赵国交战，就像武王征讨殷纣一样。特意先让我来告诉您左右的大臣。如今楚和秦已结成兄弟之国，而韩、魏两国已向秦国称臣，齐国又将盛产鱼盐之地献给了秦国，这就好比斩断赵国的右臂。被斩断右臂还与人缠斗，失去党羽而孤立无援，还想要避免危险怎么可能？如今秦国发动三军将士，其中一支大军截断午道，告知齐国让他们派军横渡清河，驻军在邯郸东边；另一路军队屯兵成皋，使韩、魏两国的军队进驻河外，再派一路军队驻扎渑池，联合四国合为一支大军来进攻赵国，攻克后必定将赵国土地瓜分为四份。我私下替大王谋划，最好是当面与秦王订立约定，承诺协定，结为长久的兄弟之邦。"赵王也应允了。

张仪乃北之燕，说燕王曰："今赵王已入朝，效河间以事秦。大王不事秦，秦下甲云中、九原，驱赵而攻燕，则易水、长城非大王之有也。且今时齐、赵之于秦，犹郡县也，不敢妄举师以攻伐。今王事秦，长无齐、赵之患矣。"燕王请献常山之尾五城以和。

张仪归报，未至咸阳，秦惠王薨，子武王立。武王自为太子时，不说张仪；及即位，群臣多毁短之。诸侯闻仪与秦王有隙，皆畔衡，复合从。

【译文】张仪又北上到燕国，游说燕王说："现在赵王已经到秦国朝见秦王，奉上河间之地向秦国称臣。大王不向秦国臣服的话，秦国即会出兵云中、九原，再驱使赵国进攻燕国，那么易水、长城就不再属于大王了！况且如今齐、赵两国就好像是秦国的一个郡县，不敢随意出兵进攻别国。如今大王要是能臣事秦国，便长期免除齐、赵两国的威胁了。"燕王就把恒山脚下的五座城池割让给秦国来请和。

张仪返回向秦王汇报，还没有到达咸阳，秦惠王即驾崩，他的儿子秦武王即位。武王做太子的时候，就不太喜欢张仪，即位以后，许多大臣又经常说坏话诬陷张仪。各诸侯国得知张仪与秦王之间有了嫌隙，都背弃了连横的约定，重新实行合纵。

五年(辛亥，公元前三一○年)张仪说秦武王曰："为王计者，东方有变，然后王可以多割得地也。臣闻齐王甚憎臣，臣之所在，齐必伐之。臣愿乞其不肖之身以之梁，齐必伐梁，齐、梁交兵而不能相去，王以其间伐韩，入三川，挟天子，案图籍，此王业也。"王许之。

齐王果伐梁，梁王恐。张仪曰："王勿患也！请令齐罢兵。"乃使其舍人之楚，借使谓齐王曰："甚矣，王之托仪于秦也！"齐王曰："何故？"楚使者曰："张仪之去秦也，固与秦王谋矣，欲齐、梁相攻而令秦取三川也。今王果伐梁，是王内罢国而外伐与国，以信仪于秦王也。"齐王乃解兵还。张仪相魏一岁，卒。

【译文】五年(辛亥，公元前310年)张仪劝说秦武王说："臣为大王考虑，东方发生变故，然后大王才可以取得更多的土地。我听说齐王特别憎恶我，我在哪里，齐国肯定攻打哪里。臣希望大王批准我到魏国去，齐国肯会攻打魏国，齐、魏两国互相发兵，打得不可开交之时，大王就可以趁隙进攻韩国，进军三川，挟持周天子，按验天下图籍，这是霸王之业啊！"秦武王同意了张仪的计策。

齐王果然进攻魏国，魏王非常恐惧。张仪说："大王不要担忧，我来帮你使齐国退兵。"就派他的门人到楚国，借楚国使臣之口告诉齐王："大王加强秦国对张仪的信任这招真厉害。"齐王问："怎么说呢?"楚国使臣说："张仪离开秦国之前，就已经和秦王计划好了，想使齐、魏两国互相攻伐而秦乘这个机会攻取三川。如今大王果然进攻魏国，这样对内使全国疲于战事，对外进攻友邦，且使秦国加强了对张仪的信任。"齐王于是休兵回国。张仪做魏国宰相一年之后，就去世了。

仪与苏秦皆以纵横之术游诸侯，致位富贵，天下争慕效之。又有魏人公孙衍者，号曰犀首，亦以谈说显名。其馀苏代、苏厉、周最、楼缓之徒，纷纭遍于天下，务以辩诈相高，不可胜纪。而仪、秦、衍最著。

【译文】张仪和苏秦都凭借合纵、连横之术到各诸侯国进行游说，获得高官厚禄，天下人争相效仿。还有魏国的公孙衍，号为犀首，也以能言善辩而名声显赫。其余像苏代、苏厉、周最、楼缓这些人，纷纷宣传自己的学说，遍布天下，都想在辩说诡诈方面争个高低长短，不能一一详细记载。而数张仪、苏秦、公孙衍最为著名。

◆《孟子》论之曰：或谓："张仪、公孙衍，岂不大丈夫哉！一怒而诸侯惧，安居而天下熄。"孟子曰："是恶足以为大丈夫哉？君子立天下之正位，行天下之正道，得志则与民由之，不得志则独行其道，富贵不能淫，贫贱不能移，威武不能诎，是之谓大丈夫。"◆

◆扬子《法言》曰：或问："仪、秦学乎鬼谷术而习乎纵横言，安中国者各十馀年，是夫？"曰："诈人也。圣人恶诸。"曰："孔子读而仪、秦行，何如也？"曰："甚矣凤鸣而鸷翰也！""然则子贡不为钦？"曰："乱而不解，子贡耻诸。说而不富贵，仪、秦耻诸。"或曰："仪、秦其才矣乎，迹不蹈已？"曰："昔在任人，帝而难之，不以才矣。才乎才，非吾徒之才也！"◆

秦王使甘茂诛蜀相庄。

秦王、魏王会于临晋。

赵武灵王纳吴广之女孟姚，有宠，是为惠后。生子何。

【译文】◆《孟子》评论此事说，有人说："公孙衍、张仪难道不能算是大丈夫吗？怒气一发诸侯们都恐惧万分，安定的话可以平息天下的战火。"孟子道："这怎么能称得上是大丈夫！君子处于天下最为正大的地位，行天下正直的道术，得志的话就将道义推广到人民身上，不得志就独自坚守道义，富贵不能让他放荡，贫贱不能改变他的节操，武力不能让他屈服，这才是真正的大丈夫。"◆

◆扬雄的《法言》上说：有人问："张仪、苏秦在鬼谷子身边学习纵横之术，使中国各自安定十几年，是真的吗？"答道："都是骗人罢了，为圣人所厌恶。"又问："读孔子的圣贤书却行张仪、苏秦那样的事，怎么样呢？"回答说："糟糕透了，这好比有着凤凰一般的叫声而长着鹰鹯的羽毛。"又问："那么子贡不会做这样的事了？"

他说:"天下纷乱而不能停息,子贡以这样的事为耻辱。到诸侯游说不能得到富贵,这是苏秦、张仪所感到耻辱的事。"有人说:"张仪、苏秦他们的才术超群,行事没有因循前人吧?"回答道:"上古的帝王选用人才,对于奸佞必定要加以斥责。这难道不是任才使能吗?你所说的才,和我所说的才并不是一回事啊!"◆

秦王派甘茂刺杀蜀国宰相陈庄。

秦王与魏王在临晋举行会晤。

赵武灵王娶了吴广的女儿吴孟姚,对她非常宠爱,并立她为惠后。生了一个儿子名赵何。

六年(壬子,公元前三〇九年)秦初置丞相,以樗里疾为右丞相。

七年(癸丑,公元前三〇八年)秦、魏会于应。

秦王使甘茂约魏以伐韩,而令向寿辅行。甘茂至魏,令向寿还,谓王曰:"魏听臣矣,然愿王勿伐!"王迎甘茂于息壤而问其故。对曰:"宜阳大县,其实郡也。今王倍数险,行千里,攻之难。鲁人有与曾参同姓名者杀人,人告其母,其母织自若也。及三人告之,其母投杼下机,逾墙而走。臣之贤不若曾参,王之信臣又不如其母,疑臣者非特三人,臣恐大王之投杼也。魏文侯令乐羊将而攻中山,三年而拔之。反而论功,文侯示之谤书一箧。乐羊再拜稽首曰:'此非臣之功,君之力也。'今臣,羁旅之臣也,樗里子、公孙奭挟韩而议之,王必听之,是王欺魏王而臣受公仲侈之怨也。"王曰:"寡人弗听也,请与子盟!"乃盟于息壤。秋,甘茂、庶长封帅师伐宜阳。

【译文】六年(壬子,公元前309年)秦国开始设立丞相这一官职,任命樗里疾为右丞相。

七年（癸丑，公元前308年）秦国与魏国在应城举行会盟。

秦王派甘茂与魏国商议联合攻打韩国，又令向寿做副手同行。甘茂令向寿返回秦国对秦王说："魏国听从了我的建议，不过希望大王不要进攻韩国！"秦王到息壤迎接甘茂并询问其中的原因，甘茂回答道："宜阳是一个大县，实际上可以算作郡了。如今大王冒着重重危险，行军千里，想要攻克是很难的。鲁国有一个和曾参同名同姓的人杀了人，有人告诉了曾参的母亲，他的母亲还是神情自若地在织布。直到先后有三个人都告诉她这件事，他的母亲才立刻丢下机杼，翻过墙逃跑了。我比不上曾参那样贤能，大王对我的信任也比不上曾参的母亲，怀疑我的更不仅仅是三个人，我担心大王也会不信任我而丢下机杼啊。当年魏文侯派乐羊带兵攻打中山国，三年之后才攻克。乐羊回到国内论功行赏时，文侯把一大筐诋毁他的奏章拿出来给他看。乐羊一再拜谢叩头说：'攻克中山国不是我的功劳，都是国君您的力量。'如今我只是一个流落他国的臣子，樗里疾、公孙奭以进攻韩国的事儿来说事儿，大王必定会听信他们说的话，这样大王不但把魏王给欺骗了，我也会被韩国宰相公仲侈所怨恨啊。"秦王说："我肯定不听信他们的话，可以与你订立盟誓！"就在息壤歃血为盟。秋天时，甘茂与庶长封统率军队攻打宜阳。

八年（甲寅，公元前三〇七年）甘茂攻宜阳，五月而不拔。樗里子、公孙奭果争之。秦王召甘茂，欲罢兵。甘茂曰："息壤在彼。"王曰："有之。"因大悉起兵以佐甘茂。斩首六万，遂拔宜阳。韩公仲侈入谢于秦以请平。

秦武王好以力戏，力士任鄙、乌获、孟说皆至大官。八月，王与孟说举鼎，绝脉而薨。族孟说。武王无子，异母弟稷为质于燕，国人逆而立之，是为昭襄王。昭襄王母芈八子，楚女也，实宣太后。

【译文】八年(甲寅,公元前307年)甘茂率军进攻宜阳,五个月过去了还没有攻下。樗里疾与公孙奭果然争着向秦王说他的坏话。秦王派人把甘茂召回,想要休兵。甘茂说:"息壤还在那里。"秦王说:"确实有这件事。"于是又调遣大军辅佐甘茂,斩杀韩军六万余人,攻占宜阳。韩国相国公仲侈亲自到秦国谢罪求和。

秦武王喜欢与人比武戏耍,大力士任鄙、乌获、孟说都官至高位。八月,秦武王和孟说比试举鼎,力竭筋脉断绝而死,孟说全家人都被诛杀。秦武王没有子嗣,异母的弟弟嬴稷在燕国做人质,秦国族人把他迎接回来继承王位,即昭襄王。秦昭襄王的生母芈八子是楚国女子,被封为宣太后。

赵武灵王北略中山之地,至房子,遂之代,北至无穷,西至河,登黄华之上。与肥义谋胡服骑射以教百姓,曰:"愚者所笑,贤者察焉。虽驱世以笑我,胡地、中山,吾必有之!"遂胡服。

国人皆不欲,公子成称疾不朝。王使人请之曰:"家听于亲,国听于君。今寡人作教易服而公叔不服,吾恐天下议之也。制国有常,利民为本;从政有经,令行为上。明德先论于贱,而从政先信于贵,故愿慕公叔之义以成胡服之功也。"公子成再拜稽首曰:"臣闻中国者,圣贤之所教也,礼乐之所用也,远方之所观赴也,蛮夷之所则效也。今王舍此而袭远方之服,变古之道,逆人之心,臣愿王熟图之也!"

【译文】赵武灵王向北侵略中山国一带,大军到达房子城,又到代郡,向北直到塞外的无穷,向西直到黄河岸边,登上黄华山顶。他与大臣肥义商量让百姓穿胡服,学习骑射,说:"愚人所讥笑的,贤人会理解我的用意的。即便是全天下人都讥讽我也无所谓,胡地和中山,我一定要占为己有!"于是令赵国百姓改穿胡服。

全国百姓都不愿意,公子成借口患病不去上朝。赵王派人去请他说:"在家里要听父母亲的,在国内要服从国君的。如今我令百姓改变服饰而你不肯听从,恐怕全天下都要讨论我带头违法了。治国有固定的法规,最根本的是要使百姓方便;处理政务有一定的规矩,最重要是要能贯彻执行命令。恩德要首先在百姓中间申明,执行法令要首先在亲贵之中做起,所以我希望你能够申明大义带头完成变革胡服的国策。"公子成一再拜谢叩头说:"臣听说中国是行圣贤教化,用礼乐制度的地方,历来为偏远的国家所羡慕,是蛮夷异族所效法学习的榜样。如今大王你舍弃这些传统而改穿胡人服饰,变革古人的规矩,违背百姓的心意,臣希望大王能好好考虑考虑!"

使者以报。王自往请之,曰:"吾国东有齐、中山,北有燕、东胡,西有楼烦、秦、韩之边。今无骑射之备,则何以守之哉?先时中山负齐之强兵,侵暴吾地,系累吾民,引水围鄗;微社稷之神灵,则鄗几于不守也,先君丑之。故寡人变服骑射,欲以备四境之难,报中山之怨。而叔顺中国之俗,恶变服之名,以忘鄗事之丑,非寡人之所望也!"公子成听命,乃赐胡服;明日服而朝。于是始出胡服令,而招骑射焉。

【译文】使者回去把这些话禀报赵王。赵王亲自到他府上说:"我国东边有齐国和中山,北面又有燕国和东胡,西边与楼烦和秦、韩两国接壤。现在没有骑兵和弓箭手作为防备,那么凭借什么守住国土?以前中山国凭借齐国强大的兵力,侵犯我国领土,掠夺我国百姓,倒灌河水围困鄗邑;要不是我社稷神灵的守护,鄗邑早就失守了。先君以这件事为耻辱,因此我变革服饰,学习骑射之术，想这样来抵御四境的战乱，以报中山国给我们的仇恨。但是你因循中国传统的习俗，对变革服饰这件事十分厌恶，早就忘记鄗邑的屈辱，不是我希望看到的您啊!"公子成听从了赵王的命令，赵王赏赐他胡服;第二天他就穿着胡服上早朝。这件事后才正式开始颁行改穿胡服的法令，并且提倡百姓练习骑马、射箭。

【申涵煜评】武灵王气局豪迈，是秦皇、汉武一流。晚年以溺爱不明，嫡庶构乱，英雄失著，儿女情长，卒之饿死沙邱，悲夫!肥义不能调停事先，而枉以身殉，亦愚忠也。

【译文】赵武灵王气局豪迈，是秦始皇、汉武帝一类的人。晚年因为溺爱幼子，看不到他的缺点所在，嫡子庶子相互作乱，英雄失于策略，过分追求男女之情，最终导致饿死于沙丘，可悲啊!肥义事先不能调停两位公子的矛盾，白白的以身相殉，这也是愚忠啊。

　　九年(乙卯，公元前三〇六年)秦昭王使向寿平宜阳，而使樗里子、甘茂伐魏。甘茂言于王，以武遂复归之韩。向寿、公孙奭争之，不能得，由此怨谗甘茂。茂惧，辍伐魏蒲阪，亡去。樗里子与魏讲而罢兵。甘茂奔齐。

　　赵王略中山地，至宁葭;西略胡地，至榆中。林胡王献马。归，使楼缓之秦，仇液之韩，王贲之楚，富丁之魏，赵爵之齐。代相赵固主胡，致其兵。

　　楚王与齐、韩合从。

　　【译文】九年(乙卯，公元前306年)秦昭王派遣向寿到宜阳安抚百姓，又派樗里子、甘茂进攻魏国。甘茂建议秦王把武遂归还给韩国。向寿和公孙奭极力争辩这件事，没有成功，从这以后就十分怨恨甘茂。甘茂心中害怕，停止了对魏国蒲阪的进攻，逃跑了。樗里疾与魏国言和退兵。甘茂逃到了齐国。

赵王侵略中山国，大军到了宁葭；向西侵略胡地，一直到榆中。林胡王以骏马献给赵王。回到赵国后，派使臣楼缓到秦国，仇液到韩国，王贲到楚国，富丁到魏国，赵爵到齐国。由代相赵固全权负责胡人地区，并招募胡人士兵。

楚王和齐、韩两国订立合纵的约定。

十年（丙辰，公元前三〇五年）彗星见。

赵王伐中山，取丹丘、爽阳、鸿之塞，又取鄗、石邑、封龙、东垣。中山献四邑以和。

秦宣太后异父弟曰穰侯魏冉，同父弟曰华阳君芈戎；王之同母弟曰高陵君、泾阳君。魏冉最贤，自惠王、武王时，任职用事。武王薨，诸弟争立，唯魏冉力能立昭王。昭王即位，以冉为将军，卫咸阳。是岁，庶长壮及大臣、诸公子谋作乱，魏冉诛之；及惠文后皆不得良死，悼武王后出归于魏，王兄弟不善者，魏冉皆灭之。王少，宣太后自治事，任魏冉为政，威震秦国。

【译文】十年（丙辰，公元前305年）天上有彗星出现。

赵王起兵进攻中山国，攻占丹丘、爽阳、鸿等地的要塞，又占领鄗、石邑、封龙、东垣四座城池。中山国献上四城求和。

秦国宣太后的异父弟弟名叫魏冉，即穰侯；同父弟弟名叫芈戎，即华阳君。秦王的同母弟弟是高陵君、泾阳君。几个人中以魏冉最为贤能，从秦惠王、秦武王时开始，就担任职务并处理政事。秦武王逝世后，各个兄弟争夺王位，唯独魏冉能够极力拥立秦昭王。昭王即位后，任命魏冉做将军，驻守咸阳。这一年，庶长壮勾结大臣及其他各位公子密谋发动叛乱，魏冉诛杀了他们；这件事牵扯到惠文王后，都没有得以善终，悼武王后在魏国流亡，其他与秦王关系不和的弟兄，都被魏冉杀掉了。由于秦昭王年龄还小，宣太后亲自处理国家大事，任命魏冉主持朝政，声威震慑秦国。

十一年(丁巳，公元前三〇四年)秦王、楚王盟于黄棘。秦复与楚上庸。

十二年(戊午，公元前三〇三年)彗星见。

秦取魏蒲阪、晋阳、封陵；又取韩武遂。

齐、韩、魏以楚负其从亲，合兵伐楚。楚王使太子横为质于秦而请救。秦客卿通将兵救楚，三国引兵去。

十三年(己未，公元前三〇二年)秦王、魏王、韩太子婴会于临晋，韩太子至咸阳而归；秦复与魏蒲阪。

秦大夫有私与楚太子斗者，太子杀之，亡归。

【译文】十一年(丁巳，公元前304年)秦王与楚王在黄棘会盟。秦国将上庸之地还给楚国。

十二年(戊午，公元前303年)天空有彗星出现。

秦国攻占魏国蒲阪、晋阳、封陵三地，又攻占韩国武遂。

齐、韩、魏三国因楚国背弃了合纵的盟约，联合军队向楚国进攻。楚王把太子横送到秦国做人质请求救援。秦国派出客卿通率兵营救楚国，三国联军才撤军离去。

十三年(己未，公元前302年)秦王、魏王与韩国太子韩婴在临晋召开会议，会议结束后韩国太子先到达咸阳然后才回到国内；秦国把蒲阪归还给魏国。

秦国一位大夫暗地里与楚国太子争斗，楚国太子把他杀了，逃回楚国。

十四年(庚申，公元前三〇一年)日有食之，既。

秦人取韩穰。

蜀宁辉叛秦，秦司马错往诛之。

秦庶长奂会韩、魏、齐兵伐楚，败其师于重丘，杀其将唐昧；遂取重丘。

赵王伐中山，中山君奔齐。

十五年（辛酉，公元前三〇〇年）秦泾阳君为质于齐。

秦华阳君伐楚，大破楚师，斩首三万，杀其将景缺，取楚襄城。楚王恐，使太子为质于齐以请平。

秦樗里疾卒，以赵人楼缓为丞相。

赵武灵王爱少子何，欲及其生而立之。

【译文】 十四年（庚申，公元前301年），出现日全食。

秦人攻取韩国穰城。

蜀郡太守宁辉背叛秦国，秦王让司马错前去把他杀了。

秦国的庶长奂联合韩、魏、齐三国的军队进攻楚国，在重丘击败了楚军，杀死楚国将军唐昧，于是占领了重丘。

赵王发兵讨伐中山国，中山国国君投奔到齐国。

十五年（辛酉，公元前300年）秦国把泾阳君送到齐国做人质。

秦国华阳君发兵讨伐楚国，楚军大败，斩下三万首级，楚国将领景缺也被杀死，并攻取了楚国襄城。楚王非常恐惧，把太子送到齐国做人质请求停战。

秦国的樗里疾逝世，秦王任命赵国人楼缓做丞相。

赵武灵王十分宠爱小儿子赵何，想趁自己还活着的时候让他继承王位。

十六年（壬戌，公元前二九九年）五月戊申，大朝东宫，传国于何。

王庙见礼毕，出临朝，大夫悉为臣。肥义为相国，并傅王。武灵王自号"主父"。主父欲使子治国，身胡服，将士大夫西北略胡地。将自云中、九原南袭咸阳，于是诈自为使者，入秦，欲以观秦地形及秦王之为人。秦王不知，已而怪其状甚伟，非人臣之度，使人逐之；主父行已脱关矣，审问之，乃主父也。秦人大惊。

齐王、魏王会于韩。

【译文】 十六年（壬戌，公元前 299 年）五月戊申这天，在东宫举行隆重的仪式，赵武灵王将王位传给赵何。

赵何拜祭过祖庙后，从东宫出来处理朝政，身边的大夫都成为臣子。任命肥义担任相国，并辅助新王。赵武灵王以"主父"自号。主父想让新王早点处理政事，就穿着胡服，带着士大夫到西北边境攻打胡地，计划从云中、九原取道向南突袭咸阳，他谎称自己是赵国使臣，进入秦国境内，想通过这个机会窥视秦国地形并考察秦王的为人。秦王并不知道，后来才觉得这个人仪态雄伟，十分怪异，不像为人臣子的气度，就派人追赶他；这时主父已经走出关隘逃脱了，后来经过仔细打探，才知道那个人是赵主父。秦人都十分震惊。

齐王与魏王在韩国会面。

秦人伐楚，取八城。秦王遗楚王书曰："始寡人与王约为兄弟，盟于黄棘，太子入质，至欢也。太子陵杀寡人之重臣，不谢而亡去。寡人诚不胜怒，使兵侵君王之边。今闻君王乃令太子质于齐以求平。寡人与楚接境，婚姻相亲。而今秦、楚不欢，则无以令诸侯。寡人愿与君王会武关，面相约，结盟而去，寡人之愿也！"

楚王患之，欲往，恐见欺，欲不往，恐秦益怒。昭睢曰："毋

行而发兵自守耳！秦，虎狼也，有并诸侯之心，不可信也！"怀王
之子子兰劝王行，王乃入秦。秦王令一将军诈为王，伏兵武关，
楚王至则闭关劫之，与〔俱〕西，至咸阳，朝章台，如藩臣礼，要
以割巫、黔中郡。楚王欲盟，秦王欲先得地。楚王怒曰："秦诈
我，而又强要我以地！"因不复许，秦人留之。

【译文】秦人起兵征讨楚国，攻取了八座城池。秦王给楚王送
信说："先前我和大王你结为兄弟，在黄棘立下盟约，楚国太子到
我国做人质，相互关系愉悦。太子陵杀死我的大臣，没有辞让就
逃跑了。我着实愤怒，派兵入侵您的边境。如今听说大王又把太
子送到齐国做人质来求和。我国与楚国边境相接，互相通婚结为
亲家。而如今秦、楚两国交恶，就不能继续号令天下诸侯。我愿
与你在武关会谈，当面约定，订立盟约后离去，这是我的心愿啊！"

楚王很是担忧，想去又怕中了秦王的圈套，不去又害怕秦国
更为生气。昭睢说："千万不能去，同时还要出兵加强防御！秦国
像虎狼一样，心怀并吞诸侯的想法，不能相信啊！"楚怀王的儿子
子兰劝他前去，于是楚怀王就到了秦国。秦王派一位将军假装成
自己，在武关埋伏下军队，楚王刚到就立马紧闭关门劫持他，带
着他一路西行，直到咸阳，对着秦王的章台朝拜，与附属国朝见的
礼节一样，并要挟楚王把巫郡及黔中郡割让出去。楚王想先订立
盟约，秦王想先割让土地。楚王愤怒地说："秦王欺骗我，又逼着
我割让土地！"因此没有答应。秦国把他扣押了下来。

楚大臣患之，乃相与谋曰："吾王在秦不得还，要以割地；而
太子为质于齐。齐、秦合谋，则楚无国矣。"欲立王子之在国者。
昭睢曰："王与太子俱困于诸侯，而今又倍王命而立其庶子，不
宜！"乃诈赴于齐。齐湣王召群臣谋之，或曰："不若留太子以求

楚之淮北。"齐相曰："不可! 郢中立王, 是吾抱空质而行不义于天下也!"

其人曰："不然。郢中立王, 因与其新王市曰: '予我下东国, 吾为王杀太子。不然, 将与三国共立之。'"齐王卒用其相计而归楚太子。楚人立之。

秦王闻孟尝君之贤, 使泾阳君为质于齐以请。孟尝君来入秦, 秦王以为丞相。

【译文】楚国的大臣们非常担忧, 于是商量说："我们的国君在秦国不能回来, 被逼迫着要求割让土地, 而太子又在齐国做人质; 齐、秦两国要是联合算计楚国, 那么楚国就要亡了。"国人想要把尚在国中的王子拥立为王。昭睢说："怀王和太子都在其他诸侯国被困, 如今又违背君王的意思而另立庶子, 不合适!"就到齐国谎称楚王驾崩, 想把太子迎回楚国。齐湣王召集群臣商议, 有的人说："不如把楚国太子扣押下来要求楚国割让淮北地区。"齐国丞相说："不可! 楚国要是在郢中另立他人为王, 这样我们只能掌握这没有任何价值的人质而被天下人耻笑我们不讲道义。"

又有人说："不见得是这样, 楚国在郢中另立新王, 可以拿太子与新王做交易说: '把下东国割让给齐国, 我替你把太子杀死。否则, 将联合秦、韩、魏三国拥立他为楚王。'"齐王最后还是采用了丞相的计策把楚太子护送回国。楚国立他为王。

秦王听说孟尝君是贤能之人, 就派泾阳君到齐国做人质把孟尝君请到秦国。孟尝君到秦国之后, 秦王任用他为宰相。

【乾隆御批】后人以楚怀王为弱王, 盖听既不聪, 心又多欲, 不特弱而且愚, 晏有十屈平奚益。

【译文】后人认为楚怀王是个懦弱的君主, 因为他既不聪明, 而且欲望很多，他不只软弱，而且愚笨，即便有十个屈原，又有什么用处？

十七年（癸亥，公元前二九八年）或谓秦王曰："孟尝君相秦，必先齐而后秦。秦其危哉！"秦王乃以楼缓为相，囚孟尝君，欲杀之。孟尝君使人求解于秦王幸姬，姬曰："愿得君狐白裘。"

孟尝君有狐白裘，已献之秦王，无以应姬求。客有善为狗盗者，入秦藏中，盗狐白裘以献姬。姬乃为之言于王而遣之。王后悔，使追之。孟尝君至关。关法：鸡鸣而出客。时尚蚤，追者将至，客有善为鸡鸣者，野鸡闻之皆鸣。孟尝君乃得脱归。

楚人告于秦曰："赖社稷神灵，国有王矣！"秦王怒，发兵出武关击楚，斩首五万，取十六城。

【译文】十七年（癸亥，公元前 298 年）有人对秦王说："孟尝君在秦国做丞相，肯定把齐国的利益放在秦国之前。秦国这样就危险了！"秦王于是改任楼缓做丞相，把孟尝君囚禁起来，想要杀了他。孟尝君派人求助于秦王的宠姬，宠姬说："我想要您的狐皮白裘。"

孟尝君有一件狐皮白裘，之前已经献给了秦王，没有办法答应宠姬的请求。他的食客中有一个擅长盗窃的人，溜进秦国仓库，把狐皮白裘偷出来献给了宠姬。宠姬才在秦王面前替孟尝君求情让把他送回国去。秦王没过多久就后悔了，派人追赶他。孟尝君逃到关隘下，按照秦国的边关法度，鸡鸣时分旅客才能出入。这时离天亮还早，后边的追兵就要到了，孟尝君的食客中有能模仿鸡叫的，乡野人家饲养的鸡听到他的叫声也都叫了起来。孟尝君才得以逃脱回国。

楚人告知秦王说："承蒙我国祖先神灵的保佑，楚国有了新的君王。"秦王恼羞成怒，从武关出兵进攻楚国，斩杀五万人，攻取十六座城池。

　　赵王封其弟胜为平原君。平原君好士，食客常数千人。有公孙龙者，善为坚白同异之辩，平原君客之。孔穿自鲁适赵，与公孙龙论臧三耳，龙甚辩析。子高弗应，俄而辞出，明日复见平原君。平原君曰："畴昔公孙之言信辩也，先生以为何如？"对曰："然。几能令臧三耳矣。虽然，实难！仆愿得又问于君：今谓三耳甚难而实非也，谓两耳甚易而实是也，不知君将从易而是者乎，其亦从难而非者乎？"平原君无以应。明日，谓公孙龙曰："公无复与孔子高辩事也！其人理胜于辞，公辞胜于理。辞胜于理，终必受诎。"

【译文】赵王把他的弟弟赵胜封为平原君。平原君喜欢结交贤能之士，门下的食客常有数千人之多。其中有一个人，名为公孙龙，擅长"坚白同异"的辩论，平原君以对待客人的方式来对他。孔穿从鲁国来到赵国，与公孙龙讨论奴婢三耳这个辩题，公孙龙的辩论十分精妙，孔穿不能做出回应，没过多久孔穿就告辞出来，第二天又去会见平原君。平原君问道："昨日公孙龙辩论的言论，先生您认为怎么样？"回答说："是这样。他几乎真的能让奴婢生出三只耳朵了。尽管如此，实际却是不可能的！我想再一次向您请教：如今辩论三耳这个话题成立十分不容易却又不合实际，论证两耳特别容易却符合事实，不知道您会相信简单而实在的，还是相信难得而不切实际的呢？"平原君也没有什么说的。第二天，平原君对公孙龙说："先生别再跟孔穿辩论了！他的义理胜过言辞；您的言辞胜过义理，最终必定向别人屈服。"

【乾隆御批】听者两耳，又有所以主听者，凡物莫不皆然。"三耳"之名似奇听实非。子高之言甚正。世以艰深文其浅陋者，皆拾公孙龙唾涕者也。

【译文】人只有两只耳朵，是用来听声音的，动物也是如此。"三耳"的名字似乎神奇其实是不对的。子高说的话非常正确，世代以艰深的文辞来曲解浅显道理的人，都是拾公孙龙的唾涕罢了。

齐邹衍过赵，平原君使与公孙龙论白马非马之说。邹子曰："不可。夫辩者，别殊类使不相害，序异端使不相乱。抒意通指，明其所谓，使人与知焉，不务相迷也。故胜者不失其所守，不胜者得其所求。若是，故辩可为也。及至烦文以相假，饰辞以相惇，巧譬以相移，引人使不得及其意，如此害大道。夫缴纷争言而竞后息，不能无害君子，衍不为也。"座皆称善。公孙龙由是遂绌。

【译文】邹衍途经赵国，平原君请公孙龙与他就"白马非马"这一观点展开辩论。邹衍说："不可。所谓的辩论，是要区别事物的类别以免互相侵害，给事物不同的情况编排次序以免互相混淆。理清意义贯通概念，让人明白自己所说的，而不是专门为了使人迷惑。所以辩论获胜的人没有失去他坚守的，失败的也可以获得他想要的真知。像这样的情况，辩论还可以进行。至于有些辩论拿烦琐的文字作为互相争辩的依据，以浮词点缀令对方信服，以机巧的比喻来转移话题，把人们引入迂远的境地使其不得要旨，这样实际上妨害了事物的基本道理。那些直到对方认输才肯停止辩论的做法，对君子行径的损害实在太厉害了，我邹衍是不会做的。"在座的人都称赞他说得好。公孙龙从这以后就被贬退。

资治通鉴卷第四 周纪四

起阏逢困敦，尽著雍困敦，凡二十五年。

【译文】起甲子（公元前 297 年），止戊子（公元前 273 年），共二十五年。

【题解】本卷记录了周赧王姬延十八年到四十二年的各国大事，这时的秦国穰侯为相、白起为将，对韩、魏、楚大举进攻，使得三国日益衰落。其中重点记录了赵武灵王灭中山、开拓河套地区，和他晚年安排两个儿子不当，导致悲剧结局。还写了燕昭王礼贤下士、奋发图强，联合五国讨伐齐国，几乎让齐国覆灭，田单用奇计打破燕国军队于即墨，并重建齐国的过程。接着还写了廉颇和蔺相如的故事、春申君黄歇的故事等等。

赧王中

十八年（甲子，公元前二九七年）楚怀王亡归。秦人觉之，遮楚道。怀王从间道走赵。赵主父在代，赵人不敢受。怀王将走魏，秦人追及之，以归。

鲁平公薨，子缗（王）〔公〕贾立。

【译文】十八年（甲子，公元前 297 年）楚怀王从秦国逃亡回楚国。秦国察觉后，在通往楚国的路上拦截了楚怀王。怀王顺着偏僻小路逃到赵国。赵主父正在代郡，赵人不敢收留他。怀王正想要逃往魏国，秦人已经追了上来，把他抓回秦国。

121

鲁平公逝世，他的儿子姬贾即位，即鲁缗公。

十九年(乙丑，公元前二九六年)楚怀王发病，薨于秦，秦人归其丧。楚人皆怜之，如悲亲戚。诸侯由是不直秦。

齐、韩、魏、赵、宋同击秦，至盐氏而还。秦与韩武遂、与魏封陵以和。赵主父行新地，遂出代；西遇楼烦王于西河而致其兵。

魏襄王薨，子昭王立。

韩襄王薨，子釐王咎立。

【译文】十九年(乙丑，公元前296年)楚怀王患病，在秦国逝世，秦国将他的灵柩送回楚国安葬。楚国百姓都为他哀怜，如同自己的亲人去世一样悲痛。各诸侯国也因此指责秦国。

齐、韩、魏、赵、宋五国联合进攻秦国，大军一直攻到盐氏才返回。秦国把武遂还给韩国、封陵还给魏国以求和。

赵主父在新取得的领土上巡行，就离开了代郡；向西到西河碰见了楼烦王顺便向他招募军队。

魏襄王逝世，他的儿子即位，即魏昭王。

韩襄王逝世，他的儿子韩咎即位，即韩釐王。

二十年(丙寅，公元前二九五年)秦尉错伐魏襄城。

赵主父与齐、燕共灭中山，迁其王于肤施。归，行赏，大赦，置酒，酺五日。

赵主父封其长子章于代，号曰安阳君。安阳君素侈，心不服其弟。主父使田不礼相之。李兑谓肥义曰："公子章强壮而志骄，党众而欲大，田不礼忍杀而骄，二人相得，必有阴谋。夫小人有欲，轻虑浅谋，徒见其利，不顾其害，难必不久矣！子任重而势大，乱之所始而祸之所集也。子奚不称疾毋出而传政于公子成，毋为祸梯，不亦可乎!"

【译文】二十年(丙寅，公元前295年)秦国国尉司马错带兵攻打魏国襄城。

赵主父联合齐、燕两国的军队灭掉了中山国，把中山君贬谪到肤施。回国后，进行赏赐，大赦天下，设酒摆宴，全国欢庆五日。

赵主父分封长子赵章到代郡，号称安阳君。安阳君生活一向奢侈，内心对弟弟为王一直不服。主父让田不礼做了安阳君的丞相。李兑告诉肥义："大公子赵章势力强盛且志气骄蛮，党羽繁多且欲望极大，田不礼为人残暴嗜好杀人且骄慢不羁，二人到了一起，必定有阴谋。小人有了欲望往往考虑得比较肤浅，只看到自己想要的利益而不顾其中的害处，灾难必然不会太远。你的责任重大并且权力极大，一旦有纷乱局面出现肯定从你开始，有灾祸也会集中到你的头上。你为什么不称病辞官退隐，把大政传给公子成，免得被灾祸牵连，这样不也很好吗?"

肥义曰："昔者主父以王属义也，曰:'毋变而度，毋易而虑，坚守一〔心〕，以殁而世!'义再拜受命而籍之。今畏不礼之难而忘吾籍，变孰大焉! 谚曰:'死者复生，生者不愧!'吾欲全吾言，安得全吾身乎! 子则有赐而忠我矣。虽然，吾言已在前矣，终不敢失!"李兑曰:"诺。子勉之矣! 吾见子已今年耳。"涕泣而出。

李兑数见公子成以备田不礼。肥义谓信期曰:"公子章与田不礼声善而实恶，内得主而外为暴，矫令以擅一旦之命，不难为也。今吾忧之，夜而忘寐，饥而忘食，盗出入不可不备。自今以来，有召王者必见吾面，我将以身先之，无故而后王可入也。"信期曰："善。"

【译文】肥义说："当初主父将赵王托付给我，说：'不要改易你的节操，不要更改你的志向，坚定忠一不二，至死为赵国效忠！'我再三拜谢后接受命令并把这件事记录下来。现在因害怕田不礼发难而忘记自己的诺言，这样的变化实在太大了！俗话说：'人能死而复生，活着的人也能无憾了。'我想要实践自己的诺言，又怎么能保全自身性命呢？你说的话我知道是一番好意。尽管这样，我有言在先，终究是不敢忘记。"李兑说："好，那你尽力去做吧！我能够见你的日子恐怕只有今年了。"于是掩面流着眼泪出来了。

李兑多次觐见公子成商量防备田不礼的事。肥义对信期说："公子赵章与田不礼外表上相处和谐而实质上却厌恶对方，他们在朝内得到主父怜爱却在外边行为暴戾，一旦假借主父的命令独擅大权，这实在是太简单了。现在我日日夜夜、废寝忘食地担忧这件事，有盗贼在大王身旁出没，不得不加以防备。从这以后，有朝见大王的人一定先让他去见我，我要先亲自确保安全，没有什么意外大王您再接见访客。"信期说："好。"

主父使惠文王朝群臣而自从旁窥之，见其长子傫然也，反北面为臣，诎于其弟，心怜之，于是乃欲分赵而王公子章于代，计未决而辍。主父及王游沙丘，异宫，公子章、田不礼以其徒作乱，诈以主父令召王。肥义先入，杀之。高信即与王战。公子成与李兑自国至，乃起四邑之兵入距难，杀公子章及田不礼，灭其党。公子成为相，号安平君。李兑为司寇。是时惠文王少，成、兑专政。

【译文】赵主父让惠文王朝见君臣，自己在旁边偷偷观察，看见自己的大儿子反而向群臣称臣，屈居在弟弟下面，心生怜悯，于是想把赵国分为两部分，将大公子赵章封到代郡立为王，计划没有决定就作罢。赵主父与惠文王在沙丘游览，住在不同的寝宫，公子赵章和田不礼派部下作乱，假称以赵主父的名义召见惠文王。肥义先进宫内，就被杀死了。高信于是和赵王的部下展开战斗。公子赵成和李兑从邯郸赶来，于是发动四座城邑的军队进驻沙丘平息叛乱，将公子赵章与田不礼诛杀，消灭他们的党羽。公子赵成担任丞相一职，号为安平君；李兑担任司寇。这个时候惠文王年纪还小，公子赵成与李兑二人掌握朝政大权。

资治通鉴卷第四　周纪四

公子章之败也，往走主父；主父开之。成、兑因围主父宫。公子章死，成、兑谋曰："以章故，围主父；即解兵，吾属夷矣！"乃遂围之，令："宫中人后出者夷！"宫中人悉出。主父欲出不得，又不得食，探雀鷇而食之。三月馀，饿死沙丘宫。主父定死，乃发丧赴诸侯。主父初以长子章为太子，后得吴娃，爱之，为不出者数岁。生子何，乃废太子章而立之。吴娃死，爱弛；怜故太子，欲两王之，犹豫未决，故乱起。

秦楼缓免相，魏冉代之。

【译文】公子赵章兵败撤退时，曾向赵主父那边逃亡；赵主父打开宫门让他进去。公子成、李兑因此包围了赵主父。公子赵章死后，公子赵成与李兑商议："因为公子赵章的缘故，包围了主父；如果解围退兵，我们会被满门抄斩的！"于是仍然包围主父，下令："出宫晚的全部杀掉！"宫里的人全都逃了出来。赵主父想出宫却又出不来，又没有食物，就捕捉刚出生的鸟雀当食物。经过三个多月，在沙丘宫被饿死了。确定赵主父已死，于是向各诸侯国发丧。赵主父刚开始以长子赵章为太子，之后得到了美女吴娃，非常宠爱她，一连好几年都不出宫门一步。吴娃生下儿子赵何，就把太子

125

赵章废黜而改立赵何。吴娃去世后，对赵何的爱逐渐消减；又怜爱先前的太子，想把两人都立为王，犹豫不决，于是这场祸乱就发生了。

秦国的楼缓被罢免丞相的官职，魏冉代宰相位。

二十一年(丁卯，公元前二九四年)秦败魏师于解。

二十二年(戊辰，公元前二九三年)韩公孙喜、魏人伐秦。穰侯荐左更白起于秦王以代向寿将兵，败魏师、韩师于伊阙，斩首二十四万级，虏公孙喜，拔五城。秦王以白起为国尉。

秦王遗楚王书曰："楚倍秦，秦且率诸侯伐楚，愿王之饬士卒，得一乐战!"楚王患之，乃复与秦和亲。

【译文】二十一年(丁卯，公元前294年)秦国在解地打败魏国军队。

二十二年(戊辰，公元前293年)韩国公孙喜联合魏国人讨伐秦国。穰侯把左更(爵位名)白起推荐给秦王来代替向寿统率秦国军队，在伊阙击败了魏、韩两国联军，斩杀二十四万人，俘虏公孙喜，攻克五座城池。秦王任命白起为国尉。

秦王送给楚王书信说："楚国反叛秦国，秦国将要统率各诸侯国讨伐楚国，希望你整顿大军，痛快地较量一番!"楚王十分忧虑，就与秦国重新讲和。

二十三年(己巳，公元前二九二年)楚襄王迎妇于秦。

◆臣光曰：甚哉秦之无道也，杀其父而劫其子；楚之不竞也，忍其父而婚其仇! 乌呼! 楚之君诚得其道，臣诚得其人，秦虽强，乌得陵之哉! 善乎荀卿论之曰："夫道，善用之则百里之地可以独立，不善用之则楚六千里而为仇人役。"故人主不务得道

而广有其势，是其所以危也。◆

秦魏冉谢病免，以客卿烛寿为丞相。

【译文】二十三年（己巳，公元前 292 年）楚襄王迎娶秦国女子为妻。

◆臣司马光说：秦国实在是太不讲理了，把楚怀王害死又威胁楚襄王；楚国也实在太不争气了，对杀父大仇居然忍气吞声还与仇敌人通婚！唉！如果楚国君主能施行正道，选贤任能，秦国即便再强盛，又怎么能欺负他呢！荀卿对于这件事的评论实在是好："善于运用治国之道，即便是地方百里也可以保持独立，不善于运用即使是楚国方圆六千里依然被敌国所颠覆奴役。"所以说，君王不好好施行治国之道，反而还想扩张势力，这正是国家败亡的原因。◆

秦相魏冉因患病辞去宰相职务，派客卿烛寿担任丞相。

二十四年（庚午，公元前二九一年）秦伐韩，拔宛。

秦烛寿免。魏冉复为丞相，封于穰与陶，谓之穰侯。又封公子市于宛，公子悝于邓。

二十五年（辛未，公元前二九〇年）魏入河东地四百里、韩入武遂地二百里于秦。

魏芒卯始以诈见重。

二十六年（壬申，公元前二八九年）秦大良造白起、客卿错伐魏，至轵，取城大小六十一。

【译文】二十四年（庚午，公元前 291 年）秦国起兵征讨韩国，攻占宛城。

秦国丞相烛寿被罢免。魏冉重新担任丞相，分封在穰、陶两地，世人称之为穰侯。又把公子市封到宛，公子悝封到邓。

二十五年(辛未,公元前290年)魏国把河东四百里国土,韩国把武遂二百里国土割让给秦国。

魏国的芒卯凭借诡计诈谋受到赏识重用。

二十六年(壬申,公元前289年)秦国大良造(秦国最高官职,掌军政大权)白起与客卿司马错发兵讨伐魏国,进军到轵地,攻占大小的城池六十一座。

二十七年(癸酉,公元前二八八年)冬,十月,秦王称西帝,遣使立齐王为东帝,欲约与共伐赵。苏代自燕来,齐王曰:"秦使魏冉致帝,子以为何如?"对曰:"愿王受之而勿称也。秦称之,天下安之,王乃称之,无后也。秦称之,天下恶之,王因勿称,以收天下,此大资也。且伐赵孰与伐桀宋利?今王不如释帝以收天下之望,发兵以伐桀宋,宋举则楚、赵、梁、卫皆惧矣!是我以名尊秦而令天下憎之,所谓以卑为尊也。"齐王从之,称帝二日而复归之。十二月,吕礼自齐入秦,秦王亦去帝复称王。

秦攻赵,拔杜阳。

【译文】二十七年(癸酉,公元前288年)冬季,十月,秦王以西帝自称,派遣使者将齐王立为东帝,想与齐国相约共同进攻赵国。苏代从燕国到达齐国,齐王说:"秦国派魏冉劝我称帝,你觉得怎么样?"苏代回答道:"我希望您先把这件事答应下来,但先不要称帝。秦王称帝,如果天下相安无事,您再称帝也不晚。如果秦王称帝,天下都反对他,您就不要称帝,借此收服天下民心,这是相当大的一笔本钱。况且你逃攻赵国与逃攻像夏桀一样的宋康王哪个更有利?如今您不如放弃帝王的名号来收买天下民心,发兵讨伐暴虐无道的宋康王,宋国攻克的话,楚、赵、梁、卫四国就都畏惧大王了。这样我们在名义上尊奉秦国而实际上使天下人都对秦国憎恶，这便是所谓以卑为尊的策略。"齐王听从苏代的建议，称帝仅仅两天就恢复旧号。十二月，吕礼从齐国进入秦国。秦王也放弃了称帝，重新称王。

秦国发兵进攻赵国，攻占了杜阳。

二十八年（甲戌，公元前二八七年）秦攻魏，拔新垣、曲阳。

二十九年（乙亥，公元前二八六年）秦司马错击魏河内。魏献安邑以和，秦出其人归之魏。

秦败韩师于夏山。

【译文】二十八年（甲戌，公元前287年）秦国发兵进攻赵国，攻占新垣和曲阳两地。

二十九年（乙亥，公元前286年）秦国司马错带兵进攻魏国的河内。魏国把安邑献给秦求和，秦国把安邑的百姓赶回魏国。

秦国在夏山击败了韩国军队。

宋有雀生鹯于城之陬。史占之，曰："吉。小而生巨，必霸天下。"宋康王喜，起兵灭滕；伐薛；东败齐，取五城；南败楚，取地三百里；西败魏军。与齐、魏为敌国，乃愈自信其霸。欲霸之亟成，故射天笞地，斩社稷而焚灭之，以示威服鬼神。为长夜之饮于室中，室中人呼万岁，则堂上之人应之，堂下之人又应之，门外之人又应之，以至于国中，无敢不呼万岁者。天下之人谓之"桀宋"。齐湣王起兵伐之，民散，城不守。宋王奔魏，死于温。

【译文】宋国有只雀鸟在城角上产下一只鹯鹰。史官占卜说："吉。小鸟生大鸟，一定可以称霸天下诸侯。"宋康王大悦，起兵消灭滕国；进攻薛国；向东击败齐国，攻取五座城池；向南击败楚国，攻取三百余里土地；向西打败魏军。成为可以和齐、魏两国相匹敌的诸侯国，于是对于成就霸业更加自信。为了早日成就霸业，对天射击对土地鞭笞，砍断社稷的牌位，把它烧毁以示鬼神对他的服从。又在宫内整夜饮酒作乐，宫中之人纷纷高呼万岁，堂上的人也纷纷应声高呼，堂下的人纷纷高呼万岁，宫门外的人也接着响应，以至于全国上下，没有敢不高呼万岁的人。全天下百姓都称他"桀宋"。齐湣王起兵进攻他，百姓四散逃离，放弃城池不再守卫。宋王也逃亡到魏国，在温地逝世。

三十年（丙子，公元前二八五年）秦王会楚王于宛，会赵王于中阳。

秦蒙武击齐，拔九城。

齐湣王既灭宋而骄，乃南侵楚，西侵三晋，欲并二周，为天子。狐咺正议，斫之檀衢；陈举直言，杀之东闾。

燕昭王日夜抚循其人，益为富实，乃与乐毅谋伐齐。乐毅曰："齐，霸国之馀业也，地大人众，未易独攻也。王必欲伐之，莫如约赵及楚、魏。"于是使乐毅约赵，别使使者连楚、魏，且令赵啖秦以伐齐之利。诸侯害齐王之骄暴，皆争合谋与燕伐齐。

【译文】三十年（丙子，公元前 285 年）秦王和楚王在宛城举行会晤，和赵王在中阳举行会晤。

秦国蒙武发兵进攻齐国，攻克九座城池。

齐湣王把宋国灭掉后日渐骄横，又向南入侵楚国，向西入侵三晋之地，想要兼并东西二周，自立为天子。狐咺严正地进谏，被斩杀在檀衢；陈举刚直进言，被杀在东闾。

燕昭王日夜体恤自己的百姓，使百姓日渐富足，于是与乐毅商议讨伐齐国。乐毅说："齐国，有着桓公霸王之业的余绪，土地广阔人口繁盛，不是那么简单就能独自攻打得下。大王如果非要攻伐它,不如与赵国以及楚、魏两国约定联合出兵。"于是派乐毅与赵国联合,另派使者联系楚、魏两国,又让赵国攻打齐国来吸引秦国。诸侯各国因讨厌齐王骄蛮残暴,都争着与燕国商议联合讨伐齐国。

三十一年(丁丑,公元前二八四年)燕王悉起兵,以乐毅为上将军。秦尉斯离帅师与三晋之师会之。

赵王以相国印授乐毅,乐毅并将秦、魏、韩、赵之兵以伐齐。齐湣王悉国中之众以拒之,战于济西,齐师大败。乐毅还秦、韩之师,分魏师以略宋地,部赵师以收河间,身率燕师,长驱逐北。剧辛曰:"齐大而燕小,赖诸侯之助以破其军,宜及时攻取其边城以自益,此长久之利也。今过而不攻,以深入为名,无损于齐,无益于燕,而结深怨,后必悔之。"乐毅曰:"齐王伐功矜能,谋不逮下,废黜贤良,信任谄谀,政令庆虐,百姓怨怼。今军皆破亡,若因而乘之,其民必叛,祸乱内作,则齐可图也。若不遂乘之,待彼悔前之非,改过恤下而抚其民,则难虑也。"遂进军深入。齐人果大乱失度,湣王出走。乐毅入临淄,取宝物、祭器,输之于燕。燕王亲至济上劳军,行赏飨士,封乐毅为昌国君,遂使留徇齐城之未下者。

【**译文**】三十一年(丁丑,公元前284年)燕王调集全国兵力,任乐毅为上将军。秦国国尉斯离统率秦国和三晋军队与乐毅将军会合。

赵王把相国的印绶授予乐毅,于是乐毅统率秦、魏、韩、赵四国联军进攻齐国。齐湣王集中全国军民进行抵抗,在济水西岸展开激战,齐国军队大败。乐毅先命令秦、韩两国军队返回,分派魏军攻打宋国,安排赵军去收复河间。亲自率领燕军,长驱直入追逐败逃的齐军。剧辛说："齐国强大而燕国弱小，依靠诸侯各国的力量打败了齐军，应该趁机及时攻取其他诸侯国边境的城池来强大自己，这才是长久的利益！如今大军经过而不进攻，以驱兵深入来扬名，对齐国既没有损失，对燕国也没有利益，反而互相之间结下深仇大怨，以后一定会后悔的。"乐毅说："齐王自夸功德，骄矜蛮干，不与臣下商议，罢黜贤良士人，信任诡言谀媚的小人，政令暴戾惨虐，人民都非常怨恨。如今齐军都已被攻灭，如果趁势追击，齐国上下必然反叛，祸乱从内部发生，那样齐国就可以谋取了。如果不乘胜追击，等到他们悔悟到自己先前的错误，改正过失而体恤百姓，就难以再对付了。"于是驱兵深入追击。齐国百姓果然大乱，丧失常法，齐湣王也逃亡到国外。乐毅进军临淄，夺取宝物、祭祀重器，运往燕国。燕王亲自到济上慰劳军队，赏赐并犒劳士卒；封乐毅为昌国君，派他继续收服那些齐国未被攻克的城池。

齐王出亡之卫，卫君辟宫舍之，称臣而共具。齐王不逊，卫人侵之。齐王去奔邹、鲁，有骄色，邹、鲁弗内，遂走莒。楚使淖齿将兵救齐，因为齐相。淖齿欲与燕分齐地，乃执湣王而数之曰："千乘、博昌之间，方数百里，雨血沾衣，王知之乎？"曰："知之。""嬴、博之间，地坼及泉，王知之乎？"曰："知之。""有人当阙而哭者，求之不得，去则闻其声，王知之乎？"曰："知之。"淖齿曰："天雨血沾衣者，天以告也；地坼及泉者，地以告也；有人当阙而哭者，人以告也。天、地、人皆告矣，而王不知诫焉，何得无诛！"遂弑王于鼓里。

【译文】齐王逃亡到卫国，卫君把自己的宫殿让给他居住，自称为臣并给他供应日常所需之物。齐王竟然不知谦让，十分傲慢，卫国人也攻打他。齐王从卫国离开投奔到邹、鲁两国，脸上表情十分骄横，邹、鲁两国不肯接纳他，于是又投奔到莒国。楚国派遣淖齿统率大军营救齐国，因此被任为齐国丞相。淖齿想和燕国把齐国土地分割为二，就把齐王逮捕并列举他的过失说："千乘、博昌二地之间，方圆数百里的土地，天降血雨把百姓的衣服都打湿了，你知道这件事吗？"齐王说："知道。"又说："嬴、博两地之间，土地开裂深到能够看见泉水，你知道这件事吗？"齐王说："知道。"又说："有人对着宫门哭泣，寻找他却找不到，刚刚离开就又听见他的哭声，你知道这件事吗？"齐王说："知道。"淖齿说："天上降下血雨打湿衣服，这是老天对你的警示；土地崩裂直到看见泉水，这是大地对你的警示；有人对着宫门哭泣，这是人对你的警示。天、地、人都对你警示，而你自己却不知道警诫悔改，怎么能不杀？"于是在鼓里这个地方杀死了齐王。

◆荀子论之曰：国者，天下之利势也。得道以持之，则大安也，大荣也，积美之源也。不得道以持之，则大危也，大累也，有之不如无之。及其綦也，索为匹夫，不可得也。齐湣、宋献是也。故用国者义立而王，信立而霸，权谋立而亡。

挈国以呼礼义，而无以害之。行一不义，杀一无罪，而得天下，仁者不为也。櫟然扶持心国，且若是其固也。之所与为之者之人，则举义士也；之所以为布陈于国家刑法者，则举义法也；主之所极然，帅群臣而首向之者，则举义志也。如是，则下仰上以义矣，是綦定也。綦定而国定，国定而天下定。故曰：以国济义，一日而白，汤、武是也。是所谓义立而王也。◆

【译文】荀子谈论到这件事时，说：国家，是天下利器和权势的所在。懂得其道的人拥有，就会有大的安乐、大的尊荣，成为积善的源泉。不懂得其道的人拥有，就会有大的危难、大的负累，掌握一国的大权还不如没有。等到最后，就是想要当个普通百姓都难。齐湣王、宋献王就是这样。所以国君以礼义立国就可以称王，以诚信立国就可以称霸，以权术立国就会灭亡。

掌握一国大权讲究礼义，那么就没有事物可以伤害他。即便是做一件不义的事，杀一个无辜的人，就可以得到天下，仁德的人也是不会这样做的。如此守住自己内心的意念，就像石头一样不会改易。这样则全国上下都是施行仁义的人。凡是这样来设立国家法度的，那么所有的法律都是正义的法律。主上极力推行，率领群臣而又以身作则，那么大家都是正义的志向。如能这样，身居下位的人都能以道义尊崇上级，这样治国的根基就稳固了。治国的根基稳固，国家就安定，国家安定，天下就能够稳定。所以说，以国家权力来推广礼义，短短一日之内就可见效，商汤、周武王就是这样的。这就是所谓的树立道义就可以称王天下。

◆德虽未至也，义虽未济也，然而天下之理略奏矣，刑赏已诺信乎天下矣，臣下晓然皆知其可要也。政令已陈，虽睹利败，不欺其民；约结已定，虽睹利败，不欺其与。如是，则兵劲城固，敌国畏之；国一綦明，与国信之。虽在僻陋之国，威动天下，五伯是也。是所谓信立而而霸也。◆

【译文】虽然仁德还不是特别完善，礼义也不是十分完美，但是其治理天下总的策略已经大致有了雏形，奖赏刑罚全天下人也都信服，臣下也都清楚地认识到诚信是十分重要的。政令既已颁布，无论是利害成败，都不能对百姓有所欺骗；盟约既已签订，无论是利害成败，不能欺骗自己的友邦。只有这样，才会军力强盛，城池稳固，敌国对我有所畏服，国家政令统一、态度明确，友邦也会对我信任；即便是处在僻陋的小国，也可以威震诸侯，春秋时期五位霸主就是这样。这便是所谓以诚信立国而成就霸业。

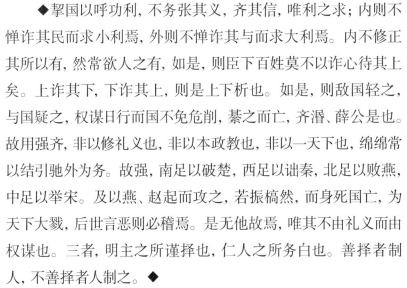

◆挈国以呼功利，不务张其义，齐其信，唯利之求；内则不惮诈其民而求小利焉，外则不惮诈其与而求大利焉。内不修正其所以有，然常欲人之有，如是，则臣下百姓莫不以诈心待其上矣。上诈其下，下诈其上，则是上下析也。如是，则敌国轻之，与国疑之，权谋日行而国不免危削，綦之而亡，齐湣、薛公是也。故用强齐，非以修礼义也，非以本政教也，非以一天下也，绵绵常以结引驰外为务。故强，南足以破楚，西足以诎秦，北足以败燕，中足以举宋。及以燕、赵起而攻之，若振槁然，而身死国亡，为天下大戮，后世言恶则必稽焉。是无他故焉，唯其不由礼义而由权谋也。三者，明主之所谨择也，仁人之所务白也。善择者制人，不善择者人制之。◆

【译文】带领全国上下追求功名利禄，不申明德义，不信守承诺，唯利是图；对内不惜以欺诈人民来谋取蝇头小利，对外不惜以欺诈盟国来寻求大利；在内不修整已有的国土，却常常想着去侵夺他人的东西，如此，臣下与百姓就没有不心怀欺瞒狡诈而对待自己的君王的。身居上位的欺诈臣下，身居下位的欺诈君上，于是上下之间关系分崩离析。像这样，敌国对他轻蔑、友邦对他猜疑顾忌，权术诈谋日益泛滥，于是国家免不了被削弱而变得危险，齐湣王、薛公就是这样。所以齐王拥有国势强盛的齐国，不修礼义，不以政教为基，也没有一统天下的想法，只是长期地集结军队对外奔驰扩张。因此齐国强盛时，向南足以击破楚国，向西能够使秦国屈服，向北可以战胜燕国，在中原能一举而消灭宋国。等到燕、赵两国联合起兵来讨伐齐国，就如同摧折枯朽的草木，而齐王身死国灭，被天下诸侯讨伐，后世说到坏事总要举他的例子。

这没有其他的原因，只是因为他不施礼义却沉溺于权谋之中。以上三种情况，贤德的君主应该进行谨慎的选择，仁爱的人应当力求明辨。善于选择可以统治别人，不善于选择将被人所制服。

乐毅闻（画）〔昼〕邑人王蠋贤，令军中环（画）〔昼〕邑三十里无入。使人请蠋，蠋谢不往。燕人曰："不来，吾且屠（画）〔昼〕邑！"蠋曰："忠臣不事二君，烈女不更二夫。齐王不用吾谏，故退而耕于野。国破君亡，吾不能存，而又欲劫之以兵，吾与其不义而生，不若死！"遂经其颈于树枝，自奋绝脰而死。燕师乘胜长驱，齐城皆望风奔溃。乐毅修整燕军，禁止侵掠，求齐之逸民，显而礼之。宽其赋敛，除其暴令，修其旧政，齐民喜悦。乃遣左军渡胶东、东莱；前军循太山以东至海，略琅邪；右军循河、济，屯阿、鄄以连魏师；后军旁北海以抚千乘；中军据临淄而镇齐都。祀桓公、管仲于郊，表贤者之闾，封王蠋之墓。齐人食邑于燕者二十馀君，有爵位于蓟者百有馀人。六月之间，下齐七十馀城，皆为郡县。

秦王、魏王、韩王会于京师。

【译文】乐毅听闻昼邑人王蠋很贤良，派军队包围在昼邑周围三十里的地区不让任何人进入。派人前去邀请王蠋，蠋辞谢不肯去。燕国人说："你不来的话，我们就把昼邑全部的人屠杀了！"王蠋说："忠臣不会侍奉两个国家的君王，烈女不会先后嫁给两位丈夫。国家破亡君王罹难，我却不能使国家得以保全，而（乐毅）又想以武力来胁迫我；我与其不义偷生，不如一死。"于是在树上系上绳索，纵身自尽。燕国大军乘胜长驱直入，齐国各个城市纷纷闻风崩败。乐毅整顿燕国军纪，严禁侵夺抢掠，四处寻访齐国的隐逸人士，弘扬他们的名望并以礼相待。宽减百姓的赋税，废除齐国残暴的法令，恢复齐国昔日的德政，齐国百姓十分高兴。于是派左路大军横渡胶水到达胶东、东莱；前军沿着泰山向东到达海边，进攻琅邪；右路大军顺着黄河、济水，驻兵于阿、鄄两地与魏国军队联合；后军依傍北海抚恤千乘；中军据守临淄镇守齐国国都。在郊外祭祀齐桓公、管仲，对贤士故居进行旌表，赠封王蠋的陵墓。齐国有二十多人被燕国分封并赏赐采邑，一百多人在燕国国都享有爵位。六个月之内，攻克齐国七十多座城郭，统统改为郡县。

秦王、魏王以及韩王在京师举行会晤。

三十二年（戊寅，公元前二八三年）秦、赵会于穰。秦拔魏安城，兵至大梁而还。

齐淖齿之乱，湣王子法章变名姓为莒太史敫家佣。太史敫女奇法章状貌，以为非常人，怜而常窃衣食之，因与私通。王孙贾从湣王，失王之处，其母曰："汝朝出而晚来，则吾倚门而望；汝暮出而不还，则吾倚闾而望。汝今事王，王走，汝不知其处，汝尚何归焉！"王孙贾乃入市中呼曰："淖齿乱齐国，杀湣王。欲与我诛之者袒右！"市人从者四百人，与攻淖齿，杀之。于是齐亡臣相与求湣王子，欲立之。法章惧其诛己，久之乃敢自言，遂立以为齐王，保莒城以拒燕，布告国中曰："王已立在莒矣！"

【译文】三十二年（戊寅，公元前283年）秦、赵两国在穰会面。秦国攻克魏国安城，大军一直到大梁才班师返回。

齐国的淖齿发动叛乱，齐湣王的儿子田法章换了个名字逃到莒太史敫的家里当佣人。太史敫的女儿对田法章的相貌十分惊奇，认为他不是一般的人，对他心生爱怜并且经常私下给他衣服和食物，因而与他私下里结为夫妇。王孙贾追随齐湣王，战乱中与齐王走散，他母亲说："你一早就出去很晚才回来，我就倚门企望；你傍晚时分出去不回来，我就倚着闾门盼望。现在你侍奉君王，君王出逃，你不知道他在哪里，你还回来干吗？"王孙贾于是到街市上高呼道："淖齿作乱于齐国，杀湣王，愿意和我一起去诛杀他的把右臂袒露出来。"街上有四百人追随他，一起攻杀淖齿，把他杀死。于是齐国的亡臣纷纷寻找湣王的儿子，想把他立为国君。田法章害怕他们杀害自己，过了很长时间才敢承认自己的身份，于是拥立他为齐王，固守莒城以抵御燕国大军，布告全国说："齐王已在莒城即位了！"

赵王得楚和氏璧，秦昭王欲之，请易以十五城。赵王欲勿与，畏秦强；欲与之，恐见欺。以问蔺相如，对曰："秦以城求璧而王不许，曲在我矣；我与之璧而秦不与我城，则曲在秦。均之二策，宁许以负秦。臣愿奉璧而往；使秦城不入，臣请完璧而归之！"赵王遣之。相如至秦，秦王无意偿赵城。相如乃以诈绐秦王，复取璧，遣从者怀之，间行归赵，而以身待命于秦。秦王以为贤而弗诛，礼而归之。赵王以相如为上大夫。

【译文】赵王从楚国得到和氏璧，秦昭王想要，说要用十五座城池来换。赵王不想给他，又畏惧秦国强大的势力；想给，又怕上当受骗。赵王向蔺相如征求意见，蔺相如回答说："秦国拿城池来换和氏璧而大王却没有答应，是我们理亏。我们把和氏璧给了秦国它却不把城池给我们，那就是秦国理亏。权衡这两个策略，宁肯答应秦国使它理亏。我愿意带着和氏璧前往，假使秦国不肯献出城池，我一定使和氏璧完好地归来！"赵王就派他前去。蔺相如到秦国，发现秦王没有献给赵国城池的意思。蔺相如于是先哄骗着把和氏璧给秦王，又把和氏璧取回，派随行的人携在怀里，由小路返回赵国，而自己留在秦国待命。秦王认为他十分贤能就没有杀他，以礼待他并送回赵国。赵王任命相如担任上大夫。

【申涵煜评】相如廷叱秦王，五步内请溅颈血，并不说出个道理，亦太觉无赖。秦所以不敢动者，止因赵盛为之备耳，不然，何惮一书生哉？弇州谓其侥幸成功，几至偾事，信然。

【译文】蔺相如在秦廷上呵斥秦王，要在五步之内，让自己脖子里的血溅到秦王身上，却并不说出他的道理，我觉得这也太无赖了。秦王之所以不敢有什么举动，只是因为赵国有周全的准备，不是如此，秦王怎么会忌惮一个书生呢？弇州山人王世贞说他只是侥幸成功，几乎就要败坏大事了，确实是这样啊。

卫嗣君薨，子怀君立。嗣君好察微隐，县令有发褥而席弊者，嗣君闻之，乃赐之席。令大惊，以君为神。又使人过关市，赂之以金，既而召关市，问有客过与汝金，汝回遣之，关市大恐。又爱泄姬，重如耳，而恐其因爱重以壅己也，乃贵薄疑以敌如耳，尊魏妃以偶泄姬，曰：“以是相参也。”

◆荀子论之曰：成侯、嗣君，聚敛计数之君也，未及取民也。子产，取民者也，未及为政也。管仲，为政者也，未及修礼也。故修礼者王，为政者强，取民者安，聚敛者亡。◆

【译文】卫嗣君逝世，他的儿子卫怀君即位。卫嗣君生前嗜好探查私密的小事，有一个县令在拿起被褥的时候露出了下边的破席子，卫嗣君知道后，就赐给他席子。县令大大惊恐，以为国君是神人。又派人到关卡处，以钱物贿赂守关的官吏，不久后卫嗣君召见负责守关的官员，询问有没有人在经过的时候给了金钱，你应该把钱还给人家，使守关的官员大为惊恐。他还对泄姬宠爱，对如耳十分器重，但又怕他们因受宠爱而欺骗自己，于是重用薄疑与如耳相制衡，尊宠魏妃来与泄姬相牵制，他说："以这样来使他们相互制衡。"

◆荀子论及此事说：成侯、嗣君，是搜刮民财、斤斤计较的国君啊，不能很好地取得民心。子产，很好地赢得了民心，但还算不上是能平治政事。管仲能平治政事，但还算不上能修明礼义。所以修明礼义可以成就王霸之业，平治政事可以增强国力，赢得民心可以使百姓安居，聚敛搜刮则必定败亡。◆

三十三年（己卯，公元前二八二年）秦伐赵，拔两城。

三十四年（庚辰，公元前二八一年）秦伐赵，拔石城。

秦穰侯复为丞相。

楚欲与齐、韩共伐秦，因欲图周。王使东周武公谓楚令尹昭子曰："周不可图也。"昭子曰："乃图周，则无之；虽然，何不可图？"武公曰："西周之地，绝长补短，不过百里。名为天下共主，裂其地不足以肥国，得其众不足以劲兵。虽然，攻之者名为弑君。然而犹有欲攻之者，见祭器在焉故也。夫虎肉臊而兵利身，人犹攻之；若使泽中之麋蒙虎之皮，人之攻之也必万倍矣。裂楚之地，足以肥国；诎楚之名，足以尊主。今子欲诛残天下之共主，居三代之传器，器南，则兵至矣！"于是楚计辍不行。

【译文】三十三年（己卯，公元前282年）秦国讨伐赵国，攻取两座城池。

三十四年（庚辰，公元前281年）秦国再次讨伐赵国，攻取石城。

秦穰侯魏冉恢复丞相的职务。

楚国想与齐、韩两国联合攻伐秦国，也想要借此机会灭掉周王室。周王派遣东周武公对担任楚国令尹的昭子说："周是阴谋诡计所不可谋取的。"昭子说："阴谋图取周，实在是没有这件事；即便如此，为什么不能谋取周呢?"武公说："西周的疆域，截长补短，不超过百里。名义上是天下共同的君主，然而分割它的国土不足以使本国富强，得到它的百姓也不足以增强兵力。虽然这样，进攻周还要背上弑君的骂名。可是依然有人想要攻打周，是看到九鼎等祭礼重器在周的缘故。老虎肉虽然腥膻且又有爪牙护身，仍然有人去猎取它；假如草泽山林中的麋鹿蒙上虎皮，人们对它的猎取一定比现在多出万倍以上。分割楚国的疆域，足以使国家富强，压制楚国的声望，足以享有尊奉周王的美名。如今你想要诛杀天下共同的君主，独自占有夏、商、周三代相传的重器，重器向南运到楚国，那么讨伐的大军也就到了!"于是楚国谋取周的计划因此放弃而没有施行。

三十五年(辛巳，公元前二八〇年)秦白起败赵军，斩首二万，取代光狼城。又使司马错发陇西兵，因蜀攻楚黔中，拔之。楚献汉北及上庸地。

【译文】三十五年(辛巳，公元前 280 年)秦国白起击败赵军，斩杀两万余人，夺取代郡光狼城。又派司马错征发陇西的军队，取道蜀地进攻楚国黔中地区，并攻克占领。楚国把汉北及上庸两地献给秦国。

三十六年(壬午，公元前二七九年)秦白起伐楚，取鄢、邓、西陵。

秦王使使者告赵王，愿为好会于河外渑池。赵王欲毋行，廉颇、蔺相如计曰："王不行，示赵弱且怯也。"赵王遂行，相如从。廉颇送至境，与王诀曰："王行，度道里会遇之礼毕，还不过三十日；三十日不还，则请立太子以绝秦望。"王许之。

【译文】三十六年(壬午，公元前279年)秦国大将白起进攻楚国，攻取鄢、邓及西陵三地。

秦王派使者告知赵王，希望在黄河边的渑池会谈，两国和好。赵王不想前去，廉颇、蔺相如商议，说："君王要是不去，显得赵国懦弱又胆小。"赵王于是前去，蔺相如随从前去。廉颇送赵王到边境，和赵王辞别，说："大王这一去，预计算上路上行程直至会谈结束，超不过三十天；三十天如果还没有回来，希望准许我们拥立太子为王以断绝秦国胁迫的想法。"赵王应许了。

会于渑池。王与赵王饮，酒酣，秦王请赵王鼓瑟，赵王鼓之。蔺相如复请秦王击缶，秦王不肯。相如曰："五步之内，臣请得以颈血溅大王矣!"左右欲刃相如，相如张目叱之，左右皆靡。王不怿，为一击缶。罢酒，秦终不能有加于赵；赵人亦盛为之备，秦不敢动。赵王归国，以蔺相如为上卿，位在廉颇之右。

【译文】在渑池相会时，秦王与赵王饮酒。饮到酒酣之际，秦王要求赵王鼓瑟，赵王就演奏了瑟。蔺相如也要求秦王表演击缶，秦王不愿意。蔺相如说："在五步之内，我就可以把脖子上的鲜血溅洒到大王身上!"秦王左右侍卫想拿刀杀死相如，蔺相如瞪圆了双眼呵斥，左右侍卫都吓得畏缩不敢上前。秦王不乐意地象征性地敲了一下缶。直到酒宴完毕，秦王始终没有占到赵国丝毫的便宜；赵国事先也做好了防备，秦国没有轻举妄动。赵王回国后，令蔺相如担任上卿，地位居于廉颇之上。

廉颇曰："我为赵将，有攻城野战之功。蔺相如素贱人，徒以口舌而位居我上。吾羞，不忍为之下！"宣言曰："我见相如，必辱之！"相如闻之，不肯与会；每朝，常称病，不欲争列。出而望见，辄引车避匿。其舍人皆以为耻。相如曰："子视廉将军孰与秦王？"曰："不若。"相如曰："夫以秦王之威而相如廷叱之，辱其群臣。相如虽驽，独畏廉将军哉！顾吾念之，强秦之所以不敢加兵于赵者，徒以吾两人在也。今两虎共斗，其势不俱生。吾所以为此者，先国家之急而后私仇也！"

廉颇闻之，肉袒负荆至门谢罪，遂为刎颈之交。

【译文】廉颇说："我担任赵国将军，有攻城略地、征战沙场的军功。蔺相如原本只是低贱小民，只不过逞口舌的功劳却位居于我之上，我感到非常羞耻，不能忍受在他之下！"宣称："我见到蔺相如，一定羞辱他！"蔺相如听到这件事，不肯和他见面；每到上朝的时候，常称病不去，不愿意和他争夺高下次序。出门远远地看见廉颇，就让自己的车暂时躲避。蔺相如的门人都认为十分羞耻。蔺相如说："你们看廉将军和秦王谁更厉害？"门人回答说："没有秦王厉害。"蔺相如说："像秦王那样威风的人我都敢当廷怒斥他，羞辱他的群臣。我虽没什么本事，唯独害怕廉将军不成！我只是考虑到，势力强大的秦国之所以不敢对赵国大举用兵，正是有我们两个人在的缘故啊。如今两虎相斗，势必不能两个都存活。我这么做，是先考虑国家安危而后顾及私人恩怨的缘故啊！"廉颇听到这件事，便裸露着上身背着荆条到蔺相如门前谢罪，两人从此结成刎颈之交。

初，燕人攻安平，临淄市掾田单在安平，使其宗人皆以铁笼傅车辖。及城溃，人争门而出，皆以轴折车败，为燕所禽；独田单宗人以铁笼得免，遂奔即墨。是时齐地皆属燕，独莒、即墨未下，乐毅及并右军、前军以围莒，左军、后军围即墨。即墨大夫出战而死。即墨人曰："安平之战，田单宗人以铁笼得全，是多智习兵。"因共立以为将以拒燕。乐毅围二邑，期年不克，及令解围，各去城九里而为垒，令曰："城中民出者勿获，困者赈之，使即旧业，以镇新民。"三年而犹未下。或谗之于燕昭王曰："乐毅智谋过人，伐齐，呼吸之间克七十馀城。今不下者两城耳，非其力不能拔，所以三年不攻者，欲久仗兵威以服齐人，南面而王耳。今齐人已服，所以未发者，以其妻子在燕故也。且齐多美女，又将忘其妻子。愿王图之！"

【译文】起初，燕国进攻安平，临淄的一个小官田单正在安平，他让族人在车轴上罩上铁笼。等城池被攻破，人们争相拥出城门，都因车轴头互相碰撞折断而失败，被燕国军队俘获；唯独田单的族人因为有铁笼包裹车轴头而没有被俘，于是逃到即墨。这时候齐国全境几乎都被燕国攻占，唯独莒及即墨两城还没有被攻破，乐毅于是把右军、前军合并起来围攻莒，集合左军、后军围攻即墨。即墨大夫出城迎战被乐毅大军杀死。即墨人说："安平城一战，田单族人因用铁笼包裹车轴头才幸免于难，这个人有很多计策且熟习战事。"因此共同拥立他为将军来抵御燕兵。乐毅围困这两座城，过了一年也没有攻克，于是下令解除包围，各军在距离城池九里的地方建筑堡垒，下令说："城中百姓要是出来别捉拿他们，生活贫苦的给予救助，让他们复归旧业，以抚慰新归服的百姓。"三年城还是没有攻下。有人向燕昭王进谗言说乐毅的坏话："乐毅智谋要比常人好，进攻齐国，一口气就攻下七十多座城池，如今还没有攻克剩下的两座城池，不是他的能力攻克不下，而是想长期仗着军威来使齐国降服，好南面而称王罢了。如今齐国早已经降服，而迟迟不肯发兵，是他的妻子儿女在燕国的缘故。并且齐国有许多美貌的女子，他又会忘掉自己的妻子儿女。愿大王好好考虑！"

昭王于是置酒大会，引言者而让之曰："先王举国以礼贤者，非贪土地以遗子孙也。遭所传德薄，不能堪命，国人不顺。齐为无道，乘孤国之乱以害先王。寡人统位，痛之入骨，故广延群臣，外招宾客，以求报仇。其有成功者，尚欲与之同共燕国。今乐君亲为寡人破齐，夷其宗庙，报塞先仇，齐国固乐君所有，非燕之所得也。乐君若能有齐，与燕并为列国，结欢同好，以抗诸侯之难，燕国之福，寡人之愿也。汝何敢言若此！"乃斩之。赐乐毅妻以后服，赐其子以公子之服；辂车乘马，后属百两，遣国相奉而致之乐毅，立乐毅为齐王。乐毅惶恐不受，拜书，以死自誓。由是齐人服其义，诸侯畏其信，莫敢复有谋者。

【译文】于是昭王准备酒宴大会群臣，把说乐毅坏话的人拉出来训斥说："先王带领全国上下礼让贤士，并不是要贪图土地留给后代。然而他的继承者不修德政，不堪继承天命，国人也不顺服他。齐国是无道之国，趁我国内乱时把先王害死了。我继承王位，便恨之入骨，所以广泛结交群臣，对外招徕宾客，以求为先王报仇雪耻。有谁能完成这件事的，我情愿与他一块儿治理燕国。如今乐毅替我攻破齐国，荡平齐国的宗庙，一雪先王的仇恨，齐国本来就是乐毅的，不是燕国所应该得到的。乐毅如果能拥有齐国，与燕国并列称国，结为友好盟国，共同抵抗来犯的各诸侯国，这是燕国的洪福，也是我的愿望啊。你们怎么胆敢这样说呢？"于是把说这些话的人杀死了。燕王赏赐乐毅的妻子享受王后的服饰，赐他的儿子享受公子的服饰；配备辂车乘马，以及上百辆车子，让丞相送给乐毅，封乐毅为齐王。乐毅惶恐万分，不敢接受赏赐，上书宣誓至死效忠，绝无二心。从这以后齐国人都钦服乐毅的高义，诸侯们畏惧他的忠信，没有人再敢谋害他。

　　顷之，昭王薨，惠王立。惠王自为太子时，尝不快于乐毅。田单闻之，乃纵反间于燕，宣言曰："齐王已死，城之不拔者二耳。乐毅与燕新王有隙，畏诛而不敢归，以伐齐为名，实欲连兵南面王齐。齐人未附，故且缓攻即墨以待其事。齐人所惧，唯恐他将之来，即墨残矣。"燕王固已疑乐毅，得齐反间，乃使骑劫代将而召乐毅。乐毅知王不善代之，遂奔赵。燕将士由是愤惋不和。

　　【译文】没过多久，燕昭王逝世，燕惠王继承王位。燕惠王做太子的时候，就曾经与乐毅闹得不愉快。田单听说这件事，就到燕国施行反间计，散布谣言说："齐王已经逝世，没有攻克的城池只剩下两座。乐毅与燕国新君之间有宿怨，害怕被杀因而不敢返回燕国，借着进攻齐国的名义，实际上是想拥兵南面称齐王。因齐国人还没有归附，所以姑且暂时缓和对即墨的攻势，等待时机成熟便会成就大事。齐国人害怕的，是燕国另派其他将军前来攻城，那样即墨就要残缺不全了。"燕惠王本来就对乐毅有疑心，又中了齐国的反间计，于是派骑劫为将代替乐毅，而把乐毅召回燕国。乐毅知道昭王派人取代他没什么好意，就投奔到赵国。燕国将士从这以后愤恨不已，互相之间也不和睦。

　　田单令城中人，食必祭其先祖于庭，飞鸟皆翔舞而下城中。燕人怪之，田单因宣言曰："当有神师下教我。"有一卒曰："臣可以为师乎？"因反走。田单起引还，坐东乡，师事之。卒曰："臣欺君。"田单曰："子勿言也。"因师之，每出约束，必称神师。乃宣言曰："吾唯惧燕军之劓所得齐卒，置之前行，即墨败矣！"燕人闻之，如其言。城中见降者尽劓，皆怒，坚守，唯恐见得。单又纵反间，言："吾惧燕人掘吾城外冢墓，可为寒心！"燕军尽掘冢墓，烧死人。齐人从城上望见，皆涕泣，共欲出战，怒自十倍。田单知士卒之可用，乃身操版、锸，与士卒分功；妻妾编于行伍之间；尽散饮食飨士。令甲卒皆伏，使老、弱、女子乘城，遣使约降于燕，燕军皆呼万岁。

【译文】田单下令城内百姓吃饭时，要先在庭院内祭祀祖先，飞鸟都盘旋着落到城内。燕国人觉得这事很怪异，于是田单四处广布谣言说："应当有神机军师从天而降来教导我们。"有一个士兵说："我可以做神机军师吗?"说完扭头就走。田单赶忙起身把他叫回来，让他东向而坐，像对待军师一样对待他。士兵说："我是欺骗你的。"田单说："你不要说这件事！"仍以军师之礼对待他。每次外出发布号令，必说是神师的意思。又散布谣言说："我们只是害怕燕国军队割掉被俘齐兵的鼻子，驱赶他们在大军之前，即墨就要被攻破了。"燕人听说这件事，就像谣言说的那样做。城中百姓见投降的人都被割掉了鼻子，都很生气，更坚定了守城的意志，唯恐被齐军俘获。田单又派人反叛，散布谣言说："我害怕燕国人开掘城外我们祖先的陵墓，使人心寒！"燕军把城外所有的坟墓都挖掘了，烧毁尸骨。齐国人在城头上看见，全都痛苦哀悼，要求共同出城作战，增添了十多倍的怒气。田单知道可以让士兵上阵杀敌了，就亲自手拿版、锸，与士兵共同作战；妻妾也安排到作战队伍中；给士兵们分发酒食犒劳他们。又命令甲兵全部埋伏起来，让老弱妇女登上城头戍守，派使者到燕国军中商议投降事宜，燕军都高呼万岁。

田单又收民金得千镒，令即墨富豪遗燕将，曰："即降，愿无虏掠吾族家!"燕将大喜,许之。燕军益懈。田单乃收城中,得牛千馀,为绛缯衣,画以五采龙文,束兵刃于其角,而灌脂束苇于其尾,烧其端,凿城数十穴,夜纵牛,壮士五千人随其后。牛尾热,怒而奔燕军。燕军大惊,视牛皆龙文,所触尽死伤。而城中鼓噪从之,老弱皆击铜器为声,声动天地。燕军大骇,败走。齐人杀骑劫,追亡逐北,所过城邑皆叛燕,复为齐。田单兵日益多,乘胜,燕日败亡,走至河上,而齐七十馀城皆复焉。乃迎襄王于莒。入临淄,封田单为安平君。

【译文】田单从百姓那里募集钱财,得到千镒黄金,让即墨的富豪赠送给燕国的将军,说:"眼看就投降了,希望不要俘虏掠杀我们的族人。"燕将非常高兴,答应了他的要求。燕国军队更加懈怠。田单到城中搜集到一千多头牛,为它们穿上绛色缯衣,身上画五彩龙纹,牛角上绑上尖刀,又把灌有油脂的苇草束绑到牛尾巴上,然后点火,在城角挖开数十个洞口,晚上放出牛群,又有五千名壮士紧跟在牛群后边。牛尾被火烧,群牛惊怒地向燕军大营乱奔。燕军十分惊恐,又看到牛满身龙纹,只要碰到非死即伤。城中百姓也喊声震天,紧紧跟随在牛群后边,老人小孩敲打铜锣,声响震天动地。燕军十分惊骇,四散逃窜。齐国人杀了骑劫,追击败军,凡是一路经过的城池,都叛离了燕国重新归顺齐国。田单的军队也日渐增多,乘胜追击,燕军也日渐败亡,一直窜逃到黄河边,齐国的七十多座城池也都全部光复。于是又到莒把襄王迎接回来。进入临淄城,襄王把田单封为安平君。

【乾隆御批】蕞尔一邑,被围已三年,其不至析骸易子者,盖亦几希。何得城中之牛尚有千余耶?火牛之事,当日谅或有之,史家过为文饰,反启后世之疑矣。

【译文】小小的一城，已经被围困三年了，城中的情形，虽然没有到拆尸骨当柴烧、交换孩子当食物的地步，但也差不多了。城中怎么还会有上千头牛呢？火牛这件事，当时也许有，由于历史学家过分夸张修饰，反倒引起后代人的怀疑。

齐王以太史敫之女为后，生太子建。太史敫曰："女不取媒，因自嫁，非吾种也，污吾世！"终身不见君王后，君王后亦不以不见故失人子之礼。

赵王封乐毅于观津，尊宠之，以警动于燕、齐。燕惠王乃使人让乐毅，且谢之曰："将军过听，以与寡人有隙，遂捐燕归赵。将军自为计则可矣，而亦何以报先王这所以遇将军之意乎？"乐毅报书曰："昔伍子胥说听于阖闾而吴远迹至郢；夫差弗是也，赐之鸱夷而浮之江。吴王不寤先论之可以立功，故沈子胥而不悔；子胥不蚤见主之不同量，是以至于入江而不化。夫免身立功以明先王之迹，臣之上计也。离毁辱之诽谤，堕先王之名，臣之所大恐也。临不测之罪，以幸为利，义之所不敢出也。臣闻古之君子，交绝不出恶声，忠臣去国，不洁其名。臣虽不佞，数奉教于君子矣。唯君王之留意焉！"于是燕王复以乐毅子间为昌国君，而乐毅往来复通燕，卒于赵，号曰望诸君。

【译文】齐王把太史敫的女儿立为王后，生下太子田建。太史敫说："女儿没有经过媒妁之言就自己出嫁，不是我的后代，败坏家门！"终身不愿见王后，齐后并没有因为他不见自己就丢掉为人子女应守的礼节。

赵王把乐毅分封到观津，尊重并且宠信他，借乐毅来震慑警示齐、燕两国。燕惠王派人训斥乐毅，并问他："将军你误信传言，因为与我有嫌隙，于是抛弃燕国而投奔到赵国。将军你这样为自己打算无可厚非，然而你该怎么来报答先王对你的知遇之恩呢？"
乐毅给燕王回信说："昔日伍子胥到吴国游说，吴王阖闾采纳他的
建议，吴国的疆域拓张到郢都；到了夫差就不再信任伍子胥，赏赐
革囊把伍子胥的尸体装起来沉到大江里。吴王理解不了伍子胥先
前的建议可以成就功业，因此把伍子胥沉到江里也没有悔恨；伍
子胥不能提前看出来如今的君王气度和先王不一样，因此直到被
沉入江底都没有改变自己的态度。免除自身的灾祸、建立功业，
以彰显先王的心愿，这才是微臣考虑的上策；自己被人离间、诋
毁、侮辱、诽谤，堕毁先王的名誉，这是微臣最害怕的。因为面临
不可预测的罪名，而以宠幸为利益，这在道义上我是不敢做的。
我听说古时候的君子，即便是与人绝交也不说不好的话，忠臣无
奈远离国家，也不会专门为自己去清洗名声。我虽然成不了什么
大器，也时刻想着遵奉君子之道。希望大王能够留意明察！"于是
燕王又把乐毅的儿子乐间封为昌国君，而乐毅也可以在赵、燕两
国之间随意往来，赵国也和燕国重新修好。乐毅最后死在赵国，
号称望诸君。

田单相齐，过淄水，有老人涉淄而寒，出水不能行。田单解
其裘而衣之。襄王恶之，曰："田单之施于人，将欲以取我国乎？
不早图，恐后之变也。"左右顾无人，岩下有贯珠者，襄王呼而问
之曰："汝闻吾言乎？"对曰："闻之。"王曰："汝以为何如？"对曰：
"王不如因以为己善。王嘉单之善，下令曰：'寡人忧民之饥也，单
收而食之；寡人忧民之寒也，单解裘而衣之；寡人忧劳百姓，而
单亦忧之，称寡人之意。'单有是善而王嘉之，单之善亦王之善
也！"王曰："善。"乃赐单牛酒。后数日，贯珠者复见王曰："王朝
日宜召田单而揖之于庭，口劳之。乃布令求百姓之饥寒者，收毅

之。"乃使人听于闾里，闻大夫之相与语者曰："田单之爱人，嗟，乃王之教也！"

【译文】田单在做齐国丞相时，途经淄水，见到有位老人蹚水过河，因为河水寒凉，从水里出来后没办法走路。田单把自己的皮袄脱下来给他穿上。齐襄王很讨厌他，说："田单这样对百姓施恩，是想要谋取我的国家大权！不早点对他下手，恐怕以后会有变。"左右环视没有人，只有在台阶下有一个串珍珠的人，襄王把他叫到跟前问："你听到我说的话了吗？"回答说："听到了。"襄王说："你认为该怎么办？"回答说："大王不如把田单的行为变为自己的善举。大王对田单的善行加以嘉奖，下令说：'我担忧百姓忍受饥馁，田单就收留并给他们提供食物。我担心百姓忍受严寒，田单就脱下自己的皮袄给他们穿上。我对百姓的劳苦担忧，田单也非常担忧，正好符合我的意思。'田单有这样的善举而大王对他嘉奖，田单的善举也就是大王的善举啊！"齐王说："很好。"就赐给田单牛肉和美酒。几天过后，串珍珠的人再一次拜见齐王说："大王上朝召见群臣的时候应该召见田单并当庭揖让，以言语对他进行嘉奖，然后下令在百姓中走访饥寒的人，收养他们。"于是派人到街巷上听取民情，听到大夫们互相谈论，说："田单对百姓爱护有加，原来是大王指示他做的啊！"

田单任貂勃于王。王有所幸臣九人，欲伤安平君，相与语于王曰："燕之伐齐之时，楚王使将军将万人而佐齐。今国已定而社稷已安矣，何不使使者谢于楚王？"王曰："左右孰可？"九人之属曰："貂勃可。"貂勃使楚，楚王受而觞之，数月不反。九人之属相与语于王曰："夫一人之身而牵留万乘者，岂不以据势也哉！且安平君之与王也，君臣无异而上下无别。且其志欲为不善，内抚百姓，外怀戎翟，礼天下之贤士，其志欲有为也，愿王之察之！"
异日，王曰："召相单而来！"田单免冠、徒跣、肉袒而进，退而请
死罪，五日而王曰："子无罪于寡人。子为子之臣礼，吾为吾之王
礼而已矣。"

【译文】田单把貂勃推举给齐王。齐王有九个宠信的大臣，想
要中伤田单，先后对齐王说："燕国大军当年进攻齐国时，楚王派
出将军率领一万大军来援助齐国。如今齐国国家安定、社稷稳固，
为什么不派出使者向楚王表示谢意呢？"齐王说："左右谁比较合
适？"九位宠臣回答说："貂勃可以胜任。"貂勃出使楚国，楚王接
见并大摆酒筵款待他，几个月过去了还没有返回。九位宠臣又对
齐王说："貂勃独身一人出使楚国，享受楚国万乘之君的礼遇优待，
难道不是因为凭借田单的权势吗？况且安平君与大王您，君臣上
下没有什么太大的差别。况且他心怀不良的想法，对内抚慰百姓，
对外柔服戎狄，礼遇天下的贤德人士，他是想有一番大的作为，希
望大王能够明察！"过几天，齐王说："把丞相田单召进来。"田单脱
下帽子、光着脚、裸露着上身进到宫内，退出来的时候请求以死谢
罪，五天后，齐王说："你对我没有犯错。你行你的臣子之礼，我行
我的君王之礼罢了。"

貂勃从楚来，王赐之酒。酒酣，王曰："召相单而来！"貂勃
避席稽首曰："王上者孰与周文王？"王曰："吾不若也。"貂勃曰：
"然，臣固知王不若也。下者孰与齐桓公？"王曰："吾不若也。"
貂勃曰："然，臣固知王不若也。然则周文王得吕尚以为太公，齐
桓公得管夷吾以为仲父，今王得安平君而独曰'单'，安得此亡国
之言乎！且自天地之辟，民人之始，为人臣之功者，谁有厚于安
平君者哉？王不能守王之社稷，燕人兴师而袭齐，王走而之城阳

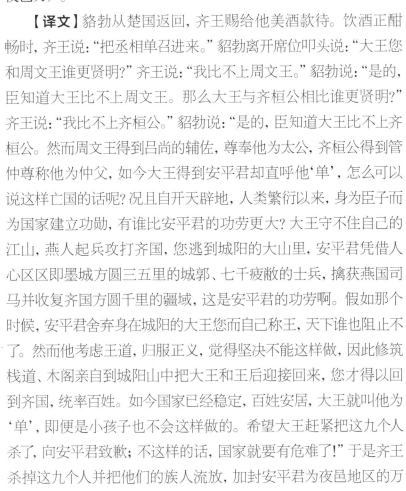

之山中，安平君以惴惴即墨三里之城，五里之郭，敝卒七千人，禽其司马而反千里之齐，安平君之功也。当是之时，舍城阳而自王，天下莫之能止。然而计之于道，归之于义，以为不可，故栈道木阁而迎王与后于城阳山中，王乃得反，子临百姓。今国已定，民已安矣，王乃曰'单'，婴儿之计不为此也。王亟杀此九子者以谢安平君，不然，国其危矣！"乃杀九子而逐其家，益封安平君以夜邑万户。

【译文】貂勃从楚国返回，齐王赐给他美酒款待。饮酒正酣畅时，齐王说："把丞相单召进来。"貂勃离开席位叩头说："大王您和周文王谁更贤明？"齐王说："我比不上周文王。"貂勃说："是的，臣知道大王比不上周文王。那么大王与齐桓公相比谁更贤明？"齐王说："我比不上齐桓公。"貂勃说："是的，臣知道大王比不上齐桓公。然而周文王得到吕尚的辅佐，尊奉他为太公，齐桓公得到管仲尊称他为仲父，如今大王得到安平君却直呼他'单'，怎么可以说这样亡国的话呢？况且自开天辟地，人类繁衍以来，身为臣子而为国家建立功勋，有谁比安平君的功劳更大？大王守不住自己的江山，燕人起兵攻打齐国，您逃到城阳的大山里，安平君凭借人心区区即墨城方圆三五里的城郭、七千疲敝的士兵、擒获燕国司马并收复齐国方圆千里的疆域，这是安平君的功劳啊。假如那个时候，安平君舍弃身在城阳的大王您而自己称王，天下谁也阻止不了。然而他考虑王道，归服正义，觉得坚决不能这样做，因此修筑栈道、木阁亲自到城阳山中把大王和王后迎接回来，您才得以回到齐国，统率百姓。如今国家已经稳定，百姓安居，大王就叫他为'单'，即便是小孩子也不会这样做的。希望大王赶紧把这九个人杀了，向安平君致歉；不这样的话，国家就要有危难了！"于是齐王杀掉这九个人并把他们的族人流放，加封安平君为夜邑地区的万户侯。

田单将攻狄，往见鲁仲连。鲁仲连曰："将军攻狄，不能下也。"田单曰："臣以即墨破亡馀卒破万乘之燕，复齐之墟，今攻狄而不下，何也?"上车弗谢而去，遂攻狄，三月不克。齐小儿谣曰："大冠若箕，修剑拄颐。攻狄不能下，垒枯骨成丘。"田单乃惧，问鲁仲连曰："先生谓单不能下狄，请问其说。"鲁仲连曰："将军之在即墨，坐则织蒉，立则仗锸，为士卒倡曰：'无可往矣!宗庙亡矣! 今日尚矣! 归于何党矣!' 当此之时，将军有死之心，士卒先无之气，闻君言莫不挥泣奋臂而欲战，此所以破燕也。当今将军东有夜邑之奉，西有淄上之娱，黄金横带而骋乎淄、渑之间，有生之乐，无死之心，所以不胜也。"田单曰："单之有心，先生志之矣。"明日，乃厉气循城，立于矢石之所，援袍鼓之，狄人乃下。

【译文】田单将要进攻狄，到鲁仲连处见他。鲁仲连说："将军您进攻狄，只怕不能攻克。"田单说："我带领着即墨破败不堪的军队就打败了拥有万辆战车的燕国，收复齐国故地，如今却不能攻克狄，是什么原因?"田单登上车子没有辞谢就走了，于是向狄发动进攻。三个月没有攻克。齐国的小孩在歌谣里唱道："武冠像簸箕，长剑撑面皮，攻狄不能克，白骨堆成山。"田单内心恐惧，向鲁仲连询问："先生您说我不能攻克狄，请给我说说其中的原因吧。"鲁仲连说："你在即墨的时候，坐着就亲手编织草筐，站着就手拿铁锹掘土，带领士兵高唱军歌：'无路可退了! 我们国家已经灭亡!今天不能自救，看我们将到哪里寻找归宿!'那个时候，将军有决一死战的决心，士兵没有苟且偷生的想法，听到您说的话没有不挥泪振臂要求上阵杀敌的，这才是能够打败燕国的缘故。如今您在东边的夜邑有丰厚的租赋,在西边的淄上可以游览渔猎,腰悬金带在淄、渑二水之间随意驰骋,享有生活的乐趣却没有必死的决心,所以不能战胜呀。"田单说:"我田单有这样的决心,是先生您帮我树立的啊。"第二天,就亲临城下鼓舞士气,站在矢石乱下的战场上,亲自击鼓,才攻克狄人。

初,齐湣王既灭宋,欲去孟尝君。孟尝君奔魏,魏昭王以为相,与诸侯共伐破齐。湣王死,襄王复国,而孟尝君中立为诸侯,无所属。襄王新立,畏孟尝君,与之连和。孟尝君卒,诸子争立,而齐、魏共灭薛,孟尝君绝嗣。

【译文】起初,齐湣王把宋国灭掉后,想把孟尝君驱逐出去。孟尝君逃奔到魏国,魏昭王让他担任丞相,联合各诸侯国攻破齐国。齐湣王逝世,齐襄王收复齐国旧地,孟尝君保持中立为诸侯,没有归属任何国家。齐襄王由于刚继承王位,畏惧孟尝君,与他联合友好相处。孟尝君逝世后,几个儿子争抢着要继承薛公,齐、魏两国联军灭掉了薛,从这以后孟尝君便绝后了。

【乾隆御批】田文,齐之支族,乃与诸侯共伐破齐,悖理实甚。然春秋战国之世,似此者不一而足矣。

【译文】田文是齐国国君宗族的一个分支,他和其他诸侯国一起讨伐攻破齐国,实在是逆天而行。春秋战国时期,类似这样的事还有不少。

三十七年(癸未,公元前二七八年)秦大良造白起伐楚,拔郢,烧夷陵。楚襄王兵散,遂不复战,东北徙都于陈。秦以郢为南郡,封白起为武安君。

三十八年(甲申,公元前二七七年)秦武安君定巫、黔中,初置黔中郡。

魏昭王薨,子安釐王立。

三十九年(乙酉,公元前二七六年)秦武安君伐魏,拔两城。

楚王收东地兵,得十馀万,复西取江南十五邑。

魏安釐王封其弟无忌为信陵君。

【译文】三十七年(癸未,公元前278年)秦国大良造白起带兵进攻楚国,攻占郢城,焚毁夷陵。楚襄王的军队四散逃离,于是不能继续作战,向东北方向迁都到陈。秦国把郢城设为南郡,封白起为武安君。

三十八年(甲申,公元前277年)秦国武安君平定巫及黔中两地,开始设立黔中郡。

魏昭王逝世,他的儿子即位,即魏安釐王。

三十九年(乙酉,公元前276年)秦国武安君起兵进攻魏国,攻克两座城池。

楚王到东方边境募集军队,获得十余万大军,又向西收复长江以南十五座城池。

魏安釐王把自己的弟弟魏无忌封为信陵君。

四十年(丙戌,公元前二七五年)秦相国穰侯伐魏。韩暴鸢救魏,穰侯大破之,斩首四万。暴鸢走开封。

魏纳八城以和。穰侯复伐魏,走芒卯,入北宅。遂围大梁,魏人割温以和。

四十一年(丁亥,公元前二七四年)魏复与齐合从。秦穰侯伐魏,拔四城,斩首四万。

鲁缗公薨,子顷公雠立。

【译文】四十年（丙戌，公元前 275 年）秦国相国穰侯带兵进攻魏国。韩国派出暴鸢带兵救援魏国，穰侯击败暴鸢，斩杀四万余人。暴鸢逃往开封。

魏国把八座城池献给秦国请和。穰侯却再次进攻魏国，魏将芒卯败逃，大军开进北宅。魏国将温地割让给秦国求和。

四十一年（丁亥，公元前 274 年）魏国与齐国重新合纵。秦国派出穰侯带兵进攻魏国，攻占四座城池，斩杀四万人。

鲁缗公逝世，他的儿子姬雠即位，即鲁顷公。

四十二年（戊子，公元前二七三年）赵人、魏人伐韩华阳。韩人告急于秦，秦王弗救。韩相国谓陈筮曰："事急矣，愿公虽病，为一宿之行！"陈筮如秦，见穰侯。穰侯曰："事急乎？故使公来。"陈筮曰："未急也。"穰侯怒曰："何也？"陈筮曰："彼韩急则将变而他从；以未急，故复来耳。"穰侯曰："请发兵矣。"乃与武安君及客卿胡阳救韩，八日而至，败魏军于华阳之下，走芒卯，虏三将，斩首十三万。武安君又与赵将贾偃战，沈其卒二万人于河。魏段干子请割南阳予秦以和。苏代谓魏王曰："欲玺者，段干子也；欲地者，秦也。今王使欲地者制玺，欲玺者制地，魏地尽矣！夫以地事秦，犹抱薪救火，薪不尽，火不灭。"王曰："是则然也。虽然，事始已行，不可更矣！"对曰："夫博之所以贵枭者，便则食，不便则止。今何王之用智不如用枭也？"魏王不听，卒以南阳为和，实修武。

韩釐王薨，子桓惠王立。

【译文】四十二年（戊子，公元前 273 年）赵、魏两国联合进攻韩国华阳。韩国向秦国告急，秦王不愿意救援。韩国相国对陈筮说："事情十分危急，希望你即便是带病也要跟我走一趟！"陈筮到秦国会见穰侯。穰侯说："事态是不是危急了，所以才把你派来?"陈筮说："不算紧急。"穰侯怒气冲冲地说："为什么?"陈筮："韩国假如情势真的危急就要转而向他国寻求援助；因为并不是很危急，所以才会再次来秦国啊。"穰侯说："我愿意出兵救援韩国。"就与武安君白起以及客卿胡阳发兵援救韩国，八天后大军才到，在华阳城下击溃魏军，芒卯败逃，俘虏了三员大将，斩杀十三万人。武安君又与赵国将军贾偃作战，把贾偃的两万多人淹死在黄河。魏国段干子建议把南阳之地割让给秦国求和。苏代对魏王说："想得到秦国相印的人，是段干子；想得到土地的，是秦国。如今大王让想得到土地的秦国支配想得到相印的，让想得到相印的人支配土地，魏国的疆域要完了! 拿土地来讨秦国的欢心，就好比抱着干柴去救火，干柴没有烧完，火是不会熄灭的。"魏王说："你这话说得对。尽管如此，但事情已经开始做，没办法更改了。"苏代回答说："下棋的时候重视'枭子'，就是因为合适的时候它可以吃别的棋子，不合适就不吃。现在大王运用智谋怎么还不如用'枭子'呢?"魏王不听劝告，最终还是把南阳割让出去来求和，实际是割让修武这个地方。

韩国釐王逝世，他的儿子即位，即韩桓惠王。

韩、魏既服于秦，秦王将使武安君与韩、魏伐楚，未行，而楚使者黄歇至，闻之，畏秦乘胜一举而灭楚也，乃上书曰："臣闻物至则反，冬、夏是也；致至则危，累棋是也。今大国之地，遍天下有其二垂，此从生民已来，万乘之地未尝有也。先王三世不忘接地于齐，以绝从亲之要。今王使盛桥守事于韩，盛桥以其地入秦，是王不用甲，不信威，而得百里之地，王可谓能矣! 王又举甲而攻魏，杜大梁之门，举河内，拔燕、酸枣、虚、桃，入邢，魏之兵云翔而不敢救，王之功亦多矣！王休甲息众，二年而后复之，又并蒲、衍、首、垣以临仁、平丘，黄、济阳婴城而魏氏服。王又割濮磨之北，注齐、秦之要，绝楚、赵之脊，天下五合六聚而不敢救，王之威亦单矣！王若能保功守威，绌攻取之心，而肥仁义之地，使无后患，三王不足四，五伯不足六也！王若负人徒之众，仗兵革之强，乘毁魏之威，而欲以力臣天下之主，臣恐其有后患也。《诗》曰：'靡不有初，鲜克有终。'《易》曰：'狐涉水，濡其尾。'此言始之易，终之难也。昔吴之信越也，从而伐齐，既胜齐人于艾陵，还为越王禽〔于〕三江之浦。智氏之信韩、魏也，从而伐赵，攻晋阳城，胜有日矣，韩、魏叛之，杀智伯瑶于凿台之下。今王妒楚之不毁，而忘毁楚之强韩、魏也，臣为王虑而不取也。夫楚国，援也；邻国，敌也。今王信韩、魏之善王，此正吴之信越也，臣恐韩、魏卑辞除患而实欲欺大国也。何则？王无重世之德于韩、魏而有累世之怨焉。夫韩、魏父子兄弟接踵而死行秦者将十世矣，故韩、魏之不亡，秦社稷之忧也。今王资之与攻楚，不亦过乎！且攻楚将恶出兵？王将借路于仇雠之韩、魏乎？兵出之日而王忧其不反也。王若不借路于仇雠之韩、魏，必攻随水右壤，此皆广川、大水、山林、溪谷，不食之地。是王有毁楚之名而无得地之实也。且王攻楚之日，四国必悉起兵以应王。秦、楚之兵构而不离；魏氏将出而攻留、方舆、铚、湖陵、砀、萧、相，故宋必尽；齐人南面攻楚，泗上必举。此皆平原四达膏腴之地。如此，则天下之国莫强于齐、魏矣。臣为王虑，莫若善楚。秦、楚合而为一以临韩，韩必敛手而朝；王施以东山之险，带以曲河之利，韩必为关内之侯。若是而王以十万戍郑，梁氏寒心，许、鄢陵婴城而上蔡、召陵不往来也。如此，魏亦关内侯矣。王壹善

资治通鉴卷第四　周纪四

159

楚而关内两万乘之主注地于齐，齐右壤可拱手而取也。王之地一经两海，要约天下，是燕、赵无齐、楚，齐、楚无燕、赵也。然后危动燕、赵，直摇齐、楚，此四国者不待痛而服矣。"

王从之，止武安君而谢韩、魏，使黄歇归，约亲于楚。

【译文】韩、魏两国已经臣服于秦国，秦王派出武安君与韩、魏两国联合进攻楚国，还没有出发，楚国使者黄歇就已经到了。黄歇听说这件事，怕秦国趁势一举把楚国灭掉，于是上书秦王道："臣听人说物极必反，冬夏的交替便是这样的例子；太高则必然危险，叠垒棋子就是这样的例子。如今秦国的疆域已占据全天下土地的三分之二，这是自从人类出现以来，拥有万乘战车的国家所没有达到过的。我国先王三世以来都不忘使秦国土地同齐国连接起来，借以断绝各国合纵结盟的关键部位。如今楚王任用盛桥掌管韩国大权，盛桥逼迫韩国把土地割让给秦国，这样大王不动用一兵之力，不逞神威，就得到了数百里的土地，大王可以算得上是贤能了！大王又兴兵进攻魏国，堵住魏国的门户，攻克河内，攻占燕邑、酸枣、虚、桃，进军邢丘，魏军像乌云一样聚集起来却又不敢营救，大王的功业实在是太多了！大王休兵养息，两年后重新用兵，又占领蒲、衍、首、垣等地，大军直达临仁、平丘，逼迫黄及济阳据城自守，魏国也向秦臣服。大王又攻克濮阳的北部，把齐、秦两国中部连接起来，割断了楚、赵两国的联系，各诸侯国多次联合也没敢出兵来救，大王的威名可以说是天下无双了！如今大王若是能保住当前的功业和威势，稍稍减弱进攻他国的想法，在本国施行仁义，以免除后患，那成就的功业足以超过前代的三王五霸！大王若是依靠着百姓众多，仰仗强大的兵力，趁着消灭魏国的余威，用武力想让全天下的诸侯都臣服，恐怕会有无穷之患啊。《诗经》上说："没有不能善始的，可惜很少有能善终的。"《易经》上说：'幼小的狐狸蹚水，必然要沾湿尾巴。'这说的都是开始容易而结束困难的道理啊。昔日吴王误信越国，起兵进攻齐国，在艾陵打败了齐人，班师后却被越王在三江之畔擒获杀死。智伯瑶信任韩、魏两国，起兵进攻赵国，大军围困晋阳城，眼看就要攻克了，不料韩、魏两国突然反悔，把智伯瑶杀死在凿台之下。现今大王见楚国没有灭亡就嫉恨在心，却没有想到楚国灭亡会让韩、魏两国更加强盛。臣认为大王你最好还是不要进攻楚国。楚国，可以为大王提供援助；邻近的国家，却是敌对之国。如今大王对韩、魏的亲善信任，就好像是吴国对越国的信任一样，臣恐怕韩、魏两国表面上说着谦恭的话来解除危难，实际上却是要欺骗秦国。这是因为秦国对韩、魏两国并没有再生的恩德，却有着世代累积起来的仇怨。韩、魏两国有不少百姓父子兄弟相继死在秦国将士的手里，快要有十代人了，因此只要韩、魏两国没有灭亡，就始终是秦国的心腹之患。如今大王给他们提供兵力，帮助他们一起进攻楚国，这难道不是天大的失策吗？再说进攻楚国要从哪里出兵？大王难道要取道韩、魏两国吗？那样的话，大军一出大王就要担心军队能不能回来。如果不从韩、魏两国经过，那必须先进攻随水的西部，那是一大片河湖、湍流、山林、深谷等十分贫瘠的地方。这样，大王将空有一个灭楚的名义事实上却没有得到一点好的土地。况且大王进攻楚国时，楚、韩、魏、齐四国一定会全部出兵抵抗。秦、楚两国的军队正在缠斗不休之时，魏国会趁机出兵攻打留、方舆、铚、湖陵、砀、萧、相等地，把原来宋国的土地夺为己有。齐国也向南进攻楚国，肯定要把泗上夺走。这些地方都是平坦富饶、交通便利的平原，这样一来，天下诸侯就没有比齐、魏两国势力更强盛的了。臣为大王着想，最好还是与楚国交好。秦、楚两国联合一心，出兵进攻韩国，韩国必然会束手称臣，大王再凭借华山以东险要的地势，占据黄河九曲地区的财富，韩国必然会成为大王的关内侯。这个时候，大王再以十万雄兵驻扎在郑，魏国肯定会恐惧万分，再发兵包围许及鄢陵两地，上蔡、召陵就不能再和大梁取得联系，到时候，魏国也要变成秦国的关内侯了。大王与楚国之间亲善友好，关内韩国、魏国两个万乘之国就会一起向齐国索取土地，齐国西境的国土就唾手可得了。大王您的疆域，从西海横贯到东海，全部为秦国所控制，燕、赵两国就不能与齐、楚两国合纵亲善，齐、楚两国也没办法和燕、赵两国互相支援。然后大王再统率大军震撼燕、赵，直捣齐、楚两国国都，这四个诸侯国不用大王费力攻击，就会主动屈服了。"

秦王采纳了他的建议，让武安君白起先把大军暂时停下来，辞谢韩、魏两国回国，又把黄歇送回国内，和楚国签订亲善友好的条约。

【乾隆御批】"抱薪救火"可为破的之论，秦所以愚六国与六国所以受愚于秦，皆由于此。然终未有悟其非者。宜孔斌有燕雀处堂之欢也！

【译文】"抱薪救火"这一观点可以说是一语中的。秦国之所以能欺骗六国和六国之所以被秦国所骗，都是因为没有悟到"抱薪救火"的错误。这和孔斌责难这种方法犹如燕雀在厅堂之上不知灾难将要到来是一样的啊！

资治通鉴卷第五　周纪五

起屠维赤奋若，尽旃蒙大荒落，凡十七年。

【译文】起己丑（公元前 272 年），止乙巳（公元前 256 年），共十七年。

【题解】本卷记录了周赧王姬延四十三年至周赧王五十九年共十七年的各国大事。主要叙述了秦、赵长平之战，并刻画了一批栩栩如生的人物。秦国大胜赵国，坑杀降卒四十五万，赵国元气大伤，一蹶不振。秦军乘势攻打赵都邯郸，楚、魏两国相救，形成联盟，秦军进攻受挫。此外还记录了长平之战前赵奢在阏与打败秦军；范雎入秦代魏冉为相，长平之战后将相失和，挑动秦王杀死白起；楚国春申君帮助太子熊完回国；以及吕不韦帮助公孙异人成为太子等等。

赧王下

四十三年（己丑，公元前二七二年）楚以左徒黄歇侍太子完为质于秦。

秦置南阳郡。

秦、魏、楚共伐燕。

燕惠王薨，子武成王立。

【译文】四十三年（己丑，公元前 272 年）楚国让左徒（楚国官名）黄歇做太子完的侍从一起到秦国充当人质。

秦国设置南阳郡。

秦、魏两国联合楚国进攻燕国。

燕惠王逝世，他的儿子即位，即燕武成王。

四十四年（庚寅，公元前二七一年）赵蔺相如伐齐，至平邑。

赵田部史赵奢收租税，平原君家不肯出。赵奢以法治之，杀平原君用事者九人。平原君怒，将杀之。赵奢曰："君于赵为贵公子，今纵君家而不奉公，则法削，法削则国弱，国弱则诸侯加兵，是无赵也，君安得有此富乎？以君之贵，奉公如法则上下平，上下平则国强，国强则赵固，而君为贵戚，岂轻于天下邪！"平原君以为贤，言之于王。王使治国赋，国赋大平，民富而府库实。

【译文】四十四年（庚寅，公元前271年）赵国派出蔺相如带兵进攻齐国，大军开到平邑。

赵国田部的下层官吏赵奢奉令收取田租，平原君家里的人不肯缴纳租税；赵奢依照法令处置，把平原君家中管理家事的九个人杀掉了。平原君很愤怒，想把赵奢杀了。赵奢说："您在赵国贵为公子，如今您要是放纵家人不肯奉公守法，那么法令的威信就会削减了，法令的威信削减国家就要变得衰弱，国家衰弱各诸侯国侵略的大军也就要到了，这样赵国也就要亡国了。到时候您还怎么享有这样的富贵呢？以您尊贵的地位，遵守国家的法令则全国上下都相安无事，上下都相安无事国家也就变得强盛，国家强盛赵国的社稷江山也就稳固，而您身为赵国皇室贵戚，难道会被天下诸侯轻视吗？"平原君认为赵奢十分贤能，就把他推荐给赵王。赵王让他负责全国的租税征收，赵国租税连年增收，社会太平，百姓生活富足，国库储存也逐渐充实起来。

四十五年（辛卯，公元前二七〇年）秦伐赵，围阏与。

赵王召廉颇、乐乘而问之曰："可救否？"皆曰："道远险狭，难救。"问赵奢，赵奢对曰："道远险狭，譬犹两鼠斗于穴中，将勇者胜。"王乃令赵奢将兵救之。去邯郸三十里而止，令军中曰："有以军事谏者死！"

【译文】四十五年（辛卯，公元前 270 年）秦国起兵进攻赵国，大军包围阏与城。

赵王召见廉颇、乐乘问："可以实施援救吗？"二人都说："路途遥远且道路狭隘，难以援救。"又问赵奢，赵奢回答说："路途既遥远又狭隘，就像洞穴里的两窝老鼠撕咬打斗，将领勇敢的才会取得胜利。"于是赵王派赵奢带兵前去营救阏与城。军队走到距离邯郸还有三十里的地方就停下来不再前进，命令军中说："有敢以进军之事进谏的一律处以死刑！"

秦师军武安西，鼓噪勒兵，武安屋瓦尽振。赵军中候有一人言急救武安，赵奢立斩之。坚壁留二十八日不行，复益增垒。秦间入赵军，赵奢善食而遣之。间以报秦将，秦将大喜曰："夫去国三十里而军不行，乃增垒，阏与非赵地也！"赵奢既已遣间，卷甲而趋，二日一夜而至，去阏与五十里而军，军垒成。秦师闻之，悉甲而往。赵军士许历请以军事谏，赵奢进之。许历曰："秦人不意赵至此，其来气盛，将军必厚集其陈以待。不然，必败。"赵奢曰："请受教！"许历请刑，赵奢曰："胥，后令邯郸。"许历复请谏曰："先据北山上者胜，后至者败。"赵奢许诺，即发万人趋之。秦师后至，争山不得上；赵奢纵兵击秦师，秦师大败，解阏与而还。赵王封奢为马服君，与廉、蔺同位；以许历为国尉。

穰侯言客卿灶于秦王，使伐齐，取刚、寿以广其陶邑。

【译文】秦国军队在武安西方驻扎，击鼓摆阵，武安城内房上的瓦片都被震落下来。赵军中有一名军官建议抓紧时间救援武安，赵奢马上就把他斩首示众。赵军接连坚守壁垒二十八天都没有前进，又重新加固壁垒。秦国派出间谍混到赵军中。赵奢赏赐给他好酒好菜又把他遣送回去。间谍把这件事报告给秦军将领，秦将喜出望外地说："援军离开国都仅仅三十里大军就停驻不进，又加固壁垒，阏与城将不再是赵国的了。"赵奢把间谍遣送回去后，下令士兵把铠甲卷起来急速进军，一天一夜就到了，在距离阏与城五十里的地方把大军驻扎下来，部署修筑防御工事。秦军听说这件事后，派出全部甲兵前去迎战。赵军军士许历请求就军事形势提出建议，赵奢答应了他，许历说："赵国大军突然前进至这里绝对出乎秦军意料，他们来势汹汹意气风发，将军一定要好好准备严加布阵来对付秦军；不然的话，赵军必定会失败。"赵奢说："我采纳你的指教。"许历请求将自己处以死刑。赵奢说："别着急，你进谏在邯郸下令之后。"许历再次进谏说："谁能够先占据北面的山头谁就取胜，后到的必然失败。"赵奢采纳了他的建议，立即派出一万人占领北山。秦军后来才到，抢夺北山不能攻上去。赵奢发兵对秦军发动猛攻，秦军大败，放弃了对阏与城的围攻，班师回国。赵王把赵奢封为马服君，和廉颇、蔺相如地位相同；封许历为国尉。

穰侯魏冉把名叫灶的一个客卿推荐给秦王，派他进攻齐国，攻克刚、寿两地来扩张自己在陶邑的土地。

【申涵煜评】许历冒死而言兵事，有胆有识。然赵奢胸中原有成算，即使历不言，奢遂不厚集陈，不争据山，徒以血气为胜负，其去括也几何哉!

【译文】许历冒死和赵奢谈论用兵之策，提出自己的看法，是有胆有识的表现。然而赵奢胸中已经计划好了策略，即使许历不说，赵奢就不聚集大军列阵，不去占据山地有利地形，白白以一时的勇气去争夺胜负，那他和赵括相比又差了多少呢?

初，魏人范雎从中大夫须贾使于齐，齐襄王闻其辩口，私赐之金及牛、酒。须贾以为雎以国阴事告齐也，归而告其相魏齐。魏齐怒，笞击范雎，折胁，摺齿。雎佯死，卷以箦，置厕中，使客醉者更溺之，以惩后，令无妄言者。范雎谓守者曰："能出我，我必有厚谢。"守者乃请弃箦中死人。魏齐醉，曰："可矣。"范雎得出。魏齐悔，复召求之。魏人郑安平遂操范雎亡匿，更名姓曰张禄。

秦谒者王稽使于魏，范雎夜见王稽。稽潜载与俱归，荐之于王，王见之于离宫。雎佯为不知永巷而入其中，王来而宦者怒逐之，曰："王至。"

【译文】起初，魏国人范雎跟随中大夫须贾一起出使齐国，齐襄王看到他口才敏捷、能言善辩，私下里赏给他黄金以及牛、美酒。须贾误以为范雎把国家机密告诉给了齐国，返回国内后把这件事告诉了丞相魏齐。魏齐大怒，派人鞭打范雎，其肋骨被打断，牙齿也被打掉了。范雎于是装死，魏齐让人用竹席把他卷起来，扔在厕所里，让喝醉的客人轮流往他身上撒尿，来警诫后人，让他们不要随便说话。范雎对守卫的人说："要是能把我放出来，我一定重谢你。"守卫于是请求把卷在竹席里的死人扔了。魏齐当时喝醉了，说："可以。"范雎这才逃了出来。魏齐后来后悔了，又派人捉拿他，魏国人郑安平已经掩护范雎逃到了其他地方，改名换姓叫作张禄。

秦国担任谒者的王稽出使魏国，范雎趁着黑夜求见王稽。王稽把他藏到车里一起回到秦国，推荐给秦王，秦王在行宫召见了他。范雎假装不知道是什么地方顺着长巷进入行宫中，秦王来到后，宦官怒声呵斥让他出去，说："大王到了！"

范雎谬曰："秦安得王！秦独有太后、穰侯耳！"王微闻其言，乃屏左右，跽而请曰："先生何以幸教寡人？"对曰："唯唯。"如是者三。王曰："先生卒不幸教寡人邪？"范雎曰："非敢然也！臣，羁旅之臣也，交疏于王；而所愿陈者皆匡君之事。处人骨肉之间，愿效愚忠而未知王之心也，此所以王三问而不敢对者也。臣知今日言之于前，明日伏诛于后，然臣不敢避也。且死者，人之所必不免也，苟可以少有补于秦而死，此臣之所大愿也。独恐臣死之后，天下杜口裹足，莫肯乡秦耳！"

【译文】范雎故意胡乱说："秦国哪有王？秦国只不过有太后、穰侯罢了！"秦王隐约听懂了他说的话的含义，于是让左右随从退下，向范雎跪下请教，说："先生你有什么要教给我的呢？"范雎说："是！是！"连着这样三次。秦王说："难道先生始终不愿意指点教导我吗？"范雎说："我怎么敢这样呢？我不过是一个漂泊流浪的下臣，与大王的关系也算不上深厚，而我所想要说的都是能够匡扶君王之事，关系到人伦至亲相处的话。我愿意向大王报效愚忠却不了解您的意思如何。这就是大王你连着问了三次而我没敢回答的缘由了。我知道今天在您面前进言，明日就可能会被诛杀，然而我不敢为了避祸而不进谏。况且死亡是人生所不能避免的，假如能够多少对秦国有所补益而被诛杀，这也算是我最大的心愿。只是害怕我死后，天下贤德之人都闭口止足，再不肯来投奔秦国了。"

　　王跽曰:"先生,是何言也!今者寡人得见先生,是天以寡人溷先生而存先王之宗庙也。事无大小,上及太后,下至大臣,愿先生悉以教寡人,无疑寡人也!"范雎拜,王亦拜。范雎曰:"以秦国之大,士卒之勇,以治诸侯,譬若走韩卢而搏蹇兔也。而闭关十五年,不敢窥兵于山东者,是穰侯为秦谋不忠,而大王之计亦有所失也。"王跽曰:"寡人愿闻失计!"然左右多窃听者,范雎未敢言内,先言外事,以观王之府仰。因进曰:"夫穰侯越韩、魏而攻齐刚、寿,非计也。齐湣王南攻楚,破军杀将,再辟地千里,而齐尺寸之地无得焉者,岂不欲得地哉?形势不能有也。诸侯见齐之罢敝,起兵而伐齐,大破之,齐几于亡,以其伐楚而肥韩、魏也。今王不如远交而近攻,得寸则王之寸也,得尺亦王之尺也。今夫韩、魏,中国之处,而天下之枢也。王若欲霸,必亲中国以为天下枢,以威楚、赵,楚强则附赵,赵强则附楚,楚、赵皆附,齐必惧矣,齐附则韩、魏因可虏也。"王曰:"善。"乃以范雎为客卿,与谋兵事。

　　【译文】秦王长跪不起说:"先生您说的这是什么话!今天我能遇见您,这是上天认为我愚钝特意派您来帮助我保存先祖的宗庙社稷。凡事不论大小,上及王太后,下到诸位大臣,希望您全都对我进行指点,不要再怀疑我了!"范雎赶忙拜谢,秦王也回拜。范雎说:"凭秦国强大的国力、士兵的刚猛勇敢,来挟制诸侯各国,就好像是用韩卢良犬来追赶瘸腿的兔子。但是秦国闭守函谷关十五年,不敢对崤山以东用兵,这是穰侯为秦国谋划没有尽忠的缘故,而大王的策略也有所失策啊!"秦王继续跪着说:"我想知道什么地方失策了!"然而当时左右有许多人在暗地里偷听,范雎没敢直接讲内政,先说些外事,来看看秦王的兴趣怎样,便进而说:"穰侯跨越韩、魏两国进攻齐国刚、寿两地,不是好计策。齐湣王向南进攻楚国，击破楚军又斩杀楚将，开辟土地数千里，而齐国却没有得到一尺一寸的领土，难道是齐国不想获得土地吗？是形势所限没办法得到啊。各诸侯国看到齐国国势罢敝，纷纷起兵进攻齐国，大败齐国，齐国差不多就要灭亡了。这便是因为齐国攻打楚国却使韩、魏两国白白受益啊。如今大王不如与距离远的诸侯国交好而攻打距离近的诸侯国，得一寸土地就是大王您的一寸土地，得一尺土地也还是大王您的一尺土地。如今的韩、魏两国位居各国的中央位置，是天下交通来往的枢纽。大王要是想成就霸业，必须和中原各国交好来控制天下交通的枢纽位置，借此威慑楚、赵两国，楚国势力强盛就先收服赵国，赵国势力强盛就先收服楚国，楚、赵两国都归附秦国后，齐国必然会害怕秦国，齐国一旦归附，韩、魏两国顺势也就自然成为秦国的俘虏了。"秦王道："太好了。"于是任命范雎为客卿，和他谋划军事策略。

【乾隆御批】赵奢治赋而不吐刚，此兼有理财治国之能者，非独优于将略而已也。

【译文】赵奢管理赋税而不怕强欺弱，因而他具备管理财物和治理国家的才能，并不是只擅长军事谋略而已。

【申涵煜评】远交近攻，是赢秦兼并天下张本。使不得范雎之言，前此仪、衍纷纷之论，到底茫无头绪。

【译文】结交离自己远的国家而攻击离自己近的国家，是赢秦兼并天下的根本依据。假使没有范雎的这些话，前面张仪、公孙衍的言论，终究是没有头绪。

四十六年（壬辰，公元前二六九年）秦中更胡伤攻赵阏与，不拔。

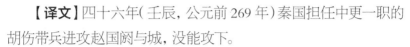

　　四十七年（癸巳，公元前二六八年）秦王用范雎之谋，使五大夫绾伐魏，拔怀。

　　四十八年（甲午，公元前二六七年）秦悼太子质于魏而卒。

　　【译文】四十六年（壬辰，公元前269年）秦国担任中更一职的胡伤带兵进攻赵国阏与城，没能攻下。

　　四十七年（癸巳，公元前268年）秦王采纳范雎的计谋，派五大夫绾进攻魏国，攻占怀。

　　四十八年（甲午，公元前267年）秦国送到魏国做人质的太子嬴悼逝世。

　　四十九年（乙未，公元前二六六年）秦拔魏邢丘。范雎日益亲，用事，因承间说王曰："臣居山东时，闻齐之有孟尝君，不闻有王；闻秦有太后、穰侯，不闻有王。夫擅国之谓王，能利害之谓王，制杀生之谓王。今太后擅行不顾，穰侯出使不报，华阳、泾阳等击断无讳，高陵进退不请，四贵备而国不危者，未之有也。为此四贵者下，乃所谓无王也。穰侯使者操王之重，决制于诸侯，剖符于天下，征敌伐国，莫敢不听；战胜攻取则利归于陶，战败则结怨于百姓而祸归于社稷。臣又闻之，木实繁者披其枝，披其枝者伤其心；大其都者危其国，尊其臣者卑其主。淖齿管齐，射王股，擢王筋，悬之于庙梁，宿昔而死。李兑管赵，囚主父于沙丘，百日而饿死。今臣观四贵之用事，此亦淖齿、李兑之类也。夫三代之所以亡国者，君专授政于臣，纵酒弋猎。其所授者妒贤疾能，御下蔽上以成其私，不为主计，而主不觉悟，故失其国。今自有秩以上至诸大吏，下及王左右，无非相国之人者，见王独立于朝，臣窃为王恐，万世之后有秦国者，非王子孙也！"王以为然。

于是，废太后，逐穰侯、高陵、华阳、泾阳君于关外，以范雎为丞相，封为应侯。

【译文】四十九年（乙未，公元前266年）秦国攻克魏国刑丘。范雎日渐受到秦王器重，并掌握大权，便趁机向秦王建议："臣在崤山以东的时候，只听说齐国有孟尝君，没有听过齐王；听闻秦国有王太后、穰侯，并没有听过秦王。专擅国家大政的可以称王，能控制国家利害的可以称王，掌握生杀大权的可以称王。如今王太后擅行国家政事而不顾大王您，穰侯到外国出使也不上报大王，华阳君、泾阳君做事武断又不知忌讳，高陵君来去进退也不向大王请示，这样的四种权贵存在而国家想要保持不危险的境地，这是从来就没有的。处在这样的四种权贵之下，秦国就可以算得上是没有君王了。穰侯的使者执掌大王的重权，控制诸侯各国，剖符取信于天下诸侯，征讨敌人和其他国家，没有敢不听从的；战争获胜就把得到的好处全部归于陶邑，战争失败就把罪过归结到国家身上，与百姓结下仇怨。我又听人说，树木结的果实太多就会把枝干压断，压断枝干就会损害到树心；都城太过于强大就会危及国家，臣子地位太尊贵的话国君就显得卑下。淖齿掌管齐国大权，用箭射齐王的大腿，又把齐王筋脉挑断，把他悬挂到祖庙的房梁上，过了一夜才死。李兑执掌赵国大权，就把主父囚禁在沙丘宫，经过一百天把他活活饿死。现在我看秦国的四位权贵所做的事，与齐国的淖齿、赵国的李兑是同一类的啊。夏商周三代之所以亡国，就是因为国君把国家大权交到了臣子手中，自己却饮酒游猎；授予大权的人大多是嫉妒贤良的人，挟制下属欺瞒君上来攫取他们的个人私利，不为主上打算，而君王也察觉不到，所以丢掉了国家大权。如今从底层的官员到上层的大官，以及大王的左右侍臣，没有一个不是相国的人，每看到大王孤身一人立在朝堂之上，臣常常私下里替您感到恐惧，生怕大王您去世后，执掌秦国大权的就不是您的后代子孙了！"秦王认为确实是这样，于是废黜王太后，又把穰侯、高陵君、华阳君以及泾阳君都放逐到关外地区，任命范雎为丞相，封他为应侯。

魏王使须贾聘于秦，应侯敝衣间步而往见之。须贾惊曰："范叔固无恙乎！"留坐饮食，取一绨袍赠之。

遂为须贾御而至相府，曰："我为君先入通于相君。"须贾怪其久不出，问于门下，门下曰："无范叔。乡者吾相张君也。"须贾知见欺，乃膝行入谢罪。应侯坐，责让之，且曰："尔所以得不死者，以绨袍恋恋尚有故人之意耳！"乃大供具，请诸侯宾客；坐须贾于堂下，置莝、豆其前而马食之，使归告魏王曰："速斩魏齐头来！不然，且屠大梁！"须贾还，以告魏齐。魏齐奔赵，匿于平原君家。

赵惠文王薨，子孝成王丹立；以平原君为相。

【译文】魏王派须贾出使秦国，应侯范雎穿着破烂的衣服，走路去见他。须贾惊诧说："范叔身体没什么问题吧?"把他留下来一起吃饭，又拿出一件绨袍赠给他。

范雎于是亲自给须贾驾车前往丞相府，说："我替你先进去向丞相通报。"须贾见他很久都没有出来，很是奇怪地向守门的人询问，守门人说："没有范叔这个人，刚才的那位是我们的丞相张禄先生！"须贾知道被骗了，于是跪着走进去请罪。应侯端坐在位子上，斥责他说："你之所以还没有死，是看在你赠给我这件绨袍还有一丝故旧情谊！"于是大摆宴席，宴请各诸侯国宾客；在堂下给须贾设座，把碎草、豆子一类马吃的草料给他吃，让他回去告诉魏王说："赶紧把魏齐的人头斩下送过来！不然的话，我要屠杀大梁城所有的人!"须贾回到魏国,把这件事告诉魏齐。魏齐逃到赵国,藏到平原君的家里。

赵惠文王逝世,他的儿子赵丹即位,即赵孝成王;任命平原君为丞相。

五十年(丙申,公元前二六五年)秦宣太后薨。九月,穰侯出之陶。

◆臣光曰:穰侯援立昭王,除其灾害,荐白起为将,南取鄢、郢,东属地于齐,使天下诸侯稽首而事秦。秦益强大者,穰侯之功也。虽其专恣骄贪足以贾祸,亦未至尽如范雎之言。若雎者,亦非能为秦忠谋,直欲得穰侯之处,故扼其吭而夺之耳。遂使秦王绝母子之义,失舅甥之恩。要之,雎真倾危之士哉!◆

秦王以子安国君为太子。

【译文】五十年(丙申,公元前265年)秦国宣太后逝世。九月,穰侯魏冉从咸阳离开回到陶邑。

◆臣司马光说:穰侯扶持昭王继承王位,为他消除威胁势力;又推荐白起为大将,向南攻取鄢、郢两地,向东扩张领土直到齐国边境,迫使天下各诸侯国纷纷向秦国俯首称臣,秦国日渐强盛,是穰侯的功劳。尽管他专横骄恣、骄奢贪婪足以招致祸患,但也并不全都像范雎说的那样。像范雎这样的人,也不是能够忠心地为秦国谋划的,只不过是想获取穰侯的位置,所以紧紧地扼住他的咽喉来抢夺他的地位。于是使秦王母子之间的情义断绝,舅甥之间的恩爱也丧失了。总而言之,范雎实在是一位危险诡诈的人啊!◆

秦王把他的儿子安国君立为太子。

秦伐赵,取三城。赵王新立,太后用事,求救于齐。齐人曰:

"必以长安君为质。"太后不可。齐师不出，大臣强谏。太后明谓左右曰："复言长安君为质者，老妇必唾其面！"左师触龙愿见太后，太后盛气而胥之入。左师公徐趋而坐。自谢曰："老臣病足，不得见久矣，窃自恕，而恐太后体之有所苦也，故愿望见太后。"太后曰："老妇恃辇而行。"曰："食得毋衰乎？"曰："恃粥耳。"太后不和之色稍解。

【译文】秦国起兵进攻赵国，攻占了三座城池。赵王刚刚即位，就由太后执掌国家大权，派出使者到齐国寻求救援。齐国说："必须把长安君送到我国当作人质。"太后不肯应允，齐国于是没有派出军队救援。大臣一而再地向太后进谏。赵太后直接对左右说："再有谁说把长安君送去当人质，我一定要吐他一脸口水！"左师触龙请求面见赵太后，太后怒气冲冲地等他前来觐见。左师慢慢地走到前面坐下，向太后谢罪说："我的腿脚不太利索，很长时间没有来看您了，我私下里借腿脚不好宽恕自己，但还是担心太后您的身体不适，所以很想见见您。"太后说："我也每天依靠车子来代步。"触龙说："吃饭还可以吗？"太后说："只是喝大米粥罢了。"这个时候，太后脸上不愉快的表情稍微有些缓和。

左师公曰："老臣贱息舒祺最少，不肖，而臣衰，窃怜爱之。愿得补黑衣之缺以卫王宫，昧死以闻！"太后曰："诺。年几何矣？"对曰："十五岁矣。虽少，愿及未填沟壑而托之。"太后曰："丈夫亦爱少子乎？"对曰："甚于妇人。"太后笑曰："妇人异甚。"对曰："老臣窃以为媪之爱燕后贤于长安君。"太后曰："君过矣。不若长安君之甚。"左师公曰："父母爱其子则为之计深远。媪之送燕后也，持其踵而泣，念其远也，亦哀之矣。已行，非不思也，祭祀则祝之曰：'必勿使反！'岂非为之计长久，为子孙相继为王

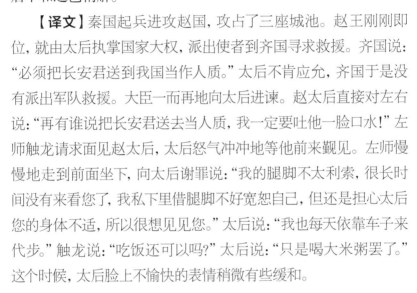

也哉?"太后曰:"然。"左师公曰:"今三世以前,至于赵王之子孙为侯者,其继有在者乎?"曰:"无有。"曰:"此其近者祸及身,远者及其子孙。岂人主之子侯则不善哉?位尊而无功,奉厚而无劳,而挟重器多也。今媪尊长安君之位,而封之以膏腴之地,多与之重器,而不及今令有功于国。一旦山陵崩,长安君何以自托于赵哉?"太后曰:"诺,恣君之所使之!"于是为长安君约车百乘质于齐。齐师乃出,秦师退。

齐安平君田单将赵师以伐燕,取中阳;又伐韩,取注人。

齐襄王薨,子建立。建年少,国事皆决于君王后。

【译文】触龙又说:"我最小的那个孩子舒祺,不大成气候,我的年纪又大了,私下对他最疼爱,想让他去递补个黑衣卫士的空缺守卫宫室,所以今天特地冒死来请求您!"太后说:"他多大年纪了?"触龙回答说:"十五岁。他年纪虽然小点,但我想趁着我还没有死先把他安排好。"太后说:"大丈夫也疼爱小儿子吗?"触龙回答说:"比妇人的怜爱还厉害!"太后笑着说:"还是妇人比你厉害!"触龙回答说:"我认为您对燕后的疼爱要远远胜于长安君。"太后说:"你错了!我对燕后的疼爱远不如对长安君的疼爱。"触龙说:"父母要是疼爱子女就会从长远的角度为他考虑。您送燕后出嫁的时候,抱着她的脚跟一直流泪,一想到她要嫁到遥远的燕国,内心就哀痛万分。等她嫁过去后,您并非不想念她,但是每到祭祀的时候就为她祈福说:'千万别让她被赶回来。'这难道不是替她做长远考虑,希望她的后世子孙继承燕国王位吗?"太后说:"是的。"触龙说:"从现在往上推三代,赵王封为王侯的子孙,还有继承在位的吗?"太后说:"没有。"触龙说:"这就是所谓的近的祸及自身,远的波及子孙。难道是人君封侯的子孙都不堪重任吗?只不过是因为他们处于尊贵的地位却又对国家没有功勋,俸禄优厚却没有劳绩。如今您把长安君的地位提高，给他封赏肥沃的田地，给他赏赐金银宝器，却不知道趁着现在的机会让他为国家建立功勋，一旦您百年后，长安君凭借什么立足于赵国？"太后说："说得对，那就由你去安排他吧！"于是为长安君准备了一百辆车，把他送到齐国充当人质。齐国才肯派出大军，秦军也随即撤退了。

齐国安平君田单统率赵国大军进攻燕国，攻取中阳；又向韩国进攻，夺取注城。

齐襄王逝世，他的儿子田建即位。田建年龄还小，国家大事都由王太后来决定。

【申涵煜评】龙说太后，故款款作家人语，不觉易入。后唯李邺侯为建宁辨冤，得此委曲。然龙，臣也，后，君母也，何至觌面媪之《史记·高帝纪》云："母曰媪。"岂古人即以此为尊称耶？不解。

【译文】触龙劝说赵太后时候，故意从容自如地说一些家常话，不知不觉地就进入正题。后世只有邺侯李泌为建宁王辩白冤屈的事情，得到触隆游说太后的方法的细节之处。然而，触龙是臣子，太后是赵国国君的母亲，哪里有当面称呼太后为"媪"的呢？《史记·高帝纪》说："母亲称作媪。"难道古人就是以这个为尊称的吗？很难理解。

五十一年(丁酉，公元前二六四年) 秦武安君伐韩，拔九城，斩首五万。

田单为赵相。

五十二年(戊戌，公元前二六三年) 秦武安君伐韩，取南阳；攻太行道，绝之。

【译文】五十一年(丁酉，公元前 264 年) 秦国武安君带兵进攻韩国，攻占九座城池，斩杀五万人。

田单在赵国担任丞相。

五十二年（戊戌，公元前263年）秦国武安君带兵征讨韩国，攻克南阳；进攻太行山道，将山道断绝。

楚顷襄王疾病。黄歇言于应侯曰："今楚王疾恐不起，秦不如归其太子。太子得立，其事秦必重而德相国无穷，是亲与国而得储万乘也。不归，则咸阳布衣耳。楚更立君，必不事秦，是失与国而绝万乘之和，非计也。"应侯以告王。王曰："令太子之傅先往问疾，反而后图之。"黄歇与太子谋曰："秦之留太子，欲以求利也。今太子力未能有以利秦也，而阳文君子二人在中。王若卒大命，太子不在，阳文君子必立为后，太子不得奉宗庙矣。不如亡秦，与使者俱出。臣请止，以死当之！"太子因变服为楚使者御以出关；而黄歇守舍，常为太子谢病。度太子已远，乃自言于王曰："楚太子已归，出远矣。歇愿赐死！"王怒，欲听之。应侯曰："歇为人臣，出身以徇其主，太子立，必用歇。不如无罪而归之，以亲楚。"王从之。黄歇至楚三月，秋，顷襄王薨，考烈王即位；以黄歇为相，封以淮北地，号曰春申君。

【译文】楚顷襄王身患重病。黄歇对应侯说："如今楚王的病只怕是好不了了，秦国不如把太子给他送回去。太子即位后，他肯定会好好地侍奉秦国并且永远报答你对他的恩德，这样既可以使秦楚两国亲善又为秦国储备了一个万乘大国的盟友。如果不把太子送回去，万一楚国另立新君，那他就不过是咸阳的一介平民而已。楚国另立新君，肯定不肯向秦国臣服，这样秦国既失去了友邦又与一个拥有万辆兵车的大国断绝了和平关系，不是好的计策。"应侯把这件事报告给秦王。秦王说："先让太子的

资治通鉴

老师到楚国探病,回来后再商议此事。"黄歇和楚国太子密谋说:"秦国把太子您扣押在此,是想求取利益。如今凭借您的势力给秦国带不来什么益处,而阳文君的两个儿子又都在国内。大王一旦逝世,阳文君的儿子必然被拥立继承王位,您就没有办法继承祖宗社稷了。倒不如和使者一块从秦国逃走,我待在这里,拼死来处理这件事。"太子于是换了衣服乔装打扮成楚国使者的车夫逃到关外;而黄歇留守在馆舍中,常常称太子身体不舒服谢绝来客。估摸着太子已经走得远了,自己就告诉秦王说:"楚国太子已经返回楚国,出秦国很远了。我甘愿被您赐死!"秦王大怒,想按他说的处理。应侯说:"黄歇身为臣子,宁肯牺牲自己来搭救他的君主,楚太子即位,必然要对他重用,不如赦免他的罪行把他送回国内,换来秦楚两国交好。"秦王采纳了应侯的建议。黄歇回到楚国三个月后,正值秋季,楚顷襄王逝世,楚考烈王即位;任命黄歇为丞相,把淮北地方封赏给他,称为春申君。

【申涵煜评】阴谋盗国,莫巧于不韦,而拙于歇。然究之身死族灭,以国易宗,巧亦拙也。或曰:晋元帝何以长有其国?曰:此自元帝父所为,非小吏牛金计也。

【译文】用阴谋窃取国家,没有比吕不韦更巧妙,而比黄歇更加愚笨的。然而吕不韦最后身死族灭,以国易宗,巧妙也变成了笨拙。有人说:晋元帝司马睿为什么能够长有其国呢?回答说:这是源自晋元帝的父亲所为,并非小吏牛金的计谋。

五十三年(己亥,公元前二六二年)楚人纳州于秦以平。

武安君伐韩,拔野王。上党路绝,上党守冯亭与其民谋曰:"郑道已绝,秦兵日进,韩不能应,不如以上党归赵。赵受我,秦必攻之；赵被秦兵，必亲韩。韩、赵为一，则可以当秦矣。”乃遣使者告于赵曰：“韩不能守上党，入之秦，其吏民皆安为赵，不乐为秦。有城市邑十七，愿再拜献之大王。”赵王以告平阳君豹，对曰：“圣人甚祸无故之利。”王曰：“人乐吾德，何谓无故？”对曰：“秦蚕食韩地，中绝，不令相通，固自以为坐而受上党也。韩氏所以不入于秦者，欲嫁其祸于赵也。秦服其劳而赵受其利，虽强大不能得之于弱小，弱小固能得之于强大乎！岂得谓之非无故哉？不如勿受。”

王以告平原君，平原君请受之。王乃使平原君往受地，以万户都三封其太守为华阳君，以千户都三封其县令为侯，吏民皆益爵三级。冯亭垂涕不见使者，曰：“吾不忍卖主地而食之也！”

【译文】五十三年(己亥，公元前262年)楚人向秦国献出一个州，来换取两国之间的和平。

武安君白起发兵进攻韩国，攻克野王城。上党对外联系的道路被截断，上党郡守冯亭与城中百姓商议说：“通往国都郑的道路被截断了，秦兵日渐逼近，韩国又不能前来接应，不如把上党全郡向赵国归附。赵国肯接纳我们，秦国必然要进攻它；赵国被秦军攻击，必然要与韩国亲善。韩、赵两国联合为一体，就可以抵御秦兵了。”就派出使者告诉赵国说：“韩国守不住上党，必然被秦国攻克，上党的官吏和百姓都宁肯做赵国人，也不愿意做秦国人，现有十七座城邑，希望能够献给大王！”赵王把这件事告诉平阳君赵豹，平阳君回答说：“圣人把无故所获得的利益视为最大的祸患。”赵王说：“别人敬仰我的德政，怎么说是没有缘故？”平阳君回答说：“秦国一步步地侵吞韩国土地，切断了通路，使上党无法和外界取得联系，本以为可以坐等上党投降。韩国人之所以不想向秦国归附，是想把灾祸转嫁到赵国。秦国付出了劳力而赵国收到了该属于秦国的利益，即便是国势强盛的国家也不该这样从弱小的国家得到利益，弱小的国家又怎么能这样从国势强盛的国家手中得到土地! 这怎么不算是无缘无故呢? 还是不要接受为好。"

赵王又把这件事告诉平原君，平原君请赵王接受。赵王于是派平原君到上党进行土地交接，把三座有万户人口的城池封赏给他，让他做太守，称为华阳君，又把三座有千户人口的城池封赏给原来的县令，爵位升为侯，官吏及乡绅都加爵三级。冯亭不愿意接见赵国使者，泪流满面地说："我不忍心把国君的土地卖了还享用他的俸禄!"

【乾隆御批】赵胜受上党之降，《史记》讥其利令智昏。然使受降，而不用赵括，不易廉颇，秦虽见伐，胜负犹未可知也。既弃赵豹之言，又受应侯之愚，有不丧师辱国之理乎!

【译文】平原君赵胜接受上党的归降，《史记》讽刺他被利欲迷惑，使得理智昏乱。然而即使接受了归降，如果不任用赵括，不更换廉颇，秦军来讨伐，战争的胜负结果也还无法预料。赵国既否定了平阳君赵豹的建议，又被秦应侯所愚弄，哪有军队不受损失、国家不蒙受耻辱的道理?

五十五年(辛丑，公元前二六〇年) 秦左庶长王龁攻上党，拔之。上党民走赵。赵廉颇军于长平，以按据上党民。王龁因伐赵。赵军战数不胜，亡一裨将、四尉。赵王与楼昌、虞卿谋，楼昌请发重使为媾。虞卿曰："今制媾者在秦，秦必欲破王之军矣，虽往请媾，秦将不听。不如发使以重宝附楚、魏，楚、魏受之，则秦疑天下之合从，媾乃可成也。"王不听，使郑朱媾于秦，秦受之。王谓虞卿曰："秦内郑朱矣。"对曰："王必不得媾而军破矣。何则? 天下之贺战胜者皆在秦矣。夫郑朱, 贵人也, 秦王、应侯必显重之以示天下。天下见王之媾于秦, 必不救王。秦知天下之不救王, 则媾不可得成矣。"既而秦果显郑朱而不与赵媾。

【译文】五十五年(辛丑, 公元前 260 年)秦国派出左庶长王龁带兵进攻上党, 攻克上党。上党百姓纷纷逃到赵国。赵国派出廉颇率军驻扎在长平, 来安置抚恤上党的百姓。王龁于是出兵进攻赵国。赵国军队几次迎战都没有获胜, 损失一员副将、四员都尉。赵王与楼昌、虞卿商议, 楼昌向赵王提议派大使前去求和。虞卿说:"如今战事的决定权掌握在秦国手里, 秦国若是下定决心要攻破赵军, 即便派人去求和, 秦军将领也不会听从, 还不如我们派使者带着珍宝到楚国、魏国, 楚、魏两国接受的话, 秦国就要怀疑诸侯各国又采取了合纵相亲的策略, 这样求和才会成功啊。"赵王没有听从, 派郑朱到秦国求和, 秦国接受了和议。赵王对虞卿说:"秦国接受了郑朱的求和。"虞卿回答说:"大王肯定还没有讲和而赵军就被攻破了。为什么呢? 诸侯各国都要派出庆贺战争胜利的人到秦国。郑朱是赵国的贵人, 秦王、应侯必然要对他进行宣扬重用来告知天下各诸侯国。天下诸侯见大王您已经向秦国求和, 必然不会再来援救; 秦国既然知道天下诸侯不会来援救赵国, 那请和就不会取得成功。"没过多久秦国果然把郑朱求和的事宣扬出去而不与赵国讲和。

秦数败赵兵, 廉颇坚壁不出。赵王以颇失亡多而更怯不战, 怒, 数让之。应侯又使人行千金于赵为反间, 曰:"秦之所畏, 独畏马服君之子赵括为将耳! 廉颇易与, 且降矣!"赵王遂以赵括代颇将。蔺相如曰:"王以名使括, 若胶柱鼓瑟耳。括徒能读其父书传, 不知合变也。"王不听。初, 赵括自少时学兵法, 以天下莫

资治通鉴

182

能当；尝与其父奢言兵事，奢不能难，然不谓善。括母问其故，奢曰："兵，死地也，而括易言之。使赵不将括则已；若必将之，破赵军者必括也。"

【译文】秦国多次击败赵军，廉颇于是坚守壁垒拒绝出城迎战。赵王以为廉颇损兵折将后变得胆怯不敢出战，大怒，连着几次训斥他。应侯又派人带着一千斤黄金到赵国进行反间，说："秦国唯独害怕马服君的儿子赵括担任大将。廉颇容易应付，况且他马上就要投降了！"赵王于是让赵括代替廉颇担任将军。蔺相如说："大王因为赵括名气响亮让他担任将军，就好比把琴柱用胶粘起来再鼓瑟呀。赵括只不过会诵读几本他父亲留下来的兵书，不懂得随机应变的道理。"赵王不肯听从。当初，赵括小时候开始学习兵法时，自认为天下没有人能够与他匹敌；他曾经和他父亲赵奢谈论兵法，赵奢也难不住他，但仍然不说他兵法好。赵括的母亲问他什么原因，赵奢说："用兵，是要身处出生入死的险境，但是赵括谈论兵法却很随意。倘若赵国不任用赵括为将军也就罢了；如果非要他统率军队，使赵军败亡的必然是赵括。"

及括将行，其母上书，言括不可使。王曰："何以？"对曰："始妾事其父，时为将，身所奉饭而进食者以十数，所友者以百数，王及宗室所赏赐者，尽以与军吏士大夫；受命之日，不问家事。今括一旦为将，东乡而朝，军吏无敢仰视之者；王所赐金帛，归藏于家，而日视便利田宅可买者买之。王以为如其父，父子异心，愿王勿遣！"王曰："母置之，吾已决矣！"母因曰："即如有不称，妾请无随坐！"赵王许之。

【译文】等到赵括率兵将要启程时，他母亲向赵王上书，说不能任用赵括。赵王说："为什么？"回答说："起初我侍奉赵括的父亲，那个时候他担任将军，有十几个人都是他自己亲手把食物捧过去给人家吃，有好几百人与他结为挚友，大王及宗室赏赐给他的东西，全都分发给手下的将士卒役；从接受君命那天开始，就不再过问家事。如今赵括刚刚当上将军，就面向东边接受下级官吏的朝见，军中大小官吏没有人敢抬起头看他；大王赏赐给他的金银布帛，都带到家里藏起来，每天看到有能够获利的田宅，能买就购买下来。大王您认为他和他的父亲一样，其实父子二人的心志并不相同，希望大王不要任用他为将。"赵王说："您不要多说了，我已经决定了。"赵括的母亲于是说："假如他不称职，大王怪罪下来请不要牵连到我。"赵王马上就准许了。

秦王闻括已为赵将，乃阴使武安君为上将军而王龁为裨将，令军中："有敢泄武安君将者斩！"赵括至军，悉更约束，易置军吏，出兵击秦师。武安君佯败而走，张二奇兵以劫之。赵括乘胜追造秦壁，壁坚拒不得入；奇兵二万五千人绝赵军之后，又五千骑绝赵壁间。赵军分而为二，粮道绝。武安君出轻兵击之，赵战不利，因筑壁坚守以待救至。

【译文】 秦王听说赵括已经担任赵军的将军，于是暗中派武安君白起为上将军而改任王龁做副将，在军中下令："有谁敢把武安君为上将军的消息泄露出去马上就斩首！"赵括到军中后，把原来廉颇的作战部署完全改变，又把军中的参谋指挥人员进行调动，下令出兵向秦国军队进攻。武安君佯装败退逃跑，安排左右两翼军队对赵军实施包围。赵括乘胜追击，到达秦军的堡垒，秦军坚守壁垒抗拒，赵军久攻不下；秦军派出二万五千人的奇兵把赵军的退路切断，又派出五千骑兵阻断了赵国通往军垒之间的道路。赵军从中间被截成两段，运粮饷的通道也被截断。武安君白起派出

资治通鉴

轻骑兵出击迎战,赵国连连失利,于是修筑壁垒等待援军前来。

秦王闻赵食道绝,自如河内发民年十五以上悉诣长平,遮绝赵救兵及粮食。齐人、楚人救赵。赵人乏食,请粟于齐,齐王弗许。周子曰:"夫赵之于齐、楚,扞蔽也,犹齿之有唇也,唇亡则齿寒;今日亡赵,明日患及齐、楚矣。救赵之务,宜若奉漏瓮沃焦釜然。且救赵,高义也;却秦师,显名也;义救亡国,威却强秦。不务为此而爱粟,为国计者过矣!"齐王弗听。九月,赵军食绝四十六日,皆内阴相杀食。急来攻秦垒,欲出为四队,四、五复之,不能出。赵括自出锐卒搏战,秦人射杀之。

赵师大败,卒四十万人皆降。武安君曰:"秦已拔上党,上党民不乐为秦而归赵。赵卒反覆,非尽杀之,恐为乱。"乃挟诈而尽坑杀之;遗其小者二百四十人归赵。前后斩首虏四十五万人,赵人大震。

【译文】秦王听闻赵军粮草补给的道路被截断,亲自到河内征集年龄在十五岁以上的百姓奔赴长平前线,阻击赵国派来的援兵以及粮草。齐、楚两国派出军队救援赵国,赵军久缺粮草,向齐国请求运送粟米支援,齐王不肯答应。周子说:"赵国作为齐、楚两国防御的一道屏障,就好比是牙齿和嘴唇,唇亡则齿寒;如今赵国被灭的话,明日祸患就要波及齐、楚两国了。救援赵国是一件急切的事务,理应如同捧着漏水的瓦瓮去泼烧焦的铁锅一样。况且营救赵国,是弘扬高尚的道义;击败秦军,更可以彰显名声;弘扬高义援救赵国,彰显军威击退强秦。不努力做这样的事却爱惜那点粮食,为国家这样打算实在是大错!"齐王不肯听从。九月,赵军粮草已经断绝了四十六天,士兵们都私下里互相残杀来充饥。秦军突然加大对赵军堡垒的攻势,赵括派出四支小队想要突围,先后突围四五次都没有成功。赵括亲自出营带领精锐部卒出击与秦军展开肉搏，被秦国士兵射死。

赵军崩败，四十万士兵全部向秦军投降。武安君说："昔日秦国攻克上党，上党百姓不愿意做秦国人却归附于赵国。赵国士兵是反复无常的小人，不赶尽杀绝，恐怕还会再生叛乱。"于是用奸计把他们全部坑杀，只把二百四十个年龄小的士兵放回赵国，先后斩杀俘虏四十五万人，赵国极为震惊。

五十六年（壬寅，公元前二五九年）十月，武安君分军为三，王龁攻赵武安、皮牢，拔之；司马梗北定太原，尽有上党地。韩、魏恐，使苏代厚币说应侯曰："武安君即围邯郸乎？"曰："然。"苏代曰："赵亡则秦王王矣。武安君为三公，君能为之下乎？虽无欲为之下，固不得已矣。秦尝攻韩，围邢丘，困上党，上党之民皆反为赵，天下不乐为秦民之日久矣。今亡赵，北地入燕，东地入齐，南地入韩、魏，则君之所得民无几何人矣。不如因而割之，无以为武安君功也。"应侯言于秦王曰："秦兵劳，请许韩、赵之割地以和，且休士卒。"王听之，割韩垣雍、赵六城以和。正月，皆罢兵。武安君由是与应侯有隙。

【译文】五十六年（壬寅，公元前259年）十月，武安君白起分秦军为三路：王龁率兵进攻赵国武安、皮牢，攻克并占领。司马梗挥师北上平定太原，攻占上党地区所有的土地。韩、魏两国派苏代带上重金向应侯范雎游说："武安君是不是马上就要把邯郸包围了？"应侯说："是这样。"苏代说："赵国败亡后秦国就成为全天下的霸王；武安君白起将身为三公，您难道甘愿身居在他下面吗？到时候即便您不想在他的下面，也没办法了。秦国曾经向韩国进攻，包围邢丘，又围困上党，上党的百姓反而都向赵国投奔，天下百姓不愿意做秦国人已经有很长一段时间了。如今消灭了赵国，北方的百姓都归附燕国，东方的百姓都跑到齐国，南面的都向韩、魏两国逃难，那么秦国所获得的百姓其实没有多少。不如趁势从赵国割取土地，不要让武安君成就大功。"应侯向秦王建议说："秦兵已经辛劳疲敝，希望允许韩、赵两国割地求和，暂且让士卒得以休整。"秦王采纳了他的建议，从韩国割让垣雍、从赵国割让六座城池后双方讲和，正月，双方纷纷休兵。从这以后武安君白起与应侯范雎结下了怨仇。

赵王将使赵郝约事于秦，割六县。虞卿谓赵王曰："秦之攻王也，倦而归乎？王以其力尚能进，爱王而弗攻乎？"王曰："秦不遗馀力矣，必以倦而归也。"虞卿曰："秦以其力攻其所不能取，倦而归，王又以其力之所不能取以送之，是助秦自攻也。来年秦攻王，王无救矣。"赵王计未定，楼缓至赵，赵王与之计之。楼缓曰："虞卿得其一，不得其二。秦、赵构难而天下皆说，何也？曰：'吾且因强而乘弱矣。'今赵不如亟割地为和以疑天下，慰秦之心。不然，天下将因秦之怒，乘赵之敝，瓜分之，赵且亡，何秦之图乎！"

【译文】赵王派赵郝到秦国进行和谈，割让给秦国六县。虞卿对赵王说："秦国攻打赵国，是因为军力疲困而退军了呢，还是秦国还能继续进攻，只是顾念与赵国的友好关系而不再进军了呢？"赵王说："秦国此次前来已经是不留余力，必然是因疲惫才退兵回国的。"虞卿说："秦国耗尽自己的军力进攻赵国没有得手，军力疲惫而归去，大王又把它耗尽军力没有攻下的地方割让给秦国，这实际上是帮助秦国来攻打自己。明年秦国再次出兵进攻赵国，大王就没有补救的办法了。"赵王还没有决定好计策，楼缓来到赵国，赵王与他商量这件事。楼缓说："虞卿只知这中间的一点，却不知第二点。秦、赵两国互相攻战而各诸侯国都十分高兴，这是因为什么呢？他们说：'我们可以趁着强国的势力去打劫弱小的国家。'赵国如今不如趁早把土地割让给秦国求和来迷惑各诸侯国，同时安慰秦国。不这样的话，各国趁着秦国盛怒、赵国兵力疲惫，把赵国瓜分了，赵国就要灭亡了，还怎么去图谋秦国呢？"

虞卿闻之，复见曰："危哉楼子之计，是愈疑天下，而何慰秦之心哉？独不言其示天下弱乎？且臣言勿与者，非固勿与而已也。秦索六城于王，而王以六城赂齐。齐，秦之深仇也，其听王不待辞之毕也。则是王失之于齐而取偿于秦，而示天下有能为也。王以此发声，兵未窥于境，臣见秦之重赂至赵而反媾于王也。从秦为媾，韩、魏闻之，必尽重王。是王一举而结三国之亲而与秦易道也。"赵王曰："善。"使虞卿东见齐王，与之谋秦。虞卿未返，秦使者已在赵矣。楼缓闻之，亡去。赵王封虞卿以一城。

【译文】虞卿听见这些话，再次拜见赵王说："楼缓的策略实在是太危险了，这样会使各国越发疑虑，又怎么来慰藉秦国的贪欲呢！他唯独不说这分明是向天下人显露赵国的弱小，况且我所说的不割地给秦国，并不是绝对不能割让给秦国。秦国向您索要六座城池，而大王可以把这六座城池转手去贿赂齐国，齐国是秦国的世仇，它的国君等不到使者把话说完就会相信的。这样大王割让给齐国而失去的土地却可以在秦国手里得到补偿，又向天下展示大王还有能力进行一番作为。大王以这件事来扩大影响力，大军还没有到边境，就可以看见秦国使臣带着重礼来到赵国，反过头来向大王您求和。顺从秦国的意思与它讲和，韩、魏两国听到这件事，必然对大王更加看重，这样大王可以一举与三个国家友好亲善，而与秦国之间的交往也更加便利。"赵王说："好。"派虞卿东行去拜见齐王，与他商议应对秦国。虞卿还没有从齐国回来，秦国的使者已经来到赵国请求和谈。楼缓听说后，从赵国逃走了。赵王把一座城池封赏给虞卿。

秦之始伐赵也，魏王问于诸大夫，皆以为秦伐赵，于魏便。孔斌曰："何谓也？"曰："胜赵，则吾因而服焉；不胜赵，则可承敝而击之。"子顺曰："不然。秦自孝公以来，战未尝屈，今又属其良将，何敝之承？"大夫曰："纵其胜赵，于我何损？邻之羞，国之福也。"子顺曰："秦，贪暴之国也，胜赵，必复他求，吾恐于时魏受其师也。先人有言：燕雀处屋，子母相哺，呴呴焉相乐也，自以为安矣。灶突炎上，栋宇将焚，燕雀颜不变，不知祸之将及己也。今子不悟赵破患将及己，可以人而同于燕雀乎！"子顺者，孔子六世孙也。

【译文】秦国刚开始进攻赵国时，魏王向群臣询问计策，大家都觉得秦国对赵国发动攻击，对于魏国有所便利。孔斌说："这怎么说呢？"大家说："秦国击败了赵国，那我们也顺势向它臣服；不能取胜，就可以趁它衰微而进攻它。"子顺说："不是这样。秦国从孝公到现在以来，作战还没有失败过。如今又任用良将，哪里有什么衰微的时机可乘呢？"大夫说："即便战胜了赵国，对于我们又有什么损失？邻国蒙受羞辱对于我国正是福分呀。"子顺说："秦国是贪婪残暴的国家，战胜了赵国，必然又要向其他国家进攻来满足自己的需求，我害怕到那个时候魏国也要被秦军进攻了。古人有这样的话：燕雀在房檐筑巢，母鸟为小鸟哺食，非常欢乐，自认为很安全。锅灶的火苗上蹿，房屋马上就要被烧毁，而燕雀脸色依然没有改变，不知道灾祸马上就要波及自己身上了。如今你还不明白赵国被攻破灾祸就会波及魏国，人怎么能和燕雀一样呢？"子顺，是孔子的第六代孙。

初，魏王闻子顺贤，遣使者奉黄金束帛，聘以为相。子顺谓使者曰："若王能信用吾道，吾道固为治世也，虽蔬食饮水，吾犹为之。若徒欲制服吾身，委以重禄，吾犹一夫耳，魏王奚少于一夫！"使者固请，子顺乃之魏；魏王郊迎以为相。子顺改嬖宠之官以事贤才，夺无任之禄以赐有功。

【译文】起初，魏王听说子顺十分贤明，派遣使者带上黄金和布帛，把他聘请来担任丞相。子顺说："君王如果相信我的办法，我的办法本来就是为治国理民而设计的，即便是让我吃粗粝的饭食喝冷水，我依然乐意。如果只是想让我向大王表示臣服，拿高官重禄给我，我只是一个平头百姓，魏王难道缺少一个百姓吗？"使者坚持邀请他，子顺才到了魏国；魏王亲自到郊外迎接他并任命他为丞相。子顺把一批受宠的官员黜免，改任贤能人士，又把闲居官员的俸禄收回，赐给对国家有功的大臣。

诸丧职秩者咸不悦，乃造谤言。文咨以告子顺。子顺曰："民之不可与虑始久矣！古之善为政者，其初不能无谤。子产相郑，三年而后谤止；吾先君之相鲁，三月而后谤止。今吾为政日新，虽不能及贤，庸知谤乎！"文咨曰："未识先君之谤何也？"子顺曰："先君相鲁，人诵之曰：'麑裘而韠，投之无戾；韠而麑裘，投之无邮。'及三月，政化既成，民又诵曰：'裘衣章甫，实获我所；章甫裘衣，惠我无私。'"文咨喜曰："乃今知先生不异乎圣贤矣。"子顺相魏凡九月，陈大计辄不用，乃喟然曰："言不见用，是吾言之不当也。言不当于主，居人之官，食人之禄，是尸利素餐，吾罪深矣!"退而以病致仕。

【译文】很多丢掉官职的人都很不高兴, 于是纷纷制造谣言。文咨把这件事告诉子顺, 子顺说: "不能与下层民众共同谋事已经有很长一段时间了! 古时候善于处理政事的, 在施政刚开始的时候难免都要受到诋毁和诽谤。子产在郑国担任丞相, 三年之后诽谤流言才停止; 我的祖先在鲁国担任丞相, 三个月后流言才停息。如今我进行新政改革, 虽然无法比得上之前的贤人, 但怎能对谤言太过于介意呢?"文咨说: "不知道你的祖先当年都受到了哪些诽谤?"子顺说: "先祖在鲁国担任丞相的时候, 有人在街上唱着:'穿着皮裘和芾的那个人, 把他抓起来也没有罪。穿着芾和皮裘的那个人, 把他抓起来也没有过错。'等过了三个月, 政治风化改革成功, 百姓又称诵: '穿皮衣、戴大帽的那个人, 能实实在在地考虑到我们想要的。戴大帽、穿皮衣的那个人, 给我们带来福祉没有偏私。'"文咨十分高兴地说: "我到今天才知道您与圣贤没有什么差别。"子顺在魏国担任丞相九个月, 向魏王提出的计策都没有被采纳, 喟然叹息说: "建议没有被采纳, 是我提出的建议不合适。建议不适用于君王, 却担任人家的职位, 享受人家的俸饷, 这是不干活光吃白饭, 我的罪过实在是太深重了!"于是以身体不适为由辞官退隐。

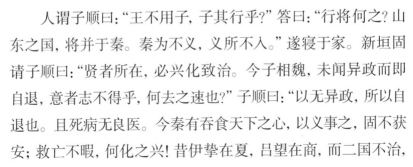

人谓子顺曰: "王不用子, 子其行乎?"答曰: "行将何之? 山东之国, 将并于秦。秦为不义, 义所不入。"遂寝于家。新垣固请子顺曰: "贤者所在, 必兴化致治。今子相魏, 未闻异政而即自退, 意者志不得乎, 何去之速也?"子顺曰: "以无异政, 所以自退也。且死病无良医。今秦有吞食天下之心, 以义事之, 固不获安; 救亡不暇, 何化之兴! 昔伊挚在夏, 吕望在商, 而二国不治,岂伊、吕之不欲哉？势不可也。当今山东之国敝而不振，三晋割地以求安，二周折而入秦，燕、齐、楚已屈服矣。以此观之，不出二十年，天下其尽为秦乎！"

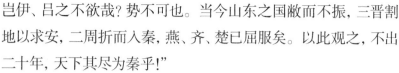

【译文】有人对子顺说："魏王不肯重用你，你为什么不到别的国家去？"子顺答道："能到哪里去？崤山以东的诸侯国马上就要被秦国兼并；秦国是不行仁义的国家，我不愿意到不仁义的地方去。"就待在家里休息。新垣固来请子顺说："贤明人士居住的地方，必然教化振兴，政治修明。如今你担任魏国丞相，还没有听说你做出什么特别的政绩就主动隐退。是不是大志难以实现？不然怎么这么快就辞职呢？"子顺说："就是因为没有什么特别的政绩，所以才主动隐退。更何况一个人身患不治之症，再高明的医生也不会医治。如今秦国心怀兼并天下的志向，奉行仁政道义，魏国自然得不到安定；如今连挽救国家危亡都来不及，哪还有教化可谈？昔日伊挚在夏做官，吕望在商做官，而这两个国家都没有能够长久保全，这难道是伊挚、吕望内心不愿意吗？是因为形势所趋，他们也做不了主啊。如今崤山以东各诸侯国都国势衰颓，韩、赵、魏纷纷将土地割让给秦国以求苟安，二周也派出使臣屈尊向秦国臣服，燕、齐、楚等国也都向秦国表示屈服。从这些来看，不超过二十年，全天下都将是秦国的了！"

秦王欲为应侯必报其仇，闻魏齐在平原君所，乃为好言诱平原君至秦而执之。

遣使谓赵王曰："不得齐首，吾不出王弟于关！"魏齐穷，抵虞卿，虞卿弃相印，与魏齐偕亡。至魏，欲因信陵君以走楚。信陵君意难见之，魏齐怒，自杀。赵王卒取其首以与秦，秦乃归平原君。九月，五大夫王陵将兵复伐赵，武安君病，不任行。

【译文】秦王想替应侯范雎报仇，听说魏齐藏在平原君赵胜的家里，就花言巧语把赵胜诱骗到秦国扣押起来。

然后，秦王派遣使臣告诉赵王说："不得到魏齐的首级，我绝对不会把赵王的弟弟放回去！"魏齐想不出计策来，于是依赖于虞卿，虞卿舍弃相印，带着魏齐一起逃亡。到魏国后，想凭借信陵君的关系逃到楚国。信陵君很是为难，很久都没见他们，魏齐很愤怒，自杀身亡。赵王于是把魏齐的首级送给秦国，秦国这才把平原君释放回国。九月，秦国派出五大夫王陵带兵进攻赵国。因为武安君白起患病，不能胜任这次行军任务。

五十七年(癸卯, 公元前二五八年)正月，王陵攻邯郸，少利，益发卒佐陵；陵亡五校。武安君病愈，王欲使代之。武安君曰："邯郸实未易攻也；且诸侯之救日至。彼诸侯怨秦之日久矣，秦虽胜于长平，士卒死者过半，国内空，远绝河山而争人国都，赵应其内，诸侯攻其外，破秦军必矣。"王自命不行，乃使应侯请之。武安君终辞疾，不肯行；乃以王龁代王陵。

【译文】五十七年(癸卯, 公元前258年)正月，王陵进攻邯郸，仅仅收获一点利益，秦国增派大军支援王陵；王陵又损失五名校尉。武安君白起这个时候身体已经痊愈，秦王想要派他去代替王陵。武安君说："邯郸实在不是那么容易攻克的，况且各诸侯国救援的大军即日就要到了。而各诸侯国对秦国的怨恨由来已久，秦国尽管长平一战获胜，士兵伤亡也已经过半，国内空虚，如今越过高山大河而去进攻赵国的国都，赵国在内坚决抵抗，各诸侯国在外围攻，击败秦军是必然的。"秦王见自己亲自下命令都行不通，于是派应侯前去劝说他。武安侯白起始终借生病的理由婉言拒绝，不愿前往，于是秦王派王龁去代替王陵。

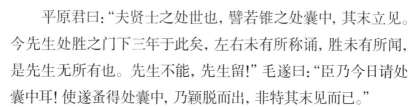

赵王使平原君求救于楚，平原君约其门下食客文武备具者二十人与之俱，得十九人，馀无可取者。毛遂自荐于平原君。

平原君曰："夫贤士之处世也，譬若锥之处囊中，其末立见。今先生处胜之门下三年于此矣，左右未有所称诵，胜未有所闻，是先生无所有也。先生不能，先生留！"毛遂曰："臣乃今日请处囊中耳！使遂蚤得处囊中，乃颖脱而出，非特其末见而已。"

平原君乃与之俱，十九人相与目笑之。平原君至楚，与楚王言合从之利害，日出而言之，日中不决。毛遂按剑历阶而上，谓平原君曰："从之利害，两言而决耳！今日出而言，日中不决，何也？"楚王怒叱曰："胡不下！吾乃与而君言，汝何为者也？"

【译文】赵王派平原君去楚国寻求援救，平原君想在门下的食客中选出文武兼备的二十个人同行，却只选出了十九个人，其他的人都不能够胜任。这时一个叫毛遂的人来到平原君面前自我推荐。

平原君说："有贤德才能的人身处社会上，就好比利锥装在袋子里，它锋利的锥尖马上就会露到外面。如今你在我门下寄食已经有三年了，我身边也没有人向我夸赞你，我也一直都没有听人说起过你，这说明你是没有什么才能的。既然你没有什么能力，还是留下吧！"毛遂说："我只是现在才请您将我放到袋子里！假如早点把我放进袋子里，我早就刺破袋子，脱颖而出了，岂止是露出一点锥尖！"

平原君这才同意带他一同前去，另外的十九个人都纷纷讥笑他。平原君到楚国后，与楚王说清楚合纵抗秦的利害关系，从早晨一直说到中午，楚王迟迟不肯做决定。毛遂手按长剑顺着台阶走上前去，对平原君说："合纵抗秦的利害关系，'利''害'两个字就可以说明白了，现在从早上一直说到中午还没有决定，究竟是为

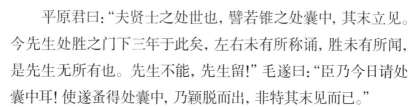

什么?"楚王怒斥道:"还不赶紧下去! 我和你的主子谈话,你是干什么的?"

毛遂按剑而前曰:"王之所以叱遂者,以楚国之众也。今十步之内,王不得恃楚国之众也! 王之命悬于遂手。吾君在前,叱者何也? 且遂闻汤以七十里之地王天下,文王以百里之壤而臣诸侯,岂其士卒众多哉? 诚能据其势而奋其威也。今楚地方五千里,持戟百万,此霸王之资也。以楚之强,天下弗能当。白起,小竖子耳,率数万之众,兴师以与楚战,一战而举鄢、郢,再战而烧夷陵,三战而辱王之先人,此百世之怨而赵之所羞,而王弗知恶焉。合从者为楚,非为赵也。吾君在前,叱者何也?"楚王曰:"唯唯,诚若先生之言,谨奉社稷以从。"毛遂曰:"从定乎?"楚王曰:"定矣。"毛遂谓楚王之左右曰:"取鸡、狗、马之血来!"毛遂奉铜盘而跪进之楚王曰:"王当歃血以定从,次者吾君,次者遂。"遂定从于殿上。毛遂左手持盘血则右手招十九人曰:"公相与歃此血于堂下! 公等录录,所谓因人成事者也。"平原君已定从而归,至于赵,曰:"胜不敢复相天下士矣!"遂以毛遂为上客。

【译文】毛遂手按长剑上前几步说:"大王敢呵斥我,不过是倚仗楚国人多罢了。现在十步之内,您没办法再倚仗楚国人多了,大王你的性命握在我的手里。在我的主人面前,你凭什么呵斥我? 我毛遂听说商汤凭借七十里土地为根基最终称王,周文王以百里土地为根基最终使诸侯各国向他臣服,难道是因为人多吗? 其实是因为他们能顺应形势,发扬他们的武力呀。如今楚国疆域方圆五千里,有五百多万持戟的将士,这是成就霸业的资本。凭借楚的强势,天下诸国都难以抵御。白起,只是一个无知的小儿,率着几万人与楚国交战,一战就攻克鄢、郢,再战就把夷陵烧毁了，三战就把楚国的宗庙焚烧了，这是百代都难化解的仇怨，赵国都感到羞耻，而大王却不以为然。如今倡议实行合纵其实是在为楚国着想，并不是为赵国考虑啊。我在主人面前，你有什么好呵斥我的?"楚王说："是! 是! 就像先生说的那样，我愿意举全国之力追随赵国。"毛遂说："真的决定合纵抗秦了吗?"楚王说："决定了。"毛遂于是对楚王身边的侍臣说："取鸡、狗、马的血来!"毛遂手捧着铜盘跪着递给楚王，说："请大王歃血为盟订立合纵抗秦之约，其次是我的主人平原君，再次是我。"就在大殿上订立好抗秦的合约。毛遂左手端着盛血的铜盘，右手召唤那十九个人说："你们几个就在堂下歃血起誓吧! 你们碌碌无为，最后只能靠着他人才能成就大事啊。"平原君与楚国协定合纵抗秦之事后回到国内，说："我不敢再说我能辨别天下的贤士了!"于是把毛遂奉为上宾。

【乾隆御批】战国公子，率多好士。然其著名者仅如朱英、毛遂、朱亥、侯嬴辈，甚至鸡鸣狗盗亦称客，盖其时谲诈相尚。所谓士者，不过如此。岂有贤人而甘为食客者哉?

【译文】战国诸公子礼贤下士，大都有好士之名。然而闻名遐迩的门客只有朱英、毛遂、朱亥、侯嬴等人，甚至连拥有微不足道的本领的人也号称门客，大抵是因为战国时期崇尚相互欺骗。所谓贤士，也不过如此。难道真正的贤士能心悦诚服地做别人的门下客吗?

于是楚王使春申君将兵救赵，魏王亦使将军晋鄙将兵十万救赵。秦王使谓魏王曰："吾攻赵，且暮且下，诸侯敢救之者，吾已拔赵，必移兵先击之!"魏王恐，遣人止晋鄙，留兵壁邺，名为救赵，实挟两端。又使将军新垣衍间入邯郸，因平原君说赵王，欲共尊秦为帝，以却其兵。齐人鲁仲连在邯郸，闻之，往见新垣衍曰："彼秦者，弃礼义而上首功之国也。彼即肆然而为帝于天下，则连有蹈东海而死耳，不愿为之民也！且梁未睹秦称帝之害故耳，吾将使秦王烹醢梁王！"新垣衍怏然不悦，曰："先生恶能使秦王烹醢梁王？"

【译文】楚王于是派春申君统率大军前往营救赵国。魏王也派出大将晋鄙统率十万大军前来营救赵国。秦王派出使者对魏王说："我进攻赵国，用不了几天就可以攻克，诸侯各国有敢去营救赵国的，待我攻克赵国，必先调集大军去攻打它！"魏王很是害怕，派人前去令晋鄙暂时把军队驻扎在邺地，打着救赵的旗号，其实是持暂时观望的态度。又派将军新垣衍偷偷进入邯郸，通过平原君向赵王游说，想要与赵国一同尊奉秦王为帝，来使秦国退兵。当时齐国有个名叫鲁仲连的人在邯郸，听到这件事，就来见新垣衍，说："秦国是一个弃绝礼义而推崇杀人立功的国家。它的国君要是公然称帝于天下诸侯，那么我鲁仲连马上就跳到东海里去死，不愿意做秦国的百姓！何况魏国没能看清楚秦王称帝以后的危害，倘若秦王称帝的愿望实现，我要让秦王把魏王剁碎煮成肉酱！"新垣衍闷闷不乐地说："你凭什么能让秦王把魏王剁碎煮成肉酱呢？"

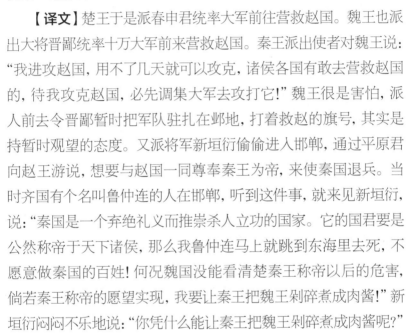

鲁仲连曰："固也，吾将言之。昔者九侯、鄂侯、文王，纣之三公也。九侯有子而好，献之于纣，纣以为恶，醢九侯；鄂侯争之强，辩之疾，故脯鄂侯；文王闻之，喟然而叹，故拘之牖里之库百日，欲令之死。今秦，万乘之国也；梁，亦万乘之国也。俱据万乘之国，各有称王之名，奈何睹其一战而胜，欲从而帝之，卒就脯醢之地乎！且秦无已而帝，则将行其天子之礼以号令于天下，则且变易诸侯之大臣，彼将夺其所不肖而与其所贤，夺其所憎而与其所爱，彼又将使其子女谗妾为诸侯妃姬，处梁之宫，梁王安得晏然而已乎！而将军又何以得故宠乎！"新垣衍起，再拜曰："吾乃今知先生天下之士也！吾请出，不敢复言帝秦矣！"

【译文】鲁仲连说："必然要这样，我给你细细说来。昔日九侯、鄂侯、文王是纣王宫中三位权势极重的诸侯。九侯家里有个女儿长得很娇美，把她献给纣王，纣王很是厌恶她，把九侯剁成了肉酱；鄂侯就这件事为九侯极力辩白，纣王又把鄂侯制成肉干；文王听到这件事，仅仅是长长叹了口气，也因此被拘禁在羑里城长达一百多天，分明是想让文王死。如今秦国是拥有万辆战车的大国，魏国也是拥有万辆战车的大国，同样是拥有万辆战车的大国，各自都有称王的名义，怎么见秦国打了一场胜仗，就要追随着秦王把他尊奉为皇帝，最后落得一个被人制成肉干、剁成肉酱的境地呢？况且秦国如果没有得到制止而成功称帝，就要行使天子的礼制来对天下诸侯发号施令，并且把诸侯各国的大臣进行调换，把他所认为不称职的官员黜免转由他宠爱的人担任，他又要把自己的女儿和善于谄媚的姜姬做诸侯的嫔妃，居住在魏国王宫里，魏王还能安然处之吗？而将军又怎么能让魏王对你一直保持宠爱呢？"新垣衍起身向鲁仲连再三致歉，说："我如今才知道先生是天下的贤士！我这就出城回国，不敢再向赵王说尊奉秦王为帝的话了！"

燕武成王薨，子孝王立。

初，魏公子无忌仁而下士，致食客三千人。魏有隐士曰侯嬴，年七十，家贫，为大梁夷门监者。公子置酒大会宾客，坐定，公子从车骑虚左自迎侯生。侯生摄敝衣冠，直上载公子上坐不让，公子执辔愈恭。侯生又谓公子曰："臣有客在市屠中，愿枉车骑过之。"公子引车入市，侯生下见其客朱亥，睥睨，故久立，与其客语，微察公子，公子色愈和；乃谢客就车，至公子家。公子引侯生坐上坐，遍赞宾客，宾客皆惊。及秦围赵，赵平原君之夫人，公子无忌之姊也，平原君使者冠盖相属于魏，让公子曰："胜所以自附于婚姻者，以公子之高义，能急人之困也。今邯郸旦暮降秦而魏救不至，纵公子轻胜弃之，独不怜公子姊邪？"公子患之，数请魏王敕晋鄙令救赵，及宾客辩士游说万端，王终不听。

【译文】燕武成王逝世，他的儿子继承王位，即燕孝王。

起初，魏国的公子魏无忌为人仁德又礼遇贤士，网罗到身边的食客有三千多人。魏国有一个叫作侯嬴的隐士，已经七十岁，家境贫寒，在大梁城北边的夷门做守门的小吏。有一次公子魏无忌大摆宴席招待宾客，大家都就座之后，公子亲自驾车并将左边的上等座位空出来，前去接侯嬴。侯嬴穿戴破破烂烂的衣帽，上车直接坐在公子身边的上座，公子为他执辔驾车更加恭敬。侯嬴又对公子说："臣有个朋友在集市上做屠夫，还希望车子能到那边去一趟。"公子驾车进入集市中，侯嬴下车与他的朋友朱亥相见，斜着眼睛偷偷看公子的反应，故意站着和他的朋友谈了很长时间，再微微斜视观察公子的神色，公子的态度越发谦和；于是与朋友告别上车，来到公子的府中。公子邀请侯嬴坐在上座，在宾客面前大加夸赞他，宾客都十分吃惊。这个时候秦国派兵包围赵国，赵国平原君的夫人是魏无忌的姐姐，平原君派出使者陆陆续续地来到魏国，斥责公子说："赵胜之所以与你结为姻亲，就是因为公子你崇尚仁德道义，能救人于危难之中。如今邯郸早晚就要向秦国投降而魏国的援军却迟迟不肯来，就算是公子轻视我赵胜，难道不知道可怜你的姐姐吗？"魏公子内心十分焦急，多次向魏王建议给晋鄙下令去援救赵国，又让身边的宾客谋士向魏王百般游说，魏王始终不肯听从。

公子乃属宾客，约车骑百馀乘，欲赴斗以死于赵；过夷门，见侯生。侯生曰："公子勉之矣，老臣不能从！"公子去，行数里，心不快，复还见侯生。侯生笑曰："臣固知公子之还也！今公子无佗端而欲赴秦军，譬如以肉投馁虎，何功之有！"公子再拜问计。侯嬴屏人曰："吾闻晋鄙兵符在王卧内，而如姬最幸，力能窃之。尝闻公子为如姬报其父仇，如姬欲为公子死无所辞，公子诚一开口，则得虎符，夺晋鄙之兵，北救赵，西却秦，此五伯之功也。"公子如其言，果得兵符。公子行，侯生曰："将在外，君令有所不受。有如晋鄙合符而不授兵，复请之，则事危矣。臣客朱亥，其人力士，可与俱。晋鄙若听，大善；不听，可使击之！"于是公子请朱亥与俱。至邺，晋鄙合符，疑之，举手视公子曰："吾拥十万之众屯于境上，国之重任。今单车来代之，何如哉？"朱亥袖四十斤铁椎，椎杀晋鄙，公子遂勒兵下令军中曰："父子俱在军中者，父归；兄弟俱在军中者，兄归；独子无兄弟者，归养！"得选兵八万人，将之而进。

王龁久围邯郸不拔，诸侯来救，战数不利。武安君闻之曰："王不听吾计，今何如矣？"王闻之，怒，强起武安君。武安君称病笃，不肯起。

【译文】魏公子于是召集宾客征集了一百多辆战车，想到前线与赵国一同与秦国对抗；经过夷门，去见侯嬴。侯嬴说："公子您尽力去做吧，我是真的没办法跟你一起去！"公子于是离开，走了几里地，内心很不高兴，又返回见侯嬴。侯嬴笑着说："我就知道公子你还会回来！如今公子实在是没有办法了而想亲自去抵御秦军，就好比拿肉去击打饿虎，会有什么功劳？"魏公子一再拜谢向他请教对策。侯嬴让左右侍从退下后，说："臣听说晋鄙的兵符藏在魏王的卧室里，而最受宠幸的如姬，肯定有办法把兵符偷到手。臣听说公子您曾经为如姬报过杀父之仇，如姬说过要为公子效劳，必然不会推辞。公子只要开口跟她说，便能得到兵符，夺去晋鄙指挥军队的大权，然后挥师北上营救赵国，西进抵御秦军，这是与先前五霸相当的功业！"公子按照他的建议做，果然拿到了兵符。公子走之前，侯嬴说："大将在外带军，可以不接受国君的命令。如果晋鄙核验兵符后依然不肯把军权移交给您，想要再向君王请示，那这事可就麻烦了。我那个朋友朱亥，是个勇敢的大力士，可把他一起带去。如果晋鄙听从，那就罢了；如果不肯听从，就让朱亥把他打死！"魏公子于是请朱亥和他一起去。到邺城后，晋鄙核验了兵符后，还是有点怀疑，举起手看着魏公子说："我统率十万大军在边境驻守，如今你乘坐一辆车就来替代我，怎么这样随便呢？"朱亥从袖中取出重四十斤的铁椎，把晋鄙打死了，魏公子于是部署军队，下令说："父子二人都在军中的，父亲可以回去！兄弟二人都在军中的，兄长可以回去！独自一人没有兄弟的，可以回家侍奉父母！"就这样挑选出八万精兵，统率大军向前线进发。

王龁带兵围攻邯郸，很长时间都没有攻克，又与各诸侯国的援军先后交战，也都没能取胜。武安君听到这件事，说："大王不肯听从我的建议，看看现在怎么样呢！"秦王听到这话，大怒，强行派武安君到前线统率大军。武安君谎称病情加重，不肯前去。

【乾隆御批】赵、魏唇齿。赵被兵，魏虽不可不救，然无忌徒以爪葛之谊，盗窃军符、椎杀国将，则非为国乃为私，且大悖理矣。

【译文】魏、赵两国辅车相依。赵国被困，魏国虽然不能见死不救，但信陵君仅仅凭借姻亲关系，竟做出窃符救赵、椎杀晋鄙之事，这是因公假私，而且是违背常理的。

五十八年(甲辰，公元前二五七年)十月，免武安君为士伍，迁之阴密。十二月，益发卒军汾城旁。武安君病，未行，诸侯攻王龁，龁数却，使者日至，王乃使人遣武安君，不得留咸阳中。武安君出咸阳西门十里，至杜邮。王与应侯群臣谋曰："白起之迁，意尚怏怏有馀言。"王乃使使者赐之剑，武安君遂自杀。秦人怜之，乡邑皆祭祀焉。

【译文】五十八年(甲辰，公元前257年)十月，秦王把武安君白起罢免，贬为普通士卒，又把他发配到阴密。十二月，重新调集大军屯驻在汾城旁边。白起因为生病，没有随军出征，各诸侯国联合向王龁进攻，王龁接连战败，每天都有使者到咸阳告急，秦王于是派人把武安君赶出去，不让他留在咸阳城内。武安君出咸阳城西门十里，来到杜邮。秦王与应侯等诸位大臣商议说："白起被贬黜时，面带怏怏不乐的表情还有怨言。"随即派使者赐给白起宝剑自裁，武安君于是自杀身亡。秦国人对于他的死十分同情，城乡百姓都纷纷祭祀他。

魏公子无忌大破秦师于邯郸下，王龁解邯郸围走。郑安平为赵所困，将二万人降赵，应侯由是得罪。

公子无忌既存赵，遂不敢归魏，与宾客留居赵，使将将其军还魏。赵王与平原君计，以五城封公子。赵王扫除自迎，执主人之礼，引公子就西阶。公子侧行辞让，从东阶上，自言罪过，以负于魏，无功于赵。赵王与公子饮至暮，口不忍献五城，以公子退让也。赵王以鄗为公子汤沐邑。魏亦复以信陵奉公子。公子闻赵有处士毛公隐于博徒，薛公隐于卖浆家，欲见之。两人不肯见，公子乃间步从之游。平原君闻而非之。公子曰;"吾闻平原君之贤，故背魏而救赵。今平原君所与游，徒豪举耳，不求士也。以无忌从此两人游，尚恐其不我欲，平原君乃以为羞乎!"为装欲去。平原君免冠谢，乃止。

【译文】魏公子无忌在邯郸城下大败秦军，王龁解除对邯郸的包围撤走。秦国大将郑安平也被赵军包围，带领二万人向赵国投降，应侯范雎也因为这件事获罪。

魏公子无忌已经使赵国得以保全，但不敢回到魏国，就与宾客暂时留在赵国，派将领统率大军回到魏国。赵王与平原君商议，把五座城池封赏给魏公子无忌。赵王安排人打扫干净后，亲自去迎接魏公子，以主人的礼节对待魏公子，领着魏公子由西侧台阶上殿。公子侧着身子行走进行辞让，顺着东侧的台阶登上大殿，说自己有罪，既辜负了魏国，对赵国也没有什么功劳。赵王与魏公子饮酒一直喝到日落，因为魏公子谦让，一直没好意思说献给他五座城池的事。赵王把城池送给魏公子作为汤沐邑。魏国也重新把魏无忌封为信陵君。魏公子听说赵国有一位处士毛公，隐居在赌坊里，另外有一位薛公隐居在卖酒的人家里，想见见他们两个；两人不肯与他相见，魏公子于是趁着外出散步的机会与他们交往。平原君听说这件事，认为做错了。魏公子说:"我听说平原君十分贤明，所以才背弃魏国而去营救赵国。如今平原君结交的人，只不过是富家之人的行为罢了，并不是寻求贤才啊。凭我的权势而想要和这两个人结交，还一直害怕他们不同意，平原君难道还觉得这是羞耻吗?"于是收拾行囊准备离开。平原君赶紧脱下帽子向他道歉，魏公子这才留了下来。

平原君欲封鲁连，使者三返，终不肯受。又以千金为鲁连寿，鲁连笑曰:"所贵于天下之士者，为人排患释难解纷乱而无取也。即有取者，是商贾之事也，而连不忍为也！"遂辞平原君而去，终身不复见。

秦太子之妃曰华阳夫人，无子；夏姬生子异人。异人质于赵；秦数伐赵，赵人不礼之。异人以庶孽孙质于诸侯，车乘进用不饶，居处困不得意。

阳翟大贾吕不韦适邯郸，见之，曰："此奇货可居！"乃往见异人，说曰："吾能大子之门！"异人笑曰："且自大君之门！"不韦曰："子不知也，吾门待子门而大。"异人心知所谓，乃引与坐，深语。

【译文】平原君想要封赏鲁仲连，使者先后往返三次，终究不肯接受。又让人带着千金去为鲁仲连贺寿，鲁仲连笑着说："天下贤士最宝贵的就是能够替人解除患难、解决纷争而不求回报。假如收受回报，那就是商贾的做法了！"于是与平原君告别，终其一生都没有再见面。

秦国太子的妃子称为华阳夫人，没有子嗣；另一妃子夏姬生了儿子嬴异人。异人在赵国充当人质；秦国多次对赵国发动进攻，赵国也不按照礼节对异人。异人是秦王的庶孙而在国外充当人质，车马及衣食等用品不是很充足，处境十分窘困，不得志。

阳翟的大商人吕不韦到邯郸，见到异人的处境，说："这是可以囤积牟利的珍奇之货！"于是去拜见异人，对他说："我能使你光大门楣！"异人笑着说："还是先使你的门庭光大吧！"吕不韦说："你不知道，我的门庭需要依靠你来光大。"异人心里知道他的意思，于是引他坐下进行深一步的商谈。

不韦曰："秦王老矣。太子爱华阳夫人，夫人无子。子之兄弟二十馀人，子傒有承国之业，士仓又辅之。子居中，不甚见幸，久质诸侯。太子即位，子不得争为嗣矣。"异人曰："然则奈何？"

不韦曰："能立适嗣者，独华阳夫人耳。不韦虽贫，请以千金为子西游，立子为嗣，"异人曰："必如君策，请得分秦国与君共之。"不韦乃以五百金与异人，令结宾客。复以五百金买奇物玩好，自奉而西，见华阳夫人之姊，而以奇物献于夫人，因誉子异人之贤，宾客遍天下，常日夜泣思太子及夫人，曰："异人也以夫人为天！"夫人大喜。不韦因使其姊说夫人曰："夫以色事人者，色衰则爱弛。今夫人爱而无子，不以繁华时蚤自结于诸子中贤孝者，举以为适，即色衰爱弛，虽欲开一言，尚可得乎！今子异人贤，而自知中子不得为适，夫人诚以此时拔之，是子异人无国而有国，夫人无子而有子也，则终身有宠于秦矣。"夫人以为然，承间言于太子曰："子异人绝贤，来往者皆称誉之。"因泣曰："妾不幸无子，愿得子异人立以为嗣，以托妾身！"太子许之，与夫人刻玉符，约以为嗣，因厚馈遗异人，而请吕不韦傅之。异人名誉盛于诸侯。

【译文】吕不韦说："秦王老了。太子对华阳夫人十分宠爱，夫人又没生下子嗣。你二十几个兄弟当中，子傒是要继承秦国大业的，士仓又对他进行辅佐。你的排行在中间，又不是特别受宠爱，再加上长时间在诸侯国充当人质。假如太子继承王位，你就很难再争立为子嗣。"异人说："那该怎么办呢？"吕不韦说："能确立嫡子的，只有华阳夫人一个人。我虽然没有什么钱财，但愿意带上千金替你向西到秦国，想办法让她把你立为嫡子。"异人说："如果你的计策真的实现了，我愿意把秦国让给你一半。"吕不韦于是拿出五百金送给异人，让他用来结交天下士人，又拿出五百金搜集奇珍异宝，自己带着向西进入秦国，拜见华阳夫人的姐姐，又通过她的关系把奇珍异宝献给华阳夫人，借机对她称赞异人的贤明，身边的宾客也遍布天下，还日夜思念太子和华阳夫人，哭泣着说："异人把华阳夫人当作上天来看！"夫人听到这些话十分高兴。吕不韦又通过她的姐姐向华阳夫人说道："靠美貌来侍奉他人，年老色衰恩爱就减少了。如今夫人虽然受宠却没有儿子，不趁现在年轻时在诸王子中挑选一个贤明孝义的立为嫡子，等到姿色不再，宠爱也逐渐减少，就是想开口说句话，也没有机会了。如今异人十分贤明，他知道自己排行居中，没有机会被立为嫡子，假如夫人在这个时候把他提拔上来，异人就从无国而成为有国，夫人您也从无子而变成有子，终身就可以受秦王的尊宠。"华阳夫人觉得他说得对，就趁着合适的机会对太子说："异人十分贤明，各国往来的人都对他赞誉有加。"又哭着说，"我很不幸没能生下儿子，希望能把异人收为自己的儿子，这样我后半辈子也有个依靠!"太子答应了她，给华阳夫人雕刻玉符，约定把异人立为子嗣，又送给异人厚礼，请吕不韦辅佐他。从这以后异人的名声就在各诸侯国中传开了。

吕不韦娶邯郸姬绝美者与居，知其有娠，异人从不韦饮，见而请之，不韦佯怒，既而献之，孕期年而生子政，异人遂以为夫人。邯郸之围，赵人欲杀之，异人与不韦行金六百斤予守者，脱亡赴秦军，遂得归。异人楚服而见华阳夫人，夫人曰："吾楚人也，当自子之。"因更其名曰楚。

【译文】吕不韦从邯郸几位美女中娶了一位同居，知道她已经有了身孕，有一次异人和他一起喝酒，异人看见那个美女就请吕不韦把她赠给自己。吕不韦假装恼怒，后来又把她赠给了异人，过了一年后生下一个儿子名叫嬴政，异人就把她立为夫人。邯郸被秦国大军包围时，赵国人想把异人杀掉，异人与吕不韦带着六百金向看守的人行贿，于是逃亡到秦军中，才得以回到秦国。异人穿着楚国的服装去拜见华阳夫人，华阳夫人说："我是楚国人，我应当视你为自己的亲生儿子。"就把他的名字改为楚。

五十九年(乙巳，公元前二五六年)秦将军摎伐韩，取阳城、负黍，斩首四万。伐赵，取二十馀县，斩首虏九万。

赧王恐，倍秦，与诸侯约从，将天下锐师出伊阙攻秦，令无得通阳城。秦王使将军摎攻西周，赧王入秦，顿首受罪，尽献其邑三十六，口三万。秦受其献，归赧王于周。是岁，赧王崩。

【译文】五十九年(乙巳，公元前 256 年)秦国派出大将摎统率大军进攻韩国，攻取阳城、负黍两城，斩杀四万人。进攻赵国，攻取二十多个县，九万多人被斩杀或俘获。

周赧王惊恐万分，于是背弃秦国，与各诸侯国订立合约，统率诸侯各国的精锐部队从伊阙出兵进攻秦国，使秦国无法通往阳城。秦王派出大将摎向西周进攻，周赧王亲自来到秦国，向秦王叩头请罪，把周王室的三十六座城邑以及三万多百姓全部献给秦国。秦国接受了他的进献，把周赧王送回周王室。这一年，周赧王驾崩。

资治通鉴卷第六　秦纪一

起柔兆敦牂，尽昭阳作噩，凡二十八年。

【译文】起丙午（公元前255年），止癸酉（公元前228年），共二十八年。

【题解】本卷记录了秦昭王五十二年至秦始皇嬴政十九年共二十八年的各国大事。这一时期秦国扫荡六国，韩灭，魏赵遭伐，燕楚惊惧，齐国暂安，不思危。秦昭王薨，孝文王、庄襄王短期执政，秦王嬴政上台，蔡泽代范雎为相，吕不韦后也为秦相；赵将李牧独撑残局，破匈奴，拓北疆，被赵王杀害，赵国自毁长城，存日无多；楚国春申君向楚考烈王进孕妾，被李园杀害；吕不韦向秦国子楚进孕妾，执政秦国，后受嫪毐牵连被杀。

昭襄王

五十二年（丙午，公元前二五五年）河东守王稽坐与诸侯通，弃市。应侯日以不怿。王临朝而叹，应侯请其故。王曰："今武安君死，而郑安平、王稽等皆畔，内无良将而外多敌国，吾是以忧！"应侯惧，不知所出。

燕客蔡泽闻之，西入秦，先使人宣言于应侯曰："蔡泽，天下雄辩之士；彼见王，必困君而夺君之位。"应侯怒，使人召之。蔡泽见应侯，礼又倨。应侯不快，因让之曰："子宣言欲代我相，请闻其说。"蔡泽曰:"吁,君何见之晚也! 夫四时之序,成功者去。君独不见夫秦之商君、楚之吴起、越之大夫种,何足愿与?"应侯谬曰:"何为不可? 此三子者,义之至也,忠之尽也。君子有杀身以成名,死无所恨!"

【译文】五十二年(丙午,公元前 255 年)河东郡郡守王稽与其他诸侯国相互勾结,在集市上被斩首抛尸。应侯范雎一天比一天心情不好。昭襄王上朝时忍不住长长地叹气,应侯问他为什么叹气。昭襄王说:"如今武安君白起已死,郑安平、王稽等大将又纷纷背叛秦国,国内没有良将,境外又有许多敌国,正因为这样我才忧虑!"应侯很害怕,也不知道有什么好办法。

燕国有位客卿蔡泽听到这件事,西行进入秦国,先派人在应侯身边扬言,说:"蔡泽是天下善于辩论的人,他要是见到秦王,必然要为难你并且夺走你的相位。"应侯大怒,派人把蔡泽叫过来。蔡泽进见应侯时十分傲慢无礼。应侯很不高兴,于是斥责他说:"你扬言要取代我做秦国的丞相,请给我说来听听。"蔡泽说:"噢! 你知道事情也太晚了吧! 按照四时兴替的次序,成就功业后就要及时离开。难道你没有见到秦国商鞅、楚国吴起、越国文种的事吗? 有什么值得欣羡的?"应侯故意说谎话:"有什么不行的! 这三个人是竭忠尽义的做法。君子要是能牺牲自己的生命而成就一番功名,就算是死也没有什么好悔恨的。"

蔡泽曰:"夫人立功,岂不期于成全邪? 身名俱全者,上也;名可法而身死者,次也;名僇辱而身全者,下也。夫商君、吴起、大夫种,其为人臣尽忠致功,则可愿矣。闳夭、周公,岂不亦忠且圣乎? 三子之可愿,孰与闳夭、周公哉?"应侯曰:"善。"蔡泽曰:"然则君之主惇厚旧故,不倍功臣,孰与孝公、楚王、越王?"

曰："未知何如。"蔡泽曰："君之功能孰与三子？"曰："不若。"

蔡泽曰："然则君身不退，患恐甚于三子矣。语曰：'日中则移，月满则亏。'进退赢缩，与时变化，圣人之道也。今君之怨已雠而德已报，意欲至矣而无变计，窃为君危之！"应侯遂延以为上客，因荐于王。王召与语，大悦，拜为客卿。应侯因谢病免。王新悦蔡泽计画，遂以为相国。泽为相数月，免。

【译文】蔡泽说："大凡人们建立功业，难道有谁不是期望功成名就、全身而退的？性命与功名都得以保全，这是最上策；功名声誉为后人效法而自己却丢失了性命，这是次一等的；功名败裂而得以保全自身性命，这是最下等的做法了。商君、吴起、文种作为臣子为君王竭忠尽力建立下丰功伟绩，可以算得上是实现了他们的志向。而闳夭、周公难道不是既忠心于君王又仁德圣明的模范吗？上面说到的那三人的志向与闳夭、周公比起来怎么样？"应侯说："很不错。"蔡泽说："那么你的国君对旧臣十分感念、对有功之臣不肯背弃，这一点与秦孝公、楚悼王、越王比起来怎么样？"应侯说："我说不清楚。"蔡泽说："那你的功业与上边说到的那三个人比起来怎么样？"应侯说："我比不上他们。"

蔡泽说："然而你不懂得趁现在清白赶紧隐退，恐怕将来所遭受的灾祸会比那三个人更严重。俗话说：'太阳到了正午就要向西斜落，月亮圆满后就要慢慢亏缺。'有进有退，有时候早出，有时候晚出，随着时间的不同有着不同的变化，这才是圣人得以立身的道理。如今你的大仇已报，恩德也已经得到回报，心愿也都已经完成却依然没有应对变化的计策，我不禁暗自替你感到担忧！"应侯因此把他奉为上宾，又向秦王推荐他。秦王亲自召见他，与他畅谈后，非常高兴，就拜他为客卿。应侯范雎便以生病为借口辞官。秦王刚开始对于蔡泽的策略十分赞赏，任命他担任丞相

资治通鉴

一职。然而几个月后，蔡泽就被免职。

【乾隆御批】范雎、蔡泽同以游说取卿相。雎之发愤因魏齐，所谓睚眦必报者。泽则志在持梁啮肥，苟且富贵而已。究之机谋百变，时过辄穷，均小智而大痴者耳。

【译文】范雎、蔡泽二人都是由于游说才获得卿相之位的。应侯范雎发泄愤怒，是由于受到了魏齐的排挤和诬陷，所以说范雎极小的仇恨也一定要报复。蔡泽则只想吃好喝好，贪图眼前的富贵。而他们所谓的计谋，无论怎么变化，都会因时局改变而不适应，他们都是小智而大愚罢了。

【申涵煜评】范雎结怨于秦深矣，贪位不已，必有车裂射尸之祸。泽一旦以口舌代之，虽系倾夺之谋，实成急流之退，卒得保其腰领也，泽之赐哉！

【译文】范雎在秦国结的怨很深了，而他若贪恋权位无法停止，必然会有车裂、射尸的祸患。蔡泽在忽然之间用口舌之才取代了他，虽然是竞争权位的策略，实际上却成就了范雎急流勇退的结局，最终范雎保住了自己的性命，这是蔡泽赐予他的啊。

楚春申君以荀卿为兰陵令。荀卿者，赵人，名况，尝与临武君论兵于赵孝成王之前。王曰："请问兵要。"临武君对曰："上得天时，下得地利，观敌之变动，后之发，先之至，此用兵之要术也。"

荀卿曰："不然。臣所闻古之道，凡用兵攻战之本，在乎一民。弓矢不调，则羿不能以中；六马不和，则造父不能以致远；士民不亲附，则汤、武不能以必胜也。故善附民者，是乃善用兵者也。故兵要在乎附民而已。"临武君曰："不然。兵之所贵者势利也，所行者变诈也。善用兵者感忽悠阁，莫知所从出；孙吴用之，无敌于天下，岂必待附民哉！"

【译文】楚国春申君派荀卿担任兰陵县令。荀卿是赵国人，名叫荀况，曾经和临武君一起在赵孝成王面前讨论兵法。赵王说："请问用兵的要领是什么？"临武君回答说："上得天时，下得有利的地理形势，仔细观察敌军的变化及动向，然后发兵抢先在敌军之前到达，这就是行军用兵的关键要旨。"

荀卿说："不见得是这样。我听说古人用兵的守则，大凡用兵攻战，其根本在于让百姓团结一心。弓箭不相协调，即便是后羿也不能射中目标；六匹马之间不能互相配合，即便是造父也不能驾车远行；士卒与百姓不与君王亲附，就算是商汤、周武也不能保证必胜。所以说懂得使百姓亲附的人，才是善于用兵的人。因此用兵的要旨就在使百姓团结一心。"临武君说："并不是这样。行军用兵贵在乘着有利的形势，行军讲求出其不意。善于用兵的将领，行军神秘莫测，敌军摸不清楚大军会从哪里出现；孙武、吴起使用这样的战术，全天下没有能够与之匹敌的，并不见得必须依靠百姓的团结啊！"

荀卿曰："不然。臣之所道，仁人之兵，王者之志也。君之所贵，权谋势利也。仁人之兵，不可诈也。彼可诈者，怠慢者也，露袒者也，君臣上下之间滑然有离德者也。故以桀诈桀，犹巧拙有幸焉。以桀诈尧，譬之以卵投石，以指桡沸，若赴水火，入焉焦没耳。故仁人之兵，上下一心，三军同力；臣之于君也，下之于上也，若子之事父，弟之事兄，若手臂之扞头目而覆胸腹也。诈而袭之，与先惊而后击之，一也。且仁人用十里之国则将有百里之听，用百里之国则将有千里之听，用千里之国则将有四海之听，必将聪明警戒，和傅而一。故仁人之兵，聚则成卒，散则成列，延则若莫耶之长刃，婴之者断；兑则若莫耶之利锋，当之者溃；圜居而方止，则若盘石然，触之者角摧而退耳。且夫暴国之君，将谁与至哉？彼其所与至者，必其民也。其民之亲我欢若父母，其好我芬若椒兰；彼反顾其上则若灼黥，若仇雠；人之情，虽桀、跖，岂有肯为其所恶，贼其所好者哉！是犹使人之子孙自贼其父母也。彼必将来告之，夫又何可诈也！故仁人用国日明，诸侯先顺者安，后顺者危，敌之者削，反之者亡。《诗》曰：'武王载发，有虔秉钺，如火烈烈，则莫我敢遏，' 此之谓也。"

【译文】荀卿说："不是这样。我说的是仁者用兵的道理，帝王意志的所在。而你看重的只是权术谋略、形势以及利害关系。仁者用兵之术，不会使用诡计奸谋。那些可以使用诡计奸谋来对付的，是轻慢的军队，是兵力明显不能抵御的，还有君臣、上下之间离心背德的军队。所以用桀的诡计来对付桀，尚且有用得巧妙和用得拙劣的区别。用桀的诡计去欺诈尧，就好比以卵击石，把手指放到沸水里搅动，好像投身水火之中，刚刚进去就被烧焦或者淹死了。所以仁者的军队，将士上下同心，三军协力；臣子对于国君，下级对于上级，就好像是儿子侍奉父亲，弟弟对待兄长，就好像用胳膊保护头部、眼睛以及胸腹一样。用阴谋诡计突然袭击，与先进行惊扰再发动袭击是一样的结果。何况仁者治理方圆十里的国家，百里之外就可以听到赞誉的声音，治理方圆百里的国家，千里之外就可以听到赞誉的声音，治理方圆千里的国家，四海之内都可以听见对他赞誉的话，这样，必然能够耳聪目明，机敏警慎，将士相和如一。所以仁者的军队，集合就成为整齐的士卒，散开就成为队列长阵，延展开来就好像莫邪的长剑，碰上就被斩断；短剑锐利就好比莫邪的利刀一样，碰到的立即瓦解；扎好圆形的军帐稳如磐石一般，有胆敢触碰的棱角便会毁坏而败退。而那残暴施虐乱国无道的国君，谁会愿意向他归附呢？愿意表示归附的百姓，必然是本国的百姓。他的百姓亲附于我就好比见到了亲生父母，喜欢我就好像喜欢椒兰的芳香；他们回过头来看见自己的君王，就好像畏惧火刑，好像碰见仇人一样怨恨；按照人之常情，即便是夏桀、盗跖，也不肯为了他所讨厌的人而去伤害他喜爱的人！这就好比指派人的子孙去残害自己的父母。这样一来，百姓必然要来向君王诉说，又有什么诡计可以施行呢！因此，仁德的人执掌国家政权，国家就会日渐清明，先归顺的诸侯国就得以安定，后归顺的就要遭受危难，与它对抗的会被削弱，反叛它的就要被消灭。《诗经》上所说：'武王高举大旗兴起大军，虔诚恭敬地执着斧钺，如同烈烈火焰，没有人敢阻拦我。'就是指这个意思。"

孝成王、临武君曰："善。请问王者之兵，设何道，何行而可？"荀卿曰："凡君贤者其国治，君不能者其国乱；隆礼贵义者其国治，简礼贱义者其国乱。治者强，乱者弱，是强弱之本也。上足印则下可用也，上不足印则下不可用也。下可用则强，下不可用则弱，是强弱之常也。齐人隆技击，其技也，得一首者则赐赎锱金，无本赏矣。是事小敌毳，则偷可用也；事大敌坚，则涣焉离耳。若飞鸟然，倾侧反覆无日，是亡国之兵也，兵莫弱是矣，是其去赁市佣而战之几矣。魏氏之武卒，以度取之；衣三属之甲，操十二石之弩，负矢五十个，置戈其上，冠胄带剑，赢二日之粮，日中而趋百里；中试则复其户，利其田宅。是其气力数年而衰，而复利未可夺也，改造则不易周也，是故地虽大，其税必寡，是危国之兵也。秦人，其生民也狭隘，其使民也酷烈，劫之以势，隐之以阸，忸之以庆赏，鰌之以刑罚，使民所以要利于上者，非斗无由也。使以功赏相长，五甲首而隶五家，是最为众强长久之道。故四世有胜，非幸也，数也。故齐之技击不可以遇魏之武卒，魏之武卒不可以遇秦之锐士，秦之锐士不可以当桓、文之节制，桓、文之节制不可以当汤、武之仁义，有遇之者，若以焦熬投石焉。

【译文】孝成王与临武君说："很好。请问王者的军队，用兵之道是什么，又该怎么去做呢?" 荀卿说："大凡国君贤明，国家必然安定；君主昏庸，国家必然动乱；推崇礼义教化，国家必然大治；轻废仁德礼教，国家必然动荡。安定的国家趋于强盛，混乱的国家趋于衰弱，这才是强弱的根本道理。身居上位的君王能够使百姓教化，下层的百姓才会服从征派；身居上位的君王不能使百姓教化，下层百姓也就不会服从征派。百姓服从君上的派用国家才会强盛，百姓不愿服从征派国家就要衰弱，这是强弱变化的常理。齐国人崇尚士兵攻击技巧的训练，运用技击之术，在战场上斩杀一人的首级可以到政府中领锱金的奖赏，即便作战失败只要斩获敌人首级也进行赏赐，没能斩获敌军首级即便是胜利也没有赏赐。如果用这样的军队来对付弱小的敌军，还可以苟且用一用；如果用来迎战势力强盛的敌军，就四散逃离了。就像天上的飞鸟一样，反反复复不合常理，这是亡国之军，找不到比这样的军队更衰弱的了，这就相当于从市井中雇用一些人而驱使他们去上阵战斗。魏国的士兵，都依照一定的标准选用：身披全副盔甲，手执十二石重的弓弩，身背利箭五十支，肩上扛着戈，头戴盔身披甲胄，腰悬利剑，身上带着三天的口粮，每半天就能疾行百里；符合标准被录用的，可免除徭役，赏赐田宅土地。这样几年以后士兵的气力虽然逐渐衰弱，但是得到的利益却不能再剥夺，即便改变选拔战士的标准也都没有这个原则完善，所以魏国领土面积虽然很大，但税收必然不会多，这是危害国家的军队。秦国，他们给百姓留的生路相当狭窄，但是征用百姓却相当严酷暴烈，常常凭借权势强行逼迫百姓上阵迎敌，让他们躲藏在地势险恶的地方，战胜就进行赏赐，失败便给予刑罚，百姓要想从上级那里得到利益，不通过上阵战斗便没有方法了。给予的奖赏与立下的军功成正比，斩获敌军五个甲士便可以赏赐五户作为奴隶，这是使百姓强悍国家长治久安的道理。所以秦国连续四代都能取胜，这绝非侥幸，有一定的道理。正因为这样，齐国擅长技击的军队也抵挡不了魏国勇武的军士，魏国勇武的军士也抵挡不了秦国的精锐大军，秦国精锐的大军抵挡不了齐桓、晋文讲节守义的军队，齐桓、晋文讲节守义的军队抵挡不了商汤、周武的仁义之师，一旦遇上商汤、周武的仁义之师，就好比拿着薄脆的东西击打坚硬的石头。

资治通鉴

兼是数国者，皆干赏蹈利之兵也，佣徒鬻卖之道也；未有贵上安制綦节之理也。诸侯有能微妙之以节，则作而兼殆之耳。故招延募选，隆势诈，尚功利，是渐之也。礼义教化，是齐之也。故以诈遇诈，犹有巧拙焉。以诈遇齐，譬之犹以锥刀堕太山也。故汤、武之诛桀、纣也，拱挹指麾，而强暴之国莫不趋使，诛桀、纣若诛独夫。故《泰誓》曰：‘独夫纣。’此之谓也。故兵大齐则制天下，小齐则治邻敌。若夫招延募选，隆势诈，尚功利之兵，则胜不胜无常，代翕代张，代存代亡，相为雌雄耳。夫是之谓盗兵，君子不由也。”

【译文】"上面说到的几个国家，培养出来的都是追求封赏、追逐利益的军队，与靠出卖体力的雇佣工人没有什么差别；丝毫没有敬爱国君而甘愿为国效死，严格遵守制度并讲究节义操守的道理。

诸侯各国中假设有一个国家能够尽力于仁义道德，就可以把其他诸侯国全都兼并了。所以各诸侯国招贤养士，崇尚权势与诡诈，推崇立功获利，日渐养成习惯。然而只有推行礼义教化才是全国上下团结一心的办法。所以以诡诈来对付诡诈，尚且有精巧与拙劣的分别；若是以诡诈来与礼义教化对抗，就好比拿着锥子去摧毁泰山。因此，商汤、周武讨伐夏桀、殷纣的时候，指挥大军不忘拱手施礼，而势力强盛的国家没有不向他们臣服的，攻杀夏桀、殷纣就好比杀死一个平头百姓。所以《尚书·泰誓》上说：'独夫纣'，说的就是这个道理。所以将士上下团结一心，便可执掌天下，然后也可以使邻近的敌国向自己俯首称臣。至于那些四处招募士兵，重视诡诈权势，崇尚立功获利的军队，则胜败不能确定，时而收敛时而扩张，时而存活时而灭亡，互有胜败。这样的军队只能称得上是盗兵，君子是绝对不会用这样的军队的。"

孝成王、临武君曰："善。请问为将。"荀卿曰："知莫大乎弃疑，行莫大乎无过，事莫大乎无悔。事至无悔而止矣，不可必也。故制号政令，欲严以威；庆赏刑罚，欲必以信；处舍收藏，欲周以固；徙举进退，欲安以重，欲疾以速；窥敌观变，欲潜以深，欲伍以参；遇敌决战，必行吾所明，无行吾所疑；夫是之谓六术。无欲将而恶废，无怠胜而忘败，无威内而轻外，无见其利而不顾其害，凡虑事欲熟而用财欲泰，夫是之谓五权。将所以不受命于主有三，可杀而不可使处不完，可杀而不可使击不胜，可杀而不可使欺百姓，夫是之谓三至。凡受命于主而行三军，三军既定，百官得序，群物皆正，则主不能喜，敌不能怒，夫是之谓至臣。虑必先事而申之以敬，慎终如始，始终如一，夫是之谓大吉。凡百事之成也必在敬之，其败也必在慢之。故敬胜怠则吉，怠胜敬则

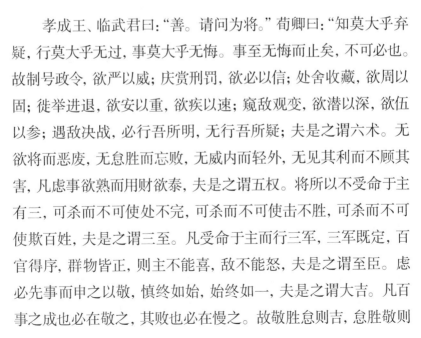

灭；计胜欲则从，欲胜计则凶。战如守，行如战，有功如幸。敬谋无旷，敬事无旷，敬吏无旷，敬众无旷，敬敌无旷，夫是之谓五无旷。慎行此六术、五权、三至，而处之以恭敬、无旷，夫是之谓天下之将，则通于神明矣。"

【译文】孝成王、临武君说："很好。请说说担任将领的道理。"荀卿说："智谋最高明的莫过于抛弃疑谋，行事最正确的莫过于没有失误，做事最重要的在于不能后悔；做事能够做到不后悔就可以了，没有必要追求必胜。因此发布号令以及法规，要严肃以建立威信；奖赏惩罚，要有根有据以确保信用；修筑营垒运送辎重，要考虑周全以确保稳固；行军进退，既要安稳又要保证迅速；查探敌情，行动要深入机警，混入敌军将士之中；与敌军决战时，一定要运用自己拿得准的计策，不打没有把握的战争，这就是'六术'。不要因为自己的喜好选用将领，而因为厌恶就弃用良将，不要因为胜利产生懈怠心理而忘记失败的可能，不能对内施威严酷而对外轻视敌军，不要见到利益就忘记害处，考虑事情要精确周密而使用财物可以慷慨大方，这就是'五权'。将领在这三种情况下可以不采纳君王的命令：可以把他杀掉而不可以让他带兵进入不安全的境地，可以把他杀掉而不可以让他率军进攻不可战胜的强敌，可以把他杀掉而不可以让他带兵欺压百姓，这就是'三至'。既然接受君王的命令统率三军，三军安排布阵妥当，文武百官秩序井然，诸项事务也都步入正轨，那么即便是君王的奖赏也不能让他大喜，敌军故意刺激也不能让他震怒，这就是'至臣'。做事前首先考虑妥当周全并且自始至终要谨小慎微，这就是'大吉'。总而言之，任何一件事的成功必然是由于心怀敬意，失败必然是由于内心怠慢。所以敬慎胜过怠慢就能成功，怠慢胜过敬慎就会败亡；计策胜过欲望就可以顺心如愿，欲望胜过计策就会收到恶果。作战的时候就好像防守，行军的时候就好像作战，取得成功常常看作侥幸。敬慎谋虑不可懒怠旷废，敬慎行事不可懒怠旷废，敬慎督吏不可懒怠旷废，敬慎待民不可懒怠旷废，敬慎观敌不可懒怠旷废，这就是‘五无旷’。谨慎施行这‘六术’‘五权’‘三至’，并且怀着恭敬不敢懈怠的心情来对待，这就可以称作天下的良将，可以通达神明之意。”

临武君曰：“善。请问王者之军制。”荀卿曰：“将死鼓，御死辔，百吏死职，士大夫死行列。闻鼓声而进，闻金声而退。顺命为上，有功次之。令不进而进，犹令不退而退也，其罪惟均。不杀老弱，不猎禾稼，服者不禽，格者不赦，奔命者不获。凡诛，非诛其百姓也，诛其乱百姓者也。百姓有扞其贼，则是亦贼也。以故顺刃者生，傃刃者死，奔命者贡。微子开封于宋，曹触龙断于军，商之服民，所以养生之者无异周人，故近者歌讴而乐之，远者竭蹶而趋之，无幽闲辟陋之国，莫不趋使而安乐之，四海之内若一家，通达之属莫不从服，夫是之谓人师。《诗》曰：‘自西自东，自南自北，无思不服。’此之谓也。王者有诛而无战，城守不攻，兵格不击，敌上下相喜则庆之，不屠城，不潜军，不留众，师不越时，故乱者乐其政，不安其上，欲其至也。”临武君曰：“善。”

陈嚣问荀卿曰：“先生议兵，常以仁义为本。仁者爱人，义者循理，然则又何以兵为？凡所为有兵者，为争夺也。”荀卿曰：“非汝所知也。彼仁者爱人，爱人，故恶人之害之也；义者循理，循理，故恶人之乱之也。彼兵者，所以禁暴除害也，非争夺也。”

燕孝王薨，子喜立。

周民东亡。秦人取其宝器，迁西周公于𢀖狐之聚。

楚人迁鲁于莒而取其地。

【译文】临武君说:"好。那么请讲讲圣明之君的军制又是怎样的。"荀卿说:"为将的人至死不肯丢弃战鼓逃命,驾战车的人至死不肯抛弃缰绳逃命,文武百官至死不肯舍弃自己的职位逃命,士大夫竭忠尽智死在战阵行列之中。大军听到鼓声就前进,听到锣声就撤退。最重要的是服从军令,其次才是建功立业。已经下令不准前进还是擅自前进,与不准撤退而擅自撤退的罪过是一样的。不能虐杀老弱百姓,不能践踏农田庄稼,主动降服的敌兵不要擒捉,顽强抵抗的绝不赦免,逃来归降的不要俘获。大凡诛杀,不是对百姓大肆诛杀,而是诛杀那些侵扰百姓的乱贼。百姓中如果有保护敌军的,那他也和敌军一样。所以那些不战而退的人可以活着,抵抗顽斗的人要死,跑来归顺的人要进行安置。微子启因向周朝归顺而被分封于宋,曹触龙则在军中被斩首,向周朝归顺的商民,他们的生养之道与周民没有什么差别,因此周朝附近的百姓纷纷歌颂周王,距离遥远的百姓也都来归顺,即便是边远僻陋的国家,没有不乐意被周王室驱使的,普天四海之内如同一家,交通能够到达的地方没有不向周服从的,这样就叫作'人师'。《诗经》上说:'自西自东,自南自北,无思不服。'说的就是这样的事。王者之师施行惩罚而不主动挑起争端,坚守城池不主动发动进攻,两军对垒不先出兵攻击,敌军将士上下喜悦欣欣就庆贺,不洗劫屠戮敌方城镇,不暗地里袭击敌军,不让百姓长期滞留在外,大军出征不会超出计划的期限,所以国政混乱的百姓欣慕这种施政策略,不安心于自己的国君,希望王者之师到来。"临武君说:"很好。"

陈嚣问荀卿说:"先生您谈论用兵,常常把仁义作为根本。有仁德者爱惜百姓,施行道义者遵循情理,那么又为什么要用兵呢?

凡是用兵打仗，都是为了争夺。"荀卿说："并不是你所了解的这样。仁德者懂得爱惜百姓，因爱惜百姓，所以憎恨有人残害他人；施行道义者遵循情理，因遵循情理，所以厌恶有人扰乱他人。用兵作战，是用来禁止暴政消除祸患的，并不是为了争夺。"

燕孝王逝世，他的儿子姬喜继承王位。

周的民众向东方逃亡。秦国夺取周王室祭祀的重器，把西周文公流放到憸狐之聚这个地方。

楚王把鲁国国君流放到莒，并占领鲁国土地。

五十三年（丁未，公元前二五四年）摎伐魏，取吴城。韩王入朝。魏举国听令。

五十四年（戊申，公元前二五三年）王郊见上帝于雍。

楚迁于巨阳。

五十五年（己酉，公元前二五二年）卫怀君朝于魏，魏人执而杀之；更立其弟，是为元君。元君，魏婿也。

五十六年（庚戌，公元前二五一年）秋，王薨，孝文王立。尊唐八子为唐太后，以子楚为太子。赵人奉子楚妻子归之。韩王衰绖入吊祠。

【译文】五十三年（丁未，公元前254年）秦将摎进攻魏国，攻取吴城。韩王到秦国来朝见。魏国全国接受秦国的命令。

五十四年（戊申，公元前253年）秦昭襄王在雍举行祭天大礼。

楚国将国都迁到巨阳。

五十五年（己酉，公元前252年）卫怀君到魏国向魏王朝拜，被魏国人抓住杀死了；改立他的弟弟继位，也就是元君。元君是魏王的女婿。

五十六年（庚戌，公元前251年）秋天时，秦昭襄王逝世，孝文王继承王位。将生母唐八子尊奉为唐太后，把子楚立为太子。赵人把子楚的妻子儿女送回秦国。韩王穿着丧服来到秦王的祠堂里凭吊。

燕王喜使栗腹约欢于赵，以五百金为赵王酒。反而言于燕王曰："赵壮者皆死长平，其孤未壮，可伐也。"

王召昌国君乐间问之，对曰："赵四战之国，其民习兵，不可。"王曰："吾以五而伐一。"对曰："不可。"王怒。群臣皆以为可，乃发二千乘，栗腹将而攻鄗，卿秦攻代。将渠曰："与人通关约交，以五百金饮人之王，使者报而攻之，不祥，师必无功。"

王不听，自将偏军随之。将渠引王之绶，王以足蹙之。将渠泣曰："臣非自为，为王也！"燕师至宋子，赵廉颇为将，逆击之，败栗腹于鄗，败卿秦、乐乘于代，追北五百馀里，遂围燕。燕人请和，赵人曰："必令将渠处和。"燕王以将渠为相而处和，赵师乃解去。

赵平原君卒。

【译文】燕王姬喜派栗腹与赵国订立友好盟约，拿出五百金为赵王置办酒宴。栗腹回国后对燕王说："赵国的壮年男子都在长平之战中战死了，他们的孤幼儿童还没有长大成年，可以攻伐他。"

燕王召见昌国君乐间，向他请问，乐间回答说："赵国四面都需要备战，百姓早就熟习战争，不可攻伐。"燕王说："我派出五倍兵力前去攻伐。"乐间回答说："不可以。"燕王大怒。众位大臣也都认为可以进攻赵国，于是调发二千辆战车，由栗腹统率攻打鄗城，卿秦带兵进攻代郡。将渠说："刚刚计划与赵国订立友好盟约，还拿出来五百金为赵王置办酒宴，使者回来报告后却兴兵进攻他，这不是祥瑞的征兆，出师必然无功而返。"

燕王不肯听，亲自统率附属部队开往前线。将渠拉住燕王悬挂印玺的丝带，燕王一脚把他踢开。将渠边哭边说："我这不是为自己，是为君王考虑啊！"燕国大军来到宋子，赵国派廉颇为大将，出兵迎战，在鄗城打败栗腹，在代郡击败卿秦、乐乘，追击燕国败军五百多里，顺势包围燕国国都。燕国向赵国求和，赵国人说："必须让将渠来主持议和大事。"燕王于是派将渠为丞相到赵国议和，赵国这才解除包围撤退。

赵国平原君逝世。

秦孝文王

元年（辛亥，公元前二五〇年）冬，十月，己亥，王即位；三日薨。子楚立，是为庄襄王。尊华阳夫人为华阳太后，夏姬为夏太后。

燕将攻齐聊城，拔之。或谮之燕王，燕将保聊城，不敢归。齐田单攻之，岁馀不下，鲁仲连乃为书，约之矢以射城中，遗燕将，为陈利害曰："为公计者，不归燕则归齐。今独守孤城，齐兵日益而燕救不至，将何为乎？"燕将见书，泣三日，犹豫不能自决，欲归燕，已有隙；欲降齐，所杀虏于齐甚众，恐已降而后见辱。喟然叹曰："与人刃我，宁我自刃！"遂自杀。聊城乱，田单克聊城。归，言鲁仲连于齐王，欲爵之。仲连逃之海上，曰："吾与富贵而诎于人，宁贫贱而轻世肆志焉！"

魏安釐王问天下之高士于子顺，子顺曰："世无其人也；抑可以为次，其鲁仲连乎！"王曰："鲁仲连强作之者，非体自然也。"

子顺曰："人皆作之。作之不止，乃成君子；作之不变，习与体成；习与体成，则自然也。"

【译文】元年(辛亥，公元前250年)冬季，十月己亥这一天，孝文王继承王位；在位三天后就去世了。他的儿子子楚(异人)继承王位，即秦庄襄王；把他的嫡母华阳夫人尊奉为华阳太后，生母夏姬尊奉为夏太后。

燕国将领率兵进攻齐国聊城，并攻克聊城。有人向燕王进谗言，说这个将领在聊城拥兵自重，不肯返回燕国。齐国田单带兵反攻，一年多也没有攻克。鲁仲连写了一封书信，绑在箭上射进城内，送给那位燕国将领，向他说明利害关系，说："我为你考虑，如果不向燕国归降那就向齐国归降吧。如今独守这座孤城，齐国大军日渐增多而燕国救援的大军迟迟不到，你该怎么办呢？"燕国将领看见这封书信，连着哭了三日，还是迟疑下不了决定。想回到燕国，但与燕国之间已经产生嫌隙；想向齐国归降，但先前杀戮了太多齐国的俘虏，恐怕投降后会蒙受屈辱。他叹息道："与其别人把我杀了，还不如我自杀。"于是自杀身亡。聊城内乱作一团，田单攻克聊城。返回后，把鲁仲连推荐给齐王，想为他赐封爵位。鲁仲连逃到海边，说："与其因为享受富贵而向他人屈服，我宁肯忍受贫贱而蔑视世事，任情恣肆！"

魏安釐王问子顺："什么样的人可算是天下的高士？"子顺说："世上没有这样的人；如果退一步说的话，那应该是鲁仲连吧！"魏安釐王说："鲁仲连是勉强才那样做的，并不是自然而然去做的。"

子顺说："每个人都是强迫自己做的。如果不断这样做，就能够成为君子；这样做始终不变，习惯与本体就逐渐合而为一，这也就是自然了。"

秦庄襄王

元年(壬子, 公元前二四九年)吕不韦为相国。

东周君为诸侯谋伐秦, 王使相国帅师讨灭之, 迁东周君于阳人聚。周既不祀。周比亡, 凡有七邑: 河南、洛阳、穀城、平阴、偃师、巩、缑氏。

以河南、洛阳十万户封相国不韦为文信侯。

蒙骜伐韩, 取成皋、荥阳, 初置三川郡。

楚灭鲁, 迁鲁顷公于卞, 为家人。

二年(癸丑, 公元前二四八年)日有食之。

蒙骜伐赵, 定太原, 取榆次、狼孟等三十七城。

楚春申君言于楚王曰:"淮北地边于齐, 其事急, 请以为郡而封于江东。"楚王许之。春申君因城吴故墟以为都邑, 宫室极盛。

三年(甲寅, 公元前二四七年)王龁攻上党诸城, 悉拔之, 初置太原郡。

【译文】元年(壬子, 公元前 249 年)吕不韦担任秦国的丞相。

东周国君与各诸侯国商议进攻秦国; 秦庄襄王令丞相吕不韦统率大军征灭周军, 把东周国君流放到阳人聚。周王室的祭祀大礼也断绝, 周王朝到此就完全灭亡。周灭亡时, 共有七座城邑: 河南、洛阳、穀城、平阴、偃师、巩、缑氏。

秦庄襄王把丞相吕不韦封为文信侯, 将河南、洛阳两地十万户人家赐给他作为封地。

秦国大将蒙骜率军进攻韩国, 攻克成皋、荥阳, 开始设置三川郡。

楚国消灭鲁国, 将鲁顷公流放到卞, 贬为普通百姓。

二年(癸丑, 公元前 248 年)出现日食的现象。

秦国大将蒙骜率军进攻赵国，攻占榆次、狼孟等三十七座城池。

楚国春申君对楚考烈王说："淮北地方靠近齐国边境，军情防务紧迫，请把那片地区设置为郡县并把我封到江东。"楚王答应了他。春申君在吴国国都的废墟上营建都邑，建造的宫室非常华美。

三年（甲寅，公元前247年）秦国大将王龁率兵进攻上党郡诸城，全部攻克，开始设置太原郡。

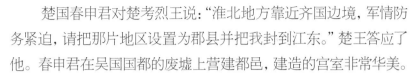

蒙骜帅师伐魏，取高都、汲。魏师数败，魏王患之，乃使人请信陵君于赵。信陵君畏得罪，不肯还，诫门下曰："有敢为魏使通者死！"宾客莫敢谏。毛公、薛公见信陵君曰："公子所以重于诸侯者，徒以有魏也。今魏急而公子不恤，一旦秦人克大梁，夷先王之宗庙，公子当何面目立天下乎？"语未卒，信陵君色变，趣驾还魏。魏王持信陵君而泣，以为上将军。信陵君使人求援于诸侯。诸侯闻信陵君复为魏将，皆遣兵救魏。信陵君率五国之师败蒙骜于河外，蒙骜遁走。信陵君追至函谷关，抑之而还。

【译文】秦国大将蒙骜统率大军进攻魏国，攻克高都和汲。魏军连着打了好几次败仗，魏王非常担忧，于是派人前往赵国请信陵君回国。信陵君害怕获罪，不肯回到魏国，并向家里的门客们告诫说："有敢替魏国使者通报消息的一律处死！"门客没有人敢进谏。毛公、薛公拜见信陵君说："公子您受到各诸侯国敬重的原因，只是尚有魏国存在。如今魏国国势危急而公子您却不去救援，一旦秦国攻克大梁，毁坏魏室祖先宗庙，公子您还有什么面目立于天下诸侯之间？"话还没有说完，信陵君脸色大变，立即驾车返回魏国。魏王拉着信陵君痛哭流涕，任命他为上将军。信陵君派人到各诸侯国寻求救援。各诸侯国听闻信陵君重新担任魏国上将军，纷纷派出大军援救魏国。信陵君统率五国大军在黄河西岸大败蒙骜，蒙骜率领部将逃走。信陵君率军一直追击到函谷关，把秦兵赶回关内才率军返回。

　　安陵人缩高之子仕于秦，秦使之守管。信陵君攻之不下，使人谓安陵君曰："君其遣缩高，吾将仕之以五大夫，使为执节尉。"

　　安陵君曰："安陵，小国也，不能必使其民。使者自往请之。"使吏导使者至缩高之所。使者致信陵君之命，缩高曰："君之幸高也，将使高攻管也。夫父攻子守，人之笑也；见臣而下，是倍主也。父教子倍，亦非君之所喜。敢再拜辞！"使者以报信陵君。信陵君大怒，遣使之安陵君所曰："安陵之地，亦犹魏也。今吾攻管而不下，则秦兵及我，社稷必危矣。愿君生束缩高而致之！若君弗致，无忌将发十万之师以造安陵之城下！"安陵君曰："吾先君成侯受诏襄王以守此城也，手授太府之宪，宪之上篇曰：'子弑父，臣弑君，有常不赦。国虽大赦，降城亡子不得与焉。'今缩高辞大位以全父子之义，而君曰'必生致之'，是使我负襄王之诏而废太府之宪也，虽死，终不敢行！"缩高闻之曰："信陵君为人，悍猛而自用，此辞反必为国祸。吾已全己，无违人臣之义矣，岂可使吾君有魏患乎！"乃之使者之舍，刎颈而死。信陵君闻之，缟素辟舍，使使者谢安陵君曰："无忌，小人也，困于思虑，失信于君，请再拜辞罪！"

　　【译文】安陵人缩高的儿子在秦国为官，秦人任命他镇守管城。信陵君进攻管城不能攻克，派人对安陵君说："你要是能把缩高遣送到我这里，我将让他担任五大夫，让他担任执节尉。"

安陵君说:"安陵只是个小国,没办法强迫百姓服从命令。你还是自己去请他吧。"于是派官吏把使者领到缩高居住的地方。使者向他说明了信陵君的意思,缩高说:"信陵君这样宠幸我,是要让我去进攻管城。父亲带兵攻城儿子却率军守城,是要被人耻笑的;儿子如果见到我而弃城投降,这是背叛国君。父亲教导儿子背叛国君,这也不是信陵君希望看到的事,斗胆拜谢您的好意!"使者把这件事向信陵君报告。信陵君勃然大怒,派使者到安陵君住的地方说:"安陵这块土地也是魏国的国土。如今我攻打管城如果不能攻克,那样秦国大军就会来对我进攻,魏国必然也就危险了。希望你把缩高绑起来给我送过来!如果你不把他送过来,我魏无忌就要调动十万大军来到安陵城下。"安陵君说:"我的先祖成侯从魏襄王手中接受诏命负责镇守这座城池,襄王亲自把魏国太府中的宪章颁授给成侯。宪章的上篇说:'臣子弑杀君王,儿子弑杀父亲,这是常法不能赦免的。即便国家大赦天下,那么举城投降以及临阵逃亡的人也不能包括在大赦的范围内。'如今缩高辞去高位来使父子之间的道义得以保全,你却说'一定要把他送过来',这是让我违背魏襄王的诏令并且废弃魏国宪章的做法,我就算去死,也始终不敢这样做!"缩高听到这件事后,说:"信陵君为人凶悍勇猛却刚愎自用,这样的一番话必然要给安陵国带来灾祸。我保全了自己作为臣子的道义,怎么能够让我的君王遭受来自魏国的兵灾?"于是来到使者的住处,刎颈自杀身亡。信陵君听到这件事,身穿白色素服住在偏房里,派出使者向安陵君道歉说:"我魏无忌实在是一个小人,因为自己的私心,没有考虑周全,对您说了不应该说的话,希望您接受我的拜谢。"

【乾隆御批】秦自昭襄以后,未尝败衄。唯无忌两破秦军。其后黄歇亦合五国伐秦，乃至函谷而改走，则无忌固战国之铮铮者。

【译文】秦国自昭襄王以后，从来没有打过败仗。只有信陵君魏无忌两次大败秦军。后来春申君黄歇也曾统率五国联军进攻秦国，最终兵败函谷关。所以，魏无忌的确是战国时期大名鼎鼎的人物。

【申涵煜评】王蠋、缩高，皆战国时有数人物。当狙诈昏浊之世，而得此正气扶之，可谓纲常中砥柱。彼豫让者，流侠也，而非节也；荆、聂则近乎盗矣。

【译文】王蠋和缩高都是战国时不可多得的人物。在当时那个狡猾奸诈、昏暗混乱的社会，却得到这些秉持正气的人扶持，他们真可谓是伦理纲常的中流砥柱啊。那些豫让一样的人，只是流侠而已，并不是有气节的人；荆轲、聂政就接近于盗贼了。

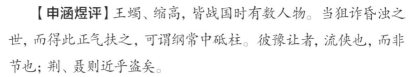

王使人行万金于魏以间信陵君，求得晋鄙客，令说魏王曰："公子亡在外十年矣，今复为将，诸侯皆属，天下徒闻信陵君而不闻魏王矣。"王又数使人贺信陵君："得为魏王未也？"魏王日闻其毁，不能不信，乃使人代信陵君将兵。信陵君自知再以毁废，乃谢病不朝，日夜以酒色自娱，凡四岁而卒。韩王往吊，其子荣之，以告子顺。子顺曰："必辞之以礼！'邻国君吊，君为之主。'今君不命子，则子无所受韩君也。"其子辞之。

五月，丙午，王薨。太子政立，生十三年矣，国事皆委于文信侯，号称仲父。

晋阳反。

【译文】秦庄襄王派人带着万金到魏国去挑拨信陵君与魏王之间的关系，找到已经亡故的晋鄙的门客，让他对魏王说："公子魏无忌流亡在外已经十年，如今重新担任上将军的要职，各诸侯国都向他表示归属，天下人只知道有信陵君却不知道有魏王您。"

秦庄襄王又多次派人向信陵君表示庆贺说:"当上魏王没有?"魏王每天都听到诋毁诽谤信陵君的言论,没法不相信这件事,便派人替代信陵君掌管大军。信陵君知道自己因为谗言再次被罢黜,于是谎称患病不去上朝,每天纵情酒色自娱,四年后逝世。韩王亲自前往魏国凭吊他,信陵君的儿子认为这很光荣,把这件事告诉了子顺。子顺说:"必须按照礼节进行推辞!'邻国国君前来凭吊,应该由国君来主持。'如今魏王并没有让你代理主持凭吊,那你也就没有接受韩王凭吊的资格。"信陵君的儿子于是推辞了韩王的凭吊。

五月丙午这一天,秦庄襄王逝世。太子嬴政继承王位,这个时候嬴政只有十三岁,国家大事全部取决于文信侯吕不韦,号称仲父。

晋阳发生反叛。

秦始皇帝上

元年(乙卯,公元前二四六年)蒙骜击定之。

韩欲废秦人,使无东伐,乃使水工郑国为间于秦,凿泾水自仲山为渠,并北山,东注洛。中作而觉,秦人欲杀之。郑国曰:"臣为韩延数年之命,然渠成,亦秦万世之利也。"乃使卒为之。注填阏之水溉舄卤之地四万馀顷,收皆亩一钟,关中由是益富饶。

二年(丙辰,公元前二四五年)麃公将卒攻卷,斩首三万。

赵以廉颇为假相国,伐魏,取繁阳。赵孝成王薨,子悼襄王立,使武襄君乐乘代廉颇。廉颇怒,攻武襄君;武襄君走。廉颇出奔魏;久之,魏不能信用。赵师数困于秦,赵王思复得廉颇,廉颇亦思复用于赵。赵王使使者视廉颇尚可用否。廉颇之仇郭开多与使者金，令毁之。廉颇见使者，一饭斗米，肉十斤，被甲上马，以示可用。使者还报曰："廉将军虽老，尚善饭；然与臣坐，顷之三遗矢矣。"赵王以为老，遂不召。楚人阴使迎之。廉颇一为楚将，无功，曰："我思用赵人！"卒死于寿春。

【译文】元年(乙卯，公元前246年)秦国大将蒙骜平定了晋阳的反叛。

韩国想使秦国国力疲敝，使它不能向东征伐，于是派出水官郑国到秦国去充当间谍，从仲山起凿通泾水修筑河渠，沿着北山脚下向东注入洛水。工程进行到一半计谋被秦人察觉，秦人想把他杀掉。郑国说："尽管我为韩国延续了几年寿命，但河渠一旦修成，也能够让秦国万世享有利益啊。"秦王于是让他继续主持完工，引浑浊又有肥力的水灌溉四万多顷盐碱地，每一亩都可以有六斛四升的收成，从这以后关中地区更加富裕。

二年(丙辰，公元前245年)秦国大将麃公统率大军进攻魏国卷地，斩杀三万多人。

赵国派廉颇代理相国，率军进攻魏国，攻占繁阳。赵孝成王逝世，他的儿子悼襄王继承王位，派出武襄君乐乘代替廉颇。廉颇大怒，带兵进攻武襄君；武襄君立即逃走。廉颇逃奔到魏国，但是很久后，还是得不到信任。这个时候赵军已经被秦国围困多次，赵王想重新起用廉颇，廉颇也迫切希望重新担任赵将。于是赵王派使者到大梁看廉颇还能不能起用。廉颇的仇人郭开送给使者重金，让他诋毁廉颇。廉颇与使者会见时，一顿饭吃下一斗米、十斤肉，披上战甲一跃上马，表示自己还可以胜任。使者回国后向赵王报告，说："廉颇将军年纪虽然老了，吃饭还比较多；但是与我一块儿坐着的时候，一会儿就上了三次厕所。"赵王于是认为廉颇已经年老，没有把他召回国内。楚王派人偷偷把他接到楚国。

廉颇担任楚将,并没有立下战功,说:"我想指挥赵国大军!"最后在寿春去世。

三年(丁巳,公元前二四四年)大饥。

蒙骜伐韩,取十二城。

赵王以李牧为将,伐燕,取武遂、方城。李牧者,赵之北边良将也,尝居代、雁门备匈奴,以便宜置吏,市租皆输入莫府,为士卒费,日击数牛飨士;习骑射,谨烽火,多间谍,为约曰:"匈奴即入盗,急入收保。有敢捕虏者斩!"

匈奴每入,烽火谨,辄入收保不战。如是数岁,亦不亡失。匈奴皆以为怯,虽赵边兵亦以为吾将怯。赵王让之,李牧如故。王怒,使佗人代之。岁馀,屡出战,不利,多失亡,边不得田畜。王复请李牧,李牧杜门称病不出。王强起之,李牧曰:"必用臣,臣如前,乃敢奉令。"王许之。

【译文】三年(丁巳,公元前244年)秦国发生大饥荒。

秦国大将蒙骜统率大军进攻韩国,攻占十二座城池。

赵悼襄王派李牧担任大将,进攻燕国,攻占武遂、方城。李牧是负责守卫赵国北部边境的良将,曾经率军驻守代、雁门防御匈奴,能够依据事情的变化需要选择任用官吏,租税全部缴纳到自己的幕府,用作士兵的日常开销,每天宰杀好几头牛来犒劳将士;又下令部下练习骑射,谨守烽火台,多次派出间谍打探敌军动向,同时申明号令,说:"匈奴如果南下侵扰,我军应赶紧把物资、牲畜等收入堡垒中。有谁胆敢捉拿匈奴人的一律斩首!"

每次匈奴进行侵扰,立即点燃烽火示警,物资、牲畜等收入城中固守不肯出战。这样过了几年,没有多少损失。匈奴都认为他胆小畏惧,即便是赵国戍守边境的将士也都认为自己的将帅太胆怯。赵王斥责李牧，他仍然像往常一样。赵王盛怒之下，派别人取代他的职位。一年多的时间里，多次出战但总是失败，伤亡惨重，边境地区没办法进行耕种和放牧。赵王于是重新请李牧出山，李牧关闭家门谎称患病不肯复出。赵王坚持要任用他，李牧说："一定要起用我的话，允许我一切按照昔日的做法，才敢接受任命。"赵王同意了他的要求。

李牧至边，如约。匈奴数岁无所得，终以为怯。边士日得赏赐而不用，皆愿一战。于是乃具选车得千三百乘，选骑得万三千匹，百金之士五万人，彀者十万人，悉勒习战；大纵畜牧、人民满野。匈奴小入，佯北不胜，以数十人委之。单于闻之，大率众来入。李牧多为奇陈，张左、右翼击之，大破之，杀匈奴十馀万骑，灭襜褴，破东胡，降林胡。单于奔走，十馀岁不敢近赵边。

【译文】李牧到达边境，按照约定行事。匈奴一连几年侵扰均没有占到什么便宜，始终以为李牧很胆小。戍守边境的将士每天都受到犒赏却不能上阵作战，都想要上战场与匈奴激战。于是李牧选拔一千三百辆坚良战车，一万三千匹精良战马，曾受过百金封赏的五万名勇士，十万名弓箭手，让他们全部进入训练状态；组织军民随意放牧，让百姓散开到边境放牧。匈奴一小部进行侵扰，李牧下令大军佯装败退，让数十人被匈奴俘获。单于听见这个消息，统率大军前来入侵。李牧设下众多奇阵，大军从左、右两翼包抄攻击，大破匈奴军队，杀死十多万人马。消灭襜褴，攻破东胡，使林胡部众归降。单于率残部奔逃，十几年内没再敢接近赵国边境。

先是时，天下冠带之国七，而三国边于戎狄：秦自陇以西有縣诸、绲戎、翟、獂之戎，岐、梁、泾、漆之北有义渠、大荔、乌氏、朐衍之戎；而赵北有林胡、楼烦之戎；燕北有东胡、山戎；各分散居溪谷，自有君长，往往而聚者百有馀戎，然莫能相一。其后义渠筑城郭以自守，而秦稍蚕食之，至惠王遂拔义渠二十五城。昭王之时，宣太后诱义渠王，杀诸甘泉，遂发兵伐义渠，灭之；始于陇西、北地、上郡筑长城以拒胡。赵武灵王北破林胡、楼烦，筑长城，自代并阴山下，至高阙为塞；而置云中、雁门、代郡。其后燕将秦开为质于胡，胡甚信之；归而袭破东胡，东胡却千馀里；燕亦筑长城，自造阳至襄平，置上谷、渔阳、右北平、辽东郡以距胡。及战国之末而匈奴始大。

【译文】在这之前，天下有七个遵守礼乐教化的诸侯国，其中有三个国家与戎狄临近：秦国从陇往西有緜诸、绲戎、翟、豲等部族，岐、梁、泾、漆四地以北地区有义渠、大荔、乌氏、朐衍等部族；赵国以北有林胡、楼烦等部族；燕国北方有东胡、山戎等几个部族。各部族在山谷中自然分散生存，各有本部落的酋长，尽管一百多个族群聚居，可始终没有统一。后来义渠部族开始建造城郭进行自我守卫，秦国则对它进行一步步的蚕食，到秦惠王在位时期已经攻占义渠二十五座城邑。秦昭襄王时，宣太后把义渠王引诱到甘泉并斩杀，随即发动大军进攻义渠，消灭了这个部族，开始在陇西、北地、上郡等地修筑长城，来抵御西北边境的胡人。赵武灵王统率赵国大军向北进攻林胡、楼烦等部族，从代沿着阴山山脚直到高阙一线修筑长城，开始设置云中、雁门、代郡三郡。后来，燕国大将秦开在东胡部族中充当人质，东胡对他十分信任，回到燕国后统率大军击败东胡，迫使东胡向北撤退一千多里。于是燕国也开始修筑长城，从造阳一直延绵到襄平，设置上谷、渔阳、右北平、辽东等郡抵御胡人侵扰。到战国末期匈奴开始逐渐强盛起来。

四年(戊午,公元前二四三年)春,蒙骜伐魏,取畼、有诡。三月,军罢。

秦质子归自赵;赵太子出归国。

七月,蝗,疫。令百姓纳粟千石,拜爵一级。

魏安釐王薨,子景湣王立。

五年(己未,公元前二四二年)蒙骜伐魏,取酸枣、燕、虚、长平、雍丘、山阳等二十城;初置东郡。

初,剧辛在赵与庞煖善,已而仕燕。燕王见赵数困于秦,廉颇去而庞煖为将,欲因其敝而攻之,问于剧辛,对曰:"庞煖易与耳!"燕王使剧辛将而伐赵。赵庞煖御之,杀剧辛,取燕师二万。

诸侯患秦攻伐无已时。

【译文】四年(戊午,公元前243年)春,秦国将领蒙骜率领军队进攻魏国,攻克、有诡等地。三月,罢兵停战。

秦国公子从赵国做人质回到秦国,赵国太子也离开秦国回到赵国。

七月,秦国发生蝗灾,瘟疫流行。政府下令凡是缴纳一千石粮食的,均进授爵位一级。

魏安釐王逝世,他的儿子继承王位,即魏景湣王。

五年(己未,公元前242年)秦将蒙骜统领大军进攻魏国,攻克酸枣、燕、虚、长平、雍丘、山阳等二十座城池,开始在这些地方设置东郡管辖。

当初,剧辛在赵国时与庞煖关系友善,不久后到燕国为官。燕王见赵国被秦国大军围困多次,廉颇也被黜免而由庞煖担任将军,就想趁着赵国衰败的时机发动袭击,向剧辛征求意见,剧辛说:"想对付庞煖很简单!"燕王于是派剧辛带兵进攻赵国。赵国派出庞煖统率大军进行抵御,斩杀剧辛,并俘获二万多燕军。

各个诸侯国都担忧秦国对本国的侵扰会没有停止的时候。

六年(庚申,公元前二四一年)楚、赵、魏、韩、卫合从以伐秦,楚王为从长,春申君用事,取寿陵。至函谷,秦师出,五国之师皆败走。楚王以咎春申君,春申君以此益疏。观津人朱英谓春申君曰:"人皆以楚为强,君用之而弱。其于英不然。先君时,秦善楚,二十年而不攻楚,何也?秦逾黾阨之塞而攻楚,不便;假道于两周,背韩、魏而攻楚,不可。今则不然。魏旦暮亡,不能爱许、鄢陵,魏割以与秦,秦兵去陈百六十里。臣之所观者,见秦、楚之日斗也。"楚于是去陈,徙寿春,命曰郢。春申君就封于吴,行相事。

秦拔魏朝歌,及卫濮阳。卫元君率其支属徙居野王,阻其山以保魏之河内。

【译文】六年(庚申,公元前241年)楚、赵、魏、韩、卫五个诸侯国施行合纵对秦国发动进攻,楚王担任合纵首长,春申君执掌军政大权,攻克寿陵。五国联军直到函谷关下,秦国派出大军迎战,五国联军大败四散逃窜。楚王因为这件事怪罪于春申君,从这以后春申君逐渐被疏远。观津人朱英对春申君说:"大家都认为楚国国力本来强盛,只是因为你执掌大权才逐渐衰颓。我认为并不是这样。先王在位时,秦国与楚国关系友善,二十年之内没有向楚国进攻,这是什么原因呢?秦国如果穿过黾阨之地的关塞向楚国发动进攻,不是很便利;取道于东、西二周,又背对着韩、魏两国来进攻楚国,是不可行的。如今形势不一样了,魏国眼看就要被灭了,没有办法再守住许、鄢陵,必然要把这两地割让给秦国,这样秦兵距离陈就只有一百六十里的距离。按照我见到的形势,秦、楚两国之间的正面战争是避免不了了。"于是楚国将都城从陈迁到寿春，命名为郢都。春申君被分封到吴地，行使宰相的大权。

秦国攻克魏国朝歌以及卫国国都濮阳。卫元君带领部属及宗族迁移到野王暂居，凭借着山岭地势阻隔，魏国河内地区才得以保全。

【乾隆御批】前，楚畏秦而迁于陈；此复畏秦而迁于寿春。然不及数年，卒为秦并。苏轼所谓："畏敌迁都，未有能存者。"实至言。

【译文】以前，楚王因为惧怕秦国而迁都陈丘；如今，又因为惧怕秦国而迁都寿春。然而，几年后还是被秦国吞并了。苏轼说："因畏敌而迁都的，没有一个能存活下来。"这句话实在是至理名言。

七年（辛酉，公元前二四〇年）伐魏，取汲。

夏太后薨。

蒙骜卒。

八年（壬戌，公元前二三九年）魏与赵邺。

韩桓惠王薨，子安立。

九年（癸亥，公元前二三八年）伐魏，取垣、蒲。

夏，四月，寒，民有冻死者。

王宿雍。

己酉，王冠，带剑。

杨端和伐魏，取衍氏。

【译文】七年（辛酉，公元前240年）秦国大军对魏国发动进攻，攻克汲。

夏太后逝世。

蒙骜逝世。

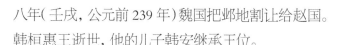

八年(壬戌,公元前239年)魏国把邺地割让给赵国。

韩桓惠王逝世,他的儿子韩安继承王位。

九年(癸亥,公元前238年)秦国大军进攻魏国,攻占垣、浦两地。

夏季四月,天气突然转寒,秦国百姓有被冻死的。

秦王嬴政在雍地居住。

己酉日(二十一日),秦王嬴政举行冠礼,开始佩带宝剑。

秦将杨端和带兵进攻魏国,攻克衍氏。

初,王即位,年少,太后时时与文信侯私通。王益壮,文信侯恐事觉,祸及己,乃诈以舍人嫪毐为宦者,进于太后。太后幸之,生二子,封毐为长信侯,以太原为毐国,政事皆决于毐;客求为毐舍人者甚众。王左右有与毐争言者,告毐实非宦者,王下吏治毐。毐惧,矫王御玺发兵,欲攻蕲年宫为乱。王使相国昌平君、昌文君发卒攻毐,战咸阳,斩首数百;毐败走,获之。秋,九月,夷毐三族;党与皆车裂灭宗;舍人罪轻者徙蜀,凡四千馀家。迁太后于雍萯阳宫,杀其二子。下令曰:"敢以太后事谏者,戮而杀之,断其四支,积之阙下!"死者二十七人。

【译文】秦王嬴政刚刚即位时,年纪还小,太后与文信侯吕不韦经常私通。秦王渐渐长大成人后,文信侯恐怕事情败露,祸患波及自己,于是把自己的门客嫪毐充作宦官,进献给太后。太后对嫪毐十分宠幸,私下里生了两个儿子,把嫪毐封为长信侯,以太原作为毐国,国政大事均由嫪毐负责决断,许多人都想到嫪毐身边充当门客。秦王身边有一个侍臣与嫪毐发生过争执,告发嫪毐并不是宦官,秦王下令把嫪毐交给有司法办。嫪毐十分害怕,假托秦王的命令调发军队,想进攻蕲年宫犯上作乱。秦王派出相国昌平君、昌文君统率禁军讨伐嫪毐，在咸阳激战，斩杀数百名叛军；嫪毐兵败逃窜时被俘获。秋天九月的时候，诛杀嫪毐的三族；凡是他的同党都处以车裂之刑并屠戮三族；他的门客中罪行较轻被发配到蜀地的，共有四千多户人家。又把太后流放到雍萯阳宫，并把太后与嫪毐私生的两个儿子杀死。下令说："有谁再敢因为太后这件事向我进谏的，一律处以死罪，斩断四肢，扔到城下。"先后杀了二十七个人。

　　齐客茅焦上谒请谏。王使谓之曰："若不见夫积阙下者邪？"对曰："臣闻天有二十八宿，今死者二十七人，臣之来固欲满其数耳。臣非畏死者也！"使者走入白之。茅焦邑子同食者，尽负其衣物而逃（王）。王大怒曰："是人也，故来犯吾，趣召镬烹之，是安得积阙下哉！"王按剑而坐，口正沫出。使者召之入，茅焦徐行至前，再拜谒起，称曰："臣闻有生者不讳死，有国者不讳亡；讳死者不可以得生，讳亡者不可以得存。死生存亡，圣主所欲急闻也，陛下欲闻之乎？"王曰："何谓也？"茅焦曰："陛下有狂悖之行，不自知邪？车裂假父，囊扑二弟，迁母于雍，残戮谏士，桀、纣之行不至于是矣！令天下闻之，尽瓦解，无向秦者，臣窃为陛下危之！臣言已矣！"乃解衣伏质。王下殿，手自接之曰："先生起就衣，今愿受事！"乃爵之上卿。王自驾，虚左方，往迎太后，归于咸阳，复为母子如初。

　　【译文】齐国人茅焦向秦王上书想要进谏。秦王派人对他说："难道你没有看到在城下堆积的那些尸体吗？"茅焦回答说："臣听说天上有二十八个星宿，如今已经有二十七个人死了，我来就是想要凑够那个数目的。我并不是贪生怕死的人！"使者进入宫中向秦王禀报。与茅焦同乡并在一起居住的人，都把自己的衣裳财物收拾起来逃跑了。秦王听后勃然大怒，说："这个人有意过来冒犯我，赶紧把他捉来扔到锅里煮了，怎么能只把他的尸体堆在城下呢？"秦王手按宝剑端坐着，口中唾沫乱飞。使者把他召进宫中，茅焦缓步走到殿前，拜了两拜后站起来说："臣听说活着的人不忌讳说人死，享有政权的人不忌讳谈亡国；忌讳说死的人并不能长久活着，忌讳谈亡国的人也不能保证国家长存。生死存亡，是圣明的国君都急切地想知道的事情，陛下您想听我说说吗？"秦王说："这话怎么说？"茅焦说："陛下您做事狂悖乖戾，难道自己不知道吗？车裂嫪毐，把两个弟弟装到袋子中打死，把生母流放到雍，把进谏的大臣残杀，即便是夏桀、殷纣也不会做这样的事情！如今天下百姓听到这些事，人心都会瓦解涣散，再没有人向往来到秦国，我实在私下里为您感到担忧！我说完了！"于是脱下衣服趴在刑具上等着接受腰斩的刑罚。秦王匆忙走下台阶，亲手把他扶起来说："请先生起来把衣服穿好，我愿意听从你的教导！"于是把他封为上卿。秦王亲自驾车，把左边的座位空出来，把太后迎接回咸阳，母子二人再次和好如初。

【申涵煜评】茅焦之言，肆口丑诋，不知始皇何为改容，岂动心于天下瓦解之言耶？至欲就死以满二十八宿之数，尤属荒唐。

【译文】茅焦肆意用难听的话诋毁秦始皇，不知道始皇为什么会因他的话而动容，难道是因为天下瓦解的话而动心了吗？至于茅焦想要以死来凑够二十八星宿的数目，尤其荒唐可笑。

楚考烈王无子，春申君患之，求妇人宜子者甚众，进之，卒无子。赵人李园持其妹欲进诸楚王，闻其不宜子，恐久无宠，乃求为春申君舍人。已而谒归，故失期而还。春申君问之，李园曰：

"齐王使人求臣之妹，与其使者饮，故失期。"春申君曰："聘入乎？"曰："未也。"春申君遂纳之。既而有娠，李园使其妹说春申君曰："楚王贵幸君，虽兄弟不如也。今君相楚二十馀年而王无子，即百岁后将更立兄弟，彼亦各贵其故所亲，君又安得常保此宠乎！非徒然也，君贵，用事久，多失礼于王之兄弟，兄弟立，祸且及身矣。今妾有娠而人莫知，妾幸君未久，诚以君之重，进妾于王，王必幸之。妾赖天而有男，则是君之子为王也。楚国尽可得，孰与身临不测之祸哉！"春申君大然之。乃出李园妹，谨舍而言诸楚王。王召入，幸之，遂生男，立为太子。

【译文】楚考烈王没有子嗣，春申君对此十分忧虑，寻找了一些生育能力强的妇女献给楚王，但始终都没有替楚王生下儿子。赵国人李园想把自己的妹妹进献给楚王，听说楚王生不了儿子，害怕时间长了，妹妹会失宠，于是请求让自己去给春申君充当门客。没过多长时间返回赵国省亲，有意超过约定好的时间才回来。春申君问他怎么回事儿，李园说："齐王派使臣向我的妹妹求亲，因为与使者一起饮酒，所以才回来晚了。"春申君说："下聘了没有？"李园说："还没有。"春申君于是把她纳为妾。不久后就怀有了身孕，李园就让她向春申君建议，说："楚王对你十分宠信，就算是兄弟也比不上你。如今你在楚国担任丞相已经二十多年，楚王却一直没有子嗣，楚王逝世后他的兄弟就要继承王位，他们必然要宠信与自己亲近的人，你怎么保证长时间被君王宠信呢？不仅这样，你被楚王宠信并执掌大权已久，对楚王的几个兄弟有许多地方失礼，他们继承王位后，灾祸必然要降临到你身上。如今我怀有身孕，还没有人知道，你宠幸我的时间也不长，如果能把我进献给楚王，楚王一定会宠幸我。我如果有幸得到上天的帮助顺利生下男孩，那样你的儿子日后就要继承王位了。楚国就全部属于你，这和身遭不测之祸相比较哪一个好？"春申君认为她说得很对。于是把李园的妹妹送出去，让她住在馆舍并严加防卫，然后向楚王推荐。楚王召她进宫，对她非常宠幸，后来果然生下一个男孩，立为太子。

　　李园妹为王后，李园亦贵用事，而恐春申君泄其语，阴养死士，欲杀春申君以灭口；国人颇有知之者。楚王病，朱英谓春申君曰："世有无望之福，亦有无望之祸。今君处无望之世，事无望之主，安可以无无望之人乎！"春申君曰："何谓无望之福？"曰："君相楚二十馀年矣，虽名相国，其实王也。王今病，且暮薨，薨而君相幼主，因而当国，王长而反政，不即遂南面称孤，此所谓无望之福也。""何谓无望之祸？曰："李园不治国而君之仇也，不为兵而养死士之日久矣。王薨，李园必先入，据权而杀君以灭口，此所谓无望之祸也。""何谓无望之人？"曰："君置臣郎中，王薨，李园先入，臣为君杀之，此所谓无望之人也。"春申君曰："足下置之。李园，弱人也，仆又善之。且何至此！"朱英知言不用，惧而亡去。后十七日，楚王薨，李园果先入，伏死士于棘门之内。春申君入，死士侠刺之，投其首于棘门之外；于是使吏尽捕诛春申君之家。太子立，是为幽王。

　　◆扬子《法言》曰：或问："信陵、平原、孟尝、春申益乎？"曰："上失其政，奸臣窃国命，何其益乎！"◆

　　王以文信侯奉先王功大，不忍诛。

　　【译文】李园的妹妹被立为王后，李园也日渐执掌大权，地位显赫，但怕春申君把当年的事情泄露出去，就私下里养了一支敢死队，想把春申君杀掉灭口；都城里的百姓大多知道这件事。后来楚王身患重病，朱英对春申君说："世上有出人意料而来的福气，也有出人意料而来的灾祸。如今你处在这样反复无常的世道中，侍奉这样一位喜怒变幻不定的君主，怎么能够没有出人意料而来帮助你的人呢？"春申君说："出人意料而来的福气说的是什么？"朱英说："你担任楚国宰相已经有二十多年，尽管名为宰相，但实际上却掌握王权。如今楚王病重，眼看着就要去世了，楚王一旦去世你再担任新君主的宰相，执掌国家大权，等到新王长大后再把大政归还给他，或者直接南面称王，这就是出人意料而来的福气。"春申君又说："那出人意料而来的灾祸说的是什么？"朱英说："李园虽然没有执掌大权却是你的仇人，尽管没有掌管兵事却养了一支敢死队。楚王去世后，李园肯定要首先进宫夺取大权并把你杀掉灭口，这就是出人意料而来的灾祸。"春申君又说："那出人意料而来帮助我的人又是什么意思？"朱英说："你让我担任郎中一职，楚王一旦逝世，李园率先进宫时，我替你把他杀掉，这就是出人意料而来帮助你的人的意思。"春申君说："你不要再操心这件事了。李园不过是个软弱无能的人，我与他关系友善。怎么会到这种地步？"朱英知道自己说的话没被采用，害怕祸患殃及自己于是跑到国外去了。十七天之后，楚王逝世，李园果然率先进宫，派敢死队在棘门内埋伏。春申君刚刚进宫，敢死队就从两面夹上去把他杀死了，把他的首级扔到棘门外，然后又派人把春申君全家捕杀。太子继承王位，也就是楚幽王。

◆扬雄《法言》说，有人问道："信陵、平原、孟尝、春申四位君子对他们的国家有利吗？"回答说："君王不顾朝政，奸臣盗取国家大权，这对国家有什么好处！"◆

秦王嬴政因为文信侯吕不韦事奉先王有显著的功劳，不忍心诛杀他。

十年（甲子，公元前二三七年）冬，十月，文信侯免相，出就国。

宗室大臣议曰："诸侯人来仕者，皆为其主游间耳，请一切逐之。"于是大索，逐客。客卿楚人李斯亦在逐中，行，且上书曰："昔穆公求士，西取由余于戎，东得百里奚于宛，迎蹇叔于宋，求丕豹、公孙支于晋，并国二十，遂霸西戎。孝公用商鞅之法，诸侯亲服，至今治强。惠王用张仪之计，散六国之从，使之事秦。昭王得范雎，强公室，杜私门。此四君者，皆以客之功。由此观之，客何负于秦哉！夫色、乐、珠、玉不产于秦而王服御者众，取人则不然，不问可否，不论曲直，非秦者去，为客者逐。是所重者在乎色、乐、珠、玉，而所轻者在乎人民也。臣闻太山不让土壤，故能成其大；河海不择细流，故能就其深；王者不却众庶，故能明其德。此五帝、三王之所以无敌也。今乃弃黔首以资敌国，却宾客以业诸侯，所谓藉寇兵而赍盗粮者也。"

王乃召李斯，复其官，除逐客之令。李斯至骊邑而还。王卒用李斯之谋，阴遣辩士赍金玉游说诸侯，诸侯名士可下以财者厚遗结之，不肯者利剑刺之，离其君臣之计，然后使良将随其后，数年之中，卒兼天下。

【译文】十年（甲子，公元前 237 年）冬季，十月，文信侯吕不韦被免除丞相职位，离开都城回到他的封国。

秦国宗室大臣们商议道："凡是诸侯各国来秦国谋求官职的人，都是为他们的国君进行游说，请把他们全都驱逐出境。"于是，就在全国范围内进行大搜索，把外来人士驱逐出境。客卿楚国人李斯也在被驱逐的行列之中，临行前他还向秦王上书，说："当年秦穆公四处征求贤俊人士，在西方的戎地把由余挑选出来，

在东边的宛城得到百里奚，从宋国把蹇叔迎回来，又到晋国获得
丕豹、公孙支二人，先后兼并二十个国家，于是在西戎地区称霸。
秦孝公任用商鞅施行新法，诸侯各国纷纷向秦国表示顺服，到现
在国富兵强。惠文王采纳张仪的谋略，把六国合纵的约定最终拆
散，各国纷纷来向秦国亲附。秦昭王得到范雎的协助，强化王室
权力，遏制贵族豪强势力。这四位君王都是因为有了客卿的辅佐
才得以开创这样一番功业。由此看来，外国的客卿哪里对不起秦
国了呢？美女、乐曲、珍宝、玉石都不是产自秦国的，但是君王却
搜集来使用得非常多；但选用人才却不是这样子，也不管能不能
用，不论对错，只要不是秦国人一概不予任用，只要是客卿就一概
驱逐。这样看来，大王您重视的只是美女、乐曲、珍宝、玉石，而
对于人才却是轻视了。臣听说泰山因为不拒绝细小的尘土，所以
才能成就它的高大巍峨；河海因为不拣择细微的溪流，所以才能
成就它的渊深流长；君王因为不拒绝百姓民众，所以才能彰显他
的贤良美德。这就是五帝、三王无敌于天下的原因。如今大王却
把别国的百姓都驱逐出去，来让敌国派用他们，把宾客全部辞退，
让他们帮助诸侯各国成就功名霸业，这是世人所说的把士兵借给
敌人，把粮食送给强盗的做法啊！"

　　秦王于是下令让李斯觐见，官复原职，废除逐客令。李斯刚
刚走到骊邑马上返回。后来秦王采纳李斯的计策，暗中派遣能言
善辩之士带上金玉布帛到诸侯各国游说，诸侯各国的名士可以为
秦国所用的就以钱财结交，不肯为秦国所用的就派人暗杀，并通
过离间计使他们君臣上下分离，然后派出良将率军紧随其后进攻，
几年之间就兼并了天下。

十一年(乙丑，公元前二三六年)赵人伐燕，取狸阳。兵未

罢, 将军王翦、桓齮、杨端和伐赵, 攻邺, 取九城。王翦攻阏与、
橑阳, 桓齮取邺、安阳。

赵悼襄王薨, 子幽缪王迁立。其母, 倡也, 嬖于悼襄王, 悼
襄王废嫡子嘉而立之。迁素以无行闻于国。

文信侯就国岁馀, 诸侯宾客使者相望于道, 请之。王恐其
为变, 乃赐文信侯书曰:"君何功于秦, 封君河南, 食十万户? 何
亲于秦, 号称仲父? 其与家属徙处蜀!"文信侯自知稍侵, 恐诛。

资治通鉴

【译文】十一年(乙丑, 公元前236年)赵国人派出大军进攻燕
国, 攻克貍阳。战事还没有结束, 秦国大将王翦、桓齮、杨端和就
统率大军向赵国进攻, 猛攻邺城, 攻克九座城池。王翦率军进攻
阏与、橑阳, 桓齮率军攻占邺城、安阳。

赵悼襄王逝世, 他的儿子赵迁继承王位, 也就是幽缪王。赵
迁的母亲原来是倡优之女, 深受悼襄王的宠爱, 悼襄王把嫡子赵
嘉废黜, 改立赵迁为太子。赵迁平时就因为品行恶劣而闻名于全
国。

文信侯吕不韦回到封国有一年多的时间, 各诸侯国的宾客以
及使者络绎不绝来往于洛阳的大路上, 前去拜访他。秦王担心他
心怀叛变之意, 于是赐给他一封书信说:"你对秦国有什么功劳,
而把你封到河南, 享有十万户的采邑? 你与秦国之间有什么亲情关
系, 居然号称仲父? 你还是带着自己的家属回到蜀地去吧!"吕不
韦知道自己日渐受到迫害, 害怕以后会被杀掉。

十二年(丙寅, 公元前二三五年)文信侯饮鸩死, 窃葬。其舍
人临者, 皆逐迁之。且曰:"自今以来, 操国事不道如嫪毐、不韦
者, 籍其门, 视此!"

◆扬子《法言》曰: 或问:"吕不韦其智矣乎? 以人易货。" 曰:

"谁谓不韦智者欤? 以国易宗。吕不韦之盗,穿窬之雄乎! 穿窬也者,吾见担石矣,未见雒阳也。"◆

自六月不雨,至于八月。

发四郡兵助魏伐楚。

十三年(丁卯, 公元前二三四年)桓齮伐赵,败赵将扈辄于平阳,斩首十万,杀扈辄。赵王以李牧为大将军,复战于宜安、肥下,秦师败绩,桓齮奔还。赵封李牧为武安君。

【译文】十二年(丙寅, 公元前235年)吕不韦喝下毒酒自杀,家人偷偷把他埋葬。他的门客和邻居都被驱逐流放到其他地方。秦王还下令说:"从今往后,执掌国家大权而像嫪毐、吕不韦那样无道的,就把他的家人、财产收归国有,照这个例子处理!"

◆扬雄《法言》说,有人问道:"吕不韦是个聪明人吗? 把人当作财物进行交易。"回答道:"谁说吕不韦是聪明人呢? 以封国换取全宗族的灭亡。吕不韦他实在是盗贼中最为雄杰的! 我见过普通的盗贼只偷窃小物件,却从来没有见过窃取洛阳的奸雄。"◆

秦国从六月开始不下雨,一直到八月。

秦国调动四个郡的军队,协助魏国进攻楚国。

十三年(丁卯, 公元前234年)秦国将领桓齮带兵进攻赵国,在平阳打败赵国大将扈辄,斩杀十万余人,并把扈辄杀了。赵王重新起用李牧担任大将军,在宜安、肥下与秦军再次激战,秦军大败,桓齮逃回秦国。赵王把李牧封为武安君。

十四年(戊辰, 公元前二三三年)桓齮伐赵,取宜安、平阳、武城。

韩王纳地效玺,请为藩臣,使韩非来聘。韩非者,韩之诸公子也,善刑名法术之学,见韩之削弱,数以书干韩王,王不能

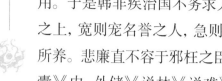

用。于是韩非疾治国不务求人任贤，反举浮淫之蠹而加之功实之上，宽则宠名誉之人，急则用介胄之士，所养非所用，所用非所养。悲廉直不容于邪枉之臣，观往者得失之变，作《孤愤》《五蠹》《内、外储》《说林》《说难》五十六篇，十馀万言。

【译文】十四年(戊辰，公元前233年)桓齮统率秦军进攻赵国，攻克宜安、平阳、武城。

韩王向秦国割让领土并把玉玺献给秦王，请求作为秦国的藩臣，派韩非为使臣来秦国晋见。韩非是韩国诸位公子之一，精通刑名法术的学说，眼见韩国日渐削弱，多次向韩王上书提出建议，韩王都没有采纳。韩非于是对治理国政不知道求取贤人深恶痛绝，君王反而把那些浮淫无所作为的蠹虫一样的人都安置到功臣实学的位置上，政治宽顺的时候就宠信巧言善辩的小人，国家危急存亡的时候又任用敢于作战的勇士，平时所培养的不是战时能够举用的，战时举用的也不是平日培养的，使廉洁正直的人被奸邪小人所排挤。韩非观察过去历史上成败得失的事例，写出《孤愤》《五蠹》《内储》《外储》《说林》《说难》等五十六篇文章，大约十万字。

王闻其贤，欲见之。非为韩使于秦，因上书说王曰："今秦地方数千里，师名百万，号令赏罚，天下不如。臣昧死愿望见大王，言所以破天下从之计。大王诚听臣说，一举而天下之从不破，赵不举，韩不亡，荆、魏不臣，齐、燕不亲，霸王之名不成，四邻诸侯不朝，大王斩臣以徇国，以戒为王谋不忠者也。"王悦之，未任用。李斯嫉之，曰："韩非，韩之诸公子也。今欲并诸侯，非终为韩不为秦，此人情也。今王不用，又留而归之，此自遗患也。不如以法诛之。"王以为然，下吏治非。李斯使人遗非药，令早自杀。韩非欲自陈，不得见。王后悔，使赦之，非已死矣。

【译文】秦王听说他非常贤明，很想见他。正好韩非作为韩国的使者到秦国出使，于是韩非就向秦王上书游说，道："如今秦国有方圆千里的疆域，拥有百万雄兵，号令严明，赏罚分明，天下没有哪个诸侯国能比得上。我莽撞地冒着死罪求见大王，来与您商谈破解各国合纵的计策，大王要是真能采纳我的建议，秦军一出而天下合纵联盟如果没有攻破，赵国没能攻克，韩国没有灭亡，荆、魏两国没有向秦国屈服，齐、燕两国也不与秦国亲附，秦国霸王功业没能成功，四方诸侯没有来向秦国朝拜，大王可以把我斩首示众，来警诫那些为国君谋划不忠心的人。"秦王对他十分欣赏，但并没有任用。李斯非常嫉妒韩非，于是对秦王说："韩非是韩国的诸位公子之一。现今您想要兼并东方诸侯各国，韩非肯定会为韩国考虑而不会替秦国出谋划策，这是人之常情。如今君王没有重用他，他在秦国久留后再让他回到国内，这是给自己留下后患，还不如找个借口把他杀掉。"秦王觉得李斯说得有道理，就把韩非治罪关到监狱里。李斯派手下的人偷偷给韩非送去毒药，让他趁早自杀。韩非想要亲自去向秦王解释，却没有办法见到秦王。等到秦王后悔，派人赦免他出狱的时候，韩非已经去世了。

◆扬子《法言》曰：或问："韩非作《说难》之书而卒死乎说难，敢问何反也？"曰："《说难》盖其所以死乎！"曰："何也？""君子以礼动，以义止，合则进，否则退，确乎不忧其不合也。夫说人而忧其不合，则亦无所不至矣。"或曰："非忧说之不合，非邪？"曰："说不由道，忧也。由道而不合，非忧也。"◆

◆臣光曰：臣闻君子亲其亲以及人之亲，爱其国以及人之国，是以功大名美而享有百福也。今非为秦画谋，而首欲覆其宗

国，以售其言，罪固不容于死矣，乌足愍哉！◆

【译文】◆扬雄《法言》上讲，有人问道："韩非作《说难》这样一本书但自己却因为说难而死，请问为什么他的下场和自己所说的正好相反呢？"回答道："《说难》其实就是把他害死的原因呀！"问道："怎么回事呢？"答道："君子做事依照礼数和道义而行而止，合于礼义就做下去，不合于礼义就不做，这样也就无须担忧自己的行为有不合于礼义的地方。如果向别人游说而担忧不合于礼义，那也就采用各种手段了。"有人说："韩非是担忧游说不合于他人的意见，不是吗？"答道："去游说他人不遵循正道，这是令人担忧的事。如果去游说他人遵循了正道仍然与人不合，这并不值得担忧。"◆

◆臣司马光说：我听说君子先由爱自己的亲人推及爱别人的亲人，由爱自己的国家推及爱他人的国家，这样才能成就伟业美名并且享有人间百福。如今韩非替秦国出谋划策，而首先就是要把自己的国家颠覆了才能达到自己的建议被采纳的目的，这样的罪过本来就不只是简单一死就能被容忍的，还有什么值得怜悯呢？◆

十五年(己巳，公元前二三二年)王大兴师伐赵，一军抵邺，一军抵太原，取狼孟、番吾；遇李牧而还。

初，燕太子丹尝质于赵，与王善。王即位，丹为质于秦，王不礼焉。丹怒，亡归。

十六年(庚午，公元前二三一年)韩献南阳地。九月，发卒受地于韩。

魏人献地。

代地震，自乐徐以西，北至平阴；台屋墙垣太半坏，地坼东西百三十步。

【译文】十五年（己巳，公元前232年）秦王派出大军进攻赵国，一路大军抵达邺城，一路大军抵达太原，攻占狼孟、番吾；遇到李牧统率的军队后收兵回国。

当初，燕国太子丹曾经在赵国充当人质，与秦王关系十分友善。秦王继承王位，丹又在秦国充当人质，秦王不按礼数对待他。丹勃然大怒，逃回燕国。

十六年（庚午，公元前231年）韩国把南阳地割让给秦国。九月，秦王派出军队到韩国接收。

魏国人把土地献给秦国。

代地发生地震，从乐徐往西，向北一直到平阴，房屋台阁以及墙垣大半以上都坍塌了，地面有东西一百三十步长的一条裂缝。

十七年（辛未，公元前二三〇年）内史胜灭韩，虏韩王安，以其地置颍川郡。

华阳太后薨。

赵大饥。

卫元君薨，子角立。

十八年（壬申，公元前二二九年）王翦将上地兵下井陉，端和将河内兵共伐赵。赵李牧、司马尚御之。秦人多与赵王嬖臣郭开金，使毁牧及尚，言其欲反。赵王使赵葱及齐将颜聚代之。李牧不受命，赵人捕而杀之；废司马尚。

【译文】十七年（辛未，公元前230年）秦国大将内史胜统率大军把韩国消灭，韩王安被俘虏，秦王将韩地设置为颍川郡。

华阳太后逝世。

赵国发生大规模的饥荒。

卫元君逝世，他的儿子卫角继承王位。

十八年(壬申，公元前229年)王翦统率上地的大军攻克井陉，杨端和统率河内军队与他一起向赵国进攻。赵国派出李牧、司马尚带兵抵御。秦人以重金贿赂赵王的宠臣郭开，让他在赵王面前诋毁李牧和司马尚，说他们两个人想谋反作乱。赵王于是派赵葱以及齐将颜聚把他们两个人替回来。李牧没有接受命令，赵王派人把他捕杀，把司马尚废黜不再任用。

十九年(癸酉，公元前二二八年)王翦击赵军，大破之，杀赵葱，颜聚亡，遂克邯郸，虏赵王迁。王如邯郸，故与母家有仇怨者皆杀之。还，从太原、上郡归。

太后薨。

王翦屯中山以临燕。赵公子嘉帅其宗族百人奔代，自立为代王。赵之亡，大夫稍稍归之，与燕合兵，军上谷。

楚幽王薨，国人立其弟郝。三月，郝庶兄负刍杀之，自立。

魏景湣王薨，子假立。

【译文】十九年(癸酉，公元前228年)王翦率军进攻赵军，大败赵军，斩杀赵葱，颜聚也逃跑了，于是秦军攻克邯郸，俘虏了赵王迁。秦王亲自到达邯郸，凡是昔日与自己母亲家有仇怨的人一律杀掉。然后返回，从太原、上郡一线回到秦国。

太后赵姬逝世。

秦将王翦统率大军在中山驻扎来挟制燕国。赵国公子·赵嘉率领本族数百人逃到代地，自立为代王。赵国灭亡后，赵国的官吏们慢慢地向代王归附，与燕国大军联合，在上谷驻扎。

楚幽王逝世，国人把他的弟弟郝拥立为王。三月，郝被自己的庶兄负刍杀掉，负刍自立为楚王。

魏景湣王逝世，他的儿子魏假继承王位。

燕太子丹怨王，欲报之，以问其傅鞠武。鞠武请西约三晋，南连齐、楚，北媾匈奴以图秦。太子曰："太傅之计，旷日弥久，令人心惽然，恐不能须也。"顷之，将军樊於期得罪，亡之燕；太子受而舍之。鞠武谏曰："夫以秦王之暴而积怒于燕，足为寒心，又况闻樊将军之所在乎！是谓委肉当饿虎之蹊也。愿太子疾遣樊将军入匈奴。"太子曰："樊将军穷困于天下，归身于丹，是固丹命卒之时也，愿更虑之！"鞠武曰："夫行危以求安，造祸以为福，计浅而怨深，乃连结一人之后交，不顾国家之大害，所谓资怨而助祸矣。"太子不听。

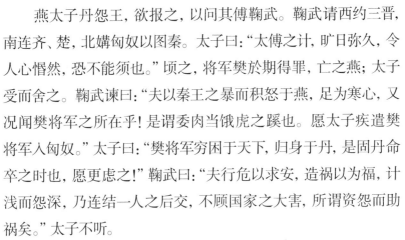

【译文】燕国太子丹对秦王十分怨恨，想对他进行报复，以这件事来征求太傅鞠武的意见。鞠武建议他与西边的三晋订约，与南边的齐、楚两国联合，在北面与匈奴谈和来图谋秦国。太子丹说："太傅的计策，浪费的时间太多，让人心中十分烦闷，恐怕不能再等了。"没过多久，秦国大将樊於期获罪，流亡到燕国，太子丹接纳了他并招待他在馆舍中住下。鞠武向太子丹进谏说："以秦王的残忍暴虐以及对燕国长期以来的愤恨，就足以让人恐惧战栗，更别说又知道樊将军在这里呢！这无异于把肉放到饿虎途经的小路上。希望您马上把樊将军送到匈奴去。"太子丹说："樊将军如今在各国之间都走投无路，才来我这里投奔，我本来就应该舍命来保护他，希望你再考虑其他方法！"鞠武说："行危险的事却求安全，制造祸患却又祈求福气，计策浅薄而所导致的积怨甚深，为了与一个人交好，不顾国家将要面临的祸害，这就是所谓的助长怨恨以及祸患啊。"太子丹没有听进去他的话。

太子闻卫人荆轲之贤，卑辞厚礼而请见之。谓轲曰："今秦已虏韩王，又举兵南伐楚，北临赵；赵不能支秦，则祸必至于燕。燕小弱，数困于兵，何足以当秦！诸侯服秦，莫敢合从。丹之私计愚，以为诚得天下之勇士使于秦，劫秦王，使悉反诸侯侵地，若曹沫之与齐桓公，则大善矣；则不可，因而刺杀之，彼大将擅兵于外而内有乱，则君臣相疑，以其间，诸侯得合从，其破秦必矣。唯荆卿留意焉！"荆轲许之。

【译文】燕国太子丹听说卫国人荆轲很是贤能，于是十分谦恭地带着重礼去拜见他。太子丹对荆轲说："如今秦国已经把韩王俘虏，又发兵向南进攻楚国，向北挟制赵国；赵国抵抗不了，那么灾祸必将波及燕国。燕国势力弱小，多次受到战争的困扰，怎么能抵挡得了秦国？天下诸侯一旦向秦国臣服，就不再敢合纵来抵御秦国。按照我的愚见，如果能获得全天下勇猛无畏的勇士把他派到秦国，挟持秦王，让他把侵占各诸侯国的土地归还，就像当年曹沫逼迫齐桓公那样，那就实在是再好不过了；如果秦王不答应，就乘机把秦王刺杀。秦国的将领统率大军在边境戍守而国内发生骚乱，则君臣上下互相猜疑，趁着这个机会，诸侯各国之间重新合纵，击败秦国势在必得。希望你能够留意这件事！"荆轲答应了太子丹。

于是舍荆卿于上舍，太子日造门下，所以奉养荆轲，无所不至。及王翦灭赵，太子闻之惧，欲遣荆轲行。荆轲曰："今行而无信，则秦未可亲也。诚得樊将军首与燕督亢之地图，奉献秦王，秦王必说见臣，臣乃有以报。"太子曰："樊将军穷困来归丹，丹不忍也！"荆轲乃私见樊於期曰："秦之遇将军，可谓深矣，父母宗族皆为戮没！今闻购将军首，金千斤，邑万家，将奈何？"於期太息

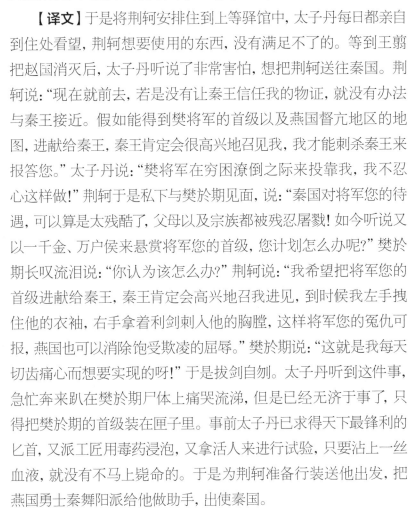

流涕曰："计将安出?"荆卿曰："愿得将军之首以献秦王，秦王必喜而见臣，臣左手把其袖，右手揕其胸，则将军之仇报而燕见陵之愧除矣!"樊於期曰："此臣之日夜切齿腐心也!"遂自刎。太子闻之，奔往伏哭，然已无奈何，遂以函盛其首。太子豫求天下之利匕首，使工以药淬之，以试人，血濡缕，人无不立死者。乃装为遣荆轲，以燕勇士秦舞阳为之副，使入秦。

【译文】于是将荆轲安排住到上等驿馆中，太子丹每日都亲自到住处看望，荆轲想要使用的东西，没有满足不了的。等到王翦把赵国消灭后，太子丹听说了非常害怕，想把荆轲送往秦国。荆轲说："现在就前去，若是没有让秦王信任我的物证，就没有办法与秦王接近。假如能得到樊将军的首级以及燕国督亢地区的地图，进献给秦王，秦王肯定会很高兴地召见我，我才能刺杀秦王来报答您。"太子丹说："樊将军在穷困潦倒之际来投靠我，我不忍心这样做!"荆轲于是私下与樊於期见面，说："秦国对将军您的待遇，可以算是太残酷了，父母以及宗族都被残忍屠戮! 如今听说又以一千金、万户侯来悬赏将军您的首级，您计划怎么办呢?"樊於期长叹流泪说："你认为该怎么办?"荆轲说："我希望把将军您的首级进献给秦王，秦王肯定会高兴地召我进见，到时候我左手拽住他的衣袖，右手拿着利剑刺入他的胸膛，这样将军您的冤仇可报，燕国也可以消除饱受欺凌的屈辱。"樊於期说："这就是我每天切齿痛心而想要实现的呀!"于是拔剑自刎。太子丹听到这件事，急忙奔来趴在樊於期尸体上痛哭流涕，但是已经无济于事了，只得把樊於期的首级装在匣子里。事前太子丹已求得天下最锋利的匕首，又派工匠用毒药浸泡，又拿活人来进行试验，只要沾上一丝血液，就没有不马上毙命的。于是为荆轲准备行装送他出发，把燕国勇士秦舞阳派给他做助手，出使秦国。

资治通鉴卷第七　秦纪二

起阏逢阉茂,尽玄黓执徐,凡十九年。

【译文】起甲戌(公元前227年),止壬辰(公元前209年),共十九年。

【题解】本卷记录了秦始皇嬴政二十年至秦二世胡亥元年共十九年的秦国历史,前七年写秦始皇发动战争,统一全国;随后十年写秦始皇修筑长城、修直道驰道、讨伐匈奴、讨伐南越、巡游四方、出海求仙,以及焚书坑儒、修阿房宫、修骊山墓等活动;其后一年写秦始皇突然死在东巡路上,赵高、胡亥、李斯篡改诏书,杀长子扶苏、大将蒙恬,立幼子胡亥为皇帝;最后一年写胡亥继续推行暴政,民不聊生,引发陈胜、吴广为先河的全国农民大起义,等等。

始皇帝下

二十年(甲戌,公元前二二七年)荆轲至咸阳,因王宠臣蒙嘉卑辞以求见,王大喜,朝服,设九宾而见之。荆轲奉图以进于王,图穷而匕首见,因把王袖而揕之。未至身,王惊起,袖绝。荆轲逐王,王环柱而走。群臣皆愕,卒起不意,尽失其度。而秦法,群臣侍殿上者不得操尺寸之兵,左右以手共搏之,且曰:"王负剑! 负剑!"王遂拔以击荆轲,断其左股。荆轲废,乃引匕首擿王,中铜柱。自知事不就,骂曰:"事所以不成者,以欲生劫之,必得约契以报太子也！"遂体解荆轲以徇。王于是大怒，益发兵诣赵，就王翦以伐燕，与燕师、代师战于易水之西，大破之。

【译文】二十年(甲戌，公元前227年)荆轲抵达咸阳后，通过秦王的宠臣蒙嘉的渠道，言辞十分谦逊，于是得以进见。秦王特别高兴，身穿上朝时的服饰，安排接待九宾的盛大礼节接见他。荆轲双手捧着地图进献给秦王，地图展开到最后时匕首露出来，于是趁势扯住秦王的衣袖奋力刺去，没有刺到身上；秦王大惊，把衣袖挣断。荆轲立即起来追逐秦王，秦王绕着柱子狂奔。殿上大臣们都惊慌失措，突然间发生这样的事，全都失了平日里的仪态。按照秦国法律，在殿上侍奉的臣子们不允许携带任何武器，左右侍臣于是联合徒手与荆轲厮打，并且喊道："大王快把宝剑拔出来！"秦王于是赶紧把背上的宝剑拔出来，向荆轲刺去，把荆轲的左腿斩断。荆轲残废后，只好拿着匕首向秦王投掷，击中了殿上的铜柱。荆轲知道大事不能完成了，于是骂道："这件事失败的原因，是我想活捉你，逼迫你签署协议来报答燕太子丹呀！"秦王盛怒，把荆轲分尸示众。又增派军队到赵国，下令王翦对燕国发动进攻，与燕军、代军在易水西岸会战，击败两军。

【乾隆御批】秦既举赵，势必及燕，即无荆轲之事，燕之亡国可翘足而诗，世以挑兵招祸罪丹者，过甚。然鞠武之言自是正论，丹以其旷日弥久，而妄思行险以徼幸，固下策耳！

【译文】秦国既然已经吞并赵国，那么对燕国也势在必夺，即使没有荆轲刺秦王之事，燕国灭亡也是迟早的事啊。世人以挑起战争之由治罪太子丹，也太过分了。鞠武所说的办法自然是卓有成效的办法，但太子丹认为这个方法耗费时日，不能立竿见影，竟妄想铤而走险，希冀侥幸能成功，这本来就是不高明的计策呀！

二十一年(乙亥,公元前二二六年)冬,十月,王翦拔蓟,燕王及太子率其精兵东保辽东,李信急追之。代王嘉遗燕王书,令杀太子丹以献。丹匿衍水中,燕王使使斩丹,欲以献王,王复进兵攻之。

王贲伐楚,取十馀城。王问于将军李信曰:"吾欲取荆,于将军度用几何人而足?"李信曰:"不过用二十万。"王以问王翦。王翦曰:"非六十万人不可。"王曰:"王将军老矣,何怯也!"遂使李信、蒙恬将二十万人伐楚,王翦因谢病归频阳。

【译文】二十一年(乙亥,公元前226年)冬季十月时,王翦攻克蓟城,燕王与太子丹率领精锐部队向东躲避并保卫辽东地区,秦国大将李信率部众进行追击。代王赵嘉给燕王送去信件,建议他把太子丹杀掉进献给秦王。太子丹躲藏到衍水附近,燕王派出兵士把他斩杀,想把他的头颅献给秦王,但秦王重新进兵攻打燕国。

秦将王贲向楚国发动进攻,攻克十余座城池。秦王向将军李信咨询,说:"我想要攻占荆楚地区,按照你的经验用多少军士可以攻克?"李信说:"不会超过二十万人。"秦王又问王翦,王翦说:"没有六十万人攻克不了。"秦王说:"王将军年纪大了,怎么这么胆怯啊?"于是令李信、蒙恬统率二十万大军向楚国进攻;王翦称病借口辞职返回老家频阳。

二十二年(丙子,公元前二二五年)王贲伐魏,引河沟以灌大梁。三月,城坏。魏王假降,杀之,遂灭魏。

王使人谓安陵君曰:"寡人欲以五百里地易安陵。"安陵君曰:"大王加惠,以大易小,甚幸。虽然,臣受地于魏之先王,愿终守之,弗敢易!"王义而许之。

李信攻平舆，蒙恬攻寝，大破楚军。信又攻鄢郢，破之，于是引兵而西，与蒙恬会城父，楚人因随之，三日三夜不顿舍，大败李信，入两壁，杀七都尉；李信奔还。

王闻之，大怒，自至频阳谢王翦曰："寡人不用将军谋，李信果辱秦军。将军虽病，独忍弃寡人乎！"王翦谢病不能将，王曰："已矣，勿复言！"王翦曰："必不得已用臣，非六十万人不可！"王曰："为听将军计耳。"于是王翦将六十万人伐楚。王送至霸上，王翦请美田宅甚众。王曰："将军行矣，何忧贫乎！"王翦曰："为大王将，有功，终不得封侯，故及大王之向臣，以请田宅为子孙业耳。"王大笑。王翦既行，至关，使使还请善田者五辈。或曰："将军之乞贷亦已甚矣！"王翦曰："不然。王怚中而不信人，今空国中之甲士而专委于我，我不多请田宅为子孙业以自坚，顾令王坐而疑我矣。"

【译文】二十二年(丙子，公元前225年)王贲出兵征讨魏国，把汴河水引出来淹没大梁城。三月，城墙坍塌。魏王魏假向秦军投降，被杀死，于是魏国灭亡。

秦王派出使者对安陵君说："我想以五百里的土地来与安陵国进行交换。"安陵君说："大王给我恩惠，拿大的来换小的，实在是太荣幸了。尽管这样，我从魏国先王那里受封得到这些土地，希望终生守护它，不敢和他人进行交换！"秦王对他坚守道义十分认可并答应了他。

李信向平舆进攻，蒙恬带兵进攻寝地，大败楚军。李信率兵再次进攻鄢郢，并攻克占领。于是率部向西进军，在城父与蒙恬会师。楚国军队跟随在李信后面，连着追赶三天三夜没有休息，大败李信，攻克秦军两座军营，斩杀七位都尉，李信率残部逃回秦国。

秦王听到这件事后，暴怒，亲自前往频阳向王翦道歉，说：

"我没有采纳将军的策略，李信果然让我军受辱。将军就算是生病，难道忍心抛弃寡人不顾吗？"王翦仍然辞谢，说："我病情太重了没办法领兵打仗。"秦王说："算了，不要再多说了！"王翦说："如果一定要起用我的话，没有六十万人的大军是不行的！"秦王说："按照将军您的计划实施就是了。"于是王翦统率六十万人向楚国发动进攻。秦王亲自到霸上送行，王翦请求秦王赏给他良田美宅。秦王说："将军你赶紧出发吧，怎么还担忧以后会贫穷呀！"王翦说："作为大王的将领，立下赫赫战功，终究不能封侯，所以趁着您这时还重用我时，请求赏赐田地宅院，为子孙后代留下点产业。"秦王大笑。王翦统率大军前进，到达武关，先后五次派使臣向秦王请求赏赐田宅。有人说："将军这样向人求赏赐也太不像话了！"王翦说："不是这样的。大王心中多疑，用人而不信任，如今把全国大军给我指挥，我要是没有屡次请求赏赐田宅，为子孙后代留点产业来自保，反而会让大王猜疑我。"

二十三年（丁丑，公元前二二四年）王翦取陈以南至平舆。楚人闻王翦益军而来，乃悉国中兵以御之；王翦坚壁不与战。楚人数挑战，终不出。王翦日休士洗沐，而善饮食，抚循之；亲与士卒同食。久之，王翦使人问："军中戏乎？"对曰："方投石、超距。"王翦曰："可用矣！"楚既不得战，乃引而东。王翦追之，令壮士击，大破楚师，至蕲南，杀其将军项燕，楚师遂败走。王翦因乘胜略定城邑。

二十四年（戊寅，公元前二二三年）王翦、蒙武虏楚王负刍，以其地置楚郡。

【译文】二十三年（丁丑，公元前 224 年）王翦顺着陈以南的小道抵达平舆。楚人听说王翦增派大军前来，于是发动举国兵力抵御，王翦固守壁垒拒不出战。楚国人多次挑衅，王翦始终没有出兵。王翦每日让士卒休养、沐浴，又用好酒好菜犒赏他们，与士卒一起吃饭。过了很长时间，王翦派人打探，问："军中在玩什么游戏?"回答说："正在玩投石、跳远的游戏。"王翦说："现在可以出兵了!"楚国将领见秦军一直不肯出战，于是率军向东而去。王翦率军追击，下令壮士发起袭击，大败楚军，一直追击到蕲县以南，斩杀楚将项燕，于是楚军溃败逃去。王翦乘胜平定楚国多个城邑。

二十四年(戊寅，公元前 223 年)王翦、蒙武把楚王负刍俘虏了，在楚地设置楚郡。

【乾隆御批】楚屡为秦败，不振久矣。必需六十万始能制胜，史家浮夸之辞耳。兵在精不在多。二十万已难必其纪律之一，勇锐之同，况六十万乎?

【译文】楚国多次被秦国打败，国势萎靡不振已久。王翦一定要用兵六十万才能取胜，这不过是史家的浮夸之辞而已。用兵在于精而不在于多，二十万军队已经难以做到军纪统一、士气高昂，况且六十万呢?

二十五年(己卯，公元前二二二年)大兴兵，使王贲攻辽东，虏燕王喜。

◆臣光曰：燕丹不胜一朝之忿以犯虎狼之秦，轻虑浅谋，挑怨速祸，使召公之庙不祀忽诸，罪孰大焉! 而论者或谓之贤，岂不过哉!

夫为国家者，任官以才，立政以礼，怀民以仁，交邻以信；是以官得其人，政得其节，百姓怀其德，四邻亲其义。夫如是，则国家安如磐石，炽如焱火。触之者碎，犯之者焦，虽有强暴之国,尚何足畏哉!丹释此不为,顾以万乘之国,决匹夫之怒,逞盗贼之谋,功隳身僇,社稷为墟,不亦悲哉!

夫其膝行、蒲伏,非恭也;复言、重诺,非信也;糜金、散玉,非惠也;刎首、决腹,非勇也。要之,谋不远而动不义,其楚白公胜之流乎! ◆

【译文】二十五年(己卯,公元前 222 年)秦王大举起兵,令王贲向辽东进攻,俘虏燕王姬喜。

◆臣司马光说:燕太子丹连一时的愤怒都不能忍受而轻率地去冒犯虎狼一样的秦国,做事轻率,谋略浅薄,挑起了仇恨并招致祸端,致使燕国召公宗庙的祭祀活动中断,没有比这样更大的罪过了!然而有些评论者却说他十分贤明,这错得难道不是过分了吗?

凡是治理国政的人,选任官吏应该依据才能,订立政策应该依照礼制,怀柔百姓要有仁爱之心,与邻邦交往要遵守信义。这样官吏应该由有才能的人担任,政府行事有一定的节制,百姓对他的仁德心怀感激,四周邻国归附于他的道义。这样的话,国家就会像磐石一样稳固,国势像火花一样炽盛,触犯它的必然会粉碎,冒犯它的必然被烧焦,即使有十分残暴强势的国家作为敌方,又有什么值得畏惧的呢?太子丹抛弃这个道理而不照着做下去,反而让拥有万辆战车的泱泱大国,葬送在一己之怒下,以盗贼般浅薄的谋略来逞强,致使祖先功业败毁,自身也惨遭屠戮,社稷覆亡,不也非常可悲吗?

那些屈膝跪地爬行的,并不算是恭敬;遵守自己的诺言注重承诺,也并不是守信;花费金银、分发珠玉,也并不是施恩;引刀自刎、切腹自杀,并不能算是勇敢。总而言之,既没有长远的计谋打算而行事也不按照道义,太子丹不过是楚国白公胜那样的人罢了! ◆

◆荆轲怀其豢养之私，不顾七族，欲以尺八匕首强燕而弱秦，不亦愚乎！故扬子论之，以要离为蛛蝥之靡，聂政为壮士之靡，荆轲为刺客之靡，皆不可谓之义。又曰："荆轲，君子盗诸！"善哉！◆

王贲攻代，虏代王嘉。

王翦悉定荆江南地，降百越之君，置会稽郡。

五月，天下大酺。

初，齐君王后贤，事秦谨，与诸侯信；齐亦东边海上。秦日夜攻三晋、燕、楚，五国各自救，以故齐王建立四十馀年不受兵。及君王后且死，戒王建曰："群臣之可用者某。"王曰："请书之。"君王后曰："善！"王取笔牍受言，君王后曰："老妇已忘矣。"君王后死，后胜相齐，多受秦间金。宾客入秦，秦又多与金。客皆为反间，劝王朝秦，不修攻战之备，不助五国攻秦，秦以故得灭五国。

【译文】◆荆轲为了报答燕太子丹豢养自己的恩情，不顾七代宗族的身家性命，想凭借一把小小的匕首使燕国富强而使秦国国力削弱，这实在太愚蠢了！所以扬雄论及这件事，认为要离去行刺庆忌就好像是蜘蛛螫人而自己也身死，聂政刺杀侠累也是壮士，但失败而死，荆轲去行刺秦王是刺客之死，这些都算不上"义"。又有人说："荆轲这个人，如果按照君子的道义来衡量他，就只能算是盗贼罢了。"这话说得确实没有错啊！◆

王贲统率大军进攻代，俘虏代王赵嘉。

王翦将荆楚地区全部平定，使百越之君向秦国俯首称臣，并设置会稽郡。

五月，秦王令全国百姓大摆宴席饮酒作乐。

当初，齐国国君王后非常贤明，谨小慎微地侍奉秦国，与其他诸侯国谨守信诺，齐国于是把领土向东扩张到海边。秦国没日没夜地向三晋、燕、楚等国进攻，五个诸侯国忙于自救，所以齐王田建继承王位四十多年都没有遭受战乱。王后临死前，对田建告诫说："群臣中某某人可以任用。"王说："请让我写下来。"王后说："好。"等到齐王把笔纸拿出来的时候，王后说："我已经忘了是谁。"王后逝世以后，后胜担任齐国宰相，大量收受秦国用来挑拨齐国君臣关系的金银财宝。齐国前往秦国的宾客，秦国又给他们大量金钱作为贿赂。宾客都成了秦国的间谍，劝齐王向秦国朝拜，没有必要修治攻城防御的装备，更没有必要对其他五国进行援助而向秦国进攻，就是因为这样秦国才能够把其他五国消灭。

齐王将入朝，雍门司马前曰："所为立王者，为社稷耶，为王耶？"王曰："为社稷。"司马曰："为社稷立王，王何以去社稷而入秦？"齐王还车而反。

即墨大夫闻之，见齐王曰："齐地方四千里，带甲数百万。夫三晋大夫皆不便秦，而在阿、（甄）〔鄄〕之间者百数；王收而与之百万人之众，使收三晋之故地，即临晋之关可以入矣。鄢郢大夫不欲为秦，而在城南下者百数，王收而与之百万之师，使收楚故地，即武关可以入矣。如此，则齐威可立，秦国可亡，岂特保其国家而已哉！"齐王不听。

【译文】齐王想要向秦王进行朝拜，齐国雍门司马上前说："设立国君，是为了国家社稷，还是为了自己呢？"齐王说："为了国家社稷。"司马说："为了国家社稷才设立君王，那您为什么还要离开自己的国家而到秦国去朝拜？"齐王于是驱车返回国内。

即墨大夫听到这件事后，进见齐王说："齐国疆域方圆数千里，有数百万披甲的战士。三晋地区的大夫都不愿向秦国投降，而在阿城、甄城一带有数百人流亡；大王可以把他们安抚收容而给予他们数百万兵士，让他们率领着去收复三晋失地，这样临晋关就可以攻克了。鄢郢地区的大夫不想被秦国役使，在城南地区也有数百人，大王可对他们加以抚恤，并给予他们百万军队，帮助他们收复楚国失地，这样武关也可以攻克了。如此一来，则齐国在诸侯国之间的威信就建立起来，秦国也可以攻破了，岂止是简单地保全齐国而已！"齐王不肯接受这个建议。

二十六年（庚辰，公元前二二一年）王贲自燕南攻齐，猝入临淄，民莫敢格者。秦使人诱齐王，约封以五百里之地。齐王遂降，秦迁之共，处之松柏之间，饿而死。齐人怨王建不早与诸侯合从，听奸人宾客以亡其国，歌之曰："松耶，柏耶，住建共者客耶！"疾建用客之不详也。

◆臣光曰：从衡之说虽反覆百端，然大要合从者，六国之利也。昔先王建万国，亲诸侯，使之朝聘以相交，飨宴以相乐，会盟以相结者，无他，欲其同心勠力以保国家也。向使六国能以信义相亲，则秦虽强暴，安得而亡之哉！夫三晋者，齐、楚之藩蔽；齐、楚者，三晋之根柢；形势相资，表里相依。故以三晋而攻齐、楚，自绝其根柢也；以齐、楚而攻三晋，自撤其藩蔽也。安有撤其藩蔽以媚盗，曰"盗将爱我而不攻"，岂不悖哉！◆

王初并天下，自以为德兼三皇，功过五帝，乃更号曰"皇帝"，命为"制"，令为"诏"，自称曰"朕"。追尊庄襄王为太上皇。制曰："死而以行为谥，则是子议父，臣议君也，其无谓。自今以来，除谥法。朕为始皇帝，后世以计数，二世、三世至于万世，传之无穷。"

【译文】二十六年(庚辰，公元前 221 年)王贲率兵取道燕国向南进攻齐国，突然攻进临淄城内，城中百姓都不敢抵抗。秦王派人把齐王引诱出来，约定封给他方圆五百里的土地。齐王于是出城投降，秦国把他流放到共地，在松柏之间把他软禁，最终齐王被饿死。齐人对于齐王田建没有趁早与诸侯各国建立合纵联盟，却听信宾客与奸邪小人的谗言而使国家灭亡，怨恨万分，因此唱着歌谣道："是松树呢？是柏树呢？让田建迁居到共地的是宾客啊！"齐人都对齐王田建任用宾客而不加以仔细审查十分愤恨。

 ◆臣司马光说：合纵、连横这两种学说尽管反复无常、千变万化，然而概要地来说，合纵是符合六国利益的。昔日先王封建大量宗国，与诸侯国之间亲善，让他们通过朝会访问来互相交往，设置宴席来让他们互相交好，订立盟约加强互相之间的团结，没有别的原因，只是想让他们齐心合力来保卫国家社稷啊。假如六国能够凭借信义来互相亲善，那么秦国即便强暴，又怎么能把他们消灭呢？三晋作为齐、楚两国的屏障，齐、楚两国又是三晋的根本，彼此之间相互协助，表里之间相互依存。所以说三晋向齐、楚两国进攻，是斩断自家的根本；齐、楚两国向三晋进攻，是自己把屏障撤除。哪有把屏障撤除来示好盗贼，还说"盗贼将会对我十分爱惜而不会来进攻"，这难道不荒诞吗？◆

秦王嬴政刚刚兼并天下六国，认为自己德行比三皇还高，功业比五帝还大，就更改称号为"皇帝"，皇帝出命称为"制书"、下令称为"诏书"，自称为"朕"，并把庄襄王追尊为太上皇。又颁布制书说："国君逝世后根据他的行为来定立谥号，这是儿子对父亲的评论，臣下对君上的议论实在没有什么意义。从今往后，废除追加谥号的成法。朕作为始皇帝，后世继承者依次计数，称为二世、三世一直到万世，无穷无尽地传下去。"

资治通鉴

初，齐威、宣之时，邹衍论著终始五德之运；及始皇并天下，齐人奏之。始皇采用其说，以为周得火德，秦代周，从所不胜，为水德。始改年，朝贺皆自十月朔；衣服、旌旄、节旗皆尚黑，数以六为纪。

【译文】当初，齐威王、齐宣王的时候，邹衍创立金、木、水、火、土五德运行的学说；到秦始皇兼并天下各国后，齐人把这套学说上奏给秦始皇。秦始皇采用了这套说法，认为周朝是火德，秦取代周，按照火德所不能战胜的，应该是水德。于是开始更改年历，朝贺大礼都以十月初一开始；衣服、旌旗、符节都崇尚黑色，计数以六为单位。

【乾隆御批】五运终始，谶纬所祖说，肇于邹衍，用始于秦皇，汉以后遂因之。改朔，易服且远溯羲、农。而相生相胜议如聚讼。不知帝王肇兴本由天命，天命固不在五行之数也；更由人事，人事亦不在五行之数也。以木、金、水、火、土数为皇极运世之枢纽，其不经亦甚矣。

【译文】五德始终学说，是魏晋谶纬学说的始祖，由邹衍创立，秦始皇时开始使用此说，汉代以后，便用这种学说更改岁历和服色，而且上溯到伏羲氏、神农氏。而五德相克说和相生说也像诉讼一样争论从未停止过。帝王更替、国家兴衰本来是由上天注定，而天命也不在五行之列；改朝换代的根本是人，而人事也不在五德之列。所以以金、木、水、火、土五德作为皇极运世变化的根据，也太荒唐了。

丞相绾等言：“燕、齐、荆地远，不为置王，无以镇之。请立诸子。”始皇下其议。廷尉斯曰：“周文、武所封子弟同姓甚众，然后属疏远，相攻击如仇雠，周天子弗能禁止。今海内赖陛下神灵一统，皆为郡、县，诸子功臣以公赋税重赏赐之，甚足易制，天下无异意，则安宁之术也。置诸侯不便。"始皇曰："天下共苦战斗不休，以有侯王。赖宗庙，天下初定，又复立国，是树兵也；而求其宁息，岂不难哉！廷尉议是。"

分天下为三十六郡，郡置守、尉、监。

收天下兵聚咸阳，销以为钟镰、金人十二，重各千石，置宫廷中。一法度、衡、石、丈尺。徙天下豪杰于咸阳十二万户。

【译文】丞相王绾等人说："燕、齐、荆三国旧地距离遥远，不设置王侯，恐怕没办法镇守，请把诸位王子分封到那里为王。"秦始皇让大臣们商议讨论这件事。廷尉李斯说："周文王、武王把很多同姓子弟都分封为王，但是他们的后代之间的关系逐渐疏远，像仇敌一样互相攻打，即便是周天子也禁止不了。如今陛下凭借自己的英明神勇，将天下统一，应该在全国范围内设置郡、县，对于诸王子以及功臣则以国家赋税进行重赏，很容易就能控制，天下百姓没有不同的意见，这才是安宁天下的策略。重新设置诸侯国并不适宜。"始皇道："天下百姓饱尝无休止的战乱之苦的原因，就是有诸侯王。倚赖祖宗护佑，天下刚刚平定，又要重新设置诸侯国，这是培植祸乱；这样而想要天下安定，战乱消弭，难道不是难事吗？廷尉的建议说得对。"

于是下令将全国分为三十六个郡，每郡设郡守、都尉、监察御史。

把全天下的兵器收集起来聚集到咸阳，销毁后铸成钟和钟架以及十二个金人，各重达一千石，摆放在宫廷里边。统一度、衡、石、丈、尺等计量单位。把天下的十二万户富豪迁往咸阳附近。

【乾隆御批】兵器虽销，而揭竿斩木之徒不旋踵而起，究何益哉? 吾邱寿王禁挟弓弩之对, 可谓知言。

【译文】秦始皇把天下兵器收拢起来加以销毁, 但不久高举义旗, 起来反抗的人便蜂拥而起, 秦始皇的做法到底有什么好处呢? 邱寿王有关禁止挟带弓箭的那番话, 可以说是高明的见解。

诸庙及章台、上林皆在渭南。每破诸侯, 写放其宫室, 作之咸阳北阪上, 南临渭, 自雍门以东至泾、渭, 殿屋、复道、周阁相属, 所得诸侯美人、钟鼓以充入之。

【译文】秦国诸多宗庙以及章台宫、上林苑等宫苑都兴建在渭水以南。每次兼并一个诸侯国, 就仿照该国宫室, 在咸阳北边的山坡上重新建造, 这样南临渭水, 从雍门往东一直到泾、渭交接之处, 宫殿楼阁、天桥互相连接, 从诸侯各国获得的美女、钟鼓等乐器都安放在这些宫廷里边。

二十七年(辛巳, 公元前二二〇年)始皇巡陇西、北地, 至鸡头山, 过回中焉。作信宫渭南, 已, 更命曰极庙。自极庙道通骊山, 作甘泉前殿, 筑甬道自咸阳属之, 治驰道于天下。

二十八年(壬午, 公元前二一九年)始皇东行郡、县, 上邹峄山, 立石颂功业。于是召集鲁儒生七十人, 至泰山下, 议封禅。诸儒或曰:“古者封禅, 为蒲车, 恶伤山之土石、草木; 扫地而祭, 席用葅稭。” 议各乖异。始皇以其难施用, 由此绌儒生。而遂除车道, 上自太山阳至颠, 立石颂德; 从阴道下, 禅于梁父。其礼颇采太祝之祀雍上帝所用, 而封藏皆秘之, 世不得而记也。

于是始皇遂东游海上, 行礼祠名山、大川及八神。始皇南登琅邪, 大乐之, 留三月, 作琅邪台, 立石颂德, 明得意。

【译文】二十七年（辛巳，公元前220年）秦始皇到陇西、北地出巡，到鸡头山返回，途经回中宫。又在渭水南岸修筑长信宫，修建完工后，改名为极庙宫。从极庙宫修筑驰道通往骊山，修造甘泉宫前殿，又修筑甬道与咸阳相连，以咸阳为中心修筑驰道通向天下各地。

二十八年（壬午，公元前219年）始皇到东方各郡、县进行巡视，登临邹县峄山，树立石碑来表彰自己的丰功伟业。于是把鲁国七十位读书士人召集到泰山下商议封禅仪式。那些读书人中有人说："古代举行封禅仪式，用蒲草把车轮包裹起来，避免伤害到山上的草木石块；把地面打扫干净进行祭祀，用秸草织成席子。"议论纷纭各不相同。秦始皇认为他们说的很难实施，于是把儒生都罢黜不用；并且下令打通车道，从泰山南麓登上山巅，树立石碑来颂扬自己的功德；从山北面顺路而下，到达梁父山祭祀大地。祭祀的礼节按照太祝在雍地祭祀上帝的礼制进行，而对于怎样封土埋藏都非常保密，后世不得而知。

始皇又向东到海上巡游，对各地名山、大川以及八种神灵进行祭拜。又向南登上琅邪山，非常高兴，在那里停留了三个月，修建琅邪台，树立石碑颂德，彰明他已经取得天下的豪情壮志。

初，燕人宋毋忌、羡门子高之徒称有仙道、形解销化之术，燕、齐迂怪之士皆争传习之。自齐威王、宣王、燕昭王皆信其言，使人入海求蓬莱、方丈、瀛洲，云此三神山在勃海中，去人不远。患且至，则风引船去。尝有至者，诸仙人及不死之药皆在焉。及始皇至海上，诸方士齐人徐市等争上书言之，请得斋戒与童男女求之。于是遣徐市发童男女数千人入海求之。船交海中，皆以风解，曰："未能至，望见之焉。"

始皇还，过彭城，斋戒祷祠，欲出周鼎泗水，使千人没水求之，弗得。

【译文】起初，燕国人宋毋忌、羡门子高等人宣称有能让人得道成仙、形体幻灭飞升而去的法术，燕、齐两国荒诞怪异的人都纷纷争着传习这种法术。从齐威王、宣王到燕昭王时期都对这个说法十分相信，并派人去海上寻访蓬莱、方丈、瀛洲这几处地方，传说这三座仙山在渤海之中，距离人世并不遥远。唯一的忧患是马上就要到了，大风就把船吹跑了。曾经有到过的人说，那些神仙和长生不老的仙药都在那里。等到秦始皇到海边巡游，众多方士以及齐国人徐市等都争相向始皇帝上书谈论这件事，请求在进行过斋戒后带领童男童女到海上寻找。秦始皇于是命令徐市带领数千童男童女到海上去寻找仙药。船只在海上来回航行，返回后都以受风浪所困为借口来自我开脱罪名，说："虽然没有到达，但是已经远远望见了。"

秦始皇返回咸阳时，途经彭城，举行斋戒祭祀之后，想把沉在泗水里的周朝国鼎打捞上来，派出一千人潜到泗水里搜寻，但没有捞出来。

【乾隆御批】鼎沦泗水，及鼎出汾阳，皆方士荒唐之说。而秦皇、汉武执迷，一辙其议。更出问鼎轻重者下矣。

【译文】周鼎从泗水沉下去，又从汾阳浮出来，这都是方士的一派胡言。然而秦皇、汉武一意孤行，深信不疑。可见他们的见识还比不上问鼎轻重之人呢。

乃西南渡淮水，之衡山、南郡。浮江至湘山祠，逢大风，几不能渡。上问博士曰："湘君何神？"对曰："闻之：尧女，舜之妻，葬此。"始皇大怒，使刑徒三千人皆伐湘山树，赭其山。遂自南郡由关武归。

初，韩人张良，其父、祖以上五世相韩。及韩亡，良散千金之产，欲为韩报仇。

【译文】于是转向西南方渡过淮水，到达衡山、南郡。乘船横渡长江，来到湘山祠，遇上风浪，几乎没办法渡过湘水。秦始皇向博士问道："湘君是怎么样一个神？"博士回答说："据说是尧帝的女儿，舜的妻子，死后在这里埋葬。"秦始皇盛怒，派三千个囚犯把湘山上的树木砍伐殆尽，山坡露出赭红色的土石。这才从南郡取道武关回到咸阳。

先前，韩国人士张良，他的父亲、祖父往上数五代都曾经担任韩国宰相。韩国灭亡后，张良将自己家的财产散尽，想要替韩国复仇。

二十九年(癸未，公元前二一八年)始皇东游，至阳武博浪沙中，张良令力士操铁椎狙击始皇，误中副车。始皇惊，求，弗得；令天下大索十日。

始皇遂登之罘，刻石；旋，之琅邪，道上党入。

【译文】二十九年(癸未，公元前218年)秦始皇到东方巡游，走到阳武的博浪沙时，张良派出一名大力士手持铁椎向始皇袭击，失误打中了随行的车子。始皇非常惊恐，四处缉捕但没有结果，又命令在全国各处搜查十天。

秦始皇随后登上之罘山，在山石上刻字记功；返回途中转道琅邪，又绕道上党进入咸阳。

【乾隆御批】子房以盖世才，乃侥幸于聂政、荆轲之计。苏轼所论良是。独是秦法之严，而大索十日不得，此或史家行笔之误。然亦可见无同仇之心，而峻纲，不足恃矣。

【译文】张良乃是旷世奇才，竟然也采用聂政刺侠累、荆轲刺秦王的计谋。苏轼对张良的有关评论鞭辟入里。只是秦法严苛，在全国搜查十天竟然抓不到刺客，这大抵是史家行笔有误。但是由此可见，如果全国上下没有合力攻敌之心，那么严刑峻法也不能成为治国之本。

三十一年（乙酉，公元前二一六年）使黔首自实田。

三十二年（丙戌，公元前二一五年）始皇之碣石，使燕人卢生求羡门，刻碣石门。坏城郭，决通堤坊。始皇巡北边，从上郡入。卢生使入海还，因奏《录图书》曰：“亡秦者胡也。”始皇乃遣将军蒙恬发兵三十万人，北伐匈奴。

三十三年（丁亥，公元前二一四年）发诸尝逋亡人、赘婿、贾人为兵，略取南越陆梁地，置桂林、南海、象郡；以谪徙民五十万人戍五岭，与越杂处。

蒙恬斥逐匈奴，收河南地为四十四县。筑长城，因地形，用制险塞。起临洮至辽东，延袤万馀里。于是渡河，据阳山，逶迤而北。暴师于外十馀年。蒙恬常居上郡统治之，威振匈奴。

【译文】三十一年（乙酉，公元前216年）秦始皇下令让全国人民自发上报实际拥有的土地面积。

三十二年（丙戌，公元前215年）秦始皇来到碣石山巡游，派遣燕地人士卢生寻访羡门，在碣石山门刻字留念。又将城墙拆毁，把堤防掘开。秦始皇到北方边境巡查，途经上郡返回关内。卢生作为使臣从海上返回，于是将搜寻来的《录图书》奉上，说：“使秦朝覆亡的是胡。”秦始皇于是派出蒙恬将军统率三十万大军，向北对匈奴进行征伐。

三十三年（丁亥，公元前214年）秦朝把逃亡的流民、倒插门的女婿、商人征发入伍充当士兵，对南越地区的陆梁地进行攻略，并设置桂林、南海、象郡三郡；又把五十万囚犯流放到五岭戍守边境，与越地百姓杂居相处。

蒙恬率大军驱逐匈奴，收复河套以南地区并设置四十四个县。修筑长城，依托险峻地形，借以控制关塞；西起临洮，向东绵延到辽东，东西长达一万多里。蒙恬在这之后又率军渡过黄河，据守阳山，向北曲折而行。军队在旷野外行军驻扎十多年，蒙恬则常年驻守上郡进行指挥，军威震慑匈奴。

三十四年（戊子，公元前二一三年）谪治狱吏不直及覆狱故失者，筑长城及处南越地。

丞相李斯上书曰："异时诸侯并争，厚招游学。今天下已定，法令出一，百姓当家则力农工，士则学习法令。今诸生不师今而学古，以非当世，惑乱黔首，相与非法教；人闻令下，则各以其学议之，入则心非，出则巷议，夸主以为名，异趣以为高，率群下以造谤。如此弗禁，则主势降乎上，党与成乎下。禁之便！臣请史官非秦记皆烧之；非博士官所职，天下有藏《诗》、《书》、百家语者，皆诣守、尉杂烧之。有敢偶语《诗》、《书》，弃市；以古非今者族；吏见知不举，与同罪。令下三十日，不烧，黔为城旦。所不去者，医药、卜筮、种树之书。若欲有学法令，以吏为师。"制曰："可。"

【译文】三十四年（戊子，公元前213年）秦朝政府把那些徇私枉法，明知有罪而有意失当判刑的官吏派去建筑长城，或流放到南越地区。

丞相李斯向秦始皇上书，说："过去各国并立争雄，以优厚的待遇招徕游学的士人。如今天下已经安定，法度政令统一，百姓在家里就应该致力于农事，读书人应该学习法律政令。如今众多的读书人不熟习当今的事务反而转头学习古代，来批判当今社会，蛊惑民心，互相讨论当今法令来误导人民；听闻新的政令颁布，就各自运用自身所学的理论进行批判，入朝时表面上顺从，内心其实并不认同；出朝后就街谈巷议，指摘政事，以对主上的夸赞来彰显自己的名气，以散布不同的政见来显示高尚，引领百姓对国君制造各种谤语。像这样的情况如果不禁止，在上势必会削弱君王的权力，在下则党羽林立。只有禁止这些才对统治有利。微臣建议让史官把除了秦国以外的史书都焚毁，除了博士有藏书之职外，天下百姓有私自藏诗书典籍以及诸子百家著作的，都搜集到郡守、都尉处进行焚毁。有敢私下里对诗书典籍进行议论的处以死刑；借古代非议当今政事的诛灭九族；官吏发现这样的事而不检举揭发则与之同罪。这个命令颁布三十天后，私藏有诗书典籍以及诸子百家著作而没有主动焚毁的，面上刺字并流放到长城服劳役。不用进行焚烧的是医药、占卜巫筮、耕稼植树等书籍。要是有人想学习法令，那就让他以官吏作为老师。"秦始皇说："可以。"

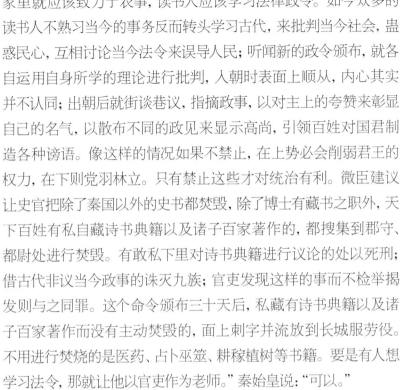

【乾隆御批】淳于越泥于师古，李斯驳之固是，然因此而尽烧《诗》《书》，则大非圣无法。不特惩热羹而吹齑矣。

【译文】淳于越主张效法古人，李斯反驳他固然很有道理，但因此就把《诗》《书》全都烧了，那就太蔑视圣贤没有法度了。这种做法与热羹烫嘴，见羹就吹没什么两样。

魏人陈馀谓孔鲋曰："秦将灭先王之籍，而子为书籍之主，其危哉！"子鱼曰："吾为无用之学，知吾者惟友。秦非吾友，吾何危哉！吾将藏之以待其求；求至，无患矣。"

【译文】魏地人陈馀对孔鲋说："秦始皇要把先代君王留下来的典籍焚毁，而你作为这些书籍的拥有者，实在是太危险了！"孔鲋说："我研究的都是些没有什么用处的学问，真正懂得我的只是我的朋友。秦始皇并不是我的朋友，我怎么会有危险呢？我会把这些典籍收藏起来等待后人前来寻求，等到寻求的人来，就没有必要担忧了。"

三十五年（己丑，公元前二一二年）使蒙恬除直道，道九原，抵云阳，堑山堙谷千八百里，数年不就。

始皇以为咸阳人多，先王之宫廷小，乃营作朝宫渭南上林苑中，先作前殿阿房，东西五百步，南北五十丈，上可以坐万人，下可以建五丈旗，周驰为阁道，自殿下直抵南山，表南山之颠以为阙。为复道，自阿房渡渭，属之咸阳，以象天极阁道、绝汉抵营室也。隐宫、徒刑者七十万人，乃分作阿房宫或作骊山。发北山石椁，写蜀、荆地材，皆至；关中计宫三百，关外四百馀。于是立石东海上朐界中，以为秦东门。因徙三万家骊邑，五万家云阳，皆复不事十岁。

【译文】三十五年（己丑，公元前212年）秦始皇派遣蒙恬负责直道的修筑工作，从九原郡直到云阳，开凿大山填平沟壑长达一千八百多里，一连好几年都没有完工。

秦始皇认为咸阳人口众多，先王留下的宫廷面积狭小，于是下令在渭河南岸上林苑修建新的宫殿，先修建前殿阿房宫，东西长五百步，南北宽五十丈，可供一万多人同时坐在上边，殿下可以竖立起五丈高的旗杆，四周有阁道可以供车马行走，从宫殿上下来可以直接抵达终南山，在终南山顶兴建宫阙。又建造天桥，从阿房宫处横渡渭河与咸阳城相连，作为北斗星、阁道星的象征，横越银河，与营、室两星相通的样子。又调集全国受过宫刑、处以劳役的七十万囚徒到阿房宫的工地或到骊山陵地劳作。采掘北山石料作为棺椁，砍伐蜀、荆两地的木材，全都运到咸阳附近；关中地区共计有三百座宫殿，关外还修建四百多座宫室。于是又在东海郡上朐县界立石，作为秦王朝的东门。把三万户百姓调到骊邑，五万户百姓调到云阳，对他们免除十年的赋役。

卢生说始皇曰："方中：人主时为微行以辟恶鬼。恶鬼辟，真人至。愿上所居宫毋令人知，然后不死之药殆可得也！"始皇曰："吾慕真人！"自谓"真人"，不称"朕"。乃令咸阳之旁二百里内宫观二百七十，复道、甬道相连，帷帐、钟鼓、美人充之，各案署不移徙。行所幸，有言其处者，罪死。始皇幸梁山宫，从山上见丞相车骑众，弗善也。中人或告丞相，丞相后损车骑。始皇怒曰："此中人泄吾语！"案问，莫服，捕时在旁者，尽杀之。自是后，莫知行之所在。群臣受决事者，悉于咸阳宫。

【译文】卢生向秦始皇建议说："按照仙人方术的说法，一国之君要时不时地微服外出巡行来躲避恶鬼。避开了恶鬼，真人就会降临。希望君上不要让别人知道你居住的地方，然后才能够求得长生不死之药。"秦始皇说："我对真人十分钦慕。"就自称为"真人"，不再称"朕"。又下令把咸阳城周围二百里以内的二百七十座宫观台阁通过复道、甬道相连通，用帷帐、钟鼓和美人摆满，按照规定进行布置不得随意迁移。凡是秦始皇到的地方，有敢说出他的住处的，立即处以死刑。秦始皇车驾到达梁山宫，在山上遥遥望见丞相随行的车马众多，认为很不好。身边有宦官把这件事告诉了丞相，丞相随后就把随行的车马数量减少了。秦始皇大怒道："这一定是宦官把我说的话泄露了出去！"对身边的人进行询问后，没有人承认，于是把当时在身边的人全部捕捉，都处以死刑。从这件事以后，没有人知道秦始皇的行踪所在。群臣有事要请求皇帝裁决时，都在咸阳宫等候旨意。

侯生、卢生相与讥议始皇，因亡去。始皇闻之，大怒曰："卢生等，吾尊赐之甚厚，今乃诽谤我！诸生在咸阳者，吾使人廉问，或为妖言以乱黔首。"于是使御史悉案问诸生。诸生传相告引，乃自除犯禁者四百六十余人，皆坑之咸阳，使天下知之，以惩后；益发谪徙边。始皇长子扶苏谏曰："诸生皆诵法孔子。今上皆重法绳之，臣恐天下不安。"始皇怒，使扶苏北监蒙恬军于上郡。

【译文】侯生、卢生互相讨论并讥讽秦始皇，于是逃亡而去。秦始皇知道这件事后，勃然大怒说："像卢生这样的人，我对他们赏赐如此优厚，现在竟然还来对我进行诽谤！在咸阳的那些儒生，我要派人前去严查，看看有没有人胡言乱语来扰乱民心的。"于是派御史对儒生进行拷问。诸生彼此牵扯不清，互相推诿告发，最后有四百六十多人被捕获罪，都在咸阳坑杀，并告知天下百姓，以对后人起到警诫作用；并把其余一些人士发配到边境。秦始皇的长子扶苏因为这件事向秦始皇进谏，说："这些儒生都诵习孔子的学说。如今却处以极刑，恐怕天下会生出变乱。"秦始皇大怒，派扶苏到北部的上郡负责监督蒙恬的军队。

三十六年（庚寅，公元前二一一年）有陨石于东郡。或刻其石曰："始皇死而地分。"始皇使御史逐问，莫服；尽取石旁居人诛之，燔其石。

迁河北榆中三万家；赐爵一级。

【译文】三十六年（庚寅，公元前211年）有陨石坠落到东郡。

有人在陨石上刻字，说："始皇死而地分。"秦始皇派遣御史对当地人进行排查询问，没有人承认这件事；于是下令把住在附近的百姓全部逮捕斩杀，又把陨石焚毁。

秦朝政府将三万户百姓迁到河北、榆中地区进行垦殖，每户赏赐爵位一级。

三十七年（辛卯，公元前二一〇年）冬，十月，癸丑，始皇出游；左丞相斯从，右丞相去疾守。始皇二十馀子，少子胡亥最爱，请从；上许之。

十一月，行至云梦，望祀虞舜于九疑山。浮江下，观藉柯，渡海渚，过丹杨，至钱唐，临浙江。水波恶，乃西百二十里，从陜中渡。

上会稽，祭大禹，望于南海；立石颂德。还，过吴，从江乘渡。并海上，北至琅邪、之罘。见巨鱼，射杀之。遂并海西，至平原津而病。

始皇恶言死，群臣莫敢言死事。病益甚，乃令中（军）〔车〕府令行符玺事赵高为书赐扶苏曰："与丧，会咸阳而葬。"书已封，在赵高所，未付使者。秋，七月，丙寅；始皇崩于沙丘平台。丞相斯为上崩在外，恐诸公子及天下有变，乃秘之不发丧，棺载辒凉车中，故幸宦者骖乘。所至，上食、百官奏事如故，宦者辄从车中可其奏事。独胡亥、赵高及幸宦者五六人知之。

【译文】三十七年（辛卯，公元前210年）冬季十月份，癸丑这一天，秦始皇外出巡游，左丞相李斯随同前往，右丞相冯去疾在咸阳留守。秦始皇有二十多个儿子，最宠爱幼子胡亥，他向始皇请求一起去，秦始皇答应了他的要求。

十一月，秦始皇的车驾来到云梦泽，在九疑山对虞舜进行祭拜。乘舟顺江而下，游赏藉柯，渡过海渚，途经丹杨，来到钱唐，抵达浙江。因为海浪凶险，于是向西折行一百二十里，在江水狭窄处渡过大江。

登临会稽山，祭祀大禹，遥望南海；竖立石碑以歌颂自己的功德。随后返回，途经吴县，从江乘县乘船渡江。沿着大海北上，到达琅邪、之罘。中途遇见一条巨大的鱼，把它射杀了。又傍海向西航行，到达平原渡口时却身患重病。

秦始皇十分忌讳谈论死，群臣之中没有人敢说有关死的事。一直等到病情非常严重的时候，才下令中车府令、掌管符玺的赵高给扶苏下发诏书，说："回国来参加丧礼，在咸阳会合后商量下葬的事。"诏书已经封好，在赵高手里搁置了下来，没有交给使者送给扶苏。这年秋天七月份，丙寅这一天，秦始皇在沙丘宫平台驾崩。丞相李斯因为秦始皇在外地驾崩，担心皇子们以及天下人发生叛乱，于是秘不发丧，把棺材放到辒凉车中保存，并派始皇最为宠信的宦官随车陪乘。所到之处，秦始皇的日常饮食、百官奏事都与平常一样，宦官就在车里准许批复官员们奏请的事。只有胡亥、赵高以及五六个受宠的宦官知道这件事。

初，始皇尊宠蒙氏，信任之。蒙恬任在外将，蒙毅常居中参谋议，名为忠信，故虽诸将相莫敢与之争。赵高者，生而隐宫；始皇闻其强力，通于狱法，举以为中车府令，使教胡亥决狱；胡亥幸之。赵高有罪，始皇使蒙毅治之；毅当高法应死。始皇以高敏于事，赦之，复其官。赵高既雅得幸于胡亥，又怨蒙氏，乃说胡亥，请诈以始皇命诛扶苏而立胡亥为太子。胡亥然其计。赵高曰："不与丞相谋，恐事不能成。"乃见丞相斯曰："上赐长子书及符玺，皆在胡亥所。定太子，在君侯与高之口耳。事将何如？"斯曰："安得亡国之言！此非人臣所当议也！"高曰："君侯材能、谋虑、功高、无怨、长子信之，此五者皆孰与蒙恬？"斯曰："不及也。"高曰："然则长子即位，必用蒙恬为丞相，君侯终不怀通侯之印归乡里明矣！胡亥慈仁笃厚，可以为嗣。愿君审计而定之！"丞相斯以为然，乃相与谋，诈为受始皇诏，立胡亥为太子。更为书赐扶苏，数以不能辟地立功，士卒多耗，反数上书，直言诽谤，日夜怨望不得罢归为太子，将军恬不矫正，知其谋，皆赐死，以兵属裨将王离。

【译文】起初，秦始皇对蒙氏兄弟非常尊敬，并十分信任他们。蒙恬在边境担任大将，蒙毅常年在朝中负责国事的谋划，有忠信的美誉，所以即便是诸多将领与宰相也不敢与他们抗争。赵高先天就没有生育能力，秦始皇听说他有很好的才能，又精通刑法，于是任命他为中车府令，让他教导胡亥学习决断诉讼案件，胡亥对他非常宠信。赵高因事获罪，秦始皇让蒙毅负责处理；蒙毅认为依法应当把赵高处死。秦始皇因为平日里赵高做事灵活就把他赦免，并恢复原有的官职。赵高既然平日里受胡亥的宠幸，又对蒙氏兄弟有仇怨，于是向胡亥劝说，请他假冒秦始皇的遗诏把扶苏诛杀而改立胡亥为太子。胡亥觉得他说得非常好。赵高说："这件事要是不与丞相商量，恐怕很难成功。"于是赵高与丞相李斯会见，说："皇上赐给长子扶苏的诏书以及符玺都在胡亥手里。立太子就看你我二人的想法了。你考虑一下这件事该怎么办？"李斯说："怎么能说这样亡国的话呢？这不是你我作为臣子者应该商议的事！"赵高说："你才能出众、谋虑深远、功勋卓著又任劳任怨，扶苏对您非常信任，然而这五点与蒙恬相比怎么样？"李斯说："我不如蒙恬。"赵高说："那么只要扶苏继承皇位，必然要任命蒙恬为丞相，你终将不能身怀列侯的印玺荣归乡里！胡亥仁慈忠厚，可以立他为继承人。还请您好好考虑，再下决定。"丞相李斯认为赵高说得非常在理，于是与他们一同策划，假称接受了秦始皇的遗诏，把胡亥拥立为太子。又给扶苏送去诏书，斥责他没有为秦朝拓展国土，建立功业，反而使将士多有伤亡，而且数次上书，对皇帝直言毁谤，日夜抱怨愤恨，唯恐自己不能返回咸阳做太子；将军蒙恬对他并不进行矫正，又参与扶苏的阴谋，把他们二人一并赐死，把军权交给副将王离负责。

扶苏发书，泣，入内舍，欲自杀。蒙恬曰："陛下居外，未立太子；使臣将三十万众守边，公子为监，此天下重任也。今一使者来，即自杀，安知其非诈！复请而后死，未暮也。"使者数趣之。扶苏谓蒙恬曰："父赐子死，尚安复请！"即自杀。蒙恬不肯死，使者以属吏，系诸阳周。更置李斯舍人为护军，还报。胡亥已闻扶苏死，即欲释蒙恬。会蒙毅为始皇出祷山川，还至。赵高言于胡亥曰："先帝欲举贤立太子久矣，而毅谏以为不可，不若诛之！"乃系诸代。

遂从井陉抵九原。会暑，辒车臭，乃诏从官令车载一石鲍鱼以乱之。从直道至咸阳，发丧。太子胡亥袭位。

【译文】扶苏打开诏书，边哭边走入室内，想要自杀。蒙恬说："皇上长年在外巡游，并没有确立太子；又派我统率三十万大军镇守边关，公子前来负责监督，这是国家的重任。如今只是一个使者传来诏书，就马上自杀，怎么知道这是不是诡计呢？还是重新上书证实然后再自杀，也不算晚啊！"使者又连着好几次催促。扶苏向蒙恬说："父皇赐儿臣一死，还有什么好请求的！"于是自杀身亡。蒙恬不愿意自杀，使者把他送给官吏治罪，软禁在阳周。由李斯的舍人担任护军，然后返回报告。胡亥听闻扶苏自杀的消息，就想把蒙恬释放了。正好蒙毅代替秦始皇到外地祭祀山河大川返回，赵高向胡亥建议说："先帝很早以前就想把贤能的人立为太子了，但是蒙毅向先皇进谏说不可以，不如把他杀掉。"就把蒙毅囚禁在代郡。

于是车驾从井陉抵达九原郡。适逢暑伏天气，辒凉车散发出阵阵臭味，便下令随从官员在车上装了一石的鲍鱼来混淆尸臭味。顺着直道回到咸阳后才发丧，太子胡亥继承皇位。

九月，葬始皇于骊山，下锢三泉；奇器珍怪，徙藏满之。令匠作机弩，有穿近者辄射之。以水银为百川、江河、大海，机相灌输。上具天文，下具地理。后宫无子者，皆令从死。葬既已下，或言工匠为机藏，皆知之，藏重即泄。大事尽，闭之墓中。

二世欲诛蒙恬兄弟。二世兄子子婴谏曰："赵王迁杀李牧而用颜聚，齐王建杀其故世忠臣而用后胜，卒皆亡国。蒙氏，秦之大臣谋士也，而陛下欲一旦弃去之。诛杀忠臣而立无节行之人，是内使群臣不相信而外使斗士之意离也。"二世弗听，遂杀蒙毅及内史恬。恬曰："自吾先人及至子孙，积功信于秦三世矣。今臣将兵三十馀万，身虽囚系，其势足以倍畔。然自知必死而守义者，不敢辱先人之教以不忘先帝也！"乃吞药自杀。

◆扬子《法言》曰：或问："蒙恬忠而被诛，忠奚可为也？"曰："堑山，堙谷，起临洮，击辽水，力不足而尸有馀，忠不足相也。"◆

◆臣光曰：秦始皇方毒天下而蒙恬为之使，恬不仁（不）〔可〕知矣。然恬明于为人臣之义，虽无罪见诛，能守死不贰，斯亦足

283

称也。◆

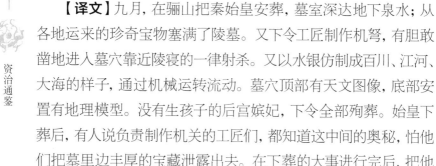

【译文】九月，在骊山把秦始皇安葬，墓室深达地下泉水；从各地运来的珍奇宝物塞满了陵墓。又下令工匠制作机弩，有胆敢凿地进入墓穴靠近陵寝的一律射杀。又以水银仿制成百川、江河、大海的样子，通过机械运转流动。墓穴顶部有天文图像，底部安置有地理模型。没有生孩子的后宫嫔妃，下令全部殉葬。始皇下葬后，有人说负责制作机关的工匠们，都知道这中间的奥秘，怕他们把墓里边丰厚的宝藏泄露出去。在下葬的大事进行完后，把他们都封死在墓中。

秦二世想把蒙恬兄弟诛杀。二世哥哥的孩子子婴向他进谏说："赵王迁把李牧杀掉而任用颜聚，齐王建把前代忠臣杀掉而任用后胜，最终都导致国家覆亡。蒙氏兄弟，是秦国重要的大臣与谋士，陛下却想把他们弃用并杀掉。把忠臣杀掉而任用毫无操守的小人，这样在内会导致群臣对君王不信任，在外致使将士之间离心离德！"秦二世没有听，下令把蒙毅和内史蒙恬诛杀，蒙恬说："从我祖先到现在的子孙，已经有三代人为秦国创立功业了。如今我统率三十多万大军，尽管我被囚禁，但凭我的势力也足以反叛。然而我知道必须以死来遵守道义，不敢辱没祖先的教诲而忘记先帝对我的恩德！"于是服毒自杀。

◆扬雄《法言》说，有人问道："蒙恬忠心耿耿却被诛杀，为国尽忠还可以坚持施行吗？"回答道："蒙恬凿山填谷，修筑一条西起临洮、东到辽水的万里长城，没有产生什么效力却导致横尸遍野，即使对其君十分忠诚也不足以抵消他的罪过。"◆

◆臣司马光说：正当秦始皇在天下施暴的时候，而蒙恬就受他的驱使，由此就可知道他不是什么仁义的人。然而他懂得作为人臣应该遵守的道义，虽然无罪而被处死，依然能够赴死毫无二

284

心，也非常值得称道啊。◆

【申涵煜评】世界至秦，又是一番开辟。政所为固不道，而郡县、阡陌、长城数大事，后世皆因之，虽有圣帝明王不能起而复古，运气使然也。彼王莽之井田，宇文之周官，皆僭窃，何足云？

【译文】历史发展到秦朝，又是一番新开创的局面。政治作为固然不足称道，然而设置郡县、开辟阡陌、建造长城，后世都沿袭下来了，即使有圣明的帝王也不能站出来返回到古代的局面，这是命运和气数导致的啊。那些王莽的井田法、宇文觉的周官制度，都是僭伪剽窃，哪里值得说？

二世皇帝上

元年（壬辰，公元前二〇九年）冬，十月，戊寅，大赦。

春，二世东行郡县，李斯从；到碣石，并海，南至会稽；而尽刻始皇所立刻石，旁著大臣从者名，以章先帝成功盛德而还。

夏，四月，二世至咸阳，谓赵高曰："夫人生居世间也，譬犹骋六骥过决隙也。吾既已临天下矣，欲悉耳目之所好，穷心志之所乐，以终吾年寿，可乎？"高曰："此贤主之所能行而昏乱主之所禁也。虽然，有所未可。臣请言之：夫沙丘之谋，诸公子及大臣皆疑焉；而诸公子尽帝兄，大臣又先帝之所置也。今陛下初立，此其属意怏怏皆不服，恐为变；臣战战栗栗，唯恐不终，陛下安得为此乐乎！"二世曰："为之奈何？"赵高曰："陛下严法而刻刑，令有罪者相坐，诛灭大臣及宗室；然后收举遗民，贫者富之，贱者贵之。尽除去先帝之故臣，更置陛下之所亲信者，此则阴德归陛下，害除而奸谋塞，群臣莫不被润泽，蒙厚德，陛下则高枕肆志宠乐矣。计莫出于此。"二世然之。乃更为法律，务益刻深，大臣、诸公子有罪，辄下高令鞫治之。于是公子十二人僇死咸阳市，十公主矺死于杜，财物入于县官，相连逮者不可胜数。

【译文】元年(壬辰，公元前209年)冬季十月份，戊寅这一天，下令大赦天下。

春季，秦二世到东方各郡县巡游，李斯一同前往；到达碣石山和海边，又南行到达会稽山；把秦始皇竖立的石碑上加刻碑文，在旁边刻上随从大臣的名字，借此来表彰先帝的丰功伟业，然后返回。

夏季，四月，秦二世来到咸阳，对赵高说："人活在世上，就好像驾着飞驰的六匹骏马越过缝隙一样。既然我已经君临天下，想要满足所有耳目喜好的东西，享尽所有让我快乐的事物，这样直到我的生命终结，可以吗？"赵高说："这些做法是贤明的君主可以做而昏庸的君主应该禁止的事。尽管这样，但有些事情还是不能做的，让我来给您说说：沙丘宫夺权这件阴谋，诸位王子和大臣们都有所怀疑；而那些王子都是陛下您的兄长，大臣又是先帝挑选的。如今陛下刚刚即位没多久，他们这些人内心都不是真正的服帖，恐怕会有变乱发生；老臣战战兢兢，唯一担心的是难以安享晚年，陛下您这个时候怎么能享乐呢？"秦二世说："这该怎么办呢？"赵高说："陛下应该施行严酷的法令、残暴的刑罚，凡是犯罪的人施行连坐法，把旧日的大臣及宗室人员诛杀干净；然后对先前各国的遗民进行安抚提拔，让贫穷的人逐渐富裕起来，赐予地位卑贱的人爵位。把先帝的旧臣完全铲除，另外任用自己亲信的人，这样子陛下就可以积聚阴德，去除祸患，阻断奸谋，群臣没有不蒙受陛下恩德的，这样陛下就可以纵情享乐、高枕无忧了。没有比这个计谋更好的了。"秦二世觉得他说得很好。于是变更法律,变得更为严酷,大臣以及诸王子犯法,都交给赵高严加惩处。于是先后有十二位王子在咸阳街头被处死,十名公主在杜县被处以车裂之刑,他们的财产被没收,受牵连而被抓捕的人不计其数。

公子将闾昆弟三人囚于内宫,议其罪独后。二世使使令将闾曰:"公子不臣,罪当死!吏致法焉。"

将闾曰:"阙廷之礼,吾未尝敢不从宾赞也,廊庙之位,吾未尝敢失节也,受命应对,吾未尝敢失辞也,何谓不臣?愿闻罪而死!"使者曰:"臣不得与谋,奉书从事!"将闾乃仰天大呼"天"者三,曰:"吾无罪!"昆弟三人皆流涕,拔剑自杀。宗室振恐。公子高欲奔,恐收族,乃上书曰:"先帝无恙时,臣入则赐食,出则乘舆,御府之衣,臣得赐之,中厩之宝马,臣得赐之。臣当从死而不能,为人子不孝,为人臣不忠。不孝不忠者,无名以立于世,臣请从死,愿葬骊山之足。唯上幸哀怜之!"书上,二世大说,召赵高而示之,曰:"此可谓急乎?"赵高曰:"人臣当忧死而不暇,何变之得谋!"二世可其书,赐钱十万以葬。

复作阿房宫。尽征材士五万人为屯卫咸阳,令教射。狗马禽兽当食者多,度不足,下调郡县,转输菽粟、刍稿。皆令自赍粮食;咸阳三百里内不得食其穀。

【译文】公子将闾弟兄三人被软禁在内宫,一直到最后才论定他们的罪行。秦二世派使臣饬令将闾说:"公子没有尽身为人臣的职责,罪当处死!让官吏依照法律处理吧!"

将闾说:"在朝堂之上的礼节,我没有不遵从礼赞九宾;在祭祀宗庙大典上,我没有敢不按照礼节进行;接受皇帝诏命应对问话,我从来没有敢胡乱说话的,怎么能算是不臣之罪?我希望知道我的罪行后再死!"使者说:"我并不了解这中间的情况,只是奉命做事!"将闾于是仰天连呼三声"天",说:"我没罪!"弟兄三人相对而泣,拔剑自杀。秦宗室人员都十分震恐。公子高想逃到国外去,又担心族人受自己牵连被杀,于是向秦二世上书说:"先帝没有患病时,我进宫先帝就赐给我食物,出宫就赐给我车马,先帝府中的衣饰,我接受赏赐,宫中马厩里的宝马,我也接受赏赐。我本来应为先帝殉葬却没有做,身为人子既没有办法尽孝,作为臣子也没有尽忠。像我这样不忠不孝的人还有什么脸面活在世上?我恳求准许我追随先帝一死,以死来为先帝殉葬,希望把我葬在骊山脚下。恳求皇上怜悯我。"这封书信呈上后,秦二世大喜,把赵高召到身边给他看,说:"这算得上是急迫无助吗?"赵高说:"作为臣子的担心自己的性命还顾不过来呢,怎么还会有造反的念头呢?"秦二世批准了他上奏的内容,又赏给他十万钱作为处理后事的费用。

秦二世又下令重新修建阿房宫。调集五万名身强体壮的力士到咸阳负责守卫,下令教给他们射术。狗马等牲畜日常消耗的粮食太多,预算数量会不够,于是下令从各郡县调集粮食,转运豆类谷物以及草料,又下令民夫一路要自带粮食,下令咸阳周围三百里以内不准食用这批粮食及草料。

秋,七月,阳城人陈胜、阳夏人吴广起兵于蕲。是时,发闾左戍渔阳,九百人屯大泽乡,陈胜、吴广皆为屯长。会天大雨,道不通,度已失期。失期,法皆斩。陈胜、吴广因天下之愁怨,乃杀将尉,召令徒属曰:"公等皆失期当斩,假令毋斩,而戍死者固什六七。且壮士不死则已,死则举大名耳!王侯将相宁有种乎!"众皆从之。乃诈称公子扶苏、项燕,为坛而盟,称大楚;陈胜自立为将军,吴广为都尉。攻大泽乡,拔之。收而攻蕲,蕲下。乃令符离人葛婴将兵徇蕲以东，攻铚、酇、苦、柘、谯，皆下之。行收兵，比至陈，车六七百乘，骑千馀，卒数万人。攻陈，陈守、尉皆不在，独守丞与战谯门中，不胜；守丞死，陈胜乃入据陈。

【译文】这年秋天七月份，阳城人陈胜、阳夏人吴广在蕲县起兵反秦。那个时候，秦王朝征发闾左的百姓为士卒到渔阳守边，九百多人中途在大泽乡驻扎，陈胜、吴广作为屯长带队。恰逢天降大雨，道路泥泞不通，推算时间已经耽误了送粮的日期，按照秦法必须全部斩首。陈胜、吴广借着天下百姓对秦王朝的仇怨愤恨，于是把将尉杀死，召集随行的戍卒说："大家都已经耽误了日期，按照秦法应当斩首；即便侥幸没有斩首，戍边死去的也十有六七。况且我们不死就算了，就算是死也要建立一番大事！王、侯、将、相莫非都是天生注定的吗？"大家都认同他。于是就谎称公子扶苏以及楚人项燕的名号来提高号召力，筑坛宣誓，号称为"大楚"；陈胜封自己为将军，吴广作为都尉。向大泽乡展开进攻，随即攻克；又收兵向蕲进攻，也攻占了蕲。随即命令符离人葛婴率领部众向蕲以东地区进攻；攻打铚、酇、苦、柘、谯，全部都攻克了。一路招收兵马，等到达陈县，已经有六七百辆战车，一千多匹战马，数万名士兵。对陈县发动进攻，陈县的守尉均不在县中，唯独守丞在谯门内迎战，难以抵挡；守丞随后被杀，陈胜进入并占据陈县。

初，大梁人张耳、陈馀相与为刎颈交。秦灭魏，闻二人魏之名士，重赏购求之。张耳、陈馀乃变名姓，俱之陈，为里监门以自食。里吏尝以过笞陈馀，陈馀欲起，张耳蹑之，使受笞。吏去，张耳乃引陈馀之桑下，数之曰："始吾与公言何如？今见小辱而欲死一吏乎！"陈馀谢之。陈涉既入陈，张耳、陈馀诣门上谒。

陈涉素闻其贤，大喜。陈中豪杰父老请立涉为楚王，涉以问张耳、陈馀。耳、馀对曰："秦为无道，灭人社稷，暴虐百姓。将军出万死之计，为天下除残也。今始至陈而王之，示天下私。愿将军毋王，急引兵而西。遣人立六国后，自为树党，为秦益敌。敌多则力分，与众则兵强。如此，〔则〕野无交兵，县无守城，诛暴秦，据咸阳，以令诸侯。诸侯亡而得立，以德服之，如此则帝业成矣! 今独王陈，恐天下懈也。"陈涉不听，遂自立为王，号"张楚"。

【译文】起初，大梁人张耳、陈馀两人互相结为生死之交。秦国消灭魏国的时候，听说他们是魏国有名的人才，于是以重金征召他们。张耳、陈馀随即隐姓埋名，一同来到陈县，担任闾里守门的步卒来养活自己。负责闾门的官吏曾经因为陈馀犯错误而对陈馀鞭打，陈馀想要进行反抗，张耳踩住他的脚，让他忍受鞭打。官吏走后，张耳把陈馀拉到旁边的桑树下，斥责他说："当初我们二人约定过什么? 如今遇到这么小的一点屈辱，就想因为一个小吏，而搭上自己的性命吗?"陈馀向他请罪。陈涉(陈胜，字涉)领兵进入陈县后，张耳、陈馀二人登上城门拜见。陈胜平日就听说过他们非常贤明，十分高兴。陈县的众多豪杰人士以及父老乡亲都要求把陈胜拥为楚王，陈胜就这件事向张耳、陈馀征求意见。张耳、陈馀建议说："秦国残酷暴虐，兼并他国，残害百姓; 将军您冒着生命危险想到这样一条计策，为全天下百姓消除祸害。如今刚刚攻克陈县就要称王，这无异于向天下人表明您的私心。希望您暂时先不要称王，而是快速引兵西进。派人拥立六国后人，为自己建立更多的党羽，来增加秦王朝的敌人。秦王朝的敌人多那么它的力量就会分散，众多国家向大楚亲附，我们的兵力就会变得强盛。这样，军队不必在野外交战，众多郡县也会群起而反叛秦王朝,诛杀暴虐的秦皇,占据咸阳,来号令各路诸侯;各诸侯得以复兴并自立为王,您再以道德感化他们归顺,帝王之业就可以成功了!如今着急在陈县称王,只怕天下百姓会离散。"陈胜不肯听从他的意见,于是自立为楚王,国号为"张楚"。

当是时,诸郡县苦秦法,争杀长吏以应涉。谒者使从东方来,以反者闻。二世怒,下之吏。后使者至,上问之,对曰:"群盗鼠窃狗偷,郡守、尉方逐捕,今尽得,不足忧也。"上悦。

陈王以吴叔为假王,监诸将以西击荥阳。

张耳、陈馀复说陈王,请奇兵北略赵地。于是陈王以故所善陈人武臣为将军,邵骚为护军,以张耳、陈馀为左、右校尉,予卒三千人,徇赵。

陈王又令汝阴人邓宗徇九江郡。当此时,楚兵数千人为聚者不可胜数。

【译文】在这个时候,各郡县的百姓都对秦政府的法令非常愤恨,争相把当地长吏杀掉来响应陈胜。秦王朝的使者从东方急速回到咸阳,把陈胜起兵造反的消息上报给秦二世。秦二世勃然大怒,将使者下狱治罪。从这以后,再返回咸阳的使者,秦二世询问他,只是回答:"不过是一些小偷小摸的盗贼罢了,地方郡守等官吏正在缉拿,现在已经全部抓获,没有什么好担忧的了。"秦二世非常高兴。

陈王任命吴叔代理楚王职位,监督诸将领兵向西进攻荥阳。

张耳、陈馀又向陈胜建议,请求派出突击队向北攻占原来的赵国土地。陈胜于是派出与自己交好的陈地人武臣作为将军,邵骚担任护军,张耳、陈馀为左、右校尉,调给三千士卒,向赵地展开进攻。

陈胜又下令让汝阴人邓宗率兵进攻九江郡。在这个时候，楚地数千人聚集到一起起兵反秦的不可胜数。

葛婴至东城，立襄彊为楚王。闻陈王已立，因杀襄彊还报。陈王诛杀葛婴。

陈王令魏人周市北徇魏地。以上蔡人房君蔡赐为上柱国。

陈王闻周文，陈之贤人也，习兵，乃与之将军印，使西击秦。

【译文】葛婴来到东城，拥立襄彊为楚王。听说陈王已自立，便杀襄彊回来报告。陈王诛杀了葛婴。

陈胜命令周市带兵向北对魏国旧地进攻。把上蔡人"房君"蔡赐封为上柱国。

陈胜听说周文是陈县有名的贤士，谙熟兵法，于是赐给他将军大印，命他率军向西进攻秦王朝。

【乾隆御批】陈涉驱戍卒，假楚号，所谓乌合除难者流，安能成事哉。孔鲋以圣裔，负礼器，而为之臣，岂诚如史迁所云积怒而发愤于涉乎？未几，涉败，鲋亦与之俱死。固昧于所从矣？

【译文】陈涉驱使戍边的人，打着楚国的旗号起义，他们都是一些受难的、临时杂凑的、毫无组织纪律的人，怎能成就大事？孔鲋身为孔子后裔，竟携带礼器，甘做陈涉臣子，难道真的像司马迁所说孔鲋是因秦王焚书积怨，到陈涉那里去发泄愤懑吗？没过多长时间，陈胜兵败，孔鲋也死了。孔鲋跟从陈涉不是太愚昧无知了吗？

武臣等从白马度河，至诸县，说其豪杰，豪杰皆应之。乃行收兵，得数万人。号武臣为武信君。下赵十馀城，馀皆城守。乃引兵东北击范阳。范阳蒯彻说武信君曰："足下必将战胜而后略地，攻得然后下城，臣窃以为过矣。诚听臣之计，可不攻而降城，不战而略地，传檄而千里定，可乎?"武信君曰："何谓也?"彻曰："范阳令徐公，畏死而贪，欲先天下降。君若以为秦所置吏，诛杀如前十城，则边地之城皆为金城、汤池，不可攻也。君若赍臣侯印以授范阳令，使乘朱轮华毂，驱驰燕、赵之郊，即燕、赵城可毋战而降矣。"武信君曰："善!"以车百乘、骑二百、侯印迎徐公。燕、赵闻之，不战以城下者三十馀城。

【译文】武臣等人从白马津横渡黄河，到各个县邑向当地豪杰游说，豪杰群起而响应。于是沿路征集到数万士卒，称武臣为"武信君"。武臣率军攻克十余座赵地城池，剩下的几座城池都坚守不肯投降，于是引兵向东北进攻范阳。范阳蒯彻向武信君游说道："你一定要先战胜然后才将该地纳为己有，先进行作战然后才能攻占城池，我觉得这是不划算的。假如能采取我的建议，不用进攻就可以使那些城池投降，不用作战就可以得到那些土地，发布一道征讨檄文，就可以平定千里之地，您看这样可以吗?"武信君说："这怎么说呢?"蒯彻说："范阳县令徐公，贪生怕死又非常贪财，早就想在其他人之前投降。您要是把他当作秦王朝任命的官员，像先前进攻十座城池那样把他杀掉，那么边境地区的城池就将固若金汤，没有办法再攻克了。你要是让我把侯印带给范阳县令，让他乘坐有朱红色车轮华美车毂的车子，在燕、赵大地郊野进行驰骋，那么燕、赵大地所有的城池就可以不战而降了。"武信君说："非常好。"于是调给他一百辆车、二百匹马，以及君侯的印信前往迎接徐公。燕、赵两地有人听见这件事后，有三十多座城池不战而降。

陈王既遣周章，以秦政之乱，有轻秦之意，不复设备。博士孔鲋谏曰："臣闻兵法:'不恃敌之不我攻，恃吾不可攻。'今王恃敌而不自恃，若跌而不振，悔之无及也。”陈王曰：“寡人之军，先生无累焉。”

周文行收兵至关，车千乘，卒数十万，至戏，军焉。二世乃大惊，与群臣谋曰："奈何？"少府章邯曰："盗已至，众强，今发近县，不及矣。骊山徒多，请赦之，授兵以击之。"二世乃大赦天下，使章邯免骊山徒、人奴产子，悉发以击楚军，大败之。周文走。

【译文】陈王派出周章统领军队以后，认为秦王朝政治暴乱，对秦王朝产生轻视的意思，不再增加防御设施。博士孔鲋向他进谏说："兵法上讲：'不能怀侥幸心理寄希望于敌人不向我进攻，而应该凭恃准备周全，使敌人不敢前来进攻。'如今大王您寄希望于敌人不向我军发动进攻，而不倚仗着自身的周密准备，有朝一日军队战败，将一发不可收拾，到时候后悔都来不及。"陈胜说："这是我的部队，先生您就不必忧虑了。"

周文沿路招募士兵抵达函谷关，已经拥有一千辆战车、数十万大军，到达戏亭后把大军驻扎下来。秦二世大惊失色，召集群臣商议说："这该怎么办？"少府章邯说："反贼已经来到城下，人多势众，如今即便是征调邻近县邑的驻军恐怕也来不及了。发配到骊山劳作的刑徒人数非常多，请把他们的罪过赦免，给他们发放兵器去迎击叛贼。"秦二世于是下令大赦天下，派章邯前去把骊山的刑徒及家奴之子全部赦免，派去迎击楚军，楚军溃败。周文慌忙逃跑。

张耳、陈馀至邯郸，闻周章却，又闻诸将为陈王徇地还者多以谗毁得罪诛，乃说武信君令自王。八月，武信君自立为赵王，以陈馀为大将军，张耳为右丞相，邵骚为左丞相；使人报陈王。陈王大怒，欲尽族武信君等家而发兵击赵。（相）〔柱〕国房君谏曰："秦未亡而诛武信君等家，此生一秦也；不如因而贺之，使急引兵西击秦。"陈王然之，从其计，徙系武信君等家宫中，封张耳子敖为成都君，使使者贺赵，令趣发兵西入关。张耳、陈馀说赵王曰："王王赵，非楚意，特以计贺王。楚已灭秦，必加兵于赵。愿王毋西兵，北徇燕、代，南收河内以自广。赵南据大河，北有燕、代，楚虽胜秦，必不敢制赵；不胜秦，必重赵。赵乘秦、楚之敝，可以得志于天下。"赵王以为然，因不西兵，而使韩广略燕，李良略常山，张黡略上党。

【译文】张耳、陈馀二人来到邯郸，听说周文败退的消息，又听说为陈胜领兵略地返回的大将们大都因为遭受谗言诋毁而获罪被杀，于是劝说武信君自立为王。八月份，武信君自立为赵王，任命陈馀担任大将军，张耳担任右丞相，邵骚担任左丞相，并派出使臣告知陈胜。陈胜大怒，要将武信君等人的全宗族杀掉，再发兵进攻赵王。柱国房君进谏说："秦王朝还没有灭亡，现在就要把武信君等人的全宗族屠杀殆尽，这无疑是又一个秦王朝；倒不如趁此机会向他道喜，让他迅速领兵向西进攻秦王朝。"陈胜觉得他说得非常正确，便采纳他的策略，把武信君等人的亲属扣押在宫中，把张耳的儿子张敖封为成都君，派出使者向赵王祝贺，下令让他迅速领兵向西入关进攻秦。张耳、陈馀向赵王建议说："大王自立为赵王，并不是陈胜想要的，特派出使臣前来道贺，只是权宜之计。楚国将秦王朝灭掉之后，必然要派兵进攻赵国。希望您不要领兵向西，而应该向北攻占燕、代之地，向南夺取河内地区，来扩张自己的地盘。赵国南据黄河，北有燕、代之地，即便是楚国把秦王朝灭掉，也不一定就敢来进攻赵国；假如没有办法战胜秦王朝，必然要更加重用赵国。赵国可以趁着秦、楚疲敝的时机，一举而成就一统全国的志向。"赵王觉得他说得很对，于是没有向西发兵，而是派遣韩广向燕地进军，李良向常山进军，张黡向上党进军。

九月，沛人刘邦起兵于沛，下相人项梁起兵于吴，狄人田儋起兵于齐。

刘邦，字季，为人隆准、龙颜，左股有七十二黑子。爱人喜施，意豁如也。常有大度，不事家人生产作业。初为泗上亭长，单父人吕公，好相人，见季状貌，奇之，以女妻之。

既而季以亭长为县送徒骊山，徒多道亡。自度比至皆亡之，到丰西泽中亭，止饮，夜，乃解纵所送徒曰："公等皆去，吾亦从此逝矣！"徒中壮士愿从者十馀人。

【译文】九月，沛人刘邦在沛县发兵反秦，下相人项梁在吴地起兵反秦，狄人田儋在齐地起兵反秦。

刘邦字季，长着一副高鼻梁、龙一样的面庞，左侧大腿上有七十二颗黑痣。平素好交朋友乐善好施，胸怀大度开阔；素有大志，不安于从事普通人家日常耕稼的工作。起初做过泗上亭长，单父人吕公，喜欢给人看面相，见到刘邦的容貌，非常惊异，就把女儿嫁给了他。

不久以后刘邦作为亭长替县府押送差役到骊山劳作，大部分差役在半路上逃跑。刘邦想着即便到了骊山人也逃跑完了，于是在到达丰邑西边的泽中亭时，停下来休息吃饭，晚上就把押送的差役释放，说："你们都逃命去吧，我从此以后也要逃命去了！"差役中有十几个壮士甘愿追随他。

刘季被酒，夜径泽中，有大蛇当径，季拔剑斩蛇。有老妪哭曰:"吾子,白帝子也,化为蛇,当道。今赤帝子杀之!"因忽不见。刘季亡匿于芒、砀山泽岩石之间,数有奇怪;沛中子弟闻之,多欲附者。

及陈涉起,沛令欲以沛应之。掾、主吏萧何、曹参曰:"君为秦吏,今欲背之,率沛子弟,恐不听。愿君召诸亡在外者,可得数百人,因劫众,众不敢不听。"乃令樊哙召刘季。刘季之众已数十百人矣。沛令后悔,恐其有变,乃闭城城守,欲诛萧、曹。萧、曹恐,逾城保刘季。刘季乃书帛射城上,遗沛父老,为陈利害。父老乃率子弟共杀沛令,开门迎刘季,立以为沛公。萧、曹等为收沛子弟,得二三千人,以应诸侯。

【译文】刘邦有一次喝醉了,晚上走到沼泽之中,看到一条大蛇挡住了去路,就拔剑把大蛇斩断。后来有一位老妇人哭着说:"我的儿子是白帝之子,化为蛇,挡住道路,如今被赤帝的儿子杀掉了!"说完就忽然不见了。刘邦逃亡后藏身在芒、砀山的草木沼泽之中,多次有奇异的事情发生;沛县的年轻人听说后,很多人都想去追随他。

等到陈胜起兵反秦,沛县县令想要号令全县响应他。县令的属官及主吏萧何、曹参说:"您身为秦朝官员,如今想反秦,恐怕百姓不会听从。希望你把那些逃命在外的召集回来,可以得到几百人,依次来胁迫剩下的人,他们就不敢不听从。"于是命令樊哙把刘邦召过来。这个时候刘邦已经有数百部众,沛县县令非常后悔,害怕他会叛变,于是把城门紧闭,想把萧何、曹参杀掉。萧何、曹参非常害怕,翻越城墙逃跑来报效刘邦以求能够自保。刘邦把一封书信射到城楼上,送给沛县的父老百姓,向他们说清楚利害得失。父老百姓于是率领年轻人一起把沛县县令杀死,打开城门迎接刘邦,拥立他为"沛公"。萧何、曹参替他征集沛县的青年子弟,招募到三千人，以此响应各路诸侯。

【乾隆御批】斩蛇，夜哭，云气上覆，多史臣附会兴王之词。然以此而惑众煽乱者，亦有之矣。

【译文】汉高祖刘邦力斩白蛇，蛇母晚上痛哭，高祖头顶云气环绕，这些大都是史家附会之辞。然而借此来迷惑百姓、煽动叛乱者，自古以来也是有的。

项梁者，楚将项燕子也，尝杀人，与兄子籍避仇吴中。吴中贤士大夫皆出其下。籍少时学书，不成，去；学剑，又不成。项梁怒之。籍曰："书，足以记名姓而已！剑，一人敌，不足学。学万人敌！"于是项梁乃教籍兵法，籍大喜；略知其意，又不肯竟学。籍长八尺馀，力能扛鼎，才器过人。会稽守殷通闻陈涉起，欲发兵以应涉，使项梁及桓楚将。是时，桓楚亡在泽中。梁曰："桓楚亡，人莫知其处，独籍知之耳。"梁乃出诚籍持剑居外，梁复入，与守坐，曰："请召籍，使受命召桓楚。"守曰："诺。"梁召籍入。须臾，梁眴籍曰："可行矣！"于是籍遂拔剑斩守头。项梁持守头，佩其印绶。门下大惊，扰乱。籍所击杀数十百人，一府中皆慑伏，莫敢起。梁乃召故所知豪吏，谕以所为起大事，遂举吴中兵，使人收下县，得精兵八千人。梁为会稽守，籍为裨将，徇下县。籍是时年二十四。

【译文】项梁是楚国大将项燕的儿子，曾经犯下杀人罪，与他哥哥的儿子项籍为了躲避仇人寄居在吴中。吴中的众多贤明人士都比不上他。项籍小时候学读书作文没有学成，就学习剑术，又没有学成。项梁非常生气。项籍说："读书作文只是能够记住姓名罢了！剑术只能抵挡一人，没有学的价值，要学就学抵御万人之术!"项梁于是教项籍学习兵法,项籍非常高兴,但只是通晓大意就不肯继续学下去。项籍身高在八尺以上,力量大得能够把巨鼎举起来,才识和器度都比常人超出很多。会稽郡守殷通听到陈胜起兵反秦的消息,想起兵进行响应,派出项梁及桓楚为大将。这个时候,桓楚逃亡藏在山林草泽之中。项梁说:"桓楚逃亡在外,没有人知道他在哪里藏身,只有项籍知道他的行踪。"项梁于是叮嘱项籍在外持剑等候,自己又回到屋里,与太守一起坐下,并向他建议:"不如把项籍召进来,派他去把桓楚找回来。"会稽郡守说:"可以。"项梁于是把项籍召进屋内。没过一会儿,项梁向项籍侧目示意,说:"可以动手了!"于是项籍拔剑把会稽郡守的头颅斩下。项梁一手拎着郡守的人头,一手拿着他的印绶佩戴在自己身上。门下的侍从们都大惊失色,躁动不安;项籍斩杀了数十百人,整个府中都震恐降服,再没有人敢反抗。项梁于是把以前认识的豪杰和官吏召集起来,把欲起兵反秦的计划告诉他们,随后征集吴中地区的士兵,把会稽郡所属诸县的兵马集中起来,一共得到八千精兵。项梁担任会稽郡守,项籍作为副将,向会稽郡下辖的其他诸县进攻。这一年项籍才二十四岁。

田儋者,故齐王族也。儋从弟荣,荣弟横,皆豪健,宗强,能得人。周市徇地至狄,狄城守。

田儋详为缚其奴,从少年之廷,欲谒杀奴,见狄令,因击杀令,而召豪吏子弟曰:"诸侯皆反秦自立。齐,古之建国也;儋,田氏,当王!"遂自立为齐王,发兵以击周市。周市军还去。田儋率兵东略定齐地。

韩广将兵北徇燕,燕地豪杰欲共立广为燕王。广曰:"广母在赵,不可!"燕人曰:"赵方西忧秦,南忧楚,其力不能禁我。且以楚之强，不敢害赵王将相之家，赵独安敢害将军家乎！"韩广乃自立为燕王。居数月，赵奉燕王母家属归之。

【译文】田儋是以前齐国的宗室族人。他的堂弟田荣，田荣的弟弟田横，都是一方豪杰，宗派强盛，能够招徕人心。周市带兵略地到达狄城，狄城守军坚守不出。

田儋假装把自己的奴仆绑起来，领着一群年轻人来到县廷，想要谒见县令并把奴仆杀掉，见到狄令后随即把他杀死，把豪侠以及官吏的子弟召集起来说："各路诸侯纷纷叛秦自立为王。齐国是古代受封的大国，而我田儋作为田氏王族后裔，理应称王！"于是自立为齐王，发兵攻打周市。周市率残部败退。田儋又率领部将向东把齐国故地平定。

韩广带领部下向北到燕国旧地攻伐，燕国旧地的豪强俊杰们想把韩广拥立为燕王。韩广说："我的母亲还在赵国，不能这样做。"燕地人说："如今赵王对于西方的秦王朝十分担忧，又对南方的楚国非常担忧，以他的力量没有办法挟制我们。况且以楚国的强盛，尚且不敢残杀赵王及将相的家属和亲人，难道他敢残害您的家人吗？"于是韩广自立为燕王。几个月后，赵王把韩广的母亲及其家属护送到燕。

赵王与张耳、陈馀北略地燕界，赵王间出，为燕军所得，燕囚之，欲求割地；使者往请，燕辄杀之。有厮养卒走燕壁，见燕将曰："君知张耳、陈馀何欲？"曰："欲得其王耳。"赵养卒笑曰："君未知此两人所欲也。夫武臣、张耳、陈馀，杖马箠下赵数十城，此亦各欲南面而王，岂欲为将相终已邪？顾其势初定，未敢参分而王，且以少长先立武臣为王，以持赵心。今赵地已服，此两人亦欲分赵而王，时未可耳。今君乃囚赵王，此两人名为求赵王，实欲燕杀之，此两人分赵自立。夫以一赵尚易燕，况以两贤王左提右挈而责杀王之罪？灭燕易矣！"燕将乃归赵王，养卒为御而归。

周市自狄还，至魏地，欲立故魏公子宁陵君咎为王。咎在陈，不得之魏。魏地已定，诸侯皆欲立周市为魏王。市曰："天下昏乱，忠臣乃见。今天下共畔秦，其义必立魏王后乃可。"诸侯固请立市，市终辞不受；迎魏咎于陈，五反，陈王乃遣之，立咎为魏王，市为魏相。

是岁，二世废卫君角为庶人，卫绝祀。

【译文】赵王武臣与张耳、陈馀率军向北对燕界发动进攻，赵王抽出空闲时间微服出行，被燕军抓获。燕人把他软禁起来，想以此来逼迫割地交换。赵国派到燕国的使者都被燕国杀掉。有一个下层的士卒偷偷翻过燕军的壁垒，拜见燕将说："您知道张耳、陈馀想得到什么吗？"燕将说："想得到他们的大王罢了。"赵国的士卒笑着说："看来您并不知道这两个人的想法啊。武臣、张耳、陈馀手持马鞭，顷刻间就攻克数十座赵国城池，三个人都想自己南面称王，谁愿意终生当一个将军宰相？只是因为大局初定，不敢把国土一分为三各自称王，所以暂时推举年纪较大的武臣担任赵王，借此使赵国人心安定。如今赵国局势安定，这两个人也都想着分裂赵国而各自称王，只是还没有找到合适的时机罢了。如今您把赵王软禁起来，这两个人表面上要把赵王接回去，其实却想借燕国把他杀掉，这样，两个人就可以把赵国分裂而自立为王。只是一个赵国还敢轻视燕国，更别说两位贤明的君王互相提挈扶助，以杀掉赵王的罪名来斥责，要想把燕国灭掉就容易得多了。"燕将听后，就把赵王归还赵国，并派这位士卒驾车把他送回去。

周市从狄城回到国内，来到魏国旧地，想拥立以前的魏国公子宁陵君魏咎为王。当时魏咎在陈县，没办法回到魏。等到魏地平定后，各路诸侯都想把周市拥立为魏王。周市说："天下昏乱不堪，忠臣才会出现。如今天下诸侯都纷纷背叛秦王朝，按照道义一定要先拥立魏王才可以。"各路诸侯极力要求周市即位，他始终不肯接受；派人到陈县把魏公子魏咎迎接回来，先后往返五次，陈胜才把他送回来，于是拥立魏咎为魏王，周市担任魏相。

这一年，秦二世废黜卫君卫角为平民，卫国自此灭亡。

资治通鉴卷第八　秦纪三

起昭阳大荒落，尽阏逢敦牂，凡二年。

【译文】起癸巳(公元前208年)，止甲午(公元前207年)，共二年。

【题解】本卷记录了秦二世胡亥二年至秦二世三年共两年间秦朝的历史。主要记录了赵高与秦二世残暴专横，不惜民力；记录了李斯为虎作伥，助纣为虐，仍被赵高迫害致死；记录了赵高杀秦二世、立子婴，子婴诛灭赵高满门。以及陈涉起义军经验缺乏、组织涣散，被秦将章邯剿灭；项羽、刘邦两支军队逐渐强大，项羽在巨鹿破釜沉舟，大破章邯，章邯投降；以及刘邦率军逼近咸阳，等等。

二世皇帝下

二年(癸巳，公元前二〇八年)冬，十月，泗川监平将兵围沛公于丰，沛公出与战，破之，令雍齿守丰。十一月，沛公引兵之薛。泗川守壮兵败于薛，走至戚，沛公左司马得杀之。

周章出关，止屯曹阳，二月馀，章邯追败之。复走渑池，十馀日，章邯击，大破之。周文自刭，军遂不战。

吴叔围荥阳，李由为三川守，守荥阳，叔弗能下。楚将军田臧等相与谋曰："周章军已破矣，秦兵旦暮至。我围荥阳城弗能下,秦兵至,必大败,不如少遗兵守荥阳,悉精兵迎秦军。今假王骄,不知兵权,不足与计事,恐败。"因相与矫王令以诛吴叔,献其首于陈王。陈王使使赐田臧楚令尹印,使为上将。

田臧乃使诸将李归等守荥阳,自以精兵西迎秦军于敖仓,与战。田臧死,军破。章邯进兵击李归等荥阳下,破之,李归等死。阳城人邓说将兵居郯,章邯别将击破之。铚人伍逢将兵居许,章邯击破之。两军皆散,走陈,陈王诛邓说。

【译文】二年(癸巳,公元前208年)冬季十月份,泗川郡监平率军在丰县包围沛公,沛公出城迎战,大败秦军,下令雍齿戍守丰县。十一月,沛公率军抵达薛地。泗川郡守壮在薛地战败,逃到戚地,被沛公手下担任左司马的曹无伤抓住后杀死。

周章领兵出函谷关,在曹阳停留并驻扎下来,过了两个多月后,章邯率军追击并击败他;周章又逃往渑池,十多天后,章邯再次乘胜追击,大败周章及其军队。周文拔剑自刎,部众不再进行抵抗。

吴广率部众包围荥阳,李由当时担任三川郡郡守,在荥阳镇守,吴广没有攻克。楚国田臧将军等互相之间商议说:"周章率领的军队已经被击败,眼看秦兵早晚之间就要来到。我们围攻荥阳不能攻克,秦兵来之后,必然会大败,倒不如留下一小部士兵在这里镇守,而以全军精锐部队迎战秦军。如今假王吴广日渐骄横,不懂得用兵之道,没办法跟他商议大事,恐怕最终会失败。"于是互相假传楚王陈胜的密令将吴广杀掉,把首级进献给陈胜。陈胜派出使臣赐给田臧楚国令尹的印信,任命他为上将军。

于是田臧派部下李归等将镇守荥阳,自己带着精锐部队向西到敖仓迎战秦军,田臧在这场战斗中战死,军队也溃散。章邯领兵在荥阳城下大破李归等人,李归等人都在战斗中身亡。阳城人邓说领兵在郯城驻守，被章邯手下的副将率军攻破。铚地人伍逢领兵在许城驻守，又被章邯带兵攻破。邓说、伍逢两军都溃散而去，逃到陈地，陈胜因此把邓说诛杀。

二世数诮让李斯："居三公位，如何令盗如此！"李斯恐惧，重爵禄，不知所出，乃阿二世意，以书对曰："夫贤主者，必能行督责之术者也。故申子曰'有天下而不恣睢，命之曰以天下为桎梏'者，无他焉，不能督责，而顾以其身劳于天下之民，若尧、禹然，故谓之桎梏也。夫不能修申、韩之明术，行督责之道，专以天下自适也。而徒务苦形劳神，以身徇百姓，则是黔首之役，非畜天下者也，何足贵哉！故明主能行督责之术以独断于上，则权不在臣下，然后能灭仁义之涂，绝谏说之辩，荦然行恣睢之心而莫（知）〔之〕之敢逆。如此，群臣、百姓救过不给，何变之敢图！"二世说，于是行督责益严，税民深者为明吏，杀人众者为忠臣，刑者相半于道，而死人日成积于市，秦民益骇惧思乱。

【译文】秦二世屡次斥责李斯说："你身居三公要职，怎么能让反贼这样猖獗？"李斯内心十分害怕，但因为看重爵位及利禄，不知想什么计策才好，于是迎合秦二世的心思，上书回答说："世人所谓贤明的君主，一定是能够对臣子行使督察权术的。所以申不害才会说'坐拥天下却能不纵情放荡，这称为把天下当作桎梏'的话，其实没有其他的原因，只是因为他不能行使督责权力，而只想着要亲力亲为给百姓服务，就好像尧、禹那样，因此称之为桎梏啊！不能了解申不害、韩非高明的权术，行使督责的权力，使天下百姓自得安适地生活，却一心地苦身劳神，把自己的一生都献给百姓，这就成为百姓的苦役，而不再是畜养天下的国君了，这有什么可贵的呢！因此贤明的君主往往能够行使督责的权术，而将专断大权紧握在上级手中，这样子权力就不会旁落到臣子手中，如此才能阻断仁义之道，杜绝劝谏者的巧言善辩，然后可以随意做自己想做的事而没有什么好顾忌的，也没有人敢来违背自己。这样一来，群臣和百姓改正自己的过失还恐怕来不及，又怎么胆敢图谋反叛呢?"秦二世非常高兴，于是进一步加强督责权力，以向百姓征收苛捐杂税的官吏为贤能的官员，以杀人多的官员为忠臣，路上走的人有一半以上都是遭受刑罚的，每天都有大量的尸体在街市上积压成堆，秦朝百姓于是越发恐惧，越发想着反叛。

赵李良已定常山，还报赵王。赵王复使良略太原。至石邑，秦兵塞井陉，未能前。秦将诈为二世书以招良。良得书未信，还之邯郸，益请兵。未至，道逢赵王姊出饮，从百馀骑，良望见，以为王，伏谒道旁。王姊醉，不知其将，使骑谢李良。李良素贵，起，惭其从官。从官有一人曰："天下畔秦，能者先立。且赵王素出将军下，今女儿乃不为将军下车，请追杀之!"李良已得秦书，固欲反赵，未决，因此怒，遣人追杀王姊，因将其兵袭邯郸。邯郸不知，竟杀赵王、邵骚。赵人多为张耳、陈馀耳目者，以故二人独得脱。

【译文】赵国大将李良平定常山地区之后，回来向赵王禀报。赵王又派李良向太原发动进攻。大军来到石邑，秦兵在井陉阻挡，没有办法进军。秦将伪造秦二世的诏书想要招降李良。李良接到书信后没有相信，率军回到邯郸，请求增派援军。还没有走到邯郸，半路碰到赵王的姐姐出门饮酒，李良远远望见，误以为是赵王的车驾，在路旁伏地拜谒。赵王的姐姐喝醉了，不知道他是赵将，只是让旁边的骑兵向李良致意。李良素来尊贵，起身之后，环顾随从的官员，自己觉得非常羞惭。随从的官员中有人说：

"天下反叛秦王朝，有能力的人都纷纷争着自立为王。况且赵王的地位原来还比不上将军您，如今一个女人竟然不下车给将军还礼，请允许臣下追上去把她杀掉。"李良已经接到了秦二世的书信，本来就想反叛赵国，但还没有下决心，因为这件事恼羞成怒，派人追杀赵王的姐姐，又领兵对邯郸发动袭击。邯郸守将事先不知道什么情况，最终赵王和邵骚被杀。赵国人大多是张耳、陈馀二人的眼线，因此唯独他们两个人脱险逃了出去。

陈人秦嘉、符离人朱鸡石等起兵，围东海守于郯。陈王闻之，使武平君畔为将军，监郯下军。秦嘉不受命，自立为大司马，恶属武平君，告军吏曰："武平君年少，不知兵事，勿听！"因矫以王命杀武平君畔。

二世益遣长史司马欣、董翳佐章邯击盗。章邯已破伍逢，击陈柱国房君，杀之。又进击陈西张贺军。陈王出监战。张贺死。

【译文】陈地人秦嘉、符离人朱鸡石等人起兵反秦，在郯城将东海郡守包围。陈胜听说这件事后，派出武平君畔作为将军，前去监督郯城的各路大军。秦嘉不接受这个命令，自立为大司马，厌恶作为武平君的属下，并告诉部众说："武平君年纪还小，不懂用兵之术，不要听他的号令！"又趁机诈称陈胜的命令，把武平君畔杀死。

秦二世增派长史司马欣、董翳二人协助章邯剿灭反贼。章邯击败伍逢后，又击杀陈胜部下的柱国房君蔡赐，并进攻在陈地西侧驻扎的张贺部众。陈胜亲自出城督战。张贺最后战死沙场。

腊月，陈王之汝阴，还，至下城父，其御庄贾杀陈王以降。初，陈涉既为王，其故人皆往依之。妻之父亦往焉，陈王以众宾待之，长揖不拜。妻之父怒曰："怙乱僭号，而傲长者，不能久矣!"不辞而去。陈王跪谢，遂不为顾。客出入愈益发舒，言陈王故情。或说陈王曰："客愚无知，颛妄言，轻威。"陈王斩之。诸故人皆自引去，由是无亲陈王者。陈王以朱防为中正，胡武为司过，主司群臣。诸将徇地至，令之不是，辄系而罪之。以苛察为忠，其所不善者，弗下吏，辄自治之。诸将以其故不亲附，此其所以败也。

陈王故涓人将军吕臣为苍头军，起新阳，攻陈，下之，杀庄贾，复以陈为楚。葬陈王于砀，谥曰隐王。

【译文】腊月，陈胜来到汝阴，返回抵达下城父后，被自己的车夫庄贾刺杀，并向秦军投降。当初，陈胜称王后，他以前的亲朋好友都前去投靠他。他的岳父也去投靠他，陈胜以对待宾客的礼节招待他，只是长揖而没有下拜。岳父大怒说："你倚仗着谋反作乱而僭号称王，对待长辈傲慢无礼，肯定不能长久!"不辞而去。陈胜连忙跪拜谢罪，他岳父最终没有理会。他以前的一位宾客出入往来，与别人畅谈陈胜以前的事。有人就向陈王建议说："有些宾客愚昧无知，专说些乱七八糟的话，对您的威望有损。"陈胜于是把那些宾客杀掉。许多以前的朋友于是纷纷主动离去，从这以后再也没有人来投靠陈胜了。陈胜任命朱防担任中正一职，胡武担任司过，主管群臣得失。诸将到外地攻城略地，只要不听陈胜的号令，朱防、胡武就把他们囚禁起来治罪。陈胜以对同僚苛刻检举揭发为忠诚，对于自己不喜欢的人，并不通过正常的官吏审理治罪，而是擅自进行处置。于是诸将不再亲附于陈胜，这就是他失败的缘故啊!

陈胜以前的侍卫吕臣组建了一支苍头军，在新阳起兵反秦，向陈地进攻，斩杀庄贾，重新以陈地作为楚国国都，把陈胜埋葬在砀县，谥号为"隐王"。

初，陈王令铚人宋留将兵定南阳，入武关。留已徇南阳，闻陈王死，南阳复为秦，宋留以军降，二世车裂留以徇。

魏周市将兵略地丰、沛，使人招雍齿。雍齿雅不欲属沛公，即以丰降魏。沛公攻之，不克。

赵张耳、陈馀收其散兵，得数万人，击李良。良败，走归章邯。

客有说耳、馀曰："两君羁旅，而欲附赵，难可独立。立赵后，辅以谊，可就功。"乃求得赵歇。春，正月，耳、馀立歇为赵王，居信都。

【译文】早先，陈胜命令铚人宋留领兵平定南阳，进入武关。宋留攻克南阳后，听到陈胜已死的消息，南阳又重新归属于秦王朝，宋留率部众投降，秦二世把宋留车裂示众。

魏人周市领兵向丰、沛两县进攻，派人去招降雍齿。雍齿平常就不愿向沛公归附，于是率领丰县人向魏投降。沛公领兵攻打丰县，没有办法攻克。

赵国人张耳、陈馀把逃散的士兵聚集起来，得到数万人，随即向李良进攻。李良大败，逃往章邯处。

宾客之中有人向张耳、陈馀游说："你们二位在赵地寄居，想在赵国使人民依附，是很难单独完成的。可以将赵国的后裔拥立为王而施行仁义对其进行大力辅佐，就可以成功。"于是张耳、陈馀找到赵歇。当年春季正月，张耳、陈馀将赵歇拥立为赵王，在信都驻居。

东阳宁君、秦嘉闻陈王军败，乃立景驹为楚王，引兵之方与，欲击秦军定陶下；使公孙庆使齐，欲与之并力俱进。齐王曰："陈王战败，不知其死生，楚安得不请而立王！"公孙庆曰："齐不请楚而立王，楚何故请齐而立王！且楚首事，当令于天下。"田儋杀公孙庆。

秦左、右校复攻陈，下之。吕将军走，徼兵复聚，与番盗黥布相遇，攻击秦左、右校，破之青波，复以陈为楚。

黥布者，六人也，姓英氏，坐法黥，以刑徒论输骊山。骊山之徒数十万人，布皆与其徒长豪杰交通，乃率其曹耦，亡之江中为群盗。番阳令吴芮，甚得江湖间心，号曰番君。布往见之，其众已数千人。番君乃以女妻之，使将其兵击秦。

【译文】 东阳人宁君、秦嘉听到陈胜兵败的消息，于是将景驹拥立为楚王，领兵抵达方与，想在定陶城下对秦军发动袭击；派出公孙庆到齐国出使，想要说服齐国联合进攻秦军。齐王说："陈王战败，到现在还不知道生死，楚国怎么可以不向别国请示就另立新王呢？"公孙庆说："齐国没有向楚国请示就立新王，楚国为什么要向齐国请示才能立新王呢？况且楚国最先起兵反秦，理应号令天下。"田儋于是把公孙庆杀了。

秦王朝左、右校尉领兵对陈进攻，并占领陈。将军吕臣逃跑，又将散兵重新聚集起来，与番阳的山贼黥布碰面，联合对秦王朝的左、右校尉进攻，于青波大败秦军，重新将陈地置为楚都。

黥布是六安人，姓英，因触犯法律被处以黥刑，将他定罪为刑徒发配到骊山服役。骊山有数十万囚犯作为劳役，黥布与囚徒之中的头目及豪杰之间互有往来，于是率领他们逃亡到长江地区做盗匪。番阳县令吴芮，非常受江湖中人以及百姓的拥戴，号称"番君"。黥布前去与他见面，当时他已经有数千部众。番君把自己的女儿许配给他，派他领兵进攻秦军。

楚王景驹在留，沛公往从之。张良亦聚少年百馀人欲往从景驹，道遇沛公，遂属焉。沛公拜良为厩将。良数以太公兵法说沛公，沛公善之，常用其策。良为他人言，皆不省。良曰："沛公殆天授！"故遂从不去。

沛公与良俱见景驹，欲请兵以攻丰。时章邯司马尼将兵北定楚地，屠相，至砀。东阳宁君、沛公引兵西，战萧西，不利，还，收兵聚留。二月，攻砀，三日，拔之。收砀兵得六千人，与故合九千人。三月，攻下邑，拔之。还击丰，不下。

资治通鉴卷第八　秦纪三

【译文】楚王景驹驻军在留城，沛公前去投靠他。张良也聚集起一百多个青年，准备前去投靠，半路上碰到沛公，就成了他的部下。沛公任命张良为掌马将。张良多次用《太公兵法》里边的理论向沛公提建议，沛公对他非常赏识，经常采纳他的建议。之前张良为其他人提供谋略，其他人都不明白。张良说："沛公应该是上天降下的贤才！"因此就留下来不再去其他地方。

沛公与张良一起去会见景驹，想要请求派出军队进攻丰县。这个时候章邯与司马尼统率大军向北将楚地平定，在相地屠城后抵达砀。东阳人宁君与沛公领兵向西进发，与秦军在萧县以西激战，失败后被迫退军，收拾残部在留集结。二月，刘邦等人率军进攻砀，三天就攻克了。把砀地的兵卒收编后得到六千余人，加上之前的一共有九千人。三月，刘邦率军攻克下邑，回师向丰县进攻，没能攻克。

广陵人召平为陈王徇广陵，未下。闻陈王败走，章邯且至，乃渡江，矫陈王令，拜项梁为楚上柱国，曰："江东已定，急引兵西击秦！"梁乃以八千人渡江而西。闻陈婴已下东阳，使使欲与连和俱西。陈婴者，故东阳令史，居县中，素信谨，称为长者。东阳少年杀其令，相聚得二万人，欲立婴为王。婴母谓婴曰："自我为汝家妇，未尝闻汝先世之有贵者。今暴得大名，不祥；不如有所属。事成，犹得封侯；事败，易以亡，非世所指名也。"婴乃不敢为王，谓其军吏曰："项氏世世将家，有名于楚，今欲举大事，将非其人不可。我倚名族，亡秦必矣！"其众从之，乃以兵属梁。

【译文】广陵人召平率军替陈胜进攻广陵没有攻克。听到陈胜败亡的消息，章邯率军来到后，于是渡江南下，假托陈胜的号令，任命项梁担任楚上柱国一职，说："江东地区已经平定，应该迅速率军向西进攻秦军。"项梁于是率领八千人横渡长江向西进军。听到陈婴攻克东阳后，随即派出使者前去商谈，想要与他联合向西进军。陈婴以前是东阳县令身边的小官，在县城内居住，平素诚实谨慎，被大家尊称为长者。东阳县有个年轻人把县令杀死，纠集了两万多人，想把陈婴拥立为王。陈婴的老母亲劝陈婴说："从我嫁到你们陈家做媳妇以来，就没有听说过你家里有显贵的祖先。这个时候突然获得这样大的名声，不是什么好事，还不如归附到其他人身边。事情成功了还可以封侯拜官；事情万一失败也比较容易逃亡，不会被世人指着姓名叫骂。"陈婴不敢称王，对身边的军官们说："项家世代出身将门，在楚国久负盛名，如今想要起义干一番大事，非得项家人担任将帅不可。我们前往依附项家望族，必然可以消灭秦国！"他的部下于是听从他，随即将军队交给项梁统领。

【申涵煜评】婴母令婴"有所属，不为首"事，深识时务。萧、曹、邓、马辈，攀龙附凤，俱是此意。彼陈涉、李密之流，有愧巾帼多矣。

【译文】陈婴的母亲教育他"找一个人从属于他，自己不要做首领"，非常识时务啊。萧何、曹参、邓禹、马援之类的人，攀龙附凤，都是这个意思。那陈涉、李密之类的人，在这事上，比这个妇女逊色太多了。

英布既破秦军，引兵而东；闻项梁西渡淮，布与蒲将军皆以其兵属焉。项梁众凡六七万人，军下邳。

景驹、秦嘉军彭城东，欲以距梁。梁谓军吏曰："陈王先首事，战不利，未闻所在。今秦嘉倍陈王而立景驹，逆无道！"乃进兵击秦嘉，秦嘉军败走。追之，至胡陵，嘉还战。一日，嘉死，军降；景驹走死梁地。

梁已并秦嘉军，军胡陵，将引军而西。章邯军至栗，项梁使别将朱鸡石、馀樊君与战。馀樊君死，朱鸡石军败，亡走胡陵。梁乃引兵入薛，诛朱鸡石。

沛公从骑百馀往见梁，梁与沛公卒五千人，五大夫将十人。沛公还，引兵攻丰，拔之。雍齿奔魏。

【译文】英布（也就是黥布）击败秦军后，领兵向东进发；听到项梁已经向西横渡淮河，英布于是与蒲将军一起率军前去归附。这个时候项梁的部众共达六七万人，在下邳驻扎。

景驹、秦嘉将大军驻扎在彭城以东，想要与项梁相抗。项梁对手下的军官们说："陈胜首先起兵反秦，作战失利，如今还不知他的去向。现今秦嘉背叛陈胜却拥立景驹为王，实在是大逆不道！"于是领兵攻打秦嘉，秦嘉率军大败逃窜。项梁领兵追击到胡陵，秦嘉迎战。苦战一天后，秦嘉战死，他的军队随之投降，景驹也逃亡，在梁地死去。

项梁把秦嘉的部队兼并之后，大军在胡陵屯扎，准备率军向西进发。此时章邯的大军已经抵达栗城，项梁派出副将朱鸡石、馀樊君率军迎战，馀樊君被杀，朱鸡石战败率部逃到胡陵。于是项梁率军进驻薛城，杀掉朱鸡石。

沛公带着百余随从前去拜见项梁，项梁调拨给沛公五千名士兵，以及十名享有五大夫爵位的将军。沛公返回后，领兵攻打丰县，随即攻陷。雍齿逃亡到魏。

项梁使项羽别攻襄城，襄城坚守不下；已拔，皆坑之，还报。

梁闻陈王定死，召诸别将会薛计事，沛公亦往焉。居鄛人范增，年七十，素居家，好奇计，往说项梁曰："陈胜败，固当。夫秦灭六国，楚最无罪。自怀王入秦不反，楚人怜之至今。故楚南公曰：'楚虽三户，亡秦必楚。'今陈胜首事，不立楚后而自立，其势不长。今君起江东，楚蜂起之将皆争附君者，以君世世楚将，为能复立楚之后也。"于是项梁然其言，乃求得楚怀王孙心于民间，为人牧羊，夏，六月，立以为楚怀王，从民望也。陈婴为上柱国，封五县，与怀王都盱眙。项梁自号为武信君。

【译文】项梁派出项羽率军进攻襄城，襄城守军固守难以攻克；攻克之后，项羽把守军全部坑杀，然后回师向项梁报告。

项梁听说陈胜的确已经死去的消息，于是在薛召集众将商量军情，沛公刘邦也前往薛参加。居鄛人范增，已经七十岁，一直住在家里，擅长出奇计，到项梁处游说，道："陈胜兵败是理所应当的。秦灭亡六国，楚国是最无辜的。自从楚怀王入秦再没有返回国内，楚国百姓直到今天仍十分怀念他。因此楚国南公说：'即便楚国只剩下三户人家，将来灭掉秦国的一定会是楚国。'如今陈胜率先起兵反秦，不先拥立楚国后裔却自立为王，他的势力必然不能长久。如今您从江东起兵，楚地将领蜂拥而起都争相依附于您，是因为您家世代都是楚国重将，大家认为您能够重新拥立楚国后裔为王复兴楚国！"项梁觉得他说得很正确，于是在民间搜寻到楚怀王的孙子芈心，芈心此时正在给别人放羊。当年夏季六月，项梁遵从天下百姓的意愿拥立芈心为楚怀王。陈婴担任上柱国，封赏五县，跟随楚怀王在盱眙建都。项梁自号为武信君。

张良说项梁曰："君已立楚后，而韩诸公子横阳君成最贤，可立为王，益树党。"项梁使良求韩成，立以为韩王，以良为司徒，与韩王将千馀人西略韩地，得数城，秦辄复取之；往来为游兵（颍）〔颍〕川。

【译文】张良向项梁建议道："您既然已经将楚国后裔拥立为王，而韩国的诸位公子中数横阳君韩成最为贤明，可以把他立为韩王，借此来树立更多的党羽。"于是项梁派张良四处搜寻韩成，把他立为韩王。任命张良为司徒，与韩王一起率领一千多人向西收复韩国故地，收复好几座城池，后来又被秦军夺回，于是只好在颍川一带流动作战。

【乾隆御批】范增请立楚后，与张良请立韩后，迹同而心异：一则始终欲为韩报仇，一则第因民望所属而已。其后义帝立未久即遭江中之弑，增不闻置一词。此苏轼所以致论也。固不可与良同日语矣！

【译文】范增请立楚王后裔，张良请立韩王后裔，虽然二人做法相同，但目的却不同：一个是立志为韩国报仇；一个则是顺从民意。然而，芈心被立为义帝不久便被英布所杀，范增却没有说一句话。这就是苏轼之所以发表议论的原因。范增本来就不能和张良相提并论！

章邯已破陈王，乃进兵击魏王于临济。魏王使周市出，请救于齐、楚。齐王儋及楚将项它皆将兵随市救魏。章邯夜衔枚击，大破齐、楚军于临济下，杀齐王及周市。魏王咎为其民约降，约定，自烧杀。其弟豹亡走楚，楚怀王予魏豹数千人，复徇魏地。齐田荣收其兄儋馀兵，东走东阿，章邯追围之。齐人闻齐王儋死，乃立故齐王建之弟假为王，田角为相，角弟间为将，以距诸侯。

【译文】章邯击败陈胜之后，随即进军临济攻打魏王。魏王派周市出城到齐、楚两国请求援助。齐王田儋与楚将项它一同率军跟随周市前去营救魏国。章邯在夜间命令士兵衔枚突袭敌军，在临济城下击败齐、楚两国联军，斩杀齐王和周市。魏王咎与百姓商议投降，订立降约后自焚身亡。魏王的弟弟魏豹逃到楚国，楚怀王赐给魏豹数千人，让他重新夺取魏国故地。齐国田荣把兄长田儋的残部聚拢起来，向东撤退来到东阿，章邯率军追击并将他包围。齐国百姓听说田儋已经逝世，于是拥立已经去世的齐王田建的弟弟田假为齐王，田角担任宰相，田角的弟弟田间担任将军，来抵抗各路诸侯。

秋，七月，大霖雨。武信君引兵攻亢父，闻田荣之急，乃引兵击破章邯军东阿下，章邯走而西。田荣引兵东归齐。武信君独追北，使项羽、沛公别攻城阳，屠之。楚军军濮阳东，复与章邯战，又破之。章邯复振，守濮阳，环水。沛公、项羽去，攻定陶。

八月，田荣击逐齐王假，假亡走楚，田角亡走赵。田间前救赵，因留不敢归。田荣乃立儋子市为齐王，荣相之，田横为将，平齐地。章邯兵益盛，项梁数使使告齐、赵发兵共击章邯。田荣曰："楚杀田假，赵杀角、间，乃出兵。"楚、赵不许。田荣怒，终不肯出兵。

【译文】秋季，七月，天降连绵大雨。武信君领兵进攻亢父，

资治通鉴

听到田荣形势危急,于是率军来到东阿城下,击败章邯所率军队,章邯率残部向西逃窜。田荣领兵向东回到齐国。武信君独自领兵向北追击败军,下令让项羽、沛公二人领兵进攻城阳,并进行屠城。楚军在濮阳以东屯驻,与章邯的军队重新交战,再次击败他。章邯把散兵重新收拢起来,势力得以恢复,引河水环绕濮阳城。沛公、项羽于是率军撤退,对定陶发动进攻。

　　八月,田荣领兵追击齐王田假,田假被迫逃到楚国。田间前去赵国寻求救兵,因此留在赵国没敢回来。田荣于是把田儋的儿子田市拥立为齐王,自己担任宰相,田横担任将军,率军平定齐国旧地。章邯势力逐渐强盛,项梁多次派出使者通告齐、赵两国共同出兵进攻章邯。田荣说:"楚国如果把田假杀掉,赵国把田角、田间两人杀掉,就立即出兵。"楚、赵两国没有答应。田荣勃然大怒,终究不愿意出兵。

　　郎中令赵高恃恩专恣,以私怨诛杀人众多,恐大臣入朝奏事言之,乃说二世曰:"天子之所以贵者,但以闻声,群臣莫得见其面故也。且陛下富于春秋,未必尽通诸事。今坐朝廷,谴举有不当者,则见短于大臣,非所以示神明于天下也。陛下不如深拱禁中,与臣及侍中习法者待事,事来有以揆之。如此,则大臣不敢奏疑事,天下称圣主矣。"二世用其计,乃不坐朝廷见大臣,常居禁中。赵高侍中用事,事皆决于赵高。

　　【译文】郎中令赵高仗着自己受宠就专权骄横恣肆,出于自己的私人恩怨杀了很多人,因而害怕大臣们在朝廷上向秦二世弹劾他,于是向秦二世劝说:"皇上您之所以尊贵,只是因为大臣们只能听到你的声音,却见不到你的龙颜的原因啊。况且陛下年纪还小,没有必要什么事都自己去做。如今坐在朝堂之上,万一赏罚有不适当的地方，就很容易在大臣们面前暴露自己的缺点，就不能向百姓显示陛下您的英明。陛下倒不如深居在内宫之中，由微臣与熟习法令的侍中等人等待上奏的大臣进奏，有奏章上奏就依照法度施行。这样一来，大臣们既不敢胡乱上奏有疑点的事情，天下百姓又会重新赞颂陛下的圣明了。"秦二世于是采用赵高的建议，不再在朝堂上会见大臣，久居深宫之中。赵高与几位侍中操控国政大权，所有大事都由赵高裁断。

高闻李斯以为言，乃见丞相曰："关东群盗多，今上急，益发繇，治阿房宫，聚狗马无用之物。臣欲谏，为位贱，此真君侯之事，君何不谏？"李斯曰："固也，吾欲言之久矣。今时上不坐朝廷，常居深宫。吾所言者，不可传也。欲见，无闲。"赵高曰："君诚能谏，请为君侯上闲，语君。"于是赵高待二世方燕乐，妇女居前，使人告丞相："上方闲，可奏事。"丞相至宫门上谒。如此者三。二世怒曰："吾常多闲日，丞相不来；吾方燕私，丞相辄来请事！丞相岂少我哉，且固我哉？"赵高因曰："夫沙丘之谋，丞相与焉。今陛下已立为帝，而丞相贵不益，此其意亦望裂地而王矣。且陛下不问臣，臣不敢言。丞相长男李由为三川守，楚盗陈胜等皆丞相傍县之子，以故楚盗公行，过三川城，守不肯击。高闻其文书相往来，未得其审，故未敢以闻。且丞相居外，权重于陛下。"二世以为然，欲案丞相，恐其不审，乃先使人按验三川守与盗通状。

【译文】赵高听到李斯对这件事有所非议，于是会见丞相李斯说："关东地区有很多反贼，皇上如今却变本加厉地增派徭役去修建阿房宫，圈养狗马这样一些无用的玩物。我想要进谏，却因为自己官职卑贱，这其实是你的职责，你怎么不进谏呢？"李斯说："当

318

然是这样，我早就想进谏了。但是如今皇帝不上朝，时常在深宫中居住。我想进谏的话，不能传达进去让他听到，想觐见又没有机会。"赵高说："你如果真的要进谏，我可以替你打探，在皇上空闲的时候通知你。"于是赵高趁着秦二世正在与后宫美女宴饮享乐的时候，派人告诉李斯说："皇上现在空闲没有什么事，可以进宫禀报政事了。"丞相李斯随即来到宫门请求觐见。连着这样三次。秦二世大怒道："我平常那么多空闲的时间，丞相不来奏事；现在我纵情享乐，他却来觐见奏事！难道他是看我年纪小看不起我吗？"赵高说："沙丘之谋时，丞相李斯也参与到其中来。如今陛下已经继承帝位，但是他的地位并没有因此更加尊贵，他的想法是希望裂土封侯呀。况且有一件事您要是不问微臣，我是不敢说的。丞相李斯的长子李由担任三川郡守，楚国地区的反贼陈胜等人都是丞相李斯邻近州县的刁民，所以楚地的反贼敢于公然横行，叛军经过三川城时，李由一直不愿意出兵进攻。臣听说他们之间常有文书通信，但不是特别了解其中的详情，所以没敢上报。况且丞相在外，比皇上您的权势还大。"秦二世认为他说的确实如此，想把丞相李斯查办，又害怕事情不属实，于是先派人前去三川考察郡守李由与反贼刁民相勾结的情况。

李斯闻之，因上书言赵高之短曰："高擅利擅害，与陛下无异。昔田常相齐简公，窃其恩威，下得百姓，上得群臣，卒弑齐简公而取齐国，此天下所明知也。今高有邪佚之志，危反之行，私家之富，若田氏之于齐矣，而又贪欲无厌，求利不止，列势次主，其欲无穷，劫陛下之威信，其志若韩玘为韩安相也。陛下不图，臣恐其必为变也。"二世曰："何哉！夫高，故宦人也，然不为安肆志，不以危易心，洁行修善，自使至此，以忠得进，以信守

位, 朕实贤之。而君疑之, 何也? 且朕非属赵君, 当谁任哉! 且赵
君为人, 精廉强力, 下知人情, 上能适朕; 君其勿疑!"

二世雅爱信高, 恐李斯杀之, 乃私告赵高。高曰:"丞相所
患者独高, 高已死, 丞相即欲为田常所为。"

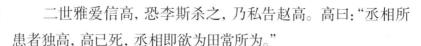

【译文】李斯听到这件事后, 上奏检举赵高的缺点说:"赵高独
擅利害大权, 与陛下的权势没有什么差别。过去田常辅佐齐简公
并担任相国, 窃取其权势, 在下得到百姓拥戴, 在上深得百官支
持, 最后将齐简公杀掉, 夺取齐国政权, 这是全天下都知道的事。
如今赵高心怀不轨之意, 有反叛的危险举动, 家中私藏的财宝非
常富足, 与田氏在齐国的所作所为是一样的, 并且又贪得无厌, 不
停地追求财利, 他的权势仅仅比陛下低, 况且欲望没有尽头, 又窃
夺陛下的威望, 他的心思与韩玘担任韩安的宰相其实是一样的。
如果陛下不趁早打算, 我担心他迟早会反叛。"秦二世说:"这话怎
么说! 赵高本来就是宦官, 但他并不因为安逸的生活而放纵自己,
也不因为局势危难而改变自己的初衷, 品行高洁, 常修善行, 依靠
自己的勤勉努力才得到现在的地位, 因自己的忠心而得以重用, 因
诚恳守信而安享禄位, 我觉得他确实十分贤能。但你却怀疑他,
这是什么道理呢? 况且我不把国家大事托付给赵高, 又有谁能担
当这样的重任呢? 更何况赵高为人精明廉洁, 坚韧有为, 对下体察
民情, 对上通晓朕的心意, 你不要再对他起疑心了!"

秦二世一向对赵高非常宠爱, 担心李斯把他杀害, 于是私下
里把这件事对赵高说了。赵高说:"丞相唯一担忧的只是我赵高一
人, 假如我死了, 丞相李斯就可以做那些田常做过的事了。"

是时, 盗贼益多, 而关中卒发东击盗者无已。右丞相冯去
疾、左丞相李斯、将军冯劫进谏曰:"关东群盗并起, 秦发兵追

击，所杀亡甚众，然犹不止。盗多，皆以戍、漕、转、作事苦，税赋大也。请且止阿房宫作者，减省四边戍、转。"二世曰："凡所为贵有天下者，得肆意极欲，主重明法，下不敢为非，以制御海内矣。夫虞、夏之主，贵为天子，亲处穷苦之实以徇百姓，尚何于法！且先帝起诸侯，兼天下，天下已定，外攘四夷以安边境，作宫室以章得意，而君观先帝功业有绪。今朕即位，二年之间，群盗并起，君不能禁，又欲罢先帝之所为，是上无以报先帝，次不为朕尽忠力，何以在位！"下去疾、斯、劫吏，案责他罪。去疾、劫自杀，独李斯就狱。二世以属赵高治之，责斯与子由谋反状，皆收捕宗族、宾客。赵高治斯，榜掠千馀，不胜痛，自诬服。

【译文】这个时候反贼日渐增多，而秦王朝不停地发兵向东剿灭反贼。右丞相冯去疾、左丞相李斯、将军冯劫向秦二世进言说："关东盗贼蜂拥四起，秦政府发兵剿灭，斩杀的反贼很多，但是依然没有停息。反贼之所以不断增多，是因为兵役、水陆交通以及建筑工事役作等事劳苦不堪，赋税又非常繁重。恳求陛下暂停向阿房宫工地征派民夫，减轻四方边境戍卒的劳役以及水陆运输等事。"秦二世说："但凡贵为天下国君，可以做自己想做的事，纵情享乐，国君重在严明法制，臣下就不敢胡作非为，就可以统治天下百姓了。虞舜、夏禹两位君主，尽管贵为天子，但却亲身为百姓操劳效力，这有什么值得效仿的！何况先帝在各路诸侯之间起家，吞并天下，天下平定之后，随即对外平定四方蛮夷来使边境安定，修筑宫室来表现自己志得意满的心情，而先帝所开创的功业你们是有目共睹的。现在朕即位两年以来，四方群盗蜂拥而起，你们又不能禁止，又想把先帝开创的事业废弃，这样既不能报答先帝对你们的恩德，又不能为朕竭忠效力，还在位干什么呢！"随即把冯去疾、李斯、冯劫三人交付有司问罪，对他们的罪行进行严查。冯

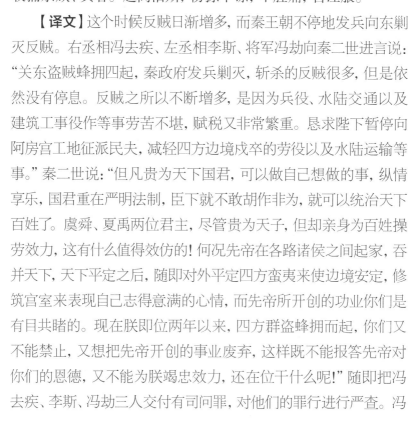

去疾、冯劫先后自杀，唯独李斯被关进大牢里。秦二世把他交给赵高处置，对李斯以及李由谋反的事情进行严厉查办，并把他全宗族的人以及宾客全部逮捕。赵高对李斯进行惩处，先鞭笞一千多下，李斯忍受不了疼痛，最终含冤服罪。

斯所以不死者，自负其辩，有功，实无反心，欲上书自陈，幸二世寤而赦之。乃从狱中上书曰："臣为丞相治民，三十馀年矣。逮秦地之狭隘，不过千里，兵数十万。臣尽薄材，阴行谋臣，资之金玉，使游说诸侯；阴修甲兵，饬政教，官斗士，尊功臣；故终以胁韩、弱魏、破燕、赵，夷齐、楚，卒兼六国，虏其王，立秦为天子。又北逐胡、貉，南定（北）〔百〕越，以见秦之强。更克画，平斗斛、度量，文章布之天下，以树秦之名。此皆臣之罪也，臣当死久矣！上幸尽其能力，乃得至今。愿陛下察之！"书上，赵高使吏弃去不奏，曰："囚安得上书！"

【译文】李斯之所以不肯自杀，是因为他自恃善辩的好口才，于国家又有功，又确实没有谋反的想法，想上书为自己辩白，幻想着秦二世能够觉悟把他赦免。于是在狱中向秦二世进言："臣作为丞相，治理百姓已经有三十多年。以前秦国疆域狭小，不超过方圆千里，仅有数十万军队。我竭尽自己浅陋的才能，私下里派出谋士，给他们资助珠宝，让他们前去诸侯各国进行游说；整治军队，严明政令，提拔战斗勇猛之士为官，对有功之臣极尽尊崇。所以最终才能挟持韩国，削弱魏国，消灭燕、赵，铲平齐、楚，最终吞并六国，俘虏他们的国君，将秦王拥戴为天下共主。又在北部边境驱逐胡、貉等部落，在南方平定百越等部族，显示出了秦王朝的强盛国力。并统一度量衡等制度，变革文字，公布于天下，借以树立秦王朝的名声。以上这些都是我所犯的过错，我早就应当死

资治通鉴

了！所幸陛下认为我能够竭力效忠，才让我苟活到今日。恳求陛下能够明察！"奏书呈到皇宫中后，赵高命令官吏把奏书扔掉而不向秦二世禀报，说："死刑犯怎么可以上书?"

赵高使其客十馀辈诈为御史、谒者、侍中，更往覆讯斯，斯更以其实对，辄使人复榜之。后二世使人验斯，斯以为如前，终不更言。辞服，奏当上。二世喜曰："微赵君，几为丞相所卖!"及二世所使案三川守由者至，则楚兵已击杀之。使者来，会丞相下吏，高皆妄为反辞以相傅会，遂具斯五刑，论腰斩咸阳市。斯出狱，与其中子俱执。顾谓其中子曰："吾欲与若复牵黄犬，俱出上蔡东门逐狡兔，岂可得乎!"遂父子相哭而夷三族。二世乃以赵高为丞相，事无大小皆决焉。

【译文】赵高让他的十余位宾客乔装成御史、谒者、侍中，前去对李斯进行轮流审讯，李斯要是敢翻供说出实情，就派人重新拷打他。后来秦二世派人对李斯进行审讯，李斯还以为跟之前是一样的，最终没有敢翻供。李斯招认自己的罪行之后，赵高将罪状上呈给秦二世。秦二世大喜，说道："要不是赵高的话，我估计就被丞相给出卖了。"等到秦二世派往三川郡对李由进行审查的人抵达，李由已经被楚兵杀害。使者返回时，正好赶上丞相李斯被交付有司治罪，赵高随即捏造出李由造反的证据，于是商议将李斯处以五刑，在咸阳街市施以腰斩。李斯从牢狱里走出来，与自己的次子一起被押解到刑场。李斯扭过头对次子说："我想重新与你一起牵着黄狗，到上蔡东门外追逐狡兔，只怕是没有这个可能了!"父子二人于是相拥痛哭，李斯三族均被屠戮。秦二世随后任命赵高为丞相，凡事不管大小都由他进行裁决。

资治通鉴卷第八　秦纪三

323

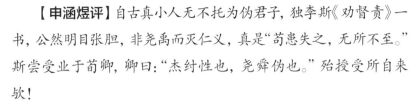

【申涵煜评】自古真小人无不托为伪君子，独李斯《劝督责》一书，公然明目张胆，非尧禹而灭仁义，真是"苟患失之，无所不至。"斯尝受业于荀卿，卿曰："杰纣性也，尧舜伪也。"殆授受所自来欤！

【译文】自古以来真正的小人没有不假装为伪君子的，唯独李斯上给秦二世的《劝督责》一书，明目张胆地诋毁虞舜和大禹，断绝仁义，真是"一个人如果还怕失去什么，就什么都能做出来"。李斯曾经跟随荀卿学习，荀卿说："李斯这人有桀纣一样的本性，尧舜一样的虚伪。"大概传授和接受有它的来源吧！

项梁已破章邯于东阿，引兵西，北至定陶，再破秦军。项羽、沛公又与秦军战于雍丘，大破之，斩李由。项梁益轻秦，有骄色。宋义谏曰："战胜而将骄卒惰者，败。今卒少惰矣，秦兵日益，臣为君畏之！"项梁弗听。乃使宋义使于齐，道遇齐使者高陵君显，曰："公将见武信君乎？"曰："然。"曰："臣论武信君军必败。公徐行即免死，疾行则及祸。"二世悉起兵益章邯击楚军，大破之定陶，项梁死。

时连雨，自七月至九月。项羽、沛公攻外黄未下，去，攻陈留。闻武信君死，士卒恐，乃与将军吕臣引兵而东，徙怀王自盱眙都彭城。吕臣军彭城东，项羽军彭城西，沛公军砀。

魏豹下魏二十馀城，楚怀王立豹为魏王。

【译文】项梁在东阿击败章邯的大军之后，随即领兵西行抵达定陶，再次击败秦军。项羽与沛公又在雍丘大败秦军，斩杀秦将李由。项梁对秦军更加轻视，脸上常常显露出骄色。宋义于是进谏说："战争取胜之后如果将军骄矜士兵懒散，必然要失败。如今士兵之间已经有了一点的懈怠情绪，而秦兵日渐增加，我实在替先

生您感到担忧!"项梁没有听从。又派宋义到齐国出使,在半路上
遇到齐国使者高陵君齐显,说:"您要去拜见武信君吗?"回答说:
"是的。"宋义说:"我断定武信君必然会失败。你去得慢点还可以
免除一死,要是去得太快必然会惨遭祸患。"秦二世随后派出全部
军力对章邯进行支援,在定陶击败楚军,项梁战死。

　　这个时候恰逢连绵大雨,从七月一直到九月下个不停。项羽
与刘邦联合进攻外黄,没有攻克,于是撤军,改向陈留进攻。听到
武信君项梁战死的消息,楚军将士震恐,于是与将军吕臣率领大
军向东进发,把楚怀王从盱眙迁到彭城建立新都。吕臣领兵在彭
城东驻扎,项羽率军在彭城西屯驻,沛公刘邦在砀驻军。

　　魏豹连续攻克魏国二十多座城池,楚怀王把魏豹封为魏王。

　　后九月,楚怀王并吕臣、项羽军,自将之;以沛公为砀郡长,
封武安侯,将砀郡兵;封项羽为长安侯,号为鲁公;吕臣为司徒,
其父吕青为令尹。

　　章邯已破项梁,以为楚地兵不足忧,乃度河,北击赵,大破
之。引兵至邯郸,皆徙其民河内,夷其城郭。张耳与赵王歇走入
巨鹿城,王离围之。陈馀北收常山兵,得数万人,军巨鹿北。章
邯军巨鹿南棘原。赵数请救于楚。

　　高陵君显在楚,见楚王曰:"宋义论武信君之军必败,居数
日,军果败。兵未战而先见败征,此可谓知兵矣。"王召宋义与计
事而大说之,因置以为上将军,项羽为次将,范增为末将,以救
赵。诸别将皆属宋义,号为"卿子冠军"。

　　【译文】闰九月,楚怀王将吕臣、项羽两人的军队合并为一,亲自
统率;任命刘邦为砀郡郡长,封为武安侯,统率砀郡部众;将项羽封
为长安侯,号为"鲁公";任命吕臣为司徒,他的父亲吕青为令尹。

章邯率军击败项梁后，便觉得楚军没有什么值得担忧，于是横渡黄河，向北进军击败赵国大军，随后率兵抵达邯郸，将邯郸住民流放到河内地区，拆除邯郸城墙。张耳与赵王赵歇逃到巨鹿城，陷入秦将王离的包围圈之中。陈馀向北进军把常山的士卒聚集起来，得到数万大军，屯驻在巨鹿以北。章邯率军在巨鹿南边的棘原驻扎。赵国于是多次向楚国寻求救援。

高陵君齐显此时正在楚国，于是拜见楚怀王说："宋义断言武信君的大军一定失败，几天过后，大军果然战败。军队还没有作战就事先察觉出失败的预兆，这可以算是精于兵法了。"楚王于是召见宋义与他共商国是，对他非常赏识，随即任命他为上将军，项羽担任次将，范增为末将，率军前去营救赵国。各路军队的别将也都由宋义节制，号称为"卿子冠军"。

初，楚怀王与诸将约："先入定关中者王之。"当是时，秦兵强，常乘胜逐北，诸将莫利先入关。独项羽怨秦之杀项梁，奋势愿与沛公西入关。怀王诸老将皆曰："项羽为人，慓悍猾贼，尝攻襄城，襄城无遗类，皆坑之，诸所过无不残灭。且楚数进取，前陈王、项梁皆败，不如更遣长者，扶义而西，告谕秦父兄。秦父兄苦其主久矣，今诚得长者往，无侵暴，宜可下。项羽不可遣，独沛公素宽大长者，可遣。"怀王乃不许项羽，而遣沛公西略地，收陈王、项梁散卒以伐秦。

沛公道砀，至阳城与杠里，攻秦壁，破其二军。

【译文】起初，楚怀王与各路将军商定："谁先攻入关中就尊奉他为王。"这个时候，秦军兵力强盛，常乘胜追击败军，众位将军都心存畏惧，没有人认为先入关可以获利。唯有项羽因为对秦军杀死项梁心存怨恨，于是自告奋勇与刘邦率军向西进入函谷关。

楚怀王身边的许多老将都说："项羽为人剽悍勇猛又残酷狡诈,曾经在攻克襄城后把襄城百姓全部坑杀,一个活口都不留,但凡他率军经过的地方,没有不惨遭毁灭的。况且楚国多次进攻,之前的陈胜、项梁两人都已经兵败被杀,还不如派出年长敦厚的长者,举起仁义大旗西进,并告知秦地父老百姓。秦国父老对暴君痛恨不是一天两天了,现在要是真的能派出长者率军前去入关,不用暴虐夺取,自然就可以攻克。项羽是不能派遣的,唯独刘邦一向宽宏大量,有长者之风,可以把他派去。"楚怀王于是没有应允项羽,派刘邦率军向西入关,将陈胜、项梁的散兵收编入伍,发兵讨秦。

刘邦于是取道砀,抵达阳城和杠里,向秦军营垒展开进攻,击败了两支秦国部队。

三年(甲午,前二〇七年)冬,十月,齐将田都畔田荣,助楚救赵。

沛公攻破东郡尉于成武。

宋义行至安阳,留四十六日不进。项羽曰:"秦围赵急,宜疾引兵渡河;楚击其外,赵应其内,破秦军必矣。"宋义曰:"不然。夫搏牛之虻,不可以破虮虱。今秦攻赵,战胜则兵疲,我承其敝;不胜,则我引兵鼓行而西,必举秦矣。故不如先斗秦、赵。夫被坚执锐,义不如公;坐运筹策,公不如义。"因下令军中曰:"有猛如虎,狠如羊,贪如狼,强不可使者,皆斩之!"

乃遣其子宋襄相齐,身送之至无盐,饮酒高会。天寒,大雨,士卒冻饥。项羽曰:"将戮力而攻秦,久留不行。今岁饥民贫,士卒食半菽,军无见粮,乃饮酒高会;不引兵渡河,因赵食,与赵并力攻秦,乃曰'承其敝'。夫以秦之强,攻新造之赵,其势必举。赵举秦强,何敝之承!且国兵新破,王坐不安席,扫境内而专属于将军，国家安危，在此一举。今不恤士卒而徇其私，非社稷之臣也！"

【译文】三年(甲午，公元前207年)冬季，十月份，齐将田都反叛田荣，率军协助楚国前去救援赵国。

刘邦率军在成武击败东郡尉。

宋义领兵来到安阳，大军停留四十六天不肯进发。项羽说："秦军围困赵军形势十分危急，应该立即渡过黄河；楚国大军在外进攻，赵军在内部作为接应，一定可以击败秦军。"宋义说："不是这样。要知道用手可以拍死牛背上的虻，却打不死虮子。如今秦国对赵国发动进攻，战胜后军队必然疲敝，我们就可以乘着秦军疲敝对其发动进攻；假如没有取胜，我们也可以鸣鼓率军西进，如此便可以一举灭掉秦王朝。因此不如先让秦、赵两军互相斗争。在披甲执锐上阵杀敌这方面，我比不上您；但是在运筹帷幄、出谋划策这一点上，您是比不上我的。"随即在军中下令："凡是如猛虎一样勇猛，像羊一样发狠，如狼一般贪婪，又倔强不肯服从军令者，一概斩首！"

宋义于是把自己的儿子宋襄派到齐国担任宰相，并亲自把他送到无盐，摆酒宴请宾客。这个时候，天寒地冻又连降大雨，士卒们都在挨饿受冻。项羽说道："本应该竭尽全力对秦军发动进攻，却长期在这里滞留迟迟不肯进军。今年遇上荒年百姓饥贫，士卒们平日都是吃豆子拌野菜，军中也没有多少粮草了，现在居然还大办酒宴招待宾客。不领兵渡河，趁着赵军还有粮草，与赵军联合进攻秦军，却说什么'趁着秦军疲敝之际'。以秦王朝的强大军力去对付新建立的赵国，势必可以攻克。赵国被消灭之后，秦军只会更加强盛，还有什么疲敝可趁？况且我军刚刚战败，楚王坐卧难安，把全国兵力集中交付到将军手中，国家的生死安危，全都在这

资治通鉴

一次行动了。如今不知道体恤众位将士，反而只知道经营自己的私利，这的确不是楚国社稷的忠臣啊！"

十一月，项羽晨朝将上军宋义，即其帐中斩宋义头。出令军中曰："宋义与齐谋反楚，楚王阴令籍诛之！"当是时，诸将皆慴服，莫敢枝梧，皆曰："首立楚者，将军家也，今将军诛乱。"乃相与共立羽为假上将军。使人追宋义子，及之齐，杀之。使桓楚报命于怀王。怀王因使羽为上将军。

【译文】十一月，项羽一大早就前去会见上将军宋义，当即在军帐中把宋义的首级斩下。出帐后随即在军中下令说："宋义与齐国联合商议背叛楚国，楚王命我私下里把他杀掉！"这个时候，诸位将领都因震恐而服从，没有人敢提出反对，说："最先拥立楚王的是将军家中族人，如今将军又诛杀反贼。"随即联合把项羽推举为代理上将军。项羽派人追杀宋义的儿子宋襄，一直追到齐国把他杀掉。并派出桓楚向楚怀王报告情况。楚怀王于是命令项羽担任上将军。

十二月，沛公引兵至栗，遇刚武侯，夺其军四千馀人，并之；与魏将皇欣、武满军合攻秦军，破之。

故齐王建孙安下济北，从项羽救赵。

章邯筑甬道属河，饷王离。王离兵食多，急攻巨鹿。巨鹿城中食尽、兵少，张耳数使人召前陈馀。陈馀度兵少，不敌秦，不敢前。数月，张耳大怒，怨陈馀，使张黡、陈泽往让陈馀曰："始吾与公为刎颈交，今王与耳旦暮且死，而公拥兵数万，不肯相救，安在其相为死！苟必信，胡不赴秦军俱死，且有十一二相全。"

【译文】十二月，沛公刘邦领兵抵达栗县，碰见刚武侯，把他手中的四千多士兵夺走，与自己的军队合为一队；与魏将皇欣、武满联合击败秦军。

昔日齐王田建的孙子田安领兵攻克济北地区，跟随项羽前往救援赵军。

章邯派人修筑甬道与黄河连通，运送粮饷支援王离。王离军中粮草富足，对巨鹿的攻势加紧。巨鹿城内粮食消耗殆尽，兵力也日渐减少，张耳多次派出使者到陈馀帐中请求救援。陈馀感觉自己兵力太少，抵挡不了秦军，所以不敢前去。几个月后，张耳愤然大怒，对陈馀心生怨恨，派出张黡、陈泽对陈馀斥责道："之前我与你结为刎颈之交，如今赵王与我眼看着就要死了，而你手握数万大军，却不愿意前来援助，你为朋友两肋插刀的情义去哪里了呢？如果真的守信义，为什么不与秦军决一死战，这样还有十分之一二的机会保全自身性命。"

陈馀曰："吾度前终不能救赵，徒尽亡军。且馀所以不俱死，欲为赵王、张君报秦。今必俱死，如以肉委饿虎，何益！"张黡、陈泽要以俱死，乃使黡、泽将五千人先尝秦军，至，皆没。当是时，齐师、燕师皆来救赵，张敖亦北收代兵，得万馀人，来，皆壁馀旁，未敢击秦。

【译文】陈馀说："我认为即便是大军前去也救不了赵军，只能白白损失军队。更何况我之所以不想跟张耳同归于尽，是因为想消灭秦军为赵王与你报仇。如今一同赴死，实在是无异于把肉放到饿虎面前，有什么好处呢？"张黡、陈泽挟持他与秦军同归于尽。于是陈馀派张黡、陈泽带领五千人与秦军先进行交战作为试验，结果全军覆没。这个时候，齐、燕两军都前来营救赵军，张敖也来到北地征发代军，获得一万多士兵，但是都驻扎在陈馀军营旁边，不敢向秦军发动进攻。

项羽已杀卿子冠军，威震楚国，乃遣当阳君、薄将军将卒二万渡河救巨鹿。战少利，绝章邯甬道，王离军乏食。陈馀复请兵。项羽乃悉引兵渡河，皆沈船，破釜、甑，烧庐舍，持三日粮，以示士卒必死，无一还心。于是至则围王离，与秦军遇，九战，大破之，章邯引兵却。诸侯兵乃敢进击秦军，遂杀苏角，虏王离；涉间不降，自烧杀。当是时，楚兵冠诸侯军。救巨鹿者十馀壁，莫敢纵兵。及楚击秦，诸侯将皆从壁上观。楚战士无不一当十，呼声动天地，诸侯军无不人人惴恐。于是已破秦军，项羽召见诸侯将；诸侯将入辕门，无不膝行而前，莫敢仰视。项羽由是始为诸侯上将军。诸侯皆属焉。

【译文】项羽杀掉"卿子冠军"宋义之后，声威震惊楚国上下，于是派遣当阳君、蒲将军统率两万大军横渡黄河前去营救巨鹿。战争稍稍获胜，随即截断章邯修筑的甬道，王离大军于是面临缺粮的危险。陈馀重新请求出兵增援，项羽于是率全部大军渡过黄河，把所有船只击沉，釜甑凿破，营帐烧毁，仅仅携带三天的干粮，借此来表明必死苦战不留后路的决心。于是楚军进发包围王离，与秦军对垒，九次激战之后，大败秦军，章邯领残部败退。此时各路援军才敢向秦军进攻，斩杀苏角，俘获王离；涉间不愿向楚军投降，自焚而死。此时，楚军将士的勇猛士气冠盖各路诸侯。前去营救巨鹿的十几路大军，没有人敢发动军队对秦军进攻。等到楚军击溃秦军，各路诸侯将领在一旁观战。楚兵全都以一当十，喊杀声震天动地，各路大军人人震恐。击败秦军之后，项羽随即召见各路大军将领；各军将领进入楚军辕门，全都是跪着前进，不敢抬头仰望。从这以后，项羽成为各路诸侯之中的上将军，各路军队也全都归他调配。

【乾隆御批】宋义能策人之败，而自不免项羽之矫杀。所谓当局者迷乎！

【译文】宋义能够预见别人的成败，却没有预料到自己会被项羽假传楚王命令而斩首。正所谓当局者迷，旁观者清啊！

　　于是赵王歇及张耳乃得出巨鹿城谢诸侯。张耳与陈馀相见，责让陈馀以不肯救赵；及问张黡、陈泽所在，疑陈馀杀之，数以问馀。馀怒曰："不意君之望臣深也！岂以臣为重去将印哉？"乃脱解印绶，推予张耳，张耳亦愕不受。陈馀起如厕。客有说张耳曰："臣闻'天与不取，反受其咎。'今陈将军与君印，君不受，反天不祥，急取之！"张耳乃佩其印，收其麾下。而陈馀还，亦望张耳不让，遂趋出，独与麾下所善数百人之河上泽中渔猎。赵王歇还信都。

【译文】赵王歇与张耳于是打开巨鹿城门拜谢诸侯。张耳与陈馀相见，斥责他不肯营救赵军；问到张黡、陈泽在什么地方，怀疑已经被陈馀杀掉，一连多次询问。陈馀大怒道："没有想到你对我的怨恨这样深！难道你认为我是舍不得将印吗？"随即解下将军印绶，交到张耳手中，张耳满脸惊愕不敢接受。陈馀起身去上厕所，有客人向张耳建议说："我听到有这样一个说法：'老天赐予而不接受，反而会遭受责难。'如今陈将军把将军印绶交给你，你不肯接受，反而是不祥之兆。还是赶紧收下吧！"张耳于是把他的将印收下，接收他的军队。等到陈馀回到座位上，见张耳居然接受了，随即急驰而走，只是带着身边几百个亲信到黄河边捕鱼为生。赵王歇随后返回信都。

春，二月，沛公北击昌邑，遇彭越，彭越以其兵从沛公。越，昌邑人，常渔巨野泽中，为群盗。

陈胜、项梁之起，泽间少年相聚百馀人，往从彭越曰："请仲为长。"越谢曰："臣不愿也。"少年强请，乃许，与期旦日日出会，后期者斩。旦日日出，十馀人后，后者至日中。于是越谢曰："臣老，诸君强以为长。今期而多后，不可尽诛，诛最后者一人。"令校长斩之。皆笑曰："何至于是！请后不敢。"于是越引一人斩之，设坛祭，令徒属，徒属皆大惊，莫敢仰视。乃略地，收诸侯散卒，得千馀人，遂助沛公攻昌邑。

【译文】 春季，二月，刘邦率军向北进攻昌邑，途中遇见彭越，彭越带领他的部下归附刘邦。彭越，昌邑人，常年在巨野一带的湖沼之中捕鱼，聚众为盗贼。

陈胜、项梁起兵反秦时，巨野泽一带聚集起一百多号年轻人，前去追随彭越说："请你做我们的头领。"彭越辞谢说："我不愿意做。"少年们再三要求，他才勉强答应，与他们约定第二天早上集合，迟到的人斩首。第二天日出后，有十几个人来晚了，甚至还有人直到中午才到。于是彭越辞谢说："我年纪大了，大家勉强让我做你们的首领。现在说好了的事，还是有这么多人迟到，不能全都杀死，只好把来得最晚的那个人杀死。"命令校长把来得最晚的人斩杀。大伙都笑着说："干吗这么较真呢？以后大家再也不这样不就好了。"于是彭越把那个人斩首，筑立祭坛以人头祭拜，号令部下，部众都非常吃惊，不敢抬头仰视他。随后彭越率众攻城略地，把散落诸侯各国之间的士卒收拢起来，得到一千多人，协助刘邦进攻昌邑。

昌邑未下，沛公引兵西过高阳。高阳人郦食其，家贫落魄，

为里监门。沛公麾下骑士适食其里中人，食其见，谓曰："诸侯将
过高阳者数十人，吾问其将皆握龊，好苛礼，自用，不能听大度
之言。吾闻沛公慢而易人，多大略，此真吾所愿从游，莫为我先。
若见沛公，谓曰：'臣里中有郦生，六十馀，长八尺，人皆谓之狂
生。生自谓"我非狂生"。'"骑士曰："沛公不好儒，诸客冠儒冠
来者，沛公辄解其冠，溲溺其中，与人言，常大骂，未可以儒生说
也。"郦生曰："第言之。"骑士从容言，如郦生所诫者。

【译文】昌邑还没有攻克，刘邦率军向西进发路经高阳。高阳
人郦食其，家境贫寒穷困落魄，做了看守里门的小吏。刘邦部下
有一个骑兵恰好是郦食其的老乡，郦食其见到他，对他说："途经
高阳的各路诸侯将领先后有几十人，我听说那些将领心胸都非常
狭隘，好讲究繁文缛节，又刚愎自用，不肯听取合理的建议，听说
沛公刘邦虽然傲慢，但较易于相处，又有雄才大略，这才是我真正
想要追随的人，但是苦于没有人引荐我。如果你遇到沛公，请告
诉他说：'我的家乡有位郦生，六十多岁了，身高八尺，大家都称他
为狂生，但他自称不是狂生。'"这个骑兵说："沛公不喜欢读书人，
只要宾客中有戴儒生帽子的，沛公就把他的帽子摘下来，在里面
撒尿，和别人谈话时，常常破口大骂，因此你不要以儒生的身份去
游说他。"郦生说："你尽管这样说就行。"这个骑兵于是按照郦生
说的话转告给沛公。

沛公至高阳传舍，使人召郦生。郦生至，入谒。沛公方倨床
使两女子洗足，而见郦生。郦生入，则长揖不拜，曰："足下欲助
秦攻诸侯乎？且欲率诸侯破秦也？"沛公骂曰："竖儒！天下同苦秦
久矣，故诸侯相率而攻秦，何谓助秦攻诸侯乎！"郦生曰："必聚徒
合义兵诛无道秦，不宜倨见长者！"于是沛公辍洗，起，摄衣，延

郦生上坐，谢之。郦生因言六国从横时。沛公喜，赐郦生食，问曰："计将安出？"郦生曰："足下起纠合之众，收散乱之兵，不满万人；欲以径入强秦，此所谓探虎口者也。夫陈留，天下之冲，四通五达之郊也，今其城中又多积粟。臣善其令，请得使之，令下足下。即不听，足下引兵攻之，臣为内应。"于是遣郦生行，沛公引兵随之，遂下陈留。号郦食其为广野君。郦生言其弟商。时商聚少年得四千人，来属沛公，沛公以为将，将陈留兵以从。郦生常为说客，使诸侯。

【译文】沛公抵达高阳驿站，派人把郦生召到跟前。郦生来后当即去拜见。刘邦这个时候正叉开腿坐在床上，让两位婢女帮他洗脚。郦生径直进入，只是长揖而没有拜谢，说："您是想帮助秦军攻打各路诸侯呢，还是想带领各路诸侯进攻秦军呢？"沛公破口大骂："没有远见的儒生！天下百姓对秦朝的愤恨已久，各路诸侯纷纷率军反秦，怎么能说我是帮助秦军攻打诸侯呢？"郦生说："既然想要聚集众人，联合义军讨伐无道的暴秦，就不应该这样踞坐着接见长者！"刘邦赶忙停止洗脚，起身整理衣服，安排郦生上坐并向他道歉。郦生于是谈起当年六国合纵连横的史实，刘邦非常高兴，赏赐食物给他，问道："有什么好的计策？"郦生说："你只是聚集一些徒众，收拢一批散乱勇士，一共还不足万人；想凭借这区区不足万人的队伍去与强大的秦军相抗衡，这无异于探虎口呀！陈留作为天下交通要道，如今城中囤积大量粮草。我与县令关系向来友善，可以劝他归降。要是他不肯听，到时候您再率军前来攻打，我作为内应。"于是派郦生前去，刘邦领兵跟随前进，随即攻克陈留。封郦食其为"广野君"。郦生把这件事告诉弟弟郦商。当时郦商收拢四千名青年前来归附刘邦，沛公于是任用他为大将，令他统领陈留县的军队。郦生时常作为说客，到诸侯各国出使。

三月，沛公攻开封，未拔。西与秦将杨熊会战白马，又战曲遇东，大破之。杨熊走之荥阳，二世使使者斩之以徇。

夏，四月，沛公南攻（颍）〔颍〕川，屠之。因张良，遂略韩地。时赵别将司马卬方欲渡河入关，沛公乃北攻平阴，绝河津南，战洛阳东。军不利，南出轘辕。张良引兵从沛公。沛公令韩王成留守阳翟，与良俱南。

【译文】三月，刘邦率军进攻开封，没有攻克。于是向西在白马与秦将杨熊激战，又在曲遇东部激战，大败秦军。杨熊率军逃到荥阳，秦二世派使者把他斩首示众。

夏季，四月，刘邦率军向南进攻颍川，对颍川施行屠城。因有张良的帮助，于是攻占韩地。这个时候，赵军的副将司马卬正要率军横渡黄河入关，刘邦于是向北攻克平阴，切断黄河渡口，与秦军在洛阳以东交战。作战失利后，向南撤退到轘辕关外，张良领兵追随刘邦。刘邦命令韩王韩成率军在阳翟留守，自己与张良一同南下。

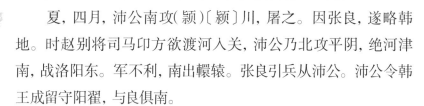

六月，与南阳守齮战犫东，破之，略南阳郡；南阳守走保城，守宛。沛公引兵过宛，西。张良谏曰："沛公虽欲急入关，秦兵尚众，距险。今不下宛，宛从后击，强秦在前，此危道也！"于是沛公乃夜引军从他道还，偃旗帜，迟明，围宛城三匝。南阳守欲自刭，共舍人陈恢曰："死未晚也。"乃逾城见沛公曰："臣闻足下约先入咸阳者王之。今足下留守宛，宛郡县连城数十，其吏民自以为降必死，故皆坚守乘城。今足下尽日上攻，士死伤者必多；引兵去宛，宛必随足下后。足下前则失咸阳之约，后有强宛之患。为足下计，莫若约降，封其守；因使止守，引其甲卒与之西。诸城未下者，闻声争开门而待足下，足下通行无所累。"沛公曰："善！"
秋，七月，南阳守齮降，封为殷侯，封陈恢千户。

【译文】六月，刘邦与南阳郡守吕齮在犨县东展开战斗，击败秦军，攻克南阳郡；南阳郡守败退到宛城。刘邦率军途经宛城，向西进军。张良劝说道："虽然您想要抓紧时间入关，但是秦军目前还是兵力强盛，又据险抵抗。现在如果不攻克宛城，宛城守军从背后截击，秦军又在前方阻挡，这是非常危险的！"刘邦于是趁着夜间领兵从其他小路返回，放倒军旗，在天亮之前，重重包围宛城。南阳郡守想要拔剑自刎，他门下的舍人陈恢说："先别着急寻死。"于是越过城墙拜见沛公说："我听说您与楚怀王约定先攻入咸阳的人即可封王。如今您在宛城围攻，宛城有数十座郡县城池，官吏以及百姓都认为投降后肯定会被杀，于是都登城固守。现在您像这样整天在这里进攻，将士们必然伤亡惨重；假如率军离开宛城，宛城军民上下必然追随在您大军之后。不然的话，您向前进军必然耽误咸阳之约，背后又有宛城大军为患。现在我替您计议，还不如订约招降，对郡守加封官职，让他在宛城镇守。自己则率领宛城守军西进入关。如此一来，那些还没有攻克的城池的守军，听到您率军到来的消息后，必定争先开门迎接，摆宴款待您，这样就可以畅行无阻了。"刘邦说："非常好。"秋天七月，南阳郡守吕齮投降，被封为殷侯，陈恢被封为千户侯。

引兵西，无不下者。至丹水，高武侯鳃、襄侯王陵降。还攻胡阳，遇番君别将梅鋗，与偕攻析、郦，皆降。所过亡得卤掠，秦民皆喜。

王离军既没，章邯军棘原，项羽军漳南，相持未战。秦军数却，二世使人让章邯。章邯恐，使长史欣请事。至咸阳，留司马门三日，赵高不见，有不信之心。长史欣恐，还走其军，不敢出故道。赵高果使人追之，不及。欣至军，报曰："赵高用事于中，下无可为者。今战能胜，高必疾妒吾功，不能胜，不免于死。愿将军孰计之！"

【译文】刘邦领兵西进，没有一座攻不下的城池。抵达丹水后，高武侯戚鳃、襄侯王陵纷纷归降。又回师攻打胡阳，遇到番君手下的别将梅鋗，随即与他联合进攻析、郦两地，两地守军相继投降。但凡大军经过之处，禁止掳掠百姓，关中百姓都非常高兴。

王离大军已经覆亡，章邯率军在棘原屯驻，项羽率军在漳南驻扎，两军互相对峙，并不交战。秦军多次向后退却，秦二世派人斥责章邯。章邯非常恐惧，派长史司马欣去向秦二世请示。司马欣回到咸阳，在皇宫外司马门一连停留三天，赵高都没有接见，对他有不信任的意思。长史司马欣非常害怕，率军逃回军中，不敢从原路返回。果然赵高派人追杀，所幸没有追上。司马欣回到军中后，向章邯报告说："赵高在朝中独揽大权，身居下位者不能有什么作为。现今假如作战胜利，赵高肯定对我们的战功心生妒忌；假如不幸失败，也免不了被杀身亡。还望将军您好好考虑。"

【申涵煜评】章邯是一劲敌，诸侯所以不得长驱者，以邯为之捍御耳。赵高必欲驱之，降羽，而军至霸上矣。故曰："未有权臣在内，而大将能成功于外者也。"千古同慨。

【译文】章邯是一个劲敌啊，诸侯之所以不能长驱直入关中，原因就是章邯在为秦朝抵御崤山以东的诸侯啊。赵高一定要让他出战，结果他投降了项羽，而项羽的军队就开到了霸上。所以说，"从没有朝中有权臣，而大将能在朝外作战成功的"。从古至今的人都有同样的感慨。

陈馀亦遗章邯书曰:"白起为秦将,南征鄢郢,北坑马服,攻城略地,不可胜计,而竟赐死。蒙恬为秦将,北逐戎人,开榆中地数千里,竟斩阳周。何者?功多,秦不能尽封,因以法诛之。今将军为秦将三岁矣,所亡失以十万数,而诸侯并起滋益多。彼赵高素谀日久,今事急,亦恐二世诛之,故欲以法诛将军以塞责,使人更代将军以脱其祸。夫将军居外久,多内郤,有功亦诛,无功亦诛。且天之亡秦,无愚智皆知之。今将军内不能直谏,外为亡国将,孤特独立而欲常存,岂不哀哉!将军何不还兵与诸侯为从,约共攻秦,分王其地,南面称孤!此孰与身伏铁质、妻子为戮乎?"

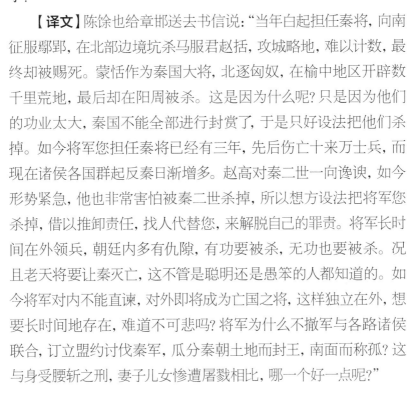

【译文】陈馀也给章邯送去书信说:"当年白起担任秦将,向南征服鄢郢,在北部边境坑杀马服君赵括,攻城略地,难以计数,最终却被赐死。蒙恬作为秦国大将,北逐匈奴,在榆中地区开辟数千里荒地,最后却在阳周被杀。这是因为什么呢?只是因为他们的功业太大,秦国不能全部进行封赏了,于是只好设法把他们杀掉。如今将军您担任秦将已经有三年,先后伤亡十来万士兵,而现在诸侯各国群起反秦日渐增多。赵高对秦二世一向谀谄,如今形势紧急,他也非常害怕被秦二世杀掉,所以想方设法把将军您杀掉,借以推卸责任,找人代替您,来解脱自己的罪责。将军长时间在外领兵,朝廷内多有仇隙,有功要被杀,无功也要被杀。况且老天将要让秦灭亡,这不管是聪明还是愚笨的人都知道的。如今将军对内不能直谏,对外即将成为亡国之将,这样独立在外,想要长时间地存在,难道不可悲吗?将军为什么不撤军与各路诸侯联合,订立盟约讨伐秦军,瓜分秦朝土地而封王,南面而称孤?这与身受腰斩之刑,妻子儿女惨遭屠戮相比,哪一个好一点呢?"

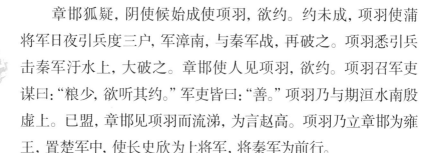

章邯狐疑，阴使候始成使项羽，欲约。约未成，项羽使蒲将军日夜引兵度三户，军漳南，与秦军战，再破之。项羽悉引兵击秦军汙水上，大破之。章邯使人见项羽，欲约。项羽召军吏谋曰："粮少，欲听其约。"军吏皆曰："善。"项羽乃与期洹水南殷虚上。已盟，章邯见项羽而流涕，为言赵高。项羽乃立章邯为雍王，置楚军中，使长史欣为上将军，将秦军为前行。

瑕丘申阳下河南，引兵从项羽。

【译文】章邯犹豫不决，私下里派一位军官始成作为使臣到项羽军中，想与项羽订立约定。盟约没能订立，项羽派蒲将军日夜兼程率大军从三户渡河，大军在漳南驻扎，与秦军展开激战，再次击败秦军。项羽统率全军在河边与秦军交战，再次大获全胜。章邯又派人求见项羽，再次想与他订立盟约。项羽把身边的军官召集起来商量说："现在军中粮草短缺，想答应他们订约的要求。"军官们说："可以！"项羽于是与他约定在洹水南岸的殷墟会晤。盟约订立之后，章邯晋见项羽，边哭边向他控诉赵高的行为。项羽把章邯封为雍王，在楚军中把他安排下来；派长史司马欣担任上将军，率秦军作为先锋部队向前进发。

瑕丘人申阳攻克河南郡，率军追随项羽。

初，中丞相赵高欲专秦权，恐群臣不听，乃先设验，持鹿献于二世曰："马也。"二世笑曰："丞相误邪，谓鹿为马！"问左右，左右或默，或言马以阿顺赵高，或言鹿者。高因阴中诸言鹿者以法。后群臣皆畏高，莫敢言其过。

高前数言"关东盗无能为也"，及项羽虏王离等，而章邯等军数败，上书请益助。自关以东，大抵尽畔秦吏，应诸侯，诸侯咸率其众西乡。八月，沛公将数万人攻武关，屠之。高恐二世怒，诛及其身，乃谢病，不朝见。

二世梦白虎啮其左骖马，杀之，心不乐，怪问占梦。卜曰：
"泾水为祟。"二世乃斋于望夷宫，欲祠泾水，沈四白马。使使责
让高以盗贼事。

【译文】先前，中丞相赵高想要独掌秦朝大权，担心大臣们不
肯听从，于是先做了一个试验，把一头鹿献给秦二世，说："这是
马。"秦二世笑着说："丞相你错了，怎么把鹿叫作马?"询问左右大
臣，有的默不作声，有的顺着赵高的意思说是马，有的说是鹿。赵
高于是私下里把那些说是鹿的迫害致死。后来大臣们对赵高都非
常畏惧，没有人敢说他的不对。

赵高之前多次说"关东的反贼不会有什么作为的"，等到项羽
将王离等人俘虏，章邯大军又屡次战败后，才向朝廷上书请求增
援。此时函谷关以东地区的百姓大部分都背叛秦朝，以响应各路
诸侯，各路诸侯也都率领自己的大军西进攻秦。八月，刘邦率领
数万大军进攻武关，屠城。赵高害怕秦二世因此震怒，自己被杀，
于是借口生病，不再上朝进见。

秦二世梦见有白虎咬他的车驾的左骖马，并把马咬死了，心
中很不高兴，又觉得很奇怪，于是向占梦者询问。占梦者卜卦说：
"这是泾河水神在作乱。"秦二世于是在望夷宫举行斋戒大礼，想
对泾河水神祭拜，把四匹白马沉到河中。又派使者就反贼之事斥
责赵高。

高惧，乃阴与其婿咸阳令阎乐及弟赵成谋曰："上不听谏。
今事急，欲归祸于吾。吾欲易置上，更立子婴。子婴仁俭，百姓
皆载其言。"

乃使郎中令为内应，诈为有大贼，令乐召吏发兵追，劫乐母

置高舍。遣乐将吏卒千馀人至望夷宫殿门，缚卫令仆射，曰："贼入此，何不止？"卫令曰："周庐设卒甚谨，安得贼敢入宫！"乐遂斩卫令，直将吏入，行射郎、宦者。郎、宦者大惊，或走，或格。格者辄死，死者数十人。郎中令与乐俱入，射上幄坐帏。二世怒，召左右，左右皆惶扰不斗。旁有宦者一人侍，不敢去。

资治通鉴

【译文】赵高内心恐惧，私下里与自己的女婿咸阳令阎乐还有弟弟赵成商议说："皇上听不进谏言。如今形势危急了，想怪罪于我。我打算另立天子，改立子婴继承皇位。子婴一向仁慈节俭，百姓都听从他的话。"

于是让郎中令在宫中作为内应，谎称有大盗，派阎乐带人去追捕，又把阎乐的老母亲劫持到自己家里。阎乐带领一千多官兵来到望夷宫外，把卫令仆射绑起来，说："有大盗进入宫中，为什么不加以阻拦？"卫令说："宫室四周设置的警卫非常严密，怎么会有大盗闯进宫内？"阎乐随即把卫令杀掉，率领官兵直接闯入，沿路射杀郎官以及宦官。郎官与宦官非常震惊，有的四散而逃，有的进行抵抗。有抵抗的当即被射杀，先后有几十人被杀。郎中令与阎乐一起进入内宫，向秦二世的帷帐放箭。秦二世勃然大怒，召集左右的侍卫，侍卫们都惊慌失措不敢反抗。只剩下身边一位宦官侍候，没敢离开。

二世入内，谓曰："公何不早告我，乃至于此！"宦者曰："臣不敢言，故得全。使臣早言，皆已诛，安得至今！"阎乐前即二世，数曰："足下骄恣，诛杀无道，天下共畔足下。足下其自为计！"

二世曰："丞相可得见否？"乐曰："不可！"二世曰："吾愿得一郡为王。"弗许。又曰："愿为万户侯。"弗许。曰："愿与妻子为黔首，比诸公子。"阎乐曰："臣受命于丞相，为天下诛足下。足下虽

多言，臣不敢报!"麾其兵进。二世自杀。阎乐归报赵高。赵高
乃悉召诸大臣、公子，告以诛二世之状，曰:"秦故王国，始皇君天
下，故称帝。今六国复自立，秦地益小，乃以空名为帝，不可。宜
为王如故，便。"乃立子婴为秦王。以黔首葬二世杜南宜春苑中。

【译文】秦二世走进内室，对宦官说:"你怎么不早点向我禀
报，以至于到这个地步?"宦官说:"我就是因为不敢说才得以保全
自己的性命，我要是早说的话，早就没命了，哪里还会活到今天?"
阎乐上前走到秦二世面前，列举他的条条罪行说:"你骄横放荡，
滥杀无辜，天下百姓都背叛了你，你还打算做什么呢?"

秦二世说:"可以见见丞相赵高吗?"阎乐说:"不可以。"秦二
世说:"我请求获得一郡为王。"阎乐不准。秦二世又说:"我想要
做万户侯。"又不允许。秦二世又说:"我愿意像其他王子一样，和
妻子儿女做一个平民。"阎乐说:"我奉丞相赵高之命，替天下百姓
诛杀暴君。你尽管有再多的话，我也不敢向丞相汇报。"于是指挥
士兵上前。秦二世自杀身亡。阎乐回去向赵高禀报。赵高把所有
的大臣和王子召集起来，列举秦二世的罪行，说道:"秦国国君先
前只是称王，始皇帝君临天下，这才开始称帝。如今六国后裔又先
后自立称王，秦朝疆域日渐缩小，只是在名义上有皇帝的称号，这
样是不行的，应该照旧改称为王。"随即把子婴拥立为秦王。以平
民的身份把秦二世葬到杜县南的宜春苑之内。

九月，赵高令子婴斋，当庙见，受玉玺。斋五日。子婴与其
子二人谋曰:"丞相高杀二世望夷宫，恐群臣诛之，乃佯以义立
我。我闻赵高乃与楚约，灭秦宗室而分王关中。今使我斋、见
庙，此欲因庙中杀我。我称病不行，丞相必自来，来则杀之。"高
使人请子婴数辈，子婴不行。高果自往，曰:"宗庙重事，王奈何

不行?"子婴遂刺杀高于斋宫,三族高家以徇。

遣将兵距峣关,沛公欲击之。张良曰:"秦兵尚强,未可轻。愿先遣人益张旗帜于山上为疑兵,使郦食其、陆贾往说秦将,啖以利。"秦将果欲连和,沛公欲许之。张良曰:"此独其将欲叛,恐其士卒不从;不如因其懈怠击之。"沛公引兵绕峣关,逾蒉山,击秦军,大破之蓝田南。遂至蓝田,又战其北,秦兵大败。

【译文】九月,赵高下令子婴举行斋戒,在宗庙中拜见祖先,接受玉玺。举行五日斋戒后,子婴与他的两个儿子商议说:"丞相赵高在望夷宫把二世皇帝杀死,害怕大臣们杀他,于是以道义为名拥立我为秦王。我听说赵高与楚国曾经订立盟约,要把秦国宗室消灭干净,进而瓜分关中自己称王。现在派我前去斋戒祭祀,是想在宗庙中把我杀死。我要是称病不去,赵高自己肯定会来,来了就把他杀掉。"赵高连续多次派人去请子婴,子婴都没有去。果然,赵高亲自前去,说:"这是宗庙社稷大事,大王怎么还不去?"子婴随即派人在斋宫把赵高杀掉,并屠戮他三族。

秦王子婴调派将领领兵到峣关镇守,沛公想对他发动进攻。张良说:"秦军目前势力还很强大,千万不要轻敌。希望先派一些人到山上尽可能多地悬挂旗帜来迷惑秦军。派郦食其、陆贾两人对秦将进行游说,以利禄进行诱惑。"秦将果然想要停战并与刘邦联合,刘邦想要答应。张良说:"这只不过是秦军将领想要反叛,士兵们恐怕不会服从;不如趁着秦军懈怠的机会发动进攻。"刘邦于是率军绕过峣关,翻越蒉山,突袭秦军,在蓝田以南大破秦军。随即来到蓝田,在蓝田北面与秦军激战,秦军大败。

【申涵煜评】斋宫之诛,甚快人意。与魏孝庄诛尔朱荣,从来无此简捷法。虽俱不得善终,可以告无愧于地下矣。若曹髦之轻躁，则人谋不善，非尽天意也。

【译文】赵高在斋宫中被诛杀，是让人十分称心快意的事。与北魏孝庄帝元子攸诛杀尔朱荣一样，从来没有这样简洁的办法。虽然子婴和元子攸都没有得到善终，到了地下也可以问心无愧了。像曹髦那样轻浮急躁，则是策略谋划得不好，并不都是天意导致的啊。

资治通鉴卷第九　汉纪一

起旃蒙协洽，尽柔兆涒滩，凡二年。

【译文】起乙未（公元前206年），止丙申（公元前205年），共二年。

【题解】本卷记录了汉高祖刘邦元年至汉高祖二年的历史。主要是写刘邦与项羽由联合转为对立，以及楚汉战争初期的重大事件。记录了刘邦首入函谷关灭秦，约法三章，与相继入关的项羽在鸿门宴上明争暗斗；记录了项羽杀秦王子婴、火烧咸阳，封赏诸侯，韩信不受项羽重视投奔刘邦，被委以重任；记录了陈馀、田荣、彭越领军攻击项羽，刘邦遵照韩信计谋明修栈道暗度陈仓，收复关中，后引兵东出，乘项羽无力分兵攻入彭城，项羽率军由齐地突袭刘邦，刘邦大败，逃回荥阳，与项羽相持，韩信破魏灭代，刘邦左翼无虞。

太祖高皇帝上之上

元年（乙未，公元前二〇六年）冬，十月，沛公至霸上。秦王子婴素车、白马，系颈以组，封皇帝玺、符、节，降轵道旁。诸将或言诛秦王。沛公曰："始怀王遣我，固以能宽容。且人已降，杀之不祥。"乃以属吏。

◆贾谊论曰：秦以区区之地致万乘之权，招八州而朝同列，百有馀年，然后以六合为家，殽、函为宫。一夫作难而七庙堕，

身死人手，为天下笑者，何也？仁义不施，而攻守之势异也。◆

【译文】元年(乙未，公元前206年)冬季十月份，刘邦率军抵达霸上；秦王子婴乘坐素车、白马，脖子上绑着绳子，把皇帝的玉玺、符节包裹好，跪在轵道亭旁向刘邦投降。诸将有人建议杀掉秦王，刘邦说："楚怀王派我率先进攻秦军，是因为看中我为人宽大仁义。更何况如今秦王已经投降，再把他杀掉是不吉利的。"随即把秦王交付吏属看守。

◆贾谊评论道：秦国凭借狭小的疆域而最终获得天子万乘之尊，将天下八州的领地控制到自己手中，而使诸侯各国入关朝拜，先后有一百多年，随后以天下为家，以崤山、函谷关作为宫室。然而陈胜一人起兵反叛却致使秦二世连祖宗七代宗庙都惨遭毁坏，自身也死在别人手中，为天下人所耻笑，这到底是什么原因呢？实在是不施行仁义，而且攻战守卫的局势也发生了变化的缘故啊！◆

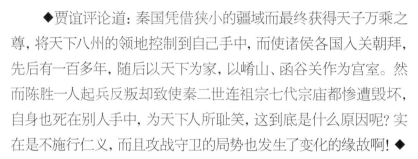

【乾隆御批】天道远，人事近。沛公仗义而西，三章之约炳然，应天顺人。若以五星聚为入关之祥，脱令项羽先入，亦足当其兆乎？抑即无其兆乎？抑即无其事乎？甘公亦当语塞矣！且高允、崔浩辈论如棼丝，则其事之真伪从可思耳！

【译文】人事比天道快速、明显。沛公行仁义西进，与关中父老事先明确规定之事，显然应合上天、顺应民意。如果把五星相聚作为入关的祥瑞，假使项羽先入关，也足以作为他的征兆吗？难道就不会发生五星相聚这事吗？甘公也会哑口无言了！高允、崔浩那些人的议论如同杂乱的麻丝，那么这事的真假就要重新思考了！

沛公西入咸阳，诸将皆争走金帛财物之府分之。萧何独先入收秦丞相府图籍藏之，以此沛公得具知天下阸塞、户口多少、强弱之处。沛公见秦宫室、帷帐、狗马、重宝、妇女以千数,意欲留居之。樊哙谏曰:"沛公欲有天下耶,将为富家翁耶?凡此奢丽之物,皆秦所以亡也,沛公何用焉!愿急还霸上,无留宫中!"沛公不听。张良曰:"秦为无道,故沛公得至此。夫为天下除残贼,宜缟素为资。今始入秦,即安其乐,此所谓'助桀为虐'。且忠言逆耳利于行,毒药苦口利于病,愿沛公听樊哙言。"沛公乃还军霸上。

【译文】沛公刘邦率军向西进入咸阳,身边众将士纷纷争着跑到秦朝收藏金银的府库中进行瓜分。只有萧何率先进入丞相府,把图册文书收藏起来,凭借这些图籍,沛公才能够细致知道天下山川地势的险恶、关塞的形势、人口的多少以及天下强弱之处。沛公目睹秦都宫室华美的装饰、名犬良马、珍稀珠宝以及几千美女,于是就想在这里留下来。樊哙劝谏他说:"您是想要拥有整个天下呢,还是只想做一个富家财主呢?像这些奢华的玩物,其实都是导致秦王朝最终灭亡的源头,您要这些有什么用!还是希望您赶紧率军回到霸上,不要在宫中停留!"刘邦不肯听。张良也说:"秦国就是因为不行仁义之事,您现在才能站在这里。如今替天下百姓铲除暴秦,应该像穿着丧服一样,对百姓进行抚慰。但是您刚进驻咸阳,就贪图享乐,这其实无异于常人所说的'助桀为虐'了。更何况'忠言逆耳利于行,良药苦口利于病',还望沛公您听从樊哙的建议。"于是刘邦率军回到霸上。

十一月,沛公悉召诸县父老、豪桀,谓曰:"父老苦秦苛法久矣!吾与诸侯约,先入关者王之,吾当王关中。与父老约法三章耳:杀人者死,伤人及盗抵罪。馀悉除去秦法,诸吏民皆案堵如故。凡吾所以来,为父老除害,非有所侵暴,无恐!且吾所以还军霸上,待诸侯至而定约束耳。"乃使人与秦吏行县、乡、邑,告谕之。秦民大喜。争持牛、羊、酒食献飨军士。沛公又让不受，曰："仓粟多，非乏，不欲费民。"民又益喜，唯恐沛公不为秦王。

【译文】十一月，沛公刘邦把各个县的父老以及豪杰全部召集起来，告诉他们说："父老乡亲们在秦王朝残酷的暴政之下已经生活很长时间了。我曾经与各路诸侯立下约定，谁先入关谁就可以称王，如今我率先入关，理应据守关中称王。因此我今天愿意与各位父老乡亲约法三章：杀人者处以死刑，伤人与偷窃的人抵罪。此外，秦法一概废除，官员都按照秦朝职位不变。我之所以率军入关，就是要替父老乡亲们铲除暴秦的祸害，并不是来欺凌压榨百姓的，你们没有必要害怕！再说我现在之所以要率军返回霸上，是要等到各路诸侯全都来到之后，一起订立法令来约束百姓行为。"于是刘邦派人与秦朝官吏一起到各县、各乡巡行，向百姓们告知。关中百姓都十分高兴，争相带着牛、羊以及酒食前来慰问刘邦的将士。刘邦又辞让不愿意接受，说："军库的粮草还有很多，并不算短缺，不愿意让百姓们破费。"于是百姓们更加高兴，只是害怕刘邦不做秦王。

【乾隆御批】樊哙起屠狗，从事行间，乃有留居之谏，功不在萧、曹下。开代英才，识见固当如此。

【译文】樊哙出身于杀狗的屠户家，后来从军，竟有劝刘邦退居霸上的谏言，他的功劳不比萧何、曹参少。开国一代的英才，见识就应该如此。

项羽既定河北，率诸侯兵欲西入关。先是，诸侯吏卒、繇使、屯戍过秦中者，秦中吏卒遇之多无状。及章邯以秦军降诸侯，诸侯吏卒乘胜多奴虏使之，轻折辱秦吏卒。秦吏卒多怨，窃言曰："章将军等诈吾属降诸侯。今能入关破秦，大善；即不能，诸侯虏吾属而东，秦又尽诛吾父母妻子，奈何？"诸将微闻其计，以告项羽。项羽召黥布、蒲将军计曰："秦吏卒尚众，其心不服，至关不听，事必危。不如击杀之，而独与章邯、长史欣、都尉翳入秦。"于是，楚军夜击坑秦卒二十馀万人新安城南。

【译文】项羽将黄河以北地区平定之后，想要率领各路诸侯大军西进入关。在这之前，诸侯手下的官员士卒以及那些服过徭役、当过戍卒在三秦地区路过的人，秦地官吏对待他们大多不是十分友善。因此等到章邯率领秦军向诸侯投降后，诸侯手下的官吏和士卒们，都凭借着战胜之威，把秦军中的官吏和士卒当作奴隶使唤，随意侮辱，进行报复。秦朝官吏和士卒们大都因此心生怨恨，私下里议论说："章将军诱骗我们向诸侯投降。现在如果能入关灭掉秦王朝，那当然是最好不过；假如不能，诸侯大军把我们挟持到关东，而秦王朝又会把大家留在关中的父母和妻子儿女全都杀死，这该怎么办呢？"项羽手下的将士们暗中听到这些议论，立即向项羽报告。项羽把黥布、蒲将军召集到身边商议说："投降的秦军官吏与士卒，数量还比较多，他们内心并不是真的想要投降，假如入关后还是不听命令，事态必然十分危险。不如趁现在就把他们全都杀掉，只留下章邯、长史司马欣、都尉董翳等人进入关中。"楚军随即在当天夜晚向秦军突袭，把二十余万秦军降兵坑杀在新安城南。

或说沛公曰："秦富十倍天下，地形强。闻项羽号章邯为雍王，王关中，今则来，沛公恐不得有此。可急使兵守函谷关，无内诸侯军；稍征关中兵以自益，距之。"沛公然其计，从之。

已而项羽至关，关门闭。闻沛公已定关中，大怒，使黥布等攻破函谷关。十二月，项羽进至戏。沛公左司马曹无伤使人言项羽曰："沛公欲王关中，令子婴为相，珍宝尽有之。"欲以求封。项羽大怒，飨士卒，期旦日击沛公军。当是时，项羽兵四十万，号百万，在新丰鸿门；沛公兵十万，号二十万，在霸上。

【译文】有人向沛公刘邦建议说："关中地区要比天下各诸侯国富足十倍，地势也比较险要。听说项羽已经把章邯封为雍王，称为关中王，如今就要来到关中，恐怕沛公您就不再能在关中割据了。现在可以尽快派兵据守函谷关，不要让诸侯大军入关，并逐步征调关中的军队以增强实力，抵御诸侯军。"沛公觉得这个计划可行，欣然接受。

不久后项羽率军抵达函谷关，发现关门紧闭。听说刘邦已经将关中地区平定，项羽勃然大怒，派黥布等率军攻破函谷关。十二月，项羽率军抵达戏水边。刘邦的左司马曹无伤派人向项羽说："刘邦想要在关中地区称王，任命子婴为宰相，并把全部珍宝据为己有。"想要借此得到项羽封赏。项羽听后非常生气，随即下令士卒饱餐一顿，准备第二天对刘邦的军队发动进攻。这个时候，项羽有四十万大军，号称百万，在新丰鸿门驻扎；刘邦有十万大军，号称二十万，在霸上屯扎。

范增说项羽曰："沛公居山东时，贪财，好色，今入关，财物无所取，妇女无所幸，此其志不在小。吾令人望其气，皆为龙虎，成五采，此天子气也。急击勿失！"

楚左尹项伯者，项羽季父也，素善张良，乃夜驰之沛公军，私见张良，具告以事，欲呼与俱去，曰："毋俱死也！"张良曰："臣为韩王送沛公。沛公今有急，亡去不义，不可不语。"良乃入，具告沛公。沛公大惊。良曰："料公士卒足以当项羽乎？"沛公默然曰:"固不如也。且为之奈何?"张良曰:"请往谓项伯,言沛公之不敢叛也。"沛公曰:"君安与项伯有故?"张良曰:"秦时与臣游,尝杀人,臣活之。今事有急,故幸来告良。"沛公曰:"孰与君少长?"良曰:"长于臣。"沛公曰:"君为我呼入,吾得兄事之。"张良出,固要项伯;项伯即入见沛公。沛公奉卮酒为寿,约为婚姻,曰:"吾入关,秋毫不敢有所近,籍吏民,封府库而待将军。所以遣将守关者,备他盗之出入与非常也。日夜望将军至,岂敢反乎!愿伯具言臣之不敢倍德也。"项伯许诺,谓沛公曰:"旦日不可不蚤自来谢。"沛公曰:"诺。"于是项伯复夜去,至军中,具以沛公言报项羽。因言曰:"沛公不先破关中,公岂敢入乎!今人有大功而击之,不义也。不如因善遇之。"项羽许诺。

资治通鉴

【译文】范增向项羽建议说:"沛公在山东居住的时候,既贪图钱财又眷恋美色;但是现在入关后,丝毫不取财物,也不接近美色,由此可以看出他的志向并不小呀。我曾派人观望他那边天上的云气,都呈现出龙虎的形状和五彩,这实际上就是天子之气。应该赶快对他发动进攻,不要坐失良机。"

楚军左尹项伯,是项羽的叔父,与张良一向关系友善,得知这个消息后,于是连夜快马加鞭来到刘邦军中,与张良私下相见,把项羽要进攻刘邦的事全都告诉张良,想叫上张良与他一起逃离,说:"千万不要留在这里与刘邦一块死!"张良说:"我代韩王把沛公刘邦送来,如今沛公遇到危难,我却逃走,这是不义的行为,我不能不把这件事告诉沛公。"张良于是进去把情况向刘邦禀报,沛公听后大惊失色。张良说:"您估算一下,您的军队可以抵挡项羽的大军吗?"刘邦默不作声,过了一会儿说:"当然不如项羽。但又该怎么做呢?"张良说:"请派我前去告诉项伯,说您绝对不敢反叛项羽。"刘邦说:"你与项伯怎么会有交情?"张良说:"秦朝时项伯与我有过交往，他当时杀了人，我想办法把他救了出来。如今形势非常危急，所以幸亏他前来告诉我这个消息。"沛公说："你们两个谁年龄大？"张良说："项伯比我年长。"刘邦于是说："你替我把他叫进来，我得以兄长之礼来事奉他。"张良随即出去，再三邀请项伯；项伯就进入帐中见到沛公。刘邦举起酒杯为项伯敬酒，相约为亲家。刘邦说："我率军入关之后，一点也不敢侵犯，将官吏以及百姓数目都登记造册，封存府库，等待项将军率军前来。之所以派将士据守函谷关，是为了严防盗贼出入作乱，并防止万一发生变故。日夜盼望着将军驾到，怎么敢谋反呢？还希望项伯您把这些向项将军详细地进行禀报，向他说明我绝对不敢背叛他。"项伯答应了，对刘邦说："您明天要趁早来向项王道歉。"刘邦说："可以。"项伯随后趁着天黑离开刘邦军营返回项羽营中，把刘邦的话详细地告诉了项羽，又说道："如果不是沛公率先击败关中秦军，您怎么敢入关呢？如今沛公立下大功却要对他发动进攻，这是不义的行为，不如趁这个机会好好善待他。"项羽答应了。

【申涵煜评】增既能望气，知沛公气皆龙虎，成五采，此天授也。而又欲击之霸上，击之鸿门，是以人与天争矣，天岂可违乎？且羽屠城杀降，徙都弑帝，种种失著处，不闻一言劝阻，则将焉用彼相矣。疽发自毙，于竖子乎何尤？

【译文】范增既然能望气，知道沛公的气是龙虎形状，五颜六色，这就是天赐的命运啊。却又想在霸上击败他，想在鸿门杀死他，是以人力和上天争斗啊，上天的意思哪能违背呢？而且，项羽屠杀全城老少，残杀投降的人，凭自己的意愿迁都，杀掉义帝，犯下种种失误，都没听到范增有一句话劝阻，那么何必要用他辅助呢？范增最后毒疮发作而身死，对于这样的小子，又能怨谁呢？

沛公旦日从百馀骑来见项羽鸿门，谢曰："臣与将军戮力而攻秦，将军战河北，臣战河南。不自意能先入关破秦，得复见将军于此。今者有小人之言，令将军与臣有隙。"项羽曰："此沛公左司马曹无伤言之，不然，籍何以生此！"项羽因留沛公与饮。范增数目项羽，举所佩玉玦以示之者三。项羽默然不应。范增起，出，召项庄，谓曰："君王为人不忍。若入前为寿，寿毕，以剑舞，因击沛公于坐，杀之。不者，若属皆且为所虏！"庄则入为寿，寿毕，曰："军中无以为乐，请以剑舞。"项羽曰："诺。"项庄拔剑起舞。项伯亦拔剑起舞，常以身翼蔽沛公，庄不得击。

资治通鉴

【译文】第二天早上，刘邦带领一百多位随从，来到鸿门与项羽相见，向项羽道歉说："我与将军联合进攻秦军，将军在河北作战，我在河南作战，不承想我侥幸先入关击溃秦军，才得以在这里与将军再次见面。现在有小人在将军面前说闲话，导致将军与我之间产生误会。"项羽说："这都是您手下的左司马曹无伤对我说的，要不是他的话，我怎么会到这个地步呢？"于是项羽把刘邦留下来一起饮酒。范增暗地里多次向项羽使眼色，并三次把身上佩戴的玉玦举起来暗示项羽干掉刘邦，项羽只是不吭声没有什么反应。范增站起来出门把项庄喊过来，对他说："项王为人太过于善良，不忍心对刘邦下手。你上前向刘邦敬酒，敬完酒后，再要求表演舞剑，趁机把刘邦杀死在他的座位上。要不然的话，你们这些人都要成为他的俘虏！"项庄于是进入帐内向刘邦敬酒，敬完酒后，说："军队里边也没有什么消遣的，请让我为你们舞剑助兴吧。"项羽说："很好。"项庄于是拔剑起舞。项伯一看形势不对，也拔出剑起舞，并时不时地用身体掩护刘邦，使得项庄找不到机会刺杀他。

于是张良至军门见樊哙。哙曰:"今日之事何如?"良曰:"今项庄拔剑舞,其意常在沛公也。"哙曰:"此迫矣,臣请入,与之同命!"哙即带剑拥盾入。军门卫士欲止不内,樊哙侧其盾以撞,卫士仆地。遂入,披帷立,瞋目视项羽,头发上指,目眦尽裂。项羽按剑而跽曰:"客何为者?"张良曰:"沛公之参乘樊哙也。"项羽曰:"壮士!赐之卮酒!"则与斗卮酒。哙拜谢,起,立而饮之。项羽曰:"赐之彘肩!"则与一生彘肩。樊哙覆其盾于地,加彘肩其上,拔剑切而啖之。项羽曰:"壮士能复饮乎?"樊哙曰:"臣死且不避,卮酒安足辞!夫秦有虎狼之心,杀人如不能举,刑人如恐不胜;天下皆叛之。怀王与诸将约曰:'先破秦入咸阳者,王之。'今沛公先破秦入咸阳,豪毛不敢有所近,还军霸上以待将军。劳苦而功高如此,未有封爵之赏,而听细人之说,欲诛有功之人,此亡秦之续耳,窃为将军不取也!"项羽未有以应,曰:"坐!"樊哙从良坐。

【译文】这个时候张良来到帐外见樊哙。樊哙问:"今天这事怎样?"张良说:"现在项庄拔剑起舞,他的意思是想趁机刺杀沛公。"樊哙说:"看来这事十分紧迫了,请让我进去,与沛公同生死!"樊哙于是仗剑、执盾,要闯入军帐,卫士想阻止他入内,樊哙侧着盾一撞,把卫士们都撞翻了。樊哙随即进帐,掀开帷帐站立,两眼瞪着项羽,头发向上直竖起来,眼角都瞪裂了。项羽连忙手扶着宝剑,跪直了身子问:"来的是什么人?"张良说:"这是沛公的侍卫樊哙。"项羽说:"真乃壮士!赏给他一大碗酒!"左右侍从给他倒满一大碗酒。樊哙拜谢后,站起来一口气喝完。项羽说:"再赐给他一块猪肩!"左右侍从又给他抬上一块生猪肩。樊哙把盾牌放在地上,把猪肩搁在盾牌上,拔出剑切着生吃。项羽说:"这位壮士,你还能再喝酒吗?"樊哙说:"我连死都没害怕,难道还害怕一碗酒！秦皇的心肠像虎狼一样，唯恐杀不完天下人，唯恐刑罚不够严酷，导致天下百姓群起反叛他。楚怀王与诸将定下约定说：'先击败秦军进入咸阳的人为关中之王。'如今沛公率先击败秦军，进驻咸阳，不敢挪用任何一点财物，把大军退到霸上驻守，等待项将军率军前来。如此劳苦功高，非但受不到封赏爵位，您反而听信小人谗言，要把立功之人杀掉，这无异于走暴秦的老路子，我以为将军这种做法实在是不可取！"项羽无言以对，只好说："请坐！"于是樊哙坐到张良旁边。

坐须臾，沛公起如厕，因招樊哙出。沛公曰："今者出，未辞也，为之奈何？"樊哙曰："如今人方为刀俎，我方为鱼肉，何辞为！"于是遂去。鸿门去霸上四十里，沛公则置车骑，脱身独骑；樊哙、夏侯婴、靳彊、纪信等四人持剑、盾步走，从骊山下道芷阳，间行趣霸上。留张良使谢项羽，以白璧献羽，玉斗与亚父。沛公谓良曰："从此道至吾军，不过二十里耳。度我至军中，公乃入。"沛公已去，间至军中，张良入谢曰："沛公不胜桮杓，不能辞，谨使臣良奉白璧一双，再拜献将军足下；玉斗一双，再拜奉亚父足下。"项羽曰："沛公安在？"良曰："闻将军有意督过之，脱身独去，已至军矣。"项羽则受璧，置之坐上。亚父受玉斗，置之地，拔剑撞而破之，曰："唉！竖子不足与谋！夺将军天下者，必沛公也。吾属今为之虏矣！"沛公至军，立诛杀曹无伤。

【译文】没过多大会儿，刘邦起身到茅房方便，顺便把樊哙也叫出来。沛公说："现在我出帐，还没来得及向项王辞行，这该怎么办？"樊哙说："他如今就如同刀与砧板，我们却是待宰割的鱼肉，还告别干什么呢！"他们随即离开鸿门。鸿门与霸上之间有四十里的路程，沛公把车骑都留在鸿门，一个人乘快马逃脱；樊唅、夏侯婴、靳彊、纪信四人手执剑和盾快步随行，从骊山脚下绕道芷阳，又抄小路返回霸上。把张良留在鸿门向项羽谢罪，张良手拿白璧献给项羽，又给亚父献上玉斗。刘邦临行时对张良说："从这条路返回我军大营，只有不超过二十里的距离。你估算着我抵达军营后，再进帐拜谢。"刘邦离开后，抄小路返回军营，张良才进到帐内向项羽谢罪说："沛公喝酒太多已经醉了，没能亲自向您告辞，他又谦卑地让我拿一对玉璧，再拜敬献给将军您；一对玉斗再拜敬献给亚父您。"项羽问道："现在沛公在哪里？"张良说："沛公听说您有怪罪他的意思，就自己先走了，现在应该已经到军营里了。"项羽只好接受白璧，放在座位旁边。亚父范增接受玉斗顺手放到地上，拔剑把它砍碎，说："唉，项羽你这小子实在不能一起干大事！将来夺取天下的，肯定是刘邦。眼看我们这帮人都要成为刘邦的俘虏了！"沛公抵达军营后，立即将曹无伤杀掉。

居数日，项羽引兵西，屠咸阳，杀秦降王子婴，烧秦宫室，火三月不灭。收其货宝、妇女而东。秦民大失望。

韩生说项羽曰："关中阻山带河，四塞之地，地肥饶，可都以霸。"项羽见秦宫室皆已烧残破，又心思东归，曰："富贵不归故乡，如衣绣夜行，谁知之者！"韩生退曰："人言楚人沐猴而冠耳，果然！"项羽闻之，烹韩生。

【译文】几天后，项羽率军向西进发，将咸阳全城军民屠杀殆尽，并杀掉已经投降的秦王子婴，纵火焚烧秦朝宫室，大火连续烧了三个月都没有熄灭。又把秦朝皇宫内的金银财宝和妇女洗劫一空，随后返回关东。秦朝关中地区的百姓对项羽的行为都非常失望。

韩生劝说项羽道："关中地区有高山大河作为屏障，四周又有关塞可以据守，土地肥沃，可以据守关中建都称霸。"项羽眼看秦朝宫室都被自己烧毁，破败不堪，又一心想趁早回到彭城，就说："如果一个人富贵后却不返回故乡，就无异于穿着华美的衣服在半夜行走，谁会看见他的富贵！"韩生退出去后说："人们都说楚人'沐猴而冠'，还真是这样啊！"项羽听到这话后，立即把韩生扔到锅里煮死。

【乾隆御批】范增于项羽。虽未至言听计从，然尊曰亚父，君臣非不相得者。乃入关以前，既不闻阻其坑秦降卒，入关以后，又不闻阻其屠毁咸阳，而斤斤于"举玦""舞剑"以除沛公，微论王者不死，所见抑末已！

【译文】范增对于项羽来说，虽然还没有到百依百顺的地步，然而项羽尊称范增为亚父，说明他们君臣之间还是相互信赖的。在入关之前，既没有听说范增阻止项羽坑杀秦朝降卒，入关之后，又没有听说范增阻止项羽屠烧咸阳，他却精于"举玦""舞剑"以除掉沛公，暗地里论说什么刘邦有王者风范，必须将其置于死地，他的见解还是很下流的！

项羽使人致命怀王，怀王曰："如约。"项羽怒曰："怀王者，吾家所立耳，非有功伐，何以得专主约！天下初发难时，假立诸侯后以伐秦。然身被坚执锐首事，暴露于野三年，灭秦定天下者，皆将相诸君与籍之力也。怀王虽无功，固当分其地而王之。"诸将皆曰："善！"

【译文】项羽派人返回向楚怀王禀报消息，楚怀王说："还按照先前的约定去做。"项羽勃然大怒，说："是我们项家把怀王拥立为王，而不是他本人有什么功劳，凭什么可以做主订立约定！当年天下诸侯起兵反秦的时候，暂时将诸侯后裔拥立为王对秦王朝进行征讨。但是身披盔甲，手拿利剑率先反秦，在荒野外栉风沐雨长达三年之久，最终推翻秦王朝平定天下的，都是各位将士以及我项家的功劳。虽然怀王没有什么功绩，但我们还是得给他分一块土地封他为王。"将军们都说："没错！"

春，正月，羽阳尊怀王为义帝，曰："古之帝者，地方千里，必居上游。"乃徙义帝于江南，都郴。

二月，羽分天下王诸将。羽自立为西楚霸王，王梁、楚地九郡，都彭城。羽与范增疑沛公，而业已讲解，又恶负约，乃阴谋曰："巴、蜀道险，秦之迁人皆居之。"乃曰："巴、蜀亦关中地也。"故立沛公为汉王，王巴、蜀、汉中，都南郑。而三分关中，王秦降将，以距塞汉路。章邯为雍王，王咸阳以西，都废丘。长史欣者，故为栎阳狱掾，尝有德于项梁；都尉董翳者，本劝章邯降楚。故立欣为塞王，王咸阳以东，至河，都栎阳；立翳为翟王，王上郡，都高奴。项羽欲自取梁地，乃徙魏王豹为西魏王，王河东，都平阳。瑕丘申阳者，张耳嬖臣也，先下河南郡，迎楚河上，故立申阳为河南王，都洛阳。韩王成因故都，都阳翟。赵将司马卬定河内，数有功，故立卬为殷王，王河内，都朝歌。徙赵王歇为代王。赵相张耳素贤，又从入关，故立耳为常山王，王赵地，治襄国。当阳君黥布为楚将，常冠军，故立布为九江王，都六。番君吴芮率百越佐诸侯，又从入关，故立芮为衡山王，都邾。义帝柱国共敖将军击南郡，功多，因立敖为临江王，都江陵。徙燕王韩广为辽东王，都无终。燕将臧荼从楚救赵，因从入关，故立荼为燕王，都蓟。徙齐王田市为胶东王，都即墨。齐将田都从楚救赵，因从入关，故立都为齐王，都临菑。项羽方渡河救赵，田安下济北数城，引其兵降项羽，故立安为济北王，都博阳。田荣数负项梁，又不肯（从）将兵从楚击秦，以故不封。成安君陈馀弃将印去，不从入关，亦不封。客多说项羽曰："张耳、陈馀，一体有功于赵，今耳为王，馀不可以不封。"羽不得已，闻其在南皮，因环封之三县。番君将梅鋗功多，封十万户侯。

【译文】当年春季正月，项羽表面上将楚怀王尊为义帝，并说："古代的帝王拥有方圆千里的疆域，必然要在江河上游居住。"于是将义帝流放到长江以南，在长沙郡郴县定都。

二月，项羽将天下土地划分，对诸侯将相大肆分封。自立为西楚霸王，负责管辖梁、楚故地九个郡，在彭城建都。项羽和范增二人怀疑刘邦有夺取天下的野心，但这件事已经讲和，又不甘心背负违约的名声，两人于是私下里商议说："巴、蜀地区道路艰险，秦王朝许多人都被流放到巴、蜀两地，把刘邦封到那里最好不过了。"于是说："巴、蜀也是属于关中的。"因此将刘邦立为汉王，统辖巴、蜀两地以及汉中郡，在南郑建都。又将关中地区分为三部分，分别封给秦朝将领，借以对汉王刘邦形成包围之势：封章邯为雍王，管辖咸阳以西地区，在废丘建都；长史司马欣因为以前做过栎阳狱掾，对项梁曾有过恩情，都尉董翳因为曾经将章邯劝降，于是封司马欣为塞王，管辖咸阳以东到黄河之间的地区，在栎阳建都；封董翳为翟王，管辖上郡一带，在高奴建都。项羽计划独占梁地，随即将魏王豹改封为西魏王，管辖河东一带地区，在平阳建都。瑕丘申阳原来是张耳的部下，率先攻克河南郡，在河边迎接项羽大军，于是将申阳封为河南王，建都于洛阳。韩王成仍然以旧都阳翟作为都城。赵将司马卬攻克河内，多次立下战功，于是封司马卬为殷王，管辖河内地区，建都于朝歌。又把赵王歇改封为代王。赵国宰相张耳一向非常贤明，又随从项羽入关，于是把张耳封为常山王，管辖赵国故地，在襄国建都。当阳君黥布作为楚国将领，常常勇冠三军，于是把黥布封为九江王，在六地建都。番君吴芮统领百越地区将士协助诸侯进攻秦军，又追随项羽入关，于是把吴芮封为衡山王，在邾县建都。义帝楚怀王的柱国共敖率军进攻南郡，战功显赫，于是把共敖封为临江王，在江陵建都。将燕王韩广改封为辽东王，在无终建都。燕将臧荼曾经追随楚军前往营救赵国，又随军入关，于是把臧荼封为燕王，在蓟建都。将齐王田市改封为胶东王，在即墨建都。齐将田都因为追随楚军营救赵国，又随大军入关，被封为齐王，在临淄建都。项羽率大军准备横渡黄河前去救援赵国时，田安已经将济北好几座城池攻克，率军向项羽投降，于是将田安封为济北王，建都在博阳。田荣因为多次背弃项梁，又不肯率军随楚军一起进攻秦军，于是没有分封。成安君陈馀丢掉印信离开，没有追随楚军入关，因此也没有被分封。门客中有人向项羽建议道："张耳、陈馀两人对赵都有功绩，如今既然封张耳为王，陈馀也不能不封。"项羽没办法，得知陈馀在南皮后，就把南皮周边的三个县封给他。番君的将领梅鋗战功卓著，被封十万户侯。

【乾隆御批】战国纷争，黎民涂炭，萧何于汉王失职愤怒时，首言养民，致贤，其识有大过人者，乌可以刀笔吏少之！

【译文】各国之间战争频发，民不聊生，萧何在汉王愤怒、不能正常处理问题时，第一个提出休养生息、招贤纳士，他的见识远远超过一般人，怎么可以用刀笔吏来轻视他？

汉王怒，欲攻项羽，周勃、灌婴、樊哙皆劝之。萧何谏曰："虽王汉中之恶，不犹愈于死乎？"汉王曰："何为乃死也？"何曰：

"今众弗如，百战百败，不死何为！夫能诎于一人之下而信于万乘之上者，汤、武是也。臣愿大王王汉中，养其民以致贤人，收用巴、蜀，还定三秦，天下可图也。"汉王曰："善！"乃遂就国，以何为丞相。

汉王赐张良金百镒，珠二斗；良具以献项伯。汉王亦因令良厚遗项伯，使尽请汉中地，项王许之。

【译文】汉王刘邦非常愤怒，想要率军进攻项羽，周勃、灌婴、樊哙都对他鼓励。萧何进谏说："被分封到地理位置险恶的汉中为王，难道不比死好点？"汉王刘邦说："怎么会至于死呢？"萧何说："如今大王您的将士不如项羽，如果与项羽交战，必然是百战百败，怎么还会不死？能够暂时屈身在一人之下而伸展成为万乘之上，说的就是商汤、周武王这一类人。微臣希望大王以汉中为根基，安抚百姓，招募贤才，收纳巴、蜀两地的民心以及钱财，然后挥师东进，平定三秦地区，这样天下就可以到手了。"汉王刘邦说："很好！"随即到巴、蜀接受王位，任命萧何为宰相。

汉王刘邦把一百镒黄金，两斗珍珠赏赐给张良；张良又把这些全部献给了项伯。汉王刘邦也命令张良携带厚礼进献给项伯，要项伯在项羽面前请求将汉中全部地区分封给自己，项羽随即答应了。

夏，四月，诸侯罢戏下兵，各就国。项王使卒三万人从汉王之国。楚与诸侯之慕从者数万人，从杜南入蚀中。张良送至褒中，汉王遣良归韩；良因说汉王烧绝所过栈道，以备诸侯盗兵，且示项羽无东意。

田荣闻项羽徙齐王市于胶东，而以田都为齐王，大怒。五月，荣发兵距击田都，都亡走楚。荣留齐王市，不令之胶东。市畏项羽，窃亡之国。荣怒，六月，追击杀市于即墨，自立为齐王。是时，彭越在巨野，有众万馀人，无所属。荣与越将军印，使击济北。秋，七月，越击杀济北王安。荣遂并王三齐之地，又使越击楚。项王命萧公角将兵击越，越大破楚军。

【译文】夏季四月份，各路诸侯陆续从戏城退兵，回到各自的封国。项王随即派出三万士卒随刘邦一起到他的封国。楚军与其他诸侯军队中有数万人仰慕刘邦的为人而追随他一同前往，汉王刘邦取道杜南进入蚀中。张良为汉王刘邦送行到褒中，汉王刘邦派张良返回韩国；于是张良建议汉王刘邦烧掉他们来的时候走过的栈道，以防范诸侯大军前来袭击，并且可以向项羽表示自己没有返回关东的想法。

田荣听到项羽要将齐王田市改封为胶东王，而将齐将田都封为齐王的消息后，恼怒万分。五月，田荣率军向田都进攻，田都领残部逃到楚国。田荣随即将齐王田市扣留下来，不允许他到胶东。但是齐王田市对项羽很是畏惧，偷偷逃到胶东即位。田荣非常生气，在六月份追击到即墨将田市斩杀，自封为齐王。此时彭越还在巨野，有一万多部众，还没有归属。田荣随即送给彭越将军大印，命他向济北进攻。当年秋七月，彭越率军进攻济北王，斩杀田安。于是田荣将齐、济北、胶东三齐之地合并为一，又派彭越对楚军进攻，项羽派出萧公角率军迎击彭越，彭越大胜楚军。

张耳之国，陈馀益怒曰："张耳与馀，功等也。今张耳王，馀独侯，此项羽不平！"乃阴使张同、夏说说齐王荣曰："项羽为天下宰不平，尽王诸将善地，徙故王于丑地。今赵王乃北居代，馀以为不可。闻大王起兵，不听不义。愿大王资馀兵击常山，复赵王，请以赵为扞蔽！"齐王许之，遣兵从陈馀。

项王以张良从汉王，韩王成又无功，故不遣之国，与俱至彭城，废以为穰侯；已，又杀之。

【译文】张耳到自己的封国即位，陈馀越发愤怒地说："你张耳与我立下的功劳是一样的。如今张耳封为王，而我陈馀还只是个侯，项羽实在是太不公平了！"就私下里派张同和夏说到齐王田荣处进行游说："项羽身为天下的主宰，却不能公平行事，把肥沃的地方都分封给自己的部将，而把荒芜的土地封给昔日的王侯。如今项羽把赵王放逐到北方的代郡，我陈馀觉得这样是不合适的，听说大王您想要起兵反抗项羽，不再听从不行仁义的项羽。恳求大王能够为我资助兵力去进攻常山王张耳，以恢复赵王的地位，这样赵国就可以作为齐国的屏障了。"齐王答应了他，派出军队与陈馀一起进攻常山王。

项羽因为张良追随过刘邦，再加上韩王韩成也没有多少战功，于是并没有派遣韩成到他的封国即位，将韩成挟持到彭城，废为穰侯；没过多久又把他杀掉。

初，淮阴人韩信，家贫，无行，不得推择为吏，又不能治生商贾，常从人寄食饮，人多厌之。信钓于城下，有漂母见信饥，饭信。信喜，谓漂母曰："吾必有以重报母。"母怒曰："大丈夫不能自食，吾哀王孙而进食，岂望报乎！"淮阴屠中少年有侮信者曰："若虽长大，好带刀剑，中情怯耳。"因众辱之曰："信能死，刺我；不能死，出我袴下！"于是信孰视之，俯出袴下，蒲伏。一市人皆笑信，以为怯。

【译文】起初，淮阴人韩信家里非常贫寒，又没有明显的善行，够不上被推选为官的资格，又不会做生意来养家糊口，经常到别人家里蹭吃蹭喝，很多人对他都非常反感。有一次他到城下河边钓鱼，有一个洗衣服的老太太看到韩信没有吃饭，就给他拿过来吃的。韩信十分高兴，对漂洗棉絮的老太太说："将来我一定好好地报答您！"老太太生气地说："作为一个大丈夫自己不能养活自己，我是可怜你这个公子才给你吃的，哪里是想要你报答我？"淮阴城内的屠户中有一个青年人欺负韩信说："你尽管长得高大，又喜欢佩带刀剑，实际上内心却是非常胆小！"于是当着很多人的面羞辱他说："韩信，你要是不怕死就拿剑把我刺死；怕死的话就从我裤裆底下爬过去！"韩信盯着那个年轻人好大一会儿，趴下从他的裤裆底下爬过去了。满大街的人都对韩信嘲笑，觉得他非常胆小。

及项梁渡淮，信杖剑从之。居麾下，无所知名。项梁败，又属项羽，羽以为郎中。数以策干羽，羽不用。汉王之入蜀，信亡楚归汉，未知名。为连敖，坐当斩。其辈十三人皆已斩，次至信，信乃仰视，适见滕公，曰："上不欲就天下乎？何为斩壮士？"滕公奇其言，壮其貌，释而不斩；与语，大说之，言于王。王拜以为治粟都尉，亦未之奇也。

【译文】 等到项梁率军横渡淮水，韩信携带刀剑前去投奔。在项梁的部下，一直没有什么名气。项梁兵败后，又前去投奔项羽，项羽任命他为郎中。韩信多次为项羽献上计策，但项羽都没有采用。刘邦率军进驻巴、蜀称王时，韩信从楚军中逃出来归顺汉王刘邦，仍然没有什么名声。只是做了个看管粮仓的连敖，却又因为犯罪被判处斩刑。与他一同犯法的十三个人都已经行刑，等到了韩信时，韩信抬起头仰望，正好看见了滕公夏侯婴，于是对他说："汉王不是想要夺取天下吗，为什么又要把壮士杀掉呢？"滕公认为他的话非常奇怪，又见他相貌堂堂，就把他释放没有斩首；与他

资治通鉴卷第九　汉纪一

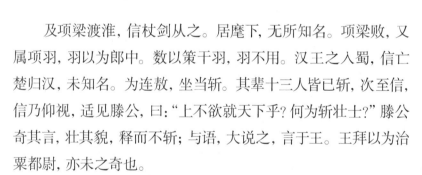

谈话后，大喜过望，于是向刘邦报告。汉王刘邦随即任命韩信为治粟都尉，但依然没有发现韩信有什么不同于常人的地方。

信数与萧何语，何奇之。汉王至南郑，诸将及士卒皆歌讴思东归，多道亡者。信度何等已数言王，王不我用，即亡去。何闻信亡，不及以闻，自追之。人有言王曰："丞相何亡。"王大怒，如失左右手。居一二日，何来谒王。王且怒且喜，骂何曰："若亡，何也？"何曰："臣不敢亡也，臣追亡者耳。"王曰："若所追者谁？"何曰："韩信也。"王复骂曰："诸将亡者以十数，公无所追。追信，诈也！"何曰："诸将易得耳。至如信者，国士无双。王必欲长王汉中，无所事信；必欲争天下，非信无可与计事者。顾王策安所决耳！"王曰："吾亦欲东耳，安能郁郁久居此乎！"何曰："计必欲东，能用信，信即留；不能用信，终亡耳。"王曰："吾为公以为将。"何曰："虽为将，信不留。"王曰："以为大将。"何曰："幸甚！"于是王欲召信拜之。何曰："王素慢无礼。今拜大将，如呼小儿，此乃信所以去也。王必欲拜之，择良日，斋戒，设坛场，具礼，乃可耳。"王许之。诸将皆喜，人人各自以为得大将。至拜大将，乃韩信也，一军皆惊。

【译文】韩信与萧何谈过好几次话，萧何认为韩信与一般人不一样。等到刘邦来到南郑称王后，将士们都唱着怀念家乡的歌曲，有很多人在半路上就逃回去了。韩信以为萧何已经在汉王刘邦面前提起自己好多次，但是汉王刘邦依然没有重用他，于是再次逃跑了。萧何听到韩信逃跑的消息，没有来得及向刘邦报告，就亲自前去追赶韩信。有人向刘邦禀报说："丞相萧何逃跑了。"刘邦勃然大怒，就像是失去了左膀右臂一样。一两天之后，萧何返回拜见汉王刘邦。汉王刘邦又恼怒又喜悦，骂道："你为什么要逃跑?"萧何说:"臣并不敢逃跑,我只是去把逃跑的那个人追回来。"汉王刘邦说:"你追的人是谁?"萧何说:"韩信。"汉王刘邦骂道:"有十几位将军陆续逃跑,你都没有去追;却去追韩信,你是不是在骗我!"萧何说:"那些将军们非常容易得到,但是像韩信这样的人,可以算得上是天下奇才。大王如果只是想长久地做一个小小的汉中王,那就用不着韩信了;但是大王如果想一统天下,除了韩信,实在没有谁可以帮助您成就大业。现在就看大王您的态度了!"汉王刘邦说:"我当然也想向东进军,怎么会想在这里长期沉闷地待着呢?"萧何说:"大王既然想要向东方发展,假如能够对韩信重用,韩信就会留下来为你所用;如果不肯重用他,他最终还是会逃跑的。"汉王刘邦说:"我看在你的面子上就任命他为将。"萧何说:"即便是任命他为将,他仍然不会留下来。"汉王刘邦说:"那就干脆任命他为大将。"萧何说:"这样还可以!"汉王刘邦随即想要把韩信召来,任命他为大将。萧何说:"大王您对人向来傲慢无礼,如今要拜韩信为大将,却像呼喊小孩一样,这才是韩信逃跑的原因。大王如果真的要拜韩信为将,就应该挑选良辰吉日,举行斋戒沐浴后,在广场上修筑拜将坛,举行拜将的仪式,这才可以。"汉王刘邦采纳了萧何的提议。众将都非常高兴,都以为自己会被拜为大将。等到了拜将的时候,发现居然是韩信,全军上下都非常惊讶。

信拜礼毕,上坐。王曰:"丞相数言将军,将军何以教寡人计策?"信辞谢,因问王曰:"今东乡争权天下,岂非项王耶?"汉王曰:"然。"曰:"大王自料,勇悍仁强孰与项王?"汉王默然良久,曰:"不如也。"信再拜贺曰:"惟信亦以为大王不如也。然臣尝事之,请言项王之为人也。项王暗噁叱咤,千人皆废,然不能任属贤将；此特匹夫之勇耳。项王见人，恭敬慈爱，言语呕呕，人有疾病，涕泣分食饮；至使人，有功当封爵者，印刓敝，忍不能予，此所谓妇人之仁也。项王虽霸天下而臣诸侯，不居关中而都彭城；背义帝之约，而以亲爱王诸侯，不平；逐其故主而王其将相，又迁逐义帝置江南；所过无不残灭，百姓不亲附，特劫于威强耳。名虽为霸，实失天下心，故其强易弱。今大王诚能反其道，任天下武勇，何所不诛！以天下城邑封功臣，何所不服！以义兵从思东归之士，何所不散！且三秦王为秦将，将秦子弟数岁矣，所杀亡不可胜计；又欺其众降诸侯，至新安，项王诈坑秦降卒二十馀万，唯独邯、欣、翳得脱。秦父兄怨此三人，痛入骨髓。今楚强以威王此三人，秦民莫爱也。大王之入武关，秋毫无所害；除秦苛法，与秦民约法三章；秦民无不欲得大王王秦者。于诸侯之约，大王当王关中，民咸知之；大王失职入汉中，秦民无不恨者。今大王举而东，三秦可传檄而定也。”于是汉王大喜，自以为得信晚，遂听信计，部署诸将所击。留萧何收巴、蜀租，给军粮食。

【译文】韩信受过拜将大礼后，坐到大将军的位子上。汉王刘邦说：“丞相萧何向我夸赞您好多次，将军您有什么策略指导我吗？”韩信略作谦让，随即问汉王刘邦：“大王如今要向东方进军争夺天下霸权，对手难道不是项羽吗？”汉王刘邦说：“是他。”韩信说：“大王您自己好好考虑一下，从勇猛、强悍、仁德、刚强这四个方面来看，您哪一点比得上项羽？”汉王刘邦沉默了好长时间，说：“我的确不如项羽。”韩信再次向汉王刘邦拜谢后说：“我也认为您确实不如他。然而臣以前在项羽身边侍奉过他，臣想向您讲讲项羽这个人：项羽愤怒时大声呵斥，上千人都被吓得不敢吭声，但他却不能知人善任，也不懂得任用贤能的将领，因此这样的勇猛只不过是匹夫之勇。项羽对待人非常地恭敬慈爱，讲话非常和气，部下患病他甚至也会掉眼泪，把自己的食物分给他吃；但等到手下的人立功，对将士进行封赏的时候，项羽却把印信紧紧握在自己手里，棱角都磨光了，也舍不得赐给立功的人，这便是常人所说的妇人的仁慈。项羽尽管称霸天下而使各路诸侯向他臣服，但是他不知道据守关中却建都彭城；背弃当初义帝定下的盟约，又将自己的亲信和偏爱的人分封为诸侯，大家都觉得非常不公平；又把各诸侯国旧日的国君驱逐出境，而另立国君的将相作为国王；又将义帝怀王流放到江南；他的大军经过的地方没有不惨遭毁灭的，百姓都不愿意亲附于他，只不过是被迫于他的淫威罢了。因此他表面上称霸诸侯，但事实却已经失去了天下百姓的拥护，因此他的强势很容易就会变为衰弱。大王如今要是能够真心实意地反其道而行，对天下勇猛善战的人才大胆地任用，还有什么是您消灭不了的？将天下的城邑分封给有功之臣，谁还会不诚心归服？以正义的战争口号前去把那些怀念东归故土的士卒收归己有，再向东方诸侯进攻，还有谁会打不垮？更何况章邯、司马欣、董翳三个人原本是秦朝的大将，统率秦军的士兵四处征战已经好几年了，战死与逃亡的士兵多得不计其数；况且三人又对自己的部众大肆欺瞒，向项羽投降，大军抵达新安时，已经有二十多万秦兵被项羽使用奸计坑杀，唯独章邯、司马欣、董翳三个人得以逃脱。秦朝的父老乡亲们对他们三个人非常怨恨，甚至都恨到骨子里了。如今项羽倚仗自己的威势将秦地强行分封给他们三个人，没有一个秦地百姓会高兴的。而当初大王您率军进入武关时，丝毫没有伤及百姓；废除秦朝严酷的法律，并与秦地百姓约法三章；秦地百姓没有谁说不乐意大王您称秦王。更何况当初各路诸侯订立约定，大王您理应称关中王，关中的百姓们都知道这件事；后来大王失去了王位而被分封到汉中为王，秦地百姓对这件事没有不怨恨的。大王如今要是发兵向东，只需要发一道檄文即可以平定三秦大地。"汉王刘邦听后十分高兴，自认为得到韩信这个人才的时间太晚了，于是采纳韩信的策略，安排众将的进攻任务；把萧何留下来负责巴、蜀两地赋税的征收工作，来作为大军的粮草补给。

八月，汉王引兵从故道出，袭雍；雍王章邯迎击汉陈仓。雍兵败，还走；止，战好畤，又败，走废丘。汉王遂定雍地，东至咸阳，引兵围雍王于废丘，而遣诸将略地。塞王欣、翟王翳皆降，以其地为渭南、河上、上郡。令将军薛欧、王吸出武关，因王陵兵以迎太公、吕后。项王闻之，发兵距之阳夏，不得前。

【译文】八月，汉王刘邦统率大军从故道出蜀，对雍王章邯发动进攻；章邯领兵在陈仓迎击汉军。军败后撤，在好畤停下来与汉军重新交战，却再次失败，逃到废丘。汉王刘邦随即平定雍地，率大军向东抵达咸阳，随后带兵将章邯围困在废丘，把部将派往各地进行攻战。塞王司马欣与翟王董翳先后率部投降，汉王刘邦于是将他们的封地设置为渭南、河上、上郡三郡。又派将军薛欧、王吸率军出武关，与王陵的军队会合前去迎娶刘太公与吕后。项羽听到消息后，派出大军到阳夏阻拦，于是汉军没办法前进。

【乾隆御批】韩信登坛数语，刘兴，项蹶，已若指掌。以项羽为匹夫之勇，人人能言之，以为妇人之仁，则信所独见也。

【译文】韩信登坛拜将，与刘邦没说几句话，刘邦将兴起，项羽将灭亡，韩信好像一切了如指掌。认为项羽为匹夫之勇，谁都可以这样说。认为他是妇人之仁，这才是韩信独到的见解。

王陵者，沛人也，先聚党数千人，居南阳，至是始以兵属汉。项王取陵母置军中，陵使至，则东乡坐陵母，欲以招陵。陵母私送使者，泣曰："愿为老妾语陵：善事汉王，汉王长者，终得天下，毋以老妾故持二心。妾以死送使者！"遂伏剑而死。项王怒。烹陵母。

【译文】王陵是沛县人，先前他曾经聚集数千部众，据守南阳，直到这个时候才率部众归附汉王刘邦。项羽于是将王陵的老母亲抓到军营当中，王陵派出使臣到项羽大营中，项羽就让他的老母亲面朝东边坐着，以示尊敬，想以此把王陵招降。王陵母亲私下里把使者送回去，边哭边说："希望你替我向儿子王陵说：踏踏实实地事奉汉王，他是忠厚长者，最终必然会取得天下，不能因为我的原因就对汉王怀有二心。我现在就以死为你送行！"随即伏剑自杀身亡。项羽大怒，于是将王陵母亲丢到锅里烹煮了。

项王以故吴令郑昌为韩王，以距汉。

张良遗项王书曰："汉王失职，欲得关中，如约即止，不敢东。"又以齐、梁反书遗项王曰："齐欲与赵并灭楚。"项王以此故无西意，而北击齐。

燕王广不肯之辽东，臧荼击杀之，并其地。

是岁，以内史沛周苛为御史大夫。

项王使趣义帝行，其群臣、左右稍稍叛之。

【译文】项王任命先前的吴县县令郑昌为韩王，以抵御刘邦大军。

张良写给项王一封信，说："汉王刘邦不守本职，想要攻占三秦大地，实现昔日先入关者为王的盟约后就会停军，绝对不敢向东进军。"张良又把齐、梁两国谋反的书信送到项羽跟前，说：

"齐与赵要联合消灭楚国。"项王于是就打消了向西进攻关中的念头,而率军向北进攻齐国。

燕王韩广不愿意到辽东做辽东王;臧荼于是率军将他杀掉,并把原属于他的领地据为己有。

这一年,汉王刘邦任用内史也就是沛人周苛担任御史大夫。

项王派人督促义帝怀王到长沙郴县就职,义帝身边的大臣们看到他被项羽流放,于是慢慢地背叛离去。

二年(丙申,公元前二〇五年)冬,十月,项王密使九江、衡山、临江王击义帝,杀之江中。

陈馀悉三县兵,与齐兵共袭常山。常山王张耳败,走汉,谒汉王于废丘,汉王厚遇之。陈馀迎赵王于代,复为赵王。赵王德陈馀,立以为代王。陈馀为赵王弱,国初定,不之国,留傅赵王;而使夏说以相国守代。

【译文】二年(丙申,公元前205年)冬季十月份,项王偷偷派出九江王、衡山王以及临江王率军进攻义帝怀王,在长江上把他杀死。

陈馀把三县全部兵力派出,与齐军联合偷袭常山王。常山王张耳战败后逃到汉中,来到废丘觐见汉王刘邦,汉王刘邦对他非常优待。陈馀回到代郡将赵王迎接回来,让他重新担任赵王。赵王对陈馀非常感激,将陈馀封为代王。陈馀因为赵王的势力还比较弱小,国家局势也才刚刚安定下来,没有前往代郡即位,而是留下来帮助赵王,而派遣夏说以丞相的身份前去镇守代郡。

张良自韩间行归汉,汉王以为成信侯。良多病,未尝特将,常为画策臣,时时从汉王。

汉王如陕，镇抚关外父老。

河南王申阳降，置河南郡。

汉王以韩襄王孙信为韩太尉，将兵略韩地。信急击韩王昌于阳城，昌降。十一月，立信为韩王，常将韩兵从汉王。

汉王还都栎阳。

诸将拔陇西。

【译文】张良从韩国抄小路回到汉王刘邦帐中，汉王刘邦把他封为成信侯。张良因为经常患病，没有单独带兵作战的经历，而是长期作为替汉王刘邦出谋划策的谋臣，时常追随在汉王刘邦的身边。

汉王刘邦前往陕县，对关外地区的父老百姓进行安抚。

河南王申阳向汉王刘邦投降，汉王刘邦于是将他的属地设置为河南郡。

汉王刘邦将韩襄王的孙子韩信任命为韩国的太尉，率军攻占韩地。韩信在阳城对韩王昌发动快速进攻，韩王昌投降。十一月，汉王刘邦将韩信封为韩王，韩王信经常率领韩兵跟随汉王刘邦四处征战。

汉王刘邦返回都城栎阳。

众位将领将陇西攻克。

春，正月，项王北至城阳。齐王荣将兵会战，败，走平原，平原民杀之。项王复立田假为齐王。遂北至北海，烧夷城郭、室屋，坑田荣降卒，系虏其老弱、妇女，所过多所残灭。齐民相聚叛之。

汉将拔北地，虏雍王弟平。

三月，汉王自临晋渡河。魏王豹降，将兵从；下河内，虏殷王印，置河内郡。

初，阳武人陈平，家贫，好读书。里中社，平为宰，分肉食甚均。父老曰："善，陈孺子之为宰！"平曰："嗟乎，使平得宰天下，亦如是肉矣！"及诸侯叛秦，平事魏王咎于临济，为太仆，说魏王，不听。人或谗之，平亡去。后事项羽，赐爵为卿。殷王反楚，项羽使平击降之。还，拜为都尉，赐金二十镒。

【译文】春季正月，项王率军向北抵达城阳。齐王田荣与项王交战，大败，率残部逃到平原，被平原百姓杀掉。项王又将田假重新封为齐王。楚军随后向北进军来到北海一带，烧毁并夷平齐国的城墙以及房屋，又将田荣部下投降的士兵坑杀，掳掠齐国的老弱、妇女，但凡是楚军经过之地，大都被毁坏殆尽。齐国老百姓于是开始聚众反叛项羽。

汉军将领率军攻克北地，将雍王章邯的弟弟章平俘虏。

三月，汉王刘邦从临晋横渡黄河。魏王豹向汉王刘邦投降，率军追随汉王刘邦；继而攻克河内，将殷王印俘虏，把殷王印的封地设置为河内郡。

起初，阳武人陈平，家里非常贫寒，热爱读书。乡里每到祭祀土地的时候，他作为社宰负责分配祭品，祭肉分配得特别公平。父老们纷纷说道："陈平这小子主持分肉还挺不错的！"陈平说："唉！我陈平要是有机会主持天下大政，也可以像分配祭肉这样公平！"等到各路诸侯纷纷率军反秦，陈平在临济魏王咎身边侍奉，担任太仆，向魏王进献计策，魏王没有采纳。有人在魏王面前乱说谗言，陈平随即从魏王身边逃走。后来他在项羽跟前做事，项羽赏赐他卿一级的爵位。殷王反叛楚国时，项羽派出陈平率军出击并击败殷王，陈平率军凯旋，项羽命他担任都尉一职，赏赐二十镒黄金。

居无何，汉王攻下殷。项王怒，将诛定殷将吏。平惧，乃封其金与印，使使归项王；而挺身间行，杖剑亡，渡河，归汉王于脩武，因魏无知求见汉王。汉王召入，赐食，遣罢就舍。平曰："臣为事来，所言不可以过今日。"于是汉王与语而说之。问曰："子之居楚何官？"曰："为都尉。"是日，即拜平为都尉，使为参乘，典护军。诸将尽讙曰："大王一日得楚之亡卒，未知其高下，而即与同载，反使监护长者！"汉王闻之，愈益幸平。

汉王南渡平阴津，至洛阳新城。三老董公遮说王曰："臣闻'顺德者昌，逆德者亡'；'兵出无名，事故不成'。故曰：'明其为贼，敌乃可服。'项羽为无道，放杀其主，天下之贼也。夫仁不以勇，义不以力，大王宜率三军之众为之素服，以告诸侯而伐之，则四海之内莫不仰德，此三王之举也。"

【译文】没过多久，汉王刘邦率军攻克殷地。项王非常生气，想要把参与平定殷地的将士和官员杀掉。陈平担心自己也被牵连，就把项羽赏赐他的黄金和官印封好，派人送给项王；毅然独自一人带着宝剑抄小路逃亡，横渡黄河，到脩武投奔汉王刘邦，通过魏无知的引荐求见汉王。汉王刘邦把他召进来，赏赐给他酒饭，让他吃过饭后先返回驿馆。陈平说："臣是因为有紧急事务前来的，所要说的话等不到明天。"汉王刘邦于是与陈平交谈，感到非常高兴，问陈平："你在楚国担任什么官职？"陈平说："都尉。"汉王刘邦当天就授予陈平都尉一职，并让他做自己的参乘，负责监督众多将领。诸将纷纷表示不服，说："大王您刚刚得到楚国的逃兵，还不了解他到底有什么才能，怎么就任命他为参乘并与您乘坐同一辆车子，又让他来监督我们这些老将？"汉王刘邦听到这些后，对陈平反而更宠幸。

汉王刘邦率军向南渡过平阴津，来到洛阳新城。新城地区三老董公挡住汉王刘邦的车驾劝汉王说:"臣听说'顺着德行行事的人会日渐昌盛,背弃道德行事就会逐渐消亡';'发兵向别人进攻却没有合理的名义,战争也难以取得成功'。因此说:'明确敌军是乱臣贼子,才可能使他屈服。'项羽行事相当无道,将义帝怀王流放并杀害,实在是天下人得而诛之。仁义之士不凭借武力,正义之人也不依靠暴力,大王您理应率领三军上下将士为义帝服丧,借此告知各路诸侯,号召大家联合讨伐项羽,这样天下没有人不对您的仁德表示钦慕的,这就是昔日三王统一天下所采取的义举。"

【申涵煜评】楚汉曲直,全在义帝一事。以留侯之智,未尝议及发丧,而乃得之三老董公。异日序功次,宜在萧、曹之上。按,白戾太子冤状,亦为壶关三老茂,何汉多贤三老耶?

【译文】楚汉之间的是非曲直,全在于尊奉义帝与否一事。义帝死后,依着留侯张良的智慧,也没有讨论到要为义帝发丧,而是从三老董公那儿得到提议。如果哪一天要依次排列他们的功劳,董公应该在萧何、曹参之上。按,为戾太子刘据辩白冤情的,也是壶关三老令狐茂,为什么汉朝有很多贤明的三老呢?

于是汉王为义帝发丧,祖而大哭,哀临三日,发使告诸侯曰:"天下共立义帝,北面事之。今项羽放杀义帝江南,大逆无道!寡人悉发关中兵,收三河士,南浮江、汉以下,愿从诸侯王击楚之杀义帝者!"

【译文】汉王刘邦随即为义帝举办丧礼,裸露左臂脱掉帽子痛哭流涕,全军上下哀悼三日,派出使者告知天下诸侯说:"天下共同拥立义帝怀王,对他按照君王之礼侍奉。但是如今项羽却将义帝流放到江南并杀害,简直是大逆不道!我准备发动关中全部兵力,征集三河地区的豪杰壮士，一起沿江、汉南下，希望可以追随诸侯王，联合讨伐杀害义帝怀王的项羽！"

【乾隆御批】董公遮说，其词杂出于荀卿、王翊，即汉王缟素发兵，特藉是仗义执言而已。不然，设令义帝而在，汉王亦果能终出其下乎？

【译文】董公说的这番话，兼有荀卿、王翊的思想，即汉王白衣丧服发兵，只不过借助于这一点发表意见罢了。不然，如果义帝还在，汉王也愿意居其下位吗？

使者至赵，陈馀曰："汉杀张耳，乃从。"于是汉王求人类张耳者斩之，持其头遗陈馀；馀乃遣兵助汉。

田荣弟横收散卒，得数万人，起城阳，夏，四月，立荣子广为齐王，以拒楚。项王因留，连战，未能下。虽闻汉东，既击齐，欲遂破之而后击汉，汉王以故得率诸侯兵凡五十六万人伐楚。到外黄，彭越将其兵三万馀人归汉。汉王曰："彭将军收魏地得十馀城，欲急立魏后。今西魏王豹，真魏后。"乃拜彭越为魏相国，擅将其兵略定梁地。汉王遂入彭城，收其货宝、美人，日置酒高会。

【译文】使者来到赵国，陈馀说："汉王要是可以把张耳杀掉，我就愿意追随他。"汉王刘邦于是找到一个与张耳非常像的人杀掉，带着首级送给陈馀；陈馀误认为是张耳，于是率军援助汉王刘邦。

田荣的弟弟田横把周边地区的散乱士卒收编，获得几万人马，于是在城阳起兵反楚。夏，四月，田横拥立田荣之子田广为齐王，以对抗楚军。项王因为这件事只好率军留在齐地，与田广连续作战多次，都没有战胜齐军。项王尽管已经听说刘邦率军东下的消息，但因为已经率军在齐作战，就打算先把齐战胜后再挥师反攻汉军，趁着这个机会，汉王刘邦才得以统率五十六万诸侯大军前去进攻楚军。汉军抵达外黄后，彭越率领三万部众前来归顺汉王刘邦。汉王刘邦说："彭将军您攻占十余座魏国城池，想要尽快拥魏王的后裔为君。如今拥立的西魏王魏豹便是真正的魏王后裔呀。"汉王刘邦随即任命彭越担任魏国的宰相，让他独自一人率领魏国的大军，将梁地平定。随后汉王刘邦率军攻克彭城，把楚地的金银财宝以及美女全部搜刮回去，天天大摆酒席，与群臣宾客宴饮欢庆。

项王闻之，令诸将击齐，而自以精兵三万人南，从鲁出胡陵至萧。晨，击汉军而东至彭城，日中，大破汉军。汉军皆走，相随入穀、泗水，死者十馀万人。汉卒皆南走山，楚又追击至灵壁东睢水上；汉军却，为楚所挤，卒十馀万人皆入睢水，水为之不流。围汉王三匝。会大风从西北起，折木，发屋，扬沙石，窈冥昼晦，逢迎楚军，大乱坏散，而汉王乃得与数十骑遁去。欲过沛收家室，而楚亦使人之沛取汉王家。家皆亡，不与汉王相见。

汉王道逢孝惠、鲁元公主，载以行。楚骑追之，汉王急，推堕二子车下。

【译文】项王听到这个消息后，随即下令部将率军进击齐军，自己亲自率领三万精锐部队南下，从鲁路经胡陵，来到萧地。拂晓时分，楚军向汉军发动进攻，向东打到彭城，中午时分，汉军大败。汉军上下纷纷逃亡，相继跌入穀水、泗水中，十几万人死亡。汉军随即向南方的山中逃窜，楚军在后边紧追不舍，一直追到灵壁东边的睢水岸边；汉军向后撤退，被楚军追赶拥挤不堪，十几万人都陆续掉进睢水，睢水也因此堵塞不流。楚兵将汉王刘邦重重围困。恰好此时从西北边刮起大风，树木也被折断，房屋都被吹倒，飞沙走石，天昏地暗，迎头吹向楚军，楚军阵脚大乱，四散逃离，汉王刘邦因此才与数十骑人趁乱逃跑。汉王刘邦想到沛县把家人妻儿接走，楚王也派出人马到沛县夺取汉王刘邦的家人及亲属。但是家人们都已经四处逃亡，没能与汉王刘邦见面。

汉王刘邦在半路上碰到长子刘盈（后来的孝惠帝）以及长女鲁元公主，就用车载着一起逃亡。楚军骑兵在身后紧追不舍，汉王刘邦非常着急，就把两个孩子推到车下去了。

滕公为太仆，常下收载之。如是者三，曰："今虽急，不可以驱，奈何弃之！"故徐行。汉王怒，欲斩之者十馀；滕公卒保护，脱二子。审食其从太公、吕后间行求汉王，不相遇，反遇楚军；楚军与归，项王常置军中为质。

是时，吕后兄周吕侯为汉将兵，居下邑；汉王间往从之，稍稍收其士卒。诸侯皆背汉，复与楚。塞王欣、翟王翳亡降楚。

田横进攻田假，假走楚，楚杀之。横遂复定三齐之地。

汉王问群臣曰："吾欲捐关以东，等弃之，谁可与共功者？"张良曰："九江王布，楚枭将，与项王有隙；彭越与齐反梁地；此两人可急使。而汉王之将，独韩信可属大事，当一面。即欲捐之，捐之此三人，则楚可破也！"

【译文】幸亏太仆滕公多次连忙下车把两个孩子抱起来放到车上。连着这样三次把孩子推下车，滕公于是对汉王刘邦说："现在尽管情势危急，车子也跑不快，但怎么忍心抛弃自己的骨肉？"滕公于是放慢速度。汉王刘邦非常生气，有十几次都要把滕公杀掉；但滕公最终依然要求保护孝惠帝和鲁元公主，带两个孩子脱离了险境。审食其追随刘太公和吕后抄小道四处寻找汉王,但一直没有找到,反而遇到了楚军,被楚军带回军营,项王于是时常把他们安置到军营中作为人质。

此时,吕后的哥哥周吕侯率领汉王刘邦的大军在下邑驻扎;汉王刘邦于是抄小路前去投靠他,逐渐将溃散的将士收集起来。各路诸侯于是纷纷背叛汉王刘邦,与楚王再次和好。塞王司马欣和翟王董翳也逃亡向楚投降。

田横率军进攻田假,田假逃亡到楚国,楚王随即杀掉田假,于是田横重新平定三齐大地。

汉王刘邦向群臣咨询:"我打算把关东地区捐出去作为封地,不知你们谁愿意与我一起建立功业?"张良说:"九江王黥布曾经是楚军的一员猛将,与项王之间有一些仇怨;彭越与齐王田荣两人联合在梁地起兵反楚,这两个人都可以立即使用;再者汉军诸将之中,唯独韩信一人值得托付大事,独当一面。您要是真的打算捐出关东之地,那就封给这三个人,这样一定可以战胜楚军。"

【乾隆御批】彭城去沛不二百里,汉王既入,即当迎取太公。乃匆匆於宝货、美人,置酒高会,此与项羽入秦何异?卒至家室俱亡,几陷其亲於鼎俎。而"分羹"之语,虽出权变,实非君子所忍闻也!

【译文】彭城距离沛县不过二百里,汉王进入彭城后,当时就应该去迎接太公。刘邦却匆忙收集宝物、美女,在高台宴饮,这与项羽进入关中有什么不同?最后致使家室走失,太公差点儿被烹杀。刘邦对项羽所说的"分一杯羹"的话,虽然是一种变通,但君子也是不忍心听的啊!

初，项王击齐，征兵九江，九江王布称病不在，遣将将军数千人行。汉之破楚彭城，布又称病不佐楚。楚王由此怨布。数使使者诮让，召布。布愈恐，不敢往。项王方北忧齐、赵，西患汉，所与者独九江王；又多布材，欲亲用之，以故未之击。

汉王自下邑徙军砀，遂至虞，谓左右曰："如彼等者，无足与计天下事！"谒者随何进曰："不审陛下所谓。"汉王曰："孰能为我使九江，令之发兵倍楚？留项王数月，我之取天下可以百全。"随何曰："臣请使之！"汉王使与二十人俱。

【译文】早先，项王率军进攻齐国时，曾经向九江王黥布征调军队，九江王谎称自己生病，不愿意亲自率军前去，只是派出一名将领带着几千士兵前往援助。汉王刘邦率军攻破楚国彭城时，黥布又借口身体患病没有前去相助。因此项王对黥布非常愤恨，经常派使者去斥责他，准备召见他。黥布于是更加害怕，不敢前往。项王此时对北方齐、赵两国的反叛十分担忧，又深以西方的汉王刘邦为忧患，只有九江王一人值得亲附；项王又非常看重黥布的才能，准备亲自对他委以重任，因此一直没有向他进攻。

汉王刘邦率军从下邑转移到砀城驻扎下来，随后抵达虞城，向身边的人说："你们这帮人，没有一个有资格与我一同商讨天下大事！"谒者随何进言说："不知道大王您指的是什么。"汉王刘邦说："有谁能够替我去九江王那里出使，劝说他起兵反叛楚国？只要能把项王大军拖住几个月，我就有十分的把握夺取天下。"随何说："我愿意到九江王那里出使！"汉王刘邦于是派他带着二十人一块前往。

五月，汉王至荥阳，诸败军皆会，萧何亦发关中老弱未傅者悉诣荥阳，汉军复大振。楚起于彭城，常乘胜逐北，与汉战荥阳南京、索间。

楚骑来众，汉王择军中可为骑将者，皆推故奉骑士重泉人李必、骆甲。汉王欲拜之，必、甲曰："臣故秦民，恐军不信；愿得大王左右善骑者傅之。"乃拜灌婴为中大夫令，李必、骆甲为左右校尉，将骑兵击楚骑于荥阳东，大破之，楚以故不能过荥阳而西。汉王军荥阳，筑甬道属之河，以取敖仓粟。

【译文】五月，汉王刘邦领兵来到荥阳，各路诸侯溃散的士兵都聚集到一起，萧何也将关中老弱以及不满二十岁的百姓征调来到荥阳，汉军士气于是重新振奋起来。此时楚军在彭城驻扎，经常趁着战胜的机会，追击溃败的敌军，在荥阳南面的京邑、索亭之间展开激战。

楚国有大量骑兵前来进攻，汉王刘邦随即在军中挑选能够担任骑兵将领的人，许多人都推选昔日的秦军骑士重泉人李必、骆甲担任。汉王刘邦打算拜他们两人为将，李必、骆甲说："臣原来是秦朝官员，担心士兵们对我们不信任；大王您手下要是有精通骑战的大将，我们甘愿听从他的调遣。"于是汉王刘邦任命灌婴为中大夫令，李必、骆甲担任左、右校尉，率骑兵在荥阳东面迎击楚军骑兵，大败楚军，楚军因此无法越过荥阳向西进军。汉王刘邦驻军荥阳，修造甬道与黄河连接，来运送敖仓的粮草。

周勃、灌婴等言于汉王曰："陈平虽美如冠玉，其中未必有也。臣闻平居家时盗其嫂；事魏不容，亡归楚；不中，又亡归汉。今日大王尊官之，令护军。臣闻平受诸将金，金多者得善处，金少者得恶处。平，反覆乱臣也，愿王察之！"汉王疑之，召让魏无知。无知曰："臣所言者能也，陛下所问者行也。今有尾行、孝己之行，而无益胜负之数，陛下何暇用之乎！楚、汉相距，臣进奇谋之士，顾其计诚足以利国家不耳。盗嫂、受金，又何足疑乎！"
汉王召让平曰："先生事魏不中，事楚而去，今又从吾游，信者固
多心乎！"平曰："臣事魏王，魏王不能用臣说，故去；事项王，项
王不能信人，其所任爱，非诸项，即妻之昆弟，虽有奇士不能用。
闻汉王能用人，故归大王。臣裸身来，不受金无以为资。诚臣计
画有可采（乎）〔者〕，愿大王用之；使无可用者，金具在，请封输
官，得其骸骨。"汉王乃谢，厚赐，拜为护军中尉，尽护诸将。诸
将乃不敢复言。

【译文】周勃、灌婴等人向汉王刘邦说："陈平虽然表面上像帽
子上的玉石一样俊美，但是肚子里却不见得有什么才能。臣听说
陈平从前在家乡时与自己的嫂子私通；侍奉魏王时因为不被容纳
而到楚国；又没有得到任用，这才逃亡到汉。如今大王对他这样
器重，让他负责监督军队。臣得到陈平收受众位将领送给黄金作
为贿赂的消息，谁送的黄金多就可以有好的待遇，送的黄金少就
会受到不公正的待遇。因此才说陈平是反复无常的小人，还望大
王可以明察！"汉王刘邦听了这些话后，对陈平逐渐产生疑心。随
即把魏无知召进来斥责他。魏无知说："臣向大王推荐陈平时看
重的是他的才能，但是陛下您询问的却是他的品德。要是一个人
有着尾生、孝己一样的品行，却对打仗的胜算没有什么好处，陛下
又怎么会有闲情任用他？楚、汉两军相抗衡，臣推荐怀有奇谋秘
计的人，只是参考他提出的计策对国家是否有利罢了。至于与嫂
子私通、收取贿赂这样的事，又有什么好怀疑的？"汉王刘邦于是
把陈平召来，斥责他说："你在魏王跟前侍奉不如意，转而前去事
奉楚王又逃跑，如今又来与我一同做事，难道守信义的人都是像
你这样的吗？"陈平说："臣在魏王跟前侍奉，魏王不肯采用臣的主
张，所以才去归附项王。项王也不能知人善任，他不是任用本家

的人，就是宠爱自己的外戚，即便身边有许多谋士也不懂得任用。臣听说汉王懂得任用人才，因此才前来归顺大王。臣两手空空地逃过来，要是不收受他们的贿赂，就没有日常花的钱。臣提出的计策要是真的值得采纳，还望大王采纳；如果没有采用的价值，那么金子还都在这里，我愿意封存好交还给官府，并请求大王批准我辞官回家。"汉王刘邦听后立即向陈平道歉，对他进行重赏，并任命他为护军中尉，负责监督所有的将军。于是没有一个将领再敢说陈平的坏话了。

【乾隆御批】陈平机变，观其裸而刺船已见一斑。至云不受金，无以为资，此实不可为训。臣节尚廉，古今通义，而在行军御众时所关尤重。彼后，胜相齐，郭开用赵，非皆受金者乎？厥后，汉高论相，以平智有余，而难独任，或亦早见及此矣。

【译文】陈平机警、灵便，从他裸身帮助掌船人划船就可以看出来。至于说不接受贿金，生活不下去，这实在不能作为准则。臣节崇尚廉洁，这是古往今来普遍的道理，而在率领兵众行军时更为重要。其后，田胜相齐，郭开任职赵国，都接受贿金了吗？后来，汉高祖论相，认为陈平才华有限，难以独当一面，可能早就发现这个问题了。

魏王豹谒归视亲疾；至则绝河津，反为楚。

六月，汉王还栎阳。

壬午，立子盈为太子；赦罪人。

汉兵引水灌废丘，废丘降，章邯自杀。尽定雍地，以为中地、北地、陇西郡。

关中大饥，米斛万钱，人相食。令民就食蜀、汉。

初，秦之亡也，豪桀争取金玉，宣曲任氏独窖仓粟。及楚、汉相距荥阳，民不得耕种，而豪桀金玉尽归任氏，任氏以此起，富者数世。

【译文】六月，汉王刘邦率军返回栎阳。

壬午日，刘邦将长子刘盈立为太子。大赦天下。

汉兵引黄河水倒灌废丘，废丘守军投降，章邯自杀。汉王刘邦随即将雍地全部平定，将雍地设置为中地、北地、陇西三个郡。

关中地区发生大规模饥荒，一斛米涨到一万钱的价格，甚至出现了人吃人的惨剧。汉王刘邦于是下令百姓迁徙到蜀、汉两地谋生。

先前，秦朝灭亡的时候，豪强俊侠都纷纷抢夺金银财宝，唯独宣曲任氏挖掘地窖储存库粮。等到楚、汉两军在荥阳僵持不下之时，因战事百姓不能进行耕种，于是那些豪强人士纷纷拿抢夺而来的金银财宝去购买任氏的粮食，任氏也因这件事变得富庶起来，一连好几代都非常富足。

魏王魏豹前来拜见汉王刘邦，请求回到魏地照看生病的父亲；刚刚到达魏国就决断渡口，率军抵御汉军而投靠楚军。

秋，八月，汉王如荥阳，命萧何守关中，侍太子，为法令约束，立宗庙、社稷、宫室、县邑；事有不及奏决者，辄以便宜施行，上来，以闻。计关中户口，转漕、调兵以给军，未尝乏绝。

汉王使郦食其往说魏王豹，且召之。豹不听，曰：“汉王慢而侮人，骂詈诸侯、群臣如骂奴耳，吾不忍复见也。”于是汉王以韩信为左丞相，与灌婴、曹参俱击魏。

汉王问食其：“魏大将谁也？”对曰：“柏直。”王曰：“是口尚乳臭，安能当韩信！骑将谁也？”曰：“冯敬。”曰：“是秦将冯无择子也，虽贤，不能当灌婴。”“步卒将谁也？”曰：“项佗。”曰：“不能当曹参。吾无患矣!"韩信亦问郦生:"魏得无用周叔为大将乎?"郦生曰:"柏直也。"信曰:"竖子耳。"遂进兵。

【译文】秋季,八月份,汉王刘邦前往荥阳,命令萧何留守关中侍奉太子,萧何开始制定法令制度,建设宗庙、社稷、宫室、县邑等机构;有来不及向汉王刘邦禀报以求汉王裁决的,萧何都斟酌情势自行处理,等到汉王回来后再上报。萧何统计关中地区的人口数量,按照户口数量来征收粮饷,经由漕运转运给汉军作为补给,又从关中地区征调青壮年来补充汉军兵力的不足,汉军的粮草补给、兵员的补充逐渐好起来,一直都没有发生断绝的现象。

汉王刘邦派出郦食其前去劝说魏王魏豹,并要将他召来。魏王豹不肯听,说:"汉王为人一向傲慢又喜欢侮辱他人,他对诸侯和自己的大臣骂起来就好像骂奴隶一样,我实在不愿意再见到他!"汉王刘邦随即任命韩信为左丞相,与灌婴、曹参一同前去进攻魏国。

汉王刘邦问郦食其:"谁是魏国的大将?"郦食其回答道:"是柏直。"汉王刘邦说:"他是一个乳臭未干的孩子,如何能够抵挡韩信?"又问:"骑将是谁?"回答说:"冯敬。"汉王刘邦说:"他是昔日秦国将领冯无择的孩子,虽然有才能,但是却抵挡不了灌婴。"又问:"步兵将领是什么人?"郦食其回答说:"是项它。"汉王刘邦说:"他抵挡不了曹参。这样一来我也没有什么好担心的了!"韩信也向郦食其问道:"魏国难道真的没有任命周叔作为大将吗?"郦食其说:"的确是柏直。"韩信说:"只不过是一个小子而已!"随即向魏进军。

魏王盛兵蒲坂以塞临晋。信乃益为疑兵,陈船欲渡临晋,而伏兵从夏阳以木罂渡军,袭安邑。

魏王豹惊,引兵迎信。九月,信击虏豹,传诣荥阳;悉定魏地,置河东、上党、太原郡。

汉之败于彭城而西也,陈馀亦觉张耳不死,即背汉。韩信既定魏,使人请兵三万人,愿以北举燕、赵,东击齐,南绝楚粮道。汉王许之,乃遣张耳与俱,引兵东,北击赵、代。后九月,信破代兵,禽夏说于阏与。信之下魏破代,汉辄使人收其精兵诣荥阳以距楚。

【译文】魏王在蒲坂部署重兵堵住通往临晋的大路。韩信随即增设许多疑兵,在河边摆出很多渡船,装作准备渡河对临晋发起进攻的态势,而命令埋伏的精锐部队从夏阳乘坐大木罂渡过黄河,偷袭安邑。

魏王豹大吃一惊,慌忙引兵迎击韩信。九月,韩信击溃魏王豹的军队并将他俘虏,汉王刘邦传令把他押送到荥阳;魏地全部平定后,设置为河东、上党、太原三郡。

汉军在彭城战败后向西撤退时,陈馀已经察觉到张耳并没有死,随即背叛汉王刘邦。韩信平定魏国之后,派人请求汉王刘邦派出三万援兵,准备北上攻克燕、赵两国故地,并向东进攻齐国,率军阻断楚国的运粮通道。汉王刘邦答应了他的要求,于是派出张耳和韩信一起率军出发,对北方的赵王歇、代王陈馀等人展开进攻。闰九月,韩信率军击败代王陈馀的军队,在阏与将代国相国夏说俘虏。韩信攻克魏国并击败代军后,汉王刘邦随即派人将韩信手下的精锐部队调到荥阳抵御楚军。

资治通鉴卷第十　汉纪二

起彊圉作噩，尽著雍阉茂，凡二年。

【译文】起丁酉（公元前204年），止戊戌（公元前203年），共二年。

【题解】本卷记录了高祖刘邦三年至高祖四年共二年间的历史。刘邦、项羽双方在荥阳、成皋持续交战，相持不下，项羽多次获胜，但疲于奔命，兵力不继，与之相反，刘邦多次战败，但四处出击，越战越强。与此同时，汉将韩信在破魏灭代后，又攻赵收燕，从背后扫荡项羽国都彭城，包围项羽，项羽的败局已定。

太祖高皇帝上之下

三年（丁酉，公元前二〇四年）冬，十月，韩信、张耳以兵数万东击赵。赵王及成安君陈馀闻之，聚兵井陉口，号二十万。

广武君李左车说成安君曰："韩信、张耳乘胜而去国远斗，其锋不可当。臣闻'千里馈粮，士有饥色；樵苏后爨，师不宿饱'。今井陉之道，车不得方轨，骑不得成列；行数百里，其势粮食必在其后。愿足下假臣奇兵三万人，从间路绝其辎重；足下深沟高垒勿与战。彼前不得斗，退不得还，野无所掠，不至十日，而两将之头可致于麾下，否则必为二子所擒矣。"成安君尝自称义兵，不用诈谋奇计，曰："韩信兵少而疲，如此避而不击，则诸侯谓吾怯而轻来伐我矣。"

【译文】三年(丁酉, 公元前 204 年)冬, 十月, 韩信与张耳率领数万大军向东进军, 对赵国发动攻势。赵王与成安君陈馀听到消息后, 在井陉口集结军队, 号称二十万大军。

广武君李左车向成安君陈馀建议道:"韩信与张耳乘着攻克魏、代的余烈离开本国进行远征, 锋芒难以抵挡。臣听说'从千里之外的地方运送将士们日常所需的粮草, 将士难免会有饥饿的面色; 况且还得亲自捡柴火做饭, 军队必然会经常吃不饱'。如今井陉这条道路, 车辆不能并排行驶, 骑兵也难以成排前行; 大军前后有几百里长, 运送粮草辎重的车子必然落在大军的后面。恳请您调拨给我三万人的突击队, 抄小路截断他们的辎重粮草车队; 您只需要挖深战壕, 高筑营垒, 坚守不用出战。如此他们向前没有战事可以打, 后撤又退不回去, 荒郊野外又没有粮食可以抢夺, 不出十天, 就可以把韩信和张耳两个人的首级带到您的面前; 不这样的话我们大家都要被他们俘虏了。"但是成安君陈馀曾经自称是正义之师, 不屑于使用诡计奇谋, 所以说:"韩信将士人数少又疲倦不堪, 这样的军队还躲着他却不敢迎击, 各路诸侯都要嘲笑我胆小怯懦而随便地率军来攻打我了。"

韩信使人间视, 知其不用广武君策, 则大喜, 乃敢引兵遂下。未至井陉口三十里, 止舍。夜半, 传发, 选轻骑二千人, 人持一赤帜, 从间道萆山而望赵军。诫曰:"赵见我走, 必空壁逐我; 若疾入赵壁, 拔赵帜, 立汉赤帜。"令其裨将传餐, 曰:"今日破赵会食!"诸将皆莫信, 佯应曰:"诺。"信曰:"赵已先据便地为壁。且彼未见吾大将旗鼓, 未肯击前行, 恐吾至阻险而还也。"乃使万人先行, 出, 背水陈。赵军望见而大笑。

平旦，信建大将旗鼓，鼓行出井陉口；赵开壁击之，大战良久。于是信与张耳佯弃鼓旗，走水上军；水上军开入之，复疾战。赵果空壁争汉旗、鼓，逐信、耳。信、耳已入水上军，军皆殊死战，不可败。信所出奇兵二千骑共候赵空壁逐利，则驰入赵壁，皆拔赵旗，立汉赤帜二千。赵军已不能得信等，欲还归壁；壁皆汉赤帜，见而大惊，以为汉皆已得赵王将矣，兵遂乱，遁走，赵将虽斩之，不能禁也。于是汉兵夹击，大破赵军，斩成安君泜水上，禽赵王歇。

【译文】韩信私下里派人前去探察敌情，得知陈馀没有采纳广武君的建议，十分高兴，因此才敢率军向前进发。在距离井陉口还有三十里的地方就停军扎营。等到半夜时分，发起突袭的命令，挑选二千轻骑兵，每个人带着一支红旗，从小路登到山顶，暗中观察赵军的一举一动。并对他们说："开战后赵军看见我军败退逃窜，必然会丢下军营，倾巢出动前来追赶我，到时候你们立即杀进赵军营地，拔掉赵国的大旗，到处都插上汉军的红旗。"又命令副将们给将士们分发食物，说："等到今天打败赵军后举行大会餐！"将军们都不太相信可以在短时间内击溃赵军，只好假装相信，回答说："遵命！"韩信说："赵军已经率先抢占有利的地形驻扎安顿下来；他们要是看不到我军主将的旗帜，肯定不愿意出兵攻击我军的先头部队，他们非常担心我军遇到险要阻隔后就会后撤。"于是韩信派出一万人打头阵，从营地出发，背靠河水排开阵势，赵军远远地看见这种布阵都哈哈大笑。

第二天天刚亮，韩信就打出将旗，擂响战鼓从井陉口出军；赵军果然打开营门出军迎击，双方激战了很长时间。韩信与张耳佯装战败，丢弃战鼓和将旗，逃回驻扎在河边的军营中；在河边布阵的先锋队打开营门放退兵进去，又与赵军展开战斗。赵军果然全军出击，争相抢夺汉军将旗和战鼓，追击韩信和张耳两人。韩信与张耳进入河边的军营之后，全军上下纷纷拼死抗敌，短时间内难以击败。韩信先前派出的二千名轻骑兵趁着赵军倾巢出击抢夺战利品时，直接冲入赵军大营，把赵军大旗全部拔掉，插上两千支汉军红色大旗。赵军因为一直抓不到韩信等人，准备返回营寨，却看见己方营寨中全是汉军的红色大旗，顿时惊慌失措，都以为汉王刘邦已经将赵王的大将俘虏了，全军上下大乱，四散逃窜，赵军将领虽然不停地斩杀逃兵，但也没办法阻止逃亡的形势。汉军随即两面夹击，赵军大败，在泜水岸边斩杀了陈馀，生擒了赵王歇。

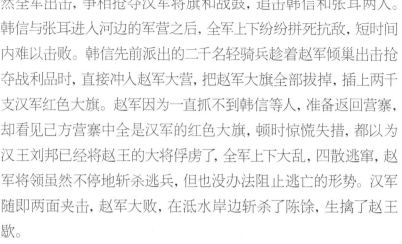

诸将效首虏，毕贺，因问信曰："兵法：'右倍山陵，前左水泽。'今者将军令臣等反背水陈，曰'破赵会食'，臣等不服，然竟以胜，此何术也？"信曰："此在兵法，顾诸君不察耳！兵法不曰'陷之死地而后生，置之亡地而后存'？且信非得素拊循士大夫也，此所谓'驱市人而战之'，其势非置之死地，使人人自为战。今予之生地，皆走，宁尚可得而用之乎？"诸将皆服，曰："善！非臣所及也。"

【译文】众位将领带着敌军的首级、俘虏进献给韩信，纷纷向韩信祝贺，顺便向韩信问道："兵书有云：'排兵布阵要右边和背面紧挨山地，前方和左边要挨着河湖。'但是现在将军您却下令大军背靠河水展开军阵，还说：'击败赵军后再举行会餐。'当时我们几个人心中都不敢相信，但是到最后居然以背水阵取胜了。这究竟是什么战术？"韩信说："这样的战术在兵法上也有，只不过各位没有注意到罢了！兵法上不是有'陷之死地而后生，置之亡地而后存'这样的说法吗？况且我韩信率领的并不是平常就受我训练、听从我调遣的将士，这就是常人说的'驱赶普通百姓上阵作战'。在这样的情况下，不得不想办法把将士们安置到死亡的边境上，让他们为自己的性命而拼杀到底。如果把将士们安置到可以后撤的地方，他们必然会逃亡，还怎么用他们上阵杀敌呢？"将领们听后都十分佩服，说："非常好！这确实是我们没想到的。"

　　信募生得广武君者予千金。有缚致麾下者，信解其缚，东乡坐，师事之。问曰："仆欲北攻燕，东伐齐，何若而有功？"广武君辞谢曰："臣败亡之虏，何足以权大事乎！"信曰："仆闻之，百里奚居虞而虞亡，在秦而秦霸；非愚于虞而智于秦也，用与不用，听与不听也。诚令成安君听足下计，若信者亦已为禽矣。以不用足下，故信得侍耳。今仆委心归计，愿足下勿辞！"广武君曰："今将军涉西河，虏魏王，禽夏说；东下井陉，不终朝而破赵二十万众，诛成安君；名闻海内，威震天下，农夫莫不辍耕释耒，褕衣甘食，倾耳以待命者，此将军之所长也。然而众劳卒罢，其实难用。今将军欲举倦敝之兵顿之燕坚城之下，欲战不得，攻之不拔，情见势屈；旷日持久，粮食单竭。燕既不服，齐必距境以自强。燕、齐相持而不下，则刘、项之权未有所分也，此将军所短也。善用兵者，不以短击长而以长击短。"

　　【译文】韩信悬赏千金征求可以将广武君李左车生擒的人。不久以后就有人把李左车绑送到韩信跟前，韩信赶紧亲自为李左车解开绳索，让李左车面朝东坐着，以对待老师的礼节侍奉他。并问道："我准备向北进军攻打燕国，向东进军攻打齐国，怎样才可以取胜？"广武君李左车推辞说："我只不过是一个战败的俘虏，哪有资格跟您讨论这样的军国大事？"韩信说："我听说，昔日百里奚在虞而虞国最终灭亡，在秦而秦国终于称霸天下；并不是因为百里奚在虞国的时候很愚蠢，到了秦国就变得聪明，而在于国君能不能任用人才，能不能接受他的建议罢了。假如成安君陈馀真能听从您的计谋，像我这样的愚笨之人早就被您活捉了。侥幸因为成安君陈馀不能采纳您的计策，我才有这样的机会向您请教。如今我诚心诚意地向您请教计策，还望您不要再推辞了！"广武君于是说："如今将军横渡西河，俘虏魏王，生擒夏说；向东攻克井陉口，不到一天时间就击败二十万赵军，斩杀成安君；名声海内皆知，威震天下，敌国的百姓全都放下农具，不再进行耕种，只顾当前穿好吃好，侧耳倾听等着您进军的号令，这是您的优势所在。然而您的将士们都已经疲倦不堪，很难再接着行军作战了。现在您又要率领这样一支疲乏困倦的军队到燕国坚固的城池下驻扎下来，准备与燕军作战，燕军如果坚守拒不出战，您主动攻城又很难攻克，长期下去，军中情况暴露在敌人面前，形势也就占下风了；时间一长的话，粮草会消耗殆尽。况且连燕国都征服不了，齐国必然会派出大军在边境与您对抗。如此一来，燕、齐两国与汉军互相对峙，久攻难下，刘邦、项羽两军之间谁胜谁负的趋势也就不那么分明了，这就是您的短处所在。善于用兵打仗的人，从来不会拿自己的短处与敌人的长处相对抗，而都是拿自己的长处与敌人的短处相对抗。"

韩信曰："然则何由？"广武君对曰："方今为将军计，莫如按甲休兵，镇抚赵民，百里之内，牛酒日至，以飨士大夫；北首燕路，而后遣辩士奉咫尺之书，暴其所长于燕，燕必不敢不听从。燕已从而东临齐，虽有智者，亦不知为齐计矣。如是，则天下事皆可图也。兵固有先声而后实者，此之谓也。"韩信曰："善！"从其策，发使使燕，燕从风而靡；遣使报汉，且请以张耳王赵，汉王许之。楚数使奇兵渡河击赵，张耳、韩信往来救赵，因行定赵城邑，发兵诣汉。

甲戌晦，日有食之。

【译文】韩信说："那么我该怎么做呢？"李左车说："现在我为您考虑的话，最好是整顿军备，暂作休养，对赵国百姓进行安抚，这样方圆百里以内的百姓，每天都会带着牛肉和美酒前来犒劳您的将士们；然后再率军向北方通向燕国的道路出发，接着派出能言善辩的说客带着一封书信给燕王送过去，向燕王展示您大军的长处，燕国一定不敢不听从。燕国向您顺服后，再挥师东进兵临齐国，此时即便齐国有再高明的谋士，也不知道要为国家献上什么计谋了。这样一来，一统天下的大事就可以成功了。兵法之中原本就有这样先壮大声势，然后才出动实际兵力进攻的说法，我所说的就是这个道理。"韩信说："非常好！"于是采纳了李左车的策略，派出使者到燕国出使。燕国听到消息后立即率众投降；韩信又派出使臣汇报汉王刘邦，请求封张耳为赵王，刘邦也答应了。此时楚王连续多次派出奇兵渡河对赵国进攻，张耳与韩信也就在赵地之间来回奔波，趁势夺取赵国的城池，随后率军前去营救汉王刘邦。

甲戌晦日，出现日食的现象。

【乾隆御批】陈馀事与宋襄一辙，宋襄不鼓不成列，而用人于睢之社；陈馀不用诈谋，而于刎颈交，亦欲得其首，世特知其迂谬，而不知其愚恶可笑也！

【译文】陈馀之事与宋襄公的事非常相像，宋襄公不攻打没有站好队列的敌人，而用人祭祀次睢的社神；陈馀不用欺诈的计谋，而对曾是生死之交的朋友，却非要得到他的头颅才肯发兵助汉，世人只知其迂腐、荒谬，却不知他愚恶、可笑！

【申涵煜评】左车之言如用，信、耳果成禽乎？曰："未必。"信何以闻不用而喜也？曰："用其言则费时日，难以一鼓而下矣。"善用兵者，随机应变，必不以侥幸成功。然而左车亦人豪哉。

【译文】如果陈馀听了李左车的话，韩信、张耳是不是真的会被擒获呢？回答说："未必。"那么，韩信为什么听说李左车的话没被采用而高兴呢？回答说："如果陈馀采用了他的话，战争就会耗费时日，难以一口气拿下赵国了。"善于用兵的人，要随机应变，一定不会靠一时侥幸取得成功。然而，李左车也是人中豪杰啊。

十一月，癸卯晦，日有食之。

随何至九江，九江太宰主之，三日不得见。随何说太宰曰："王之不见何，必以楚为强，以汉为弱也。此臣之所以为使。使何得见，言之而是，大王所欲闻也；言之而非，使何等二十人伏斧质九江市，足以明王倍汉而与楚也。"太宰乃言之王。

王见之。随何曰："汉王使臣敬进书大王御者，窃怪大王与楚何亲也！"九江王曰："寡人北乡而臣事之。"随何曰："大王与项王俱列为诸侯，北乡而臣事之者，必以楚为强，可以托国也。项王伐齐，身负版筑，为士卒先。大王宜悉九江之众，身自将之，为楚前锋；今乃发四千人以助楚。夫北面而臣事人者，固若是乎？汉王入彭城，项王未出齐也。大王宜悉九江之兵渡淮，日夜会战彭城下；大王乃抚万人之众，无一人渡淮者，垂拱而观其孰胜。夫托国于人者，固若是乎？大王提空名以乡楚而欲厚自托，臣窃为大王不取也！然而大王不背楚者，以汉为弱也。夫楚兵虽强，天下负之以不义之名，以其背盟约而杀义帝也。汉王收诸侯，还守成皋、荥阳，下蜀、汉之粟，深沟壁垒，分卒守徼乘塞。楚人深入敌国八九百里，老弱转粮千里之外。汉坚守而不动，楚进则不得攻，退则不能解，故曰楚兵不足恃也。使楚胜汉，则诸侯自危惧而相救。夫楚之强，适足以致天下之兵耳。故楚不如汉，其势易见也。今大王不与万全之汉而自托于危亡之楚，臣窃为大王惑之！臣非以九江之兵足以亡楚也；大王发兵而倍楚，项王必留；留数月，汉之取天下可以万全。臣请与大王提剑而归汉，汉王必裂地而封大王；又况九江必大王有也。"九江王曰："请奉命。"阴许畔楚与汉，未敢泄也。

【译文】十一月，癸卯晦日，再次发生日食。

随何来到九江，九江太宰主持接待事宜，三天之后还没有见到九江王黥布。随何于是劝太宰说："九江王不愿意召见我，肯定是认为楚军势力强盛，而汉军力量弱小的原因。但是我正是因为这个原因出使来到这里的。你如果能让我与九江王当面谈一谈，我要是说得有道理，那就是九江王想要听的；如果说得不对，可以把我与一块来的二十个人扔到九江街市上斩首示众，这样一来也可以表明九江王背汉而和楚交好的意思！"太宰于是把随何的这番话上报给九江王。

九江王黥布随即召见随何。随何说："汉王派我敬呈书信给大王您，我暗地里对大王与楚国这样亲近非常奇怪！"九江王说："我只是以臣子之礼事奉他。"随何说："大王您与楚王同样都是列侯，而您却以臣子之礼事奉他，必然是觉得楚国势力强大，可以以他作为依靠。楚王率军攻打齐国时，项羽亲自背着墙版、木材修筑营寨，身先士卒冲阵杀敌，您原本应当发动全部九江军队，亲自率军为楚军做前头部队，但是现在您只是派了四千人去援助楚军而已。以臣子之礼事奉他人，这样做合适吗？汉王率军进攻楚国

资治通鉴

彭城时，楚王还没有从齐国撤兵。那个时候您就应该率领九江全部大军横渡淮河，在彭城与汉王日夜激战；但您尽管拥兵数万，却一个人也没有横渡淮河协助楚王，只是袖手旁观。把江山社稷托付给别人，这样做合适吗？大王您这很明显是借着依附楚国的名声，却想行独立之实，臣私底下认为这种做法非常不值得学习！然而您仍旧不肯反叛楚国，是因为您认为汉军势力弱小的原因。但是您得知道，楚军现在虽然强盛，但天下诸侯百姓都责备他不仁不义，这是因为项羽曾经背弃盟约又杀害义帝怀王的缘故。而汉王刘邦在联合各路诸侯，回师据守成皋、荥阳，从蜀、汉两地运送粮食来解决军中粮草问题，深挖战壕、修筑壁垒，分兵据守边境要塞。再看看楚军，孤军深入敌国梁地长达八九百里，老弱妇孺还要从千里之外负责运送粮草辎重。汉军只要坚守不出营应战，楚军攻城迟迟难以攻克，后撤又无法脱身，因此我认为楚军实在不值得依附。假如楚军战胜汉军，到时候诸侯必然人人自危而相互营救。这样一来，楚军的强盛，正好导致了天下的战乱。所以说楚不如汉，这是显而易见的。如今大王您不与万无一失的汉国交好，却把自己的身家性命都托付给快要灭亡的楚国，我实在是替您的作为感到困惑不解啊！但我并不是说九江的军队战斗力就足以消灭楚军，假如您可以起兵反叛楚国，项羽必定要留下来；只要能拖延项羽几个月，汉王夺取天下就能够万无一失了。因此我恳求大王提剑休兵归附汉王，汉王将来肯定会给大王割地封王；更何况九江依然是大王您的。"九江王黥布说："那就听你的建议吧！"于是私下里答应叛楚归汉，但一时还是不敢泄露风声。

楚使者在九江，舍传舍，方急责布发兵。随何直入，坐楚使者上，曰："九江王已归汉，楚何以得发兵？"布愕然。楚使者起。

何因说布曰:"事已构,可遂杀楚使者,无使归,而疾走汉并力。"
布曰:"如使者教。"于是杀楚使者,因起兵而攻楚。

　　楚使项声、龙且攻九江,数月,龙且破九江军。布欲引兵走
汉,恐楚兵杀之,乃间行与何俱归汉。十二月,九江王至汉。汉
王方踞床洗足,召布入见。布大怒,悔来,欲自杀;及出就舍,帐
御、饮食、从官皆如汉王居,布又大喜过望。于是乃使人入九
江;楚已使项伯收九江兵,尽杀布妻子,布使者颇得故人、幸臣,
将众数千人归汉。汉益九江王兵,与俱屯成皋。

【译文】楚国的使者这个时候也在九江,住在驿馆里,正着急
催促黥布发兵营救楚军。随何径直走入馆舍,坐到楚国使者的上
座,说:"九江王已经归顺汉军,楚国又怎能让他发兵救楚?"黥布
一看随何把密谋说了出来,大吃一惊。楚使者起身就走。随何赶
紧对黥布说:"反楚这件事已经到这一地步了,您必须立即杀掉楚
军使者,不能让他回去向项羽报告,并赶紧与汉王联合。"黥布说:
"只能听您的建议了。"于是杀掉楚军使者,趁机起兵反楚。

　　楚王派出项声、龙且率军进攻九江,几个月后,龙且击败九江
王大军。黥布想率残部逃往汉军军营,又担心楚兵在半路上杀掉
他,于是与随何一起抄小路逃到汉。十二月,九江王抵达汉军大
营。汉王刘邦这个时候正坐在床上洗脚,立即把黥布召进房中见
面。黥布非常愤怒,后悔竟然来投奔他,萌生了自杀的念头;等到
出来返回为自己准备的驿馆时,看到帷帐、饮食以及身边的侍卫
都与汉王居住的地方一样,黥布又十分高兴。于是黥布派人到九
江进行联络;这个时候楚王已经派项伯将九江大军收编,又把黥
布的妻子儿女杀光了。黥布派出的使者找到黥布的许多故友和宠
臣,带着几千部众返回汉军大营。汉王刘邦随即又给黥布调派军
队,与他一起驻扎在成皋。

【乾隆御批】李德裕以汉王见黥布，深得驾驭英雄之术，其说非也。踞床洗足不过慢侮故习。即饮食、帷帐亦属招徕豪杰之常。即使有心措置，其见亦甚鄙。布本骊山之徒，趣不高，而欲易厌，故尔轻喜易怒，如堕术中。适自成其为布而已。

【译文】李德裕认为汉王召见英布这件事，说明刘邦深得驾驭英雄的方法，这种说法是不正确的。坐在床边洗脚不过是汉王轻慢、侮辱士人的老习惯，即使让英布的饮食、帷帐与汉王一模一样，也是招徕豪杰的通常做法。假如刘邦在这个问题上花费了心思，那么他的行为也是很卑鄙的。英布本是骊山的刑徒，志趣不高，且欲望容易满足，所以英布易喜易怒，从而中了刘邦的计谋。这也正是英布所以是英布的原因。

楚数侵夺汉甬道，汉军乏食。汉王与郦食其谋桡楚权。食其曰："昔汤伐桀，封其后于杞；武王伐纣，封其后于宋。今秦失德弃义，侵伐诸侯，灭其社稷，使无立锥之地，陛下诚能复立六国之后，此其君臣、百姓必皆戴陛下之德，莫不乡风慕义，愿为臣妾。德义已行，陛下南乡称霸，楚必敛衽而朝。"汉王曰："善！趣刻印，先生因行佩之矣。"

【译文】楚军连续多次袭击汉军运送粮草的通道，致使汉军粮草短缺。汉王刘邦于是与郦食其商讨准备削弱楚军实力。郦食其说："昔日商汤征讨夏桀，将夏的后嗣分封在杞地；周武王灭掉商纣，又把商王子孙分封到宋国。如今秦王朝有失道德，背弃仁义，侵略各诸侯国，诸侯各国纷纷灭亡，致使诸侯后嗣没有立身之地。大王如果真的可以使六国后裔恢复王位，这样六国君臣上下以及百姓们一定都会感激大王您对他们的恩德，无不仰慕您的仁义作风，都心甘情愿做您的臣民侍奉您。这样一来您的道义施行于天下，就可南面而称帝一统天下了，到时候楚王也得整理衣冠，满心敬意地来向您朝拜。"汉王刘邦说："非常好！你这就赶紧去刻制印玺，前往六国对各国后裔进行分封。"

食其未行，张良从外来谒。汉王方食，曰："子房前！客有为我计桡楚权者。"具以郦生语告良，曰："何如？"良曰："谁为陛下画此计者？陛下事去矣！"汉王曰："何哉？"对曰："臣请借前箸，为大王筹之。昔汤、武封桀、纣之后者，度能制其死生之命也；今陛下能制项籍之死命乎？其不可一也。武王入殷，表商容之闾，释箕子之囚，封比干之墓，今陛下能乎？其不可二也。发巨桥之粟，散鹿台之钱，以赐贫穷，今陛下能乎？其不可三也。殷事已毕，偃革为轩，倒载干戈，示天下不复用兵，今陛下能乎？其不可四也。休马华山之阳，示以无为，今陛下能乎？其不可五也。放牛桃林之阴，以示不复输积，今陛下能乎？其不可六也。天下游士，离其亲戚，弃坟墓，去故旧，从陛下游者，徒欲日夜望咫尺之地；今复立六国之后，天下游士各归事其主，从其亲戚，反其故旧、坟墓，陛下与谁取天下乎？其不可七也。且夫楚唯无强，六国立者复桡而从之，陛下焉得而臣之？其不可八也。诚用客之谋，陛下事去矣！"

【译文】郦食其还没来得及走，张良从外面返回拜见汉王刘邦。汉王这个时候正在吃饭，说："子房，你到前面来！宾客之中有人替我策划了削弱楚军力量的好方法。"于是就把郦食其的话一五一十地告诉张良，说："您觉得怎么样？"张良说："这样的主意是谁替大王出的？陛下您的大事就要完了！"汉王刘邦说："这是什么原因呢？"张良回答说："臣请求借您面前的筷子用一用，给您说清楚这件事的情势：昔日商汤、周武对夏桀、殷纣的后嗣进行分封，是因为估量自己的实力可以控制夏桀和殷纣后裔的生死，如今大王您可以控制项羽的命运吗？这是不可以这样做的第一个原因。周武王进入殷商国都之后，在里门对商容的贤德进行表彰，释放了被拘禁的箕子，修葺比干的陵墓。大王您现在能够这样做吗？这是不可以这样做的第二个原因。周武王将巨桥仓中囤积的粮食以及积存在鹿台的金钱发放给贫穷的平民，大王您能够做到这些吗？这是不可以这样做的第三个原因。消灭殷商之后，周武王随即把战车改成日用的乘车，将兵器倒置，向天下百姓表示以后不再用兵，大王您现在能够做到这些吗？这是不可以这样做的第四个理由。周武王把军中的战马放养在华山南坡下，表示不再发动战事，大王您现在能够做到这些吗？这是不可以这样做的第五个理由。周武王又将运送粮草的牛放养到桃林北面，向天下百姓表示不再运送军需辎重，大王您现在能够做到这些吗？这是不可以这样做的第六个理由。天下四处游说的谋士，舍弃自己的父母双亲，远离祖先的坟墓，与故友告别，纷纷前来追随您，就是因为希望您可以成就霸业，自己也可以得到封赏；但是假如您现在再将六国后裔分封为王，那么天下四处游说的谋士就要各自回去侍奉他们自己的君主，与自己的父母双亲团聚，重新回到故友以及祖坟所在的家乡，到那个时候还有什么人可以帮助您夺取天下呢？这是不可以这样做的第七个理由。更何况楚国目前是各路诸侯之中实力最强盛的，假如分封的六国后裔又重新归顺楚国，到时候大王您还有什么办法让他们向您臣服？这是不可以这样做的第八个理由。大王要是真的采纳了那个宾客的策略，您一统天下的大事就完了！"

汉王辍食，吐哺，骂曰："竖儒几败而公事！"令趣销印。

◆荀悦论曰：夫立策决胜之术，其要有三：一曰形，二曰势，三曰情。形者，言其大体得失之数也；势者，言其临时之宜、进退之机也；情者，言其心志可否之实也。故策同、事等而功殊者，三术不同也。

初，张耳、陈馀说陈涉以复六国，自为树党；郦生亦说汉王。所以说者同而得失异者，陈涉之起，天下皆欲亡秦；而楚、汉之分未有所定，今天下未必欲亡项也。◆

【译文】汉王刘邦听完这些话饭也不吃了，把口里的食物吐出来，破口大骂道："这个愚蠢的书生，差一点就坏了老子的大事！"立即下令赶紧销毁那些已经刻好的印信。

◆荀悦评论这件事说：但凡策划谋略来决定胜负的数术，关键点有三：一是形，二是势，三是情。所谓"形"，是指从大体上来判断得失的走向；所谓"势"，是讲应对突发状况的措施、进退的随机应变能力；所谓"情"，指的是一个人的心志是否真正的足够坚韧不拔。因此采用的计策相同、所遇的事情也一样，但最终的效果却不一样，都是因为这三种方法运用得不同的原因。

当年张耳与陈馀向陈胜建议恢复六国诸侯的王位来为自己树立众多党羽；后来郦食其也用相同的计策劝说汉王刘邦。之所以劝说的内容相同但得失却不相同，这是因为陈涉起兵反秦时，天下人都想要灭亡秦王朝；但是现在楚、汉之间的胜负之数还难以判定，天下各路诸侯不一定都想着让项羽败亡。◆

【申涵煜评】立六国后，郦生胸中止有一图霸习见，不复知帝王大计。且魏豹、田荣辈见反覆不常，立后又焉可恃乎？子房所见者大，故卒能为王者师。

【译文】让六国诸侯的后人继承君位，可见郦生心中只有图谋称霸的旧见识，不再知道还有称帝的大事。而且魏豹、田荣之类的人已经显露出反复无常的秉性，让他们继承君位后，又怎么可以依靠呢？还是张良看得长远，故而最终能成为帝王师。

◆故立六国，于陈涉，所谓多己之党而益秦之敌也；且陈涉未能专天下之地也，所谓取非其有以与于人，行虚惠而获实福也。立六国，于汉王，所谓割己之有而以资敌，设虚名而受实祸也。此同事而异形者也。

及宋义待秦、赵之毙，与昔卜庄刺虎同说者也。施之战国之时，邻国相攻，无临时之急，则可也。战国之立，其日久矣，一战胜败，未必以存亡也；其势非能急于亡敌国也；进乘利，退自保，故累力待时，承敌之毙，其势然也。今楚、赵所起，其与秦势不并立，安危之机，呼吸成变，进则定功，退则受祸。此同事而异势者也。◆

【译文】◆因此立六国后裔为王，对于陈胜而言，是帮助自己增加党羽而给秦王朝树立更多的强敌；况且当时陈胜还没有独自占有全天下的土地，这样也就是把本来就不属于自己的利益送给他人，因此是承诺给诸侯虚无的恩惠，而自己却白白得到实际的好处。但是重新分封六国后裔为王，对汉王而言，却是把属于自己所有的东西分割出来资助敌人，只是得到施行仁义的虚名，实际上却饱受祸害。这也就是所做的事情相同，但是"形"却不一样的例子。

等到后来宋义提议等待秦、赵两国两败俱伤时再趁机出军攻秦，这与当年卜庄子刺虎的说法是一样的，这样的说法运用到战国时期，相邻两国之间相互攻伐，没有临时的危急情况发生，还是勉强可以行得通。因为战国形势的确立已经有相当长的时间，一次战斗的胜负，不见得就可以决定国家的存亡；当时的"势"决定了一诸侯国无法在短时间内消灭敌国，而是凭借有利的条件可以进攻，形势不利时也可以自保，因此可以积蓄力量，等待对自己有利的时机，乘敌人力量空虚时攻击取胜，这也是"势"所造成的结果。但就现在楚、赵两国的形势来看，楚、赵两国与秦国是无法并存的，何况双方只需要一次战争就可以定存亡，因此安危之机在瞬间就会有很大的改变，所以进攻可以建立功业，后退就要遭受祸患。这就是遇到的事情一样但是"势"却不一样的事例。◆

◆伐赵之役，韩信军于泜水之上而赵不能败。彭城之难，汉王战于睢水之上，士卒皆赴入睢水而楚兵大胜。何则？赵兵出国迎战，见可而进，知难而退，怀内顾之心，无出死之计；韩信军孤在水上，士卒必死，无有二心，此信之所以胜也。汉王深入敌国，置酒高会，士卒逸豫，战心不固；楚以强大之威而丧其国都，士卒皆有愤激之气，救败赴亡之急，以决一旦之命，此汉之所以败也。且韩信选精兵以守，而赵以内顾之士攻之；项羽选精兵以攻，而汉以怠惰之卒应之，此同事而异情者也。

故曰：权不可豫设，变不可先图。与时迁移，应物变化，设策之机也。◆

【译文】◆汉军对赵国进攻的那场战役，韩信率大军在睢水旁驻扎，但是赵军最终也没能击败韩信。彭城一战汉军遭难，汉王同样是率军在睢水边与项王激战，最终汉军士兵跌入睢水中淹死，楚军取得胜利。这是什么原因？赵军是出城迎战，看到可以进击才大举进攻，知道前方有危难就连忙后撤，人人都抱着关心自身的心思，并没有出生入死的决心；而韩信的军队在睢水岸边驻扎，孤立无援，士兵们都有必死的决心，没有人有二心，这才是韩信取胜的原因。汉王率军深入敌境，大摆宴席，与群臣宾客饮酒作乐，全军将士都非常享受安逸的日子，也没有坚定的作战心理；反观楚军，尽管有着强大的实力，却丢失了自己的国都彭城，因此将士上下都群情激奋，急迫地渴望挽救败局，甚至甘愿献出自己的生命，以求一场决定生死的恶战，这就是汉王之所以惨败的原因。何况韩信在睢水边驻守的是操练有素的精锐部队，而赵王却派出瞻前顾后的部队出城作战；项羽挑选精兵良将攻打彭城，而刘邦却以松散怠慢的将士应战。这就是遇到的事情相同而"情"不一样的实例。

所以说：应对事情的权宜之策是不可能预先设计好的，事态的变化也是没办法事先策划好的。随着时机而及时地变化策略，顺应形势的变化而变化，这才是制定计策的关键所在。◆

汉王谓陈平曰："天下纷纷，何时定乎？"陈平曰："项王骨鲠之臣亚父、钟离眜、龙且、周殷之属，不过数人耳。大王诚能捐数万斤金，行反间，间其君臣，以疑其心。项王为人，意忌信谗，必内相诛，汉因举兵而攻之，破楚必矣。"汉王曰："善！"乃出黄金四万斤与平，恣所为，不问其出入。平多以金纵反间于楚军，宣言："诸将钟离眜等为项王将，功多矣，然而终不得裂地而王，欲与汉为一，以灭项氏而分王其地。"项王果意不信钟离眜等。

【译文】汉王刘邦对陈平说："当今天下局势纷乱，到什么时候才可以平定呢？"陈平说："项王身边正直不阿的大臣，像亚父、钟离眜、龙且、周殷等，只不过几个人而已。如果大王能拿出几万斤的黄金，使用反间计，用来离间项王与大臣们之间的关系，必然可以使项王对他们产生怀疑。项王为人本来就猜忌多疑又容易轻信谗言，必然会导致他们内部自相残杀，这个时候汉军趁机出兵进攻，一定可以击败楚军。"汉王刘邦说："非常好！"于是调拨四万斤黄金送给陈平，让他自己看情况去做，也不问黄金的使用情况。陈平随即用巨额黄金在楚军中间施行反间计，并四处散播谣言说："钟离眜等许多将领作为项王的大将，功勋卓著，但是最终却不能封地称王，所以他们准备与汉军联合，借机除掉项王，瓜分土地称王。"果然，项羽对钟离眜等人逐渐猜忌，不再信任重用。

夏，四月，楚围汉王于荥阳，急，汉王请和，割荥阳以西者为汉。亚父劝羽急攻荥阳；汉王患之。项羽使使至汉，陈平使为太牢具。举进，见楚使，即佯惊曰："吾以为亚父使，乃项王使！"复持去，更以恶草具进楚使。楚使归，具以报项王，项王果大疑亚父。亚父欲急攻下荥阳城，项王不信，不肯听。亚父闻项王疑之，乃怒曰："天下事大定矣，君王自为之，愿请骸骨！"归，未至彭城，疽发背而死。

【译文】夏，四月，汉王刘邦在荥阳被楚军包围，形势非常危急；汉王刘邦向项羽请求议和，只求把荥阳以西的土地割让给汉国。范增建议项羽乘此时机对荥阳发动猛攻，汉王刘邦非常担心。项羽派出使者来到汉军营地打探，陈平准备了非常丰盛的宴席。端进去，见到了项羽派来的使者，假装很惊奇地说："我还以为是亚父派来的使者呢，原来居然是项王的使者！"又把酒菜端走，改成不好的饭菜招待项羽的使者。使臣回去后，把遇到的事情都禀报给了项王，项王于是对亚父非常怀疑。亚父请求抓紧时间攻克荥阳城，项王不信任亚父，不肯采纳他的建议。亚父知道项王对他起了疑心，就非常恼怒地对项王说："天下事大体上已经定形，您还是好自为之吧，恳请大王允许我辞职回乡！"亚父于是离开项王返回，还没来到彭城，就因为背部疮毒复发而死了。

【乾隆御批】陈平此计乃欺三尺童，未可保其必信者，史以为奇而世传之，可发一笑！

【译文】陈平这个计策用来欺骗三尺小儿，也未必保证一定能相信，撰史者还以为是奇计而加以推广，真是可笑！

五月，将军纪信言于汉王曰："事急矣！臣请诳楚，王可以间出。"于是陈平夜出女子东门二千馀人，楚因而四面击之。纪信乃乘王车，黄屋左纛，曰："食尽，汉王降楚。"楚皆呼万岁，之城东观。以故汉王得与数十骑出西门遁去，令韩王信与周苛、魏豹、枞公守荥阳。羽见纪信，问："汉王安在？"曰："已出去矣。"羽烧杀信。周苛、枞公相谓曰："反国之王，难与守城！"因杀魏豹。

【译文】五月的时候，将军纪信向汉王刘邦说："如今形势紧急！请允许让我出去迷惑楚军，大王可以趁机悄悄溜走。"陈平于是趁着天黑，把二千名女子放出东门，楚军随即从四面进行围攻。纪信随即乘着汉王刘邦日常乘坐的装饰有黄屋、左纛的车子，来到楚军阵前说："城中的存粮已经吃光了，汉王我现在来投降。"楚军纷纷高呼万岁，都来到城东围观。汉王因此才得以与数十骑人马从西门出城逃跑，下令让韩王信和周苛、魏豹、枞公等人镇守荥阳。项羽见到纪信，问道："汉王人在什么地方？"纪信回答说："已经出城了。"项羽于是把纪信烧死。周苛、枞公两个人互相商议说："魏王豹是反叛汉国的君王，想要和他一起镇守荥阳太难了！"于是杀掉了魏王豹。

汉王出荥阳,至成皋,入关,收兵欲复东。

辕生说汉王曰:"汉与楚相距荥阳数岁,汉常困。愿君王出武关,项王必引兵南走。王深壁勿战,令荥阳、成皋间且得休息,使韩信等得安辑河北赵地,连燕、齐,君王乃复走荥阳。如此,则楚所备者多,力分;汉得休息,复与之战,破之必矣!"汉王从其计,出军宛、叶间。与黥布行收兵。羽闻汉王在宛,果引兵南;汉王坚壁不与战。

汉王之败彭城,解而西也,彭越皆亡其所下城,独将其兵北居河上,常往来为汉游兵击楚,绝其后粮。是月,彭越渡睢,与项声、薛公战下邳,破,杀薛公。羽乃使终公守成皋,而自东击彭越。汉王引兵北,击破终公,复军成皋。

【译文】汉王刘邦从荥阳逃出来到达成皋,进入函谷关,将散乱的兵马重新聚集起来,准备重新出兵东进。

辕生向汉王刘邦建议说:"汉楚两军在荥阳僵持对垒已经有好几年的时间了,汉军常遭遇困境。希望大王可以从武关出兵,项王必然要率军南下与大王迎战。此时大王就可以深挖战壕修筑壁垒,避免与项王直接交战,使得荥阳、成皋两地的汉军可以得到短时间的休整。再派出韩信等人到黄河以北赵地去安抚军民,与燕、齐两国大军联合,到时候大王再引兵奔赴荥阳。这样一来,楚军就需要处处设军防备,兵力就会被分散;汉军得到休整之后,再与楚军交锋,必然可以击败楚军!"汉王刘邦采纳了他的建议,出兵抵达宛、叶之间,与黥布沿途收聚兵马。项羽听到汉王刘邦在宛的消息,果然率大军南下,汉王刘邦命令大军坚守营垒,拒绝出营与楚军交战。

汉王刘邦在彭城一战兵败的时候,大军溃散向西方逃窜,彭越也将自己攻克的城池全部丧失了,只好独自率领军队向北撤退到黄河边驻扎下来，常常作为汉王刘邦的游击部队到处袭击楚军，断绝楚军后方的粮食供给路线。这个月，彭越率大军横渡睢水，在下邳与项声、薛公交战，击败楚军，并斩杀薛公。项羽于是命令终公镇守成皋，亲自率军向东进军攻击彭越。汉王刘邦率军向北进击，打败了终公，率军在成皋重新驻扎下来。

六月，羽已破走彭越，闻汉复军成皋，乃引兵西拔荥阳城，生得周苛。羽谓苛："为我将，以公为上将军，封三万户。"周苛骂曰："若不趋降汉，今为虏矣；若非汉王敌也！"羽烹周苛，并杀枞公而虏韩王信，遂围成皋。汉王逃，独与滕公共车出成皋玉门，北渡河，宿小脩武传舍。晨，自称汉使，驰入赵壁。张耳、韩信未起，即其卧内，夺其印符以麾召诸将，易置之。信、耳起，乃知汉王来，大惊。汉王既夺两人军，即令张耳徇行，备守赵地。拜韩信为相国，收赵兵未发者击齐。诸将稍稍得出成皋从汉王。楚遂拔成皋，欲西；汉使兵距之巩，令其不得西。

【译文】六月，项羽率军已经击败了彭越的军队，听说汉王刘邦重新驻扎到成皋，随即率大军西进攻破荥阳城，活捉了周苛。项羽对周苛说："如果你肯为我效力，我将会任命你做上将军，封赏给你三万户的封地。"周苛大骂道："你不趁早向汉王投降，眼看着马上就要成为他的俘虏了；你绝对不是汉王的对手！"项羽盛怒之下把周苛烹杀了，又杀了枞公，将韩王信俘虏，随即率军包围成皋。汉王独自逃脱，与滕公夏侯婴乘坐一辆车子从成皋玉门出城，向北横渡黄河，来到小脩武的驿舍中住下来。第二天一大早，汉王刘邦自称是汉军的使者，骑马奔入赵军大营中。张耳、韩信两人这个时候还没有起床，于是汉王刘邦直接闯进他们的卧房内，将两人的印信兵符夺走，借此指挥赵军众位将领，调换赵军将领们的职位，改由汉王亲自指挥。韩信、张耳睡醒后，才知道汉王刘邦已经来过了，惊恐万分。汉王刘邦夺取两人的兵权后，命令张耳按照自己应该履行的职责做事，率军镇守赵地。又封韩信为相国，让他将还没有来得及出发的赵军聚拢到一起，向东进发攻击齐国。汉军诸将也纷纷从成皋出来继续追随汉王。楚军随即攻克成皋，准备再向西进军；汉王刘邦于是派兵在巩县抵御楚军，楚军无法继续西进。

秋，七月，有星孛于大角。

临江王敖薨，子尉嗣。

汉王得韩信军，复大振。八月，引兵临河，南乡，军小脩武，欲复与楚战。郎中郑忠说止汉王，使高垒深堑勿与战。汉王听其计，使将军刘贾、卢绾将卒二万人，骑数百，度白马津，入楚地，佐彭越，烧楚积聚，以破其业，无以给项王军食而已。楚兵击刘贾，贾辄坚壁不肯与战，而与彭越相保。

彭越攻徇梁地，下睢阳、外黄等十七城。九月，项王谓大司马曹咎曰："谨守成皋！即汉王欲挑战，慎勿与战，勿令得东而已。我十五日必定梁地，复从将军。"羽引兵东行，击陈留、外黄、睢阳等城，皆下之。

【译文】秋季七月份，在大角星旁边出现怪异的星象。

临江王共敖逝世，他的儿子共尉继位。

汉王刘邦得到韩信的大军后，声势重新振作起来。八月，率军抵达黄河岸边，面向南边安营扎寨，大军在小脩武驻扎下来，准备与楚军再次作战。郎中郑忠劝汉王刘邦不要出兵，而建议他高筑垒堡，深挖壕沟，避免与项王直接交战。汉王采纳了郑忠的建议，派出将军刘贾、卢绾两人率领二万士兵，数百骑兵，从白马津横渡黄河，进入楚地，协助彭越，将楚军囤积的粮草烧毁，一直将楚军的大后方捣毁，致使楚军的粮草供应无法维持。楚军进击刘贾，但刘贾却一直坚守壁垒，不肯与楚军直接交锋，而与彭越相互呼应、救援。

彭越率军攻克昔日梁国的土地，接连攻克睢阳、外黄等十七座城池。九月时，项王对大司马曹咎说："一定要小心镇守成皋！即便是汉王前来挑衅，你也千万不要出城与他交战，只需要把汉军拖延住不让汉军向东进军就足够了。我在十五天的时间内一定将梁地收复，再返回来与将军汇合。"项羽随即率军向东进发，对陈留、外黄、睢阳等几座城池发动猛攻，都纷纷攻克了。

【乾隆御批】项羽生平，所过残灭，独首肯外黄小儿之言。所谓晓人当如是也，使范增而在，有愧是儿多矣。

【译文】项羽生平所到的地方都大肆杀戮，唯独同意外黄小儿的话。应当像这样来开导人，假如范增还在，对不起这个小孩的事情多了。

汉王欲捐成皋以东，屯巩、洛以距楚。郦生曰："臣闻'知天之天者，王事可成'，王者以民为天，而民以食为天。夫敖仓，天下转输久矣，臣闻其下乃有藏粟甚多。楚人拔荥阳，不坚守敖仓，乃引而东，令适卒分守成皋，此乃天所以资汉也。方今楚易取而汉反却，自夺其便，臣窃以为过矣。且两雄不俱立，楚、汉久相持不决，海内摇荡，农夫释耒，红女下机，天下之心未有所定也。愿足下急复进兵，收取荥阳，据敖仓之粟，塞成皋之险，杜太行之道，距蜚狐之口，守白马之津，以示诸侯形制之势，则天下知所归矣。"王从之，乃复谋取敖仓。

食其又说王曰："方今燕、赵已定，唯齐未下，诸田宗强，负海、岱，阻河、济，南近于楚，人多变诈；足下虽遣数万师，未可以岁月破也。臣请得奉明诏说齐王，使为汉而称东藩。"上曰："善!"

【译文】汉王刘邦准备放弃成皋东边的地区，率大军在巩、洛一带驻扎下来以对抗楚军。郦生建议说："微臣听说'能够了解天之所以成为天的人，就可以成就王者之业'，作为国君要把百姓视为上天一样敬奉，而百姓却是以粮食为天的。敖仓这个地方作为天下的粮仓已经有很长的时间了，臣听说在那个地方囤积了很多的粮食。楚军攻克荥阳后，却不懂得坚守住敖仓，居然率军向东进发，只是命令一些谪卒分散开来把守住成皋，这实在是上天在暗地里帮助汉军的大好时机。如今很轻易地就可以将楚军击败，但是汉军却放弃这么好的时机，自行撤退，臣私下里认为这实在是个极大的错误! 更何况两雄并征，势必不能久存，楚、汉两军相持不下已经有很长时间，致使四境之内都动荡不安，农夫停下手中的耕犁不进行农事，妇女也抛弃机杼不再纺织，全天下民心长时间安定不下来。臣恳请大王尽早再度出兵，攻占荥阳，抢占敖仓的粮草，把守住成皋的险要关口，断绝通往太行山的通道，在蜚狐口派兵镇守，并据守白马津，向各路诸侯显示出汉军已经占据有利形势，足以克敌制胜，这样一来天下人就全都知道自己要归附于谁了。"汉王刘邦于是采纳了郦生的计策，随即出兵重新前去进攻敖仓。

郦食其又向汉王刘邦建议说："如今燕、赵两地已经平定，唯独剩下齐国还没有攻克。齐国的田氏一族例如田广、田间等人势力还比较强大，又凭借着大海、泰山作为依靠，面朝济水、黄河作为天险，向南逼近楚国，齐国的百姓大多狡猾善变；大王尽管已经派出数万军队前去攻打，但不知道到什么时候才能攻克。臣请求自己可以接受大王您的诏令，前去向齐王游说，劝他投靠汉军作为汉军东边的藩篱。"汉王刘邦说："非常好！"

乃使郦生说齐王曰："王知天下之所归乎？"王曰："不知也。天下何所归？"郦生曰："归汉！"曰："先生何以言之？"曰："汉王先入咸阳，项王负约，王之汉中。项王迁杀义帝，汉王闻之，起蜀、汉之兵击三秦，出关而责义帝之处。收天下之兵，立诸侯之后；降城即以侯其将，得赂即以分其士；与天下同其利，豪英贤才皆乐为之用。项王有倍约之名，杀义帝之实；于人之功无所记，于人之罪无所忘；战胜而不得其赏，拔城而不得其封，非项氏莫得用事；天下畔之，贤才怨之，而莫为之用。故天下之事归于汉王，可坐而策也！夫汉王发蜀、汉，定三秦；涉西河，破北魏；出井陉，诛成安君；此非人之力也，天之福也！今已据敖仓之粟，塞成皋之险，守白马之津，杜太行之阪，距蜚狐之口；天下后服者先亡矣。王疾先下汉王，齐国可得而保也；不然，危亡可立而待也！"先是，齐闻韩信且东兵，使华无伤、田解将重兵屯历下以距汉。及纳郦生之言，遣使与汉平，乃罢历下守战备，与郦生日纵酒为乐。

【译文】汉王刘邦于是派出郦生前去游说齐王，说："大王您了解如今天下百姓的人心归向吗？"齐王说："我并不了解。天下百姓都归向谁呢？"郦生说："归向汉王。"齐王说："您为何这样说呢？"郦生说："汉王率军率先入关进入咸阳，项王不肯遵守先前的盟约，只是把他派到汉中做汉王。项王先是将义帝怀王流放，后来又将义帝杀害；汉王听到这个消息之后，随即发动蜀、汉两地的大军向三秦出兵，到关中地区斥责项羽询问义帝的下落。又将天下的士卒收拢到一起，拥立天下诸侯后嗣为王；有人率城归降，汉王就将降将封赏为侯；意外得到来自他人的馈赠，就赏赐给手下的士卒；与天下百姓共享福祉，所以全天下的豪杰志士、贤能人才都非常高兴地愿意为他效力。而项王既背负着背叛盟约的坏名声，又身怀着杀害义帝的不义行为；他人对他有功他丝毫不放在心上，别人有了一丁点儿的罪过却耿耿于怀长时间不忘；部将作战取得胜利也得不到应有的赏赐，攻克城池也不能获得应有的封爵，除了项氏家人，其他的人都得不到他的信任重用；致使天下人纷纷反叛他，豪杰贤才都对他表示埋怨，没有一个人愿意为他效力，因此统一天下的大业必然要归属于汉王，这是坐着不动就可以推算出来的结果！再说汉王调集蜀、汉两地的大军，平定三秦大地；横渡西河，击败北魏，从井陉口出兵，将成安君陈馀斩杀，这所有的功劳不是靠人的力量就可以做到的，而是上天赐予的洪福！现如今汉王已经抢占敖仓的粮草，派重兵把守成皋的险要，驻守白马津，断绝通往太行山的道路，占据蜚狐的关口；从这些来看，天下各路诸侯如果向汉王臣服晚了的话，必然会首先遭受灭亡的命运。因此大王还是赶紧向汉王表示臣服，这样齐国才可以保全而避免被灭亡的命运；不这样的话，齐国的危难恐怕在很短时间之内就会降临！"在这件事之前，齐王已听说韩信率军东进的消息，于是派出了华无伤、田解等人率领重兵在历下屯驻，来抵御汉军的侵扰。等到齐王采纳了郦生的建议后，随即派人与汉王刘邦讲和，撤除了历下城的防守装备，与郦生每天只是纵酒作乐。

韩信引兵东，未度平原，闻郦食其已说下齐，欲止。辩士蒯彻说信曰："将军受诏击齐，而汉独发间使下齐，宁有诏止将军乎？何以得毋行也？且郦生，一士，伏轼掉三寸之舌，下齐七十馀城，将军以数万众，岁馀乃下赵五十馀城。为将数岁，反不如一竖儒之功乎！"于是信然之，遂渡河。

【译文】韩信率大军向东进发，还没有来得及从平原津横渡黄河，就已经听到郦食其凭借游说而劝说齐国归降的消息，于是准备停兵不再前进。有辩士蒯彻向韩信建议说："将军您是奉汉王的军令进攻齐国的，而郦生是趁着机会向齐王游说而使齐国归降的，您并没有接到汉王的命令让您停止前进，怎么可以不继续向前进军呢？况且郦生只不过是一介普通的书生，四处拨弄他那一条三寸不烂之舌，就使得齐国七十多座城池纷纷归降；而您统率几万大军，经过一年多的苦战才攻克赵国五十几座城池。在外奔波做了几年的大将，难道还不如一个普通的书生功劳大吗？"韩信于是采纳了蒯彻的建议，率大军渡河向齐国发动进攻。

四年(戊戌，公元前二〇三年)冬，十月，信袭破齐历下军，遂至临淄。齐王以郦生为卖己，乃烹之；引兵东走高密，使使之楚请救。田横走博阳，守相田光走城阳，将军田既军于胶东。

楚大司马咎守成皋，汉数挑战，楚军不出。使人辱之，数日，咎怒，渡兵汜水。士卒半渡，汉击之，大破楚军，尽得楚国金玉、货赂，咎及司马欣皆自刭汜水上。汉王引兵渡河，复取成皋，军广武，就敖仓食。

项羽下梁地十馀城，闻成皋破，乃引兵还。汉军方围钟离眜于荥阳东，闻羽至，尽走险阻。羽亦军广武，与汉相守。数月，楚军食少。项王患之，乃为高(祖)〔俎〕，置太公其上，告汉王曰："今不急下，吾烹太公！"汉王曰："吾与羽俱北面受(吾)〔命〕怀王，约为兄弟，吾翁即若翁；必欲烹而翁，幸分我一桮羹！"项王怒，欲杀之。项伯曰："天下事未可知。且为天下者不顾家，虽杀之，无益，只益祸耳！"项王从之。

【译文】四年(戊戌，公元前203年)冬季十月份，韩信率大军击败了齐国历下城的守军，抵达临淄城下。齐王还以为是郦生把自己出卖了，于是将郦生煮死；又率齐国军队向东逃奔到高密，派使者前往楚国请求支援。田横此时已经逃到博阳，宰相田光本来是留守但是也逃到城阳，将军田既率军在胶东驻扎。

楚军大司马曹咎率军负责镇守成皋，汉军好几次进行挑战，楚军固守不肯出城应战。汉军派人到曹咎阵前破口大骂，几天后，曹咎暴怒如雷，率军横渡汜水，楚军将士刚渡过一半，汉军就进行攻击，楚军大败，汉军将楚军的金银财宝全部掠走，曹咎与司马欣两人也在汜水边拔剑自杀。汉王刘邦随即率大军横渡黄河，重新攻占成皋，大军在广武驻扎下来，从敖仓取来粮草供应大军。

项羽成功攻克梁地十几座城池，听说成皋已经被汉王刘邦攻克，于是率大军返回。此时汉军正将钟离眛包围在荥阳东边，听说项羽率军赶来的消息，纷纷选择向地形险要的地区后撤。项羽于是也在广武驻扎下来，与汉军对峙。几个月后，楚军粮草日渐短缺。项王非常担忧，于是做了一个肉案，把刘邦的父亲太公放到上面，威胁汉王刘邦说："你要是还不赶紧投降的话，我就把你的父亲太公煮死！"汉王刘邦说："我与你都曾经是楚怀王的臣子，从怀王那里接受命令，誓盟结为兄弟，因此我的父亲其实也就是你的父亲；你要是非得烹杀你的父亲，还希望你可以给我一杯肉羹！"项王勃然大怒，眼看就要将太公杀掉。项伯赶紧说："如今天下大势还不可预测，更何况在外奔波争夺天下的人大多是不顾及自己的家人的，再说杀了他的父亲对大王您也没有什么好处，只不过是白白地增加自己的祸害罢了！"项王听从了他的建议，没有杀掉太公。

项王谓汉王曰:"天下匈匈数岁者,徒以吾两人耳。愿与汉王挑战,决雌雄,毋徒苦天下之民父子为也!"汉王笑谢曰:"吾宁斗智,不能斗力!"项王三令壮士出挑战,汉有善骑射者楼烦辄射杀之。项王大怒,乃自被甲持戟挑战。楼烦欲射之,项王瞋目叱之,楼烦目不敢视,手不敢发,遂走还入壁,不敢复出。汉王使人间问之,乃项王也,汉王大惊。

于是项王乃即汉王,相与临广武间而语。羽欲与汉王独身挑战。汉王数羽曰:"羽负约,王我于蜀、汉,罪一;矫杀卿子冠军,罪二;救赵不还报,而擅劫诸侯兵入关,罪三;烧秦宫室,掘始皇帝冢,收私其财,罪四;杀秦降王子婴,罪五;诈坑秦子弟新安二十万,罪六;王诸将善地而徙逐故主,罪七;出逐义帝彭城,自都之,夺韩王地,并王梁、楚,多自与,罪八;使人阴杀义帝江南,罪九;为政不平,王约不信,天下所不容,大逆无道,罪十也。吾以义兵从诸侯诛残贼,使刑馀罪人击公,何苦乃与公挑战!"羽大怒,伏弩射中汉王。汉王伤胸,乃扪足曰:"虏中吾指。"汉王病创卧,张良强请汉王起行劳军,以安士卒,毋令楚乘胜。汉王出行军,疾甚,因驰入成皋。

【译文】项王对汉王刘邦说:"天下各路诸侯之间互相折腾了这么多年,只是因为我们两个人相持不下罢了。我现在愿意向你挑战,一决胜负,不要再让天下的老百姓们整天白白遭受苦难了!"汉王刘邦微笑着谢绝说:"我宁肯与你斗智,也不愿意与你斗力。"项王连续三次下令让楚军中的壮士骑战马出阵挑战刘邦,汉王手下有一个精通于骑射的部下楼烦,把前来挑战的壮士一一射杀。项王十分生气,于是亲自穿上甲衣手执大戟出阵挑战。楼烦准备射杀他,项王瞪大了眼睛叱喝,吓得楼烦不敢直视项王,两手也不敢张弓发箭，随即退到军营里，再也不敢出战。汉王刘邦悄悄派人问楼烦怎么回事，才知原来项王亲自出阵挑战，汉王因此十分惊恐。

项王于是来到汉王军营附近，隔着广武山涧互相对话。项羽坚持要与汉王刘邦单独作战。汉王只是当面列举项羽的诸条罪状："你项羽违背先入关为王的盟约，把我分封到蜀、汉地区，这是你第一条罪过；你假托怀王诏命，将'卿子冠军'宋义杀害，这是你第二条罪过；你营救赵国结束后，却没有返回向楚怀王禀报，竟然劫持各路诸侯大军进入关中，这是你的第三条罪过；你焚毁秦王宫殿，盗掘始皇帝陵墓，暗地里将秦王朝的财物据为己有，这是你的第四条罪过；将已经投降的秦王子婴杀害，这是你的第五条罪过；通过欺诈的方式，把已经投降的二十万秦军子弟兵坑杀在新安，这是你的第六条罪过；把那些肥沃的土地封赏给自己的部下，却将先前诸侯的国君如田市、赵歇、韩广等人任意流放到边地，这是你的第七条罪过；将义帝从彭城赶出来，却自己占据彭城作为国都，又侵占韩王的封地，将梁、楚之地据为己有，极力扩张自己的势力，这是你的第八条罪过；暗地里派人把义帝杀死在江南，这是你的第九条罪过；你不能够公平地治理军政大事，订立了盟约却不遵守，你的这些行为都是天下百姓所不能够容忍的，简直是大逆不道，这是你的第十条罪过。如今我率领仁义之师，与各路诸侯一起，讨伐你这个残暴无道的贼子，只需要下令让囚犯对你发动进攻就可以把你杀掉，又为什么要亲自与你决斗呢？"项羽勃然大怒，派暗地里埋伏的弓箭手射中汉王刘邦。汉王刘邦胸部中箭受伤，却抱住自己的脚说："项羽这个小贼射中了我的脚趾。"汉王刘邦因为受伤而只好卧床休息，张良坚持请求汉王起身到军营里慰劳将士们，借以安定军心，不能给楚军乘胜追击汉军的机会。汉王刘邦于是勉强出来慰劳大军，但因为伤势日渐加重，随即飞速到成皋养伤。

韩信已定临淄，遂东追齐王。项王使龙且将兵，号二十万，以救齐，与齐王合军高密。

客或说龙且曰："汉兵远斗穷战，其锋不可当。齐、楚自居其地，兵易败散。不如深壁，〔令〕齐王使其信臣招所亡城；亡城闻王在，楚来救，必反汉。汉兵二千里客居齐地，齐城皆反之，其势无所得食，可无战而降也。"龙且曰："吾平生知韩信为人，易与耳！寄食于漂母，无资身之策；受辱于袴下，无兼人之勇；不足畏也。且夫救齐，不战而降之，吾何功！今战而胜之，齐之半可得也。"

【译文】韩信率军平定临淄之后，立即向东追击齐王。项王派龙且统率二十万大军，前来援救齐军，在高密与齐王军队会合。

有一位宾客向龙且建议说："汉兵行军到距离自己大营很远的地方拼死战斗，它的锋芒是锐不可当的。然而齐、楚两国大军在自己本国作战，将士们大都思念家乡，因此很容易溃散。你还不如深挖沟壕，让齐王把自己亲信的大臣派出去对那些已经沦丧城池的百姓进行安抚，沦陷区的百姓听到齐王还活着的消息，楚国大军也要前来救援，必然会反叛汉王。汉军行军到二千里之外的齐国作战，假如齐国百姓都起来反叛，汉军必然连获得食物的地方都找不到，这样一来就可以使他们不战而降了。"龙且说："我一向比较了解韩信的为人，他是非常容易对付的！当年他曾经靠着一位洗衣的老妇人赠给他食物过活，没有养活自己的办法；还曾经从别人的胯下爬过去受侮辱，又缺少超人的勇气，实在没有什么值得害怕的。况且如今挽救齐国，如果还没有与汉军作战就使他们投降，我还有什么功劳可言呢！现在假如只需一战就可以击败汉军，那么齐国的一半土地就应该封赏给我了。"

十一月，齐、楚与汉夹潍水而陈。韩信夜令人为万馀囊，满盛沙，壅水上流；引军半渡击龙且，佯不胜，还走。龙且果喜曰："固知信怯也！"遂追信。信使人决壅囊，水大至，龙且军太半不得渡。即急击杀龙且，水东军散走，齐王广亡去。信遂追北至成阳，虏齐王广。汉将灌婴追得齐守相田光，进至博阳。田横闻齐王死，自立为齐王，还击婴，婴败横军于嬴下。田横亡走梁，归彭越。婴进击齐将田吸于千乘，曹参击田既于胶东，皆杀之，尽定齐地。

立张耳为赵王。

【译文】十一月，齐、楚两国联军与汉军在潍水两岸摆开战阵。韩信趁着晚上下令手下连夜赶造一万余个沙袋，装满了沙子，将上游河水堵住，亲自率领一半军队渡过潍水前去攻打龙且部众，佯装作战失败撤退。龙且果然十分喜悦地说："我一开始就知道韩信胆子很小！"随即率军追击韩信。韩信下令挖开堵在上游的沙袋，大水奔涌而下，龙且的部众有一大半没有来得及渡河。韩信立即组织反击，将龙且杀死，滞留在潍水东岸的楚国大军也四散逃窜，齐王田广也率部众逃跑。韩信随即追击到城阳，将齐王田广俘虏。汉军大将灌婴率军追击齐国留守的宰相田光，进而率军抵达博阳。田横听到齐王已经被杀的消息，于是自封为齐王，率军掉过头来攻击灌婴，在嬴下被灌婴大军击败，田横败逃到梁地，归附于彭越。灌婴于是又率军抵达千乘对齐将田吸发动进攻，曹参在胶东对田既发动进攻，将田吸、田既全都杀掉，将齐地全部平定。

汉王刘邦将张耳封为赵王。

汉王疾愈,西入关。至栎阳,枭故塞王欣头栎阳市。留四日,复如军,军广武。

韩信使人言汉王曰:"齐伪诈多变,反覆之国也;南边楚。请为假王以镇之。"汉王发书,大怒,骂曰:"吾困于此,旦暮望若来佐我;乃欲自立为王!"张良、陈平蹑汉王足,因附耳语曰:"汉方不利,宁能禁信之自王乎!不如因而立之,善遇,使自为守。不然,变生。"

【译文】汉王刘邦伤愈后,随即率军向西进入函谷关内。抵达栎阳后,将塞王司马欣杀掉,并将他的头颅悬挂在栎阳街市上示众四天,随后返回军中,在广武驻扎下来。

韩信派人向汉王刘邦上书说:"齐国人一向虚伪狡猾,齐国是个反复无常、屡降屡叛的国家;况且南方又与楚国接壤。希望可以让我前去做齐国的假王,这样才可以使齐人安定下来。"汉王刘邦将韩信派来的使者带的书信打开看完之后,大怒骂道:"我被围困在这个地方,日日夜夜都盼着你率军前来帮我击退敌军,你现在却想要自立为王!"张良、陈平赶紧在暗中踩汉王刘邦的脚,趴在汉王刘邦耳朵边说:"汉军现在正处在不利的形势之中,我们哪能阻止韩信自立为王?倒不如趁现在顺应他的要求封他为齐王,对他优待,让他率自己的部队镇守齐地,要不然恐怕真的会发生什么变故。"

汉王亦悟,因复骂曰:"大丈夫定诸侯,即为真王耳,何以假为!"春,二月,遣张良操印立韩信为齐王,征其兵击楚。

项王闻龙且死,大惧,使盱台人武涉往说齐王信曰:"天下共苦秦久矣,相与勠力击秦。秦已破,计功割地,分土而王之,以休士卒。今汉王复兴兵而东,侵人之分,夺人之地;已破三秦,引兵出关，收诸侯之兵以东击楚，其意非尽吞天下者不休，其不知厌足如是甚也！且汉王不可必，身居项王掌握中数矣，项王怜而活之；然得脱，辄倍约，复击项王，其不可亲信如此。今足下虽自以与汉王为厚交，为之尽力用兵，必终为所禽矣。足下所以得须臾至今者，以项王尚存也。当今二王之事，权在足下，足下右投则汉王胜，左投则项王胜。项王今日亡，则次取足下。足下与项王有故，何不反汉与楚连和，参分天下王之！今释此时而自必于汉以击楚，且为智者固若此乎！"

【译文】汉王刘邦这时候也幡然醒悟，就顺着刚才的语气，骂道："大丈夫平定诸侯国，如果称王就要做真王，做假王算什么话！"于是在春季二月份，派张良带着印信来到齐国，将韩信封为齐王，并从他手里征调部队前去进攻楚军。

项王得到龙且已经死去的消息，非常惊恐，立即派出盱眙人武涉前去向齐王韩信游说："天下百姓忍受秦王朝的残暴无道之政已经有很长时间了，因此大家才会同心协力联合消灭秦朝。如今秦王朝灭亡后，各路诸侯聚集在一起按照各自军功的大小，裂土称王，将士们才得以短暂地休息。但是如今汉王刘邦竟然带大军入侵东方，侵犯其他诸侯的利益，掠夺他人的封地。现在已经将三秦大地攻陷，又要带大军出关，将各路诸侯的军队聚拢起来，接着向东进攻楚国，看他的意思不把全天下都据为己有是不会善罢甘休的，他贪得无厌竟然这样的过分！更何况汉王是不能依靠的，他有好多次落到项王的掌握之中，还是项王可怜他才给他一条生路；但是他每次脱离险境后，就背弃当初的盟约，重新带兵进攻项王，他不值得信任竟然到了这个地步。如今尽管您自认为与汉王有非常不错的交情，为他卖命拼杀作战，但到最后肯定会被他干掉的。您之所以一直到今天还可以保全自己的性命，是因为项王还在世。如今汉王与项王两人之间生死存亡的大事，关键就看您的想法了，假如您向右依附汉王，那汉王就胜利了，向左归附项王，项王就要获胜了。项王假如今天就被汉王灭掉，那么第二天就轮到您了。何况您与项王素来就有旧交情，为什么您不背叛汉军而与楚军和好，联合三分天下而裂土称王呢? 您现在放弃了此次机会，而一定要跟着汉王走，并攻打楚国，您觉得聪明的人会像您这样去做吗?"

韩信谢曰:"臣事项王，官不过郎中，位不过执戟; 言不听，画不用，故倍楚而归汉。汉王授我上将军印，予我数万众，解衣衣我，推食食我，言听计用，故吾得以至于此。夫人深亲我，我倍之不祥; 虽死不易! 幸为信谢项王!"

武涉已去，蒯彻知天下权在信，乃以相人之术说信曰:"仆相君之面，不过封侯，又危不安; 相君之背，贵乃不可言。"韩信曰:"何谓也?"

【译文】韩信果断拒绝了他的好心，坚定地说:"我在侍奉项王的时候，官位也不过仅仅是个郎中，身份充其量不过是个拿着兵器守卫的武官。因为我的建议项王不听，也不采用我的计谋，所以我才想要背弃楚来投奔汉。现在汉王把上将军的印信都授给我了，还让我率领数以万计的军队，宁可脱下自己的衣服给我穿，把他自己的食物让给我来吃，也听信采用我的建议计谋，正是得到汉王的赏识，我才有今天的成就。人家如此信任我，我怎么能背叛他呢? 我就是到死也不会改变对汉王的忠心! 还请您替我向项王辞谢他的美意。"

武涉离开之后，蒯彻明白韩信是决定天下大事的关键之所在，于是就用相人术来劝说他道:"在下刚才已经相过您的面相了，最高也不过就是封个侯而已，况且危险还不安稳。不过相您的背的时候我又能看出您的高贵而不能言语。"韩信大惑："此话怎讲？"

蒯彻曰："天下初发难也，忧在亡秦而已。今楚、汉分争，使天下之人肝胆涂地，父子暴骸骨于中野，不可胜数。楚人起彭城，转斗逐北，乘利席卷，威震天下；然兵困于京、索之间，迫西山而不能进者，三年于此矣。汉王将数十万之众，距巩、雒，阻山河之险，一日数战，无尺寸之功，折北不救。此所谓智勇俱困者也。百姓罢极怨望，无所归倚。以臣料之，其势非天下之贤圣固不能息天下之祸。当今两主之命，县于足下，足下为汉则汉胜，与楚则楚胜。诚能听臣之计，莫若两利而俱存之，参分天下，鼎足而居，其势莫敢先动。夫以足下之贤圣，有甲兵之（聚）〔众〕，据强齐，从赵、燕，出空虚之地而制其后，因民之欲，西乡为百姓请命，则天下风走而响应矣，孰敢不听！割大弱强以立诸侯，诸侯已立，天下服听，而归德于齐。案齐之故，有胶、泗之地，深拱揖让，则天下之君王相率而朝于齐矣。盖闻'天与弗取，反受其咎；时至不行，反受其殃'。愿足下熟虑之！"

【译文】蒯彻淡然地讲道："天下的英雄豪杰在刚开始发难抗秦的时候，所忧虑的仅仅是如何把秦消灭掉罢了。现在情况却大有不同了，是楚王和汉王在争夺天下，导致饿殍遍野，父子双双阵亡，尸体暴露在荒野之中，惨不忍睹。楚王在彭城起义的时候，到处都在战斗，他们追逐着败北的汉军，趁着军事上的胜利席卷了很大一部分土地，使得天下震动；但是军队困在京、索之间被堵于西部山区而不能前行却已经三年有余。汉王率领十万部下占据了巩、雒两地，他凭借着山河的险阻地形，一天中多次打仗，却也没能得到一尺一寸的土地，还总是打败仗，都没有办法自救。这就是被叫作智慧、勇力皆陷入困境的地形。百姓们长期受到战乱的影响，现如今已经是心力交瘁了，他们十分怨恨战争，向往和平，因为在战争中他们失去了自己的归宿。依我所看，这种情形如果不是天下非常贤德的人士，是难以平息天下的战乱的。而目前项王和汉王的命运又都掌握在您的手中，如果汉王有您的帮助就会胜利；相反您如果联结楚王，结果就会向相反的方向转变。目前最好的办法就是您真心地听取我的计谋，那就是和双方都保持良好的关系，以此来让他们都能够存在下去，从而避免一方消灭另一方，把天下分成三份像三足鼎立一样，您就可以和他们并列了，在现在的情势下，就没有人敢先动手了。以您的聪明才智和数量众多的甲兵，占据齐国，率领赵、燕两国的部众，出兵把项、刘兵力不足的地方收复，同时牵制他们的后方，并且顺应人民百姓，向西部出兵为百姓们请命，那么天下百姓将迅速响应，谁还敢不听从？把大国的土地分割，进而使它变小，把强国的势力削弱，从而使之变弱，来分封已然失去土地的诸侯，一旦诸侯们都能够分土立国，天下难道还会不信服您，听您命令，并把一切恩德归到齐王您一人身上吗？根据齐国的土地，原来包括胶和泗等流域的地区。如果您能够利用这些土地对天下君臣们用礼节谦让，那终究会有一天天下君王相率来齐国朝拜。有古话这样说：'上天赐予你的你不取，会遭到灾祸的，时机到了不取会遭受灾殃的。'您可得想仔细了啊！"

韩信曰："汉王遇我甚厚，吾岂可乡利而倍义乎！"蒯生曰："始常山王、成安君为布衣时，相与为刎颈之交；后争张黡、陈泽之事，常山王杀成安君泜水之南，头足异处。此二人相与，天下至欢也，然而卒相禽者，何也？患生于多欲而人心难测也。今足下欲行忠信以交于汉王，必不能固于二君之相与也，而事多大于张黡、陈泽者；故臣臣以为足下必汉王之不危己，亦误矣！大夫种存亡越，霸句践，立功成名而身死亡，野兽尽而猎狗烹。夫以交友言之，则不如张耳之与成安君者也；以忠信言之，则不过大夫种之于句践也，此二者足以观矣！愿足下深虑之。且臣闻'勇略震主者身危，功盖天下者不赏'。今足下戴震主之威，挟不赏之功，归楚，楚人不信；归汉，汉人震恐。足下欲持是安归乎？"韩信谢曰："先生且休矣，吾将念之。"后数日，蒯彻复说曰："夫听者，事之候也；计者，事之机也；听过计失而能久安者鲜矣！故知者，决之断也；疑者，事之害也。审豪厘之小计，遗天下之大数，智诚知之，决弗敢行者，百事之祸也。夫功者，难成而易败；时者，难得而易失也；时乎时，不再来！"韩信犹豫，不忍倍汉；又自以功多，汉终不夺我齐，遂谢。蒯彻因去，佯狂为巫。

【译文】韩信说道："汉王待我如此恩惠深重，我不可以追逐利益而背弃道义。"蒯生补充道："当初常山王张耳、成安君陈馀两个人没有发达的时候关系非常好，但是随后却因为陈馀部下张黡、陈泽战死的事件引起了矛盾，成安君陈馀就在泜水南方被常山王张耳杀了。他们两个人的交情可谓是天下最好的，可还不是彼此厮杀吗？这是为什么呢？如果我没有说错的话，是因为贪心不足再加上人心叵测，可您现在用忠信跟汉王交往，也一定不会比陈馀、张耳二人的交情更深，但是影响您二位交情的却比张黡和陈泽的事情还大，故而我觉得您确定汉王不会危害您的想法是不对的。大夫文种保住了濒临灭亡的越国，又让勾践称霸诸侯，进而建立伟业，成就功名之后却把自己害死。这就跟野兽被捕捉得没有后，猎犬就会被烹煮的道理是一样的。论交情来说，您二位的交情是比不上成安君和张耳的；论忠信来看，大夫文种对勾践的程度远比您对汉王的程度要深。目前这两件事应该能让您看清这人世之事了吧，希望您慎重考虑。我还听说，'勇力和才略震动国君的人会有生命危险，功业第一的人向来没有办法赏赐'。如今您有威势可以震动国君又拥有没有办法赏赐的功劳，若是投靠楚吧，他们不会信赖您，而投奔汉吧，他们也怕您。现在您还能投靠谁呢？"韩信还是坚决地谢绝了他的好意，说："先生您别说了，我会考虑的。"几天过后，蒯彻又接着对韩信说道："那种善于听别人话的人能预见成败的征兆，而善于计谋的人则能掌握成败关键。不过听信错误提议，谋划不当计谋，却能长久安全的可以说非常少。所以疑心是事情失败的祸根，智慧则是断事的根本，只会观察小事却遗忘天下大计，智慧可以预知得失成败的机会，但因为决心不够而不去做才是一切事情失败的根源。功业容易失败却不容易开创，时机容易丧失却不容易得到，时不再来。"韩信犹豫了，他不想背叛汉王又觉得自己建立了很多功劳，相信齐国不会被汉王夺走，于是谢绝了蒯彻。蒯彻就离开了韩信，他又怕自己因为泄密而受迫害所以装疯冒充巫者来躲避灾难。

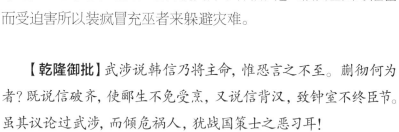

【乾隆御批】武涉说韩信乃将主命，惟恐言之不至。蒯彻何为者？既说信破齐，使郦生不免受烹，又说信背汉，致钟室不终臣节。虽其议论过武涉，而倾危祸人，犹战国策士之恶习耳！

【译文】武涉劝说韩信是奉人主之命，唯恐话说得不周全。蒯彻为了谁呢？既劝说韩信攻破齐国，致使郦生被烹杀；又劝说韩信背叛汉王，致使他不能尽臣子之职。虽然蒯彻的议论比武涉高明，但是他危害国家、残害百姓，这还是战国时策士们的恶劣习气！

秋，七月，立黥布为淮南王。

八月，北貉燕人来致枭骑助汉。

汉王下令：军士不幸死者，吏为衣衾棺敛，转送其家。四方归心焉。

是岁，以中尉周昌为御史大夫。昌，苛从弟也。

项羽自知少助；食尽，韩信又进兵击楚，羽患之。汉遣侯公说羽请太公。羽乃与汉约，中分天下，割洪以西为汉，以东为楚。〔九月，楚〕归太公、吕后，引兵解而东归。汉王欲西归，张良、陈平说曰："汉有天下太半，而诸侯皆附；楚兵疲食尽，此天亡之时也。今释弗击，此所谓养虎自遗患也。"汉王从之。

【译文】秋季，七月，黥布被封为淮南王。

八月，北貉和燕人来到这里呈上勇健的骑士想要帮助汉。

汉王刘邦颁布命令：在战场上牺牲的所有士兵，通通由军吏为他们置办衣服殓尸入棺，然后再送到其家中。汉王刘邦利用这个行为让四方民心都归顺于他。

这年，把中尉周昌任命为御史大夫，他是周苛堂弟。

项羽明白没有人帮助他，粮食快没有了，韩信还在攻打楚国，所以他很担忧。汉王刘邦派侯公来劝项羽放了太公。于是汉王就和项羽立下约定，分天下为两半，汉的土地是洪沟以西，楚的土地是洪沟以东。九月，吕后和太公被楚项王送回汉，然后他又带兵回东方。这时汉王也想如约回到西方，陈平和张良说："天下的三分之二都被汉拥有，还有诸侯的归附，而楚兵一直在打仗，劳民伤财，这是天要灭项王。如果现在放了他就是大家说的'豢养老虎反而遗留下祸害给自己'啊！"汉王刘邦听信了，就带兵追击楚军。

资治通鉴卷第十一　汉纪三

起屠维大渊献，尽重光赤奋若，凡三年。

【译文】起己亥（公元前 202 年），止辛丑（公元前 200 年），共三年。

【题解】本卷记录了高祖刘邦五年至七年共三年间的历史，记录了垓下之战后，楚汉相争结束，刘邦称帝，分封同姓亲属为王、功臣大将为侯，尤其突出萧何、张良、陈平受封情景；记录了娄敬建议刘邦迁都关中与叔孙通为刘邦制定尊卑朝仪；记录了齐王田横不愿受辱自杀；记录了韩信由齐王改封楚王，又因人诬告而被袭捕，降为淮阴侯；记录了移封马邑的韩王信因投降入侵的匈奴，被刘邦讨伐，匈奴在白登山围困刘邦，两国纷争不断；记录了刘邦对赵王张敖无礼，赵臣贯高、赵午想要诛杀刘邦；等等。

太祖高皇帝中

五年（己亥，公元前二〇二年）冬，十月，汉王追项羽至固陵，与齐王信、魏相国越期会击楚；信、越不至，楚击汉军，大破之。汉王复坚壁自守，谓张良曰："诸侯不从，奈何？"对曰："楚兵且破，二人未有分地，其不至固宜。君王能与共天下，可立致也。齐王信之立，非君王意，信亦不自坚。彭越本定梁地，始，君王以魏豹故拜越为相国，今豹死，越亦望王，而君王不早定。今能取睢阳以北至穀城皆以王彭越，从陈以东傅海与齐王信。信家在楚，其意欲复得故邑。能出捐此地以许两人，使各自为战，则楚易破也。"汉王从之。于是韩信、彭越皆引兵来。

【译文】五年(己亥，公元前202年)冬季，十月，汉王刘邦追击项羽到了固陵，和齐王韩信、魏相国彭越约好时间并在固陵会合攻击楚军，不过韩信和彭越没有按时到，故而楚军大败汉军。汉王再一次坚守壁垒不敢外出，焦急地对张良说："诸侯都不愿意随我攻打楚，该如何是好?"张良答道："楚兵都快被攻破了，彭越和韩信还没分到土地，不怪他们不愿派兵前来。君王倘若能与他二人共有天下，他们必定很快就会前来。立齐王韩信为齐王，非君王本意，而是他自请的假王，所以韩信向汉的心也不坚定;彭越平定梁地，开始时君王将魏豹立为魏王，封彭越为魏相，如今魏豹死了，彭越就自然继立为魏王，但君王您没有早点确定他的名分。君王如果能够割睢阳以北到穀城的土地给彭越，把陈以东到海边的土地割给韩信，而韩信的家乡在楚地，他如果想回故乡，必定奋力抗楚。君王假如拿出这些土地许诺给他们继而让其作战，那我们定会大胜。"汉王刘邦听信了张良的提议。果然韩信和彭越带兵前来与汉王会合。

十一月，刘贾南渡淮，围寿春，遣人诱楚大司马周殷。殷畔楚，以舒屠六，举九江兵迎黥布，并行屠城父，随刘贾皆会。

十二月，项王至垓下，兵少，食尽，与汉战不胜，入壁;汉军及诸侯兵围之数重。项王夜闻汉军四面皆楚歌，乃大惊曰："汉皆已得楚乎?是何楚人之多也?"则夜起，饮帐中，悲歌慷慨，泣数行下。左右皆泣，莫能仰视。于是项王乘其骏马名骓，麾下壮士骑从者八百馀人，直夜，溃围南出驰走。

平明，汉军乃觉之，令骑将灌婴以五千骑追之。项王渡淮，骑能属者才百馀人。至阴陵，迷失道，问一田父，田父绐曰"左"。左，乃陷大泽中，以故汉追及之。

【译文】十一月，刘贾南渡淮河随后便包围寿春，继而派人使楚的大司马周殷投降。周殷就这样背叛了楚，六地被周殷率领舒地的部众屠杀攻破了，还率领全部的九江士兵远去迎接黥布，一起行军屠杀城父军民，并跟着刘贾与汉王军队会合。

十二月，项王到达垓下，士兵所剩无几，粮食也没剩下多少了，和汉军作战胜利的可能不大，所以只能退到壁垒进行固守；楚军被诸侯军队和汉军包围了很多层。项王夜晚听到汉军到处都在歌唱楚国的歌谣，担心地问道："楚地已经被汉军占领了吗？怎么这么多楚人？"项王就半夜起来，饮酒于营帐中，激昂又悲伤地唱着凄凉的歌，一时动情流了多行热泪，随从的将军们也都痛哭流涕。然后项王骑着他被大家称作乌骓的骏马，手下的壮士也骑着马追随他的足足有八百多人，趁着夜色，冲出了汉军的包围，后向南飞驰逃脱了。

到了天快亮时汉军才发现，汉王刘邦命令骑将灌婴带领五千骑兵去追击。项王渡过淮河后，骑兵队伍里面只有一百多人能追随得上项王。但项王逃到阴陵便迷路了，于是就去问了一个农夫，可惜的是农夫竟然骗他道："往左。"项王听信了他的话向左走去后陷入了沼泽里面，结果项王就被追上了。

项王乃复引兵而东，至东城，乃有二十八骑；汉骑追者数千人，项王自度不得脱，谓其骑曰："吾起兵至今，八岁矣；身七十馀战，未尝败北，遂霸有天下。然今卒困于此，此天之亡我，非战之罪也。今日固决死，愿为诸君快战，必溃围，斩将，刈旗，三胜之，令诸君知天亡我，非战之罪也。"乃分其骑以为四队，四乡。汉军围之数重。项王谓其骑曰:"吾为公取彼一将。"令四面骑驰下,期山东为三处。于是项王大呼驰下,汉军皆披靡,遂斩汉一将。是时,郎中骑杨喜追项王,项王瞋目而叱之,喜人马俱惊,辟易数里。项王与其骑会为三处,汉军不知项王所在,乃分军为三,复围之。项王乃驰,复斩汉一都尉,杀数十百人。复聚其骑,亡其两骑耳。乃谓其骑曰:"何如?"骑皆伏曰:"如大王言!"

【译文】项王就继续带兵往东去,到东城之后追随他的只有二十八人,但却有好几千的汉骑士追击。项王猜测自己无法逃脱,便对身边的骑士说:"现在离我起兵抗秦已有八年光景了,经历了七十多次战争从没败过,这才称霸拥有天下。现在却被困于此地,这是天要亡我,却不是我不会征战!今天本来我就一定要死的,但在死之前,我愿为你们奋力一战,定要突破汉军包围,杀汉将砍汉旗,连胜三次,让天下诸侯知道是天要亡我并非我不会作战。"说罢便把剩下的二十八骑分为四队,向不同的四个方向反攻汉军,不巧汉军层层包围。项王对他的骑士说道:"我要为大家杀一个汉将。"说罢就令四面骑士约期会于山东侧,分了三个地方。项王大叫并攻向汉军,汉军纷纷倒下,项王趁机杀掉了一个汉将。当时,一个叫作杨喜的郎中,从背后追击项王,项王回头大喝一声,郎中杨喜与他乘坐的马都惊恐万分,随后便惊怕退避很远。项王让骑士与他会合,分成三个地方,从而让汉军不知道项王到底在哪个方向,汉军也只能把全军分成三个部分,再次把项王与他的骑士包围起来。项王又攻向汉军,又一个都尉被杀掉了,并且还杀死数百个汉军。集合他的骑士时,发现仅仅损失了两个骑士。项王得意地对身边的骑士说道:"不错吧?"骑士们都佩服地说:"正像大王所言,果真不差!"

于是项王欲东渡乌江，乌江亭长权船待，谓项王曰："江东虽小，地方千里，众数十万人，亦足王也。愿大王急渡！今独臣有船，汉军至，无以渡。"项王笑曰："天之亡我，我何渡为？且籍与江东子弟八千人渡江而西，今无一人还；纵江东父兄怜而王我，我何面目见之！纵彼不言，籍独不愧于心乎！"乃以所乘骓马赐亭长，令骑皆下马步行，持短兵接战。独籍所杀汉军数百人，身亦被十馀创。顾见汉骑司马吕马童，曰："若非吾故人乎？"马童面之，指示中郎骑王翳曰："此项王也！"项王乃曰："吾闻汉购我头千金，邑万户；吾为若德。"乃刎而死。

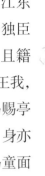

【译文】项王想要渡过乌江，这时乌江的亭长把船停靠好等项王上船，还对项王说道："江东地方虽不大但也有足足上千里，士兵也有数十万人，也够使得大王称霸一方。还望大王快快渡江，而今只有我这里有船，但倘若汉军追逐到这里，是没有船可以渡江的。"项王笑道："天要亡我，我又何必渡江？况且我当初和八千江东子弟一同西进，现在却没一人生还，即使江东父老同情我拥戴我为王，可我还有何脸面再见江东父老？他们就算什么都不说，我也会惭愧异常的。"他便把自己所乘坐的乌骓马赐予亭长，还命令骑士们纷纷下马步行，拿着自己的短兵器与汉军进行交战。项王单枪匹马杀掉数百人，自己也受伤十多处。回头看到汉骑司马吕马童，项王道："这不是旧相识吕马童吗？"吕马童不忍心目视项王便背向着项王，还指着项王告诉中郎骑王翳："这位便是项王。"项王说："听说汉王用价值千金、封邑万户的悬赏来拿我头颅，我现在就把好处给你吧！"说完便自刎而亡。

王翳取其头，馀骑相蹂践争项王，相杀者数十人。最其后，杨喜、吕马童及郎中吕胜、杨武各得其一体；五人共会其体，皆是，故分其户，封五人皆为列侯。

楚地悉定，独鲁不下；汉王引天下兵欲屠之。至其城下，犹闻弦诵之声，为其守礼义之国，为主死节，乃持项王头以示鲁父兄，鲁乃降。汉王以鲁公礼葬项王于穀城，亲为发哀，哭之而去。诸项氏枝属皆不诛。封项伯等四人皆为列侯，赐姓刘氏；诸民略在楚者皆归之。

【译文】项王的人头被王翳割下，其余骑士相互践踏争抢着项王的身体，并因此还有数十人相互残杀至死，最后杨喜、吕马童和郎中吕胜、杨武也各自得到了项王的一部分身体，他们将抢来的尸体合在一起，发现确实是项王的身体，于是汉王就把原来悬赏的封地分给五人封为列侯。

楚地平定之后，还有鲁地久攻不下，汉王刘邦便带所有兵马想要屠杀鲁地。到城下，还听到了士子们的声音，听得他们在弦歌诵书。项王原是鲁公，鲁地恪守礼仪，故而鲁人宁愿死也不愿投降，汉王刘邦把项王的头颅拿给江东父老看时，鲁人才投降。汉王按照鲁公的礼节，把项王埋在穀城，亲自为他发丧还痛哭很久才离开。众多的项氏亲属不仅不杀还进一步封项伯等四人为列侯，把刘姓赐予他们，留在楚地的百姓也都归附了汉王刘邦。

◆太史公曰：羽起陇畮之中，三年，遂将五诸侯灭秦，分裂天下而封王侯，政由羽出；位虽不终，近古以来未尝有也！及羽背关怀楚，放逐义帝而自立；怨王侯叛己，难矣！自矜功伐，奋其私智而不师古，谓霸王之业，欲以力征经营天下。五年，卒亡其国，身死东城，尚不觉寤而不自责，乃引"天亡我，非用兵之罪，"岂不谬哉！◆

◆扬子《法言》，或问："楚败垓下，方死，曰'天也！'谅乎？"

曰:"汉屈群策,群策屈群力;楚憨群策而自屈其力。屈人者克,自屈者负。天曷故焉!"◆

汉王还,至定陶,驰入齐王信壁,夺其军。

临江王共尉不降,遣卢绾、刘贾击虏之。

【译文】◆太史公司马迁说道:项羽在田亩之中起事,三年之后,秦就被他率五国诸侯消灭了,不仅如此,项羽还分割天下土地,分封王侯。他的地位虽然不能始终如一,但像他一样拥有这样权势的人却前无古人。之后,项羽因怀念故乡而背弃关中的形胜之地,所以又重新回到楚地,把义帝放逐到郴县又杀之而自立为西楚霸王,还埋怨各诸侯的背叛。他的所作所为,失去民心,想不让世人叛他都难。他还自傲自夸丰功伟绩,不听取别人的意见,简单地认为靠武力征伐就能够完成称霸天下的大业。五年的时间过去了,终于亡国,他自己也死在了东城,但他自己还是不知道自我检讨,一味地说"是天要亡我,并非我不会作战"。这不是大错特错吗?◆

◆扬子《法言》说,有人问:"楚军在垓下失败,项王正当死时,说:'天亡我啊!'可以相信是天要项羽灭亡吗?"回答说:"汉王能采纳群臣的策略,群臣的策略能发挥众人的力量;楚王厌恶群臣的策略而用尽自己的力量。发挥众人力量的就胜利,竭尽自己力量的就失败。天与这事有什么关系呢!"◆

汉王刘邦返回定陶,迅速地进入齐王韩信的营帐之中并勇夺其军队。

临江王共尉坚决不投降。刘贾和卢绾被汉王刘邦派去攻击共尉,共尉被他们俘虏。

春,正月,更立齐王信为楚王,王淮北,都下邳。封魏相国建城侯彭越为梁王，王魏故地，都定陶。

令曰："兵不得休八年，万民与苦甚；今天下事毕，其赦天下殊死以下。"

诸侯王皆上疏请尊汉王为皇帝。二月甲午，王即皇帝位于（汜）〔汜〕水之阳。更王后曰皇后，太子曰皇太子；追尊先媪曰昭灵夫人。

诏曰："故衡山王吴芮，从百粤之兵，佐诸侯，诛暴秦，有大功；诸侯立以为王，项羽侵夺之地，谓之番君。其以芮为长沙王。"又曰："故粤王无诸，世奉粤祀；秦侵夺其地，使其社稷不得血食。诸侯伐秦，无诸身率闽中兵以佐灭秦，项羽废而弗立。今以为闽粤王，王闽中地。"

帝西都洛阳。

【译文】春天，正月，齐王韩信被改封为楚王，定都在下邳并管理淮北。而魏宰相建城侯彭越被封为梁王，定都于定陶，且继续管理原有土地。

汉王刘邦发布命令说："军队已经有八年没有得到休息，百姓也受了很深的痛苦，现在天下统一，所有死罪以下的犯人全部赦免。"

各诸侯王上书汉王刘邦，要求把汉王刘邦尊称为皇帝。二月，甲午日，汉王刘邦就在汜水之北即皇帝位，并把王后改名为皇后，太子也叫作皇太子，还把已经去世的母亲追尊为昭灵夫人。

颁布诏令说："衡山王吴芮率领百粤军队辅佐诸侯，也一起诛灭暴秦，紧接着建立了丰功伟业，诸侯也因此把他立为王，可项羽却侵夺了他的土地并改称作番君。吴芮可作为长沙王。"又说道："之前的粤王无诸，一直以来长期奉祀其祖先。但是秦却掠夺了他们的土地，继而粤灭亡，社稷便没人祭祀。暴秦被诸侯讨伐时，无诸亲自率领闽中军队，辅佐诸侯灭了秦，可项羽却废其王位而不立。现在就封他为闽粤王，让他统辖闽中。"

高祖把都城建在了洛阳。

夏，五月，兵皆罢归家。

诏："民前或相聚保山泽，不书名数。今天下已定，令各归其县，复故爵、田宅；吏以文法教训辨告，勿笞辱军吏卒；爵及七大夫以上，皆令食邑，非七大夫已下，皆复其身及户，勿事。"

帝置酒洛阳南宫，上曰："彻侯、诸将毋敢隐朕，皆言其情，吾所以有天下者何？项氏之所以失天下者何？"高起、王陵对曰："陛下使人攻城略地，因以与之，与天下同其利；项羽不然，有功者害之，贤者疑之，此其所以失天下也。"上曰："公知其一，未知其二。夫运筹帷幄之中，决胜千里之外，吾不如子房；填国家，抚百姓，给馈饷，不绝粮道，吾不如萧何；连百万之众，战必胜，攻必取，吾不如韩信。三者皆人杰，吾能用之，此吾所以取天下者也。项羽有一范增而不能用，此所以为我禽也。"群臣说服。

【译文】夏天，五月，军队散了之后，将士们便回到了自己的家乡。

高祖颁布告令说："之前聚在山泽的百姓是为了躲避战乱，所以没有写下他们的户籍。不过现如今天下已定，所以就命令他们各自回到本籍生活，恢复原有的官爵、田宅，官吏把法律规训等昭告天下，让百姓知道不可鞭笞士兵吏卒，凡是爵位在七大夫以上的官员都有食邑，否则就免除本人和一户之内所有徭役并不再加役使。"

汉高祖在洛阳南宫摆置酒席，宴请群臣，汉高祖说："诸王侯将相在朕面前说真心话吧。我拥有天下和项氏失去天下的原因是什么?"高起和王陵回答说:"陛下攻打城池并夺取土地之后,便把土地封给有功之人,并和天下之人共享利益;但项羽却不然,杀掉有功劳之人,不信任有才能之人,这便是项羽失去天下的原因吧。"汉高祖又说道:"你们只知道表面却不知道实质。我比不上张良能运筹谋划,比不上萧何能安抚百姓,供给粮饷和镇守国家,也比不上韩信能够统率数百万大军,逢战必胜,每攻必得。这三人都是豪杰,我重用他们,这才是我能够夺得天下的重要原因。而项羽有范增却不重用他,这也是他被我所擒的原因。"大家听后,心中都高兴地信服了。

韩信至楚,召漂母,赐千金。召辱己少年令出胯下者,以为中尉,告诸将相曰:"此壮士也。方辱我时,我宁不能杀之邪?杀之无名,故忍而就此。"

彭越既受汉封,田横惧诛,与其徒属五百馀人入海,居岛中。帝以田横兄弟本定齐地,齐贤者多附焉;今在海中,不取,后恐为乱。

乃使使赦横罪,召之。横谢曰:"臣烹陛下之使郦生,今闻其弟商为汉将;臣恐惧,不敢奉诏,请为庶人,守海岛中。"使还报,帝乃诏卫尉郦商曰:"齐王田横即至,人马从者敢动摇者,致族夷!"乃复使使持节具告以诏商状,曰:"田横来,大者王,小者乃侯耳;不来,且举兵加诛焉!"

【译文】韩信回到了他自己的封国楚地,赐给当年送他饭吃的漂母千金。后又任命当年那位让他受胯下之辱的少年为中尉,并告诉自己的部将们说:"这位确实是个壮士,当年他侮辱我时,我本可以把他杀掉,但却因为不值得而忍了下来,才成就了今日的丰功伟业。"

汉王刘邦封彭越为梁王后，田横怕被杀，便与他的五百多部属住到岛上，汉高祖却以为田横兄弟原本是平定齐地之人，齐国的大多贤士都归附了他，可现在逃命海中，若不收纳他恐怕日后会有祸乱。

所以汉高祖就将田横赦放并召见他。不料田横却谢绝道："我曾杀害并烹煮了陛下您的叫作郦食其的使者，而今我又听说现在军中有名叫作郦商的人是他的弟弟，我害怕自己被杀害，所以不敢接受诏令，我希望您让我守在这海岛上做个普通百姓。"使者汇报到了高祖那里，汉高祖便对卫尉郦商下令说："齐王田横马上就要到了，谁都不许动他的随从人马，否则我便治其灭族之罪。"汉高祖派使者拿符节告诉田横他给郦商下令的内容，并说道："田横如果奉召来的话大则封王，小也可以封侯，不会有其他任何事；否则举兵讨伐，性命不保。"

横乃与其客二人乘传诣洛阳。未至三十里，至尸乡厩置。横谢使者曰："人臣见天子，当洗沐。"因止留，谓其客曰："横始与汉王俱南面称孤；今汉王为天子，而横乃为亡虏，北面事之，其耻固已甚矣。且吾烹人之兄，与其弟并肩而事主，纵彼畏天子之诏不敢动，我独不愧于心乎！且陛下所以欲见我者，不过欲一见吾面貌耳。今斩吾头，驰三十里间，形容尚未能败，犹可观也。"遂自刭，令客奉其头，从使者驰奏之。帝曰："嗟乎！起自布衣，兄弟三人更王，岂不贤哉！"为之流涕，而拜其二客为都尉；发卒二千人，以王者礼葬之。既葬，二客穿其冢傍孔，皆自刭，下从之。帝闻之，大惊。以横客皆贤，馀五百人尚在海中，使使召之；至，则闻田横死，亦皆自杀。

【译文】田横与其两位门客坐专车要去洛阳。在离洛阳三十里的尸乡驿站，田横告诉使者说道："做臣子的要面见天子，是应该先净身沐浴的。"所以就停下来对他的门客说："当年汉王和我田横都是南面称王的，可如今汉王成为天子，我田横却变成了亡国俘虏，还要用臣子的礼节侍奉汉王，已是奇耻大辱。更何况，我曾经还烹杀了人家的兄长，现如今要和人家的弟弟一起侍奉汉王。即使他的弟弟害怕天子而不敢对我有所作为，我内心也会极度惭愧啊，况且陛下要见我也绝对不是看一眼就算了的，倘若这时砍下了我的头颅，这里到洛阳有三十里，我的容貌形状应该还不会变样，陛下还是能够看清楚我的相貌的。"说完便自杀了，他命令他的门客拿着自己的首级，跟随使者快速上奏汉高祖。汉高祖说道："田横兄弟虽然出身于百姓家，但能够三个兄弟更替称王，难道能说他们不贤德吗？"汉高祖极为悲伤，还把田横的两位门客赐为都尉，派了两千士卒，用王者的礼节埋葬田横。埋葬后，两位门客也都追随田横自杀了，还在田横墓旁挖好了洞。汉高祖知道后非常吃惊，觉得田横的门客也都是贤人，就派使者去召见还留在岛上的其他五百人，使者到后，大家听说田横死了，也都纷纷自杀了。

初，楚人季布为项籍将，数窘辱帝。项籍灭，帝购求布千金；敢有舍匿，罪三族。布乃髡钳为奴，自卖于朱家。朱家心知其季布也，买置田舍，身之洛阳见滕公，说曰："季布何罪！臣各为其主用，职耳；项氏臣岂可尽诛邪？今上始得天下，而以私怨求一人，何示不广也！且以季布之贤，汉求之急，此不北走胡，南走越耳。夫忌壮士以资敌国，此伍子胥所以鞭荆平之墓也。君何不从容为上言之！"滕公待间言于上，如朱家指。上乃赦布，召拜郎中，朱家遂不复见之。

【译文】起初，楚人季布还是项籍部将的时候，好几次让汉王刘邦受辱困窘。项籍被灭亡之后，汉高祖便用重金悬赏要索季布首级，声称但凡藏匿季布之人便灭三族。季布只能剃毛发而戴颈箍扮作奴隶而且卖身到鲁被称作大侠的朱家家中。朱家其实早就知道他是季布，把他买下，还安置他工作在田里。另一边朱家又亲自去洛阳见滕公夏侯婴问："季布到底有什么罪呢？作为人家的臣子，被主人所命令，才使得汉王因为项籍而受到困窘，不能把项氏的臣子全部杀光啊。现如今皇帝刚刚取得天下就要因为个人恩怨去索取季布的生命，心胸怎么可以这么狭窄呢？况且季布这么贤能，汉王这样追捕他，会使得他不逃到胡地去也会往南逃到越地的。因为妒忌壮士，而逼迫壮士逃到了敌国并且去资助敌国，这就是伍子胥之所以鞭楚平王尸体的原因啊。您怎么不找个时间禀明皇上这个道理呢？"滕公便等到汉高祖有时间的时候按照朱家所说的禀告了汉高祖。汉高祖就赦免了季布，还召见并封他为郎中，朱家做好一切事情后就没有再出现过了。

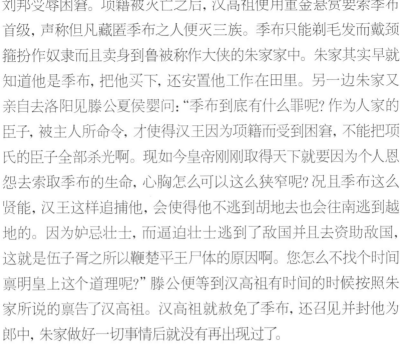

布母弟丁公，亦为项羽将，逐窘帝彭城西。短兵接，帝急，顾谓丁公曰："两贤岂相厄哉！"丁公引兵而还。及项王灭，丁公谒见。帝以丁公徇军中，曰："丁公为项王臣不忠，使项王失天下者也。"遂斩之，曰："使后为人臣无效丁公也！"

◆臣光曰：高祖起丰、沛以来，罔罗豪桀，招亡纳叛，亦已多矣。及即帝位，而丁公独以不忠受戮，何哉？夫进取之与守成，其势不同。当群雄角逐之际，民无定主，来者受之，固其宜也。及贵为天子，四海之内，无不为臣；苟不明礼义以示之，使为臣者，人怀贰心以徼大利，则国家其能久安乎！是故断以大义，使天下晓然皆知为臣不忠者无所自容；而怀私结恩者，虽至于活己，犹以义不与也。戮一人而千万人惧，其虑事岂不深且远哉！

子孙享有天禄四百馀年，宜矣！◆

【译文】季布还有一个叫作丁公的异父同母弟弟，原来做过项羽部将，曾经在彭城西侧追逐窘迫的汉高祖。汉高祖知道情况紧急便对丁公说："咱们两个人都是贤士，为什么一定要这样相互为难呢？"丁公在听了他的话之后就退回了。丁公等项王被消灭之后进见汉高祖。汉高祖提起丁公并告诉士卒说道："丁公是使项王失去天下的人，他是项王的臣子却不忠于项王。"说完就杀了丁公，并警诫大家："让后来给人家做臣子的，千万不能像丁公一样。"

◆臣司马光说：丰、沛起事之后，高祖网罗天下豪杰，招纳叛秦逃亡之士，可以说是相当多。即位之后，只有丁公被杀还是因为不忠，为何呢？这原因在于进攻夺取和守住成业的情势大有差别。在各路英雄争斗追逐之时，百姓没有统一的主人，理所应当接收所有的人。到成为天子之时，全国之内没有不臣服的。倘若现在不向臣子们表明礼义的道理，会让臣子们产生叛变的心理，但是人人都那么自私，国家又怎么会长久安定呢？所以斩杀丁公就是告诫天下人：不忠于国君的大臣最终将没有容身之地，但抱着私心私自和别人结恩德的人即使能够生存也是不合君臣之义的。以儆效尤，谁能说汉高祖考虑事情不够深远？所以高祖的后代享受天子禄位好几百年，也就可以理解了。◆

齐人娄敬戍陇西，过洛阳，脱挽辂，衣羊裘，因齐人虞将军求见上。虞将军欲与之鲜衣，娄敬曰："臣衣帛，衣帛见；衣褐，衣褐见，终不敢易衣。"于是虞将军入言上，上召见，问之。娄敬曰："陛下都洛阳，岂欲与周室比隆哉？"上曰："然。"娄敬曰："陛下取天下与周异。周之先，自后稷封邰，积德累善，十有馀世，至于太王、王季、文王、武王而诸侯自归之，遂灭殷为天子。及成王即位，周公相焉，乃营洛邑，以为此天下之中也，诸侯四方纳贡职，道里均矣。有德则易以王，无德则易以亡。故周之盛时，天下和洽，诸侯、四夷莫不宾服，效其贡职。及其衰也，天下莫朝，周不能制也；非唯其德薄也，形势弱也。今陛下起丰、沛，卷蜀、汉，定三秦，与项羽战荥阳、成皋之间，大战七十，小战四十；使天下之民，肝脑涂地，父子暴骨中野，不可胜数，哭泣之声未绝，伤夷者未起；而欲比隆于成、康之时，臣窃以为不侔也。且夫秦地被山带河，四塞以为固，卒然有急，百万之众可立具也。因秦之故，资甚美膏腴之地，此所谓天府者也。陛下入关而都之，山东虽乱，秦之故地可全而有也。夫与人斗，不搤其亢，拊其背，未能全其胜也。今陛下案秦之故地，此亦搤天下之亢而拊其背也。"帝问群臣，群臣皆山东人，争言："周王数百年，秦二世即亡。洛阳东有成皋，西有殽、渑，倍河，乡伊、洛，其固亦足恃也。"上问张良。良曰："洛阳虽有此固，其中小不过数百里，田地薄，四面受敌，此非用武之国也。关中左殽、函，右陇、蜀，沃野千里。南有巴、蜀之饶，北有胡苑之利。阻三面而守，独以一面东制诸侯；诸侯安定，河、渭漕挽天下，西给京师；诸侯有变，顺流而下，足以委输。此所谓金城千里，天府之国也。娄敬说是也。"上即日车驾西，都长安。拜娄敬为郎中，号曰奉春君，赐姓刘氏。

【译文】齐国人娄敬驻守在陇西，经过洛阳时，把横木上的挽索解脱掉，让车停下。他身着羊皮衣，要借着齐人虞将军的推荐晋见汉高祖。虞将军想要让娄敬穿上高贵的衣服。不料娄敬却说："我身上穿的是帛衣那就穿着帛衣晋见，穿的是粗布衣就穿粗布衣晋见，我是断断不会换衣服的。"虞将军无奈只能进去禀告汉高祖，汉高祖便召见娄敬问他所为何事。娄敬说："陛下是要和周朝比较兴隆的盛况而建都在洛阳吗?"汉高祖没有否认。娄敬说："周朝和陛下取得天下的情况是不同的。周朝的祖先积聚善德有数代，一直到太王、王季、文王、武王的时候诸侯们都是自动前来归附，这样才得以消灭了殷纣即位为天子。随后成王即位，周公开始摄政辅助他，开始经营洛邑，这才把洛邑当成天下的中心，诸侯们前来纳贡上朝时需要走的路程是一样的。这就使得有修养仅靠地势得胜的君王称王，就容易被灭。故而，天下在周朝最兴盛的时候一片和乐融洽，诸侯和四方的夷狄全都前来纳贡述职。而后来周朝日渐衰微，夷狄和天下的诸侯便不再朝拜，不言而喻，周天子也无权力控制他们。这样的结果不仅仅是因为周天子的修养差，也同样由于形势较前朝衰弱。而今陛下起事于丰、沛，平定三秦，席卷蜀、汉，并和项羽在荥阳、成皋间作战，大小战事共有上百余次，牺牲了很多黎民百姓，尸骨曝于荒野的更是不计其数，陛下在百姓还没有停止哭泣，受伤的人还没恢复的时候却想要和周康王、周成王的盛世比较兴盛概况，臣个人认为是无法相比的。更何况秦地有四个关塞的险固以及山河的阻隔，纵然有什么突发状况，上百万的士众也都可以迅速聚集备好。凭借那肥沃的土地，再加上秦国旧有的形势，这真是所谓的'天府'了。陛下如果能进入关中且建都于此地的话，纵使有华山以东的地区发生战乱，原有的秦国土地也足以保全。就像与别人争斗的时候，要想获得全胜就需要扼住对方喉咙并且打击对方背部。而如今陛下占有了秦以前的土地，这便就像是打击其背部并且扼住天下的喉咙啊!"高祖询问大臣意见，而大臣们因为都是华山以东之人，所以争着说道："建都洛阳的周朝有几百年的天下，但是建都在咸阳的秦却传了两代就被灭了。洛阳东有成皋，西有崤山和渑池，北有黄河，南有伊、洛等阻隔，险固的地势足够凭借了。"这时，被汉高祖询问的张良说道："洛阳固有地理优势，不过腹地仅有几百里地而已，且土地贫乏，倘若四面受敌，便不是合适的武力作战的地方。而关中右边有陇、蜀，有千里那样广阔肥沃的土地，左有殽山、函谷关，北有与胡人相连接可以畜牧的草原，三面可守，仅东面就可以控制诸侯，南有巴、蜀非常富饶的物产，诸侯一旦安定下来，黄河、渭河的漕运便可以把粮食输送到天下，补给远在西边的京师。倘若有诸侯叛变的事情发生，即可顺渭河把粮食转输给出征的军队。这便是众人所言的'金城千里，天府之国'。看来娄敬的建议是正确的！"汉高祖在听了张良的话后当天便向西出发起程在长安建都。并且把娄敬封为郎中，名号奉春君，还赐他姓刘。

【乾隆御批】《易·坎之象》曰："王、公依险以守其国。"《象》即续之曰："君子以长德行，可知有德，然后险可恃。无德，则险适足以速其败。"洛阳关中斤斤计较，失之远矣！

【译文】《易·坎之象》说："帝王、公侯依据险要的地理形势守卫国家。"《象》继续说："君子推行常德，可以知道是有德的，然后险要的地理形势才可以依据。没有德操，险要的地理形势反而会加速灭亡。"这样认真地比较洛阳与关中的地理形势，与以德治国的道理相差甚远！

【申涵煜评】敬最得计者是建都，最失体者是和亲，功罪难以相掩。赐姓始此，乱宗支而虮礼法，帝实作俑矣。

【译文】娄敬策略谋划得最好的是建都长安，最失体统的是与匈奴和亲，功勋和罪过难以互相遮掩。皇帝赐臣子皇帝的姓开始于此，这种做法混乱了宗室支属，破坏了礼法制度，汉高祖实在是始作俑者啊。

张良素多病，从上入关，即道引，不食谷，杜门不出，曰："家世相韩，及韩灭，不爱万金之资，为韩报雠强秦，天下振动。今以三寸舌为帝者师，封万户侯，此布衣之极，于良足矣。愿弃人间事，欲从赤松子游耳。"

◆臣光曰：夫生之有死，譬犹夜旦之必然；自古及今，固未尝有超然而独存者也。以子房之明辨达理，足以知神仙之为虚诡矣；然其欲从赤松子游者，其智可知也。夫功名之际，人臣之所难处。如高帝所称者，三杰而已。淮阳诛夷，萧何系狱，非以履盛满而不止耶！故子房托于神仙，遗弃人间，等功名于外物，置荣利而不顾，所谓明哲保身者，子房有焉。◆

【译文】张良多病，在随汉高祖入关中后学习仙家的导引吐纳之术，且闭门不外出，不吃谷食，常说："我家代代辅佐韩王，韩国被秦消灭后不惜万金为报韩国之仇而对付秦国，震动了天下。现在我凭借着自己的这张嘴被封作食邑万户的诸侯，做到帝王的师保，这对我张良来说已经是心满意足。我想以后追随仙人赤松子仙游而抛弃人间琐事。"

◆臣司马光说：万物有生必然有死，正如有夜晚一定会有白昼。从古至今没有人能长生不老而超越这种规律。对于张良这种通晓事理的人来说，足以明白神仙是子虚乌有的说法。但从他仍然和赤松子交游的事件来看，就能够知道他的智慧所在了。在功名显赫中的臣子是最不容易把握自己处境的，比如高祖只是称赞过三个人，而淮阴侯韩信被诛杀，萧何入狱，他们都是已经到了功成名就却还不知道全身而退的反例。故而张良要和神仙交游、抛弃人间琐事。看功名为身外之物以及抛弃荣华富贵等都是借口，只是为了自保而已。张良实在是做到了人们所说的"明哲保身"。◆

六月，壬辰，大赦天下。

秋，七月，燕王臧荼反；上自将征之。

赵景王耳、长沙文王芮皆薨。

九月，虏臧荼。壬子，立太尉长安侯卢绾为燕王。绾家与上同里闬，绾生又与上同日；上宠幸绾，群臣莫敢望，故特王之。

项羽故将利幾反，上自击破之。

后九月，治长乐宫。

项王将钟离眜，素与楚王信善。项王死后，亡归信。汉王怨眜，闻其在楚，诏楚捕眜。信初之国，行县邑，陈兵出入。

【译文】六月初三是壬辰日，这天大赦天下。

秋，七月，汉高祖亲自率兵讨伐反叛的燕王臧荼。

赵景王张耳和长沙文王吴芮两人都去世了。

九月，燕王臧荼被俘虏了。二十五日，又把太尉长安侯卢绾封为燕王。卢绾不仅和汉高祖同日生，而且还是汉高祖的老乡，所以其他大臣根本就不敢奢求皇上宠爱自己也像宠爱卢绾一样，汉高祖也借此机会正好把他封作王。

汉高祖亲自率兵击败项王以前的部将利幾。

闰九月，汉高祖改修长乐宫。

项王有个和楚王韩信交情一向很好的部将叫作钟离眜。钟离眜在项王死之后便逃亡投靠于韩信。汉王刘邦怨恨钟离眜，就让人去追捕钟离眜。韩信在刚到自己的封国巡视县邑并且出入之时，还带了很多士兵来防卫。

六年（庚子，公元前二〇一年）冬，十月，人有上书告楚王信反者。帝以问诸将，皆曰："亟发兵，坑竖子耳！"帝默然。又问陈平。陈平曰："人上书言信反，信知之乎？"曰："不知。"陈平曰：

"陛下精兵孰与楚?"上曰:"不能过。"平曰:"陛下诸将,用兵有能过韩信者乎?"上曰:"莫及也。"平曰:"今兵不如楚精而将不能及,举兵攻之,是趣之战也,窃为陛下危之!"上曰:"为之奈何?"平曰:"古者天子有巡狩,会诸侯。陛下第出,伪游云梦,会诸侯于陈。陈,楚之西界;信闻天子以好出游,其势必无事而郊迎谒;谒而陛下因禽之,此特一力士之事耳。"帝以为然,乃发使告诸侯会陈,"吾将南游云梦。"上因随以行。

【译文】六年(庚子,公元前201年)冬,十月,有人上书给汉高祖说楚王韩信谋反。诸将被高祖询问意见时说道:"尽快发兵去斩杀此人吧。"汉高祖又问陈平意见,陈平说道:"韩信知道那人上书告韩信造反吗?"汉高祖说道:"不晓得。"陈平说:"陛下的精兵强还是楚国精兵强?"汉高祖说:"咱们固然不能超过楚兵。"陈平说:"陛下诸将当中有能比韩信带兵作战还厉害的吗?汉高祖说:"没有。"陈平说:"楚国比陛下军队精锐,将领也不如韩信,倘若发兵,便是逼迫韩信作战,我为您的处境感到担心啊!"汉高祖问道:"那该怎么办?"陈平说:"古时候天子有会合诸侯,巡行天下的事。陛下可以假装说出游云梦去陈会合诸侯。楚在陈东,韩信如果听说天子由于心情好才出游,他肯定会肆无忌惮地出迎且谒见陛下,陛下利用他晋见的机会把他捉起来,这只要一个力士即可。"汉高祖听信陈平的建议,就有使者被派去告示诸侯在陈州会合,汉高祖又向诸侯宣称:"我将去南方游历。"汉高祖就在使者之后出发了。

楚王信闻之,自疑惧,不知所为。或说信曰:"斩钟离眜以谒上,上必喜,无患。"信从之。十二月,上会诸侯于陈,信持眜首谒上;上令武士缚信,载后车。信曰:"果若人言:'狡兔死,走狗烹;飞鸟尽,良弓藏;敌国破,谋臣亡。'天下已定,我固当烹!"
上曰:"人告公反。"遂械系信以归,因赦天下。

田肯贺上曰:"陛下得韩信,又治秦中。秦,形胜之国也,带
河阻山,地势便利;其以下兵于诸侯,譬犹居高屋之上建瓴水
也。夫齐,东有琅邪、即墨之饶,南有泰山之固,西有浊河之限,
北有勃海之利;地方二千里,持戟百万,此东西秦也,非亲子弟,
莫可使王齐者。"上曰:"善!"赐金五百斤。

【译文】楚王韩信听了消息后内心极其恐惧,手足无措。有人
就劝韩信说:"如果把钟离眜斩杀去晋见皇上,皇上一定会很高兴
的。"韩信采纳了这个建议。十二月,韩信在汉高祖于陈会见诸侯
时拿着钟离眜的首级晋见汉高祖,汉高祖便命令武士把韩信捆绑
起来放于后车中。韩信说:"就像俗语所说:'捉兔子的狗会在狡黠
的兔子死后被吃掉,好的弓箭在高飞的鸟猎光后便被收藏不用,
谋臣在敌国被消灭后便会被杀。'如今我被诛杀也正是由于天下
的平定。"汉高祖说:"是有人向我禀报你谋反啊!"韩信就被用枷
锁缚起来回到洛阳,与此同时大赦天下。

田肯说:"韩信被陛下擒住后,陛下又把都城建在关中秦地,
关中秦地是有利地势,有山、河阻隔,地形方便,在这样的地势上
发兵,好像在高屋上面翻倒瓶水一样顺势。而齐地,东面有琅邪、
即墨两地的富饶,南面有泰山的险固,西面有黄河的天然界限,北
面有渤海的利益,地域方圆二千里,有百万持戟的武兵,这与西边
的秦地均为富强之地,万不可让不是陛下亲生的子弟做齐王。"汉
高祖说:"对!"且赐予他黄金数百斤。

上还,至洛阳,赦韩信,封为淮阴侯。信知汉王畏恶其能,
多称病,不朝从;居常鞅鞅,羞与绛、灌等列。尝过樊将军哙,

哙跪拜送迎，言称臣，曰：“大王乃肯临臣！”信出门，笑曰：“生乃与哙等为伍！”

上尝从容与信者诸将能将兵多少。上问曰：“如我能将几何？”信曰：“陛下不过能将十万。”上曰：“于君何如？”曰：“臣多多而益善耳。”上笑曰：“多多益善，何为为我禽？”信曰：“陛下不能将兵而善将将，此乃信之所以为陛下禽也。且陛下，所谓天授，非人力也。”

【译文】汉高祖回到洛阳，不仅赦放韩信，还把他封为淮阴侯。韩信知道汉王刘邦担心、不喜欢他的才能，所以把生病当作借口而不朝见汉高祖，不随从出行。平常在家里都觉得不开心，把与绛侯周勃、灌婴地位相当看作耻辱。韩信曾去拜访樊哙将军，樊哙对韩信自称臣，既跪又拜，恭迎恭送韩信，说：“大王肯光临寒舍这是臣的荣幸。”韩信出门后笑着说道：“我怎么能和樊哙这种人地位相当呢？”

汉高祖曾与韩信轻松地谈到将领们能带领多少士兵。汉高祖问说：“像我能带多少？”韩信说：“陛下可能只能带领十万。”汉高祖说：“那你呢？”韩信说：“臣自然是多多益善。”汉高祖笑着说：“那怎么会被我捉到？”韩信说：“陛下不善于带领军队而擅长领导大将，这是我韩信被陛下抓住的原因，而且陛下真可说是‘上天给予你的，不是人力取得’的啊。”

甲申，始剖符封诸功臣为彻侯。萧何封酂侯，所食邑独多。功臣皆曰：“臣等身被坚执锐，多者百馀战，小者数十合。今萧何未尝有汗马之劳，徒持文墨议论，顾反居臣等上，何也？”帝曰：“诸君知猎乎？夫猎，追杀兽兔者，狗也；而发纵指示兽处者，人也。今诸君徒能得走兽耳，功狗也；至如萧何，发纵指示，功人也。"群臣皆不敢言。

张良为谋臣，亦无战斗功；帝使自择齐三万户。良曰："始，臣起下邳，与上会留，此天以臣授陛下。陛下用臣计，幸而时中。臣愿封留足矣，不敢当三万户。"乃封张良为留侯。封陈平为户牖侯。平辞曰："此非臣之功也。"上曰："吾用先生谋计，战胜克敌，非功而何？"平曰："非魏无知，臣安得进？"上曰："若子，可谓不背本矣！"乃复赏魏无知。

【译文】甲申日（二十八日），分剖符节，封功臣们为彻侯，萧何被封为酂侯，并且被赏封的食邑最多。功臣们埋怨道："我们参加过的战争多则上百，少也数十，我们身着盔甲，手拿武器，而萧何从未上战场，只知舞文弄墨，如今地位却反超我们，这是什么原因？"汉高祖说："打猎的事情你们知道吗？追逐兔子和兽的是狗，而指示狗的却是人你们只能擒获走兽，是功狗。而萧何，却能对你们发布绝令，指挥得当，是功人。"众人不敢再语。

汉高祖谋臣张良，也没有战场上的实际战斗功劳，汉高祖依然让他自己选择把齐地的三万户作为食邑。张良说："之前臣从下邳起兵，与陛下相会在留，这是臣被上天送与皇上。臣的计谋被陛下使用，很幸运地取得成功，臣不敢接受三万户的食邑，只要封在留足矣。"张良就被汉高祖封为留侯。陈平被封为户牖侯，陈平说："这已经超越了我的功劳所能取得的啊。"汉高祖说："先生的策略助我战胜敌人，这便是极大的功劳。"陈平说："是魏无知才使得臣能够进见陛下，并为陛下所用啊！"汉高祖说："先生真是不忘本。"便再次封赏魏无知。

【康熙御批】人主立言，自有大体。汉高祖论萧何与诸臣之功，乃譬之以猎，谓发纵指示者，人也；追杀走兔者，狗也。比拟之词，未免过甚。

【译文】作为君主，说话自然应该懂得大体。汉高祖刘邦评论萧何与其他臣子的功劳，用打猎来作比喻，说发出指示的，是主人，追杀走兔的，是狗。这个比喻的用词，未免有点过分了。

帝以天下初定，子幼，昆弟少，惩秦孤立而亡，欲大封同姓以填抚天下。春，正月，丙午，分楚王信地为二国，以淮东五十三县立从兄将军贾为荆王，以薛郡、东海、彭城三十六县立弟文信君为楚王。壬子，以云中、雁门、代郡五十三县立兄宜信侯喜为代王；以胶东、胶西、临淄、济北、博阳、城阳郡七十三县立微时外妇之子肥为齐王，诸民能齐言者皆以与齐。

上以韩王信材武，所王北近巩、洛，南迫宛、叶，东有淮阳，皆天下劲兵处；乃以太原郡三十一县为韩国，徙韩王信王太原以北，备御胡，都晋阳。信上书曰："国被边，匈奴数入寇；晋阳去塞远，请治马邑。"上许之。

【译文】汉高祖想到天下刚平定，兄少子幼，以及秦无援而亡的事实，就把所有的同姓宗亲封为王，以此来安抚天下。春，正月，丙午日，把楚王韩信的土地分为二国：淮河以东五十三县的地方被封给堂兄将军刘贾，彭城、东海、薛郡、三十六县被封给弟弟文信君刘交，号分别为荆王和楚王。壬子日这天，把雁门、代郡五十三县、云中封给哥哥宜信侯刘喜，号为代王；把胶东、胶西、临淄、济北、博阳、城阳郡七十三县，封给没有成功时与情妇所生之子刘肥，号为齐王，所有会讲齐国话的人被划予齐王治理。

汉高祖因为韩王信智勇双全，而且所统辖之地北靠巩、洛，南临宛、叶，东有淮阳，均为天下强兵之所在，太原郡三十一县便被划给韩国，韩王信改辖太原以北，建都于晋阳，为了抵御胡人。

韩王信上书说："封国土地紧邻常常入侵的匈奴边境，而晋阳离关塞极远，不易防御，请求把马邑作为都城。"汉高祖同意了他的建议。

上已封大功臣二十馀人，其馀日夜争功不决，未得行封。上在洛阳南宫，从复道望见诸将，往往相与坐沙中语。上曰："此何语？"留侯曰："陛下不知乎？此谋反耳！"上曰："天下属安定，何故反乎？"留侯曰："陛下起布衣，以此属取天下。今陛下为天子，而所封皆故人所亲爱，所诛皆平生所仇怨。今军吏计功，以天下不足遍封；此属畏陛下不能尽封，恐又见疑平生过失及诛，故即相聚谋反耳。"上乃忧曰："为之奈何？"留侯曰："上平生所憎、群臣所共知，谁最甚者？"上曰："雍齿与我有故怨，数尝窘辱我；我欲杀之，为其功多，故不忍。"留侯曰："今急先封雍齿，则群臣人人自坚矣。"

【译文】汉高祖把功劳较大的二十几个功臣封完之后，其他的人都在不停地争论谁的功劳更大的问题而无法决定，所以一直都没有被封赏。汉高祖有次在洛阳南宫的阁道中看见诸将常一起坐在沙地上谈话，汉高祖问："他们谈些什么呢？"留侯说："他们是在计划反叛，您还不知吗？"汉高祖说："天下刚定，他们怎么又要谋反？"留侯说："陛下是平民出身，夺取天下靠的是这些人才，而今陛下已即位，陛下的故交均被分封，而陛下平生所仇视之人均被诛杀。现在军吏们在计算这些人的功劳，认为不能把天下有限的土地全部分封，他们既畏惧陛下因猜测他们平时的过错，杀了他们，也害怕不能分封到每一个人，故而聚在一起商量反叛。"汉高祖忧虑地说："这可如何是好？"留侯说："所有臣下都知道皇上平生所最讨厌的人是谁？"汉高祖说："我与雍齿素有旧怨且困扰羞辱我好几次，我因他功劳较多不忍杀之。"留侯说："现在陛下可以利用封雍齿来坚定其他人的信心，他们便不会谋反了。"

　　于是上乃置酒，封雍齿为什方侯；而急趋丞相、御史定功行封。群臣罢酒，皆喜，曰："雍齿尚为侯，我属无患矣！"

　　◆臣光曰：张良为高帝谋臣，委以心腹，宜其知无不言；安有闻诸将谋反，必待高帝目见偶语，然后乃言之邪？盖以高帝初得天下，数用爱憎行诛赏，或时害至公，群臣往往有觖望自危之心，故良因事纳忠以变移帝意，使上无阿私之失，下无猜惧之谋，国家无虞，利及后世。若良者，可谓善谏矣。◆

　　【译文】于是汉高祖便置备酒席以封雍齿，名号为什方侯，并且迅速敦促丞相和御史计算功劳以分封群臣。群臣在喝酒回来之后都很高兴，说道："这下我们没什么好担心的了，皇上都把雍齿封为了侯。"

　　◆臣司马光说：张良是汉高祖的谋臣，汉高祖把心腹机密告诉张良，他应该向汉高祖报告知道的所有事才对，怎么会非要等到汉高祖看到诸将偷偷说话，才告知汉高祖听说诸将计划反叛呢？这样做的原因可能是汉高祖刚平定天下，多次利用个人主观的恨与爱实行诛罚封赏，公正的标准有时候就会被伤害，群臣借此就常出现希冀怨望的心理，所以张良利用群臣坐在沙地中私语这件事，以改变汉高祖的心意，来表达对汉高祖的忠心，避免汉高祖偏祖私爱的过失，而群臣也就不会仅仅由于猜疑恐惧产生谋反的念头，国家没有被颠覆的危险的好处会影响到后世。张良可以说真是善于劝导国君啊。◆

　　列侯毕已受封，诏定元功十八人位次。皆曰："平阳侯曹参，

身被七十创，攻城略地，功最多，宜第一。"谒者、关内侯鄂千秋
进曰："群臣议皆误。夫曹参虽有野战略地之功，此特一时之事
耳。上与楚相距五岁，失军亡众，跳身遁者数矣，然萧何常从关
中遣军补其处，非上所诏令召，而数万众会。上之乏绝者数矣，
又军无见粮，萧何转漕关中，给食不乏。陛下虽数亡山东，萧何
常全关中以待陛下。此万世之功也。今虽亡曹参等百数，何缺于
汉；汉得之，不必待以全。奈何欲以一旦之功而加万世之功哉！
萧何第一，曹参次之。"上曰："善！"于是乃赐萧何带剑履上殿，
入朝不趋。上曰："吾闻进贤受上赏。萧何功虽高，得鄂君乃益
明。"于是因鄂千秋故所食邑，封为安平侯。是日，悉封何父子
兄弟十馀人，皆有食邑；益封何二千户。

上归栎阳。

【译文】汉高祖分封完列侯，又下诏令把首功十八人的地位名
次定下。大家都说："平阳侯曹参，作战时受了七十处创伤，占领
土地和攻下城池，功劳最大，实属第一。"谒者和关内侯鄂千秋上
前说道："群臣的建议都不对，虽然曹参有转战各处、夺取底盘的
功劳，但这不过是短时间的事情。皇上和楚项王相对抗长达五年
之久，有几次虽然丧失军队轻身逃遁脱险，萧何从关中派遣士兵
以补充皇上所需，虽不是皇上下诏令召来却常常也能有上万士卒会
合。皇上有几次军队里没有现存的粮食的时候出现补给匮乏而绝
望的状况，萧何由关中转运粮食过去，这才使得皇上不缺乏粮食
补给。萧何在陛下好几次丧失了山东土地的时候保全了关中，等
待陛下回来，这是万世也不会被消灭的功劳。对于汉来说纵使没
有曹参等几百人，也不会有什么损失，曹参等人就是被汉得到，汉
也不是一定需要他们才能被保全。为什么万世之功的人士的功劳
比不上只有短时间有功劳的人呢? 曹参应该排第二，而萧何才是真

正的第一。"汉高祖说："说得好！"就恩赐萧何可以带剑穿鞋上殿，不必快走。汉高祖说："听说'接受最高的赏赐应该是推荐贤能的人'。萧何得到鄂君的推荐功劳才更显明。"于是就根据他已有的食邑，把鄂千秋封为安平侯。当天就把萧何父子兄弟十几个人，都封赐了食邑，另把二千户食邑加封给萧何本人。

汉高祖返回到栎阳。

【乾隆御批】高祖发纵指示之论，早有首萧何之意，千秋不过申明其说耳，被以上赏，过矣！

【译文】汉祖高关于猎人向猎狗发出指示的论说，说明他很早以前就有以萧何为人臣之首的意图，鄂千秋不过是郑重地说明了汉高祖的意思而已，就被赐予上赏，过分了！

夏，五月，丙午，尊太公为太上皇。

初，匈奴畏秦，北徙十馀年。及秦灭，匈奴复稍南渡河。

单于头曼有太子曰冒顿。后有所爱阏氏，生少子，头曼欲立之。是时，东胡强而月氏盛，乃使冒顿质于月氏。既而头曼急击月氏，月氏欲杀冒顿。冒顿盗其善马骑之，亡归；头曼以为壮，令将万骑。

冒顿乃作鸣镝，习勒其骑射。令曰："鸣镝所射而不悉射者，斩之！"冒顿乃以鸣镝自射其善马，既又射其爱妻；左右或不敢射者，皆斩之。最后以鸣镝射单于善马，左右皆射之。于是冒顿知其可用。从头曼猎，以鸣镝射头曼，其左右亦皆随鸣镝而射。遂杀头曼，尽诛其后母与弟及大臣不听从者。冒顿自立为单于。

【译文】夏季，五月，丙午日，汉高祖把父亲太公尊为太上皇。

当年匈奴向北迁徙了十几年，原因是害怕秦，但秦被消灭后又悄悄向南渡过黄河到河套地区。

单于头曼有个名叫冒顿的太子，后来单于宠爱阏氏并生下一个小儿子，头曼便想立他为太子。当时月氏很兴盛，东胡国力也强大，头曼就把冒顿派到月氏去当人质。不久之后，月氏便被头曼攻击，而月氏却要把冒顿给杀掉。不料冒顿却偷了良马快速地骑着逃了回来，头曼夸奖冒顿勇敢，便任命他率领数万人的骑兵。

冒顿制作了一种箭，这种箭会鸣叫，于是他的骑兵被训练熟习射箭的技巧且被命令道："不全部跟着响箭所射到的目标射过去的话便被斩杀！"说完冒顿用响箭不仅射杀了自己的宝马而且又射杀了自己的爱妻，左右不敢跟着射箭的骑士全部都被斩杀，最后左右也跟着响箭射了单于的宝马。然后冒顿明白骑兵已经被训练好而且可以加以利用了，他追随头曼打猎的时候，左右的骑士跟着响箭射向了头曼，从而射杀了头曼，把弟弟、不听从他的大臣以及后母全部都杀掉了。于是冒顿就自封为单于。

【乾隆御批】秦始皇称帝，即追尊庄襄为太上皇。汉高氾阳即位，距秦初不过二十年，群臣岂无谙故事者？何尔时但追尊先媪，而太公直置不问耶？侯家令云云父子几于倒置，何止齐东之语！而乃赐金厚赏，始有尊称，益见不学无术矣。

【译文】秦始皇称帝后，即追尊庄襄公为太上皇。汉高祖氾阳登上帝位，距离秦朝初年不过二十年，群臣中怎么会没人知道这件事？为什么那个时候只追尊先媪而把太公放置一旁置若罔闻呢？太公家令说什么父子几乎颠倒了位置等等，他的话岂止是齐东野人之语！到了此时才赐金厚赏太公家令，开始尊称太公为太上皇，越发显得高祖没有学问了。

东胡闻冒顿立，乃使使谓冒顿："欲得头曼时千里马。"冒顿问群臣，群臣皆曰："此匈奴宝马也，勿与！"冒顿曰："奈何与人邻国而爱一马乎！"遂与之。居顷之，东胡又使使谓冒顿："欲得单于一阏氏。"冒顿复问左右，左右皆怒曰："东胡无道，乃求阏氏！请击之！"冒顿曰："奈何与人邻国爱一女子乎！"遂取所爱阏氏予东胡。东胡王愈益骄。东胡与匈奴中间有弃地莫居，千馀里，各居其边，为瓯脱。东胡使使谓冒顿："此弃地，欲有之。"冒顿问群臣，群臣或曰："此弃地，予之亦可，勿与亦可！"于是冒顿大怒曰："地者，国之本也，奈何予之！"诸言予者，皆斩之。冒顿上马，令："国中有后出者斩！"遂袭击东胡。东胡初轻冒顿，不为备；冒顿遂灭东胡。

资治通鉴

既归，又西击走月氏，南并楼烦、白羊河南王，遂侵燕、代，悉复收蒙恬所夺匈奴故地与汉关故河南塞至朝那、肤施。是时，汉兵方与项羽相距，中国罢于兵革，以故冒顿得自强，控弦之士三十馀万，威服诸国。

【译文】冒顿自立为单于的事情被东胡人听说，东胡人便派使者告诉冒顿说："我们东胡人喜欢头曼生时所用的千里马。"冒顿问群臣如何是好，群臣回答道："不能给他们！因为这是匈奴的宝马。"冒顿说："怎么可以为爱惜一匹马而伤了和邻国的和气？"说完便把宝马送给东胡。没多久，又有使者被东胡人派去对冒顿说："我们想要你们单于的一位后妃。"冒顿再次询问左右群臣，他们愤怒地说："东胡居然要求得到我们单于的后妃，太不讲理了。我们觉得应该出兵攻击东胡。"冒顿说："怎么可以为爱惜一个女人而伤了和邻国的和气？"他所宠爱的后妃便被送给了东胡。但东胡王更骄傲起来，东胡和匈奴中间，有无人居住的缓冲地区一千多里，匈奴和东胡各占一边，且各建造了瞭望台，但冒顿被东胡派来的使者告知："我要占有这无用的缓冲地。"冒顿三问群臣的意见，却有人说："给他们这不用的土地也没有关系，不给他们也行。"可冒顿大发雷霆说："怎么可以随便给他们？土地是国家的根本！"便斩杀那些主张送地给东胡的大臣。冒顿骑上战马并且下命令说："一律斩杀国中所有不跟随攻击东胡的人。"便袭击了东胡。东胡人因为起初轻视冒顿没有防备，从而冒顿便消灭了东胡。

冒顿向西攻击月氏并且赶走了月氏人，当回到匈奴之后，又向南吞并了楼烦、白羊两个在黄河之南的部族王，侵占了燕、代等地方，把秦时蒙恬所夺得的匈奴土地全部收复了，关上和汉边以前设的河南关塞，一直到朝那、肤施。那时，项羽正和汉军对抗，战火把整个中原弄得民不聊生，冒顿从而才得以强大，由于拥有弓箭手数十万人，声威震慑了周边所有国家。

秋，匈奴围韩王信于马邑。信数使使胡，求和解。汉发兵救之。疑信数间使，有二心，使人责让信。信恐诛，九月，以马邑降匈奴。匈奴冒顿因引兵南逾句注，攻太原，至晋阳。

帝悉去秦苛仪法，为简易。群臣饮酒争功，醉，或妄呼，拔剑击柱，帝益厌之。叔孙通说上曰："夫儒者难与进取，可与守成。臣愿征鲁诸生，与臣弟子共起朝仪。"帝曰："得无难乎？"叔孙通曰："五帝异乐，三王不同礼，礼者，因时世、人情为之节文者也。臣愿颇采古礼，与秦仪杂就之。"上曰："可试为之，令易知，度吾所能行者为之。"

【译文】秋，韩王信在马邑被匈奴包围了。便有使者被韩王信派到匈奴去要求与匈奴和平解决。韩王信被汉派出的军队援救，不过汉高祖却怀疑韩王信可能有反叛之心，因为他好几次私下派遣使者到匈奴，于是便派人责备韩王信。韩王信担心被杀所以九月便于马邑向匈奴投降了。匈奴单于冒顿就带兵攻打太原，向南越过句注山，一直打到了晋阳。

汉高祖废除了秦时苛繁的礼仪，被改得简便易行，群臣喝酒时都争着夸奖自己的功劳，喝醉的时候，有时拿着宝剑乱砍柱子狂妄呼叫，汉高祖渐渐厌烦了。叔孙通劝汉高祖说："儒者可以一起守成治国，虽然很难一起进取创业。臣愿找一些鲁国的儒生，与臣的学生一起来制定朝廷礼仪。"汉高祖说："难吗?"叔孙通说："五帝时所用的音乐不同，三王时礼节不一样，礼乐的功用，跟随人情、时代的不同，都在规范人的仪表并且节制人的情感，所以古今并非完全相同。臣愿意尽力将秦时的仪法合在一起并且采用古代的礼乐。"汉高祖说："要考虑到我能够实行的礼仪而且要让新的礼仪容易了解才可制作! 可以尝试做着看看。"

于是叔孙通使，征鲁诸生三十馀人。鲁有两生不肯行，曰："公所事者且十主，皆面谀以得亲贵。今天下初定，死者未葬，伤者未起，又欲起礼、乐。礼、乐所由起，积德百年而后可兴也。吾不忍为公所为。公去矣，无污我!"叔孙通笑曰："若真鄙儒也，不知时变!"遂与所征三十人西，及上左右为学者与其弟子百馀人，为绵蕝，野外习之。月馀，言于上曰："可试观矣。"上使行礼，曰："吾能为此。"乃令群臣习肄。

【译文】于是叔孙通到鲁国征召鲁国的三十几个儒生。但有两个儒生不肯走，还说道："您所侍奉的有十个左右的主人都必须是当面阿谀，才得以尊贵亲赏。而今天下刚平定，受伤的人也还没痊愈，更何况战乱死亡的人还没埋葬，却又要制定礼乐。而礼乐的制作根源，要累积百年然后德教化民才能办到。我不想做您想要我做的事情，您不要污辱我了，还是回去吧。"叔孙通笑着说："你们真是不晓得随时变通的儒生。"叔孙通所征召的三十人便跟随他向西出发，就与一百多人包括汉高祖左右素有学问的人连同自己的弟子，在野外用茅束和绵索排练朝廷礼仪。一个多月之后，叔孙通对汉高祖说："如今陛下可以去看看了。"汉高祖命令儒生们行礼仪，说："我能这样做。"便命令大臣们练习。

七年（辛丑，公元前二〇〇年）冬，十月，长乐宫成，诸侯群臣皆朝贺。先平明，谒者治礼，以次引入殿门，陈东、西乡。卫官侠陛及罗立廷中，皆执兵，张旗帜。于是皇帝传警，辇出房；引诸侯王以下至吏六百石以次奉贺，莫不振恐肃敬。至礼毕，复置法酒。诸侍坐殿上，皆伏，抑首；以尊卑次起上寿。觞九行，谒者言"置酒"，御史执法举不如仪者，辄引去。竟朝置酒，无敢讙哗失礼者。于是帝曰："吾乃今日知为皇帝之贵也！"乃拜叔孙通为太常，赐金五百斤。

初，秦有天下，悉内六国礼仪，采择其尊君、抑臣者存之。及通制礼，颇有所增损，大抵皆袭秦故，自天子称号下至佐僚及宫室、官名，少所变改。其书，后与律、令同录，藏于理官；法家又复不传，民臣莫有言者焉。

【译文】七年（辛丑，公元前200年）冬，十月，长乐宫建成，诸侯和大臣们都到朝廷恭贺。天亮前，谒者主持朝见礼节，并且按照官位次序导引官员们进殿门，排东面西。侍卫官沿着台阶两旁站立，并分布站立殿廷中，所有人都手握兵器，拿着旗帜。接着传令警戒，皇帝的辇车才从寝宫出来，百官引导诸侯王以下低到年俸六百石的官吏，按照顺序奉承恭贺，全都戒惧恭谨。行礼完毕后设下酒宴。那些坐在殿上的人都低头跪着陪侍皇上，然后按官位挨次向皇上献酒祝寿。谒者在酒已喝过九遍后说："结束酒宴。"御史把那些不按照礼仪做的请出来依法执行。整场朝贺礼，没有敢违背礼节大声喧叫之人。于是汉高祖就说："我今天才晓得皇帝的尊贵。"叔孙通便被任命做太常并赐其黄金五百斤。

以前，秦占据天下之时，六国的礼节仪法被接纳了，但只选择抑低臣子、尊崇国君的礼节保留下来。而后叔孙通定了礼仪，减损、增加的地方较多，不过大部分仍是以秦原有的礼仪为基础，从天子的称呼名号到辅佐僚属以及宫室和官名，改动很少。礼仪的书后与令、律一起被写下而且收藏在了理官那里，而且研究刑法之人的学说并没被流传后代，故而臣子和百姓们便无人再谈论那些内容了。

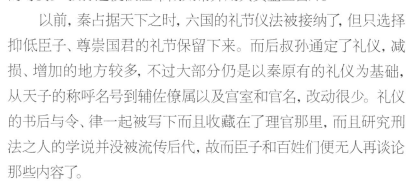

◆臣光曰：礼之为物大矣！用之于身，则动静有法而百行备焉；用之于家，则内外有别而九族睦焉；用之于乡，则长幼有伦而俗化美焉；用之于国，则君臣有叙而政治成焉；用之于天下，则诸侯顺服而纪纲正焉；岂直几席之上、户庭之间得之而不乱哉！夫以高祖之明达，闻陆贾之言而称善，睹叔孙通之仪而叹息；然所以不能〔比〕肩于三代之王者，病于不学而已。当是之时，得大儒而佐之，与之以礼为天下，其功烈岂若是而止哉！惜夫，叔孙生之为器小也！徒窃礼之糠秕，以依世、谐俗、取宠而已，遂使先王之礼沦没而不振，以迄于今，岂不痛甚矣哉！是以扬子讥之曰："昔者鲁有大臣，史失其名，曰：'何如其大也！'曰：'叔孙通欲制君臣之仪，召先生于鲁，所不能致者二人。'曰：'若是，则仲尼之开迹诸侯也非邪？'曰：'仲尼开迹，将以自用。如委己而从人，虽有规矩、准绳，焉得而用之！'"善乎扬子之言也！夫大儒者，恶肯毁其规矩、准绳以趋一时之功哉！◆

【译文】◆臣司马光说：礼的道理太大了！关乎个人的时候，一止一静一动一举均有法则也就具备了各种品德；关乎家庭的时候，

462

不仅可以使得男女有别，更可以使得各亲族间和睦不已；关乎乡里邻居的时候，既可以使得长幼有分，又可以优美风俗教化；关乎国家的时候，可使得君臣有序，政治也同样可以办得很好；关乎天下的时候，可使得诸侯顺从的同时端正纲纪，不仅仅只是朝贺、朝宴时举行的仪式不混乱。当贤明通达的高祖，听到陆贾有关礼仪的言论的时候就极为称赞，看到叔孙通礼仪的演练，也更为称赞；不过他还不可与三代的圣王被看成一个水平，因为他不曾读书。那时倘若有大儒辅佐同时用礼治天下，那汉高祖的功业也不至于仅是这样了啊！可惜，叔孙通的见识短浅，他只盗窃了礼的皮毛，为了随时浮沉、取媚世人而得取尊宠，却使先王的礼仪埋没沉沦，振作不起来，现在还是这样，怎么能不让人痛惜呢？故而有扬雄《法言》讥笑说："鲁国从前有个没有被史籍记载名字的大臣，有人问他：'大儒是什么样子的呢？'回答说：'比如叔孙通在制定君臣礼仪的时候，在鲁国不接受他征召的那两个儒生；又问：'如此说来，孔子应聘诸侯也是错的了？'回答说："孔子应聘诸侯的时候，是在发展自己所学所知从而匡济百姓。倘若把自己所学抛弃而去取媚别人，例如叔孙通，即使有治世的准则、法度等礼教，他也绝对是不会采用的。'"扬雄讲得对啊！一位伟大的儒者，绝不会毁弃把准则、法度合为一体的礼教而去追求短暂的功绩！◆

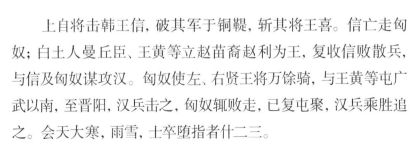

上自将击韩王信，破其军于铜鞮，斩其将王喜。信亡走匈奴；白土人曼丘臣、王黄等立赵苗裔赵利为王，复收信败散兵，与信及匈奴谋攻汉。匈奴使左、右贤王将万馀骑，与王黄等屯广武以南，至晋阳，汉兵击之，匈奴辄败走，已复屯聚，汉兵乘胜追之。会天大寒，雨雪，士卒堕指者什二三。

上居晋阳，闻冒顿居代谷，欲击之。使人觇匈奴，冒顿匿其壮士、肥牛马，但见老弱及羸畜。使者十辈来，皆言匈奴可击。上复使刘敬往使匈奴，未还；汉悉兵三十二万北逐之，逾句注。刘敬还，报曰："两国相击，此宜夸矜，见所长。今臣往，徒见羸瘠、老弱，此必欲见短，伏奇兵以争利。愚以为匈奴不可击也。"是时，汉兵已业行，上怒，骂刘敬曰："齐虏以口舌得官，今乃妄言沮吾军！"械系敬广武。

【译文】汉高祖亲身率领军队去进攻韩王信，韩王信的军队于铜鞮被打败，韩王信的大将王喜也被杀了。韩王信逃到了匈奴之后，白土人曼丘臣、王黄等人把赵的后代赵利立为王，而后又把韩王信因战败而分散的军队集合到了一起，并与匈奴、韩王信谋划去进攻汉。匈奴派左、右两个贤王率领骑兵一万多与王黄等人于广武南方屯驻，直到晋阳附近，匈奴常常败走。在汉兵加以攻击之后不久又集合、驻扎在一起，汉兵便利用可以打胜的机会继续追逐。恰逢大寒，下着雨雪，十分之二三的士卒有手指因冻寒掉落了。

汉高祖在晋阳听说匈奴叫作冒顿的单于住于代谷，想要攻击。便首先派人去窥探匈奴的状况，不料冒顿却把匈奴肥壮的牛马、强壮的战士都藏了起来，仅仅将瘦弱的牲畜和年老衰弱的人显现出来。汉便用十个使者前往匈奴。使者回来都说匈奴衰弱可加以攻击，汉高祖又派刘敬前往匈奴，却还未回到汉，不过此时汉已动员三十二万士卒全部向北越过句注山去追逐匈奴。刘敬回来后，报告汉高祖："两个国家相互对抗的时候会各自表现自身武力，从而展露自家军队的优势，而如今臣去匈奴，仅见到了年老体弱的人们、瘦弱的牲畜，一定是匈奴人展现出自家的劣势，从而引敌人攻击，埋藏奇兵为了取得胜利。微臣觉得我们不可攻击匈奴。"可那时，汉军依然出军，刘敬报告汉高祖后，汉高祖大骂刘敬："你本是齐国俘虏, 仅靠口舌得以做官, 此时还在胡言乱语, 降低我们军队的士气!" 刘敬被用刑具拘禁于广武。

　　帝先至平城, 兵未尽到; 冒顿纵精兵四十万骑, 围帝于白登七日, 汉兵中外不得相救饷。帝用陈平秘计, 使使间厚遗阏氏。阏氏谓冒顿曰: "两主不相困。今得汉地, 而单于终非能居之也。且汉主亦有神灵, 单于察之!" 冒顿与王黄、赵利期, 而黄、利兵不来, 疑其与汉有谋, 乃解围之一角。会天大雾, 汉使人往来, 匈奴不觉。陈平请令强弩傅两矢, 外乡, 从解角直出。帝出围, 欲驱; 太仆滕公固徐行。至平城, 汉大军亦到, 胡骑遂解去。汉亦罢兵归, 令樊哙止定代地。

　　上至广武, 赦刘敬, 曰: "吾不用公言, 以困平城; 吾皆已斩前使十辈矣。" 乃封敬二千户为关内侯, 号为建信侯。帝南过曲逆, 曰: "壮哉县! 吾行天下, 独见洛阳与是耳。" 乃更封陈平为曲逆侯, 尽食之。平从帝征伐, 凡六出奇计, 辄益封邑焉。

　　【译文】汉高祖先于军队到达平城, 冒顿便派出四十万精练的骑兵, 汉高祖被于白登包围七天, 汉的粮饷和军队都没有办法彼此救援。汉高祖便采用陈平的计谋, 找机会派出使者送给单于后妃阏氏厚重礼物。阏氏说: "两个国家的国君不应互相围困对方。即便能够夺得汉的土地, 单于您也不可居住, 况且有神灵帮助汉的国君, 还望单于三思。" 冒顿本来与赵利、王黄预约会合, 此时赵利、王黄却没有如约而至, 冒顿已经质疑他们与汉串和, 再加上阏氏如此一说, 便解除包围圈中的一个角落。恰好天下大雾, 汉派人往来, 匈奴正好都没发现。陈平请汉高祖下令多加两支箭矢给所有弓弩, 且面向外, 正好从匈奴已经解除的那个角落突围。汉高祖突围飞驰即去, 太仆滕公特意走得很慢。而且大军与其同时到达平城，胡人的骑兵才离去而不再追逐。汉高祖回到关中后取消了这次战役，命令樊哙留下从而平定代地。

汉高祖到广武之后赦免了刘敬的罪，说道："我没有采用你的建议才被困于平城，现在我已斩杀在你之前所来的十个使者！"刘敬就被封为关内侯，名号建信侯，并赐食邑二千户。汉高祖经过曲逆县往南，说："真是美丽壮观啊！我行走天下之时看到只有这地方和洛阳具备这条件。"便改把陈平封为曲逆侯，又把所有户口划给了他当作食邑。陈平追随汉高祖出征共想出六次奇妙的计划，每次都增加了食邑。

十二月，上还，过赵。赵王敖执子婿礼甚卑；上箕倨慢骂之。赵相贯高、赵午等皆怒，曰："吾王，孱王也！"

乃说王曰："天下豪桀并起，能者先立。今王事帝甚恭，而帝无礼；请为王杀之！"张敖啮其指出血，曰："君何言之误！先人亡国，赖帝得复国，德流子孙；秋豪皆帝力也。愿君无复出口！"贯高、赵午等皆相谓曰："乃吾等非也。吾王长者，不倍德；且吾等义不辱。今帝辱我王，故欲杀之，何污王为！事成归王，事败独身坐耳！"

匈奴攻代。代王喜弃国自归，赦为郃阳侯。辛卯，立皇子如意为代王。

【译文】十二月，汉高祖回京师，经过赵地，赵王张敖以子婿的礼节晋见汉高祖，极为谦卑。但汉高祖态度倨傲无礼，弯曲膝盖伸展两脚坐着辱骂赵王。赵宰相贯高、赵午等人均极为生气，说："我们竟有如此懦弱的君王！"

便劝赵王："在天下豪杰同时兴起时有能力的人先立为王，现在您侍奉高帝相当恭敬他却这么倨傲无礼，我们恳求杀掉高帝！"

张敖听了发誓不背叛汉并用牙齿把手指咬出血，说："你们为何说这些不正确的话？我的先人亡国了，靠着高帝才从灭亡中恢复过来，我们赵国的上上下下都被高帝的恩德庇佑，高帝赐予赵国一切。望你们不要再乱说话！"贯高、赵午等人相劝："看来我们都错了，我们的君王不会背弃人家的恩德，因为他是长者，我们站在道义立场且不愿受到屈辱。而如今我们的君王被高帝侮辱，我们一定要想方设法斩杀高帝，为什么要让他背上负德之名还要污辱我们的君王？因此我们决定事成之后，所有胜利全归君王，否则，后果我们自己承担。"

代地被匈奴攻打。代王刘喜回到关中并抛弃自己的封国，汉高祖顾及旧情，才赦免他作为郃阳侯。辛卯日(十二月无此日)，另外又立叫作如意的儿子作为代王。

春，二月，上至长安。萧何治未央宫，上见其壮丽，甚怒，谓何曰："天下匈匈，苦战数岁，成败未可知，是何治宫室过度也！"何曰："天下方未定，故可因以就宫室。且夫天子以四海为家，非壮丽无以重威，且无令后世有以加也。"上说。

◆臣光曰：王者以仁义为丽，道德为威，未闻其以宫室填服天下也。天下未定，当克己节用以趋民之急；而顾以宫室为先，岂可谓之知所务哉！昔禹卑宫室而桀为倾宫。创业垂统之君，躬行节俭以示子孙，其末流犹入于淫靡，况示之以侈乎！乃云"无令后世有以加"，岂不谬哉！至于孝武，卒以宫室罢敝天下，未必不由萧侯启之也！◆

上自栎阳徙都长安。

初置宗正官，以序九族。

夏，四月，帝行如洛阳。

【译文】春季，二月，汉高祖到长安。汉高祖看到萧何建筑雄壮华丽的未央宫，特别生气，便告诉萧何："人民艰苦辛劳生活几年，成功与否还未确定，你怎么可以如此奢侈地修建宫室？"萧何说："正因为天下还没有安定，因此可以利用机会建造宫室，况且四海之内皆为皇上之家，宫室必须壮丽才能显示天子的威严，而且要使得以后建造的都无法超越。"汉高祖听了相当高兴。

◆臣司马光说：称王于天下的国君不以宫室为美而以仁义为美，不以宫室的壮丽为威严而以道德为威严。从未听说过王者镇服天下需要靠壮丽的宫室。应做好老百姓急切需要的事情，克制私欲节俭用度，在天下尚未平定之时，倘若先建筑宫室，怎能说是知道事务的轻重缓急呢？古有禹宫室简陋卑下，却有桀盖华丽倾宫。如禹此般能道统名垂千古，开创天地事业的国君，他用节俭的行为亲自教育后代，他的后代都还会误入歧途，更何况是国君向后代子孙表现奢侈的创业呢！萧何竟然对汉高祖说："您所盖的宫室不能让后代盖的超过。"这种做法，真是大错特错。到了孝武帝，最终由于奢侈浪费地建造宫室而导致所有黎民百姓疲惫不堪，这所有的后果都是酂侯萧何开启的啊。◆

汉高祖把都城由栎阳迁到了长安。

首次设置宗正官，以序别九族。

夏，四月，汉高祖去往洛阳。

资治通鉴卷第十二 汉纪四

起玄黓摄提格，尽昭阳赤奋若，凡十二年。

【译文】起壬寅（公元前 199 年），止癸丑（公元前 188 年），共十二年。

【题解】本卷记录了高祖刘邦八年至惠帝刘盈七年共十二年间的历史。记录了刘邦、吕后杀韩信、彭越；记录了黥布因惧而反，代相陈豨、燕王卢绾，因害怕被杀投降匈奴，都被刘邦讨平；记录了赵相贯高谋杀刘邦，事发后为维护赵王甘愿受罚；记录了陆贾出使南越劝说南越王赵佗归附，娄敬建议刘邦与匈奴和亲，以及萧何、曹参相继为相，休养生息，无为而治；记录了刘邦因戚夫人想废掉太子刘盈，刘邦死后吕后惨杀戚夫人，杀刘邦数子，以及惠帝近亲联姻，与皇后无子。

太祖高皇帝下

八年（壬寅，公元前一九九年）冬，上东击韩王信馀寇于东垣，过柏人。贯高等壁人于厕中，欲以要上。上欲宿，心动，问曰："县名为何？"曰："柏人。"上曰："柏人者，迫于人也。"遂不宿而去。十二月，帝行自东垣至。

春，三月，行如洛阳。

令贾人毋得衣锦、绣、绮、縠、絺、纻、罽，操兵、乘、骑马。

【译文】八年（壬寅，公元前 199 年）冬季，汉高祖率军到东垣攻击韩王信的余部，贯高等人想找机会袭击汉高祖，于是便藏于厕所侧壁。汉高祖原打算在柏人留宿，但内心有些不安，问道："这县叫什么?"左右答曰："这是柏人。"汉高祖说："柏人有被人所迫之意。"由于担心就没敢过夜离开了。十二月，汉高祖便从东垣返回到了长安。

春季，三月，汉高祖出行到洛阳。

下令让商人不得穿着锦、绣、绮、縠、絺、纻、罽等裁制而成的华丽衣服。不能握持兵器、乘车、骑马。

秋，九月，行自洛阳至，淮南王、梁王、赵王、楚王皆从。

匈奴冒顿数苦北边。上患之，问刘敬。刘敬曰："天下初定，士卒罢于兵，未可以武服也。冒顿杀父代立，妻群母，以力为威，未可以仁义说也。独可以计久远，子孙为臣耳；然恐陛下不能为。"上曰："奈何?"对曰："陛下诚能以適长公主妻之，厚奉遗之，彼必慕，以为阏氏，生子，必为太子。陛下以岁时汉所馀，彼所鲜，数问遗，因使辨士风谕以礼节。冒顿在，固为子婿；死，则外孙为单于；岂尝闻外孙敢与大父抗礼者哉! 可无战以渐臣也。若陛下不能遣长公主，而令宗室及后宫诈称公主，彼知，不肯贵近，无益也。"帝曰："善!"欲遣长公主。

吕后日夜泣曰："妾唯太子、一女，奈何弃之匈奴!"上竟不能遣。

【译文】秋季，九月，汉高祖从洛阳回到长安，梁王、赵王、楚王、淮南王都跟随。

匈奴的冒顿多次干扰汉北面边境。汉高祖极为担心，便询问刘敬意见，刘敬说："天下刚定下来，士卒百姓早已疲倦，所以并不能再用武力去征服了。冒顿杀害自己的父亲自立为单于，更抢占父亲生时的妃妾，用武力作威作福，这样的人不能够用仁义去劝说，只能够从长计议，让他的后代永远做个汉臣罢了；但是我担心陛下您恐怕不能做到。"汉高祖说："那应该怎么办呢？"刘敬答道："皇上假如肯把皇后生的嫡长公主嫁于他，并送给单于优厚的礼物，那么他必定很疼爱嫡长公主，并把嫡长公主封为阏氏，她生了儿子，自然会被立为太子。陛下再常常派人把我们汉朝每年剩下，而他们缺乏的物质赠予他们，再派出能说会道的人去教导他关于礼节的道理，如果能这样做，冒顿生着的时候，肯定就是陛下的子婿，即便不在了，你的外孙也理所应当继位成为单于。陛下必然没有听过外祖父和外孙礼仪平等的吧？这样一来就不需要发动战争了，还能使得对方逐渐臣服了。但是假如陛下不肯把嫡长公主遣送去匈奴，却命令后宫或者宗室的女人而谎称公主，对方一旦知道肯定不想亲近宠爱她，这样便没什么好办法了。"汉高祖说："太棒了。"就想要马上将嫡长公主嫁去匈奴。

吕后知道后日夜哭泣，说："我只有一个女儿和太子，她怎么能被您抛弃嫁去匈奴？"汉高祖终究不能把嫡长公主远嫁过去。

九年(癸卯，公元前一九八年)冬，上取家人子名为长公主，以妻单于，使刘敬往结和亲约。

◆臣光曰：建信侯谓冒顿残贼，不可以仁义说，而欲与为婚姻，何前后之相违也！夫骨肉之恩，尊卑之叙，唯仁义之人为能知之；奈何欲以此服冒顿哉！盖上世帝王之御夷狄也，服则怀之以德，叛则震之以威，未闻与为婚姻也。且冒顿视其父如禽兽而猎之，奚有于妇翁！建信侯之术，固已疏矣。况鲁元已为赵后，又可夺乎！◆

【译文】九年(癸卯，公元前198年)冬，汉高祖取平民女子假称长公主，嫁给单于为妻，派遣刘敬前往和匈奴缔结和亲盟约。

◆臣司马光说：建信侯刘敬一开始说冒顿残暴，不能用仁义加以劝说，后来却主张和他结为姻亲，怎么他自己的意见都不能前后统一呢？尊卑次序，骨肉恩情，只有仁义的人才可以理解，为什么想用这些去让冒顿顺服呢？古时候的圣王驾驭夷狄，一旦夷狄顺服，便用恩德去怀柔他们，如果夷狄反叛，便用武力威慑他们，根本没听说谁与夷狄有婚约，况且冒顿把父亲看作禽兽一样猎杀，他眼里怎么会有岳父大人呢？建信侯刘敬的建议已经不切实际了，更何况嫡长公主鲁元早已是赵王的皇后了，怎么能争取过来呢？◆

刘敬从匈奴来，因言："匈奴河南白羊、楼烦王，去长安近者七百里，轻骑一日一夜可以至秦中。秦中新破，少民，地肥饶，可益实。夫诸侯初起时，非齐诸田、楚昭、屈、景莫能兴。今陛下虽都关中；实少民，东有六国之强族，一日有变，陛下亦未得高枕而卧也。臣愿陛下徙六国后及豪桀、名家居关中；无事可以备胡，诸侯有变，亦足率以东伐。此强本弱末之术也。"上曰："善！"十一月，徙齐、楚大族昭氏、屈氏、景氏、怀氏、田氏五族及豪桀于关中，与利田、宅，凡十馀万口。

【译文】刘敬从匈奴回来，便对汉高祖说："匈奴在黄河以南的白羊王、楼烦王，离长安近一点的有七百里地，轻骑快马一天一夜就能够到达关中。关中连遭战祸，百姓少，土地却肥沃富饶，可以充实人口。诸侯起事抗秦之初，要不是齐国屈氏、田氏、景氏以及楚国昭氏等诸王族的响应，是很难兴起的。而今虽然陛下把都城建在关中，事实上人烟稀少，东边还有兵强马壮的六国王族，一旦有变乱，陛下你也不能高枕无忧，所以臣恳请陛下将六国后代、豪杰、名家等迁居去关中。如此一来，平时没有战事就可以防御胡人，倘若诸侯有叛变，也能够率领他们东征；而这才是臣认为强本弱末的做法啊。"汉高祖说："不错！"十一月，迁徙齐国、楚国的大族昭氏、田氏、屈氏、景氏、怀氏等五族以及豪杰到关中，给他们美宅良田，使他们能够安居乐业，迁徙的一共十余万人。

十二月，上行如洛阳。

贯高怨家知其谋，上变告之。于是上逮捕赵王及诸反者。赵午等十馀人皆争自刭，贯高独怒骂曰："谁令公为之？今王实无谋，而并捕王。公等皆死，谁白王不反者？"乃轞车胶致，与王诣长安。高对狱曰："独吾属为之，王实不知。"

吏治，榜笞数千，刺剟，身无可击者，终不复言。吕后数言："张王以公主故，不宜有此。"上怒曰："使张敖据天下，岂少而女乎！"不听。

【译文】十二月，汉高祖出行，到了洛阳。

贯高的仇家知道贯高刺杀汉高祖的事件，便上告了这件事情。于是，汉高祖下令逮捕了赵王以及想谋杀他的人。赵午一行十几人都争先恐后地要自刭，而唯有贯高大发雷霆，骂说："哪个要让你谋杀皇上的？赵王实在没有参与谋划刺杀皇上的事，现在也和你们一起被逮捕了，你们都死了，谁来证明赵王的清白呢？"于是贯高就被装进囚车密封起来，和赵王一起被押送到长安。审贯高时他供称："这只是我们几个手下预谋的，赵王真是不知道。"

狱吏动用刑具，鞭笞贯高几千下，一直审问贯高到体无完肤，但贯高都没有再招供什么内容了。吕后多次对汉高祖说："张敖应该不会做这种事，因为鲁元公主是他的夫人。"汉高祖并没有听吕后的话反而怒斥道："一旦张敖占据天下，他还会稀罕你女儿吗？"

没有听吕后的话。

廷尉以贯高事辞闻。上曰："壮士! 谁知者? 以私问之。"中大夫泄公曰："臣之邑子, 素知之, 此固赵国立义不侵, 为然诺者也。"上使泄公持节往问之箯舆前。泄公与相劳苦, 如生平欢, 因问："张王果有计谋不?"高曰："人情宁不各爱其父母、妻子乎? 今吾三族皆以论死, 岂爱王过于吾亲哉? 顾为王实不反, 独吾等为之。"具道本指所以为者、王不知状。于是泄公入, 具以报上。春, 正月, 上赦赵王敖, 废为宣平侯, 徙代王如意为赵王。

【译文】廷尉把贯高的供词和事情经过报告给了汉高祖。汉高祖说："可谓壮士啊。就是不知他的话是否可信, 再私下问问他吧!"做中大夫的泄公说："贯高和臣是老乡, 臣很了解他, 他之前在赵国不受侵辱, 自强自立, 十分重视承诺。"汉高祖便派泄公携带令节前往贯高使用的竹床前询问他。泄公问他受的苦楚, 两人谈得与平时同样痛快, 后又问他："张敖到底有没有谋反之心?"贯高说："按人之常情, 每个人都疼爱自己的儿女、父母、妻子, 而我家的三族已经全被判处死刑, 我莫非疼惜赵王超过我的亲人? 只是想到赵王确实没有谋反, 完全就是我们这些人谋划的。"贯高就把他们做这件事的本意, 以及赵王不了解这件事的详细情况说了出来。泄公听了, 就连忙入宫向汉高祖汇报。春, 正月, 汉高祖赦免赵王张敖, 把他降为宣平侯, 把代王如意改为赵王。

上贤贯高为人, 使泄公具告之曰："张王已出。"因赦贯高。贯高喜曰："吾王审出乎?"泄公曰："然。"泄公曰："上多足下, 故赦足下。"贯高曰："所以不死, 一身无馀者, 白张王不反也。今王已出, 吾责已塞, 死不恨矣。且人臣有篡弑之名, 何面目复事上哉! 纵上不杀我，我不愧于心乎!"乃仰绝亢，遂死。

　　◆荀悦论曰: 贯高首为乱谋，杀主之贼; 虽能证明其王，小亮不塞大逆，私行不赎公罪。《春秋》之义大居正，罪无赦可也。◆

　　◆臣光曰: 高祖骄以失臣，贯高很以亡君。使贯高谋逆者，高祖之过也; 使张敖亡国者，贯高之罪也。◆

　　【译文】汉高祖赞赏贯高为人正直，便派泄公告诉贯高说:"赵王张敖已经给赦免了。"因此也赦免了贯高的罪。贯高兴奋地说:"我们的赵王真的赦免出狱了吗?"泄公说:"真的。"接着又说:"皇上赞赏你，因此也赦免了你。"贯高说:"我之所以不自杀而死，忍受自己被拷打得体无完肤，就是想要辩明赵王他没有反叛。如今皇上已经把赵王释放，我已经了却了责任，死而无憾了。况且我作为人臣，有了弑君篡位的罪名，没有颜面再事奉皇上。即使皇上不杀我，我也惭愧不已。"说罢就自刎而死。

　　荀悦评论说: 贯高是首先策划谋杀国君的主犯，虽然他能够证明自己的主上赵王是清白的，但是小信不抵大逆，私行难赎公罪。《春秋》里的义是以遵循正道为最重要的，他的罪过实在不可以赦免啊。

　　◆臣司马光说: 高祖因为骄慢而失去臣下，贯高因为狠戾而让自己的君主亡国。使得贯高有了叛逆谋反之心的，是高祖的过错; 使得赵王张敖亡国的，是贯高所犯的罪过。◆

　　【乾隆御批】贯高以愤怒肇乱谋，虽卒能证明其主，不惜一死塞责，然赵国由是以亡。祸首罪魁何贤之有? 荀悦曰:"小亮不塞大逆，私行不赎公罪。愚毋赦可也。"斯言良当。

　　【译文】贯高因愤怒开始为谋作乱，虽然最终能够证明其主清白，不惜用死来履行自己的责任，赵国却因此灭亡了。祸乱之首、罪恶之魁有什么贤德呢？荀悦说："小的亮节不能抵当大逆之罪，自己良好的行为不能赎回对国家所犯的大罪。这样的罪，不赦免也是没问题的。"这话说得恰当。

【申涵煜评】帝以妇翁无礼于婿，高、午陪臣，何至便谋大逆？是犹庇其父而作色于祖也。战国侠士习气激烈，而昧于大义如此，死有余辜，帝更欲赦而用之，何哉？若田叔辈，则得其正矣。

【译文】汉高帝刘邦作为岳父，对女婿不以礼相待，贯高和赵午只是陪侍的臣子，何至于因此谋反呢？这就像庇护自己的父亲而对着自己的祖父发怒一样啊。战国时候的侠士作风刚烈，却对国家大义不明白到这种地步，即使处死刑也抵偿不了他的罪恶，汉高帝又要赦免他而任用他，为什么呢？像田叔那样的人，才是得到了为臣子的正道啊。

诏："丙寅前有罪，殊死已下，皆赦之。"

二月，行自洛阳至。

初，上诏："赵群臣宾客敢从张王者，皆族。"郎中田叔、客孟舒皆自髡钳为王家奴以从。及张敖既免，上贤田叔、孟舒等。召见，与语，汉廷臣无能出其右者。上尽拜为郡守、诸侯相。

夏，六月，乙未晦，日有食之。

是岁，更以丞相何为相国。

【译文】汉高祖下诏说："丙寅日以前犯死刑以下的罪犯全部赦免。"

二月，汉高祖由洛阳回到长安。

起初，汉高祖下诏说："赵国的臣子和宾客中，敢追随张敖来到长安的，全部灭族。"赵国郎中田叔、孟舒剃掉自己的头发，用铁器束紧脖子，装扮成赵王自家的奴仆跟随来到了长安。待到张敖免罪，汉高祖称许田叔、孟舒的为人，下令召见，与他们交谈，发现他们的才干超过了汉朝朝廷的大臣。汉高祖任命两人为郡守、诸侯国相。

夏季，六月晦（三十日），出现日食。

改任丞相萧何为相国。

十年（甲辰，公元前一九七年）夏，五月，太上皇崩于栎阳宫。秋，七月，癸卯，葬太上皇于万年。楚王、梁王皆来送葬。赦栎阳囚。

定陶戚姬有宠于上，生赵王如意。上以太子仁弱，谓如意类己；虽封为赵王，常留之长安。上之关东，戚姬常从，日夜啼泣，欲立其子。吕后年长，常留守，益疏。上欲废太子而立赵王，大臣争之，皆莫能得。御史大夫周昌廷争之强，上问其说。昌为人吃，又盛怒，曰："臣口不能言，然臣期期知其不可！陛下欲废太子，臣期期不奉诏！"上欣然而笑。吕后侧耳于东厢听，既罢，见昌，为跪谢，曰："微君，太子几废。"

时赵王年十岁，上忧万岁之后不全也；符玺御史赵尧请为赵王置贵强相，及吕后、太子、群臣素所敬惮者。上曰："谁可者？"尧曰："御史大夫昌，其人也。"上乃以昌相赵，而以尧代昌为御史大夫。

【译文】十年（甲辰，公元前197年）夏季，五月，太上皇于栎阳宫驾崩。秋季，七月癸卯（十四日），安葬太上皇于万年县。楚王、梁王都来送葬。汉高祖下令特赦栎阳的囚犯。

定陶女子戚夫人受汉高祖宠爱，生下赵王刘如意。汉高祖因为太子为人仁慈懦弱，又觉得刘如意像自己，虽然封他为赵王，却把他长年留在长安。汉高祖出巡关东，戚夫人也常常随行，日夜在汉高祖面前哭泣，想要立如意为太子。而吕后因为年纪大了，常留守长安，与汉高祖越来越疏远。汉高祖有点想废掉太子而立赵王为继承人，大臣们纷纷反对，但是都不能够说服他。御史大夫周昌在朝廷上强硬地争执，汉高祖问他理由是什么。周昌说话有点口吃，加上内心很愤怒，急得只是说："臣口不能言，但臣极极知道不能这样做，陛下要废太子，臣极极不奉命！"汉高祖听了欣然大笑。吕后在东厢房侧耳聆听，事过后，她召见周昌，向他跪谢说："要不是您，太子几乎就废了。"

当时赵王如意只有十来岁，汉高祖恐怕在自己死后不能保全他的性命。符玺御史赵尧于是建议为赵王配备一个地位高而又强有力，平时能让吕后、太子及群臣敬惮的相。汉高祖问："谁合适呢？"赵尧说："御史大夫周昌正是这样的人。"汉高祖便任命周昌为赵国的相，而令赵尧代替周昌为御史大夫。

初，上以阳夏侯陈豨为相国，监赵、代边兵；豨过辞淮阴侯。淮阴侯挈其手，辟左右，与之步于庭，仰天叹曰："子可与言乎？"豨曰："唯将军令之！"淮阴侯曰："公之所居，天下精兵处也；而公，陛下之信幸臣也。人言公之畔，陛下必不信；再至，陛下乃疑矣；三至，必怒而自将。吾为公从中起，天下可图也。"陈豨素知其能也，信之，曰："谨奉教！"

【译文】起初，汉高祖任命阳夏侯陈豨为相国，监管赵国、代国边境部队。陈豨拜访淮阴侯韩信并向他辞行。淮阴侯握着他的手，屏退左右随从，与他在庭院中散步，忽然仰天叹息道："有几句话，能和你说吗？"陈豨说："只要是将军您的指示，我都听从。"韩信说："你所处的地位，手里集中了天下精兵；而你，又是陛下信任的大臣。如果有人说你反叛，陛下肯定不信；然而再次有人说，陛下就会起疑心；说第三次，陛下必定会愤怒地亲自率领大兵来攻打你。请让我为你做个内应，那么天下就可以夺取了。"陈豨平常就知道韩信的能力，相信他，于是说："一定恭敬地遵奉你的指教！"

豨常慕魏无忌之养士，及为相守边，告归，过赵，宾客随之者千馀乘，邯郸官舍皆满。赵相周昌求入见上，具言豨宾客甚盛，擅兵于外数岁，恐有变。上令人覆案豨客居代者诸不法事，多连引豨。豨恐，韩王信因使王黄、曼丘臣等说诱之。

太上皇崩，上使人召豨，豨称病不至；九月，遂与王黄等反，自立为代王，劫略赵、代。上自东击之。至邯郸，喜曰："豨不南据邯郸而阻漳水，吾知其无能为矣。"

【译文】陈豨常常羡慕当年魏国信陵君魏无忌养士的行为，及至他做相国驻守边境，告假回来时，经过赵国，跟随他的宾客乘坐的车就有一千多辆，把邯郸城的官舍都住满了。赵相周昌见此情况请求入京进见汉高祖，详述陈豨门下宾客盛多，又专擅兵权在外数年，恐怕会有事变，等等。汉高祖令人再审查陈豨宾客在代国时的种种不法之事，很多牵连到陈豨。陈豨听说后十分恐慌，韩王信趁机派王黄、曼丘臣等人来劝诱他反叛。

太上皇驾崩时，汉高祖派人召见了陈豨，陈豨谎称生病没去长安，九月，他就与王黄等人一起叛逆了，自称为代王，占领了代、赵等地。汉高祖亲自率兵从东面攻击陈豨，到达邯郸，汉高祖高兴地说："陈豨不据守邯郸却以漳水为险阻，我就知道陈豨不会有能力有大作为。"

周昌奏："常山二十五城，亡其二十城；请诛守、尉。"上曰："守、尉反乎？"对曰："不。"上曰："是力不足，亡罪。"

上令周昌选赵壮士可令将者，白见四人。上嫚骂曰："竖子能为将乎？"四人惭，皆伏地；上封各千户，以为将。左右谏曰："从入蜀、汉，伐楚，赏未遍行；今封此，何功？"上曰："非汝所知。陈豨反，赵、代地皆豨有。吾以羽檄征天下兵，未有至者，今计唯独邯郸中兵耳。吾何爱四千户，不以慰赵子弟！"皆曰："善！"

又闻豨将皆故贾人，上曰："吾知所以与之矣。"乃多以金购豨将，豨将多降。

【译文】周昌奏请汉高祖说："常山郡一共设有二十五城，已经亡失二十城，请把都尉、郡守都杀掉。"汉高祖说："都尉、郡守反叛了吗？"周昌说："那倒是没有。"汉高祖说："是他们兵力不足才使得都城丧失的，并无罪。"

汉高祖命令周昌在赵地选拔几个可以充任将领的壮士，周昌选四人并上报汉高祖。汉高祖召见了他们之后辱骂说："这些小子可以带兵吗？"四人觉得惭愧和害怕，伏在地上不敢起身，汉高祖封给他们每人千户食邑，任命他们为将领。左右随从劝阻说："跟随您进兵蜀、汉，征讨楚王的功臣都还没有全部封赏；今天封他们，凭的什么功劳？"汉高祖说："这就不是你们所能知道的了。陈豨造反，赵国、代国一带都被他占有。我用紧急军书征调天下军队，至今还没有到来的，现在估计能够调遣的只有邯郸城中这些士兵而已，我为什么还要吝惜那四千户封邑，不用来抚慰赵国子弟呢？"随从们都点头说："好主意。"

汉高祖又听说陈豨的部将很多过去都是商人，便说："我知道如何对付他们了。"下令多用黄金去收买陈豨的部将，果然有大部分来降。

　　十一年(乙巳,公元前一九六年)冬,上在邯郸。陈豨将侯敞将万馀人游行,王黄将骑千馀军曲逆,张春将卒万馀人渡河攻聊城。汉将军郭蒙与齐将击,大破之。太尉周勃道太原入定代地,至马邑,不下,攻残之。赵利守东垣,帝攻拔之,更命曰真定。帝购王黄、曼丘臣以千金,其麾下皆生致之。于是陈豨军遂败。

　　淮阴侯信称病,不从击豨,阴使人至豨所,与通谋。

　　信谋与家臣夜诈诏赦诸官徒、奴,欲发以袭吕后、太子;部署已定,待豨报。其舍人得罪于信,信囚,欲杀之。春,正月,舍人弟上变,告信欲反状于吕后。吕后欲召,恐其傥不就,乃与萧相国谋,诈令人从上所来,言豨已得,死,列侯、群臣皆贺。相国绐信曰:"虽疾,强入贺。"信入,吕后使武士缚信,斩之长乐钟室。信方斩,曰:"吾悔不用蒯彻之计,乃为儿女子所诈,岂非天哉!"遂夷信三族。

　　【译文】十一年(乙巳,公元前196年)冬天,汉高祖在邯郸城。陈豨的部将侯敞率一万余人游动袭击,王黄率骑兵一千余人屯军曲逆,张春率一万余士卒渡过黄河进攻聊城。汉朝将军郭蒙与齐国将军迎击张春,大破陈军。太尉周勃取道太原去平定代地,兵抵马邑,久攻不下,攻下后便大加残杀。赵利驻守东垣城,汉高祖亲自率军攻击,攻下后,将地名改为真定。汉高祖又悬赏千金捉拿王黄、曼丘臣,结果其部下都将他们活捉送来,于是陈豨军队就被打败了。

　　淮阴侯韩信推脱有病,并未追随汉高祖攻打陈豨,不仅如此还偷偷派人去陈豨住处,与陈豨一起商议计谋。

　　韩信计划与家臣一同在晚上做个假诏令,从而放掉在官府的奴隶、犯罪的劳役犯等,想发动这些人去偷袭太子、吕后,部署好后, 等陈豨回复消息。韩信的舍人得罪了韩信, 韩信把他囚禁起来, 准备马上杀掉。春季, 正月, 舍人的弟弟上书说韩信图谋不轨, 到吕后那里秘密告发韩信想要反叛。吕后想把韩信召来, 又担心他可能不服从, 便与相国萧何商议, 假装让人从汉高祖处来, 说陈豨已经被擒, 处死了。列侯及群臣闻讯都到朝中祝贺。萧何又欺骗韩信说: "你虽然病了, 也应当强挺着来道贺。" 韩信来到朝廷, 吕后便派武士将他捆绑起来, 在长乐宫钟室里斩首。韩信在斩首之前, 叹息说: "我真后悔没用蒯彻的计策, 竟上了小孩子、妇人的当, 这难道不是天意吗?" 吕后随后下令将韩信三族都连坐杀死。

资治通鉴

【乾隆御批】韩信之冤与否, 姑弗论, 然高祖在外, 而后公然族诛大臣, 回亦弗问, 牝鸡司晨, 成何国政! 人彘之祸, 兆于此矣。

【译文】韩信是否冤枉, 暂且不说, 然而高祖在外面, 吕后公然杀了大臣, 灭三族, 高祖回来后又不闻不问, 牝鸡司晨, 国家的政事成什么样子了! 人彘的祸患, 其征兆就在这里了。

【申涵煜评】淮阴有死罪三: 一陷郦生, 一请假王, 一期会固陵不至。高祖久不足于中, 而杀机发动已伏于修武、定陶两夺其军时, 不待云梦之游也。然而陈豨握手之谋, 史臣附会, 其诬实甚。

【译文】淮阴侯韩信的死罪有三点: 一是陷害了郦食其, 二是请求做临时的齐王, 三是约定在固陵会战他却没有到。汉高帝刘邦心中对韩信不满意已经很久了, 而杀韩信的心思, 早已埋伏于在修武、定陶两次剥夺韩信的军权的时候, 不必等到去云梦巡游的时候。然而韩信和陈豨在庭院中握手密谋造反的事情, 是史臣附会出来的, 实在是污蔑啊。

◆臣光曰：世或以韩信为首建大策，与高祖起汉中，定三秦，遂分兵以北，禽魏，取代，仆赵，胁燕，东击齐而有之，南灭楚垓下，汉之所以得天下者，大抵皆信之功也。观其距蒯彻之说，迎高祖于陈，岂有反心哉！良由失职怏怏，遂陷悖逆。夫以卢绾里闬旧恩，犹南面王燕，信乃以列侯奉朝请，岂非高祖亦有负于信哉？臣以为高祖用诈谋禽信于陈，言负则有之；虽然，信亦有以取之也。始，汉与楚相距荥阳，信灭齐，不还报而自王；其后汉追楚至固陵，与信期共攻楚而信不至。当是之时，高祖固有取信之心矣，顾力不能耳。及天下已定，则信复何恃哉？夫乘时以徼利者，市井之志也；酬功而报德者，士君子之心也。信以市井之志利其身，而以士君子之心望于人，不亦难哉！是故太史公论之曰："假令韩信学道谦让，不伐己功，不矜其能，则庶几哉！于汉家勋，可以比周、召、太公之徒，后世血食矣！不务出此，而天下已集，乃谋畔逆；夷灭宗族，不亦宜乎！"◆

将军柴武斩韩王信于参合。

【译文】◆臣司马光说：有人说首先为汉高祖奠定天下大计的是韩信，高祖与他一同从汉中起事，把三秦平定后，韩信便向北方进攻，打败赵王，威胁燕国，擒魏王而夺代地，进一步向东攻打齐并抢夺了齐地，在南边垓下又打败楚王，总的来说是韩信的功劳才使得汉能得到天下。再看他拒绝蒯彻的建议，在陈地迎接高祖，哪里有反叛之心呢？实在是因为失去诸侯王的权位后心中不快，才陷于悖逆谋反。卢绾仅仅有高祖里巷旧邻的交情，就封为燕王，而韩信只能以侯爵身份参加朝会。高祖难道没有有亏待韩信的地方吗？我认为：汉高祖用诈骗手段在陈地抓获韩信，说他亏待韩信确实是有的；不过，韩信也有咎由自取之处。当初，汉王刘邦与楚王在荥阳相持，韩信灭了齐国，不来奏报汉王却自立为王；其后，汉王刘邦追击楚王到固陵，与韩信约定共同进攻楚王，而韩信反而按兵不动；当时，高祖本已有诛杀韩信的念头了，只是力量还做不到罢了。待到天下已经平定，韩信还有什么可倚仗的呢？抓住机会去谋取利益，是市井小人之志；建立大功以报答恩德，才是士人君子的胸怀。韩信用市井小人的志向为自己谋取利益，而要求他人用士人君子的胸怀回报，不也是太难了吗？所以，太史公司马迁评论说："假如让韩信学习君臣之道，谦虚礼让，不夸耀自己的功劳，不矜持自己的才能，情况大概就不同了！他对汉家的功勋，可以与周公、召公、太公吕尚等人相比，后代也就可以永久享有祭祀了！他不去这样做，反而在天下已定之时，图谋叛逆，被斩灭宗族，不是理所当然的吗？"◆

柴武将军在参合县杀死韩王信。

上还洛阳，闻淮阴侯之死，且喜且怜之，问吕后曰："信死亦何言？"吕后曰："信言恨不用蒯彻计。"上曰："是齐辩士蒯彻也。"乃诏齐捕蒯彻。蒯彻至，上曰："若教淮阴侯反乎？"对曰："然，臣固教之。竖子不用臣之策，故令自夷于此；如用臣之计，陛下安得而夷之乎！"上怒曰："烹之！"彻曰："嗟乎！冤哉烹也！"上曰："君教韩信反，何冤？"对曰："秦失其鹿，天下共逐之，高材疾足者先得焉。跖之狗吠尧；尧非不仁，狗固吠非其主。当是时，臣唯独知韩信，非知陛下也。且天下锐精持锋欲为陛下所为者甚众，顾力不能耳，又可尽烹之邪？"上曰："置之。"

立子恒为代王，都晋阳。

大赦天下。

【译文】汉高祖回到洛阳后，一听说淮阴侯韩信被杀了，心里既怜悯又高兴,就问吕后:"韩信临死前说了什么?"吕后说:"韩信说他后悔没有采用蒯彻的谋划。"汉高祖说:"是齐国辩士蒯彻吧?"于是下诏齐国捕捉蒯彻。蒯彻被抓到达京师后汉高祖问他:"是你教淮阴侯谋反的吗?"蒯彻回答说:"是臣教他的,那小子不听我的计策,所以才自取灭亡,落到这个地步;如果用我的计策,陛下怎么能够杀了他呢?"汉高祖勃然大怒,下令:"煮死他!"蒯彻大叫:"哎呀!煮死我实在冤枉!"汉高祖问:"你教韩信造反,还有何冤枉?"蒯彻说:"秦朝失去江山,天下人都群起争夺,有才能、动作快的人就能先得到。古时跖的狗对尧吠叫,并不是尧不仁,而是狗本来就要对不是它主人的人吠叫。当时,我作为臣子只知道有韩信,不知道有陛下啊!何况,天下磨刀霍霍,想做陛下这般大业的人很多,只是力量达不到罢了,您又能都煮死吗?"汉高祖听罢说:"放了他吧。"

立儿子刘恒为代王,以晋阳为都城。

汉高祖下令大赦天下。

上之击陈豨也,征兵于梁;梁王称病,使将将兵诣邯郸。上怒,使人让之。梁王恐,欲自往谢。其将扈辄曰:"王始不往,见让而往,往则为禽矣。不如遂发兵反。"梁王不听。梁太仆得罪,亡走汉,告梁王与扈辄谋反。于是上使使掩梁王,梁王不觉,遂囚之洛阳。有司治"反形已具,请论如法",上赦以为庶人,传处蜀青衣。西至郑,逢吕后从长安来。彭王为吕后泣涕,自言无罪,愿处故昌邑。吕后许诺,与俱东。至洛阳,吕后白上曰:"彭王壮士,今徙之蜀,此自遗患;不如遂诛之。妾谨与俱来。"于是吕后乃令其舍人告彭越复谋反。廷尉王恬(关)〔开〕奏请族之,上可其奏。三月,夷越三族。枭越首洛阳,下诏:"有收视者,辄捕之。"

梁大夫栾布使于齐，还，奏事越头下，祠而哭之。吏捕以闻。上召布，骂，欲烹之。

【译文】汉高祖进攻陈豨时，向梁国征调军队，可梁王彭越却谎称生病，仅派部将率兵去了邯郸。汉高祖极为愤怒，便派人责怪他。梁王由于害怕，就打算亲自去请罪。他的部将扈辄说："王最初不去，现在受到责备了才去，去了肯定会被逮捕的，不如直接叛变。"梁王没接受。这时梁王的太仆得罪了梁王，便逃亡到了汉朝，直接上告扈辄和梁王谋划反叛。于是汉高祖便派出使者去抓捕梁王，梁王没有发觉，便被拘捕送到了洛阳。主管刑狱的官员给出审讯的结果是："已有谋反迹象，应按法律处死。"汉高祖赦免他为平民，押送到蜀郡青衣居住。彭越向西到了郑地，遇到吕后从长安来。彭越向吕后哭泣，说自己无罪，希望能到故地昌邑居住。吕后口中应允，与他一起东行。到了洛阳，吕后对汉高祖说："彭越是个壮士，如今把他流放到蜀郡，这是自留后患，不如就此杀了他。我已和他一起到洛阳来了。"吕后又指使彭越门下舍人控告彭越再行谋反。廷尉王恬开奏请灭彭越三族，汉高祖予以批准。三月，彭越三族都被斩首。还割下彭越的首级在洛阳示众，并颁布诏令："有来收敛尸体者，一律逮捕。"

梁王国大夫栾布出使到齐国，他回来的时候，在彭越首级的下面奏报出使经过，痛哭失声祭祀彭越。就被官吏捉起来向汉高祖报告。汉高祖召见并大骂，还说要烹杀栾布。

方提趋汤，布顾曰："愿一言而死。"上曰："何言？"布曰："方上之困于彭城，败荥阳、成皋间，项王所以遂不能西者，徒以彭王居梁地，与汉合从苦楚也。当是之时，王一顾，与楚则汉破，

资治通鉴

与汉则楚破。且垓下之会,微彭王,项氏不亡。天下已定,彭王剖符受封,亦欲传之万世。今陛下一征兵于梁,彭王病不行,而陛下疑以为反;反形未具,以苛小案诛灭之。臣恐功臣人人自危也。今彭王已死,臣生不如死,请就烹。"于是上乃释布罪,拜为都尉。

丙午,立皇子恢为梁王。丙寅,立皇子友为淮阳王。罢东郡,颇益梁;罢颍川郡,颇益淮阳。

【译文】正要将他放到沸水中时,栾布回头看了一眼汉高祖说:"我希望说一句话再死。"汉高祖说:"说!"栾布说:"当年皇上受困于彭城,在荥阳、成皋之间战败时,项羽之所以不能西进,只是因为彭越守住梁地,与汉联合而使楚为难。当时,只要彭越一有倾向,与项羽联合则汉失败,与汉联合则楚失败。而且垓下会战,没有彭越,项羽就不会灭亡。如今天下已经平定,彭越接受符节,被封为王,也想传给子孙后代。而如今陛下向梁国征一次兵,彭越因病不能前来,陛下就疑心他造反;未见到反叛迹象,便以苛细小事诛杀了他。我担心功臣会人人自危。现在彭越已经死了,我活着也不如死,请煮死我吧!"汉高祖认为有理,便赦免了栾布的罪,封他为都尉。

丙寅日,将儿子刘友封为淮阳王。丙午日,把儿子刘恢封为梁王。废除东郡,把地方给了梁国;废除颍川郡,把地方给了淮阳国。

夏,四月,行自洛阳至。

五月,诏立秦南海尉赵佗为南粤王,使陆贾即授玺绶,与剖符通使,使和集百越,无为南边患害。

初,秦二世时,南海尉任嚣病且死。召龙川令赵佗,语曰:

"秦为无道，天下苦之。闻陈胜等作乱，天下未知所安。南海僻远，吾恐盗兵侵地至此，欲兴兵绝新道自备，待诸侯变；会病甚。且番禺负山险，阻南海，东西数千里，颇有中国人相辅；此亦一州之主也，可以立国。郡中长吏，无足与言者，故召公告之。"即被佗书，行南海尉事。嚣死，佗即移檄告横浦、阳山、湟谿关曰："盗兵且至，急绝道，聚兵自守！"因稍以法诛秦所置长吏，以其党为假守。秦已破灭，佗即击并桂林、象郡，自立为南越武王。

【译文】夏季，四月，汉高祖从洛阳回到长安。

五月，汉高祖下诏立原秦朝南海尉赵佗为南粤王，派陆贾前往授予印信绶带，颁发符节，互通使者，让他团结安抚百越，不要成为南方边境的祸害。

当初，秦二世时，南海郡尉任嚣生病垂危时，召见了龙川县令赵佗，对他说："秦朝极其虐暴，这让天下人受苦。据说陈胜等人发动叛乱，不晓得天下什么时候才能安定，南海这个地方遥远偏僻，我害怕乱兵到我们这里来抢夺土地，想起兵断绝秦所修的通道，用来防备，静观诸侯叛乱，可我正好重病。况且番禺前有南海的险阻，后有山塞的阻挡，从西到东有几千里，中间还有极多的中原人辅助，这里也是一州的君主啊，可以自立为国。南海郡里官吏，没有值得和我商议事情的人，我才召见你，告诉你这些事情。"于是把颁授任命的文书给了赵佗，让他去做南海郡尉。赵佗在任嚣死后就把檄文发给了湟溪、阳山、横浦关口的官吏说："快点断绝通道，乱兵快到了，集合军队进行防守！"赵佗利用法令，逐渐处杀了秦所设置的官吏，找自己的党羽暂时代替职务。秦朝灭亡后，赵佗便攻打桂林、象郡，兼并这两个地方，自立为南越武王。

陆生至，尉佗魋结、箕倨见陆生。陆生说佗曰："足下中国人，亲戚、昆弟、坟墓在真定。今足下反天性，弃冠带，欲以区区之越与天子抗衡为敌国，祸且及身矣！且夫秦失其政，诸族、豪桀并起，唯汉王先入关，据咸阳。项羽倍约，自立为西楚霸王，诸侯皆属，可谓至强。然汉王起巴、蜀，鞭笞天下，遂诛项羽，灭之。五年之间，海内平定。此非人力，天之所建也。天子闻君王王南越，不助天下诛暴逆，将相欲移兵而诛王。天子怜百姓新劳苦，故且休之，遣臣授君王印，剖符通使。君王宜郊迎，北面称臣；乃欲以新造未集之越，屈强于此！汉诚闻之，掘烧王先人冢，夷灭宗族，使一偏将将十万众临越，则越杀王降汉如反覆手耳！"于是尉佗乃蹶然起坐，谢陆生曰："居蛮夷中久，殊失礼义！"因问陆生曰："我孰与萧何、曹参、韩信贤？"陆生曰："王似贤也。"复曰："我孰与皇帝贤？"陆生曰："皇帝继五帝、三皇之业，统理中国；中国之人以亿计，地方万里，万物殷富；政由一家，自天地剖判未始有也。今王众不过数十万，皆蛮夷，崎岖山海间，譬若汉一郡耳，何乃比于汉！"尉佗大笑曰："吾不起中国，故王此；使我居中国，何遽不若汉！"乃留陆生与饮。数月，曰："越中无足与语。至生来，令我日闻所不闻。"赐陆生橐中装直千金，他送亦千金。陆生卒拜尉佗为南越王，令称臣，奉汉约。归报，帝大悦，拜贾为太中大夫。

【译文】陆贾来到番禺，赵佗头上盘着南越族的头髻，伸开两脚坐着接见他。陆贾劝说赵佗："您是中原人，亲戚、兄弟、祖先坟墓都在真定。现在您违反天性，抛弃华夏冠带，想以区区南越之地与汉朝天子相抗衡成为敌国，大祸就要临头了！再说，秦朝丧失德政，各地诸侯、豪强纷纷起兵反抗，只有汉王刘邦能先入关中，占据咸阳。项羽背约，自立为西楚霸王，诸侯都成为他的部属，他可以说是很强大了。但汉王刘邦起兵巴、蜀后，便横扫天下，终于诛杀了项羽，消灭了楚军。五年之间，海内获得平定，这并非人力所为，而是上天的旨意啊！汉朝天子听说您在南越称王，却不协助天下诛杀暴逆，文武将相都请求派兵来剿灭您。但天子怜悯百姓刚刚经过兵事劳苦，所以暂且休兵不发，派我前来授您君王印信，颁发符节，互通使臣。您应该亲自到郊外迎接，向北称臣才是，而您竟要凭借新近缔造尚未安定的越国，对汉朝如此不服从！汉朝要是知道了，掘毁焚烧您祖先的坟墓，杀光您的宗族，再派一员偏将率领十万大兵压境，那么南越人杀您投降汉朝，是易如反掌的！"于是赵佗大惊失色，立即离开座位，向陆贾谢罪说："我在蛮夷民族中居住已久，太没有礼义了。"他又问陆贾："我与萧何、曹参、韩信比，谁高明？"陆贾回答："似乎是您高明些。"赵佗又问："那么我与汉朝皇帝比，谁高明？"陆贾说："皇帝继承三皇、五帝的伟业，统一治理中国；中原人口以亿计算，土地方圆万里，万物殷实丰富；皇帝能把政权集于一家之手，是开天辟地以来未曾有过的事。您的臣民不过几十万，还都是蛮夷，散布在崎岖的崇山大海之间，好像是汉朝的一个郡而已，怎么可以与汉朝相提并论？"赵佗大笑着说："我没有在中原兴起，所以在这里称王；如果我在中原，怎么就见得不如汉朝？"说完便留下陆贾与他畅饮。过了几个月，赵佗说："南越没有可说话的人，直到你来，才让我每天听到从未听过的事。"又赏赐陆贾一袋珠宝，价值千金，其他馈赠也达千金之多。陆贾最后便拜赵佗为南越王，令他向汉朝称臣，遵守汉朝的约定。陆贾回朝报告，汉高祖大为高兴，封陆贾为太中大夫。

资治通鉴

陆生时时前说称《诗》、《书》,帝骂之曰:"乃公居马上而得之,安事《诗》、《书》!"陆生曰:"居马上得之,宁可以马上治之乎?且汤、武逆取而以顺守之;文武并用,长久之术也。昔者吴王夫差、智伯、秦始皇,皆以极武而亡。乡使秦已并天下,行仁义,法先圣,陛下安得而有之!"帝有惭色,曰:"试为我著秦所以失天下、吾所以得之者及古成败之国。"陆生乃粗述存亡之征,凡著十二篇。每奏一篇,帝未尝不称善,左右呼万岁;号其书曰《新语》。

【译文】陆贾经常在汉高祖跟前谈起诗书典籍。汉高祖骂他:"我是在战马上夺得天下的,根本就不需要诗书典籍。"陆贾说:"马上可以夺得天下,可是不能在马上治天下啊!况且商汤、周武两位圣王都是用武力得天下而以和顺守天下,文治武功兼施,这才是长久保持天下的方法。当初,吴王夫差、智伯瑶、秦始皇,他们都是因为穷兵黩武而招致灭亡。假使秦国吞并天下之后,推行仁政,效法先王,陛下今天怎么能拥有天下呢?"汉高祖露出惭愧之色,说:"请你试着为我写出秦国所以失去天下,我所以得到天下及古代国家成败兴亡的道理。"陆贾于是大略阐述了国家存亡的征兆,共写成十二篇。每奏上一篇,汉高祖都称赞叫好,左右随从也齐呼万岁。该书被称为《新语》。

【申涵煜评】人皆目陆贾为说客,不知其时时于上前称说诗书,又劝以行仁义、法先圣,斯文之得以不坠者,实自贾开其端。新语虽粗浅,使帝易晓耳,所学未必止此。

【译文】别人都把陆贾看作说客,却不知道他时常在皇帝面前称赞《诗经》《尚书》,又劝皇帝施行仁政、效法先代的圣人,礼乐文化能够流传至今不遗失的原因,实际上是从陆贾开始的啊。《新语》这部书虽然语言粗浅，不过是为了让皇帝容易理解罢了，他的所学未必只有这些。

帝有疾，恶见人，卧禁中，诏户者无得入群臣，群臣绛、灌等莫敢入，十馀日。舞阳侯樊哙排闼直入，大臣随之。上独枕一宦者卧。哙等见上，流涕曰："始，陛下与臣等起丰、沛，定天下，何其壮也! 今天下已定，又何惫也! 且陛下病甚，大臣震恐; 不见臣等计事，顾独与一宦者绝乎? 且陛下独不见赵高之事乎?" 帝笑而起。

秋，七月，淮南王布反。

初，淮阴侯死，布已心恐。及彭越诛，醢其肉以赐诸侯。使者至淮南，淮南王方猎，见醢，因大恐，阴令人部聚兵，候伺旁郡警急。布所幸姬病就医，医家与中大夫贲赫对门，赫乃厚馈遗，从姬饮医家; 王疑其与乱，欲捕赫。赫乘传诣长安上变，言："布谋反有端，可先未发诛也。" 上读其书，语萧相国，相国曰："布不宜有此，恐仇怨妄诬之。请系赫，使人微验淮南王。" 淮南王布见赫以罪亡上变，固已疑其言国阴事; 汉使又来，颇有所验; 遂族赫家，发兵反。反书闻，上乃赦贲赫，以为将军。

【译文】汉高祖生了病，厌恶接见人，在禁宫中卧床不起，命令守宫门的官员不准群臣进入，周勃、灌婴等群臣都不敢进去。这样过了十几天，舞阳侯樊哙闯开宫门直冲而入，各大臣也随后跟进。只见汉高祖正以·个宦官为枕头，独自躺在那里。樊哙等人见了汉高祖，流着眼泪说："想当年，陛下与我们一同在丰、沛起事，平定天下，是何等雄壮! 现在天下已经安定，又是多么疲惫啊! 而且，陛下病重，大臣们都感到震惊恐惧; 陛下不接见我们商议国家大事，就只是和一个宦官到死吗? 再说陛下难道不知道赵高篡权的事吗?"汉高祖便笑着起了身。

秋季,七月,淮南王黥布反叛。

当初,淮阴侯韩信被杀害,黥布内心极为惧怕。而后彭越被诛杀的时候,朝廷还把他的尸体剁成肉酱而分赐于诸侯。使者来到淮南,不巧淮南王黥布正在打猎,看到肉酱,非常害怕,就偷偷派人部署军队,探伺附近郡县发生危机时能够应变。黥布所宠爱的美姬当时生病了,就去找医生看病,中大夫贲赫和医生住对门,贲赫给医生送了珍贵的礼物,并陪着宠姬在医生家饮酒。淮南王就怀疑贲赫和宠姬私通,要拘捕贲赫。贲赫便乘坐传车去长安呈紧急奏书,说:"黥布谋反有真凭实据,可以在他没有发动变乱之前去诛灭他。"汉高祖看过贲赫上呈的奏书后告诉相国萧何说:"黥布应该不会这样做的,可能是仇家故意陷害黥布,请先拘捕贲赫,再去查验淮南王。"淮南王看见贲赫畏罪潜逃并上书,内心里就担心他已经说出了自己暗中部署军队之事,而如今汉朝使者又来验查,便将贲赫家族杀掉发兵造反。汉高祖刚一听到谋反的消息,就将贲赫赦免并任命他为将军。

上召诸将问计,皆曰:"发兵击之,坑竖子耳,何能为乎!"汝阴侯滕公召故楚令尹薛公问之。令尹曰:"是固当反。"滕公曰:"上裂地而封之,疏爵而王之;其反何也?"令尹曰:"往年杀彭越,前年杀韩信;此三人者,同功一体之人也,自疑祸及身,故反耳!"滕公言之上,上乃召见,问薛公,薛公对曰:"布反不足怪也。使布出于上计,山东非汉之有也;出于中计,胜败之数未可知也;出于下计,陛下安枕而卧矣。"上曰:"何谓上计?"对曰:"东取吴,西取楚,并齐,取鲁,传檄燕、赵,固守其所,山东非汉之有也。""何谓中计?""东取吴,西取楚,并韩,取魏,据敖仓之粟，塞成皋之口，胜败之数未可行也。""何谓下计？""东取吴，西取下蔡，归重于越，身归长沙，陛下安枕而卧，汉无事矣。"上曰："是计将安出？"对曰："出下计。"上曰："何谓废上、中计而出下计？"对曰："布，故丽山之徒也，自致万乘之主，此皆为身，不顾后、为百姓万世虑者也。故曰出下计。"上曰："善！"封薛公千户。乃立皇子长为淮南王。

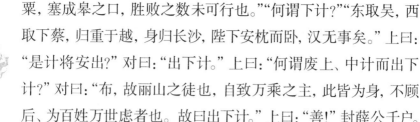

【译文】汉高祖召集诸将一起征求对策。诸将们说："出兵去攻击黥布，并坑杀活埋这小子，他竟然做这种事情！"汝阴侯滕公召见前楚令尹薛公并询问对策。令尹说："黥布原本就应反叛。"滕公说："皇上分割土地，分封爵位让他为王，他还有什么原因造反？"令尹说："去年把彭越杀了，前年把韩信杀了，他们三个人是功劳等同思想一致的人，他们担心灾难降临到自己身上才先造反的。"滕公告诉汉高祖令尹的话，汉高祖召见令尹，询问令尹薛公的意见，薛公回答说："黥布不造反才是怪事。倘若黥布能出上策，那山东的土地一定不再属于汉而被他占有了，倘若他用的是中策，那就不敢确定双方的胜负了，倘若他用的是下策，那陛下就大可不用忧虑而安心睡觉了。"汉高祖说："上策是什么？"薛公对说："向东取吴，向西夺取楚，兼并齐，攻取鲁，把羽檄传令给燕、赵，如果他们坚守占领的地方，山东就不再是汉能拥有的了。""中策是什么？""向东夺取吴，向西夺取楚，兼并韩，攻取魏，抢占敖仓的米粮，阻塞成皋的关口，如此一来，胜利失败就不能确定。""下策是什么？""向东夺取吴，向西夺取下蔡，把重兵放在越，自己跑到长沙，如此一来，陛下就能够安心睡觉了，汉就没有什么损失了。"汉高祖说："黥布会使哪个计策呢？"薛公回答说："他会选择下策。"汉高祖说："他怎么会不用上策、中策，而用下策呢？"薛公说："黥布，本是骊山囚徒，他靠着自己最终成了万乘的国君，他的做法只是为自己，并不是顾及百姓、为后代子孙着想的，我觉得他这种人一定会使出下策。"汉高祖说："太好了。"便把千户的食邑封给薛公，把皇子刘长立为了淮南王。

资治通鉴卷第十二　汉纪四

是时，上有疾，欲使太子往击黥布。太子客东园公、绮里季、夏黄公、角里先生说建成侯吕释之曰："太子将兵，有功则位不益，无功则从此受祸矣。君何不急请吕后，承间为上泣言：'黥布，天下猛将也，善用兵。今诸将皆陛下故等夷，乃令太子将此属，无异使羊将狼，莫肯为用；且使布闻之，则鼓行而西耳！上虽病，强载辎车，卧而护之，诸将不敢不尽力。上虽苦，为妻子自强！'"于是吕释之立夜见吕后。吕后承间为上泣涕而言，如四人意。上曰："吾惟竖子固不足遣，而公自行耳。"

【译文】此时，汉高祖有病，想要派太子去攻打黥布。太子的宾客绮里季、夏黄公、角里先生、东园公四人游说建成侯吕释之说："太子亲率军队，即使立下汗马功劳地位也不会增加，而若无功劳却可能会蒙受灾祸。你怎么不去恳请吕后，让她在汉高祖跟前哭诉说：'黥布是天下的一大猛将，很会用兵，现在要让太子去带领这些陛下以前一同起事的诸将，这就类似于羊带狼，太子是管不住他们的，况且如果黥布知道太子带兵，那他更会大胆地向西进攻了。皇上即使病了，倘若勉强卧在辎重车里来监管诸将，诸将一定会尽力的。为了妻儿，皇上即使辛苦，也请勉为其难。'"吕释之马上在当晚去见了吕后。吕后找机会在汉高祖面前哭诉，说清楚了四人建议的话语。汉高祖说："我原本应该想到这小子是不可派遣的，我还是亲自带兵去吧。"

于是上自将兵而东，群臣居守，皆送至霸上。留侯病，自强起，至曲邮，见上曰："臣宜从，病甚。楚人剽疾，愿上无与争锋!"因说上令太子为将军，监关中兵。上曰："子房虽病，强卧而傅太子。"是时，叔孙通为太傅，留侯行少傅事。发上郡、北地、陇西车骑、巴蜀材官及中尉卒三万人为皇太子卫，军霸上。

布之初反，谓其将曰："上老矣，厌兵，必不能来。使诸将，诸将独患淮阴、彭越，今皆已死，馀不足畏也。"故遂反。果如薛公之言，东击荆。荆王贾走死富陵；尽劫其兵，渡淮击楚。楚发兵与战徐、僮间，为三军，欲以相救为奇。

或说楚将曰："布善用兵，民素畏之。且兵法：'诸侯自战其地为散地'，今别为三，彼败吾一军，馀皆走，安能相救!"不听。布果破其一军，其二军散走；布遂引兵而西。

【译文】于是汉高祖亲自统领大兵向东进发，君臣留守朝中，都送行到霸上。留侯张良生了病，也支撑身子，来到曲邮，对汉高祖说："我本应随您出征，但实在病重。黥布那些楚国人剽悍凶猛，望皇上不要和他硬拼!"又建议汉高祖让太子为将军，监领关中军队。汉高祖说："张先生虽然有病在身，请勉强躺着辅佐太子。"当时，叔孙通是太子的太傅，张良代理少傅之事。汉高祖又下令征发上郡、北地、陇西的车、骑兵，巴、蜀两地的材官及京师中尉的军队三万人，作为皇太子的警卫部队，驻扎在霸上。

黥布开始叛乱时，对他的部将说："皇上年龄大了，十分厌倦作战，一定不会亲自带兵的。原来只有彭越、淮阴侯韩信让我不放心，他们已经死了。现在剩下的没有什么可怕的，"他就叛乱了。果然不出薛公所料，黥布向东面去攻打荆。荆王刘贾逃亡，死在富陵，黥布把他的部队全部接收了，他还渡过了淮河去攻击楚。楚发起军队在僮县、徐县中间与黥布攻战，把兵分到三处，想相互援救，作为奇计。有人劝说楚将："黥布擅长用兵，百姓一直都很敬畏他，兵法上还说：'诸侯在自己本土作战，士兵容易由于顾家逃散'，如今又把军队分成三处，对方一旦打败我们的一处军队，那其他两处的士卒也自然而然地会逃走，不会相互救援的。"楚将不听他的劝告。果然黥布打败了楚一处军队后其他两处都四散而逃，黥布便又带兵转向西面进攻。

十二年（丙午，公元前一九五年）冬，十月，上与布兵遇于蕲西，布兵精甚。上壁庸城，望布军置陈如项籍军，上恶之。与布相望见，遥谓布曰："何苦而反？"布曰："欲为帝耳！"上怒骂之，遂大战。布军败走，渡淮，数止战，不利，与百馀人走江南，上令别将追之。

上还，过沛，留，置酒沛宫，悉召故人、父老、诸母、子弟佐酒，道旧故为笑乐。酒酣，上自为歌，起舞，慷慨伤怀，泣数行下，谓沛父兄曰："游子悲故乡。朕自沛公以诛暴逆，遂有天下；其以沛为朕汤沐邑，复其民，世世无有所与。"乐饮十馀日，乃去。

汉别将击英布军洮水南、北，皆大破之。布故与番君婚，以故长沙成王臣使人诱布，伪欲与亡走越，布信而随之。番阳人杀布兹乡民田舍。

周勃悉定代郡、雁门、云中地，斩陈豨于当城。

上以荆王贾无后，更以荆为吴国。辛丑，立兄仲之子濞为吴王，王三郡、五十三城。

【译文】十二年（丙午，公元前195年）

冬，十月，黥布与高祖的军队在蕲县西边相遇，黥布军队非常精锐。汉高祖在庸城建筑营垒，看到黥布军队的布阵与项籍一样，非常厌恶。汉高祖与黥布双方能够互相望见，汉高祖远远地对黥布说："你何苦要这样做？"黥布说："我难道就不能做皇帝吗？"汉高祖愤怒地大骂，骂着骂着双方就交起战来。黥布失败逃跑，渡过淮河，多次停下来再战，但十分不顺，黥布只能带着百余人逃去江南，汉高祖下令让别将去追击他。

高祖率领军队回长安，经过沛县，在途中他停留住下，于沛宫设置酒席，把旧友、父老、女长辈、家族子弟全部召来陪同饮酒，共叙旧情，欢笑作乐。酒喝到畅快时，汉高祖自己作歌，欣然起舞，唱到慷慨伤怀之时，不禁流下热泪。汉高祖对沛县父老兄弟说："游子思念故乡。我以沛公名义起事诛灭暴逆的秦朝，才夺取了天下。现在把沛县当作我的汤沐邑，免除县中百姓的赋役，世世代代不予征收。"汉高祖在沛县饮酒欢乐十余天后，才离去。

汉军的别将在洮水北、南两面攻打黥布军队，分别都大败黥布。黥布之前与番君吴芮的女儿结成婚姻，所以长沙成王臣就派士兵去引诱黥布，谎称要与他一块逃亡去越地，没想到黥布竟然就信以为真了，还追随着长沙成王臣到番阳，番阳人把黥布杀在了兹乡百姓的农舍。

周勃把代郡、雁门、云中等地平定，当城斩杀了陈豨。

汉高祖由于荆王刘贾无后代，便在刘贾死后把荆国更改为吴国，辛丑日，立侄子刘濞为吴王，辖地有三郡、五十三城。

十一月，上过鲁，以太牢祠孔子。

上从破黥布归，疾益甚，愈欲易太子。张良谏不听，因疾不视事。叔孙通谏曰："昔者晋献公以骊姬之故，废太子，立奚齐，晋国乱者数十年，为天下笑。秦以不蚤定扶苏，令赵高得以诈立胡亥，自使灭祀，此陛下所亲见。今太子仁孝，天下皆闻之。吕后与陛下攻苦食淡，其可背哉！陛下必欲废適而立少，臣愿先伏诛，以颈血污地！"帝曰："公罢矣，吾直戏耳！"叔孙通曰："太子，天下本，本一摇，天下振动；奈何以天下为戏乎！"时大臣固争者多；上知群臣心皆不附赵王，乃止不立。

【译文】十一月，高祖经过鲁国，以太牢的礼节祭祀孔子。

　　汉高祖打败黥布归来后，由于病得更重，越发想要换掉太子。张良劝说汉高祖，汉高祖却不听。张良从此称病，不再理会朝事。叔孙通规劝汉高祖说："从前晋献公因为宠爱骊姬，废黜太子，另立奚齐，结果造成晋国几十年内乱，被天下人耻笑。秦国也因为不早定扶苏为太子，使赵高得以用奸诈手段立胡亥为皇帝，自己的宗庙从而被灭绝。这是陛下亲眼所见的。如今太子仁义孝顺，天下都知道。吕后又与陛下艰苦创业，粗茶淡饭地共过患难，怎么能够背弃她呢？陛下一定要废去嫡长子而立小儿子，我愿先受诛杀，用脖颈的血涂地！"汉高祖只好说："你不要这样，我只是开玩笑而已！"叔孙通又说："太子，是国家的根本，根本一旦动摇，天下就会震动；怎么能用天下来开玩笑呢？"当时大臣中坚持反对的人很多，汉高祖明白群臣的心都不向着赵王，于是停止改立太子的事情。

　　【乾隆御批】四皓调护太子，其事不足深信，岂有张良、叔孙通等死争不得，而四老翁转得持其短长者！杜牧《安刘灭刘》唤咏古引而未发，签高帝称知人，其论王陵、陈平、周勃及吴王濞于十数年之后乃如观火，岂有不知已之理？惠帝柔懦，不足以承重嚣，帝盖早已见及，故欲易之耳。牵爱戚姬，欲立乳臭，乃信其失。使高帝废惠而立文，吕与薄亦必不能相和，然文帝必能调停其间，无吕氏之乱，而刘氏要矣。故见惠之不可，是帝之明；终不牵爱，犹

帝之正。而徘徊于嫡庶之虚名，使汉室有几危之实祸，则帝之失。高祖有知，必当首肯吾言。史迁好奇，附会之说不必论矣。

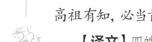

【译文】四皓调教、保护太子，这事不可深信，岂有张良、叔孙通等人极力相争达不到，但四位老人却能掌握太子命运的道理！杜牧《安刘灭刘》咏古中引而不发，是因为高帝称得上知人，比如他评论王陵、陈平、周勃，及吴王刘濞于几十年后才发生的事就看得一清二楚，怎么会有不了解自己的儿子的道理？惠帝柔和懦弱，不能担当国家重任，高帝很早就看清楚了，因此打算废掉他。而因为偏爱戚姬，计划立乳臭小儿为太子，这肯定是高帝的失误。假使高帝废惠帝而立文帝，吕后与薄后也肯定不能相容，然而文帝必定能从中调和，也就不会发生吕氏之乱，那刘氏天下便安定了。因此，知道惠帝不能继承皇位，这是高帝的明鉴，他终究不因宠爱戚姬而立乳臭小儿，仍然是正确的。至于徘徊于嫡庶的虚名，致使汉王朝几乎遭遇危亡的灾祸，这又是高帝的过失。如果高帝地下有知，必会首肯我的意见。史学家司马迁好奇附会之说不必再议论它了。

相国何以长安地狭，上林中多空地，弃；愿令民得入田，毋收稾，为禽兽食。上大怒曰："相国多受贾人财物，乃为请吾苑！"下相国廷尉，械系之。数日，王卫尉侍，前问曰："相国何大罪，陛下系之暴也？"上曰："吾闻李斯相秦皇帝，有善归主，有恶自与。今相国多受贾竖金，而为之请吾苑以自媚于民，故系治之。"王卫尉曰："夫职事苟有便于民而请之，真宰相事；陛下奈何乃疑相国受贾人钱乎？且陛下距楚数岁，陈豨、黥布反，陛下自将而往；当是时，相国守关中，关中摇足，则关以西非陛下有也！相国不以此时为利，今乃利贾人之金乎？且秦以不闻其过亡天下；李斯之分过，又何足法哉！陛下何疑宰相之浅也！"帝不怿。是日，使使持节赦出相国。相国年老，素恭谨，入，徒跣谢。帝曰："相国休矣！相国为民请苑，吾不许，我不过为桀、纣主，而相国为贤相。吾故系相国，欲令百姓闻吾过也。"

【译文】相国萧何因为长安地方狭窄，而皇家上林苑中有很多空地，而且被荒弃不用，希望能让百姓入内耕种，留下禾秆不割，作为苑中鸟兽的饲料。汉高祖一听很愤怒地说："相国你一定收了商人的大笔贿赂，才替他们算计我的上林苑！"将萧何交付廷尉，用刑具锁铐起来。过了几天，一个姓王的卫尉侍奉汉高祖，上前探问："相国犯了什么大罪，陛下突然把他拘禁起来？"汉高祖说："我听说李斯做秦始皇的丞相时，有善行就归功于君主，有过失就自己承担。现在萧何接受了商人的大笔贿赂，为他们要我的上林苑，以讨好下民，所以拘禁起来治罪。"王卫尉便劝说："职事中只要对百姓有利的就向皇帝建议，这才是真正的宰相该做的事情，陛下为什么竟疑心相国收受了商人贿赂呢？况且，陛下与楚霸王作战几年，陈豨、黥布造反，您亲自率军出征。当时，相国独守关中，只要关中一有动摇，函谷关以西就不再是陛下所有的了！相国不在那时为自己谋利，反而在现在贪图商人的金钱吗？再说，秦朝就是因为不知道自己的过失才丧失了天下，李斯为秦始皇分担过失的作为，又有什么值得效法的呢？陛下为什么如此轻易地怀疑相国呢？"汉高祖听完心里很不愉快。当天，派人手持符节释放了萧何。萧何年纪已老，平时对汉高祖很恭谨，进宫后光着脚前去谢恩。汉高祖说："相国您不要这样！相国为人民讨要上林苑，我不准许，我不过是夏桀、商纣那样的昏君，而相国您是贤相。我所以抓起相国，就是希望百姓知道我的过失啊！"

陈豨之反也，燕王绾发兵击其东北。当是时，陈豨使王黄求救匈奴；燕王绾亦使其臣张胜于匈奴，言豨等军破。张胜至胡，故燕王臧荼子衍出亡在胡，见张胜曰："公所以重于燕者，以习胡事也；燕所以久存者，以诸侯数反，兵连不决也。今公为燕，欲急灭豨等；豨等已尽，次亦至燕，公等亦且为虏矣。公何不令燕且缓陈豨，而与胡和!

事宽，得长王燕；即有汉急，可以安国。"张胜以为然，乃私令匈奴助豨等击燕。燕王绾疑张胜与胡反，上书请族张胜。胜还，具道所以为者；燕王乃诈论他人，脱胜家属，使得为匈奴间。而阴使范齐之陈豨所，欲令久亡，连兵勿决。

【译文】陈豨反叛时，燕王卢绾发动士兵攻打陈豨的东北方。那时，陈豨派王黄去向匈奴求救，燕王卢绾也派大臣张胜去匈奴，告诉匈奴说陈豨被击败了。张胜到胡地，之前燕王臧荼之子衍逃亡到胡地，见到张胜说："你由于熟习胡人的事情才能被燕国重用，而燕国之所以长久存在，是由于诸侯多次谋反，战争接连不断。如今你为了燕国，着急消灭陈豨等人，等把陈豨等人灭掉后，紧接着灭亡的就是燕国了，那时你们也就会成了俘虏。你应该想方设法让燕暂缓攻击陈豨，而与胡人交好。

战事缓和后，燕国便可长久生存，即使发生汉廷征伐的紧急之事，也可以保全燕国。"张胜觉得这话很对，便私自想办法让匈奴去帮助陈豨等人攻打燕国。燕王卢绾怀疑张胜和胡人一块叛变了，便上书朝廷杀掉张胜家属。张胜回燕国后，详尽说明如此做的缘由，燕王觉得不错，于是燕王就谎称是他人的罪过，让张胜的家属得到释放，让张胜做了间谍与匈奴联系。并且偷偷派范齐去陈豨处，想让他长久逃亡，使得陈豨和匈奴交战相持，让战事久久拖延不决。

汉击黥布，豨常将兵居代；汉击斩豨，其裨将降，言燕王绾使范齐通计谋于豨所。帝使使召卢绾，绾称病；上又使辟阳侯审食其、御史大夫赵尧往迎燕王，因验问左右。绾愈恐，闭匿，谓其幸臣曰："非刘氏而王，独我与长沙耳。往年春，汉族淮阴，夏，诛彭越，皆吕氏计。(令)〔今〕上病，属任吕后；吕后妇人，专欲以事诛异姓王者及大功臣。"乃遂称病不行，其左右皆亡匿。语颇泄，辟阳侯闻之，归，具报上，上益怒。又得匈奴降者，言张胜亡在匈奴为燕使。于是上曰："卢绾果反矣！"春，二月，使樊哙以相国将兵击绾，立皇子建为燕王。

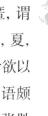

诏曰："南武侯织，亦粤之世也，立以为南海王。"

【译文】汉军进攻黥布的时候，陈豨当时正在率兵驻扎在代地。汉攻打并杀掉了陈豨，他的一位副将向汉投降，告诉了汉高祖燕王卢绾把范齐派去与陈豨互通计谋的事情。汉高祖派使者召见卢绾，卢绾借口生病不去见。汉高祖又派辟阳侯审食其、御史大夫赵尧去接燕王，趁机查问燕王左右的近臣。卢绾更害怕了，就自己藏了起来，告诉信任的大臣："眼下只有长沙王和我不姓刘却被封为王。去年春天，淮阴侯的三族被汉杀了，夏天，彭越也被杀掉了，这全是吕氏的计谋。眼下汉高祖病了，却将政事托付给吕后，可吕后始终是个妇道人家，特意要找借口将那些异姓的王侯和功臣杀掉。"所以卢绾谎称生病不上京，他左右的大臣们也全躲藏逃亡。有人透漏了许多卢绾说的话，辟阳侯听到后，就去详细地告诉了汉高祖，汉高祖更加生气。又得到一个匈奴降汉的人，说张胜藏在匈奴做燕王的使者互通消息。于是汉高祖说："卢绾果真反叛了！"春天，二月，汉高祖就派樊哙以相国的名义去率军攻打卢绾，把儿子刘建封作燕王。

汉高祖下令："南武侯织，也是粤地的后裔，封为南海王。"

上击布时，为流矢所中，行道，疾甚。吕后迎良医。医入见，曰："疾可治。"上嫚骂之曰："吾以布衣提三尺取天下，此非天命乎！命乃在天，虽扁鹊何益！"遂不使治疾，赐黄金五十斤，罢之。吕后问曰："陛下百岁后，萧相国既死，谁令代之？"上曰："曹参可。"问其次，曰："王陵可，然少戆，陈平可以助之。陈平知有馀，然难独任。周勃重厚少文，然安刘氏者必勃也，可令为太尉。"吕后复问其次，上曰："此后亦非乃所知也。"夏，四月，甲辰，帝崩于长乐宫。丁未，发丧，大赦天下。

卢绾与数千人居塞下候祠，幸上疾愈，自入谢。闻帝崩，遂亡入匈奴。

【译文】汉高祖攻击黥布时，被流矢射中，在归途中，病得十分严重。吕后找良医给汉高祖看病。医生进来朝拜汉高祖说："能治好这病。"汉高祖骂那个医生说："我本是平民一个，现在却拿三尺剑就得到了天下，这难道不是天命吗？这是命中注定的，即便扁鹊再世对我的病也不会什么好处的。"于是就不让医生治病，还把五十斤黄金赐给他好让他走。吕后问汉高祖说："陛下百岁之时，萧何相国死后，谁来替代萧相国？"汉高祖说："曹参可以。"吕后问曹参之后又有谁可以呢。汉高祖说："王陵，但他稍有憨直，不过陈平能帮他。陈平很有智慧，不过很难独当此任。周勃忠厚持重不过文采不够，然而安定刘家天下必定是周勃，可以把他任命为太尉。"吕后又问王陵后面还有谁可以，汉高祖说："这之后的事，也不是你能了解的了。"夏天，四月，甲辰日（二十五日），汉高祖在长乐宫驾崩。丁未日（二十八日）发丧，这天大赦天下。

卢绾与他的部下几千人在塞下等候机会，希望汉高祖的病快好，想要亲身去长安给汉高祖谢罪，但知道汉高祖已经驾崩，就逃到了匈奴。

【乾隆御批】读史者，于汉高帝论萧、曹诸人事，谓帝盖预知吕氏之祸者然，此好奇，而不能概之于理矣。萧、曹辈与帝同起患难，固宜知之，甚悉若吕氏恣睢狼藉，几移汉祚，则由后日时至事起。非帝所能逆睹。使诚先见及此，即废吕后，立赵王。彼分羹之忍何不可为，顾肯隐忍，自酿重祸哉！曾因阅《史记》书事及之，并揭大指于此。

【译文】读史的人，从汉高帝评论萧何、曹参等人的事中，认为高帝大概预料到了吕氏之祸，这是猎奇，道理上是讲不通的。萧何、曹参等人和高帝共患难，固然应全面了解，像吕氏这样凶残横暴、声名狼藉，几乎夺取了刘家天下，这是后来的事，至于事情的发生，就不是高帝所能预料到的了。假如高帝果真能预见到此，便会废吕后，立赵王。高帝为了和项羽争天下，毫不顾及他父亲的性命，这样的人，怎么会克制忍耐，让它酿成大祸呢？曾因翻阅《史记》涉及此事，将其大要特书于此。

【申涵煜评】汉分封诸臣，唯绾最无功而王，亦惟绾最负恩而反。上崩，绾即亡入匈奴，岂生同日者死亡亦同时耶？

【译文】汉初分封诸位开国功臣，只有卢绾是没有丝毫功绩而做了燕王，也只有卢绾最背负国家大恩而反叛。汉高帝驾崩，卢绾就逃跑到匈奴，这难道就是在同一天出生的，死也在同一天吗？

五月，丙寅，葬高帝于长陵。

初，高祖不修文学，而性明达，好谋，能听，自监门、戍卒，见之如旧。初顺民心作三章之约。天下既定，命萧何次律、令，韩信申军法，张苍定章程，叔孙通制礼仪；又与功臣剖符作誓，丹书、铁契，金匮、石室，藏之宗庙。虽日不暇给，规摹弘远矣。

己巳，太子即皇帝位，尊皇后曰皇太后。

【译文】五月，丙寅日(十七日)埋葬汉高祖于长陵。

当初，高祖不修文学，不过他个性开明通达，喜欢用计谋，又能接受别人的建议，即使接见戍卒、监门等小人物都和故交旧友一样。最初听从民心，约法三章。天下平定后，又命令萧何整理法律、法令，韩信申明军法，张苍制订历法及度量衡章程，叔孙通规定礼仪；又与功臣剖分符节，立下誓言，用朱砂写就，以铁制成，放入国家收存重要文书的金柜石室，妥藏在宗庙中。汉高祖虽然众事繁多，口不暇给，但创立制度规模宏远。

己巳日(二十日)，太子即皇帝位，尊称吕后为皇太后。

初，高帝病甚，人有恶樊哙，云："党于吕氏，即一日上晏驾，欲以兵诛赵王如意之属。"帝大怒，用陈平谋，召绛侯周勃受诏床下，曰："陈平亟驰传载勃代哙将；平至军中，即斩哙头！"二人既受诏，驰传，未至军，行计之曰："樊哙，帝之故人也，功多，且又吕后弟吕嬃之夫，有亲且贵。帝以忿怒故欲斩之，则恐后悔；宁囚而致上，上自诛之。"未至军，为坛，以节召樊哙。哙受诏，即反接，载槛车传诣长安；而令绛侯勃代将，将兵定燕反县。

【译文】起初，汉高祖病得十分严重，有人诋毁樊哙："吕氏和樊哙结党，假如有一天皇上驾崩，他们会出兵杀掉赵王如意。"汉高祖十分愤怒，采用陈平的谋划，把绛侯周勃召来在床前听候诏令说："陈平赶快用驿传马车，将周勃载去代替樊哙领兵，陈平一去军营，就立刻将樊哙杀掉。"二人接了诏令，就坐着驿传马车奔腾而去，不过到军营之前，边走边商议："樊哙，与皇上是故交了，劳苦功高，况且是吕后妹妹吕嬃的丈夫，与皇上有着直接的亲属关系，还有着尊贵的地位。皇上在气头上将他斩掉了，或许以后会后悔，不如我们现在先把他拘禁起来带给皇上，让皇上自己杀他

506

吧。"到军营之前，在营外将高坛筑起，用符节将樊哙召来。樊哙接受诏令后，立即将手放到背后叫人把他反绑起来，被用木栏囚车押送到长安；而让绛侯周勃代他为将军，率军征讨燕国谋反的诸县。

平行，闻帝崩，畏吕媭谗之于太后，乃驰传先去。逢使者，诏平与灌婴屯荥阳。平受诏，立复驰至宫，哭殊悲；因固请得宿卫中。太后乃以为郎中令，使傅教惠帝。是后吕媭谗乃不得行。樊哙至，则赦，复爵邑。

太后令永巷囚戚夫人，髡钳，衣赭衣，令春。遣使召赵王如意。使者三反，赵相周昌谓使者曰："高帝属臣赵王，赵王年少，窃闻太后怨戚夫人，欲召赵王并诛之，臣不敢遣王。王且亦病，不能奉诏。"太后怒，先使人召昌。

昌至长安，乃使人复召赵王。王来，未到；帝知太后怒，自迎赵王霸上，与入宫，自挟与起居饮食。太后欲杀之，不得间。

【译文】陈平在回长安的路上，听说汉高祖驾崩，陈平由于担心吕媭给太后说他的坏话，就快马加鞭先到长安。见到使者，传令让陈平和灌婴驻扎于荥阳。陈平接到诏令，又飞快地骑着飞马进到宫内，为了汉高祖的死痛哭流涕，趁机多次请求吕后希望能做宫中侍卫。太后就将他封为郎中令，并让他做惠帝的老师。此后，吕媭的谗言才没被相信，樊哙到朝廷后就被释放，恢复原有爵位和封地。

太后下令将戚夫人囚禁在永巷，给她剃去头发，带上刑具，穿上土红色的囚服，做春米的苦活。她又派使者去召赵王刘如意，使者三次往返，赵相周昌对使者说："高帝生前把赵王嘱托给我，赵王年纪小，我听说吕太后怨恨戚夫人，想把赵王召去一齐杀掉，我不敢让赵王去。而且赵王也病了，不能接受命令。"吕太后听到汇报，大为愤怒，便先派人去召周昌。待周昌到了长安，才派人再去召赵王。赵王前来，还未到达时，汉惠帝听说吕太后要对赵王动怒，便亲自去霸上迎接赵王，与他一起入宫，自己带着他一同吃饭睡觉。吕太后想杀掉赵王，但找不到机会。

孝惠皇帝

元年(丁未，公元前一九四年)冬，十二月，帝晨出射。赵王少，不能蚤起；太后使人持鸩饮之。犁明，帝还，赵王已死。太后遂断戚夫人手足，去眼，煇耳，饮瘖药，使居厕中，命曰"人彘"。居数日，乃召帝观人彘。帝见，问知其戚夫人，乃大哭，因病，岁馀不能起。使人请太后曰："此非人所为。臣为太后子，终不能治天下。"帝以此日饮为淫乐，不听政。

◆臣光曰：为人子者，父母有过则谏；谏而不听，则号泣而随之。安有守高祖之业，为天下之主，不忍母之残酷，遂弃国家而不恤，纵酒色以伤生！若孝惠者，可谓笃于小仁而未知大谊也。◆

徙淮阳王友为赵王。

春，正月，始作长安城西北方。

【译文】元年(丁未，公元前194年)冬季，十二月，惠帝有一天早上去打猎。赵王年纪小而没能早起，太后就让人拿毒药喂给他。天亮时，惠帝打猎归来，赵王已被毒死了。太后就将戚夫人砍断手脚、眼睛挖掉，用药熏耳，又逼她喝哑药，让她住到厕所，被称为"人彘"。几天后，召惠帝来看人彘。惠帝看到后，一问，晓得那是戚夫人，于是放声痛哭，因此就病得一年多没能起床。派人去对太后说："这简直不是人做的事情，我是你太后的儿子，可我终究是不能够治理天下的。”从此以后，惠帝变得天天饮酒淫乐，不再理会国家大政。

◆司马光说：做儿女的，如果父母有错就应该劝谏，倘若不听劝谏，就应该哭着跟随父母。哪有守住高祖的大业，做了天下的君主，不忍心看到母亲的残酷行为，便抛弃国家而不体恤天下万民，并以放纵色酒伤害自己的？孝惠帝可以说是固执小仁不知大义了。◆

淮阳王友被另封作赵王。

春季，正月，开始在长安西北面建筑城垣。

【乾隆御批】几谏干盅，常人尚应勉，岂有身为人主，宗社所系，而不能善处家庭之理？淫乐不听政，遂以自戕身命，听吕雉之祸兴矣。惠帝实高祖之罪臣败子耳！

【译文】对尊长婉言劝谏，矫正父母的过错。这是常人都应勉励去做的，岂有身为人主，身系宗庙社稷，而不能妥善处理家事的道理？淫乐不治理政事，以戕害身体和生命，如此一来，吕后之祸就兴起了。惠帝实在是高帝的有罪之臣和败家子啊！

二年（戊申，公元前一九三年）冬，十月，齐悼惠王来朝，饮于太后前。帝以齐王，兄也，置之上坐。太后怒，酌鸩酒置前，赐齐王为寿。齐王起，帝亦起取卮；太后恐，自起泛帝卮。齐王怪之，因不敢饮，佯醉去；问知其鸩，大恐。齐内史士说王，使献城阳郡为鲁元公主汤沐邑。太后喜，乃罢归齐王。

春，正月，癸酉，有两龙见兰陵家人井中。

陇西地震。

夏，旱。

郃阳侯仲薨。

鄷文终侯萧何病，上亲自临视，因问曰："君即百岁后，谁可代君者？"对曰："知臣莫如主。"帝曰："曹参何如？"何顿首曰："帝得之矣，臣死不恨！"

【译文】二年（戊申，公元前193年）冬季，十月，齐悼惠王来朝拜惠帝，在太后跟前一块喝酒，惠帝觉得齐王是自己的兄长，便叫他坐上座。太后看到后极为愤怒，将毒酒放于跟前并赐予齐王，让他给她祝寿请安时将毒酒喝下。齐王站起来，惠帝也站起来拿了毒酒给她祝寿，太后大吃一惊，就去翻倒了惠帝所拿的毒酒。齐王奇怪，所以不敢喝酒，佯装喝醉要离开，而后问清楚为毒酒时，心里突然特别害怕。齐内史中的士劝说齐王，让他把城阳郡献出给鲁元公主当作汤沐邑。太后大为高兴，就把齐王放了。

春季，正月，有两条龙于癸酉日（初四）在兰陵百姓家的水井之中出现。

陇西发生地震。

夏季，发生旱灾。

郃阳侯仲过世。

鄷文终侯萧何病了，惠帝亲自来探视，趁机问他说："假如你不幸离世，谁能替代你的相位？"萧何回答说："了解臣子的没有谁比得上君主。"惠帝说："曹参怎么样？"萧何叩头说："皇上有合适人选，我死而无憾了。"

秋，七月，辛未，何薨。何置田宅，必居穷僻处，为家，不治垣屋。曰："后世贤，师吾俭；不贤，毋为势家所夺。"

癸巳，以曹参为相国。参闻何薨，告舍人："趣治行！吾将入相。"居无何，使者果召参。始，参微时，与萧何善；及为将相，有隙; 至何且死, 所推贤唯参。参代何为相, 举事无所变更, 一遵何约束。择郡国吏木讷于文辞、重厚长者, 即召除为丞相史; 吏之言文刻深、欲务声名者, 辄斥去之。日夜饮醇酒; 卿、大夫以下吏及宾客见参不事事, 来者皆欲有言, 参辄饮以醇酒; 间欲有所言, 复饮之, 醉而后去, 终莫得开说, 以为常。见人有细过, 专掩匿覆盖之, 府中无事。

【译文】秋季, 七月, 辛未日(初五) 萧何过世。萧何当初购买宅院田地, 一定选择穷乡僻壤之地, 整建家里的房屋的时候, 也向来不建围墙。他说: "如果后代子孙贤能, 就会效仿我的节俭, 不贤能, 也不会被有权势的人家抢走。"

癸巳日(二十七日), 把曹参封为相国。曹参知道萧何死后, 告诉家人: "赶快把行装整理一下, 我马上就要入朝做宰相了。" 没多久后, 使者果真把曹参召回京师。当初, 曹参卑微之时与萧何很好。两个人的关系从萧何做了宰相后有了嫌隙, 直到萧何快死之时, 推荐的贤才唯有曹参。曹参替代萧何做相国, 所有政事都没有改变, 全按萧何制定的执行。他在各郡国官吏的选择上, 把不善言辞但却质朴厚道的长者封为丞相史, 官吏当中说话苛刻、注重虚名的人加以排除。他每天喝美酒, 大夫、卿以下官吏以及宾客看到曹参不整治丞相之事, 都前来求见想劝告他, 可是他一来曹参就马上请他喝美酒; 想要找机会说出建议, 但曹参一直劝喝酒, 直到最后喝醉离开, 终究没有机会开口说话。像这样子是经常有的事情。曹参看到他人有小错, 还特意替他掩盖隐瞒, 所以相府总是平安无事。

参子窋为中大夫。帝怪相国不治事, 以为"岂少朕与?" 使窋归, 以其私问参。参怒, 答窋二百, 曰: "趣入侍! 天下事非若所

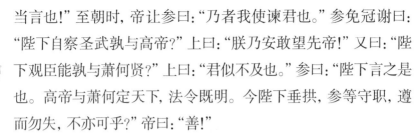

当言也!"至朝时,帝让参曰:"乃者我使谏君也。"参免冠谢曰:"陛下自察圣武孰与高帝?"上曰:"朕乃安敢望先帝!"又曰:"陛下观臣能孰与萧何贤?"上曰:"君似不及也。"参曰:"陛下言之是也。高帝与萧何定天下,法令既明。今陛下垂拱,参等守职,遵而勿失,不亦可乎?"帝曰:"善!"

参为相国,出入三年,百姓歌之曰:"萧何为法,较若画一;曹参代之,守而勿失。载其清净,民以宁壹。"

【译文】曹参的儿子曹窋是中大夫,惠帝埋怨相国对政事不上心,心想:"他是不是藐视我年纪小?"所以让曹窋回相府,悄悄问曹参。曹参很愤怒,把曹窋鞭答了二百下,说:"赶紧入宫侍奉皇上去吧,你不应该说天下之事。"上朝的时候,惠帝责怪曹参说:"那天是我让曹窋劝诫你的。"曹参把帽子摘下谢罪说:"陛下反省一下,高帝和您相比,谁更圣明?"惠帝说:"朕不敢与先帝相提并论!"曹参接着说:"陛下觉得臣与萧何相比,谁更贤德?"惠帝说:"你可能比不上萧何。"曹参说:"陛下说得对。高帝与萧何将天下平定以后,已经把法令颁布得十分清楚。如今陛下只需要拱手垂衣,我曹参等人只需要遵照萧何的法令而不失误,不就可以了吗?"惠帝说:"说得好!"

曹参身为相国,前后三年,百姓歌颂他:"萧何建立法令,整齐而又统一,曹参代为相国,遵守而不失误,因其无为清静,人民安宁统一。"

【乾隆御批】惠帝方以吕后故,淫乐不听政,而参复济之以饮醇,其去君臣相与沉湎者,几希?特以汉初削平大难,人心厌乱,幸免耳。"清静宁一"之辞,非公论也。

【译文】惠帝才因吕后的原因,淫乐不理政事,曹参又紧跟着只顾饮香醇老酒，这和君臣仅沉溺于美酒之中，相差有多少呢？只因汉朝初年，大难刚刚平息，人心厌恶动乱，才得以幸免于祸罢了。所谓"安宁统一"的美誉，这不是公论啊！

【申涵煜评】继世君臣，多狭小前人制度，往往以纷更致乱。观曹参守职勿失之言，真得宰相体。独吕氏祸水方萌，防微杜渐之虑，似不可膜外置之。此所以为黄老之学也。

【译文】继承先世的君臣，大多轻视前人所制定的制度，往往要变换更易，导致混乱。观察曹参谨守职责、不要有失误的话，真是得到了做宰相的本质啊。唯独吕氏引起祸乱的萌芽时候，防范微小的苗头，杜绝朝更坏的方向发展的考虑，似乎是不能当作一般事情而看待的。这就是所谓的黄老之学啊。

三年(己酉，公元前一九二年)春，发长安六百里内男女十四万六千人城长安，三十日罢。

以宗室女为公主，嫁匈奴冒顿单于。是时，冒顿方强，为书，使使遗高后，辞极褒嫚。高后大怒，召将相大臣，议斩其使者，发兵击之。樊哙曰："臣愿得十万众横行匈奴中！"中郎将季布曰："哙可斩也！前匈奴围高帝于平城，汉兵三十二万，哙为上将军，不能解围。今歌吟之声未绝，伤夷者甫起，而哙欲摇动天下，妄言以十万众横行，是面谩也。且夷狄譬如禽兽，得其善言不足喜，恶言不足怒也。"高后曰："善！"令大谒者张释报书，深自谦逊以谢之，并遗以车二乘，马二驷。冒顿复使使来谢，曰："未尝闻中国礼义，陛下幸而赦之。"因献马，遂和亲。

【译文】三年(己酉，公元前192年)春天，发动长安方圆六百里的所有百姓总共十四万六千人建筑长安城，三十天才完工。

以宗室女为公主，嫁给匈奴的冒顿单于。那时，冒顿的实力正强，派使者写信给吕太后，文辞极其傲慢无礼。吕太后十分愤怒，立刻召集大臣宰相将帅，商量斩杀使者，并发动军队进行攻击。樊哙说："臣甘愿率领兵众十万前去攻击匈奴。"中郎将季布说："樊哙真该杀！之前，高帝被匈奴包围于平城，那时汉兵三十二万余人，樊哙身为上将军，也不能突破匈奴的包围。如今那日被包围的呻吟声还没断绝，受伤之人刚刚痊愈能够起身，樊哙却要将天下百姓搅得不得安宁，胡说八道要率领十万兵众横扫匈奴，这岂不是当面欺瞒廷臣和太后吗？更何况夷狄像禽兽一样不懂礼貌，得到他们的坏话不值得生气，好话也不值得高兴。"吕太后说："说得好！"便让大谒者张释回禀，书信内容相当恭逊谦虚，并向匈奴道谢，外加送八匹马两辆车。冒顿继而派使者来感谢，说："我们不通中原礼仪，还望陛下饶恕我的无礼。"故而把良马献给汉朝并与汉和亲。

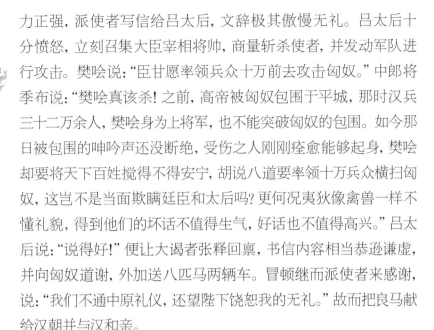

【乾隆御批】樊哙犹有丈夫气，而季布曰："可斩！"是藉口息事，不顾损威失重者之长技，然则，如之何而后可？曰：度力，力胜。则证之；力不胜则自守尚可。报书逊谢，有是理哉？然彼已与审食其为乱，冒顿果至，彼亦从之耳。独其时之群臣腆颜不愧，而犹以布言为是焉，不亦大可笑乎？

【译文】樊哙还是有大丈夫气概，而季布却说："樊哙该杀！"这是找借口来平息事件，毫不在乎损害威严的人所常用的伎俩。那怎样处理才算是可以呢？回答是：判断自己的力量，能战胜对方，就征伐他；如果战不胜对方，那坚守也是可以的。送去回信，谦逊地致以歉意，有这个道理吗？但是他已经和审食其一起作乱，冒顿果然来到，也只会顺从的。只是当时的臣子们厚颜不惭，还以为季布的话是对的，这不是太可笑了吗？

夏，五月，立闽越君摇为东海王。摇与无诸，皆越王句践之后也，从诸侯灭秦，功多，其民便附，故立之。都东瓯，世号东瓯王。

六月，发诸侯王、列侯徒隶二万人城长安。

秋，七月，都厩灾。

是岁，蜀湔氐反，击平之。

【译文】夏天，五月，立闽越君摇为东海王。摇和无诸，都是越王勾践的后代，他们追随诸侯将秦消灭，由此建立极大的功劳，老百姓称颂并归附于他，甚至将他立为王，把都城建在东瓯，世称东瓯王。

六月，发动列侯、诸侯王属地徒役奴隶二万人筹建长安城。

秋季，七月，皇家车马所在的大厩发生火灾。

这年，蜀湔氐部族叛乱，被朝廷出兵讨伐平定。

四年（庚戌，公元前一九一年）冬，十月，立皇后张氏。后，帝姊鲁元公主女也，太后欲为重亲，故以配帝。

春，正月，举民孝、弟、力田者，复其身。

三月，甲子，皇帝冠，赦天下。

省法令妨吏民者；除挟书律。

帝以朝太后于长乐宫及间往，数跸烦民，乃筑复道于武库南。奉常叔孙通谏曰："此高帝月出游衣冠之道也，子孙奈何乘宗庙道上行哉！"帝惧曰："急坏之！"通曰："人主无过举。今已作，百姓皆知之矣。愿陛下为原庙渭北，衣冠月出游之，益广宗庙，大孝之本。"上乃诏有司立原庙。

【译文】四年（庚戌，公元前191年）冬季，十月，立张氏为皇后。张后是惠帝姐鲁元公主之女，太后想与之亲上加亲，就把她许给惠帝做皇后。

春季，正月，让郡国推举黎民中勤力农事、友爱兄弟、孝顺父母之人，将他们的赋税和劳役减免。

三月，甲子日（初七），惠帝二十岁举行加冠之礼，所以大赦天下。

将妨碍百姓官吏自由的法令减少，废除藏书有罪的法律。

惠帝到长乐宫正式朝见太后，除此之外还常去跪拜太后，多次警戒清道，打扰百姓。故而建筑阁道于武库南边。奉常叔孙通劝谏汉惠帝："这是高帝每个月出游的衣冠之道，子孙不能在宗庙的路上行走。"惠帝大吃一惊，说："废掉阁道。"叔孙通说："国君是不允许有错误举动的，可如今已经做了，黎民也知道了，将阁道废了，就是承认做错了。希望陛下在渭水北面复建原庙，每月奉帝王的衣冠出游，参拜加宽宗庙，是大孝的根本。"于是汉惠帝下令建立宗庙。

【乾隆御批】叔孙通所谓，导其主以饰非文过也。孟子"逢君"之诛，不能免矣。

【译文】叔孙通是在引导他的君主掩饰过失。孟子所说的"逢君之恶其罪大"的诛伐，叔孙通是不可避免了。

◆臣光曰：过者，人之所必不免也，惟圣贤为能知而改之。古之圣王，患其有过而不自知也，故设诽谤之木，置敢谏之鼓，岂畏百姓之闻其过哉！是以仲虺美成汤曰："改过不吝。"傅说戒高宗曰："无耻过作非。"由是观之，则为人君者，固不以无过为贤，而以改过为美也。今叔孙通谏孝惠，乃云"人主无过举"，是

教人君以文过遂非也，岂不缪哉！◆

长安宫鸿台灾。

秋，七月，乙亥，未央宫凌室灭；丙子，织室灾。

【译文】◆臣司马光说：过失，是所有人免不了要犯的，唯有圣人才能勇于改错。古代的明君，唯恐自己有错没有被察觉，特意安装诽谤木，让百姓敲打，并安放谏劝鼓，他们不会害怕百姓看到他们的过错。所以仲虺称赞成汤说："不要吝啬改过。"傅说劝诫高宗说："不要羞耻于自己的过错，更不要胡作非为。"如此看来，身为国君的人，并非没有过错即为贤能，更为重要的是要勇于改正错误。眼下叔孙通却劝诫惠帝"国君是没有错误的举动的"，这是在教国君掩盖过错继续做坏事，难道不是谬误吗？◆

长乐宫鸿台发生火灾。

秋季，七月，乙亥日（二十日），未央宫凌室发生火灾，丙子日（十一日），织室发生火灾。

五年（辛亥，公元前一九〇年）冬，雷；桃李华，枣实。

春，正月，复发长安六百里内男女十四万五千人城长安，三十日罢。

夏，大旱，江河水少，谿谷水绝。

秋，八月，己丑，平阳懿侯曹参薨。

【译文】五年（辛亥，公元前190年）冬季，打雷，桃李开花，枣子结果。

春季，正月，再次征发住在长安城方圆六百里内的百姓一共十四万五千人建长安城，三十日才停工。

夏季，发生旱灾，水流断绝，溪谷里的水干涸。

秋季，八月，平阳懿侯曹参去世。

六年(壬子，公元前一八九年)冬，十月，以王陵为右丞相，陈平为左丞相。

齐悼惠王肥薨。

夏，留文成侯张良薨。

以周勃为太尉。

【译文】六年(壬子，公元前189年)冬季，十月，把王陵任命为右丞相，陈平被任命为左丞相。

齐悼惠王肥去世。

夏季，留文成侯张良过世。

汉惠帝把周勃任命为太尉。

七年(癸丑，公元前一八八年)冬，发车骑、材官诣荥阳，太尉灌婴将。

春，正月，辛丑朔，日有食之。

夏，五月，丁卯，日有食之，既。

秋，八月，戊寅，帝崩于未央宫。大赦天下。九月，辛丑，葬安陵。

初，吕太后命张皇后取他人子养之，而杀其母，以为太子。既葬，太子即皇帝位，年幼；太后临朝称制。

【译文】七年(癸丑，公元前188年)

冬季，发动车骑、材官到荥阳，以太尉灌婴率领。

春季，正月，辛丑朔日(初一)，日食、。

夏季，五月，丁卯日(二十九日)，日全食。

秋季，八月，戊寅日(十二日)，惠帝崩于未央宫。大赦天下。九月，辛丑日(初五)，将惠帝葬于安陵。

当初，吕太后命张皇后取别人之子来养育，并将孩子之母杀掉，把孩子立为太子。把惠帝葬后，太子即位，由于年纪尚小，太后代行天子之权。

【乾隆御批】辟疆揣度之词，平、勃遽为听用，以张诸吕之权。是，平、勃乃高祖之罪人，而辟疆又平、勃之罪人也，驯至称制封王无不隐忍曲就，直至吕氏死，而后"安刘"之言始验。柔奸自全者流，方且谓智者俟时，大丈夫观之，不值一噱唐狄仁杰之事与平、勃同此，予所谓如此"安刘"孰不能者也？孝惠论，已具前，史臣语非至当。

【译文】张辟疆揣度的言辞，陈平、周勃马上照他说的去做了，扩大了吕家人的权势。如此一来，陈平、周勃便成了高帝的罪人，而张辟疆便又成陈平、周勃的罪人了。吕后渐渐代行天子之权、分封吕氏诸兄弟为王，陈平、周勃没有不克制忍耐的，委曲求全，直到吕氏死后，"安刘氏天下"的预言才得以验证。顺从邪恶来保全自己的人，才将这看作聪明、识时务，而在有志气、有作为的人看来，这其实不值一笑了。唐代狄仁杰的事迹和陈平、周勃同出一辙，如此"安刘"有谁不能做到呢？对孝惠帝的评论，前面已经写过，史臣的话并不是很恰当。

资治通鉴卷第十三　汉纪五

起阏逢摄提格，尽昭阳大渊献，凡十年。

【译文】起甲寅（公元前187年），止癸亥（公元前178年），共十年。

【题解】本卷记录了高后吕雉元年至文帝刘恒二年共十年间的历史。记录了惠帝刘盈死后吕后执政，又杀刘邦子刘友、刘恢；记录了吕后分封诸吕，吕产、吕禄掌握朝权，架空元老陈平、周勃。记录了吕后死后，齐王刘襄在外起兵，灌婴倒戈，朝中周勃、陈平与朱虚侯刘章等发动政变，消灭诸吕，代王刘恒继位。记录了文帝刘恒削弱周勃、陈平、刘襄、刘章势力，较妥善地应对南越王称帝；以及文帝听谏言、轻田赋、绝进贡等善政。

高皇后

元年（甲寅，公元前一八七年）冬，太后议欲立诸吕为王，问右丞相陵。陵曰：“高帝刑白马盟曰：‘非刘氏而王，天下共击之。’今王吕氏，非约也。”太后不说，问左丞相平、太尉勃，对曰：“高帝定天下，王子弟；今太后称制，王诸吕，无所不可。”太后喜。罢朝，王陵让陈平、绛侯曰：“始与高帝喋血盟，诸君不在邪？今高帝崩，太后女主，欲王吕氏；诸君纵欲阿意背约，何面目见高帝于地下乎？”陈平、降侯曰：“于今，面折廷争，臣不如君；全社稷，定刘氏之后，君亦不如臣。"陵无以应之。十一月，甲子，太后以王陵为帝太傅，实夺之相权。陵遂病免归。

【译文】元年（甲寅，公元前187年）冬季，太后想把吕氏家族的人封为王，就询问右丞相王陵。王陵说："高帝曾经杀白马和大臣们盟誓：'不是姓刘的而称王，天下人可以共同攻击他。'如今把吕氏家族的人封王，等于违背了盟约。"太后极其不高兴，就问太尉周勃、左丞相陈平，他们回答说："当年高帝平天下，把子弟封为王。如今太后暂代政事，把吕氏家族的人封为王，没什么不可。"太后听后特别高兴，就宣布退朝。王陵责备绛侯陈平："原来与高帝歃血为盟，二位难道不在？眼下高帝过世，太后一个女子却入主政事，且要把吕氏封为王；你们竟然阿谀太后，抛弃与高帝的盟约，那么有什么颜面见高帝于九泉之下？"陈平、绛侯说："眼下，当面指责，据理力争，臣等不如你，不过安定刘氏子孙，保全社稷，你却不如我们。"王陵无言以对。十一月，甲子日（二十九日），太后任命王陵为少帝太傅，实为剥夺王陵宰相的权力。王陵借故有病，被免职返回故国。

乃以左丞相平为右丞相，以辟阳侯审食其为左丞相，不治事，令监宫中，如郎中令。食其故得幸于太后，公卿皆因而决事。

太后怨赵尧为赵隐王谋，乃抵尧罪。

上党守任敖尝为沛狱吏，有德于太后，乃以为御史大夫。

太后又追尊其父临泗侯吕公为宣王，兄周吕令武侯泽为悼武王，欲以王诸吕为渐。

春，正月，除三族罪、妖言令。

夏，四月，鲁元公主薨。封公主子张偃为鲁王，谥公主曰鲁元太后。

【译文】太后接着就把左丞相陈平任命为右丞相，把辟阳侯审食其任命为左丞相，他不管理政事，就让他监视宫中一切，职责就像郎中令。审食其因此得到太后宠幸，公卿等人办理政事便去找他决定。

太后怨恨赵尧替赵隐王刘如意谋划，就将他判罪。

上党守任敖曾经是沛县监狱官吏，曾有恩于太后，太后把他封为御史大夫。

太后追封父亲临泗侯吕公为宣王，哥哥周吕令武侯吕泽为悼武王，想要逐渐将诸吕氏家族之人封为王。

春季，正月，废除抄杀三族(父、母、妻)重罪和把错误言论判为妖言的法令。

夏季，四月，鲁元公主去世，太后把公主的儿子张偃封为鲁王，公主谥号也被封为鲁元太后。

【申涵煜评】食其，吕后幸臣，秽迹久著。文帝三年，犹逭天诛，当时可谓失刑。淮南王报母仇，始以铁锥杀之，殆宗庙之灵假手于长也，然柄已下移矣。

【译文】审食其是吕后宠幸的臣子，他的丑陋行径很早就明显了。汉文帝已经在位三年，他尚且逃过了天子的诛杀，这在当时可以说是该处以刑罚而未刑的了。淮南王刘长为了给母亲报仇，才用铁锥杀了他，大概是祖宗的英灵借刘长的手杀了他吧，然而这时候权柄已经开始向臣子转移了。

辛卯，封所名孝惠子山为襄城侯，朝为轵侯，武为壶关侯。

太后欲王吕氏，乃先立所名孝惠子彊为淮阳王，不疑为恒山王；使大谒者张释风大臣。大臣乃请立悼武王长子郦侯台为吕王，割齐之济南郡为吕国。

五月，丙申，赵王宫丛台灾。

秋，桃、李华。

【译文】辛卯日（二十八日），封挂名惠帝儿子的刘山为襄城侯，刘朝为轵侯，刘武为壶关侯。

太后因为想把吕氏封为王，所以先把挂惠帝儿子名的刘强封为淮阳王，刘不疑也被封为恒山王，派大谒者张释风去劝说大臣们支持。大臣们请求将悼武王长吕泽的长子郦侯吕台封为吕王，分割齐国的济南郡作为吕国的封地。

五月，丙申日（初四），赵王宫殿丛台发生火灾。

秋季，桃树、李树开花了。

二年（乙卯，公元前一八六年）冬，十一月，吕肃王台薨。

春，正月，乙卯，地震；羌道、武都道山崩。

夏，五月，丙申，封楚元王子郢客为上邳侯，齐悼惠王子章为朱虚侯，令入宿卫。又以吕禄女妻章。

六月，丙戌晦，日有食之。

秋，七月，恒山哀王不疑薨。

行八铢钱。

癸丑，立襄成侯山为恒山王，更名义。

【译文】二年（乙卯，公元前186年）冬季，十一月，吕肃王吕台去世。

春季，正月，乙卯日（二十七日），地震，羌道、武都道山崩。

夏季，五月，丙申日（初九），封楚元王儿子郢客为上邳侯，任命齐悼惠王儿子刘章为朱虚侯，下令让他入宫宿卫，又把吕禄的女儿嫁与刘章。

六月，丙戌晦日(三十日)，发生日食。

秋季，七月，恒山哀王刘不疑去世。

发行八铢钱。

癸丑日(二十七日)，封襄成侯刘山为恒山王，将名字改为刘义。

三年(丙辰，公元前一八五年)夏，江水、汉水溢，流四千馀家。

秋，星昼见。

伊水、洛水溢，流千六百馀家。汝水溢，流八百馀家。

【译文】三年(丙辰，公元前185年)夏季，汉水、江水大涝，淹没四千多家。

秋季，白昼出现星辰。

洛水、伊水涨水，淹没一千六百余家。汝水大涝，淹没八百多家。

四年(丁巳，公元前一八四年)春，二月，癸未，立所名孝惠子太为昌平侯。

夏，四月，丙申，太后封女弟嫘为临光侯。

少帝寖长，自知非皇后子，乃出言曰："后安能杀吾母而名我！我壮，即为变！"太后闻之，幽之永巷中，言帝病，左右莫得见。太后语群臣曰："今皇帝病久不已，失惑昏乱，不能继嗣治天下，其代之。"群臣皆顿首言："皇太后为天下齐民计，所以安宗庙、社稷甚深。群臣顿首奉诏。"遂废帝，幽杀之。五月，丙辰，立恒山王义为帝，更名曰弘，不称元年，以太后制天下事故也。以轵侯朝为恒山王。

是岁，以平阳侯曹窋为御史大夫。

有司请禁南越关市铁器。南越王佗曰："高帝立我，通使物。今高后听谗臣，别异蛮夷，隔绝器物，此必长沙王计，欲倚中国击灭南越而并王之，自为功也。"

【译文】四年（丁巳，公元前 184 年）春季，二月，癸未日（初七日），立挂名的惠帝儿子刘太为昌平侯。

夏季，四月，丙申日（二十一日），太后将妹妹吕嬃封为临光侯。

少帝渐渐长大，知道自己并非皇后所生，便这样说："母后怎能将我的母亲杀死却把我挂名为子呢？我长大后，一定要叛乱。"太后听后，将少帝囚禁于永巷，向外宣称少帝大病，左右大臣均不可觐见。太后告诉大臣们："眼下皇帝大病已久，一直未好，心神惑乱而昏沉，不可继续治理天下，我们应该找个人来替代。"群臣都叩头说："皇太后心念天下百姓，所以想到要安定社稷、宗庙，考虑的细节都深远周到，我们甘愿叩头接受诏令。"便废少帝，囚禁起来并杀掉。五月，丙辰日（十一日），立恒山王刘义为帝，并给他改名为弘。由于仍然是太后暂代政事，不变更年号称元年，封轵侯刘朝为恒山王。

同年，任命平阳侯曹窋为御史大夫。

主管官员请求禁止在南越边关设市场和南越做铁器的生意。南越王赵佗说："高帝封我为王，而且允许互相流通器物。眼下太后却听信谗臣，把蛮夷区别开来，甚至要断绝器物交易，想必一定是为长沙王谋划，想要凭借朝廷的力量消灭南越并占领，以此作为自己的功劳。"

五年（戊午，公元前一八三年）春，佗自称南越武帝，发兵攻长沙，败数县而去。

秋，八月，淮阳怀王彊薨，以壶关侯武为淮阳王。

九月，发河东、上党骑屯北地。

初令戍卒岁更。

【译文】五年（戊午，公元前 183 年）

春季，赵佗自称为南越武帝，派兵攻击长沙，将长沙王军队打败，连破数县才离去。

秋季，八月，淮阳怀王刘彊去世，封壶关侯刘武为淮阳王。

九月，发动上党、河东的骑兵屯驻北地。

第一次下令戍卒每年更换一次。

六年（己未，公元前一八二年）冬，十月，太后以吕王嘉居处骄恣，废之。十一月，立肃王弟产为吕王。

春，星昼见。

夏，四月，丁酉，赦天下。

封朱虚侯章弟兴居为东牟侯，亦入宿卫。

匈奴寇狄道，攻阿阳。

行五分钱。

宣平侯张敖卒，赐谥曰鲁元王。

【译文】六年（己未，公元前 182 年）冬季，十月，太后由于吕王吕嘉生活放纵，极其骄恣，便将他的王位废掉。十一月，封肃王的弟弟吕产为吕王。

春季，星辰出现于白昼。

夏季，四月，丁酉日（初三日），大赦天下。

封朱虚侯刘章的弟弟刘兴为东牟侯，同时入宫做宿卫。

匈奴侵占狄道，攻下阿阳。

发行五分钱。

宣平侯张敖去世，赐谥号鲁元王。

七年(庚申，公元前一八一年)冬，十二月，匈奴寇狄道，略二千馀人。

春，正月，太后召赵幽王友。友以诸吕女为后，弗爱，爱他姬。诸吕女怒，去，谗之于太后曰：“王言‘吕氏安得王！太后百岁后，吾必击之。’”太后以故召赵王，赵王至，置邸，不得见，令卫围守之，弗与食；其群臣或窃馈，辄捕论之。丁丑，赵王饿死，以民礼葬之长安民冢次。

己丑，日食，昼晦。太后恶之，谓左右曰：“此为我也！”

二月，徙梁王恢为赵王，吕王产为梁王。梁王不之国，为帝太傅。

秋，七月，丁巳，立平昌侯太为济川王。

【译文】七年(庚申，公元前181年)冬季，十二月，匈奴攻打狄道，并将两千多人俘虏。

春季，正月，太后召见赵幽王刘友。刘友的王后是吕氏女儿，可刘友讨厌吕氏女，却偏爱另一个妃子。吕氏女不高兴，就远离赵，并在太后那里进谗言说：“赵幽王说：‘吕氏怎么能够称王呢？太后百年后，我必定攻打吕氏。’”太后因而召见赵幽王。赵幽王到达京师，便被安排在官邸，没见到太后，却被太后命令的卫士守住，不给予食物。凡偷送食物给赵幽王的大臣，便被逮捕判罪。丁丑日(十八日)，赵幽王被饿死，用平民礼节将赵幽王葬于长安平民的坟场里。

己丑日(三十日)，发生日食，白天天色极其幽暗。太后害怕，告诉左右说：“这大概都是由于我的缘故吧。”

二月，改封梁王刘恢为赵王，吕王吕产为梁王。不过梁王没到封国去就任，却做了皇帝的太傅。

秋季，七月，丁巳日（七月无此日），封平昌侯刘太为济川王。

吕媭女为将军营陵侯刘泽妻。泽者，高祖从祖昆弟也。

齐人田生为之说大谒者张卿曰："诸吕之王也，诸大臣未大服。今营陵侯泽，诸刘最长；今卿言太后王之，吕氏王益固矣！"张卿入言太后，太后然之，乃割齐之琅邪郡封泽为琅邪王。

【译文】吕媭的女儿是将军营陵侯刘泽的妻子。刘泽是高祖同曾祖父的弟弟。

齐人田生为刘泽向大谒者张卿说："太后封诸吕为王，诸位大臣并不全都心服。营陵侯刘泽，在刘氏宗室中年龄最长，如果你现在能向太后建议封刘泽为王，那么，吕氏受封为王的格局就会更加稳定了。"张卿入宫报告太后，太后以为很有道理，就分割齐国的琅邪郡为诸侯国，封刘泽做了琅邪王。

赵王恢之徙赵，心怀不乐。太后以吕产女为王后，王后从官皆诸吕，擅权，微伺赵王，赵王不得自恣。王有所爱姬，王后使人鸩杀之。六月，王不胜悲愤，自杀。太后闻之，以为王用妇人弃宗庙礼，废其嗣。

是时，诸吕擅权用事。朱虚侯章，年二十，有气力，忿刘氏不得职。尝入侍太后燕饮，太后令章为酒吏。章自请曰："臣将种也，请得以军法行酒。"太后曰："可。"酒酣，章请为《耕田歌》，太后许之。章曰："深耕穊种，立苗欲疏；非其种者，锄而去之！"太后默然。顷之，诸吕有一人醉，亡酒，章追，拔剑斩之而还，报曰："有亡酒一人，臣谨行法斩之！"太后左右皆大惊，业已许其军

528

法，无以罪也，因罢。自是之后，诸吕惮朱虚侯，虽大臣皆依朱虚侯，刘氏为益强。

【译文】赵王刘恢自被迁于赵后，心情一直不好。太后把吕产的女儿嫁与赵王为后，王后的随从官都是吕氏家族的人，他们擅自专权，悄悄监视赵王，让赵王什么事都不能自做主张。赵王有一位宠姬，王后派人将其毒死了。六月，赵王受不了，心情郁闷，于是自杀。太后听后，认为赵王由于宠姬而废掉宗庙的礼节，所以不同意他的后代来承继王位。

那时，诸吕专权国事把朝政。朱虚侯刘章，当时只有二十岁，相当有勇力，对于刘氏家族受到压制十分不满。他曾经入宫侍奉太后喝酒，当时太后让他做酒令官。刘章请命道："臣是帅将之后，希望能用军法行酒令。"太后说："准。"刘章喝得稍微有点醉时，请求能够唱首《耕田歌》，太后允许。刘章唱道："耕地的时候要耕得深，播种的时候要种得密啊，种的苗要远而广，要用锄头除掉所有不是我们要种的苗。"太后不说话。没多久，诸吕中有一人由于喝醉了想要逃避喝酒而逃开，刘章便追了上去，拔剑将其斩杀后回去，禀告太后道："臣依照行酒军法杀掉了一个逃避酒令之人。"太后左右之人都非常吃惊，可由于答应过刘章准他用军法行酒，所以也就不能怪罪，无奈只能停止酒宴。此后，诸吕都很惧怕朱虚侯，即使是大臣也都依赖着朱虚侯，刘氏也逐渐强大起来。

【申涵煜评】《耕田歌》，人服其胆，然少年英气太露，殊非深藏远祸之道。使非以妇翁吕禄故，后素儿子畜之，其不为几上肉也几矣！

【译文】刘章当着吕后的面唱《耕田歌》，众人都佩服他的胆略，然而一个少年的英气太过显露，完全不是深藏自己、远离祸患的方法。

假使不是因为他的岳父是吕禄的原因，吕后也常把他当作儿子一样看待，他就算没成为几案上的肉，也差不多了。

陈平患诸吕，力不能制，恐祸及己。尝燕居深念，陆贾往，直入坐，而陈丞相不见。陆生曰："何念之深也！"陈平曰："生揣我何念？"陆生曰："足下极富贵，无欲矣；然有忧念，不过患诸吕、少主耳。"陈平曰："然！为之奈何？"陆生曰："天下安，注意相；天下危，注意将。将相和调，则士豫附；天下虽有变，权不分。为社稷计，在两君掌握耳。臣常欲谓太尉绛侯，绛侯与我戏，易吾言。君何不交欢太尉，深相结？"因为陈平画吕氏数事。陈平用其计，乃以五百金为绛侯寿，厚具乐饮；太尉报亦如之。

两人深相结，吕氏谋益衰。陈平以奴婢百人、车马五十乘、钱五百万遗陆生为饮食费。

太后使使告代王，欲徙王赵。代王谢之，愿守代边。太后乃立兄子吕禄为赵王，追尊禄父建成康侯释之为赵昭王。

九月，燕灵王建薨，有美人子，太后使人杀之。国除。

遣隆虑侯周灶将兵击南越。

【译文】陈平害怕诸吕势力膨胀到压制不了，担心威胁自己。平时在家总是深思熟虑如何对付。陆贾前去看他，径直到厅堂坐下，陈丞相没注意到他的到来。陆贾问："怎么如此沉思？"陈平说："你看我在想什么呢？"陆贾说："你已经享受了极高的荣华富贵，该是无所想了。不过你还担心，应该是忧虑诸吕的势力和国君年少而已。"陈平说："是的，我应该怎么办？"陆贾说："天下安，注意相；天下危，注意将。将与相关系和谐，士人就会归附；天下即使有重大变故，大权也不会被瓜分。安定国家的根本大计，就在你们二位文武大臣掌握之中。我曾想对太尉绛侯周勃说明这一利害关系,绛侯平素与我常开玩笑,不会重视我的话。丞相为何不与太尉交好,密切联合呢?"接着陆贾为陈平谋划将来平定诸吕的几个关键问题。陈平采纳陆贾的计谋,用五百斤黄金为绛侯周勃祝寿,举办丰盛的宴席,太尉周勃也以同样的礼节回报。

陈平与周勃互相紧密团结,吕氏图谋篡国的心气渐渐衰减。陈平送给陆贾一百个奴婢、五十乘车马、五百万钱作为饮食费。

太后把使者派去通知代王,要把他改封成赵王。代王婉言拒绝,想要镇守代边,继续做代王。于是太后就把她哥哥的儿子吕禄改立为赵王,而且还把吕禄父亲建成康侯释追尊为赵昭王。

九月,燕灵王刘建去世,留有后宫美人所生的儿子,吕后派人给杀掉了,废除燕王的封号。

派隆虑侯周灶去领兵攻击南越。

八年(辛酉,公元前一八〇年)冬,十月,辛丑,立吕肃王子东平侯通为燕王,封通弟庄为东平侯。

三月,太后祓,还,过轵道,见物如苍犬,撠太后掖,忽不复见。卜之,云"赵王如意为祟"。太后遂病掖伤。

太后为外孙鲁王偃年少孤弱,夏,四月,丁酉,封张敖前姬两子侈为新都侯,寿为乐昌侯,以辅鲁王。又封中大谒者张释为建陵侯,以其劝王诸吕,赏之也。

江、汉水溢,流万馀家。

【译文】八年(辛酉,公元前180年)冬季,十月,辛丑日(十六日),封吕肃王之子东平侯吕通为燕王,封吕通的弟弟吕庄为东平侯。

三月,太后举办了求福除灾的祭祀,返回途经轵道时,看到一个与苍犬同样大的东西,抓到太后腋下,又突然消失掉。占卜者说"这是赵王如意的鬼魂作怪"。此后，太后就有了两腋的病。

太后因外孙鲁王张偃孤单衰弱且年纪尚小，于是在夏季四月丁酉日(十五日)，封张敖生前宠姬生的两个儿子张侈为新都侯，张寿为乐昌侯，让他们辅助鲁王。然后又把中大谒者张释封为建陵侯，由于他劝太后封诸吕为王，故而奖励他。

长江、汉水大涝过了堤防，淹没一万多家。

秋，七月，太后病甚，乃令赵王禄为上将军，居北军；吕王产居南军。太后诫产、禄曰："吕氏之王，大臣弗平。我即崩，帝年少，大臣恐为变。必据兵卫宫，慎毋送丧，为人所制！"辛巳，太后崩，遗诏：大赦天下，以吕王产为相国，以吕禄女为帝后。高后已葬，以左丞相审食其为帝太傅。

诸吕欲为乱，畏大臣绛、灌等，未敢发。朱虚侯以吕禄女为妇，故知其谋，乃阴令人告其兄齐王，欲令发兵西，朱虚侯、东牟侯为内应，以诛诸吕，立齐王为帝。齐王乃与其舅驷钧、郎中令祝午、中尉魏勃阴谋发兵。齐相召平弗听。八月，丙午，齐王欲使人诛相；相闻之，乃发卒卫王宫。魏勃绐召平曰："王欲发兵，非有汉虎符验也。而相君围王固善，勃请为君将兵卫王。"召平信之。勃既将兵，遂围相府，召平自杀。于是，齐王以驷钧为相，魏勃为将军，祝午为内史，悉发国中兵。

【译文】秋季，七月，太后病重，于是任命赵王吕禄为上将军，去领北军，让吕王吕产去领南军。太后告诫吕禄和吕产："我把吕氏封为王，大臣们心里都很不平，眼下我要走了，可是皇帝还小，大臣们随时可能叛乱。务必保卫宫廷掌握军队，切不可为了给我送丧，而受人所压制。"辛巳日(三十日)，太后驾崩，留下诏令：大赦天下，任命吕王吕产为相国，把吕禄之女封为皇后。太后下葬后，让左丞相审食其去做皇帝太傅。

吕氏家族想发动政变，但惧怕大臣绛侯周勃、灌婴等人，不敢贸然发动。朱虚侯刘章娶吕禄之女为妻，所以得知吕氏的阴谋，就暗中派人告知其兄齐王刘襄，让齐王统兵西征，朱虚侯、东牟侯为他做内应，图谋诛除吕氏，立齐王为皇帝。齐王就与他舅父驷钧、郎中令祝午、中尉魏勃暗中密谋发兵。齐相召平反对举兵。八月，丙午(二十六日)，齐王准备派人杀国相召平；召平得知，就发兵包围了王宫。魏勃欺骗召平说："齐王没有汉朝廷的发兵虎符，就要发兵，这是违法的。您发兵包围了齐王本是对的，我请求为您带兵入宫软禁齐王。"召平信以为真，让魏勃指挥军队。魏勃掌握统兵权之后，就命令包围相府；召平自杀。于是，齐王命驷钧为相，魏勃为将军，祝午为内史，征发齐国的全部兵力。

使祝午东诈琅邪王曰："吕氏作乱，齐王发兵欲西诛之。齐王自以年少，不习兵革之事，愿举国委大王。大王，自高帝将也。请大王幸之临菑，见齐王计事。"琅邪王信之，西驰见齐王。齐王因留琅邪王，而使祝午尽发琅邪国兵，并将之。琅邪王说齐王曰："大王，高皇帝適长孙也，当立。今诸大臣狐疑未有所定，而泽于刘氏最为长年，大臣固待泽决计。今大王留臣，无为也，不如使我入关计事。"齐王以为然，乃益具车送琅邪王。琅邪王既行，齐遂举兵西攻济南。遗诸侯王书，陈诸吕之罪，欲举兵诛之。

【译文】齐王派祝午到东方蒙骗琅邪王说道："由于吕氏作乱，齐王即将调动军队向西去讨伐诸吕。不过齐王觉得自己年纪较轻，不太懂得军队打仗之事，所以想把举国托付给大王您。大王您在高帝时就一直是将领，所以请大王前去临淄，与齐王共同商议大事。"琅邪王相信了祝午，便飞快地骑上马向西去与齐王见面。齐王趁势将琅邪王扣留，又继续派祝午去发动琅邪国全部军队，接受齐国率领。琅邪王劝说齐王道："大王您是高皇帝嫡长孙，依照常理说应立为帝，可如今却由于大臣怀疑未定。而我刘泽是刘氏中年纪最长的，大臣们都会等我来决定计谋。眼下你留我也没用，还不如派我去与大臣们共议大计。"齐王觉得有道理，便多准备了些车骑将琅邪王送走。琅邪王走后，齐便调兵向西去讨伐济南，把书信送给诸侯王，陈述诸吕罪过，还要领兵讨杀诸吕。

相国吕产等闻之，乃遣颍阴侯灌婴将兵击之。灌婴至荥阳，谋曰："诸吕拥兵关中，欲危刘氏而自立。今我破齐还报，此益吕氏之资也。"乃留屯荥阳，使使谕齐王及诸侯与连和，以待吕氏变，共诛之。齐王闻之，乃还兵西界待约。

吕禄、吕产欲作乱，内惮绛侯、朱虚等，外畏齐、楚兵，又恐灌婴畔之。欲待灌婴兵与齐合而发，犹豫未决。

当是时，济川王太、淮阳王武、常山王朝及鲁王张偃皆年少，未之国，居长安；赵王禄、梁王产各将兵居南、北军。皆吕氏之人也。列侯群臣莫自坚其命。

【译文】相国吕产等得知后，就派遣颍阴侯灌婴领兵去征讨齐王。灌婴走到荥阳，跟手下谋划说："诸吕拥重兵于关中，想要威胁刘氏自立成王。如今倘若我能攻破齐国，只会给吕氏增加势力。"于是便屯驻荥阳，并让使者告诉诸侯和齐王，表明想与他们和好，共同等吕氏叛乱，然后一起将其诛杀。齐王听后，把军队退下西界，依照规定，安静地等待消息。

吕产、吕禄要作乱，可对内担心绛侯周勃、朱虚侯等人，对外畏惧齐国、楚国的军队，还担忧灌婴反叛。想要等灌婴的军队和齐国的军队交战后再动手，所以一直犹豫不决。

此时，济川王刘太、淮阳王刘武、常山王刘朝及鲁王张偃，都年幼，没有就职于封地，居住于长安；赵王吕禄、梁王吕产分别统率南军和北军，都是吕氏一党。列侯群臣没有人能自保安全。

太尉绛侯勃不得主兵。曲周侯郦商老病，其子寄与吕禄善。绛侯乃与丞相陈平谋，使人劫郦商，令其子寄往绐说吕禄曰："高帝与吕后共定天下，刘氏所立九王，吕氏所立三王，皆大臣之议，事已布告诸侯，皆以为宜。今太后崩，帝少，而足下佩赵王印，不急之国守藩，乃为上将，将兵留此，为大臣诸侯所疑。足下何不归将印，以兵属太尉，请梁王归相国印，与大臣盟而之国。齐兵必罢，大臣得安，足下高枕而王千里，此万世之利也。"吕禄信然其计，欲以兵属太尉。使人报吕产及诸吕老人，或以为便，或曰不便，计犹豫未有所决。

吕禄信郦寄，时与出游猎，过其姑吕嬃。嬃大怒曰："若为将而弃军，吕氏今无处矣！"乃悉出珠玉、宝器散堂下，曰："毋为他人守也！"

【译文】太尉绛侯周勃得不到领兵权。曲周侯郦商年老多病，其子郦寄和吕禄向来友好。绛侯周勃与丞相陈平商量，让人劫持郦商，再让他儿子郦寄前去欺骗吕禄说："高帝和吕后共同平天下，刘氏所立的九王，吕氏所立的三王，全是大臣们提议的，这都已公布给了诸侯，大家也都认可。如今太后逝世，皇帝年轻，但你拿着赵王印信，不抓紧时间前去镇守藩国，却还要在这里担任上将，留下来让诸侯大臣们质疑。你怎么不把上将军的印信归还，将军队归还给太尉率领，再让梁王将相国印信归还，与大臣签订盟约并去封国就任？这样，齐兵一定不会再叛变，大臣也就会安全了，你也能够放心地去做千里侯王了,这可真是你子孙后代万世的福气!"吕禄很赞成郦寄的计谋,想要将兵权归还太尉,就派人报告给吕产和吕氏家族的长者,有人赞成,有人不赞成,计划一直被纠结着不能决定。

吕禄信任郦寄,常与他共同去打猎,看望他姑姑吕嬃。吕嬃十分愤怒地说:"作为上将军的你如果放弃军权,吕氏就要死无葬身之地了。"说罢便把所有的宝玉珍珠分散到厅堂下说:"不用再给别人守这些东西了。"

九月,庚申旦,平阳侯窋行御史大夫事,见相国产计事。郎中令贾寿使从齐来,因数产曰:"王不早之国,今虽欲行,尚可得邪!"具以灌婴与齐、楚合从欲诛诸吕告产,且趣产急入宫。平阳侯颇闻其语,驰告丞相、太尉。

太尉欲入北军,不得入。襄平侯纪通尚符节,乃令持节矫内太尉北军。太尉复令郦寄与典客刘揭先说吕禄曰:"帝使太尉守北军,欲足下之国。急归将印辞去。不然,祸且起。"吕禄以为郦况不欺己,遂解印属典客,而以兵授太尉。太尉至军,吕禄已去。太尉入军门,行令军中曰:"为吕氏右袒,为刘氏左袒!"军中皆左袒,太尉遂将北军。然尚有南军。丞相平乃召朱虚侯章佐太尉,太尉令朱虚侯监军门,令平阳侯告卫尉:"毋入相国产殿门。"

【译文】九月,庚申日(初十)一早,平阳侯曹窋行使御史大夫权利,前去与相国吕产见面商议国家大事。郎中令贾寿正好出使齐回来,就责怪吕产说:"大王你不早去封国,眼下想走也走不成了!"然后将齐、楚和灌婴联手西向,准备诛杀诸吕之事讲述给了吕产,还催促吕产赶快入宫。这话平阳侯也听得十分清楚,很快就告诉了太尉、丞相。

太尉周勃本想进北军去，却进不去。襄平侯纪通掌管符节，太尉就让他手持符节假传帝令，送太尉周勃进入北军。太尉下令让郦寄和典客刘揭先劝说吕禄道："皇上让太尉去镇守北军，让你前去封国即位。你赶紧归还上将军印信，将上将军职务辞去，远离京师，否则，马上就会发生灾祸。"吕禄觉得郦况（郦寄，字况）不会骗他，于是便将大将军印信解下并还给了典客刘揭，接着又把兵权授予太尉。太尉到达北军之后，吕禄已然远离。太尉一进军门，就给军中士卒下令说："想要帮吕氏的，请露出右臂！想要帮刘氏的，请袒露左臂！"所有士卒都露出左臂。太尉便统一了北军。但还有南军。丞相陈平便召见朱虚侯刘章让他辅助太尉。太尉下令让朱虚侯镇守军门，让平阳侯告知宫中守卫："不许相国吕产进到宫殿之门！"

吕产不知吕禄已去北军，乃入未央宫，欲为乱。至殿门，弗得入，徘徊往来。平阳侯恐弗胜，驰语太尉。太尉尚恐不胜诸吕，未敢公言诛之，乃谓朱虚侯曰："急入宫卫帝！"朱虚侯请卒，太尉予卒千馀人。入未央宫门，见产廷中。日铺时，遂击产，产走。天风大起，以故其从官乱，莫敢斗。逐产，杀之郎中府吏厕中。朱虚侯已杀产，帝命谒者持节劳朱虚侯。朱虚侯欲夺其节，谒者不肯。朱虚侯则从与载，因节信驰走，斩长乐卫尉吕更始。还，驰入北军报太尉。太尉起，拜贺朱虚侯曰："所患独吕产。今已诛，天下定矣！"遂遣人分部悉捕诸吕男女，无少长皆斩之。

【译文】吕产不知道吕禄已然远离北军，就进到未央宫里面，想要作乱。到宫殿门口后，发现进不去，就徘徊在那里。平阳侯担心打不过吕产，便快速报告太尉。太尉也是害怕打不过诸吕，所以不敢大声公开要杀诸吕，便告诉朱虚侯刘章："赶紧入宫保卫皇上！"朱虚侯乞求给他拨些士卒，太尉便将一千多士卒拨给他。进到未央宫门时，在宫廷中见到吕产。傍晚，便攻打吕产，吕产失败逃走。天空中突然吹起大风，吕产的从官吓得惊乱而害怕打仗；朱虚侯追击吕产，把吕产杀在郎中府吏厕所中。朱虚侯杀掉吕产后，皇帝派谒者拿符节奖励他。朱虚侯想要符节谒者却不给。朱虚侯只能跟谒者一起，用谒者手上拿着的节信飞快地走，进到长乐宫杀掉了长乐卫尉吕更始。继而飞快地进入北军给太尉汇报，太尉站起来祝贺。朱虚侯说："我们只担心吕产，如今吕产被杀，天下终于能够平定了。"便让人分头去逮捕诸吕，不管老少一律斩杀。

资治通鉴

辛酉，捕斩吕禄而笞杀吕嬃，使人诛燕王吕通而废鲁王张偃。戊辰，徙济川王王梁。遣朱虚侯章以诛诸吕事告齐王，令罢兵。

灌婴在荥阳，闻魏勃本教齐王举兵，使使召魏勃至，责问之。勃曰："失火之家，岂暇先言丈人而后救火乎！"因退立，股战而栗，恐不能言者，终无他语。灌将军熟视笑曰："人谓魏勃勇，妄庸人耳，何能为乎！"乃罢魏勃。灌婴兵亦罢荥阳归。

◆班固赞曰：孝文时，天下以郦寄为卖友。夫卖友者，谓见利而忘义也。若寄父为功臣而又执劫，虽摧吕禄以安社稷，谊存君亲可也。◆

【译文】辛酉日（十一日），捕杀吕禄，吕嬃被鞭死，派人诛杀燕王吕通，废除鲁王张偃。戊辰日（十八日），把济川王改迁为梁王。让朱虚侯刘章把诛杀诸吕的事告知齐王，并让他停兵。

灌婴在荥阳，得知魏勃才是最初让齐王动兵之人，便让使者将魏勃召来，责问他。魏勃说："失火的人家，怎么能先管丈人之事然后才去救火？"说罢便两腿战栗发抖，退后站立，恐惧得说不上话来，最后一句话也没有说上来。灌将军看了他许久，笑道："大家都说魏勃十分勇敢，可看起来也只是一个妄动的庸人而已，不能怎么样的。"魏勃就被释放。灌婴也罢兵于荥阳回京师。

◆班固在《汉书》的赞文里说：孝文帝时，所有人都觉得郦寄背叛朋友。所谓背叛朋友，说的是因为看到了利益便丢掉朋友的义气。郦寄的父亲是开国功臣却被人劫持，为了救父，他只能欺骗吕禄。故而即使说他摧毁吕禄来安定社稷，但他保存了君亲的大义，也是值得赞赏的。◆

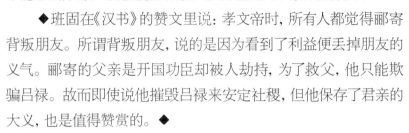

　　诸大臣相与阴谋曰："少帝及梁、淮阳、恒山王，皆非真孝惠子也。吕后以计诈名他人子，杀其母养后宫，令孝惠子之，立以为后及诸王，以强吕氏。今皆已夷灭诸吕，而所立即长，用事，吾属无类矣！不如视诸王最贤者立之。"或言："齐王，高帝长孙，可立也。"大臣皆曰："吕氏以外家恶而几危宗庙，乱功臣。今齐王舅驷钧，虎而冠。即立齐王，复为吕氏矣。代王方今高帝见子最长，仁孝宽厚，太后家薄氏谨良。且立长固顺，况以仁孝闻天下乎！"乃相与共阴使人召代王。

　　代王问左右，郎中令张武等曰："汉大臣皆故高帝时大将，习兵，多谋诈。此其属意非止此也，特畏高帝、吕太后威耳。今已诛诸吕，新啑血京师，此以迎大王为名，实不可信。愿大王称疾毋往，以观其变。"

　　【译文】诸位大臣暗地共同商量说："少帝和梁王、淮阳王、恒山王，都不是孝惠帝真正的儿子，当年吕后设计取他人的儿子，杀死他们的生母，把他们收养在后宫中，令孝惠帝认作儿子，立为继承人和诸侯王,用来加强吕氏的力量。现在,吕氏已被灭族,但吕氏所立的人,很快就要长大,等他们掌握实权,我们恐怕都要被灭族!不如从诸侯王中另选最贤者立为皇帝。"有人说:"齐王,是高帝的长孙,可立他为帝。"大臣们都说:"正因为吕氏外戚强横,几乎危及皇帝宗庙,摧残功臣,现在齐王的舅舅驷钧,为人暴恶,好像戴着冠帽的老虎,假若立齐王为帝,驷钧一族就会成为第二个吕氏。代王是高帝在世诸子中年龄最大的一位,为人仁孝宽厚,太后薄氏一家谨慎温良。立年长的本来就名正言顺,更何况代王又以仁孝而闻名于天下呢!"于是,大臣们共同议定拥立代王为帝,并暗地派人召代王入京。

代王问左右近臣,郎中令张武等人说:"汉大臣都是高帝曾经的大将,熟练军法,很会使用阴谋,他们根本不满足于现在的爵位,只是害怕高帝吕太后的权威,不敢轻举妄动而已。如今诸吕已被杀掉,京师刚发生一番激烈战斗,他们迎接大王是个名义,不可轻信。请求大王佯装生病不可前往,静观其变。"

中尉宋昌进曰:"群臣之议皆非也。夫秦失其政,诸侯、豪桀并起,人人自以为得之者以万数,然卒践天子之位者,刘氏也,天下绝望,一矣。高帝封王子弟,地犬牙相制,此所谓磐石之宗也,天下服其强,二矣。汉兴,除秦苛政,约法令,施德惠,人人自安,难动摇,三矣。夫以吕太后之严,立诸吕为三王,擅权专制;然而太尉以一节入北军一呼,士皆左袒为刘氏,叛诸吕,卒以灭之。此乃天授,非人力也。今大臣虽欲为变,百姓弗为使,其党宁能专一邪?方今内有朱虚、东牟之亲,外畏吴、楚、淮阳、琅邪、齐、代之强。方今高帝子,独淮南王与大王。大王又长,贤圣仁孝闻于天下,故大臣因天下之心而欲迎立大王。大王勿疑也。"代王报太后计之。犹豫未定，卜之，兆得大横。占曰："大横庚庚，余为天王，夏启以光。"代王曰："寡人固已为王矣，又何王？"卜人曰："所谓天王者，乃天子也。"于是代王遣太后弟薄昭往见绛侯，绛侯等具为昭言所以迎立王意。薄昭还报曰："信矣，无可疑者。"代王乃笑谓宋昌曰："果如公言。"

【译文】中尉宋昌说："他们的建议都是不对的。秦政治衰弱，诸侯、豪杰一起起事发难，妄自觉得可以得到天下，这样的人可以以万计数，但最后刘氏继承天子之位，所有人只能断了此想法，这是首先的原因。第二，高帝将自家子弟封成王，封给大家的土地又貌似犬牙交错，从而控制大局，即稳固宗族如磐石。诸侯便都屈从于这强大的权势。另外，汉朝振兴，废除秦的繁重政令，简化法令，施恩泽于百姓，天下百姓相安无事，这样就很难动摇国势。凭借着吕太后威严，把诸吕三人封为王，从而独断专权，但是太尉仅用一个符节，到北军招呼一声，全部士兵都左臂袒露，背叛诸吕，帮助刘氏，最终消灭诸吕。这是上天恩赐所致，不是人能达到的。眼下大臣们虽然想叛乱，可老百姓不想被驱使，其党羽能够统一专权吗？现在，朝内有朱虚侯、东牟侯这样的宗室大臣，外面又畏惧吴、楚、淮阳、琅邪、齐、代等强大的宗室诸国，大臣谅必不敢另生他念。眼下高帝之子，只有淮南王和大王，大王年龄又长，天下人都知道您贤圣仁孝，所以大臣们顺应天下人心，要迎立大王为皇帝。大王不必猜疑！"代王禀报太后商议此事，犹豫未定。卜问凶吉，得到了"大横"的征兆，所得卜辞说："横线直贯多强壮，我做天王，夏启的事业得到光大发扬。"代王说："我本来就是王了，又做什么王？"占卜的人说："所谓天王，是指天子。"于是，代王派太后之弟薄昭前去拜见绛侯周勃。绛侯周勃等人向薄昭详细说明迎立代王为帝的本意。薄昭还报代王说："迎立之事是真实的，没有什么可疑之处。"代王就笑着对宋昌说："果然如您所说。"

【申涵煜评】高帝谓安刘氏者必勃,若预知吕氏之难也者。使非平、贾、朱虚谋于内,齐王、灌婴应于外,勃何能为左袒之呼?直儿戏耳。袒不左,其可止耶?故袁盎曰:"丞相适会其成功。"

【译文】汉高帝说,安定刘氏天下的人必然是周勃,就像是预先知道了吕氏要发难一样。假使不是陈平、陆贾、朱虚侯刘章在朝廷内谋划,齐王刘襄、灌婴在朝廷外做外应,周勃如何能做到让拥护刘氏的士兵袒露左臂的呼喊呢?简直是儿戏啊。不袒露左臂,难道可以制止吗?所以袁盎说:"丞相只是恰好成功了而已。"

乃命宋昌参乘,张武等六人乘传,从诣长安。至高陵,休止,而使宋昌先驰之长安观变。昌至渭桥,丞相以下皆迎。昌还报。代王驰至渭桥,群臣拜谒称臣,代王下车答拜。太尉勃进曰:"愿请间。"宋昌曰:"所言公,公言之;所言私,王者无私。"太尉乃跪上天子玺、符。代王谢曰:"至代邸而议之。"

【译文】代王下令让宋昌共同坐车,张武等六人坐驿车,追随他去长安。到高陵后,让宋昌快速去长安查看情况,自己先停下休息。宋昌到渭桥后,看到丞相以下所有官吏都在等候。宋昌便返回禀报。代王很快到达,众臣都下拜于代王甘称臣下,代王也下车回礼。太尉周勃说:"臣有事想向代王私下禀告。"宋昌说:"倘若说公事,就公开说吧;假如是私事,王者没有私事可谈。"太尉跪下呈上天子的符节、玉玺。代王谢道:"请到我的邸舍再谈吧!"

后九月,己酉晦,代王至长安,舍代邸,群臣从至邸。丞相陈平等皆再拜言曰:"子弘等皆非孝惠子,不当奉宗庙。大王,高帝长子, 宜为嗣。愿大王即天子位。" 代王西乡让者三, 南乡让者再, 遂即天子位。群臣以礼次侍。

东牟侯兴居曰: "诛吕氏, 臣无功, 请得除宫。" 乃与太仆汝阴侯滕公入宫, 前谓少帝曰: "足下非刘氏子, 不当立!" 乃顾麾左右执戟者掊兵罢去; 有数人不肯去兵, 宦者令张释谕告, 亦去兵, 滕公乃召乘舆车载少帝出。少帝曰: "欲将我安之乎?" 滕公曰: "出就舍。" 舍少府。乃奉天子法驾迎代王于邸, 报曰: "宫谨除。" 代王即夕入未央宫。有谒者十人持戟卫端门, 曰: "天子在也, 足下何为者而入?" 代王乃谓太尉。太尉往谕, 谒者十人皆掊兵而去, 代王遂入。夜, 拜宋昌为卫将军, 镇抚南北军; 以张武为郎中令, 行殿中。有司分部诛灭梁、淮阳、恒山王及少帝于邸。文帝还坐前殿, 夜, 下诏书赦天下。

【译文】 闰九月己酉晦日(二十九日), 代王到达长安, 住进了代王府邸, 群臣也都追随到此地。丞相陈平等人又都行礼道: "太子弘等人并非是孝惠帝亲生子, 按理不应即天子位。大王才是高帝现存的最年长的儿子, 应该由您来继承王位。请大王快快即天子位吧!" 代王向西谦让三次, 向南谦让两次, 最后即天子位。众臣都按照礼节, 依序侍奉。

东牟侯刘兴居说: "诛杀吕氏, 臣没有功劳, 但臣请求去清理宫室。" 便与太仆汝阴侯滕公共同进到宫室中去, 对少帝说: "你不是刘氏亲生子, 不当立为王。" 回头命令少帝旁边手拿武器的侍卫放下武器离开。但其中有几人不愿放下武器, 宦者令张释命令他们按照滕公的话去做, 他们便也放下了武器。滕公便把天子的车骑召来把少帝载了出去。少帝说: "你们要带我去哪里?" 滕公说: "暂住到外面去。" 便休息在少府。把少帝安置好后, 恭敬地带着天子仪仗, 去代王府邸恭迎代王, 禀告代王道: "我已经清除了宫室。"代王那晚便住进未央宫。有十个谒者手拿武器守卫未央宫前正门，说："天子在此，你怎么能入宫？"代王告诉了太尉周勃，太尉周勃前去告诫谒者，十个谒者均放下武器走了出去，代王便很顺利地入宫了。夜晚，代王把宋昌封为卫将军，命他安抚镇守南北军，任命张武为郎中令，负责巡视宫内。有司分别诛杀了梁王刘太、淮阳王刘武、恒山王刘不疑和少帝刘弘于他们的府邸。文帝刘恒返回坐在前殿，当晚，便下诏书大赦天下。

太宗孝文皇帝上

元年(壬戌，公元前一七九年)冬，十月，庚戌，徙琅邪王泽为燕王；封赵幽王子遂为赵王。

陈平谢病。上问之，平曰："高祖时，勃功不如臣，及诛诸吕，臣功亦不如勃。愿以右丞相让勃。"十一月，辛巳，上徙平为左丞相，太尉勃为右丞相，大将军灌婴为太尉。

诸吕所夺齐、楚故地，皆复与之。论诛诸吕功，右丞相勃以下益户、赐金各有差。绛侯朝罢趋出，意得甚。上礼之恭，常目送之。郎中安陵袁盎谏曰："诸吕悖逆，大臣相与共诛之。是时丞相为太尉，本兵柄，适会其成功。今丞相如有骄主色，陛下谦让。臣主失礼，窃为陛下弗取也！"后朝，上益庄，丞相益畏。

【译文】元年(壬戌，公元前179年)冬，十月，庚戌日(初一)，改封琅邪王刘泽为燕王，封赵幽王之子刘遂为赵王。

陈平借口生病引退。汉文帝安慰他，陈平道："高祖的时候，周勃功劳没有我大，不过，在斩杀诸吕时，臣功劳没能比得上周勃。臣甘愿让出右丞相职位给周勃。"十一月，辛巳日，汉文帝把陈平改封为左丞相，太尉周勃为右丞相，大将军灌婴为太尉。

诸吕抢占的原来的楚、齐土地，又都还给他们。在商量斩杀诸吕的功劳时，右丞相周勃之下诸人，赏赐的金额，增加的封户，都由于功劳不同而有所区别。绛侯周勃早朝结束出殿时，洋洋得意，汉文帝恭敬地对待他，经常目送着他离殿。郎中安陵袁盎劝说汉文帝："诸吕谋反背叛，众臣们一起将诸吕斩杀。那时丞相还是太尉，手握兵权，趁此机会成就大功。眼下丞相在圣上这里可能有所骄傲，可您还是让着他，国君和大臣都失了礼数，臣觉得陛下这样做不合适。"此后每次早朝的时候，汉文帝就更庄严，丞相也更加恭敬汉文帝。

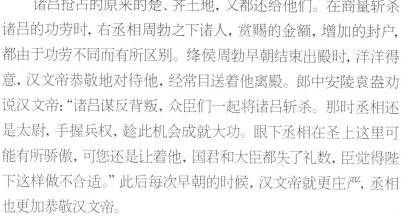

十二月，诏曰："法者，治之正也。今犯法已论，而使无罪之父母、妻子、同产坐之，及为收帑，朕甚不取！其除收帑诸相坐律令。"

春，正月，有司请蚤建太子。上曰："朕既不德，纵不能博求天下贤圣有德之人而禅天下焉，而曰豫建太子，是重吾不德也。其安之！"有司曰："豫建太子，所以重宗庙、社稷，不忘天下也。"上曰："楚王，季父也；吴王，兄也；淮南王，弟也。岂不豫哉？今不选举焉，而曰必子，人其以朕为忘贤有德者而专于子，非所以忧天下也！"有司固请曰："古者殷、周有国，治安皆千馀岁，用此道也。立嗣必子，所从来远矣。高帝平天下为太祖，子孙继嗣世世不绝，今释宜建而更选于诸侯及宗室，非高帝之志也。更议不宜。子启最长，纯厚慈仁，请建以为太子。"上乃许之。

【译文】十二月，汉文帝下令说："法律，是国之根本。如今犯法之人已判罪，却还让无罪的犯人父母、妻子、同产共业的人一起连坐，从而被收做奴隶，朕觉得此种做法有所不适，废掉收入子、妻为奴的连坐法令吧。"

春季，正月，有关官员请汉文帝早立太子。汉文帝说："朕的德行不高，即使没有广泛地搜寻天下有德贤圣之人从而禅让给他天下，可也不能预先立太子啊，先立太子则会让我更加不德，这事暂缓。"有关官员说："先立太子，是看重社稷、宗庙，不忘自己治理天下的重任。"汉文帝说："楚王，是朕的季父，吴王，是朕的兄长，淮南王是朕的弟弟，这些人难道不是预先设立的继承者吗？可如今不任用有德之人，一定要传位给自己儿子，别人会觉得朕把那些贤德之人忘记了，却偏心于自己的儿子，这样就不是以国家安危为重了。"相关官员继续请求道："古时周、殷立国，安天下治国长达千余年，用的就是这种立子之道，一定要立亲生儿子为继承人，这种传统已经很久了。高帝把天下平定，是皇上太祖，后代子孙继承，世代继续没有断绝。而如今却舍掉子嗣不立，偏重新选举于宗室和诸侯，这并非高帝的本意，故而不应改变。陛下之子启最年长，又仁恩、厚道、慈爱、纯洁，请皇上把他立为太子。"汉文帝无奈应允。

三月，立太子母窦氏为皇后。皇后，清河观津人。有弟广国，字少君，幼为人所略卖，传十馀家，闻窦后立，乃上书自陈。召见，验问，得实，乃厚赐田宅、金钱，与兄长君家于长安。绛侯、灌将军等曰："吾属不死，命乃且县此两人。两人所出微，不可不为择师傅、宾客；又复效吕氏，大事也！"于是乃选士之有节行者与居。窦长君、少君由此为退让君子，不敢以尊贵骄人。

诏振贷鳏、寡、孤、独、穷困之人。又令："八十已上，月赐米、肉、酒；九十已上，加赐帛、絮。赐物当禀鬻米者，长吏阅视，丞若尉致；不满九十，啬夫、令史致；二千石遣都吏循行，不称者督之。"

楚元王交薨。

【译文】三月，立太子的母亲窦氏为皇后。皇后是清河观津人，有弟弟叫作广国，字少君，小时被人抢夺卖掉，辗转卖了很多家，得知窦后被立为皇后后，就马上上书说明自己身份。皇后要见他，经询问查验，知道是真的，便把金钱宅院田地厚赐给他，并安排与他兄长一同在长安住下。灌将军、绛侯周勃等人说："我们诸位的生命都悬挂在这两人的手上。他们出身卑微，不能不给他们选择师傅、宾客，要不他们将会向吕氏学习，这件事情对国家的安危影响太大了。"便选择了士人中德行品节较高之人与他两人同住。窦长君、少君从此成为谦谦君子，不敢拿尊贵来骄人了。

文帝下令救济那些穷困、寡、孤、鳏、独之人。又下令："八十岁以上老人，每个月赐米、肉、酒等，九十岁以上的老人另外加赐棉絮、丝帛。赐的食物之中，应当给予米的，由县令省视，派县尉或县丞送达；不到九十岁的，由令史、啬夫送达。两千石的郡守要派佐史(督邮)巡视，不按照诏令做的县令要责罚。"

楚元王交去世。

夏，四月，齐、楚地震，二十九山同日崩，大水溃出。

时有献千里马者。帝曰："鸾旗在前，属车在后，吉行日五十里，师行三十里。朕乘千里马，独先安之？"于是还其马，与道里费，而下诏曰："朕不受献也。其令四方毋求来献。"

帝既施惠天下，诸侯、四夷远近欢洽。乃修代来功，封宋昌为壮武侯。

【译文】夏季，四月，楚、齐发生地震，二十九座山一下崩塌，大水涌溃出来。

这时，有人向皇帝进献日行千里的宝马。汉文帝说："每当天子出行，前有鸾旗为先导，后有属车做护卫，平时出行，每日行程不超过五十里，率军出行，每日只走三十里；朕乘坐千里马，能先单独奔到何处呢？"于是，文帝把马还给了进献者，并给他旅途费用；接着下诏说："朕不接受贡献之物。命令全国不必前来进献。"

文帝已经给天下人施恩惠，诸侯和四方蛮夷远近的人都十分和洽欢乐。便开始归顺从代来到京师有功绩的诸臣，还把宋昌封为壮武侯。

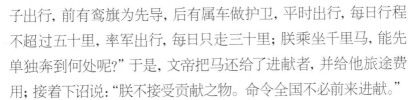

【康熙御批】汉文帝即位之初，善政累累，顾有地震山崩之异，殆所谓天心仁爱，而示以时保之义耶？

【译文】汉文帝即位初期，施行的善政很多，反而却有地震山崩等灾异，大概是上天的存心是仁爱的，因此降下灾异让人警示，而让他时刻保持善政吧。

帝益明习国家事。朝而问右丞相勃曰："天下一岁决狱几何？"勃谢不知。又问："一岁钱谷出入几何？"勃又谢不知，惶愧，汗出沾背。上问左丞相平。平曰："有主者。"上曰："主者谓谁？"曰："陛下即问决狱，责廷尉；问钱谷，责治粟内史。"上曰："苟各有主者，而君所主者何事也？"平谢曰："陛下不知其驽下，使待罪宰相。宰相者，上佐天子，理阴阳，顺四时；下遂万物之宜；外镇抚四夷诸侯；内亲附百姓，使卿大夫各得任其职焉。"帝乃称善。右丞相大惭，出而让陈平曰："君独不素教我对！"陈平笑曰："君居其位，不知其任邪？且陛下即问长安中盗贼数，君欲强对邪？"于是绛侯自知其能不如平远矣。居顷之，人或说勃曰："君既诛诸吕，立代王，威震天下。而君受厚赏，处尊位，久之，即祸及身矣。"勃亦自危，乃谢病，请归相印，上许之。秋，八月，辛未，右丞相勃免，左丞相平专为丞相。

【译文】汉文帝越发了解国家政事。早朝的时候询问右丞相周勃说："天下一年有多少案子判决？"周勃谢罪说不知道。汉文帝又问："一年钱谷收入多少？"周勃继续承认说不知道，心里十分惭愧惶恐，汗流浃背。汉文帝接着问左丞相陈平。陈平说："有人专门负责这事。"汉文帝说："谁管这事？"陈平回答说："陛下问廷尉断狱之事，问治粟内史钱谷之事。"汉文帝说："假若各事都有主管官吏，那么您是负责什么事情的呢？"陈平认罪道："我很惭愧，陛下没想到我才智低劣，才让我做宰相。宰相需要做的事情是：辅佐圣上，顺应四时，调理阴阳，让天下的万物自由成长；对内使得百姓归附，卿大夫能安心担任各自责任，对外安抚镇守诸侯和四方夷狄。"文帝听后说很好。右丞相周勃很自责，出宫门后责怪陈平说："你怎么不告诉我怎么说？"陈平笑道："你是宰相还不知道自己的责任？况且你可以勉强回答陛下的长安城中盗贼数目的问题吗？"绛侯晓得自己与陈平相比才能差很远。没多久，有人劝周勃说："你已将诸吕诛杀，把代王立为帝，在天下都很有名。所以你受到厚重的恩赐，拥有崇高的地位，这样一来就会有灾难降临到你身上。"周勃也觉得自身处境十分危险，就借口生病，上奏归还宰相印信，汉文帝同意了。秋季，八月，辛未日，由左丞相陈平专任为丞相，而右丞相周勃被免去职务。

【乾隆御批】陈平所言"相佐天子"云云，似矣。然平非实能如此也，徒以口给免过，何足称哉？

【译文】陈平所说"宰相辅佐天子"等等，是对的。可是，陈平实际并没有做到这些，只不过巧言善辩，逃避罪过罢了，有什么值得称道的呢？

初，隆虑侯灶击南越，会暑湿，士卒大疫，兵不能隃领。岁余，高后崩，即罢兵。赵佗因此以兵威财物赂遗闽越、西瓯、骆，役属焉。东西万余里，乘黄屋左纛，称制与中国侔。

【译文】起初，隆虑侯周灶攻打南越，恰逢潮湿暑热天气，士卒都得了大瘟疫，军队越不过山岭。一年多以后，吕后去世，就停兵了。南越王赵佗也因此用武力胁迫、用财物贿赂西瓯、越、闽、骆等族，让他们归顺南越。因此有了东西一万多里的土地。他乘坐天子的车驾，悬挂天子的大旗，称号、制度均与中原相同。

帝乃为佗亲冢在真定者置守邑，岁时奉祀；召其昆弟，尊官、厚赐宠之。复使陆贾使南越，赐佗书曰："朕，高皇帝侧室之子也，弃外，奉北藩于代。道里辽远，壅蔽朴愚，未尝致书。高皇帝弃群臣，孝惠皇帝即世；高后自临事，不幸有疾，诸吕为变，赖功臣之力，诛之已毕，朕以王、侯、吏不释之故，不得不立。今即位。乃者闻王遗将军隆虑侯书，求亲昆弟，请罢长沙两将军。朕以王书罢将军博阳侯；亲昆弟在真定者，已遣人存问，修治先人冢。前日闻王发兵于边，为寇灾不止。当其时，长沙苦之，南郡尤甚。虽王之国，庸独利乎！必多杀士卒，伤良将吏，寡人之妻，孤人之子，独人父母，得一亡十，朕不忍为也。朕欲定地犬牙相入者，以问吏，吏曰：'高皇帝所以介长沙土也。'朕不得擅变焉。今得王之地，不足以为大；得王之财，不足以为富。服领以南，王自治之。虽然，王之号为帝。两帝并立，亡一乘之使以通其道，是争也；争而不让，仁者不为也。愿与王分弃前恶，终今以来，通使如故。"

【译文】汉文帝于是下令，为赵佗在真定的父母亲的坟墓设置专司守墓的民户，按每年四季祭祀；又召来赵佗的兄弟，用尊贵的官位和丰厚的赏赐表示优宠。文帝又派遣陆贾出使南越国，带去文帝致赵佗的一封书信，信中说："朕是高皇帝侧室所生之子，被安置于外地，在北方代地做藩王。因路途遥远，加上我眼界不开阔，朴实愚鲁，所以那时没有与您通信问候。高皇帝不幸去世，孝惠帝也去世了；高后亲自裁决国政，晚年不幸患病，诸吕乘机谋反，幸亏有开国功臣之力，诛灭了吕氏。朕因无法推辞诸王、侯和百官的拥戴，不得不登基称帝，现已即位。前不久，得知大王曾致书于将军隆虑侯周灶，请求寻找您的亲兄弟，请求罢免长沙国的两位将军。朕因为您的这封书信，已罢免了将军博阳侯；您在真定的亲兄弟，朕已派人前去慰问，并修整了您先人的坟墓。前几日听说大王在边境一带发兵，不断侵害劫掠。当时长沙国受害，而南郡尤其严重；即便是大王治理下的南越王国，难道就能在战争中只获利益而不受损害吗？战事一起，必定使许多士卒丧生，将吏伤身，造成许多寡妇、孤儿和无人赡养的老人，朕不忍心做这种得一亡十的事情。朕本来准备对犬牙交错的地界做出调整，征求官员意见，回答说：'这是高皇帝为了隔离长沙国而划定的。'朕不得擅自变更地界。现在，汉若夺取大王的领地，并不足以增加多少疆域；夺得大王的财富，也不足以增加多少财源。五岭以南的土地，大王尽可自行治理。即便大王已有皇帝的称号，但两位皇帝同时并立，互相之间没有一位使者相互联系，这是以力相争；只讲力争而不讲谦让，这是仁人君子所不屑于做的。愿与大王共弃前嫌，自今以后，互通使者往来，恢复原有的良好关系。"

【申涵煜评】庶孽多讳其所生，与嫡争长。帝开口便说朕高皇帝侧室之子，何等光明磊落。可见世人拘忌，只是识见小、度量窄、目中未睹数行书耳。

【译文】庶子大多讳言自己的出身，往往要与嫡子争长子的地位。汉文帝开口便说朕是高皇帝侧室所生的儿子，这是多么光明磊落啊。可以看出世间的人拘俗忌讳，不过是见识少，度量窄，眼里没看过几本书啊。

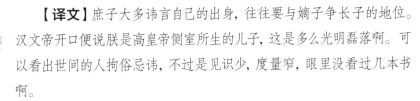
贾至南越，南越王恐，顿首谢罪，愿奉明诏，长为藩臣，奉贡职。于是下令国中曰："吾闻两雄不俱立，两贤不并世。汉皇帝，贤天子。自今以来，去帝制、黄屋、左纛。"因为书，称："蛮夷大长、老夫臣佗昧死再拜上书皇帝陛下：老夫，故越吏也，高皇帝幸赐臣佗玺，以为南越王。孝惠皇帝即位，义不忍绝，所以赐老夫者甚厚。高后用事，别异蛮夷，出令曰：'毋与蛮夷越金、铁、田器、马、牛、羊。即予，予牡，毋予牝。'老夫处僻，马、牛、羊齿已长。自以祭祀不修，有死罪，使内史藩、中尉高、御史平凡三辈上书谢过，皆不反。又风闻老夫父母坟墓已坏削，兄弟宗族已诛论。吏相与议曰：'今内不得振于汉，外无以自高异。'故更号为帝，自帝其国，非敢有害于天下。高皇后闻之，大怒，削去南越之籍，使使不通。老夫窃疑长沙王谗臣，故发兵以伐其边。老夫处越四十九年，于今抱孙焉。然夙兴夜寐，寝不安席，食不甘味，目不视靡曼之色，耳不听钟鼓之音者，以不得事汉也。今陛下幸哀怜，复故号，通使汉如故；老夫死，骨不腐。改号，不敢为帝矣！"

齐哀王襄薨。

上闻河南守吴公治平为天下第一，召以为廷尉。吴公荐洛阳人贾谊，帝召以为博士。是时贾生年二十馀。帝爱其辞博，一岁中，超迁至太中大夫。贾生请改正朔，易服色，定官名，兴礼乐，以立汉制，更秦法。帝谦让未遑也。

【译文】陆贾到南越后，南越王极其害怕，给陆贾叩头谢罪，甘愿听文帝诏令，做汉朝藩臣，永远奉守进贡的职责。于是给全国老百姓下令说："我听说两贤不能并生于世。汉皇帝十分贤明，今后，我要除掉帝制，去掉天子大旗、天子车驾等。"就给汉文帝写书信道："蛮夷大长、老夫臣赵佗冒死上书给皇帝陛下，老夫是供职于旧越地的官员，幸得高皇帝宠信，赐我玺印，封我为南越王。孝惠皇帝即位后，根据道义，不忍心断绝与南越的关系，所以对老夫有十分丰厚的赏赐。高后当政，歧视和隔绝蛮夷之地，下令说：'不得给蛮夷南越金铁、农具、马、牛、羊；如果给它牲畜，也只能给雄性的，不给雌性的。'老夫地处偏僻，马、牛、羊也已经老了，自以为未能行祭祀之礼，犯下死罪，故派遣内史藩、中尉高、御史平等三批人上书朝廷谢罪，但他们都没有返回。又据风闻谣传，说老夫的父母坟墓已被平毁，兄弟宗族人等已被判罪处死。官员一同议论说：'现在对内不能得到汉朝尊重，对外没有自我显示与众不同的地方。'所以才改王号，称皇帝，只在南越国境内称帝，并无为害天下的胆量。高皇后得知，勃然大怒，削去南越国的封号，断绝使臣往来。老夫私下怀疑是长沙王阴谋陷害我，所以才发兵攻打长沙国边界。老夫在越地已生活了四十九年，现在已抱孙子了。但我夙兴夜寐，睡觉难安枕席，吃饭也品尝不出味道，目不视美女之色，耳不听钟鼓演奏的音律，就是因为不能侍奉汉廷天子。现在，有幸得到陛下哀怜，恢复我原来的封号，允许我像过去一样派人出使汉廷；老夫即便死去，尸骨也不朽灭。改号为王，不敢再称帝了！"

齐哀王襄去世。

汉文帝得知河南守吴公和平治政，天下无双，便召见他，让他担任廷尉。吴公推举洛阳人贾谊，文帝便面见了贾谊，并把他封为博士。那时贾谊二十余岁。文帝欣赏他文辞较好，博学多识，一年内，破格让他担任太中大夫。贾谊请文帝把秦的正朔改掉，把服饰颜色改变，把官名定了，还兴办礼乐，为了建成汉朝的新制度，丢弃秦时律令。遗憾的是文帝礼让谦虚，没能大幅修改，始终没有采用贾谊的意见。

【乾隆御批】汉代称循吏自吴公始。然史臣但云"治平为天下第一"，而未学实指其政。岂所谓"上德不德，无绩之可求"耶？其荐用贾谊，可谓不蔽贤者，已非王成、黄霸辈所能及。

【译文】汉代认为循吏从吴公开始。可是史官只是说吴公"治理地方的政绩为天下第一"，而没有详尽地谈及他的实际情况。岂是所谓"最高的道德是不施恩德，没有什么政绩可求"吗？他推荐、任用贾谊，可以说是不蔽贤者，已经不是王成、黄霸这类人所能相比的了。

二年（癸亥，公元前一七八年）冬，十月，曲逆献侯陈平薨。

诏列侯各之国，为吏及诏所止者，遣太子。

十一月，乙亥，周勃复为丞相。

癸卯晦，日有食之。诏："群臣悉思朕之过失及知见之所不及，匄以启告朕。及举贤良、方正、能直言极谏者，以匡朕之不逮。"因各敕以职任，务省繇费以便民，罢卫将军。太仆见马遗财足，馀皆以给传置。

【译文】二年（癸亥，公元前178年）冬季，十月，曲逆献侯陈平去世。

命令诸侯们都返回自己的封国去，留在京师和在汉朝做官的官吏,分别把列侯嫡长子遣送回去。

十一月,乙亥日(初二),周勃又一次担任丞相。

癸卯晦日(三十日),出现日食。文帝下诏说:"大臣们都反思我的失误以及我没有想到之处并告知我。另外,推荐贤良、方正、敢于强谏直言之人来担任官职,从而来改正我自己没有发觉的错误。"因此要求官吏用心做好本职工作,务必降低费用和减少徭役,给百姓行方便,去掉侍卫将军,太仆留足够朝廷用的马,剩下的全拨予驿传用。

颍阴侯骑贾山上书言治乱之道曰:"臣闻雷霆之所击,无不摧折者;万钧之所压,无不糜灭者。今人主之威,非特雷霆也;执重,非特万钧也。开道而求谏,和颜色而受之,用其言而显其身,士犹恐惧而不敢自尽;又况于纵欲恣暴、恶闻其过乎!震之以威,压之以重,虽有尧、舜之智,孟贲之勇,岂有不摧折者哉!如此,则人主不得闻其过,社稷危矣。昔者周盖千八百国,以九州之民养千八百国之君,君有馀财,民有馀力,而颂声作。秦皇帝以千八百国之民自养,力罢不能胜其役,财尽不能胜其求。一君之身耳,所自养者驰骋弋猎之娱,天下弗能供也。秦皇帝计其功德,度其后嗣世世无穷;然身死才数月耳,天下四面而攻之,宗庙灭绝矣。秦皇帝居灭绝之中而不自知者,何也?天下莫敢告也。其所以莫敢告者,何也?亡养老之义,亡辅弼之臣,退诽谤之人,杀直谏之士。是以道谀、媮合苟容,比其德则贤于尧、舜,课其功则贤于汤、武;天下已溃而莫之告也。今陛下使天下举贤良方正之士,天下皆欣欣焉曰:'将兴尧舜之道、三王之功矣。'天下之士,莫不精白以承休德。今方正之士皆在朝廷矣;又选其贤者，使为常侍、诸吏，与之驰驱射猎，一日再三出。臣恐朝廷之解驰，百官之堕于事也。陛下即位，亲自勉以厚天下，节用爱民，平狱缓刑；天下莫不说喜。臣闻山东吏布诏令，民虽老羸癃疾，扶杖而往听之，愿少须臾毋死，思见德化之成也。今功业方就，名闻方昭，四方乡风而从；豪俊之臣，方正之士，直与之日日猎射，击兔、伐狐，以伤大业，绝天下之望，臣窃悼之！古者大臣不得与宴游，使皆务其方而高其节，则群臣莫敢不正身修行，尽心以称大体。夫士，修之于家而坏之于天子之廷，臣窃愍之。陛下与众臣宴游，与大臣、方正朝廷论议，游不失乐，朝不失礼，议不失计，轶事之大者也。"上嘉纳其言。

【**译文**】颍阴侯的骑从贾山上书文帝，谈论治乱之道："臣听说被雷电击打的东西，全会被毁掉，万斤的重物会把一切物体压碎。如今人主的威望不仅仅是雷霆，手里拿的重物，也不仅万钧重。广开言路，虚心接纳，采纳士人意见，并给予他显赫的地位，士人还会因为惧怕而不敢表达，更何况君主恣肆暴虐、放纵物欲，不想听自己过错呢？用权势之重压制士人，用威严震慑士人，士人即便有像孟贲的勇力，舜、尧一样的智慧，也会被摧毁的。这样一来，君主就不会知道自己的过错，社稷也就危险了。过去，周大概有一千八百侯国，以九州的百姓，养活一千八百个侯国君主，百姓有用不完的劳力，君主也有用不完的财物，所有人也都在歌功颂德。秦朝皇帝用一千八百个侯国的黎民来养活他一个人，黎民筋疲力尽不能胜任劳役，用尽财物而不能满足皇帝搜刮。即使只是皇帝一人，供养他驰骋田猎的娱乐，用全国的财力也供养不起。秦皇帝活着时算计自己功德圆满，觉得子孙后代能够世代享用，可他死后没几个月，天下人就从四面夹击，使秦断绝了祖先的祭祀。秦皇帝处于灭绝中却自己没发现，是什么原因？因为所有人害怕告诉他。为什么大家不敢告诉他呢? 因为秦王朝没有尊老养老的道义, 没有能够辅佐的大臣, 罢免了批评朝政的官员, 杀害了敢当面批评谏阻的士人。所以那些谄谀逢迎、只求自保、追求利禄的无耻小人, 吹捧秦始皇的德政高于尧舜, 功业超过商汤和周武; 天下将土崩瓦解, 而没有人告知秦始皇。现在圣上使天下黎民推荐方正、贤良的士人来担任官职, 所有人都高兴地说道:'咱们的君主要重兴三王的功业以及尧舜之道了。'所有士人都鼓励品学, 使得品学更纯白精粹, 从而接受皇上的优良品德。如今方正士人肯定都已经在朝廷中做官, 皇帝又挑选一批贤者, 使他们作为诸吏、常侍, 与他们一块去打猎, 每天去三两次。臣恐怕如此一来, 政事会有所松弛懈怠, 从而百官也跟着懈怠。皇上刚就位时, 亲自敦促众臣要恩厚于黎民百姓, 崇尚节俭, 公平治罪, 宽缓用刑, 爱护人民, 所有人都很高兴。微臣得知山东官吏颁布陛下命令的时候, 百姓即使老弱病残, 也都前去听令, 都想在有生之年看到皇上您的功德圆满。眼下您刚名声显现, 也刚有些成就, 诸侯黎民都惦念皇上品德而追随您, 可方正的士人, 才俊豪杰的众臣, 却只能追随陛下日日捉狐、捕兔、打猎, 有害于国家大业, 从而使得黎民期望有所断绝, 臣自己替陛下可惜。古时为了让大臣们讲求廉洁, 使品节高尚, 不能玩游安乐, 那众臣也就只能尽心工作, 修好品行, 端正自身, 以合礼节。士人没出仕的时候在家修好品德, 出仕朝廷为官时却变坏了, 臣自己很为大家惋惜。陛下在与众臣游乐时, 千万别忘了和方正之士、大臣们商讨国家大事, 这样一来, 玩游时没有丢失乐趣, 朝廷也没有失去礼节, 商议也没有失去度, 这才是最重要的。"汉文帝表扬并采纳他的建议。

上每朝, 郎、从官上书疏, 未尝不止辇受其言。言不可用置

之，言可用采之，未尝不称善。

帝从霸陵上欲西驰下峻阪。中郎将袁盎骑，并车揽辔。上曰："将军怯邪？"盎曰："臣闻'千金之子，坐不垂堂'。圣主不乘危，不徼幸。今陛下骋六飞驰下峻山，有如马惊车败，陛下纵自轻，奈高庙、太后何！"上乃止。

【译文】汉文帝每天早朝，跟随他的从官、郎官如果有书疏递上，没有不停车接受的。倘若不采纳书疏中的建议，就把它放在一边；言辞可以采纳的，每次都给予赞美。

文帝登上霸陵，要向西面飞驰，所以奔下险峻山坡。中郎将袁盎骑着马侍奉在旁边，握住汉文帝马缰，不让马驰骋。汉文帝问："你害怕吗？"袁盎说："臣得知，'千金富翁之子，因为怕瓦片打到，所以不坐到堂外的屋檐下'。贤明的君主不做危险之事，也不祈求侥幸。如今皇上身驾六马从险峻山坡飞驰而下，倘若马受惊，车子摔坏该如何是好？陛下即使轻视自己生命，可又怎么对得住祖先和太后？"汉文帝听后才停止。

上所幸慎夫人，在禁中常与皇后同席坐。及坐郎置，袁盎引却慎夫人坐。慎夫人怒，不肯坐；上亦怒，起，入禁中。

盎因前说曰："臣闻'尊卑有序，则上下和'。今陛下既已立后，慎夫人乃妾。妾、主岂可与同坐哉！且陛下幸之，即厚赐之。陛下所以为慎夫人，适所以祸之也。陛下独不见'人彘'乎！"于是上乃说，召语慎夫人，慎夫人赐盎金五十斤。

【译文】汉文帝宠幸的慎夫人，在宫里常与皇后同席。有一次去郎官官署，袁盎为了不让她和皇后同席坐便将慎夫人引到后面。慎夫人很愤怒，不肯坐，汉文帝也非常生气，起身返回禁宫。

袁盎上前说道："臣听说'尊卑有次序，上下才能和谐'。如今皇上既然立了皇后，慎夫人就是妾，妾和后是不能同坐的，况且陛下宠爱慎夫人，赏赐优厚就够。不过皇上您现在为慎夫人做的只会给她带来灾难。陛下难道不知道吕后对戚夫人所做的'人彘'之事吗？"汉文帝听后才舒服点，召见慎夫人并告诉她道理，慎夫人也恩赐黄金五十斤给袁盎。

贾谊说上曰："《管子》曰：'仓廪实而知礼节，衣食足而知荣辱。'民不足而可治者，自古及今，未之尝闻。古之人曰：'一夫不耕，或受之饥；一女不织，或受之寒。'生之有时而用之亡度，则物力必屈。古之治天下，至纤，至悉，故其畜积足恃。今背本而趋末者甚众，是天下之大残也！淫侈之俗，日日以长，是天下之大贼也！残、贼公行，莫之或止；大命将泛，莫之振救。生之者甚少而靡之者甚多，天下财产何得不蹶！汉之为汉，几四十年矣，公私之积，犹可哀痛。失时不雨，民且狼顾；岁恶不入，请卖爵子。既闻耳矣，安有为天下阽危者若是而上不惊者！世之有饥、穰，天之行也；禹、汤被之矣。即不幸有方二三千里之旱，国胡以相恤？卒然边境有急，数十百万之众，国胡以馈之？兵、旱相乘，天下大屈，有勇力者聚徒而衡击，罢夫、羸老，易子上咬其骨。政治未毕通也，远方之能僭拟者并举而争起矣；乃骇而图之，岂将有及乎！夫积贮者，天下之大命也。苟粟多而财有馀，何为而不成！以攻则取，以守则固，以战则胜，怀敌附远，何招而不至！今驱民而归之农，皆著于本。使天下各食其力，末技、游食之民转而缘南晦则畜积足而人乐其所矣。可以为富安天下，而直为此廪廪也，窃为陛下惜之！"

【译文】贾谊上书汉文帝说："《管子》中说：'仓库满了，百姓才知礼节重要；衣食充足，人民才能有羞耻或荣耀的道德心。'人民生活不充足却办好政治的，从古至今都没有听说过。古人说：'一个男人倘若不耕种，那么就有人会挨饿；一个女人如果不织布，那么就会有人受冻。'物质生产有时令限制，不加节制使用的话，生产能力用尽也生产不出。古人治理天下，就是注意到了很细微的小事，所以他们积存蓄藏的粮食才足够用。如今远离农业投身工商业的人很多，这对天下大不利，奢侈淫靡的风气一直在增长，这是天下的大祸。祸患伤害极为流行，无法禁止，眼下国家命脉快被颠覆，却无法挽救振作。消费的人多于生产之人，天下的物质财富一定会被用尽的。汉兴起快四十年，所蓄积的公私财物，仍然很少。气候失调，长期无雨，百姓犹如饿狼般顾望疑怯；每年收成极差，富人请买爵位，输粟朝廷，可穷人只能为了生活而出卖儿女，皇上已经能够听到这些事情了。国家已经危险到这种地步了，皇上怎么能不心惊？年成有丰歉的不同，还会有饥荒，这是自然规律，汤、禹时就受过。如今倘若很不幸地出现了两三千里旱灾，天下百姓又该怎么互相帮助？边境又有战事突发，好几十百万士众，朝廷怎么补给？ 旱灾、兵灾相继发生，所有的财物都被用尽，有力气的人聚众并且四处侵夺，老人、衰弱的人和疲病的人，只能相互交换儿女，啃人食肉。政治不能通达黎民身上，来自远方的那些有能力却假冒名号自比天子的人，也发动起事，相互对抗，那时才着急想办法，就晚了！粮谷的积藏，是国家的命脉，倘若积存的粮谷多，并且还有财物剩余，那国家就不会有做不成的事情，那时攻打敌人能夺得土地，防守也能极其坚固，作战也能取得胜利，怀柔敌人并且使得远方之人依附，都能够做成！如今朝廷假如使得百姓返回到农作，让天下黎民能靠自己生活，让寄食于四处的商人、工人转而去从事农田劳作，那积存蓄藏的粮谷就够黎民生活了，从而百姓也能够安居乐业，如此一来能够使得百姓富足，天下安定，可皇上不做，就只能为天下粮谷不足而不安，臣自己为皇上惋惜！"

上感谊言，春，正月，丁亥，诏开藉田，上亲耕以率天下之民。

三月，有司请立皇子为诸侯王。诏先立赵幽王少子辟彊为河间王，朱虚侯章为城阳王，东牟侯兴居为济北王；然后立皇子武为代王，参为太原王，揖为梁王。

【译文】汉文帝为贾谊的话所感动。春，正月，丁亥日（十五日），下令开辟天子藉田，自己去耕种，从而为黎民百姓做表率。

三月，有关官员请求文帝立皇子为诸侯王。文帝下诏，先立赵幽王的小儿子刘辟强为河间王，立朱虚侯刘章为城阳王，立东牟侯刘兴居为济北王；然后才立皇子刘武为代王，刘参为太原王，刘揖为梁王。

【乾隆御批】贾谊首议积贮，晁错继之以重农贵粟。其言虽杂出于管、商，然崇本抑末，实为足食之原也。

【译文】贾谊首先提出积贮，然后晁错又提出重农贵粟的观点。这些观点虽然已经混合在管仲、商鞅的言论中，可是崇尚农业这个根本，抑制工商业这个末梢，的确是丰衣足食的源泉。

五月，诏曰："古之治天下，朝有进善之旌，诽谤之木，所以通治道而来谏者也。今法有诽谤、妖言之罪，是使众臣不敢尽情而上无由闻过失也，将何以来远方之贤良！其除之！"

九月，诏曰："农，天下之大本也，民所持以生也；而民或不务本而事末，故生不遂。朕忧其然，故今兹亲率群臣农以劝之；其赐天下民今年田租之半。”

燕敬王泽薨。

【译文】五月，下令说："古时候治理天下的君主，在朝廷设有向君主进谏的旌旗，以及用来书写对朝廷不满的诽谤之木，为了招徕劝谏的人和使得政治通达。而如今却规定散播妖言、不满之人有罪，这让大臣不敢直接尽情谏告于皇上，皇上也就没办法得知自己的过错了，这样不能招来贤人！将这些法令废除吧！"

九月，汉文帝下诏说："农业，是天下的根本，也是百姓赖以生存的根本；可有些百姓却舍本逐末去经营工商业，导致粮食不够，使得我们难以生存。朕对这种情况很担忧，因此眼下亲自带领众臣耕种，以鼓励百姓务农，并恩赐天下黎民减收一半田租。"

燕敬王泽去世。

资治通鉴卷第十四　汉纪六

起阏逢困敦，尽重光协洽，凡八年。

【译文】起甲子（公元前 177 年），止辛未（公元前 170 年），共八年。

【题解】本卷记录了汉文帝刘恒三年至文帝十年共八年间的历史。记录了绛侯周勃功高盖主，被文帝借口下狱，后因无罪被放；记录了淮南王刘长为母报仇椎杀审食其，骄纵谋反，在发配途中自杀，文帝心里不安，封刘长诸子为侯；记录了文帝讨平济北王反叛；记录了匈奴与汉朝致书和亲，以及中行说被迫入胡，助匈奴侵犯西汉；记录了张释之公正廉明，敢于直言上谏；记录了贾谊上书谏言，在《治安策》中提出一系列施政措施等等。

太宗孝文皇帝中

前三年（甲子，公元前一七七年）冬，十月，丁酉晦，日有食之。

十一月，丁卯晦，日有食之。

诏曰："前遣列侯之国，或辞未行。丞相，朕之所重，其为朕率列侯之国！"

十二月，免丞相勃，遣就国。乙亥，以太尉灌婴为丞相，罢太尉官，属丞相。

夏，四月，城阳景王章薨。

【译文】前三年(甲子, 公元前 177 年)冬季, 十月, 丁酉晦日, 出现日食。

十一月, 丁卯晦日, 出现日食。

文帝下诏说: "从前让列侯到达封国, 有人推脱还没有成行。丞相, 是朕所看重之人, 让他替朕带领列侯去封国吧。"

十二月, 免掉丞相周勃的职位, 并把他派到自己的封国。乙亥日(初九), 任命太尉灌婴担任丞相, 将太尉官撤销, 职权归属丞相。

夏季, 四月, 城阳景王章逝世。

初, 赵王敖献美人于高祖, 得幸, 有娠。及贯高事发, 美人亦坐系河内。美人母弟赵兼因辟阳侯审食其言吕后, 吕后妒, 弗肯白。美人已生子, 恚, 即自杀。吏奉其子诣上, 上悔, 名之曰长, 令吕后母之, 而葬其母真定。后封长为淮南王。

淮南王蚤失母, 常附吕后, 故孝惠、吕后时得无患; 而常心怨辟阳侯, 以为不强争之于吕后, 使其母恨而死也。及帝即位, 淮南王自以最亲, 骄蹇, 数不奉法; 上常宽假之。是岁, 入朝, 从上入苑囿猎, 与上同车, 常谓上"大兄"。王有材力, 能扛鼎。乃往见辟阳侯, 自袖铁椎椎辟阳侯, 令从者魏敬刭之; 驰走阙下, 肉袒谢罪。帝伤其志为亲, 故赦弗治。当是时, 薄太后及太子、诸大臣皆惮淮南王。淮南王以此, 归国益骄恣, 出入称警跸, 称制拟于天子。袁盎谏曰: "诸侯太骄, 必生患。"上不听。

【译文】起初, 赵王张敖献美人给高祖, 美人得到高祖宠爱, 后来怀孕。而后发生贯高谋反之事, 美人受到连坐也被关到河内。美人的舅父赵兼通过辟阳侯审食其向吕后求情, 可吕后却因为嫉妒不向汉高祖说情。美人生下儿子, 愤而自杀。官吏带美人之子面见汉高祖，汉高祖后悔不已，给这个孩子起名为刘长，让吕后给他做母亲好生抚养，然后将其母葬于真定。后来刘长被封为淮南王。

淮南王从小失去母亲，经常依托吕后，因此在吕后、孝惠帝时没有发生灾患，可他内心经常怨恨辟阳侯，觉得他不与吕后力争，从而使他母亲死去。文帝后来即位，淮南王觉得与文帝最亲，就自恣骄纵，多次不遵守法令，汉文帝经常宽恕他。这年，淮南王入朝时陪汉文帝去范囿打猎，与汉文帝同车，经常把汉文帝称呼为"大哥"。淮南王很有力气，能将鼎举起。他把铁椎暗自藏在衣袖中，去找辟阳侯，然后将辟阳侯椎杀致死，让部下魏敬将辟阳侯的头砍下，飞快进入宫廷，露体袒衣跟汉文帝请罪。汉文帝可怜他为了母亲，故而赦免他，没有治他的罪。那时，薄太后和太子以及大臣们都十分害怕淮南王。淮南王因此回封国后就更加自恣骄纵起来，出入时与天子一样警跸（清道），制度和称号都与天子可比。袁盎劝说汉文帝："诸侯过于骄纵，会发生祸患。"汉文帝没有采纳。

五月，匈奴右贤王入居河南地，侵盗上郡保塞蛮夷，杀略人民。上幸甘泉。遣丞相灌婴发车骑八万五千，诣高奴击右贤王；发中尉材官属卫将军，军长安。右贤王走出塞。

上自甘泉之高奴，因幸太原，见故群臣，皆赐之；复晋阳、中都民三岁租。留游太原十馀日。

【译文】五月，匈奴右贤王侵占黄河南边之地，劫夺侵占保护汉边塞的上郡蛮夷，杀死人民掠夺财物。汉文帝到达甘泉。让丞相灌婴调动八万五千车骑，前去高奴攻打匈奴右贤王，而后又发动中尉管辖下的以大力而闻名的特种兵归属于卫将军指挥，驻扎长安。右贤王逃跑远离边塞。

汉文帝由甘泉至高奴，顺道到太原，与前臣见面，并给予恩赐，还将中都、晋阳等地的黎民三年的租税免除，在太原游玩十余天。

初，大臣之诛诸吕也，朱虚侯功尤大，大臣许尽以赵地王朱虚侯，尽以梁地王东牟侯。及帝立，闻朱虚、东牟之初欲立齐王，故绌其功，及王诸子，乃割齐二郡以王之。兴居自以失职夺功，颇怏怏；闻帝幸太原，以为天子且自击胡，遂发兵反。帝闻之，罢丞相及行兵皆归长安，以棘蒲侯柴武为大将军，将四将军、十万众击之；祁侯缯贺为将军，军荥阳。秋，七月，上自太原至长安。诏："济北吏民，兵未至先自定及以军城邑降者，皆赦之，复官爵；与王兴居去来者，赦之。"八月，济北王兴居兵败，自杀。

初，南阳张释之为骑郎，十年不得调，欲免归。袁盎知其贤而荐之，为谒者仆射。

【译文】起初，诛杀诸吕时，朱虚侯刘章在众臣中功劳最大，大臣们曾许诺把全部赵地封给他让他为王，把全部梁地封给其弟东牟侯刘兴居也让他为王。及至文帝得立，得知朱虚侯、东牟侯当初打算拥立齐王刘襄为帝，故有意贬抑二人的功劳，等到分封皇子为王时，才从齐地划出城阳、济北二郡，分别立刘章为城阳王、刘兴居为济北王。刘兴居自认为失掉了应得的侯王之位，功劳被夺，颇为不满；现在听说文帝亲临太原，以为皇帝将亲自统兵出击匈奴，有机可乘，就发兵造反。汉文帝得知刘兴居举兵谋反，诏令丞相和准备出击匈奴的军队都返回长安，任命棘蒲侯柴武为大将军，统领四位将军、十万军队出击刘兴居；任命祁侯缯贺为将军，率军驻守荥阳。秋季，七月，文帝自太原返抵长安。文帝下诏书：

"济北境内吏民，凡在朝廷大兵未到之前就归顺朝廷和率军献城邑投降的，都给以宽赦，且恢复原有的官职爵位；即便是追随刘兴居参与谋反的，只要归降朝廷，也可赦免其罪。"八月，济北王刘兴居兵败，就自杀了。

起初，南阳张释之是骑郎，当了十年都没有选充高职，就想回家。袁盎知道他的贤能，所以一直推举他，把他升为谒者仆射。

释之从行，登虎圈，上问上林尉诸禽兽簿。十余问，尉左右视，尽不能对。虎圈啬夫从旁代尉对。上所问禽兽簿甚悉，欲以观其能；口对响应，无穷者。帝曰："吏不当若是邪！尉无赖！"乃诏释之拜啬夫为上林令。释之久之前，曰："陛下以绛侯周勃何如人也？"上曰："长者也。"又复问："东阳侯张相如何如人也？"上复曰："长者。"释之曰："夫绛侯、东阳侯称为长者，此两人言事曾不能出口，岂效此啬夫喋喋利口捷给哉！且秦以任刀笔之吏，争以亟疾苛察相高，其敝，徒文具而无实，不闻其过，陵迟至于土崩。今陛下以啬夫口辨而超迁之，臣恐天下随风而靡，争为口辨而无其实。夫下之化上，疾于景响，举错不可不审也！"帝曰："善！"乃不拜啬夫。上就车，诏释之参乘。徐行，问释之秦之敝，具以质言。至宫，上拜释之为公车令。

【译文】释之随从汉文帝出行，来到鲁国饲养虎的兽槛，汉文帝询问主管上林苑的官吏关于禽兽簿记录的禽兽有多少。提出了十多个问题，上林尉惊慌失措，眼睛左右瞟都没有回答上来。管虎圈的啬夫在一旁替代上林尉回复。汉文帝想要趁机试试啬夫的能力，便提问得很认真，啬夫滔滔不绝地回答。文帝说："身为上林苑官应该像他这样才对！上林尉才能不能满足职位需要。"就让释之将啬夫拜为上林令。释之停顿了一下说："陛下觉得周勃人怎么样?"汉文帝说:"他为长者。"接着问汉文帝说:"东阳侯人张相如怎么样?"汉文帝又回答说:"同样是长者。"释之说:"东阳侯和绛侯都被称为长者,可他俩说事情的时候,口才也不是特别好,都不像这啬夫一般擅长讲话还善于辩论啊,况且秦由于重视执法官吏,众臣们争相急功近利,观察得细致入微。它的不足在于根本没有实际的效果,只是空有规定罢了,不能听到自己的错误,所以国运渐衰直到灭亡。如今皇上由于啬夫的口才就把他破格提升,微臣担心所有人都会学习他,争先恐后地说而不做实事,下级很容易受到上级的强化,那速度比响之应声、影之随形还快,因此君主升贬人才得谨慎啊!"文帝说:"对啊!"便不再提升啬夫为上林令了。汉文帝上了车,让张释之与他一起乘坐。车子慢慢前行,汉文帝询问张释之秦朝政治上的不足,张释之答得都很实在真诚。返回宫中之后,汉文帝便让释之担任公车令。

【康熙御批】啬夫利口,足动一时之听。张释之恐天下闻风而靡,咸以口给,希进深识治体之言,汉廷诸臣皆所不及。

【译文】啬夫的好听之话,足以让汉文帝一时心动。张释之担心天下人听说这件事情以后都效法,大家都说好听的话,因此进谏深刻明白治国之体的言论,这是汉朝廷其他诸臣都赶不上的地方。

【申涵煜评】上林禽兽簿是尉职掌,不能对,则失职,宜黜。释之乃引周勃、张相如两大臣与啬夫较论,殊属不伦。宜曰:"黜陟小吏,此有司事,非天子所宜临问也",则可矣。

【译文】上林禽兽簿是上林尉的职掌,上林尉对答不上,就是他的失职,应该革职免官,张释之却引用周勃和张相如两位大臣和一个啬夫相提并论,实在是不伦不类。他应该这样说:"罢免还是升迁官吏,这是有关部门的事务,并不是天子应该询问的",就可以了。

顷之，太子与梁王共车入朝，不下司马门。于是，释之追止太子、梁王，无得入殿门，遂劾"不下公门，不敬"，奏之。薄太后闻之；帝免冠，谢教儿子不谨。薄太后乃使使承诏赦太子、梁王，然后得入。帝由是奇释之，拜为中大夫；顷之，至中郎将。

从行至霸陵，上谓群臣曰："嗟乎！以北山石为椁，用纻絮斩陈漆其间，岂可动哉！"左右皆曰："善！"释之曰："使其中有可欲者，虽锢南山犹有隙；使其中无可欲者，虽无石椁，又何戚焉！"帝称善。

【译文】没过多久，太子和梁王一起乘车进入朝廷，到司马门并没有下车。释之便追去，扣留太子和梁王，没让他们进殿门，并告知他们"进入公门却不下车，是大不敬"，还上奏给了汉文帝。薄太后得知了这件事情；文帝去掉帽子，为不够细心地教子而请罪。薄太后就让使者拿着汉文帝诏令去将太子、梁王赦免了，而后他们才可进殿。文帝此后对释之很是看重，让他担任中大夫，没多久，又晋升为中郎将。

释之随从汉文帝到达霸陵，汉文帝告诉众臣说："唉！把北山之石用作椁，后斩碎麻絮与油漆混合，把缝隙涂沾就不能动之分毫了。"部下都说："就是！"释之说："倘若墓中有让人心动的宝物，即使南山被铸锢也会有缝隙，人还能进去，而倘若坟墓中并没有让人心动的宝物，即便不用石椁，也不用担心什么！"文帝赞扬他的话。

是岁，释之为廷尉。上行出中渭桥，有一人从桥下走，乘舆马惊。于是，使骑捕之，属廷尉。释之奏当："此人犯跸，当罚金。"上怒曰："此人亲惊吾马；马赖和柔，令它马，固不败伤我乎! 而廷尉乃当之罚金。" 释之曰: "法者, 天下公共也。今法如是; 更重之, 是法不信于民也。且方其时, 上使使诛之则已。今已下廷尉。廷尉, 天下之平也, 壹倾, 天下用法皆为之轻重, 民安所错其手足! 唯陛下察之。" 上良久曰: "廷尉当是也。"

【译文】这年, 释之升为廷尉。有一次文帝出巡途经渭桥, 有人由桥下走过, 文帝乘坐的马车受了惊, 就让骑兵前去抓捕, 交给廷尉裁决。释之奏明他应有的罪过: "此人违反了警跸令, 判决用罚金抵罪。" 文帝愤怒地说: "此人将我的马吓到, 还好我的马柔顺温和, 假如换成别的马, 一定会受伤的, 而你却只判他罚金!" 释之说: "法律是我们每个人都应该遵守的, 法令是这样规定的, 倘若判得重了, 就不能让民众相信法律了。如果刚才皇上将他杀掉也罢, 可交给我判决我就得公平, 因为如果稍有偏颇, 所有执法的人就都会可重可轻, 并无标准, 黎民就会不知道该怎么做了, 还请圣上明察秋毫!" 汉文帝很久才说道: "廷尉做得对。"

其后人有盗高庙坐前玉环, 得; 帝怒, 下廷尉治。释之按 "盗宗庙服御物者" 为奏当弃市。上大怒曰: "人无道, 乃盗先帝器! 吾属廷尉者, 欲致之族; 而君以法奏之, 非吾所以共承宗庙意也。" 释之免冠顿首谢曰: "法如是, 足也。且罪等, 然以逆顺为差。今盗宗庙器而族之, 有如万分一, 假令愚民取长陵一抔土, 陛下且何以加其法乎?" 帝乃白太后许之。

【译文】而后, 抓到一个偷窃高祖庙中座前玉环之人。文帝很气愤, 将他交给廷尉判罪。释之依法奏明他应是死罪。汉文帝十分气愤地说: "这个人太无法无天了, 他竟然盗窃我先帝器物, 我把他交给廷尉治罪是想灭他的门的, 可你仅依法奏明判他死刑, 这不能体现我公诚奉承宗庙的决心。" 释之脱掉帽子下跪解释:

"法律这样规定，判成这样已经足够。况且即便他的罪相同，也得按顺逆程度区别判刑。如今盗窃宗庙器物便判其灭门，倘若有愚民盗窃长陵高祖坟土，圣上又要如何加重罪刑？"文帝将此事告知太后，应允了释之的判决。

【乾隆御批】释之谓："上使人诛之则已"，岂非开人主妄杀之端？前人已有论其失者。且法之所加，惟在当罪，使罪果当死，则虽诛之不为过，否则，畸轻畸重皆非所以弼教也。

【译文】张释之说："如果皇上派人杀了他也就罢了"，这不是给国君开不法杀人之端吗？前人已经有议论此说的失当。并且用法律去惩处人，最重要的是处理得恰当。假如他真的犯了死罪，那么就是杀了他也不算过分，不然，过轻过重都起不到辅佐教化的作用。

四年（乙丑，公元前一七六年）冬，十二月，颍阴懿侯灌婴薨。

春，正月，甲午，以御史大夫阳武张苍为丞相。苍好书，博闻，尤邃律历。

上召河东守季布，欲以为御史大夫。有言其勇、使酒、难近者；至，留邸一月，见罢。季布因进曰："臣无功窃宠，待罪河东，陛下无故召臣，此人必有以臣欺陛下者。今臣至，无所受事，罢去，此人必有毁臣者。夫陛下以一人之誉而召臣，以一人之毁而去臣，臣恐天下有识闻之，有以窥陛下之浅深也！"上默然，惭，良久曰："河东，吾股肱郡，故特召君耳。"

【译文】四年（乙丑，公元前176年）冬季，十二月，颍阴懿侯灌婴去世。

春季，正月，甲午日，任命原御史大夫阳武人张苍担任丞相。

张苍很爱读书，见多识广，特别熟通历法律令。

汉文帝召见河东郡守季布，让他担任御史大夫。有人说他好勇、酗酒、难以亲近，季布到达京城，在行邸留了一月，汉文帝见到他就让他回郡。季布又觐见汉文帝说："臣没有功劳却获得恩宠，于河东戴罪做官，圣上没有原因地召见臣，必定有人用臣欺瞒圣上。如今臣到达了京师，没做任何事，让臣远离，必定有人诽谤臣。陛下因为一人妄誉召见臣，又因为一人诽谤抛弃臣，臣恐怕这天下有识之士得知后，能够知道陛下接人待物的深浅了！"汉文帝默默无语，有点羞惭，很久之后说道："因为河东郡是我极其重要的郡，所以我召见你。"

上议以贾谊任公卿之位。大臣多短之曰："洛阳之人，年少初学，专欲擅权，纷乱诸事。"于是天子后亦疏之，不用其议，以为长沙王太傅。

绛侯周勃既就国，每河东守、尉行县至绛，勃自畏恐诛，常被甲，令家人持兵以见之。其后人有上书告勃欲反，下廷尉。廷尉逮捕勃，治之。勃恐，不知置辞；吏稍侵辱之。勃以千金与狱吏，狱吏乃书牍背示之曰："以公主为证。"公主者，帝女也，勃太子胜之尚之。薄太后亦以为勃无反事。帝朝太后，太后以冒絮提帝曰："绛侯始诛诸吕，绾皇帝玺，将兵于北军，不以此时反，今居一小县，顾欲反邪？"帝既见绛侯狱辞，乃谢曰："吏方验而出之。"于是使使持节赦绛侯，复爵邑。绛侯既出，曰："吾尝将百万军，然安知狱吏之贵乎！"

作顾成庙。

【译文】文帝提出让贾谊担任公卿。大臣都批驳贾谊说："贾谊是个十分普通的洛阳人，年龄不大，刚读了点书，便妄想专权，会把事情都搞乱了。"所以文帝渐渐地疏远贾谊,让他担任长沙王太傅。

绛侯周勃到达封国之后,每一次河东郡的守、尉巡视属县并到达绛时,周勃都担心被杀害,就经常身着甲衣,让家人手拿武器与守、尉碰面。而后有人告知朝廷周勃想要反叛,又让廷尉处决这件事情。周勃被廷尉逮捕并审判。周勃很恐惧,不知道怎么说。狱吏也有点侮辱他。周勃送给狱吏千金,狱吏就写在木简后面:"请公主给你证明你不谋反。"公主为文帝之女,嫁给了周勃的长子胜之。薄太后也觉得周勃并无谋反之意。文帝面见太后时,太后生气地将头巾丢向文帝说:"诸吕之前被绛侯杀时,带领北军的军队,带着皇帝印信,他那时没有谋反,却要在小小绛县作为绛侯而谋反吗?"文帝已然看过绛侯在狱中的答辩词,向太后请罪说:"狱吏正在详细调查并给他开罪。"便让使者手拿皇帝符节,将绛侯赦免,将其原有爵位恢复还封了邑。绛侯走出监狱后感叹道:"我之前带领百万军队,却不知道狱吏居然这么尊贵啊!"

开始建造顾成庙。

五年(丙寅,公元前一七五年)春,二月,地震。

初,秦用半两钱,高祖嫌其重,难用,更铸荚钱。于是物价腾踊,米至石万钱。夏,四月,更造四铢钱,除盗铸钱令,使民得自铸。

贾谊谏曰:"法使天下公得雇租铸铜、锡为钱,敢杂以铅、铁为它巧者,其罪黥。然铸钱之情,非殽杂为巧,则不可得赢;而殽之甚微,为利甚厚。夫事有召祸而法有起奸;今令细民人操造币之势,各隐屏而铸作,因欲禁其厚利微奸,虽黥罪日报,其势不止。乃者,民人抵罪多者一县百数,及吏之所疑榜笞奔走者甚众。夫县法以诱民，使入隐阱，孰多于此！又民用钱，郡县不同：或用轻钱，百加若干；或用重钱，平称不受。法钱不立，吏急而壹之乎？则大为烦苛而力不能胜；纵而弗呵乎？则市肆异用，钱文大乱；苟非其术，何乡而可哉！今农事弃捐而采铜者日蕃，释其耒耨，冶熔炊炭；奸钱日多，五谷不为多。善人怵而为奸邪，愿民陷而之刑戮；刑戮将甚不详，奈何而忽！国知患此，吏议必曰'禁之'。禁之不得其术，其伤必大。令禁铸钱，则钱必重；重则其利深，盗铸如云而起，弃市之罪又不足以禁矣。奸数不胜而法禁数溃，铜使之然也。铜布于天下，其为祸博矣，故不如收之。"

资治通鉴

【译文】五年(丙寅, 公元前 175 年)春季, 二月, 发生地震。

当初, 秦流通的是半两钱, 高祖觉得过于沉重了, 使用不方便, 便再次打造荚钱, 从而物价飞涨, 米价竟然一万钱一石。夏, 四月, 重新打造四铢钱, 将私自铸钱有罪律令废除, 黎民都能自己造钱。

贾谊劝说汉文帝说："法令使得所有人都能雇人铸造锡、铜当作钱, 有敢取巧地将铁、铅混杂在一起铸造的, 要处以黥刑。但是铸钱如果不取巧混杂他物, 就可能得不到利益, 把他物混杂铸造花费很少, 却有优厚的利益可获。有些法令会把奸人招来, 有些事会把祸害招来。比如眼下把铸造钱币的权利让给每个平民, 百姓将自己隐藏起来从事铸钱, 就需要禁止他们被厚利所引诱, 让欺诈奸伪之事不再存在, 即使天天用黥罪威胁, 也制止不了啊。最近, 一县百姓多达一百余人犯罪, 加上官府捉不到而逃走的以及被官吏质疑有罪承受鞭笞的还有更多的人。朝廷将不合适的法令立下, 从而引诱百姓让他们落进陷阱铸钱, 这是最严重的了。况且各郡县百姓用的钱各不相同：有用轻钱的, 每一百枚就会有若干加重, 各地有所区别；有用重钱的, 平称多到难以接受。不能建立法定的钱币, 倘若管钱币的官吏又很着急将轻重统一可怎么办?
这样的事情太过于麻烦, 能力也不能胜任而且还苛扰百姓, 可倘
若任由百姓铸钱却不加以阻碍, 就会使得常用的钱币轻重不同而
大乱。两者都不能行得通, 应该怎么办呢? 如今远离农事的人多,
而采铜之人逐渐在兴盛, 抛弃耕耨却从事熔冶金属铸钱之人数也
在增加。低劣质量的钱币日益增多, 粮食五谷却不见增加。善人被
引诱心动做出邪恶之事, 谨慎的百姓蹈陷法网受到刑罚, 用刑法
将黎民处死是极其不好的, 不能疏忽! 朝廷得知这些顾虑, 官吏
必定要求'禁止私人铸钱'。如果禁止的途径不合适, 一定会有很
大的伤害。倘若颁下诏令禁止铸钱, 一定又会增加钱币重量, 增
加重量的话, 利益就会增大, 就会有很多人偷盗了, 用死刑也难以
禁止了。铜造成作奸的人多可法令崩溃却毫无作用, 铜在天下遍
布, 它的害处太大了, 因此不如将铜收为国有。"

【乾隆御批】奸民趋利, 虽日禁盗铸, 犹恐不免, 又可听其放铸
耶! 二贾所言, 俱切中情弊, 而谊为尤详。

【译文】乱法犯禁、损公利己的人趋利忘义, 即便天天禁止私人铸
造钱币, 这种现象恐怕还会存在, 况且朝廷放任他们铸造呢! 贾谊、贾
山所说, 都切中事弊, 而贾谊讲得更为具体。

贾山亦上书谏, 以为:"钱者, 亡用器也, 而可以易富贵。富
贵者, 人主之操柄也; 令民为之, 是与人主共操柄, 不可长也。"
上不听。

是时, 太中大夫邓通方宠幸, 上欲其富, 赐之蜀严道铜山,
使铸钱。吴王濞有豫章铜山, 招致天下亡命者以铸钱; 东煮海水
为盐; 以故无赋而国用饶足。于是吴、邓钱布天下。

初, 帝分代为二国, 立皇子武为代王, 参为太原王。是岁, 徙代王武为淮阳王; 以太原王参为代王, 尽得故地。

【译文】贾山也劝说文帝, 提出: "钱币, 是没用的, 但是可以换来富贵。可是富贵是人主所拥有的, 现在让百姓自己去得富贵, 这相当于让他们与人主共同操持富贵之柄, 这是不会长久的。"汉文帝没有采纳他们的劝告。

那时, 文帝正在宠幸太中大夫邓通, 汉文帝想要他富有, 就赐给他蜀郡严道的铜山让他可以铸造钱币。加上吴王濞拥有豫章铜山, 找来所有亡命之徒铸造钱币, 然后用东海水煮成盐, 所以吴国不用赋税也能很富裕。因此邓通、吴王钱币也都遍布于天下。

起初, 代被文帝分成二国, 让自己的儿子刘武担任代王, 让刘参担任太原王。这一年把代王刘武迁改为淮阳王; 让太原王刘参担任代王, 并将代王之前所有的土地给了他。

六年(丁卯, 公元前一七四年)冬, 十月, 桃、李华。

淮南厉王长自作法令行于其国, 逐汉所置吏, 请自置相、二千石; 帝曲意从之。又擅刑杀不辜及爵人至关内侯; 数上书不逊顺。帝重自切责之, 乃令薄昭与书风谕之, 引管、蔡及代顷王、济北王兴居以为儆戒。

王不说, 令大夫但、士伍开章等七十人与棘蒲侯柴武太子奇谋以辇车四十乘反谷口; 令人使闽越、匈奴。事觉, 有司治之。使使召淮南王。王至长安, 丞相张苍、典客冯敬行御史大夫事, 与宗正、廷尉奏: "长罪当弃市。"制曰: "其赦长死罪, 废, 勿王; 徙处蜀郡严道邛邮。"尽诛所与谋者。载长以辎车, 令县以次传之。

【译文】六年(丁卯, 公元前174 年)冬季, 十月, 桃、李开花。

淮南厉王刘长私自在封国中制作施行法令，将汉为他安置的官吏赶走，并要求亲自安置丞相以及两千石以上的官吏，文帝违心地应准了他的想法。淮南王私自将无罪之人杀害，还把爵位赐给人，竟高到关内侯，多次上书汉文帝言辞不恭顺谦逊。汉文帝不想亲自开口责怪他，就让薄昭写信劝讽他，用周成王时管叔、蔡叔和济北王刘兴居之事作为警告。

淮南王得到薄昭的信后，心里不舒服，让大夫但、士伍开章等七十余人与棘蒲侯柴武嫡长子柴奇图谋使用四十辆辇车在谷口叛乱，让人去匈奴、闽越联系。可事情败露，被官府治罪。汉文帝让使者将淮南王召来。淮南王到达长安，丞相张苍、典客冯敬行使御史大夫职权，与宗正、廷尉共同上奏："淮南王刘长应获死罪。"汉文帝说："就赦免他吧，将其王位废掉，永不封王，居住到蜀郡严道邛邮去。"与淮南王同谋之人全被杀光。刘长乘坐着辎车，命令各县用驿车传送到邛邮。

袁盎谏曰："上素骄淮南王，弗为置严傅、相，以故至此。淮南王为人刚，今暴摧折之，臣恐卒逢雾露病死，陛下有杀弟之名，奈何？"上曰："吾特苦之耳，今复之。"

淮南王果愤恚不食死。县传至雍，雍令发封，以死闻。上哭甚悲，谓袁盎曰"吾不听公言，卒亡淮南王！今为奈何？"盎曰："独斩丞相、御史以谢天下乃可。"上即令丞相、御史逮考诸县传送淮南王不发封馈侍者，皆弃市；以列侯葬淮南王于雍，置守冢三十户。

【译文】袁盎上书说："皇上一直偏爱淮南王，不给他安排严厉的师傅、辅相，才会这样。淮南王为人刚烈，眼下肯定受不了如此大的挫折摧败，微臣恐怕他会突然遭遇雾露病死途中，从而使得陛下留有杀弟之名，如何是好？"汉文帝说："我只是想让他吃点苦，马上就将他放回。"

淮南王果然生气地不吃东西死去。从县传送至雍，到达雍时被命令打开封闭的囚车，发现淮南王已死，便奏明了汉文帝淮南王已死。汉文帝很悲痛，告诉袁盎："我没有听你的话，还是让淮南王病死了，该如何是好？"袁盎说："把丞相、御史杀掉即可，以谢罪于天下。"汉文帝让丞相、御史抓捕并提审各县传送淮南王之人，他们没有打开封闭的囚车给淮南王送食物，也没有侍奉他，所以都被判死刑。用列侯之礼节埋葬淮南王于雍地，还设立三十户人家守冢。

【申涵煜评】王犯不赦之罪，帝宽其诛而远徙之，较诸管、蔡，于义何伤？斗粟尺布之谣，民无知，不足怪也。袁盎奈何欲斩丞相、御史以谢天下？呜呼！盎真刻薄人哉！

【译文】淮南王犯了不可饶恕的罪行，汉文帝宽免了他的死罪，而将他迁到很远的地方居住，这和周公对待管叔、蔡叔的做法相比较，于大义又有什么伤害呢？一斗粟，一尺布的民谣，是人民无知的言论，不足为怪。袁盎为什么要让文帝斩杀丞相和御史来向天下人谢罪呢？唉！袁盎真是个刻薄无情的人啊！

匈奴单于遣汉书曰："前时，皇帝言和亲事，称书意，合欢。汉边吏侵侮右贤王；右贤王不请，听后义卢侯难支等计，与汉吏相距。绝二主之约，离兄弟之亲，故罚右贤王，使之西求月氏击之。以天之福，吏卒良，马力强，以夷灭月氏，尽斩杀、降下，定之；楼兰、乌孙、呼揭及其旁二十六国，皆已为匈奴，诸引弓之民并为一家，北州以定。愿寝兵，休士卒，养马，除前事，复故约，以安边民。皇帝即不欲匈奴近塞，则且诏吏民远舍。"帝报书曰：
"单于欲除前事，复故约，朕甚嘉之！此古圣王之志也。汉与匈
奴约为兄弟，所以遗单于甚厚；倍约、离兄弟之亲者，常在匈奴。
然右贤王事已在赦前，单于勿深诛！单于若称书意，明告诸吏，
使无负约，有信，敬如单于书。"

　　【译文】匈奴单于给汉朝送书信道："前些时候，皇帝谈到和亲
的事，与书信的意思一致，双方都很喜悦。汉朝边境官员侵夺侮
辱我匈奴右贤王，右贤王未经我请示批准，听从了后义卢侯难支
等人的计谋，与汉朝官吏相互敌对，断绝了两家君主的和好盟约，
离间了兄弟之国的情谊，为此我惩罚右贤王，命令他向西方发展
并攻击月氏国。由于苍天降福保佑，将士精良，战马强壮，现已消
灭了月氏，其部众已全部被杀或投降，月氏已被我征服；楼兰、乌
孙、呼揭及其附近的二十六国，都已归匈奴统辖，所有擅长骑射的
游牧部族，都合并为一家，北部由此而统一和安宁。我愿意放下刀
兵，休息士卒，牧养马匹，消除以前的仇恨和战争，恢复原来的结
好盟约，以安定双方边境的民众。如果皇帝不希望我们匈奴靠近
汉的边境，我就暂且诏令匈奴的官民远离边界居住。"汉文帝复信
说："单于准备消除双方以前的不愉快，恢复原来的盟约，朕对此
极表赞赏！这是古代圣明君主追求的目标。汉与匈奴相约为兄弟，
用来赠送单于的东西是很丰厚的；违背盟约、离间兄弟情谊的事
情，多发生在匈奴一方。但右贤王那件事情发生在大赦以前，单于
就不必过分责备他了！单于如果能按来信所说去做，明确告知大
小部属官员，约束他们不再违背和约，守信用，就遵守单于信上的
约定。"

　　后顷之，冒顿死，子稽粥立，号曰老上单于。老上单于初立，

帝复遣宗室女翁主为单于阏氏,使宦者燕人中行说傅翁主。说不欲行,汉强使之。说曰:"必我也,为汉患者!"中行说既至,因降单于,单于甚亲幸之。

【译文】没多久,冒顿去世,其子稽粥即位,名号为老上单于。老上单于刚上位时,文帝又将宗室女翁主派去当单于阏氏,将宦官燕人中行说派去当翁主的师傅。中行说不想去,汉强迫他去。中行说说:"倘若非让我去,那以后必定变成汉朝祸害!"中行说到达匈奴后,就投靠单于,单于也很宠幸亲近于他。

初,匈奴好汉缯絮、食物。中行说曰:"匈奴人众不能当汉之一郡,然所以强者,以衣食异,无仰于汉也。今单于变俗,好汉物;汉物不过什二,则匈奴尽归于汉矣。"其得汉缯絮,以驰草棘中,衣袴皆裂敝,以示不如旃裘之完善也;得汉食物,皆去之,以示不如湩酪之便美也。于是说教单于左右疏记,以计课其人众、畜牧。其遗汉书牍及印封,皆令长大,倨傲其辞,自称"天地所生、日月所置匈奴大单于"。

【译文】起初,匈奴人很喜欢汉朝的棉絮、缯帛、食物。中行说说:"匈奴人口还不够汉朝一郡,所以能强大,就是由于衣食和汉人不同,不用倚赖汉朝。如今单于改变风俗,喜爱汉人物品,汉朝只要拿出十分之二就能够使匈奴全属于汉。"匈奴便把所得汉朝棉絮缯帛,做成衣裤,飞驰在草丛中,故意让衣裤都坏掉破裂,告知汉朝的缯絮没有匈奴的毡裘好,也都抛弃掉得自汉朝的食物,以告知没有匈奴乳酪乳汁美味方便。中行说于是教育单于旁边之人用分条记事之法登记和计算匈奴牲畜和人口的数目。中行说也都将匈奴送给汉朝的信封、印玺和木板等加大,言辞也都高傲起来,自诩为"日月所置、天地所生匈奴大单于"。

汉使或訾笑匈奴俗无礼义者，中行说辄穷汉使曰："匈奴约束（径）〔轻〕，易行；君臣简，可久；一国之政，犹一体也。故匈奴虽乱，必立宗种。今中国虽云有礼义，及亲属益疏则相杀夺，以至易姓，皆从此类也。嗟！土室之人，顾无多辞，喋喋占占！顾汉所输匈奴缯絮、米糵，令其量中，必善美而已矣，何以言为乎！且所给，备、善，则已；不备、苦恶，则候秋熟，以骑驰蹂而稼穑耳！"

【译文】汉使者有时鄙视匈奴不懂礼节，中行说经常调侃汉使："匈奴对百姓的束缚容易施行，不繁简洁；君臣的礼节可以长久施用因其简单；一国政治，正如一人身体。因此匈奴虽然伦常有些乱，可会传立其种族宗嗣。中原即使是礼仪之国，可逐渐亲属疏远，相互残杀，更有甚者将对方姓氏改掉，全是因为父兄之妻不可由子弟娶。唉！居住在土石房屋里面的汉人，你们少喋喋不休，多费口舌！汉朝所运送的棉絮米糵、缯帛等数量足够，并且质量居上就够了，说那么多何必呢？如果这样最好，倘若品质不好并且数量不够，等到秋天谷类成熟之时，那我们匈奴就用骑兵践踏你们的田土作物！"

梁太傅贾谊上疏曰："臣窃惟今之事势，可为痛哭者一，可为流涕者二，可为长太息者六；若其它背理而伤道者，难遍以疏举。进言者皆曰：'天下已安已治矣，'臣独以为未也。曰安且治者，非愚则谀，皆非事实知治乱之体者也。夫抱火厝之积薪之下而寝其上，火未及然，因谓之安；方今之势，何以异此！陛下何不壹令臣得孰数之于前，因陈治安之策，试详择焉！使为治，劳智虑，苦身体，乏钟、鼓之乐，勿为可也。乐与今同，而加之诸侯轨道，兵革不动，匈奴宾服，百姓素朴，生为明帝，没为明神，名誉之美垂于无穷，使顾成之庙称为太宗，上配太祖，与汉亡极，立经陈纪，为万世法。虽有愚幼不肖之嗣，犹得蒙业而安。以陛下之明达，因使少知治体者得佐下风，致此非难也。

【译文】梁王太傅贾谊给文帝上书说："臣自己想如今天下的形势，能让人伤心痛哭的有一件，能让人流泪的有二件，觉得能让人长久叹息的有六件；剩下的伤害治国之道并且背弃情理的，就难以上书列举全面了。给汉文帝进谏的众臣们都说：'政治已上了轨道，天下已然安定。'可臣却不这么觉得，那些说政治已上轨道，天下已安定之人，不是阿谀就是愚笨，都并非真知道治乱实质之人。正如人睡在下有火种的木柴堆上，因为还没被火烧到，便觉得相安无事，眼下天下情形便类似于这种事情，陛下怎么不让众臣都到圣上面前分条详细叙述治理国家的大计呢？臣马上就给陛下说明治国安邦的大计，请圣上仔细听并且有所选择。臣想出的大计用来管理天下，倘若圣上感觉增添了百姓的心志思虑以及困劳，却使得鼓、钟等娱乐有所减少，那就请圣上不用采纳。而事实上，采纳我的计划，不仅能使娱乐没有减少，同现在一样，还能让诸侯遵照汉朝法制，使匈奴屈服，使百姓风气质朴淳素，还不必动用兵革，在世时被称为贤明国君，死后也能成为光明的神灵，将美好的声名留到后代，让陛下建成的顾成庙成为太宗庙，能够和汉朝国运一样，永远存在，从而与先祖太祖匹配，创立作为世世代代的子孙所共同遵守的法则作为国家纲纪经典；虽然会出现品行不好，年幼愚笨的子孙，但能够保留祖先安定成业。依靠圣上的通达贤明，不难达到让稍微明白治政之人来辅助的境界。

"夫树国固必相疑之势，下数被其殃，上数爽其忧，甚非所以安上而全下也。今或亲弟谋为东帝，亲兄之子西乡而击，今吴又见告矣。天子春秋鼎盛，行义未过，德泽有加焉，犹尚如是；况莫大诸侯，权力且十此者虖！然而天下少安，何也？大国之王幼弱未壮，汉之所置傅、相方握其事。数年之后，诸侯之王大抵皆冠，血气方刚；汉之傅、相称病而赐罢，彼自丞、尉以上遍置私人。如此，有异淮南、济北之为邪？此时而欲为治安，虽尧、舜不治。黄帝曰：'日中必熭，操刀必割！'今令此道顺而全安甚易，不肯蚤为，已乃堕骨肉之属而抗刭之，岂有异秦之季世虖！其异姓负强而动者，汉已幸而胜之矣，又不易其所以然；同姓袭是迹而动，既有征矣，其势尽又复然。殃祸之变，未知所移，明帝处之尚不能以安，后世将如之何！

【译文】"封立的诸侯王过于强大，就必定产生君臣上下相互猜疑的形势，封王多次遭受祸殃，陛下经常为此担忧，这根本就不是安定君主保全臣子的好办法。如今已有皇上亲弟刘长在东方谋反之事发生，亲兄之子叛乱从而向西攻击荥阳，况且眼下又有人汇报吴王也有谋反的前兆了。圣上正值壮年，对待诸侯施加恩泽，所作所为没有不当，即使这样还有人想要反叛，更别说是权势武力超过一般诸侯十倍的最大诸侯呢！然而眼下天下还能稍微安定的原因是什么呢？是因为大的侯国君主还稚弱年幼，未达壮年，汉廷替侯国安置相、傅已然手握国家大事。几年后，诸侯王都血气刚烈，已成年；而汉廷给他们安置的相、傅，陆续都借口生病，从而侯王恩赐让他们罢官返乡，那时侯王便把尉、丞以上的官位全安放成自己人。这样，与济北、淮南的做法有什么不同呢？此时就是尧、舜也不能让国家安定、天下大治。黄帝说：'拿着刀子时，要赶快宰杀牲畜；日在中，要赶快暴晒东西。要不就都会丢失时宜。'眼下要使得侯王恭顺，从而使天下保全是很容易的，可陛下

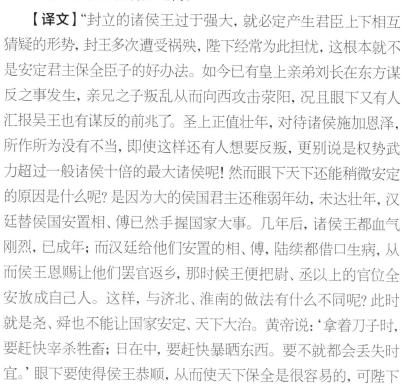

资治通鉴卷第十四 汉纪六

583

为什么不早点做?等侯王叛乱时,再加以诛灭毁坏骨肉兄弟亲情,那同秦朝末期的情势有什么两样呢?汉已经幸运地打败了反叛且强大的异姓诸侯,可却不改变引起反叛的制度,所以现在已经有迹象表明同姓诸侯会追随异姓诸侯王进行叛乱,异姓诸侯叛乱的事情也必定会全在同姓侯王身上死灰复燃。祸害灾殃等变故,不知道消除改变,即使明君也不能在这种情况下安全,后世的国君该如何是好?

"臣窃迹前事,大抵强者先反。长沙乃二万五千户耳,功少而最完,势疏而最忠,非独性异人也,亦形势然也。曩令樊、郦、绛、灌据数十城而王,今虽以残亡可也;令信、越之伦列为彻侯而居,虽至今存可也。然则天下之大计可知已:欲诸王之皆忠附,则莫若令如长沙王;欲臣子勿菹醢,则莫若令如樊、郦等;欲天下之治安,莫若众建诸侯而少其力。力少则易使以义,国小则亡邪心。令海内之势,如身之使臂,臂之使指,莫不制从,诸侯之君不敢有异心,辐凑并进而归命天子。割地定制,令齐、赵、楚各为若干国,使悼惠王、幽王、元王之子孙毕以次各受祖之分地,地尽而止;其分地众而子孙少者,建以为国,空而置之,须其子孙生者举使君之;一寸之地,一人之众,天子亡所利焉,诚以定治而已。如此,则卧赤子天下之上而安,植遗腹,朝委裘而天下不乱;当时大治,后世诵圣。陛下谁惮而久不为此!

【译文】"臣私下考察侯王叛乱的事情,差不多是强大的侯国率先叛乱。长沙王吴芮才有二万五千封户,功劳很少,却保全了下来,权势最小而对汉朝最忠顺;这不只是由于性情和别人不同,也是由于形势使他这样。倘若从前让樊哙、郦商、周勃、灌婴占据几十个城为王,那现在他们由于作恶而亡国,也是可能的。假使让韩信、彭越之流，只居于彻侯的地位，即便今天也还能保全，也是可能的。既然如此，那么天下大计就可以知道了。要想使天下诸侯王都忠心归附汉朝，那最好让他们都像长沙王一样；要想让臣下不至于像韩信那样被杀掉，那最好让他们像樊哙、郦商那样；要想使天下安定，最好多多建立诸侯国而使他们的势力减小。力量弱小就容易用道义来指使他们，国土小就不会有反叛的邪念。这样就使全国的形势，如同身体使唤手臂，手臂使唤手指似的，没有不听从指挥的。诸侯王不敢有反叛的想法，如同辐条聚向车轮一样，都归顺天子。分割土地，定出制度：把齐、赵、楚三个王国分成若干侯国，让齐王、赵王、楚王的子孙，全都依次受封先人的那份封地，一直到分尽为止。有些封地大而子孙少的，也都分成若干侯国，暂时空着搁置起来，等着他们的子孙出生以后，再封他当侯。一寸土、一口人，皇帝也不沾他们的，确实只是为了安定太平罢了。如果做到这些，就是让婴儿做皇帝也会安宁无事，甚至于皇帝去世，只留下遗腹之子，群臣对先帝的衣物朝拜天下也不会发生动乱；这样，皇帝在世时可以实现大治，后代人也会称颂圣明。陛下是怕谁而迟迟不这样办呢？

"天下之势方病大瘇，一胫之大几如要，一指之大几如股，平居不可屈伸，一二指搐，身虑亡聊。失今不治，必为锢疾，后虽有扁鹊，不能为已。病非徒瘇也。又苦跤盭。元王之子，帝之从弟也，今之王者，从弟之子也。惠王之子，亲兄子也，今之王者，兄子之子也。亲者或亡分地以安天下，疏者或制大权以逼天子，臣故曰非徒病瘇也，又苦跤盭。可痛哭者，此病是也。

【译文】"眼下大势正如脚肿大的病人，一只脚趾肿大到好像大腿，一只脚胫肿大得犹如腰身一样粗，平时生活一两根脚趾抽痛，脚不能够弯屈伸展，就害怕得无所恃赖。这时不治，一定会成为再也不愈的顽疾，然后即使扁鹊再世也治不好了。况且这种病还会因为脚掌反转不能行动而痛苦。楚元王的儿子，是陛下的堂弟；可现在的楚王，却是陛下堂弟的儿子了。齐悼惠王的儿子，是陛下的亲侄子；可现在的齐王，却是陛下侄子的儿子了。与陛下血缘很亲近的人，有的还没有被封立为王，以稳定天下，而那些与陛下血缘很疏远的人，有的却已经手握大权，开始形成对天子的威胁。所以我才说国家形势之险恶，不仅仅如同人得了浮肿一样，还遭受着脚掌反转不能行走的折磨。我所说应该为之痛哭的，就是这个疾病。

"天下之势方倒悬。凡天子者，天下之首。何也？上也。蛮夷者，天下之足。何也？下也。今匈奴嫚侮侵掠，至不敬也；而汉岁致金絮采缯以奉之。足反居上，首顾居下，倒县如此，莫之能解，犹为国有人乎？可为流涕者此也。今不猎猛敌而猎田彘，不搏反寇而搏畜菟，玩细娱而不图大患，德可远加而直数百里外威令不伸，可为流涕者此也。

【译文】"现在天下的形势，正像一个倒吊着的人一样。天子，本来是天下的头颅。为什么这样说呢？因为天子的地位至高无上。蛮夷，本是天下的双脚。为什么这样说呢？因为他们是卑贱的属臣。现在匈奴态度傲慢，侮辱朝廷，侵占土地，掠夺财物，对汉朝非常不敬，给天下制造的祸患，已经无以复加。但是汉朝廷却要每年向匈奴奉送黄金、丝棉和绚丽的丝织品。蛮夷向汉朝发号施令，这是行使人主的权力；天子向蛮夷恭敬地纳贡，这是在行属臣的礼节。脚反而朝上，头反而朝下，这样头脚倒置，谁也不能解救，这还能说国家有贤明的人吗？这是令人为之流涕悲伤的。

"今庶人屋壁得为帝服，倡优下贱得为后饰；且帝之身自衣皁绨，而富民墙屋被文绣；天子之后以缘其领，庶人孽妾以缘其履；此臣所谓舛也。夫百人作之不能衣一人，欲天下亡寒，胡可得也；一人耕之，十人聚而食之，欲天下亡饥，不可得也；饥寒切于民之肌肤，欲其亡为奸邪，不可得也。可为长太息者此也。

【译文】"现在平民居住的房屋，可以用皇帝的衣饰材料装饰墙壁；地位下贱的妓女戏子，可以用皇后的头饰来打扮自己。况且，皇帝自己身穿粗丝黑衣服，而那些富民却用华丽的绣织品去装饰房屋墙壁；天子的皇后用来加在衣领的边饰，平民的小妾却用来装饰鞋。这就是我所说的悖乱。如果一百个人生产出来的丝绵绸缎满足不了一个富人穿用，要想使天下人不受寒冷之苦，怎么能办到呢？一个农夫耕作，却有十个人聚来分食吃，要想使天下人不受饥挨饿，是不可能的；天下百姓饥寒交迫，要想使他们不做奸邪的事，是不可能的。这是应该为之深深叹息的。

"商君遗礼义，弃仁恩，并心于进取；行之二岁，秦俗日败。故秦人家富子壮则出分，家贫子壮则出赘；借父耰锄，虑有德色；母取箕帚，立而谇语；抱哺其子，与公并居；妇姑不相说，则反唇而相稽；其慈子、耆利，不同禽兽者亡几耳。今其遗风馀俗，犹尚未改，弃礼谊，捐廉耻日甚，可谓月异而岁不同矣。逐利不耳，虑非顾行也；今其甚者杀父兄矣。而大臣特以簿书不报、期会之间以为大故，至于俗流失，世坏败，因恬而不知怪，虑不动于耳目，以为是适然耳。夫移风易俗，使天下回心而乡道，类非俗吏之所能为也。俗吏之所务，在于刀笔、筐箧而不知大体。陛下又不自忧，窃为陛下惜之！岂如今定经制，令君君、臣臣，上下有差，父子六亲各得其宜。此业壹定，世世常安，而后有所持循矣；若夫经制不定，是犹渡江河亡维楫，中流而遇风波，船必覆矣。可为长太息者此也。

【译文】"商鞅抛弃礼义和仁爱恩惠，心思全在于进取；他的新法在秦国推行了两年，使秦国的风俗日益败坏。所以秦国的人，家中富有的，儿子长大成人就与父母分家，家庭贫穷的，儿子长大后就出去当卑贱的赘婿；儿子借农具给父亲，脸上就显示出施恩的表情；母亲来拿簸箕扫帚，立即遭到责骂；儿媳抱着怀中吃奶的婴儿，竟与公爹并排而坐；媳妇与婆婆关系不好，就公开争吵。秦人只知慈爱儿子、贪求财利，这与禽兽已经没有多少差别了。直到现在，秦人的这种残余风俗还未改变，抛弃礼义，不顾廉耻的风俗，一天比一天严重，可以说是每月都在发展，每年都有不同。人们在做某件事之前，并不考虑它是否应该做，而只考虑能不能获取利益。现在甚至已有子弟杀其父兄的了。而朝廷大臣只把郡县地方官员不在规定期限内向朝廷上交统计文书作为重大问题，对于风俗的恶化，世风的败坏，却安然不觉惊怪，耳闻目睹都不能引起注意，认为那是理所当然的事。移风易俗，使天下人回心归向正道，这不是庸俗的官吏能做到的。庸俗的官吏只能做一些处理文书档案的工作，而不知道治国的大体。陛下自己又不忧虑这些问题，我私下为陛下感到惋惜！怎么不现在就确定根本制度，使君主像君主，臣子像臣子，上上下下各有等级，秩序井然，使父子六亲各自得到他们应有的地位呢？这一制度一确立，后世子孙可以久安，而后代君主就有了可以遵循的准则了。如果不确立根本制度，就如同横渡江河却没有缆绳和船桨一样，行船到江河中心遇到风波，就一定会翻船。这是值得深深叹息的。

"夏、殷、周为天子皆数十世,秦为天子二世而亡。人性不甚相远也,何三代之君有道之长而秦无道之暴也?其故可知也。古之王者,太子乃生,固举以礼,有司齐肃端冕,见之南郊,过阙则下,过庙则趋,故自为赤子,而教固已行矣。孩提有识,三公、三少明孝仁礼义以道习之,逐去邪人,不使见恶行,于是皆选天下之端士、孝悌博闻有道术者以卫翼之,使与太子居处出入。故太子乃生而见正事,闻正言,行正道,左右前后皆正人也。夫习与正人居之不能毋正,犹生长于齐不能不齐言也;习与不正人居之不能毋不正,犹生长于楚之地不能不楚言也。孔子曰:'少成若天性,习贯如自然。'习与智长,故切而不愧;化与心成,故中道若性。夫三代之所以长久者,以其辅翼太子有此具也。及秦而不然,使赵高傅胡亥而教之狱,所习者非斩、劓人,则夷人之三族也。胡亥今日即位而明日射人,忠谏者谓之诽谤,深计者谓之妖言,其视杀人若艾草菅然。岂惟胡亥之性恶哉?彼其所以道之者非其理故也。鄙谚曰:'前车覆,后车诫。'秦世之所以亟绝者,其辙迹可见也;然而不避,是后车又将覆也。天下之命,县于太子,太子之善,在于早谕教与选左右。夫心未滥而先谕都,则化易成也;开于道术智谊之指,则教之力也;若其服习积贯,则左右而已。夫胡、粤之人,生而同声,嗜欲不异;及其长而成俗,累数译而不能相通,有虽死而不相为者,则教习然也。臣故曰选左右、早谕教最急。夫教得而左右正,则太子正矣,太子正而天下定矣。《书》曰:'一人有庆,兆民赖之。'此时务也。

【译文】"夏朝、商朝、周朝的君主得以称天子,天下都传袭了几十代,秦得了天下,却二世而亡。人性相差并不很大,为什么夏、商、周三代的君主有道而长有天下,秦无道而天下十分短促呢?这个原因是可知的。古代英明的君主，在太子诞生时，就按照礼义对待他，有关官员衣冠整齐庄重肃穆，到南郊举行礼仪，沿途经过宫门就下车，经过宗庙就恭敬地小步快走，所以，太子从婴儿时起，就已经接受了道德礼义的教育。到太子儿童时期，略通人事，三公、三少等官员用孝、仁、礼、义去教育他，驱逐奸邪小人，不让太子见到罪恶的行为，这时，天子从天下臣民中审慎地选择为人正直、孝顺父母、爱护兄弟、博学多识而又通晓治国之术的人拱卫、辅佐太子，使他们与太子相处，一起活动。所以，太子从诞生之时开始，所见到的都是正事，所听到的都是正言，所实行的都是正道，前后左右都是正人。一直与正人相处，他的思想言行不可能不正，就好像生长在齐国的人不能不说齐国方言一样；经常与不正的人相处，就会变成不正的人，就像生长在楚地的人不能不说楚地方言一样。孔子说：'从小养成就如同天性，一件事情习惯了就如同自然。'学习礼义与开发智力同步进行，一起增长，所以无论如何切磋都无愧于心；接受教化与思想见解一起形成，所以道德礼义观念就如同天生本性一样。夏、商、周三代所以能长期维持统治，其原因就在于有教育、辅佐太子的这套制度。到秦朝局面全变了，秦始皇派赵高做胡亥的老师，教他学习断案判刑，胡亥所学到的，不是斩首、割人鼻子，就是灭人家的三族。胡亥头天当了皇帝，第二天就用箭射人，把出于忠心进谏的人说成诽谤朝政，把为国家深谋远虑的人说成妖言惑众，把杀人看作割草一样随便。难道这仅仅是因为胡亥天性凶恶吗? 是由于赵高诱导胡亥学习的内容不符合正道。民间俗语说：'前车覆，后车诫。'秦朝所以很快灭亡，覆车的辙迹是可见的；但如不避开，后车又将倾覆。天下的命运，决定于太子一人，要使太子成为好的继承人，在于及早进行教育和选择贤人做太子的左右亲随。当童心未失时就进行教育，容易收到成效；使太子知晓仁义道德的要旨，是教育的职责；至于使太子在习惯中养成善良的品行，就是他的左右亲随的职责了。北方的胡人和南方的粤人，刚出生时的哭声一样，吃奶的欲望和嗜好也没有什么不同；等长大之后形成了不同的风俗习惯，各操自己的语言，虽经多重翻译都无法相互交谈，有的人宁可死也不愿到那里生活，所以出现这样大的差异，完全是教育和习惯所形成的。所以我才说为太子选择左右亲随、及早进行教育是最为紧迫的事。如果教育得当而左右都是正直的人，那么太子就正了，太子正天下就可安定了。《周书》上说：'天子一人善良，天下百姓全都仰仗他。'教育太子是当务之急。

"凡人之智，能见已然，不能见将然。夫礼者禁于将然之前，而法者禁于已然之后，是故法之所为用易见而礼之所为生难知也。若夫庆赏以劝善，刑罚以惩恶，先王执此之政，坚如金石；行此之令，信如四时；据此之公，无私如天地，岂顾不用哉？然而曰礼云、礼云者，贵绝恶于未萌而起教于微眇，使民日迁善、远罪而不自知也。孔子曰：'听讼，吾犹人也；必也使毋讼乎！'为人主计者，莫如先审取舍，取舍之极定于内而安危之萌应于外矣。秦王之欲尊宗庙而安子孙，与汤、武同。然而汤、武广大其德行，六七百岁而弗失，秦王治天下十馀岁则大败。此亡他故矣，汤、武之定取舍审而秦王之定取舍不审矣。夫天下，大器也；今人之置器，置诸安处则安，置诸危处则危。天下之情，与器无以异，在天子之所置之。汤、武置天下于仁、义、礼、乐，累子孙数十世，此天下所共闻也；秦王置天下于法令、刑罚，祸几及身，子孙诛绝，此天下之所共见也。是非其明效大验邪！人之言曰：'听言之道，必以其事观之，则言者莫敢妄言。'今或言礼谊之不如法令，教化之不如刑罚，人主胡不引殷、周、秦事以观之也! 人主之尊譬如堂，群臣如陛，众庶如地。故陛九级上，廉远地，则堂高；陛无级，廉近地，则堂卑。高者难攀，卑者易陵，理势然也。故古者圣王制为等列，内有公、卿、大夫、士，外有公、侯、伯、子、男，然后有官师、小吏，延及庶人，等级分明而天子加焉，故其尊不可及也。

【译文】"凡人的智慧，不能看见将要发生的事，只能看到已经发生的事。礼的作用，是禁止事情在将要发生之前，法却是禁止在事情已经发生之后。所以法令的用处很容易看见，礼的价值却不容易了解。用奖赏来奖励善行，用刑罚来惩治罪恶，先王推行这样的政治，坚定如金石；实施这样的法令，准确无误如春夏秋冬四季；有了这一公正的原则，政治才能像地载天覆一样无偏无私；怎能认为先王不使用奖赏和刑罚呢? 然而，人们一再称赞的礼，最可贵之处在于能将罪恶断绝于未形成之前，从细微之处推行教化，使天下百姓日益趋向善良，远离罪恶，让百姓自己都还没有觉察到。孔子说："让我断案，我与别人没有什么不同，如果说我有什么独特的见解，那就是推行仁义，使讼案不再发生。"为君主谋划，首先应审定选择什么，抛弃什么，取舍标准在内确立，相应的安危后果就会表现于外。秦始皇想尊奉宗庙安定子孙后代，这与商汤和周武王没有两样；但是，商汤、周武王施行仁政，他们的天下保存了六七百年；秦始皇统治天下才十几年就覆灭了。这里没有别的原因，就在于商汤、周武王决定取舍很慎重，而秦始皇决定取舍不慎重。天下，本来就是一个大器物；现在人来安置器物，把它放在安全的地方就安全，放在危险的地方就危险。治理国家，与放置器物无异，关键就在天子把它安置在什么地方。商汤、周武把天下安置在仁、义、礼、乐之上，子孙相传数十代，这是天下人都知道的；秦始皇把国家安置于法令、刑罚之上，几乎祸及自身，而子孙被灭绝，这是天下人都看见的。这不是充分证明了取舍不同后果完全两样吗？人们总说：‘听人讲话之道正确与否，必须观察事实，那样，说话的人就不敢胡言乱语了。’现在，有人说，治理国家，礼义没有法令好，教化不如刑罚好，君主为什么不拿商朝、周朝、秦朝盛衰兴亡的事实去观察、分析呢？君主的尊贵，如同大堂，群臣好像堂下的台阶，百姓如同平地。所以，如果有九层台阶，堂的边角远离地面，那么，堂就显得很高大；如果台阶没有层，堂的边角接近地面，堂就显得很低矮。高大的堂难以攀登，低矮的堂屋容易受到人的践踏，情势就是如此。所以古代的圣王设立了等级序列，朝内有公、卿、大夫、士，朝外有公、侯、伯、子、男等封爵，下面还有官师、小吏，一直到普通百姓，等级分明，而天子在这个等级序列的顶端，所以，天子的尊贵是一般人不可及的。

里谚曰：‘欲投鼠而忌器。’此善谕也。鼠近于器，尚惮不投，恐伤其器，况于贵臣之近主乎！廉耻节礼以治君子，故有赐死而亡戮辱。是以黥、劓之罪不及大夫，以其离主上不远也。礼：不敢齿君之路马，蹴其刍者有罚，所以为主上豫远不敬也。今自王、侯、三公之贵，皆天子之所改容而礼之也，古天子之所谓伯父、伯舅也；而令与众庶同黥、劓、髡、刖、笞、傌、弃市之法，然则堂不无陛虖！被戮辱者不泰迫虖！廉耻不行，大臣无乃握重权、大官而有徒隶无耻之心虖！夫望夷之事，二世见当以重法者，投鼠而不忌器之习也。臣闻之：履虽鲜不加于枕，冠虽敝不以苴履。夫尝已在贵宠之位，天子改容而礼貌之矣，吏民尝俯伏以敬畏之矣；今而有过，帝令废之可也，退之可也，赐之死可也，灭之可也；若夫束缚之、系缧之，输之司寇，编之徒官，司寇小吏詈骂而榜笞之，殆非所以令众庶见也。夫卑贱者习知尊贵者之一旦吾亦乃可以加此也，非所以尊尊、贵贵之化也。古者大臣有坐不廉而废者，不谓不廉，曰'簠簋不饰'；坐污秽淫乱、男女无别者，不曰污秽，曰'帷薄不修'；坐罢软不胜任者，不谓罢软，曰'下官不职'。故贵大臣定有其罪矣，犹未斥然正以呼之也，尚迁就而为之讳也。故其在大谴、大何之域者，闻谴、何则白冠氂缨，盘水加剑，造请室而请罪耳，上不执缚系引而行也；其有中罪者，闻命而自弛，上不使人颈盭而加也；其有大罪者，闻命则北面再拜，跪而自裁，上不使人捽抑而刑之也。曰：'子大夫自有过耳，吾遇子有礼矣。'遇之有礼，故群臣自熹；婴以廉耻，故人矜节行。上设廉耻、礼义以遇其臣，而臣不以节行报其上者，则非人类也。故化成俗定，则为人臣者皆顾行而忘利，守节而伏义，故可以托不御之权，可以寄六尺之孤，此厉廉耻、行礼谊之所致也，主上何丧焉！此之不为而顾彼之久行，故曰可为长太息者此也。"

【译文】"有句俗语说：'欲投鼠而忌器。'这个比喻很好。老鼠靠近器物，人们尚且怕砸坏器物不敢扔东西打它，更何况对于那些接近皇帝的亲贵大臣呢！君主用廉耻礼义来约束君子，所以对大臣可以命令他自杀而不能刑杀和侮辱。正因为如此，刺面的黥刑、割鼻子的劓刑都不施加到大夫身上，因为他们就在君主身边；按照礼的规定：臣子不敢察看为君主驾车的马的年龄，用脚踢了为君主驾车的马所吃的草料，就要接受惩罚，这样做是预防臣下对君主有不敬行为。现在诸侯王、列侯、三公等高官，都是天子要礼遇之人，相当于古代天子所称的伯父、伯舅；而现在却使他们与平民百姓一样接受刺面、割鼻、剃须发、断脚、笞打、辱骂、斩首示众等刑罚，这如同堂没有了台阶。遭受杀戮凌辱的人不是太迫近皇帝了吗? 不提倡廉耻，那些重臣不就虽有朝廷大员的地位却像刑徒罪隶那样毫无羞耻之心了吗? 望夷宫事变，秦二世被判重罪，就是投鼠而不忌器的习惯所导致的。我听说，鞋再光鲜，都不能放在枕头上，帽子再破旧，不能用来垫鞋底。如果一个人，曾经出任过高级官员，天子曾庄重地对他以礼相待，吏民曾对他俯伏表示敬畏，现在他有了过失，陛下免去他的官职是可以的，斥退也可以，命令他自杀也可以，诛灭也可以; 如果陛下下令让人用绳子把他捆绑起来，押送到管理刑徒的官府，罚他做官府的刑徒，管理刑徒的小吏可以对他责骂笞打，这些恐怕是不应该让百姓见到的。如果卑贱的人熟知达官贵人一旦犯罪被贬责，我也可以对他进行凌辱，这不利于提倡尊重高官、礼敬显贵。古代大臣因为不廉洁而被罢废，不说他不廉洁，而说是'簠簋不饰'; 有污秽淫乱、男女无别的，不说他淫秽，而是说他'帷薄不修'; 有软弱无能不能胜任，不说他软弱无能，而说他'下官不职'。所以，显赫的大臣哪怕确实犯了罪，仍不直接点破他所犯的罪过，还是迁就他，为他避讳。所以那些罪在严谴、斥问范围的大臣，听到严谴斥问就身穿丧服，白帽悬挂毛缨，带着盛水的盘和佩剑，自发到专用于官员请罪的请室，接受处置，不用君主派人去捆绑他。其中有犯了中等罪行的，听到了判决罪名就自杀，君主不派人把刀架到脖子上杀他。犯有大罪的，听到判决旨意之后，就面向北方叩拜两次，跪着自杀，君主不派人砍下首级。君主可以说: '您自己犯有过失，我对您是以礼相待的。' 君主对臣以礼相待，群臣就会自爱; 君主以廉耻约束臣子，臣子就会重视气节品行。如果君主以廉耻、礼义对待臣子，而臣子却不用气节品行报答君主，那他就不是人了。这种教化风气一旦形成，那么做臣子的都会考虑操行，而不去考虑利益，坚守气节而尊重大义，所以君主可以放心地委托臣子掌管治国大权，可以把尚未成人的太子托付给大臣辅佐，这就是推行廉耻、提倡礼义带来的好处，君主有何损失呢？放着这样长期有利的事不做，却不断地实行戮辱大臣的错误办法，所以我说，这是值得长久叹息的。"

【乾隆御批】论贾谊者，或责备汉文，或归罪绛、灌，或咎谊不能自用。独班固以为，谊以早终虽不至公卿，未为不遇，斯言最当。盖谊才略颇优，然以年少锐于进取，能动而不能静。以吴公初荐用，而即请改朔易服。观之，使竟得柄用，其不至制作纷更如宋之王安石者，亦几希耳。

【译文】评论贾谊的人，有的责备汉文帝，有的归罪于绛侯、灌侯，有的归咎于贾谊不会施展自己的才能。只有班固认为，贾谊寿命不长虽没有当上公卿，不能说没有受到君主的赏识。此论最为恰当。贾谊虽才智超群，但年轻好胜，进取之心非常强，遇事冲动。他刚被吴公推荐而受重用，就请求汉文改革历法，变换服色。看来，假使贾谊能够发挥自己的全部才能掌握权柄，即使不至于像宋代王安石那样大力推行改革，恐怕也相差不远。

【申涵煜评】贾谊是谏官之才，非宰相之器。使相时而动，竟其所学，汉治可以复古。乃求效太急，无端而发为痛哭流涕之论，不祥莫大焉。语曰："当乐而忧，忧必及之。"此所以有堕马之厄欤？

【译文】贾谊只有做谏官的才能，并不是做宰相治理天下的人才。假使他看好时机而行动，完整地发挥自己的所学，汉代的政治就可以复古了。只是太急于看到成效，无缘无故地发表一些痛哭流涕的言论，没有什么比这不吉利的事了。俗话说:"应该高兴的时候却心有忧愁,那么忧患必然会来临。"这就是他有因梁怀王堕马而死,自己也因此忧愁而死的厄运的原因吗?

谊以绛侯前逮系狱,卒无事,故以此讥上。上深纳其言,养臣下有节,是后大臣有罪,皆自杀,不受刑。

【译文】贾谊因为绛侯周勃之前被抓关在监狱里,最后被判无罪释放,呈上这道疏文来讽劝汉文帝。汉文帝真心接纳了他的意见,开始培养大臣气节,不再滥施刑罚对待臣下,此后所有有罪的大臣,都不再接受刑罚而选择自杀。

七年(戊辰,公元前一七三年)冬,十月,令列侯太夫人、夫人、诸侯王子及吏二千石无得擅征捕。

夏,四月,赦天下。

六月,癸酉,未央宫东阙罘罳灾。

民有歌淮南王者曰:"一尺布,尚可缝;一斗粟,尚可舂;兄弟二人不相容!"帝闻而病之。

【译文】七年(戊辰,公元前173年)冬季,十月,文帝下诏:对列侯的母亲、夫人、诸侯王的儿子以及二千石以上的官吏,不经批准,不得擅自逮捕。

四月,夏季,大赦天下。

六月,癸酉日,未央宫东面宫阙的疏屏发生火灾。

有人为淮南王的死唱歌道:"一尺的布,可以缝补共穿;一斗的米粟,可以捣舂共食;可兄弟却不能彼此相容!"文帝听后心里难过,因此生病。

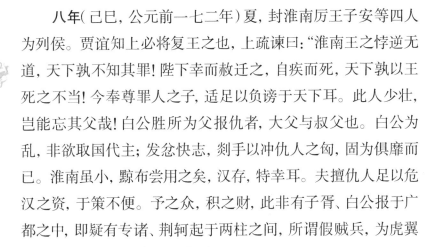

八年(己巳,公元前一七二年)夏,封淮南厉王子安等四人为列侯。贾谊知上必将复王之也,上疏谏曰:"淮南王之悖逆无道,天下孰不知其罪!陛下幸而赦迁之,自疾而死,天下孰以王死之不当!今奉尊罪人之子,适足以负谤于天下耳。此人少壮,岂能忘其父哉!白公胜所为父报仇者,大父与叔父也。白公为乱,非欲取国代主;发忿快志,剚手以冲仇人之匈,固为俱靡而已。淮南虽小,黥布尝用之矣,汉存,特幸耳。夫擅仇人足以危汉之资,于策不便。予之众,积之财,此非有子胥、白公报于广都之中,即疑有专诸、荆轲起于两柱之间,所谓假贼兵,为虎翼者也。愿陛下少留计!"上弗听。

有长星出于东方。

【译文】八年(己巳,公元前 172 年)夏季,封淮南厉王儿子刘安等四人为列侯。贾谊明白汉文帝一定会再封他们四人为王,就劝说:"淮南王悖逆而没有道德!天下谁不知道他的罪过!幸而圣上将他赦免而迁徙了,是他自己生病死的,天下人谁不认为他该死?倘若尊崇罪人之子,恰恰会导致朝廷承担毁谤之言。刘安等长大后这些人怎么能够忘记他们父亲死亡的事?战国时楚白公胜为了他父亲太子建复仇的对象是自己的祖父和叔父。白公作乱,并不是为了推翻国君夺取国家,只是由于内心愤怒,为了满足心志,才拿着武器刺向仇人的胸膛,为和仇人一起灭亡罢了。淮南地方虽小,黥布曾经在这地方反叛过,汉朝能生存下来只是侥幸。给予仇人足以危害朝廷的资本,这个决策并不高明。给予他们大量积蓄的资财,他们不是像伍子胥、白公胜那样在广阔的都市复仇,就可能像专诸、荆轲那样在朝廷之上行刺。这就是所说的给盗贼送上兵器,给猛虎添上翅膀。希望陛下深思!"文帝没有听他的谏言。

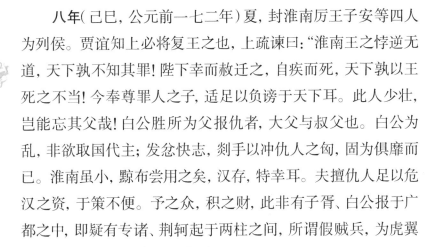

资治通鉴

东方出现长星。

九年(庚午,公元前一七一年)春,大旱。

十年(辛未,公元前一七〇年)冬,上行幸甘泉。

将军薄昭杀汉使者。帝不忍加诛,使公卿从之饮酒,欲令自引分,昭不肯;使群臣丧服往哭之,乃自杀。

◆臣光曰:李德裕以为:"汉文帝诛薄昭,断则明矣,于义则未安也。秦康送晋文,兴如存之感;况太后尚存,唯一弟薄昭,断之不疑,非所以慰母氏之心也。"臣愚以为,法者天下之公器,惟善持法者,亲疏如一,无所不行,则人莫敢有所恃而犯之也。夫薄昭虽素称长者,文帝不为置贤师傅而用之典兵;骄而犯上,至于杀汉使者,非有恃而然乎!若又从而赦之,则与成、哀之世何异哉!魏文帝尝称汉文帝之美,而不取其杀薄昭,曰:"舅后之家,但当养育以恩而不当假借以权,既触罪法,又不得不害。"讥文帝之始不防闲昭也,斯言得之矣。然则欲慰母心者,将慎之于始乎!◆

【译文】九年(庚午,公元前171年)春季,发生大旱。

十年(辛未,公元前170年)冬天,文帝到达甘泉。

将军薄昭杀了汉朝使者。文帝不舍得杀他。命公卿和他喝酒一起劝他,薄昭不满意让他自杀,等到汉文帝让群臣身着丧服去薄昭家里痛哭,才最后选择自杀。

◆臣司马光说:李德裕认为:"汉文帝杀薄昭,确实很明断,但在道义上却有损害。当年秦康公送晋文公返国时,曾发出这样的感叹:见到舅父,似乎母亲仍然在世。何况当时文帝的母亲薄太后还健在,她只有这一个弟弟薄昭,文帝杀薄昭毫不留情,这不是孝顺母亲的做法。"我却认为，法律是天下共同遵守的准绳，只有善于运用法律的人，不分关系亲疏，无所回避，这样才能使所有的人都不敢依仗有人撑腰而触犯法律。薄昭虽然素来被称为长者，文帝不为他选择贤人做师傅去约束他，却任用他掌握兵权；他骄横犯上，以至于敢杀朝廷使者，不是依仗有人撑腰而如此大胆吗？假设文帝又赦免了他，那与后来成帝、哀帝时朝纲废弛的局面又有什么不同呢？魏文帝曾赞叹汉文帝的美德，但却不赞同他杀薄昭，说："对于母舅父，皇帝只能让他们安享富贵，不应给他们干政的权力，否则一旦违法犯罪，就又不得不依法惩治。"这是讽刺汉文帝对于薄昭不及早防患于未然，才导致了以后的恶果，魏文帝的评论，是很得当的。由此看来，要想宽慰太后之心，还是该从开始就谨慎地行事啊！◆

【申涵煜评】薄昭有罪，宜在议亲之列。即不然屈情以伸法，太后亦不得而曲庇之，丧服往哭，是何令甲？甚矣！汉君臣之不学也。

【译文】薄昭犯了罪，应该在议亲减免刑罚的范围内。即使不许委屈亲情来伸张法律，作为太后也不应曲意庇护他，让群臣穿着丧服去给他哭丧，这又是什么法令呢？太过分了！汉朝的君臣没学过法律啊。